臺灣文化志

上卷

全新審訂版

伊能嘉矩 著
國史館臺灣文獻館 編譯

導讀

伊能嘉矩的臺灣研究及其當代意義

吳密察　國史館館長

一、伊能嘉矩的臺灣研究

西元一八九五年，日本在《馬關條約》中領有了臺灣。在二十世紀的前夕日本終於擁有了殖民地，躋身於世界殖民帝國之列，這也讓當時還在起步階段的日本之人類學，有了一個可以進行異民族調查研究的田野地。該年十一月，夙來就對人類學懷有興趣的伊能嘉矩渡航來到臺灣。從他在出發前夕所發表的〈陳余之赤志，訴於先達之君子〉（余の赤志を陳べて先達の君子に訴ふ）一文，[1]可以看到二十九歲的伊能嘉矩，對於可以在異民族社會展開人類學田野調查，並能夠將他的人類學調查貢獻於殖民地統治的抱負和興奮之情。這是人類學調查與殖民主義之異民族統治還有著千絲萬縷之關係的時代。

一八九五年十一月十日，伊能嘉矩以臺灣總督府囑託的身分抵達臺灣。來到臺灣之後的伊能嘉矩，回應出發前他的人類學導師坪井正五郎的期待，隨即於翌月（十二月）與舊識、也是人類學的愛好者之前輩田代安定，組織成立了「臺灣人類學會」。但是抱著從事人類學研究的夙願來到臺灣的伊能嘉矩，來到臺灣之後首先要面對的還是當時一切尚未就

[1] 此文，伊能嘉矩曾將之收錄於自己的著作《臺灣志》（東京：文學社，一九〇二年）。

緒的臺灣新領地之混亂狀況。

當時有不少臺灣人反對日本領有臺灣。在總督府接收前夕的五月二十五日，臺灣成立了「臺灣民主國」政府，之後也持續與日本之接收軍隊展開游擊戰，而迫使日本政府即使以國際條約領有臺灣，但還是必須經歷一場戰爭才勉強將臺灣真正納入管治。在一八九五年末、一八九六年初，臺灣北部的一部分抗日勢力集結蜂起。一八九六年一月一日，臺北郊外士林芝山岩國語傳習所的六名日本人教師被抗日份子襲擊殺害。當時擔任臺灣總督府雇員的伊能嘉矩，被命令調查此一芝山岩事件，而於一月二十三日提出調查報告書，這是目前可知的由伊能嘉矩向總督府提出的第一份調查報告書。

伊能嘉矩來到臺灣之後，隨即於臺北附近進行人類學的田野調查，並將他的調查結果，幾乎是以每個月一回的頻率以「臺灣通信」的題目發表於《東京人類學會雜誌》。這個「臺灣通信」專欄，目前可以確認的有二十八回，連載時間從一八九五年十二月到一八九九年一月，長達三年又兩個月。「臺灣通信」的內容絕大部分是伊能嘉矩在臺北近郊及臺灣東北角基隆、宜蘭一帶的田野調查所得。當然，也有一部分是匯報了田代安定這類人類學同好的調查所得。

此時伊能嘉矩的田野調查特別集中於非漢人的「熟番」。「熟番」是清帝國管治之下的臺灣原住民，相對於「熟番」，清帝國將非管治區內的臺灣原住民稱為「生番」。因此，「熟番」、「生番」未必是民族的區分，而是清帝國的「身分」區分。一般來說，「熟番」居住於平原地區，也成為漢民族移入後首先邂逅的原住民，因此受到漢民族的壓迫、固有文化的流失也相對嚴重，到了十九世紀末已經大幅度地流失了他們的土地，也流失了包括語言、習俗等傳統文化。十九世紀八〇年代來到臺灣的西洋傳教士，便經常感嘆這些Formosan（傳教士的紀錄裡這樣稱呼這些人；相對地，以Chinese稱呼漢人）的悲慘境遇。也就是說，伊能嘉矩在這些臺灣平原地區的原住民族之黃昏年代，來到了臺灣並為他們做出了珍貴的調查紀錄。

伊能嘉矩雖然有志於人類學調查，但他在臺的正式身分是總督府雇員，因此不可能長時間地赴田野做實地調查。目前可以確認的，伊能嘉矩有五次時間比較集中而長期的田野調查，大多是帶著總督府的任務而進行的。這五次田野調查分別是：

（1）一八九六年七月至一八九七年四月間，斷續地在臺灣北部進行平埔調查。

（2）一八九六年十月起在宜蘭進行調查，總共二十四日。

（3）一八九七年五月至十一月，進行臺灣全島的原住民調查，總共一百九十二日。

（4）一九〇〇年七月至九月，在臺灣南部做原住民調查。

（5）一九〇〇年十二月至一九〇一年一月，在澎湖島進行調查。

（1）、（2）的調查成果，伊能嘉矩將它們刊載於《東京人類學雜誌》，也就是前述的「臺灣通信」的大部分。①（3）伊能嘉矩留下來了名為《巡臺日乘》的日記。（4）伊能嘉矩留下來了名為《南遊日乘》的調查日記。（5）伊能嘉矩留下來了名為《澎湖踏查》的調查日記。②

①這些關於臺灣東北端的平埔族調查，已於一九九六年由楊南郡先生編譯出版為《平埔族調查旅行——伊能嘉矩〈台灣通信〉選集》（臺北：遠流出版公司，一九九六年）。

②《南遊日乘》、《澎湖踏查》被合併為《東瀛遊記》。伊能嘉矩的調查日記，於一九九二年由森口雄稔編輯於臺灣出版《伊能嘉矩の台灣踏查日記》（臺北：臺灣風物雜誌社，一九九二年），一九九六年也由楊南郡翻譯成中文出版《台灣踏查日記》（臺北：遠流出版公司，一九九六年）。

	時間	調查地點	調查日記	調查報告
1	一八九六年七月—一八九七年四月（斷續地）	臺北近郊		刊載於《東京人類學會雜誌》
2	一八九六年十月—（共二十四日）	宜蘭地區		刊載於《東京人類學會雜誌》
3	一八九七年五月二十三日—十二月一日（共一百九十二日）	全島巡迴	巡臺日乘	1.復命書（一八九九年一月） 2.《臺灣蕃人事情》（一九〇〇年三月）
4	一九〇〇年七月二十九日—九月十二日	臺灣南部	南遊日乘	
5	一九〇〇年十二月二十七日—一九〇一年一月十五日	澎湖島	澎湖踏查	

伊能嘉矩於一八九七年五月至十一月應總督府學務部的指派，與粟野傳之丞進行了「蕃人教育設施準備ニ關スル調查」，日程總計一百九十二日，幾乎環繞臺灣島一周。此次調查伊能嘉矩留下來了調查日記《巡臺日乘》，並在調查之後於一八九九年一月提出復命書。這個向總督府提出的復命書原本，目前並未能得見，但在大約一年之後的一九〇〇年三月，伊能嘉矩在此次調查復命書的基礎上參照傳統的漢文史料加以補充，出版了臺灣人類學史上的經典著作《臺灣蕃人事情》。①

一八九七年這次長達半年的臺灣全島巡迴踏查，應該是伊能嘉矩一生之中最重要的人

①伊能嘉矩、粟野傳之丞，《臺灣蕃人事情》（臺北：臺灣總督府民政部文書課，一九〇〇年）。此書已由傅琪貽女士中譯，於二〇一七年出版（臺北：行政院原住民族委員會，二〇一七年）。該書為臺灣全島性的原住民族做出了「學術性」的集團分類基礎。伊能嘉矩認為「熟番」這樣的分類，是清帝國根據是否服從其管治所做的政治性分類，而不是學術性的分類。伊能將原來被稱為「熟番」的平原地區之原住民稱為「平埔族」，並將之細分為十族。這項對平埔族的調查紀錄和分類，即使到了今日都還有很重要的意義。

類學田野調查，也奠定了他總體的臺灣原住民知識體系。一八九八年起，他陸續發表了幾篇可以算是他對於臺灣原住民知識的概括性重要文章，並且因為臺灣總督府行政改革的原因，他暫時解除了總督府的職位而於該年十二月回到了日本內地。回到日本內地的伊能嘉矩，接受東京帝國大學理科大學人類學教室委託擔任將在法國巴黎舉行的萬國博覽會「臺灣の番人」展示的企劃人。同時他也利用此機會，在坪井教授主持的東京私立史學館進修人類學。在東京的期間，伊能嘉矩以他在此之前的臺灣田野調查配合他的人類學知識，構思了他龐大的研究體系。除此之外，他也在東京出版了《臺灣在世界中的位置》（世界ニ於ケル臺灣ノ位置）[1]。但是最重要的是他將一八九七年全島調查的復命書，參照傳統的漢文史料加以補充，而於一九〇〇年出版了上述的名著《臺灣蕃人事情》。

一八九九年十二月，伊能嘉矩在回去日本一年之後，再度來到臺灣。這次伊能嘉矩是以總督府文書課兼殖產課雇員的身分，再度任職於總督府。此時總督府派給伊能嘉矩的幾項與調查有關的任務是調查基隆外海的無人小島彭佳嶼（當時稱為アジンコート）、赴臺南蒐集編纂地理、歷史教科書的資料、出差赴澎湖島，後兩項也就是前述調查日程表的（4）、（5）。這些調查的目的，顯然與伊能嘉矩夙來的臺灣原住民人類學調查不同，其調查對象也轉向漢人社會和歷史。原本有志於成為人類學者的伊能嘉矩，就因為總督府給予的任務轉而向成為歷史學者的方向傾斜了。

一向在東京期待伊能嘉矩從臺灣源源不斷地寄來臺灣人類學調查稿子的坪井教授，在一九〇〇年十一月的《東京人類學會雜誌》上指出伊能已經有一年沒有寄來稿子了。對此，伊能嘉矩於翌年（一九〇一年）一月致函坪井教授表示歉意，表示自己因為起稿《臺灣總

[1] 伊能嘉矩，《世界ニ於ケル臺灣ノ位置》（東京：林書房，一八九九年）。

督沿革誌》而無暇為雜誌寫稿。伊能這裡所說的執筆中的《臺灣總督沿革誌》，應該就是一九〇四年出版的《領臺始末》、一九〇五年出版的《領臺十年史》，以及為了執筆這些著作而延伸的副產品《臺灣年表》（一九〇二年）、《臺北城志．臺灣行政區志》（一九〇三年）、《臺灣巡撫トシテノ劉銘傳》等。相對於沒有投稿給《東京人類學會雜誌》，伊能嘉矩在此時期反而集中在臺灣慣習研究會（一九〇〇年成立，會長為總督兒玉源太郎，伊能擔任幹事之職）的機關誌《臺灣慣習記事》上，登載關於臺灣漢人之舊慣、民俗的文章。從上述這些著書和《臺灣慣習記事》上的文章來看，這時候的伊能嘉矩可以說已經脫離了人類學的領域，而成為一個書齋裡的傳統歷史學者了。

伊能嘉矩此時已經是公認的臺灣原住民與臺灣歷史的專家，因此一九〇三年大阪第五回內國勸業博覽會的臺灣館展示，就由他企劃。他在這個展覽中將臺灣原住民做了一個可視性的種族展示。

一九〇四年伊能嘉矩出版了清帝國理番史的巨著《臺灣蕃政志》。①這部著作可以說是伊能嘉矩在當時的平埔族人類學調查之基礎上，回溯梳理清帝國二百年來的熟蕃統治史，是關於臺灣理蕃史的開山之作，具有劃時代的意義。

一九〇四年，伊能嘉矩改任總督府警察本署囑託。當時是總督府已經掌握了臺灣平原地區的治安，逐漸往山地，也就是「生蕃」的生息地域進出的時代。警察本署則是山地、蕃人統治的專責機關。伊能嘉矩此時的工作是被委託編纂《理番沿革誌》，其成果即為後來於一九一一年出版的《臺灣總督府理蕃誌稿　第一編》。此書將一八九五年至一九一〇年的十五年間，總督府的理蕃施政做了編年體的記述。即使到了今日，此書都還是此一領

①這部著作曾經於一九五七年譯為中文出版（《臺灣番政志》，臺北：臺灣省文獻委員會，一九五七年），但此中譯本並未將原書完全翻譯。

域的入門必讀書。①

其後，伊能嘉矩斷斷續續地擔任總督府文書課、蕃務課，或者是臨時臺灣舊慣調查會的囑託，但其在臺灣之時間也相對地減少了。甚至一九〇七年十月接受總督府警察本署之囑託職務時，已經註明「在鄉勤務」，也就是並不需居住臺灣工作，顯示伊能嘉矩已經將其生活場所，移轉回日本內地了。一九〇八年二月，伊能回到了故鄉遠野。以後只有幾次短期渡臺的機會。

回到鄉里遠野的伊能嘉矩，於一九〇八年五月獲得坪井教授的推薦，參與吉田東伍博士主持的《大日本地名辭書》臺灣篇的撰寫工作。伊能嘉矩透過這個機會，將他歷年來所蒐集的龐大史料根據地名加以分別彙編，於一九〇九年二月完成了一部以地名為索引的臺灣各地的地方史。一九〇九年二月，伊能嘉矩致書曾經擔任臺灣總督的乃木希典學習院院長，表示自己正在編寫《臺灣全志》。一九二二年，臺灣總督府設立史料編纂委員會，企圖以三年為期調查臺灣史料、編纂臺灣史，伊能嘉矩也被敦聘為委員。一九二五年九月三十日，伊能嘉矩結束了他的一生，留下了一部多達五十四冊的《臺灣全史》遺稿。這份遺稿應該就是他應總督府史料編纂委員會委託所執筆的成果之一。後來這份遺稿在其故舊、門生奔走之下，於一九二八年出版為《臺灣文化志》。②日本學者福田德三在此書出版之際所寫的序文，推賞這部《臺灣文化志》在某意義上，就是一部關於清代臺灣史的文化性百科全書（cyclopedia）、年鑑（almanac），也是檔案（archive）。

①此書於一九九七年譯為中文出版，中文書名改為《日據時期原住民行政志稿》（南投：臺灣省文獻委員會，一九九七年）。但此中譯本將日本時代的時代性專有名詞都加以改譯，因此部分內容難以復按。

②伊能嘉矩，《臺灣文化志》（東京：刀江書院，一九二八年）。東京刀江書院又於一九六五年發行復刻版。另，臺灣文獻委員會於一九九一出版中文譯本。

二、伊能嘉矩的「復甦」及其當代意義

伊能嘉矩的一生境遇，不可謂順遂，甚至可說是不遇。但在亡故之後，他的臺灣研究便受到極高的評價。一九二五年十月十三日，在臺日本人的臺灣研究相關人士，為伊能嘉矩舉行了追悼會。當時臺灣代表性的文人尾崎秀真，稱贊伊能嘉矩為「我最畏敬的學界恩人」。報導該次追悼會的《臺灣時報》之文章，以「布衣之讀書人不求知已於當世，清節三十年，一意專心，埋頭臺灣史學研究」為開頭來形容伊能嘉矩的臺灣研究生涯，並讚譽伊能嘉矩為「臺灣史學之權威」。①

一九二八年，臺北帝國大學成立。大學籌劃之初便預定設立一個專門研究（臺灣）人類學的「土俗人種學講座」。一九二六年預定任教於該講座之移川子之藏教授，特地赴伊能嘉矩的故鄉遠野接洽購入伊能嘉矩藏書、手稿、民族學標本。伊能嘉矩的大部分臺灣收藏，在一九二八年臺北帝大成立之前及時來到了臺灣，其中民族學標本入藏土俗人種學講座的標本室，圖書、手稿則入藏於大學圖書館，而被稱為「伊能文庫」。

如上所述，伊能嘉矩雖然是以研究人類學的初衷來到臺灣，並為臺灣的原住民研究做出了先驅性的經典研究，但是在臺灣期間的後期他的研究已經逐漸轉移至臺灣歷史。加上，關於原住民的研究基本上只存在於臺北帝大及小範圍的學院當中，所以伊能嘉矩的臺灣研究引起臺灣本地人注目的，並不是他的原住民研究，而是他關於臺灣歷史的研究。

一九四一年，臺灣史研究的本地人先驅楊雲萍，高度評價伊能嘉矩為「臺灣研究之碩學」、是「建立臺灣研究史上不朽之金字塔」的「巨峰」。楊雲萍所謂的「臺灣研究史上

①「臺灣史學の權威　伊能嘉矩君の追悼會」，《臺灣時報》大正十四年（一九二五年）十一月即十二月號。

不朽之金字塔」指的就是伊能嘉矩的《臺灣文化志》。[①]楊雲萍不只在日本時代就高度評價伊能嘉矩的臺灣研究，戰後他主張臺灣研究應該建設性地繼承日本時代的日本人研究成果，而這些日本人的研究者當中，「用力最勤，成就最大的第一人，就是伊能嘉矩」，[②]並且將《臺灣文化志》列為「臺灣研究必讀書十部」之一。[③]楊氏所舉的十部書當中，五部是清代的地方志或官員之筆記，與其說是研究著作，不如說是研究史料。三部是西洋人的著作，另外的兩部就是連雅堂的《臺灣通史》與伊能嘉矩的《臺灣文化志》了。

楊雲萍所舉「臺灣研究必讀書十部」（一九四九）

	作者	書名	年代
1	（臺）連雅堂	《臺灣通史》	一九二〇年
2	（日）伊能嘉矩	《臺灣文化志》	一九二八年
3	（清）余文儀	《臺灣府志》	一七六〇年代
4	（清）周鐘瑄	《諸羅縣志》	一七一〇年代
5	（清）陳培桂	《淡水廳志》	一八七〇年代
6	（清）黃叔璥	《臺海使槎錄》	一七二〇年代
7	（清）江日昇	《臺灣外記》	一七〇〇年代
8	（英）William Campbell	*Formosa under the Dutch*	一九〇三年
9	（美）James W. Davidson	*The Island of Formosa: Past and Present*	一九〇四年
10	（德）Ludwig Riess	*Geschichte der Insel Formosa*	一八九八年

① 「臺灣研究の碩學　伊能嘉矩」，《臺灣時報》昭和十六年（一九四一年）一月號。

② 楊雲萍，〈《臺灣文化志》的著者〉，《公論報》「臺灣風土」專欄，一九四八年九月十三日。

③ 楊雲萍，〈臺灣研究必讀書十部〉，《公論報》「臺灣風土」專欄，一九四九年五月十六日。

戰後初期，伊能嘉矩的臺灣研究之各種業績當中，較諸人類學領域，一直是其關於臺灣歷史的著作更受重視。伊能嘉矩的臺灣研究著作，戰後最先被翻譯成中文出版的，是臺灣省文獻委員會於一九五七年將《臺灣蕃政志》的大部分內容及一小部分的《理蕃誌稿》翻譯出版。但是一直到八〇年代中期，也就是戰後的大約四十年間，伊能嘉矩的臺灣研究著作的「復甦」，還是以復刻為主。

伊能嘉矩臺灣關係著作復刻、編輯出版、中文翻譯簡表

年代	書名	編輯・翻譯者	出版者
一九五七	《臺灣蕃政志》中譯（書名改為《臺灣番政志》）	溫吉	臺灣省文獻委員會
一九六五	《臺灣文化志》復刻版		東京：刀江書院
一九六五	《臺灣文化志》復刻版		臺北：古亭書屋
一九七三	《臺灣蕃政志》復刻版		臺北：古亭書屋
一九七三	《臺灣志》復刻版		臺北：古亭書屋
一九八五	《臺灣志》復刻版		臺北：成文出版社
一九八五	《臺灣年表》復刻版		臺北：成文出版社
一九八五	《領臺十年史》復刻版		臺北：成文出版社
一九八九	《大日本地名辭書　第三　臺灣》復刻版（改名《臺灣舊地名辭典》）		不註出版者
一九九一	《臺灣文化志》中譯本	江慶林等	臺灣省文獻委員會

一九九二	《伊能嘉矩の臺灣踏查日記》	森口雄稔	臺灣風物雜誌社
一九九四	《臺灣文化志》復刻版		臺灣：南天書局
一九九五	《理蕃誌稿》復刻版		臺灣：南天書局
一九九六	《台灣踏查日記》①	楊南郡	臺灣：遠流出版
一九九六	《平埔族調查旅行》②	楊南郡	臺灣：遠流出版
一九九七	《理蕃誌稿》 中譯（改名《日據時期原住民行政志稿》）	陳金田	臺灣省文獻委員會
一九九七	《臺灣史檔案・文書目錄（三）》 國立臺灣大學藏伊能文庫目錄》	吳密察	國立臺灣大學
一九九八	《伊能嘉矩與臺灣研究特展專刊》	吳密察	臺大圖書館
一九九八	《臺大人類學系伊能藏品研究》	胡家瑜	臺大出版中心
一九九八	《伊能嘉矩蕃語調查ノート》	森口恆一	順益原住民博物館
一九九八	《殖民主義、蕃情知識與人類學：日治初期臺灣原住民研究的展開，1895-1900》	陳偉智	臺大歷史系碩士論文
一九九八	《當代》雜誌第一三五期「伊能嘉矩與臺灣研究」專輯		當代雜誌社
一九九九	《伊能嘉矩收藏臺灣原住民影像》	江田明彥等	順益原住民博物館
二〇〇三	《帝國的足跡——伊能嘉矩》DVD		公共電視基金會
二〇一一	《臺灣文化志》中譯本修訂版	江慶林等	臺灣書房
二〇一四	《伊能嘉矩——臺灣歷史民族誌的展開》③	陳偉智	臺大出版中心

①森口雄稔（一九九二）之中譯。

②伊能嘉矩刊載於《東京人類學會雜誌》「臺灣通信」之編譯。

③陳偉智（一九九八）之修定改寫。

一九八〇年代以後，伊能嘉矩之「復甦」進入另一個階段，而成為其契機的，則是伊能的故鄉遠野在一九八二年於該市的鍋倉公園樹立「伊能嘉矩先生顯彰碑」。這個顯彰碑刻上了伊能嘉矩自訂的「田野調查三原則」，該顯彰碑揭幕之際並由原臺北帝國大學土俗人種學講座的宮本延人助手（一九八二年時任日本東海大學教授），以「伊能嘉矩と臺灣研究」為題，發表演講。宮本延人教授是研究臺灣原住民的人類學專家，因此他的演講當然與一般的歷史學者不同，而更重視伊能嘉矩在臺灣人類學史上的貢獻。

宮本延人教授雖然提出伊能嘉矩的臺灣人類學調查，不似鳥居龍藏、森丑之助那樣長時間而且深入原住民地區進行實地調查，而是只在淺山地區進行瀏覽式的調查，再配合傳統的文字史料而做成的，但卻具有先驅性的意義。不只宮本延人教授，一九三九年以臺北帝大之土俗人種學講座為基盤編輯發行的《南方土俗》雜誌上，體質人類學者金關丈夫教授，也以「在臺灣的人文科學研究史上，不能不提伊能氏之名字」來評價伊能嘉矩。①戰後，可謂延續臺北帝大土俗人種學講座之臺灣人類學研究傳統的馬淵東一（時任東京都立大學教授），也說伊能嘉矩是「臺灣史及高砂族研究的偉大先驅者」。②當代的臺灣原住民研究專家笠原政治教授也說：「一九〇〇年刊行之《臺灣蕃人事情》裡所示的伊能見解，可視為是學術性分類的嚆矢。該書的確是位於臺灣的原住民族分類之「原點」上的著作。③可以說，伊能嘉矩在臺灣人類學史上具有先驅性的貢獻，已經是學術界的定評與共識。

一九八二年遠野的伊能嘉矩彰顯活動，可以說是伊能嘉矩作為臺灣研究者在故鄉遠野重新被認識的開始。④但是，真正讓伊能嘉矩的「復甦」起到爆發性的高潮的引火點，應該是一九九五年遠野市立博物館舉辦的「伊能嘉矩——郷土と臺灣研究の生涯特展」。這

①K，〈A博士の質問に答へ伊能嘉矩氏の書翰〉，《南方土俗》第五卷第三號（一九三九年二月）。

②馬淵東一，〈高砂族の分類——学史的回顧〉，《民族學研究》第十八卷第一—二號（一九五四年）。

③笠原政治，〈台灣原住民族を俯瞰する——伊能嘉矩の集團分類をめぐって〉，《台灣原住民研究》第十六號（二〇一二年十一月）。

④在此之前，伊能嘉矩在其故鄉是作為一位鄉土史研究前輩而被認識的。例如，一九七七年遠野市教育文化振興財團出版了伊能嘉矩的《遠野史叢》；一九八〇年遠野市立圖書館博物館開館之際，也將伊能嘉矩置於「伊能嘉矩、佐佐木喜善、柳田國男」的鄉土研究系譜中來展示的。

個特展一方面編製了伊能嘉矩相關文物的目錄，首次相對完整地呈現了伊能嘉矩的全生涯；另一方面由於伊能嘉矩臺灣田野踏查的日記在臺灣出版，而讓臺灣開始注意到了這個原來只被認識到其作為歷史學者之側面的伊能嘉矩，同時也是臺灣人類學調查研究先驅者。曾經出席一九九五年遠野之伊能嘉矩特展的楊南郡，於翌年（一九九六年）將《伊能嘉矩の臺灣踏查日記》及伊能嘉矩刊載於《東京人類學會雜誌》的「臺灣通信」之一部份平埔族相關文章，翻譯成中文出版，終於引來了臺灣之伊能嘉矩熱潮的時代。

臺灣之伊能嘉矩熱潮被更進一步推上巔峰的，是一九九七年長年收藏於臺大圖書館的「伊能文庫」完成整理，使此一向來如謎的重要館藏之全貌終於得被理解。我本人自一九七四年於臺大圖書館地下書庫之一隅，偶然邂逅當時零亂地散置於書架上的伊能文庫以來，以個人之力經過二十餘年的努力，於一九九〇年代中期終於拼湊出伊能文庫的全貌，而於一九九七年由臺灣大學出版《國立臺灣大學藏伊能文庫目錄》。翌年（一九九八年），作為臺大新總圖書館的開館紀念活動，臺大圖書館以剛整理出來的伊能文庫為基礎，加上從遠野博物館及伊能家屬借入的資料，在館內舉辦了一個盛大的「伊能嘉矩與臺灣研究特展」。臺大人類學系胡家瑜教授也於此時整理一九二八年來自遠野伊能家的人類學標本，出版《臺大人類學系伊能藏品研究》。於是，臺大所藏的伊能嘉矩舊藏臺灣人類學標本、歷史學文獻，在入藏七十年後終於完全明瞭了。我所指導的學生陳偉智也以伊能嘉矩為對象，撰寫了極獲好評的碩士論文（這篇論文經過修改後，於二〇一四年由臺大出版中心正式出版）[1]。

[1] 陳偉智，《伊能嘉矩——臺灣歷史民族誌的展開》（臺北：臺大出版中心，二〇一四年）。

臺大的「伊能嘉矩與臺灣研究特展」之後，伊能嘉矩已經在臺灣研究領域（不論是人類學界或是歷史學界），站定了先驅者、金字塔式的地位。二〇〇三年，公共電視將伊能嘉矩選為臺灣百年來的重要歷史人物，拍攝了以伊能嘉矩之臺灣踏查為內容的紀錄片《帝國的足跡——伊能嘉矩》。二〇〇七年成立的臺灣歷史博物館，在該館的日本時代展示單元中，也特別開闢了一個子題來展示伊能嘉矩的臺灣調查。

最後，我想要對伊能嘉矩於大約一百二十年前在臺灣所作的臺灣田野調查及其臺灣研究的當代意義，作一些說明。

如上所述，伊能嘉矩的「復甦」有賴於遠野方面的兩次彰顯活動和遠野博物館、伊能家屬、臺大圖書館、臺大人類學系的伊能相關文物、文獻的整理與公開。不過如果從晚近臺灣社會的民主化、自由化、本土化進程來看，也可以說伊能嘉矩的著作為臺灣提供了珍貴的憑藉和養分，因此受到臺灣社會的重視。一九八〇年代以來臺灣社會蓬勃的民主化、自由化要求，除了逼使當時的國民黨政權必須適度地回應社會的要求緩和其集權統治，另一方面臺灣社會也在找尋被國民黨政權之中國民族主義志向所邊緣化的本土文化認同。這時，伊能嘉矩的臺灣研究業績，就成為可以適時地滿足這種社會需求之不可多得的材料了。如前所述，一九八五年以前伊能嘉矩的臺灣研究成果基本上只是學術研究工作者的參考材料，因此當時伊能的著作大概只是復刻再版後在學術界的小範圍內流通。但是，進入一九九〇年代以後，伊能嘉矩的著作就以中譯的形式在臺灣出版了。這說明了伊能嘉矩的著作，已經不再只是小範圍的學術界有所需要，即使廣大的臺灣社會，也想要從伊能嘉矩龐大的調查成果獲取臺灣文史知識。

伊能嘉矩的著作所可提供的臺灣文史知識中，尤其以有關平埔族的調查記錄最為重要。如前所述，向來生息於臺灣平原地帶的原住民，在一八九五年伊能嘉矩來到臺灣之前，已經被清帝國統治二百餘年，其民族之固有文化已經流失甚多，甚至難以為繼。伊能嘉矩的調查紀錄，可以說正好是在這些平埔民族之黃昏時代，及時地為他們作出了紀錄，保留了他們民族的文化面貌。一九八〇年代以後，臺灣平埔族發動文化復振運動時，這些伊能嘉矩當年的調查紀錄，也就自然成為極少數但也是極重要的資源和憑藉了。伊能嘉矩當年曾經希望自己的調查研究可以對日本之臺灣殖民統治有所助益，但他當年應該無法料想百餘年後時移世變政權轉移之後，他的調查研究紀錄竟然也還可以開展出如此不同的現實意義。

導讀
《臺灣文化志》的形成史與接受史

陳偉智 本書審訂者

在臺灣研究的領域中，沒有聽過伊能嘉矩（一八六七—一九二五）這個名字的人大概少之又少吧。伊能嘉矩在日本幕末明治維新時誕生，隨著近代日本的展開而成長，其一生中重要的工作，也與日本海外擴張後獲得的殖民地臺灣有關。伊能嘉矩不僅是日治時期的一名臺灣通，更是一位在近代知識生產中劃定「臺灣研究」範圍與定義研究議題的先行者，在戰後伊能仍然繼續以被閱讀、被翻譯、被辯論、被引用、被展示等方式，或隱或顯地持續產生影響。①

戰後最早在臺灣大學開設臺灣史課程的歷史學家楊雲萍，曾指出日治時代的臺灣研究，用力最勤，成就最大的人，就是伊能嘉矩。其大作《臺灣文化志》乃是「聳立在臺灣研究史上不朽的『金字塔』」。②而此一臺灣研究的經典著作，其重要性除了提供整體性的臺灣歷史文化發展的解釋外，更在於影響了近百年來臺灣研究的知識生產框架。

作為臺灣研究先行者的伊能嘉矩，其研究與知識建構的繼承與轉化，成為今日我們的臺灣歷史文化知識的構成元素。在臺灣研究的知識領域中，伊能嘉矩不論生前或死後，不論今日我們是否同意伊能嘉矩的歷史解釋與臺灣研究框架，都成為顯在的或是潛隱的臺灣

① 關於伊能嘉矩的傳記請參閱荻野馨編，《伊能嘉矩——年譜、資料、書誌》（遠野：遠野物語研究所，一九九八年），及陳偉智，《伊能嘉矩——臺灣歷史民族誌的展開》（臺北：臺大出版中心，二〇一四年）。本篇導讀根據前書部分章節增補改寫。

② 楊雲萍，〈《臺灣文化志》的著者〉，《公論報》「臺灣風土」一九，一九四八年九月十三日。

歷史文化知識的參考資源。而今日閱讀伊能嘉矩及其《臺灣文化志》的意義，不在於重複其陳說，而在於從批判性地閱讀中超越其觀點，更在於進一步地藉此瞭解構成我們今日歷史文化意識的軌跡，建構屬於這個時代的、屬於我們自己的，對於臺灣的歷史文化知識。

成為臺灣通：伊能嘉矩小史

一八六七年伊能嘉矩出生於日本本州東北，今日的岩手縣遠野市。東北一帶古稱奧州，自日本中世紀以來，即是不同族群交匯互動的前沿地帶。出身士族家庭，家學淵源，也接受明治維新後的新式教育。一八八六年伊能入學岩手縣立師範學校，但於一八八九年因被認為鼓動學潮而被退學。同年離開遠野前往東京，就學於重野安繹教授開設的成達書院，學習漢學歷史。重野安繹當時是東京帝國大學史學科的教授，主張建立史料批判的科學的近代歷史學。[①]在東京時期，伊能除了學習漢學與近代歷史學外，也進一步接觸了當時新知人類學。一八九三年十月，伊能加入東京帝國大學人類學教授坪井正五郎主持的東京人類學會，除了參加例會活動外，並與鳥居龍藏組織了「人類學講習會」與「土俗會」。透過坪井正五郎的介紹以及自己的進修，伊能學習了當時的演化主義人類學，其內容除了世界民族誌資料之外，也包含了比較民族誌的比較方法。

一八九五年底，伊能以陸軍雇員的身份來到了臺灣，到臺灣之後，轉任臺灣總督府的雇員，任職於總督府文書課。出發之前曾發表〈陳余之赤志，訴於先達之君子〉（余の赤志を陳べて先達の君子に訴ふ）一文，懷抱著從事臺灣人類學研究的志願而渡臺。在臺灣，

①以東京帝國大學史學科為中心展開的近代歷史學，強調史料批評，區分史料重建的歷史與傳統歷史學的價值判斷或是道德評價，以重建客觀真實的實證歷史知識為主，見永原慶二，《20世紀日本の歴史学》，（東京：吉川弘文館，二〇〇八年）。曾任明治初年修史局員，後任東京帝國大學文科大學國史科教授，同時也是史學會創立成員的重野安繹是當時實證歷史學的提倡者之一。伊能嘉矩強調客觀史實以及史料批判的實證史學之學風，若不是就學於重野安繹的私塾時得之，就是得之於當時發展中的日本近代歷史學知識氛圍。另外，坪井正五郎所引介的人類學，也是一種實證主義的、以客觀觀察人類的自然與文化現象為中心的知識建構模式。

伊能以臺灣總督府下層官員的身份，展開其「臺灣人類學」的研究計畫，從事了全島原住民調查，並出版了臺灣歷史研究的專著，很快地變成當時在臺日本人的「蕃通」與「臺灣通」，成為臺灣研究的知識權威。

來到臺灣後的伊能，與另一位東京人類學會成員、殖產局技師博物學家田代安定共同組織了「臺灣人類學會」。當時揭櫫的臺灣人類學研究計畫，包含了漢人與原住民的研究，在實際的進行中，則以調查臺灣原住民的族群分類以及文化發展的程度為主，同時也進行了臺灣的歷史文獻與漢人風俗現狀的調查。伊能在一八九七年全島調查後，於一八九八年提出了全島原住民族群分類體系。在此同時，伊能也逐漸發展對於臺灣歷史的看法，一八九九年出版了第一本臺灣史通論大綱《臺灣在世界中的位置》（世界ニ於ケル臺灣ノ位置），一九〇〇年出版了臺灣原住民民族誌《臺灣蕃人事情》，一九〇二年出版了臺灣史研究的專著《臺灣志》。

一九〇六年返回故鄉遠野的伊能，除了參與遠野鄉土史以及地方民俗的研究，也持續進行著臺灣研究，並在自宅成立小型博物館「臺灣館」。一九二五年，伊能嘉矩因病去世。伊能的臺灣研究的田野資料、標本與手稿，在其去世後大部分回到臺灣，當時剛成立的臺北帝國大學，設立了「伊能文庫」。而其生前最後的臺灣歷史研究計畫，則在弟子板澤武雄與民俗學大家柳田國男的奔走下，於一九二八年以三卷《臺灣文化志》之巨作出版。

歷史的歷史：《臺灣文化志》的形成史

一八九五年十二月一日，抵達臺灣的次月，在寄回日本教育報知社的首次通信〈臺灣通信〉（臺島の雁信）中，伊能提到他將以「渡南觀光」之專題名稱，把在臺灣的見聞與研究，發表在《教育報知》上。在〈臺灣通信〉中，伊能提到，十一月三日天長節該日從宇品港出發後，經五晝夜抵達臺北，剛到臺灣雖然「研究上仍未著手任何事情」，但是他發現「除熟生蕃之外，臺灣土人的土俗非常有調查之價值」，同時亦指出「若與北中國（遼東半島）進行比較研究，別有興味」。另外，就其數日在臺北城內所見，特別指出「新聞紙雖然說臺灣土人頑愚偏陋，但……若將來馴化教育得宜，亦可得無愧為大日本帝國民之一份子之良民。」①

伊能的「渡南觀光」，具有某種入鄉問治，必先觀風采俗的傳統東亞儒教文教政治的概念。在伊能的理解中，土俗，或者風俗，是一種可以觀察的現狀，一地土俗現狀與該地的歷史是一體兩面的表現型態。因此，在觀察現狀的同時，認識該地的歷史，就成為必要。伊能的「渡南觀光」稍後以「臺島雜俎」的系列通信形式，陸續發表在《教育報知》上。由於臺灣漢人相對於臺灣原住民有更多的歷史文獻資料可以參考，因此，伊能來臺之初，在臺北城內總督府文書與教育部門任職之際，大量地閱讀總督府所蒐集的臺灣歷史文獻資料，同時也利用餘暇，就近在臺北城內與城外地區，觀察一般臺灣漢人的風俗習慣。伊能陸續發表這些觀察的筆記，其中也逐漸形成他對於臺灣歷史發展的看法。

在閱讀了《臺灣府志》後，伊能很快有了關於臺灣歷史的心得。在第一篇「臺島雜俎」系列通信文章中，伊能提及「試問，臺灣的歷史如何？」，其回答是：「曰『元明交涉、荷人佔據、滿清略取』，此為臺灣的『歷史的骨子』，更是『土俗的特殊要因』。苟欲觀

①伊能嘉矩，〈臺島の雁信〉，《教育報知》四九九，一八九五年十二月十三日。

臺風之人，注意此要因之影響，結果如何之答案，其勿忘此要因，即足矣。」[①]此文伊能除了扼要地說明當時他對臺灣歷史發展主軸的初步認識外，更以在文獻閱讀的基礎上，主張民族誌的現狀觀察與歷史理解之間的密切關係。在另一篇「臺島雜俎」的讀書筆記中，伊能進一步將臺灣史的位置，放在世界史的發展上來理解，「臺灣在世界交通的行路上，又是東洋門戶的鎖鑰。故考察臺灣的事情，實際上也是探討世界的沿革。」[②]伊能在此一讀書筆記中從世界史的變遷來解釋從十六世紀之際，海洋史的發展過程中東西之間多國多方互動交涉後，對臺灣歷史產生的影響。

世界史中的臺灣

伊能嘉矩在一八九六年的這些讀史筆記，經整理後在一八九九年返回日本時，於東京出版了《臺灣在世界中的位置》（世界ニ於ケル臺灣ノ位置），進一步勾勒他的臺灣歷史知識的基本架構。[③]伊能在《臺灣在世界中的位置》中，將「臺島雜俎」中的臺灣歷史觀察，發展成長篇論文，分為十二節，各節綱目如下：

一、世界中臺灣的位置
二、臺灣最初被世界所知的時期
三、關於臺灣地理稱呼的變遷
四、作為荷蘭根據地的臺灣

①伊能嘉矩，〈臺島雜俎（一）〉。
②伊能嘉矩，〈臺島雜俎（五）〉，《教育報知》五二八，一八九六年十月。
③伊能嘉矩，《世界ニ於ケル臺灣ノ位置》（東京：林書房，一八九九年）。

五、在臺灣的西班牙人
六、臺灣鄭氏的依據
七、清朝臺灣的領有
八、清政府的臺灣經營
九、臺灣蕃地領域問題
十、臺灣巡撫劉銘傳
十一、清朝領土臺灣的末路
十二、當今世界局勢上臺灣的位置

伊能在《臺灣在世界中的位置》所提出的臺灣歷史發展大綱，成為其日後進一步研究臺灣歷史的基本架構。如其在「臺島雜俎」提到的臺灣歷史發展中作為「歷史的骨子」與「土俗的特殊要因」的「元明交涉、荷人佔據、滿清略取」，發展形成各節的歷史論述與時代分期。一方面重視作為外部動力的世界局勢發展（歐洲海外擴張），同時注意東亞海上區域力量的互動（日本戰國時期的海外活動），另方面則是中國大陸內部海外擴張的動力，這三方力量的交匯，使臺灣進入了有文字記載的「歷史」時期。而這三方勢力的消長，主導了臺灣歷史發展的內容。從臺灣被命名，在文獻上留下了記錄，到歐洲人發現了臺灣，並在臺灣建立據點，到此一時期，日本人在東亞海域的角色。鄭氏政權在臺灣建立據點，清朝的領有臺灣，一直到十九世紀的世界史新局勢下，大陸（清政府）與海洋（西方與日本）的勢力消長。透過此一歷史大綱，伊能建立了一個空間化臺灣歷史發展的知識架構，臺灣的歷史是在「世界—東亞—臺灣」的整體性歷史變遷過程中展開。貫穿這個歷史過程，除了是多重層次空間化的地理單位變遷外，也是基於生存競爭彼此互動消長的不同尺度的「文明—種族」身分單位（西方與東方、日本與中國、滿洲人與漢人、漢人與臺灣原住民）的人群歷史。

伊能來臺初期所建構的臺灣史大綱，大致上就以多重層次的「空間」，與生存競爭中的「種族」作為歷史行動者，設定了其臺灣歷史知識的架構。

如果臺灣歷史的動力，是來自位於東亞的海洋之島，一方面來自世界史發展中，海洋勢力的互相競爭，另一方面來自大陸本部種族之間生存競爭的交匯結果，在這樣歷史結構的認知下，伊能除了重建包括日本與西班牙、荷蘭等西方國家在東亞海洋上勢力競爭的歷史外，進一步也探討作為臺灣種族生存競爭勢力之一的漢民族，其移民臺灣的歷史。伊能在一八九五年提出的「臺灣人類學」研究構想中的「臺灣漢人」研究，除了如「臺島雜俎」中整理的臺灣歷史文獻閱讀筆記與漢人風俗習慣的現狀的觀察外，在幾次田野調查的經驗中，除了關注臺灣的「生熟蕃」族群分類問題，在田野中伊能同時也勤於蒐集與記錄所經各地漢人社會的開發史、史蹟、文物。

一八九八年全島原住民調查告一段落後，伊能提出臺灣原住民的系統性族群分類，於一八九九年初提出復命書，並於一九〇〇年出版了《臺灣蕃人事情》。[①]《臺灣蕃人事情》分為五篇：第一篇〈蕃俗誌〉、第二篇〈蕃語誌〉、第三篇〈地方誌〉、第四篇〈沿革誌〉、第五篇〈結論〉，以及附錄〈臺灣蕃地交涉年表〉。其中的第三篇〈地方誌〉、第四篇〈沿革誌〉與以及附錄〈臺灣蕃地交涉年表〉，除了取材自田野現場中採集的口述歷史與地方

①伊能嘉矩、粟野傳之丞，《臺灣蕃人事情》（臺北：臺灣總督府民政部文書課，一九〇〇年）。

文獻紀錄外，主要是利用方志、私家著作等歷史文獻，書寫了與原住民互動比較多的區域歷史、清朝時期的理蕃政策，並整理成年表。伊能在《臺灣蕃人事情》此一民族誌中，涵蓋了原住民、漢人與政府政策三方面，除了在原住民方面，分析了族群分類、各族民族誌以及各族語言基本語料的比較外，也將漢人開發以及原漢互動的地方誌，以及清政府的理蕃政策也納入此一民族誌中，如此具有全貌觀點（holism）的民族誌呈現形式，可以說是伊能的洞見。伊能似乎是暗示著，在書寫臺灣原住民民族誌時，同時也必須包括國家政策，以及互動的相對應族群。來自於原住民、漢人與國家，三方之間動態的互動關係構成了原住民的歷史發展、文化變遷以及伊能在田野中所見的民族誌當下的「現狀」。

臺灣地理歷史教科書編纂構想

一九〇〇年九月，伊能奉命前往南臺灣，進行師範學校用地理歷史教科書編成資料採訪的調查。伊能在調查後提出了復命書《師範學校用地理歷史教科書編成資料採訪囑託伊能嘉矩臺南出張復命》。[1]在復命書中伊能說明了田野調查的經過，在臺南、高雄、鳳山一帶所訪問的史蹟、碑文、蒐集的口述歷史，並發現了羅馬拼音的「紅毛契」古文書。伊能在地理方面，記錄了南臺灣的人文地景。在復命書的最後一節，伊能則針對地理歷史教科書編纂的原則提出建議。

就地理歷史教科書的編寫，伊能嘉矩指出：「如果要在臺灣的師範學校的教科書中教授本島歷史，則主要應該以臺灣從古來作為殖民地，常常在一國的啟誘之下而發展，說明

①伊能嘉矩，〈師範學校用地理歷史教科書編成資料採訪囑託伊能嘉矩臺南出張復命〉，《臺灣總督府公文類纂》V04607-7，一九〇〇年。

其由來，以及其現在的位置是屬於帝國的版圖。因此臺灣的發達，必須依賴母國的啟誘，明瞭其緣由之關係」，以此作為地理歷史教科書內容編寫的原則，並提出八點臺灣歷史的大綱。①

一、臺灣在以前，為無智蕃黎的住所，又僅不過為海賊所據之處所而已。

二、後來，伴隨著東洋航海的發展，變成了日本人、中國人及西班牙人、荷蘭人等海外通商的根據地。

三、其後，荷蘭人獨佔了臺灣的管轄權，臺灣開始進入有秩序的政治之下。

四、接著鄭氏經略臺灣，形成明清兩朝廷之爭衡。換言之，即滿漢人族之生存競爭的局面。

五、清國征服臺灣後，以防止明朝獲得恢復之要衝為目的，進行統治。

六、然而此後臺灣在〔清國〕兩百年的統治之下，變成了中國不平黨的巢窟。

七、在臺灣內治忽略之際，由於外國膨脹力的影響，發生了外國臺灣殖民的計畫。

八、明治二十七八年之役的結果，清國將維持東洋和平之保障，推讓於我帝國，並在媾和條約中，將臺灣的主權割讓於我國。

從伊能在復命書中的這些建議可知，不管是作為歷史的臺灣，或是作為地理的臺灣，從歷史到地理，此一大綱延續了伊能一八九九年在《臺灣在世界上的位置》一書中提出的臺灣史大綱。從伊能的說明中更可清楚地發現，伊能所主張臺灣自古以來的「殖民地」地

①同前註。

位，規定其受外來力量的牽引與影響。除了歷史之外，地理方面，更是直接強調與「本國」（即日本）的關係。

在伊能提出的復命書中，關於歷史教育，除了上述的臺灣歷史大綱之外，也提出了如何運用臺灣的歷史人物，作為教育上的輔助資料。伊能提到：「其從來史上所傳之先正、材武之事蹟、義民的由來、寓賢的傳記等，則作為史談，隨時教授無妨。然同時應培養其忠愛義勇之觀感，移導於我本國之上，就足以作為啟發資料之選擇，要注意不可忘」。①將臺灣歷史上的這些「先正、材武、義民、寓賢」的歷史人物，作為「史談」的材料。伊能大約從一九〇〇年開始，自臺灣歷史文獻資料與採訪口述歷史，整理並發表了多篇篇幅大小不一的臺灣歷史人物傳，例如在《臺灣日日新報》上，從一九〇〇年開始，發表了多篇「烹經煮史」專欄的系列人物傳史談。伊能在首篇「烹經煮史」人物傳的序言中指出：「古來人物之興，蘊於山川之秀麗。所謂地靈即人傑也。臺地山水之氣磅礴，亦天下之一奇也。此奇氣匯集之所，豈不出奇才乎？然其先正材武，賞榮芳躅之偉績竟失採不傳。於茲從事，另他求寓賢隱逸之士，描繪其一生之半面哉。」呼應在稍早復命書中提出的「先正、材武、寓賢、隱逸」史談人物傳文類。②稍後在一九〇二年，同樣也是在《臺灣日日新報》上，另以「龍筋鳳髓」系列，發表人物傳史談。從一九〇九年開始，在臺灣教育會的《臺灣教育會雜誌》上，以「臺灣史談　龍麟一片」為專輯，發表了二百三十一則的史談人物傳。③伊能之所以重視人物傳，除了作為史談，發揮歷史教育輔助的功能外，似乎也有以人物來表現種族，以個體來代表集團的意思；透過個別人物的故事，呈現某種民族性，或者，以個別人物，作為某種表現某一個時代的歷史價值的典範。

①同前註。

②伊能嘉矩，〈烹經煮史（一）〉，《臺灣日日新報》，一九〇〇年十二月十四日，第三版。

③伊能史談人物傳的資料來源，除了從田野中採集之外，另外則是傳統方志上的傳記資料。

臺灣全志的登場

伊能嘉矩於一九〇二年出版了《臺灣志》。在書前寫了「凡例三則」與「附言五則」。在「凡例三則」中，伊能附上了其一八九五年的渡臺宣言〈陳余之赤志，訴於先達之君子〉，說明此書是其來臺六年實地研究的成績，並且介紹此在六年間多次臺灣田野調查的經過與成果。最後強調其臺灣歷史之撰寫，雖「亦有文獻考察，本於實歷調查所得之事實『直寫』」。①

其臺灣歷史研究的全部計畫，「分六卷。卷一、卷二為《沿革志》。卷三、卷四為《地理志》。卷五、卷六為《人類志》」。伊能在一九〇二年時，已經有了完整的臺灣歷史書寫的構想。一九〇二年出版的《臺灣志》，只有原先計畫中卷一、卷二的《沿革志》而已。其餘《地理志》以及《人類志》並未出版。在《臺灣志》卷一、二的《沿革志》中，伊能將其先前在《臺灣在世界上的位置》中的大部分內容，收入第六章〈臺灣沿革概論〉，作為該書結論。其餘各章，則大致上是按照先前發展出來的臺灣歷史架構，進一步的記述。

一九〇四年，伊能嘉矩出版了《臺灣蕃政志》，將原來在《臺灣蕃人事情》中第四篇的〈沿革誌〉以及附錄〈臺灣蕃地交涉年表〉加以擴大，書寫日本統治以前的理蕃政策的歷史。②針對歷來從荷蘭、西班牙時期至清代的理蕃政策的歷史研究，作為影響臺灣原住民歷史發展的「外力」驅動之因素。雖然伊能意圖將這些歷史階段國家發動的政策以及制度，作為日本擬定原住民統治與教化計畫時的歷史參考，但也從而指出了「臺灣開始進入

① 伊能嘉矩，《臺灣志》（東京：文學社，一九〇二年），「小引三則」。

② 伊能嘉矩，《臺灣蕃政志》（臺北：臺灣總督府民政部殖產局，一九〇四年）。

有秩序的政治之下」之後，臺灣原住民的歷史也已經直接或間接受到了近代國家的影響。在具體的蕃政制訂與變遷上，常常又與漢人的臺灣開發史息息相關，「國家」與「漢人」成為臺灣蕃政歷史上兩個要因。伊能的整體性的歷史觀，也展現於此。

一九〇六年初，伊能嘉矩離開臺灣返回日本，回到了遠野。年中，在臺灣的臺灣總督府內伊能的知友，為其發起「臺灣全志」的寫作贊助募捐。從一八九五年底來臺灣，到一九〇六年初返回日本，十年之後，伊能帶著臺灣歷史研究項目返回日本。這些項目，有部分在臺灣時已經出版，如《領臺始末》（一九〇四年）①與《領臺十年史》（一九〇五年）②，有部分稍後陸續出版，如《大日本地名辭書　第三　臺灣》（一九〇九年）③《臺灣總督府理蕃誌稿　第一編》（一九一一年）④，有部分則留下遺稿，如《臺灣蕃俗志》（手稿）⑤。

返回日本的伊能嘉矩，在故鄉遠野仍然繼續進行其臺灣研究，「臺灣全志」的計畫也發展成一九二一年參與臺灣總督府史料編纂會時所負責的清代臺灣歷史研究。⑥伊能的臺灣研究，包含了其從一八九五年「臺灣人類學」研究計畫以來各個階段的發展，及他在一九〇六年所帶回日本，完成「臺灣全志」計畫的心願。伊能去世後三年，透過其弟子板澤武雄與柳田國男的努力，於一九二八年出版了《臺灣文化志》，此為其臺灣研究的集大成之作。

《臺灣文化志》的臺灣歷史敘述主軸，大致上延續著伊能從來臺之初在「臺灣雜俎」讀史筆記開始，經歷《臺灣在世界中的位置》，到一九〇二年出版的《臺

①伊能嘉矩，《領臺始末》（臺北：自版，一九〇四年）。

②伊能嘉矩，《領臺十年史》（臺北：新高堂書店，一九〇五年）。

③伊能嘉矩，《大日本地名辭書　第三　臺灣》（東京：富山房，一九〇五年）。

④伊能嘉矩，《臺灣總督府理蕃誌稿　第一編》（臺北：臺灣總督府民政部蕃務本署，一九一一年）。

⑤收藏於臺大圖書館特藏組伊能嘉矩手稿檔案中伊能嘉矩《臺灣蕃族志》系列手稿如下：《ヴォヌム蕃俗志》、《ツァソセン蕃俗志》、《アタイヤル蕃俗志》、《ツォオ族蕃俗志》、《プユマ蕃俗志》、《ペィポ族蕃俗志》、《パイワン蕃俗志》、《アミス族蕃俗志》。

⑥臺灣總督府在一九二一年設立史料編纂委員會，由持地六三郎主持，其目的在於收集關於臺灣的各種史料，編纂臺灣史料集，並撰寫《新臺灣史》。其中伊能也受邀參與此計畫，負責清代臺灣歷史的撰寫。關於史料編纂委員會的事業與伊能嘉矩的參與，見吳密察，〈臺灣總督府修史事業與臺灣分館館藏〉，國立中央圖書館臺灣分館推廣組編，《館藏與臺灣史研究論文發表研討會彙編》，（臺北：國立中央圖書館臺灣分館，一九九四年，頁三九—七二。

灣志》中逐漸形成的臺灣歷史發展知識。其主要的內容構成，在先前的人類學與歷史學研究的專著與期刊論文上的臺灣民族誌、歷史書寫、人物傳、民俗等研究成果，依據個別章節主題加以反覆加筆修改。整體來看，在《臺灣文化志》中如同柳田國男與楊雲萍等人都注意到伊能的人類學知識背景與方法影響了其歷史寫作的問題意識。①而這樣的問題意識，也使伊能嘉矩從「臺灣人類學」到「臺灣全志」到《臺灣文化志》，以三十年的時間，完成整合了多重空間尺度、多元族群競爭互動、自然與人文地理、集團與個人、制度、習俗與風氣等具有整體性的臺灣歷史民族誌的知識建構。

伊能的《臺灣文化志》當然也有其時代的限制乃致史料誤讀等問題。例如伊能特別強調歷史上臺灣由其他國家帶來的「有秩序的政治」，而即便臺灣在清朝政府統治下的兩百年間，也是處於非近代政治體制下的狀態。②這些觀點都直接導向日本統治的必然性與必要性，除了是因為日本國家擴張所獲得新領土之外，更是內在於臺灣歷史的發展脈絡。換言之，缺乏近代政治主體（即近代國家）的臺灣，使日本的殖民統治具有了正當性。同時在個別的章節中，也有不少是因為史料解讀問題而產生的，在後來引發不少辯論的解釋，例如文獻紀錄中的「琉球」是否即為臺灣，或者對於清初渡臺禁令與臺灣閩粵族群地理分布的說法，甚至是將文獻中十八世紀末宜蘭開發的拓墾社會組織的「蘭人結首制」的「蘭人」，誤解為「荷蘭」時代的社會制度的時代錯置等問題。在後來的臺灣史研究中，也一一被批評修正。

① 柳田國男與楊雲萍在評論伊能的《臺灣文化志》時，皆特別強調伊能的人類學背景對其歷史研究的影響。見柳田國男，〈小序〉，收於伊能嘉矩，《臺灣文化志》（東京：刀江書房，一九二八年）。楊雲萍，〈臺灣研究の碩學　伊能嘉矩〉，《臺灣時報》二五三，一九四一年一月。

② 伊能對清朝多有惡評，整個清朝統治期間，伊能認為大部分的時間臺灣都是處於失序或是放任的自然狀態，國家任由民間（漢人）發展，漢番間的族群關係缺少國家的治理則必然緊張。整個清朝統治時代，伊能只認為十八世紀末朱一貴亂後的藍鼎元與十九世紀末建省的首任巡撫劉銘傳的臺灣治理，是比較有秩序的時代，兩者皆被伊能高度稱許，視為是清朝在臺灣的「中興的為政家」。但即便兩者受到了伊能的好評，伊能認為仍無法抵擋清朝政府整體的落後，最後改革空留遺憾。伊能多次在文章中高度評價兩者，例如伊能嘉矩，〈劉銘傳と藍鼎元〉，《臺灣教育會雜誌》七三：二六—二九，一九〇八年。伊能另有關於劉銘傳的傳記專書，見《臺灣巡撫トシテノ劉銘傳》（臺北：新高堂書店，一九〇五年）。

翻譯與翻印：戰後的接受史

一九四八年，歷史學者楊雲萍在《公論報》的「臺灣風土」副刊專欄中，發表了一篇〈臺灣的研究〉。[1]楊雲萍在文章中指出：「『臺灣的研究』，曾有過許多的燦爛的歷史，黃叔璥、連雅堂、伊能嘉矩、Wm. Campbell、Ludwig Riess、J. W. Davidson，及其他諸氏的業績，確值得後學的我們的欽仰和感謝。」最後並說：「我們要前進！」同時，楊雲萍在同一報紙上也發表了〈《臺灣文化志》的著者〉，介紹伊能嘉矩的生平與業績[2]，以及在「臺灣風土」發行第五十期時，將戰前發表的〈臺灣研究必讀十書〉再度發表[3]。《公論報》的「臺灣風土」也陸續發表由人類學家陳奇祿與歷史學家劉枝萬翻譯的伊能嘉矩論文。楊雲萍提到的「我們要前進」，在戰後初期，就以翻譯伊能嘉矩的方式登場。

戰後臺灣成為中華民國的一省，更在一九五〇年代成為中華民國的全部，在中國民族主義的影響下，展開了「去日本化」與「再中國化」的文化與意識型態改造的工程。[4]「臺灣研究」成為臺灣一地的地方史的研究。而這樣的地方史研究，其機構上的制度形式，則是戰後成立的臺灣省文獻委員會，以及各縣市政府的文獻委員會。各地方文獻委員會基於修地方志的或是鄉土史的需要，將日治時期的臺灣研究成果翻譯成中文，作為修地方志的參考。在這樣的戰後臺灣的歷史知識生產狀況中，由各級文獻委員會，翻譯了部分伊能嘉矩的臺灣研究成果。其中臺灣省文獻委員會在一九五〇年代，出版了「臺灣叢書」，其中《臺灣番政志》則是以翻譯伊能嘉矩的《臺灣蕃政志》為主，並取材伊能的《臺灣

①楊雲萍，〈臺灣的研究〉，《公論報》「臺灣風土」一，一九四八年五月十日。

②楊雲萍，〈《臺灣文化志》的著者〉，《公論報》「臺灣風土」一一九，一九四八年九月十三日。

③楊雲萍，〈臺灣研究必讀十書〉，《公論報》「臺灣風土」五〇，一九四九年五月十七日。

④關於戰後臺灣的「去日本化」與「再中國化」的分析參見：黃英哲，《「去日本化」「再中國化」：戰後臺灣文化重建，1945-1947》，（臺北：麥田出版社，二〇〇七年）。

⑤臺灣省文獻委員會編印《臺灣文獻》與「臺灣叢書」的經過，見莊金德，〈編印臺灣文獻與臺灣叢書〉，《臺灣文獻》二〇（三）：一九五一

文化志》、《理蕃誌稿》等文獻。⑤到了一九七〇年代，更進一步翻譯《臺灣文化志》一部分內容，登載在臺灣省文獻委員會的刊物《臺灣文獻》上。而後於一九八五年開始到一九九一年，將全本《臺灣文化志》三冊翻譯出版，同書於一九九七年再版，於二〇一一年出版修訂版，並於二〇一七年出版全新審訂版。

戰後伊能嘉矩在臺灣以「翻譯」的型態存在，也受到了當時中國民族主義的影響。社會上一方面有要求臺灣史知識的需求，另一方面有民族主義的歷史知識過濾器，使得伊能的臺灣研究在戰後臺灣透過翻譯的繼受，產生了一些影響。例如在一九八五年臺灣省文獻會出版《臺灣文化志》中譯本時，就曾在〈序言〉中提醒讀者：「近年來，國人對於臺灣歷史之研究與考證，興趣愈來愈濃，有關著述、期刊、等等發行愈來愈多，各大專院校開課討論者，亦所在多有，要求本會提供資料者紛至沓來，無時無之，確是可喜的現象。……本書之原著者為日人，由於民族觀點之不同，立論或有所異，但參考價值仍多，願國人於引用時，酌加考慮！」⑥更在〈譯例〉中提到：「一、日人伊能嘉矩著《臺灣文化志》向為臺灣研究之重要參考資料，著者以日人談臺事，間或立場偏頗及史實訛誤，亦不在少數，譯本萬非不得已，蓋照原文譯出。」臺灣省文獻委員會或許是為了使中譯本能順利出版才蛇足地多了這些說明，不過從這裡也可以看到戰後作為官方意識型態的中國民族主義對於日治時期臺灣史研究成果在重新出版時的政治干擾與影響。二〇一一年國史館臺灣文獻館（前身即臺灣省文獻委員會）出版修訂版《臺灣文化志》時，原序文仍保留，但已經將「譯例」撤除。

由於對臺灣歷史知識的社會需求一直存在，在當時的政治氛圍下，伊能嘉矩就如同臺

二〇，一九六九年。其中《臺灣蕃政志》列為「臺灣叢書」之一。「臺灣叢書」中方豪教授合校的郁永河《裨海紀遊》，也取材了當時臺大圖書館典藏的伊能文庫中伊能自編的題名為「臺灣叢書」史料集中所收的版本。

⑥〈序文〉，見伊能嘉矩原著，江慶林等譯，《臺灣文化志（上）》，（南投：臺灣省文獻委員會，一九八五年），頁一。

灣省文獻會所言的，以雖然「民族觀點之不同，立論或有所異，但參考價值仍多」的方式被閱讀，伊能嘉矩在戰後除了以被翻譯的方式繼續留在臺灣，其主要作品也陸續被複印出版。例如一九六五年，臺北古亭書屋翻印了伊能的《臺灣文化志》，一九七三年翻印了《臺灣蕃政志》與《臺灣志》。一九八五年成文出版社，也複印了伊能的《臺灣志》、《臺灣年表》以及《領臺十年史》。一九八九年，南天書局翻印出版了《臺灣舊地名辭典》（原為《大日本地名辭典 臺灣篇》），一九九四年翻印出版了《臺灣文化誌》（原《臺灣文化志》），以及一九九五年的《理蕃誌稿》等。

有不少學者曾批評，戰後臺灣的臺灣歷史研究過度使用日治時期日本學者的成果與素材。伊能嘉矩的作品也曾存在著一種被「過度引用」的現象。伊能以其著作的豐富與涵蓋的全面性，成為研究者們所必須參考的成果，但其中有不少不假思索即直接引用伊能陳說的狀況。這樣的現象，反過來也說明了戰後臺灣在很長的時間內，曾經有過的臺灣歷史知識的生產與傳播方式。

透過翻譯與翻印的形式，伊能嘉矩繼續在戰後臺灣發揮影響力，存續於學院與地方文史社群中。一九八〇年代臺灣解嚴，逐漸邁向民主化，社會上臺灣歷史知識的需求，使得臺灣史獲得了市民權，同時臺灣研究也成為新興中的臺灣文化民族主義的象徵資源。一九九〇年代伊能嘉矩重新回到臺灣，其田野日記等新的材料出版，獲得廣大的讀者群。伊能嘉矩的收藏資料與手稿，在此時已由大學研究機構整理與數位化，重建其完整性，研究者也開始透過伊能嘉矩討論新的歷史議題。此次《臺灣文化志》的全新審訂版，原則上恢復伊能原來的用語與觀點，也保留了伊能的史觀，乃至其史料誤讀的部分。民主化之後的臺灣，已經累積了不少的臺灣研究成果，各種史觀的論辯也有充分表達自由，專業的歷史學家與業餘的文史愛好者，應該已具備了批判性閱讀伊能嘉矩及其《臺灣文化志》的識讀能力。《臺灣文化志》作為臺灣研究的經典作品，其存在的意義除了是史學史意義上的重要先行成果，更在於後來的讀者們對其不斷地批判性超越。

結論

伊能嘉矩代表的是十九世紀末葉日本帝國海外擴張過程中，追求近代知識與表現在田野研究的實證科學精神的結合，伊能在東京接觸到的人類學與近代歷史學，皆以一種普世性的科學知識形式，成為建制化的學科知識。強調文獻批判的近代歷史學，與強調比較民族誌與田野調查的人類學，在當時共享了以「人種」為中心的文明／文化觀，並且深信線性演化的歷史時間概念。伊能的臺灣歷史研究，除了其方法上的跨領域特色之外，更重要的是其對於地政學與地方研究之間政治與知識生產關係的自覺。

伊能將臺灣放在世界史的脈絡中，分析不同集團行動者彼此之間的互動，以及作為互動結果的臺灣歷史。對伊能而言，臺灣歷來從屬性的「殖民地」地位設定，使得臺灣內部自生的社會秩序成為非近代社會的型態（包含漢人與原住民的社會）。當然，今日我們重讀伊能嘉矩的《臺灣文化志》，不必完全接受其觀點，而是應該要對其研究方法、使用的史料乃至論述架構，保持批判的態度，並以具體的研究成果持續與之對話，甚至超越其歷史與歷史觀的知識與時代的限制，開展屬於我們這個時代的新的臺灣研究觀點。

西諺有云：「布丁好不好，吃了才知道。」（The proof of the pudding is in the eating），《臺灣文化志》在過去，曾經是日治時代日本人研究者臺灣研究的集大成之作，影響了同時代的臺灣研究，也啟發了許多重要的後續研究與討論；在戰後臺灣更透過翻譯與翻印，持續地扮演提供史料、論點與研究架構的不在場的參與者。《臺灣文化志》作為一部臺灣研究的經典之作，其當代意義或許在於向今日的讀者提出邀約，邀請我們在閱讀與研究臺灣的知識生產過程中，產生新的意義，並進而超越之。

館長序

十九世紀人類學自西方傳到東方後，即廣泛應用在帝國轄下的領土或殖民地。甲午戰爭，清廷戰敗，臺灣割讓日本，使這塊陌生的殖民地，成為日本積極想要探究的地域。伊能嘉矩即是懷抱此理想的青年，亟欲瞭解臺灣的地理、歷史及其居民。

伊能氏，字朋卿，別號梅陰、蕉鹿夢，日本岩手縣遠野人，師學日本人類學之父坪井正五郎。明治二十八年（西元一八九五年）以陸軍省總督府雇員身分渡海來臺，年方二十九歲。來臺前發表〈余の赤志を陳べて先達の君子に訴ふ〉（陳余之赤志，訴於先達之君子）一文，欲效法自古以來探險家，闡明前人未發之隱微，拓展智識之領域，不甘安逸於衽席之上，縱然「不幸成為異域之鬼、暴骨於砂礫之上」，亦在所不辭。十二月，與田代安定共組「臺灣人類學會」。

來臺十年間，伊能氏親自踏查臺灣各地，向陳文卿學習「臺灣土語」；與アイ（Ai）、イヴァン（Ivan）學習泰雅語；就教於劉銘傳的幕僚李少丞關於會典律例等。並且，自立三條原則：縱有疾病或其他事故，當日查察的事實，必當日整理之；欲達科學之查察目的，秘訣在於「注意周到」，日後的記述雖細微但如有不明白或疑問者，乃注意不周到之罪；以周到的注意而查察的結果，應以周到之筆記述之。甚至以〈阮驃騎傳〉[①]自勵。明治三十八年（一九〇五年），為了專心著述，他辭職回家鄉，著手整理他所蒐集的田野調查資料，可惜因在臺所染瘧疾復發，於大正十四年（一九二五年）九月三十日病逝。

①阮蔡文，一六六六—一七一五，福建漳浦人，清武官，熟悉多種方言、民族語言，曾親自踏查北臺灣。

《臺灣文化志》係為他的遺作之一，經其門生整理編輯後出版三巨冊，是研究臺灣清代以前至日治初期重要的史料。綜觀全書，包羅萬象，從臺灣早期的歷史、政治、經濟、商工、商販、武備、教育、社會、交通、對外關係、風土民情、祭祀儀典、拓墾、番政、修志，至臺灣割讓等，是為研究臺灣歷史、地理及文化不可或缺之著作。

本館職司臺灣歷史文獻蒐集、整理與研究，為重現臺灣歷史記憶，推廣經典著作，讓民眾瞭解自身的過去，民國七十四年，本館前身臺灣省文獻委員會即由同仁江慶林主任委員、劉寧顏副主任委員、程大學委員、陳壬癸委員、黃有興委員、王世慶編纂、黃耀東組長、黃連財組員、吳家憲組員進行翻譯，謝浩委員及鄭喜夫委員校訂。一〇〇年再由本館陳文添、徐國章、許錫慶、黃德峰研究員及鄭喜夫委員等進行校正修訂。

站在巨人的肩膀上，讓後人能看得更高更遠，歸功於許多前輩對該書的投入與努力，本年適逢伊能氏一百五十周年冥誕，為能再現這段臺灣人的歷史，以及伊能氏對臺灣研究的熱忱與治學的嚴謹，特聘專精於伊能氏研究的陳偉智教授擔任審訂，並撰寫導讀。期待我們臺灣學術界的先進、莘莘學子或有興趣於臺灣歷史的普羅大眾，再次親炙臺灣的過去，秉持對這塊土地的熱情，持續探索、記錄我們經歷的一切，開創無限可能的未來。

國史館臺灣文獻館　館長

張鴻銘　謹識

民國一〇六年十一月

審訂版例言

一、本書為伊能嘉矩所著《臺灣文化志》中譯本之審訂版。該譯本由國史館臺灣文獻館之前身臺灣省文獻委員會編譯，初版於一九八五年十一月出版上卷，於一九九一年六月出版中卷及下卷，並於二〇一一年出版修訂版。上述兩版本之原翻譯人、協助人、校按人及校訂人詳見本書版權頁。

二、本審訂版由陳偉智先生審訂全書。《臺灣文化志》原書之成書有其歷史脈絡，在民主化之後的當代臺灣，各種史觀已有充分辯論的自由，讀者應已具有批判性閱讀伊能嘉矩及其《臺灣文化志》的識讀能力，審訂版旨在還原作者伊能嘉矩的用語與史觀，並且修訂先前譯本若干具有時代限制之文字，以求忠實呈現《臺灣文化志》的完整面貌。

三、踵繼前賢，審訂版沿用修訂版所為之校訂，包括：

（一）就中譯本初版與日文原書對校，各卷分別作必要之補譯、重譯或修改，以減少翻譯上之缺失。

（二）書中引用中文文獻之引文，儘可能檢出中文原書重核，並儘可能採用原文；極少數中文原書未獲寓目者始由日文回譯。

（三）配合（一）、（二）兩款，對中譯本初版之校按作大幅之修訂、增列及刪除。日文原本記事之年月日、人名、地名、官名、數目等，以及徵引文獻之書名、篇名偶有誤植處，一般逕予更正，並以校按說明之；其尚無定說、或仍有爭論之處，則照譯原文後，再以校按說明之；間亦提供更詳悉之訊息，如徵引之原書之篇目等。

本審訂版亦對修訂版之按語有所刪減及補充。

四、為便利閱讀，審訂版參照日文原書及修訂版，對於書中正文、引文、原註、附記、譯按、校按，分別使用不同字型及編排方式，說明如下：

（一）正文使用明體。日文原書中與正文相同字級之括註亦使用明體，並加括號。

（二）整段獨立之引文，日文原書或用與正文相同字級，或用較小之字級，審定版一律改用相同字級之黑體。於正文中之引文，則比照正文使用明體並加引號。

（三）正文及引文中之作者及原書編者夾註，使用字級較小之黑體並加括號。

（四）日文原書又有整段獨立、較小字級之註釋，於審訂版一律使用與（二）款相同之黑體，因非引文，仍易識別。

（五）所有校按及譯按皆採用腳註，並編排於該頁面下方，以利對照，除特別註明「譯按」者外，其餘皆為「校按」。

（六）作者於原書中之附記概以框線特別標明。

五、審訂版全體工作人員，孜孜矻矻，全力以赴；惟綆短汲深，未逮之處，敬希不吝指正，無任銘感。

導讀——伊能嘉矩的臺灣研究及其當代意義　吳密察 003
導讀——《臺灣文化志》的形成史與接受史　陳偉智 019
館長序 037
審訂版例言 039
臺灣文化志序（原序） 053
小序 057
伊能先生小傳 061
凡例 076
第一篇　清朝以前中國人所知之臺灣 077
附錄　明代以後由中國人所命名之臺灣地名之變遷 139
第二篇　領臺原始 155
第一章　鄭氏在臺灣與清朝之勦蕩 156
第二章　靖臺之紀功及報賽 215
第一節　紀功 215

第二節　報賽 221
第三章　**臺灣之領有** 229
附錄　對施琅之優遇 244

第三篇　文治武備沿革 249
第一章　**文治之規制** 250
第一款　**組織及權限** 250
第一節　臺灣巡撫　附：布政使 251
第二節　臺灣道 263
第三節　知府 271
第四節　知縣及直隸州知州 272
第五節　同知及通判 273
第六節　縣丞及巡檢 275
第七節　海防同知 275
第八節　理番同知 277
第九節　巡視臺灣御史 280
第十節　提督學政 286
第十一節　特設官司 287

第一項　全臺保甲局及全臺團練局　287
第二項　全臺釐金局　289
第三項　臺灣海關　289
第四項　臺灣商務局　290
第五項　全臺鹽務局　291
第六項　臺灣郵政局及臺灣電報局　291
第七項　臺灣鐵路局　292
第八項　臺灣金沙局　292
第九項　臺灣煤務局　293
第十項　臺灣腦務局　293
第十一項　臺灣礦務局　294
第十二項　招墾局　294
第十三項　全臺撫墾局　295
第十四項　全臺清賦局　296
第十五項　臺灣通志局　296
第十六項　其他特設官司　297
第二款　文治設施之變遷　299
第一節　隸屬福建省時代　299
第一項　第一期　300

第二節　第二項　第二期　308
第三項　第三期　318
第四項　第四期　336
臺灣省時代　344
第三節　澎湖之規制　351
第三款　司法機關　357
第二章　武備之規制　369
第一節　陸路及水師　369
第二節　礮臺　408
第三節　水師戰船　416
第四節　鄉兵之特制　422
第一項　一般鄉兵　422
第二項　特殊之鄉兵　429
第三章　臺灣之特制及其內容　435
第一節　官員之特別調補　435
第二節　駐臺官員之優遇　439
第三節　官員挈眷之限制　442
第四節　官場之弊痼　443
第五節　吏胥之積蠹　452
附錄　文、武之宦績　459

第四章　城垣之沿革　553
第一節　城垣之起源　553
第二節　臺南城　571
第三節　鳳山城　579
第四節　嘉義城　582
第五節　彰化城　585
第六節　新竹城　587
第七節　宜蘭城　589
第八節　恒春城　590
第九節　臺北城　591
第十節　臺灣城　593
第十一節　雲林城　594
第十二節　大埔城　595
第十三節　媽宮城　595
第十四節　城垣總論　597
第五章　地方自治行政　600
第一節　本島之地方自治　600
第二節　澎湖之特別自治　608
第六章　保甲及團練　619

第一節　保甲制　619
第二節　團練制　634
第七章　清朝之靖臺政略　644
第一節　遺才之收拾養贍及黎民之綏撫賑卹　644
第二節　宣揚朝威之鼓勵　651
第三節　薙髮令之強制　656
第四節　起初對前明之消極策略　658
第五節　尊重明代之最後史蹟　666
第四篇　治匪政策　673
第一章　治匪梗概　674
第二章　匪亂各志　698
第一節　吳球及劉却事件　698
第二節　朱一貴事件　700
第三節　吳福生事件　719
第四節　黃教事件　719
第五節　林爽文事件　721
第六節　陳周全事件　740
第七節　蔡牽及朱濆之入寇　743

第八節　高夔之陰謀　748
第九節　噶瑪蘭料匠挑夫、土匪之滋擾　749
第十節　許尚及楊良斌事件　752
第十一節　黃斗奶之滋擾　754
第十二節　張丙事件　755
第十三節　郭光侯之糾眾抗官　759
第十四節　李石事件　760
第十五節　黃位之侵擾　761
第十六節　戴潮春事件　762
第十七節　陳心婦仔並蔡顯老案　774
第十八節　施九緞事件　775
附錄　澎湖島民之習慣性搶奪　777
第三章　義民之鼓勵　779
第四章　匪亂之間接動機　786
第一節　匪亂與結拜訂盟　786
第二節　迷信之影響　787
第五章　軍器等之禁制　800
第六章　分類械鬬　803
附錄　西皮福祿之爭　820

插圖目次

照片一　在書房的作者、本書原稿的一部分　050
照片二　作者的臺灣館陳列室　051
圖　一　禹貢四海圖　088
圖　二　荷人 Linschoten 亞細亞圖　103
圖　三　荷蘭船東進圖、荷蘭人澎湖登陸圖　121
圖　四　熱蘭遮城與市鎮圖　122
圖　五　華連泰因臺灣圖　130
圖　六　鄭成功像及鄭氏征臺圖　162
圖　七　番字洞　165
圖　八　荷蘭人投降圖　166
圖　九　巡撫及布政使官印　254
圖　十　沈葆楨像　538
圖十一　臺灣城古圖、臺南城　573

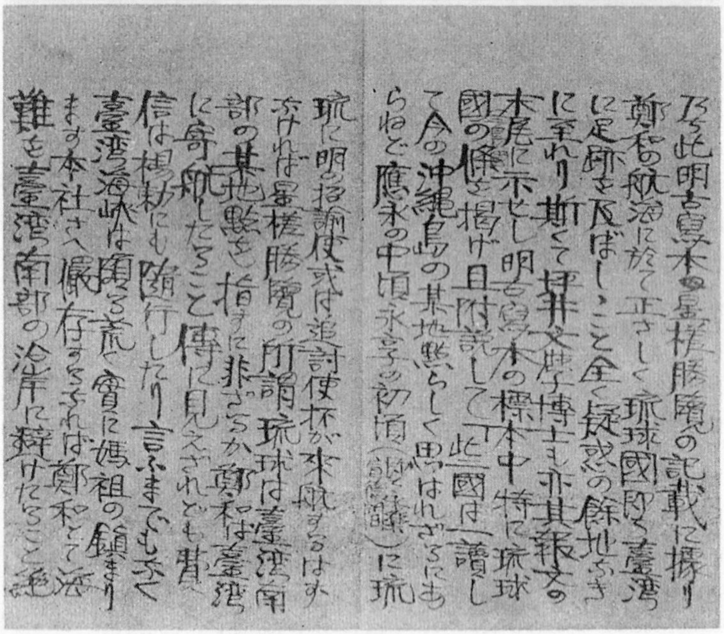

乃ち此明古鈔本の星槎勝覧の記載に據り
鄭和の航海に於て正さしく琉球國即ち臺灣
に足跡を及ぼしゝこと全く疑惑の餘地なき
に至れり斯くて坪井文學博士も亦其報文の
末尾に示せし明古鈔本の標本中特に琉球
國の條を掲げ且附説して「此國は一讀し
て今の沖縄島の某地點らしく思はれざるにあ
らねど應永の中頃(永享の初頃)(明宣德)に琉
球に明の招諭使或は追討使杯が來航するはず
なければ星槎勝覧の所謂琉球は臺灣南
部の某地點を指すに非ざるか鄭和は臺灣
に寄航したること傳に見えざれども費
信は揚勅にも随行したり言ふまでもなく
臺灣海峡は頗る荒く實に媽祖の鎮まり
ます本社さへ儼存するなれば鄭和とて海
難を臺灣南部の沿岸に避けたること絶

照片一　在書房的作者（上）、本書原稿的一部分（下）

照片二　作者的臺灣館陳列室

臺灣文化志序（原序）

朝鮮（韓國）及臺灣之領有，究竟是否為著日本，我不能率爾回答此問題。唯對有志研究學問的人，因為已歸我版圖之故，我等對臺灣或朝鮮有研究之義務，且深感勝過任何一國之人。

對臺灣之施政是否符合正義，我亦無法判斷，然而對與領臺同時，由後藤氏①之倡議所設置之臺灣舊慣調查會，在我國數百種以上之調查會中，為最忠實完成其使命者，不容稍有置疑之想。其浩瀚的各種報告書，稱為無盡藏亦不為過，言之有力有益之資料，展開在學術研究者之前。我未曾知我國有如斯重大的學術重要內容的官方刊行物，提供社會諸學研究者。

然而甚為遺憾者，至今活用此等諸報告，獨自嘗試研究者殆尚無其人。好不容易有如此之寶庫，如斯尚束諸高閣，深鎖緊閉。但近將開設臺灣大學，此長期間被閒置的領域，不久將會被篤實的學者所開拓。如斯領臺已數十年，余想至此我日本人將能完成有關隨同領臺之學問上重大的責任。

關於朝鮮可謂大略相同，唯所遺憾者，在朝鮮可與上述臺灣舊慣調查會之各種報告相匹敵之資料之蒐集，尚付闕如也。

對南洋諸地方（委任統治地）近來因松岡氏②及其他篤學者之業績公之於世，實不禁有會心之意。

① 即後藤新平。——校按，以下略
② 即松岡靜雄。

我人縱使未獲有臺灣，統治南洋諸島，租借關東州，合併朝鮮，但在東洋中之最進步國家，對世界之學界，亦不得不率先將此等地方之研究加以精進。何況已領有而統治之。現今，我對英國學者研究印度之事蹟，已有不必再絮說之感。何故？因其乃為人們所周知之事實使然也。

研究西洋學問，介紹彼邦學者之著作，兼而附加新的工作，此實絕不能忽視。雖然日本學問上之第一工作並不止於此，自我國以至亞細亞諸國、諸民族之過去及現在將之詳加研究，方為我等從事於社會諸學首先要身任者。唯其工作，比直追西洋學問，還更多困難，好學之觀念，若非十分堅強，則中途挫折之虞實非尠少。

當此時，能得到伊能嘉矩先生所著之《臺灣文化志》乃為我學界之幸福，無須余之喋喋亦可明白。

我無緣認識生前之伊能先生。但僅依此遺著，就可察知其學問之廣度及深度非比尋常一般，因而為之驚異不已。

若是強求其完備，此《臺灣文化志》之補訂修正亦不可無。尤其從西洋人的各種文獻涉獵之餘，或許會看出若干不足之處；相反的對於中、日諸書之斟酌，縱然有後起之秀，但或將不容易知其應為增益之者。

著者不甘以獨自涉獵廣泛，凡所有史實均經細加咀嚼，精查其間相互之關係，一覽之下臺灣文化各種方面之發展跡象歷歷呈現。其史的範圍內部隨處放射燦爛的光輝，並配合著著者的經世宏才。《臺灣文化志》在某些意義上是一種文化的百科全書，亦是 Almanac（年鑑），更是 Archives（檔案）。換言之：稱為現代化的《臺灣文獻通考》，想亦無不當。

如板澤教授①之跋文所記，著者伊能先生以三十年的長久歲月著述此書，殆竭盡其一生精力所完成者，然而不及見其書之刊行，賫憾以投他界，至昭和三年的今日，能見此書之刊行，恐亦非著者所能預期者。而能得刊行之實現，端賴板澤教授暨小長谷文學士②獻身之辛勞所賜，尚有柳田君及尾高君之非比尋常幫忙之結果，我視上述諸先生之稀世情誼，在生前未獲辱知之榮的篤學者伊能嘉矩先生，而今儼然湧現在眼前。「因其果而知樹」，僅就交有如此高雅的洋溢著友誼之許多弟友輩一事，即可察知伊能先生之高風亮節。現在其美雅友情結晶之《臺灣文化志》完成出版，聞訊之下，實深感其為當世稀有之事。想伊能先生在泉下必為雀躍欣喜不已，而日本學界不但獲得此埋沒已久的學問，且對學問之研究，人格之力影響如何之大，顯示活生生的一例，將衷心感謝。

昭和三年七月三日

福田德三　謹識

①即板澤武雄。
②即小長谷達吉。

小序

最後與伊能氏晤談係在七年以前一個新秋的傍晚。在遠野①旅館二樓窗間，夕陽即將西下，而指著周圍的山野縱談今昔故事，尤其自己欲找尋者，係此地方學問的由來，究竟什麼機緣為當代之文運際會，在此山間的一盆地誕育如我伊能氏般稀有之篤學者，實不解其為何種原因，在心內只是驚愕不已。

先生對此回答並不太圓滿周到，試取出當天之手帖看，遠野之教育歷史甚淺，且據說應歸功於異鄉流寓之客為多。在元文末年，有久子小五郎號翠峰者，自遠方來此，始傳授經學於此邑之子弟。繼而有浪士飯田勘助者，開設書堂從事講習之業，從遊者漸多。此二士人似乎俱是因故避世者，而從未曾詳細自述其來歷故也。所傳之姓氏名字，是否原名亦難以斷定云云。無論如何，在二百年前奧州②之小都市，絕非對世途有望者所能安於久住之地。所謂失意流離毋寧說是自甘埋沒之輩，偶而將其餘生經營於邊隅，其種籽留在未墾沃土之例不少亦未可知。而喬木之質，自開葉之日，歷代加以愛護，終於亭亭，使人瞻仰其大成之力量。以此期待於客寓之士，想是困難的。伊能氏與遠野鄉土之因緣，板澤先生文中已有詳盡的說明，我現在知道曾經保持在伊能先生之家中的就是不可侵犯的傳統。

伊能氏之「家風」是學問與名利無絲毫相干，這可算是其大特徵之一。最近連在所謂史學隆興當中，至少研究臺灣古文化是獨步的。先生若居其功，何人能與之爭乎。而且終生刻苦謙虛自認不完備，欲僅留遺編以嘉惠後代。彼倉皇世上幾多士人，屢次有違背付託

①今日本岩手縣遠野市。——校按，以下略

②日本本土東北部奧羽地方。——譯按

而儘先追求聲譽者，對此伏眉掩面固是當然，且反過來說：統治已歷三十年之久，而為天朝子育異民對於文化指導有責任者，幾次乘篤學之士所求者薄，供給又不加以勗勉，勞苦未必有報，而今安然享受其豐富成果，雖名之曰現代之趨勢，又我等為有矜持的極東之一民族，不得不憮然引為慚愧與悲哀。

或因環境之力，及時代之感化，人既隱然如有所負，猜想有這樣想法的人亦未可知。然則學者與果樹園之桃、李相同，欣欣向榮的呈獻其果實為義務，至少在我伊能氏之場合，則清楚知其並非如此也。伊能氏抱著壯志來首都①作客的時候，新的學問是故坪井教授②的人類學，雋敏的士子忽然會得其真義，不傾耳聽講說者簡直不可思議。而且學業不單是止於祖述布衍，乃以此實生活適用於我同胞眼前，更進而為南方新附之國民，雖未有紀錄者尚可得闡明其過往情況，而欲作確認者究是何人。先生不僅作其首唱而已，且連暫時呼應之而繼起者亦無。伊能氏之志原是為修史，在此文化志之偉篇已充分證明。而且人類學所提供的不止是一箇愷切的人間研究之新方法，卻基於其因緣而受幾多意外的刺激，又將無限的資料從此方面倒逆輸入。這就是先生臺灣調查的餘材，且見學會屢屢賴之支持，於其沉滯之日大有所作者，豈非我伊能氏之功？

至少先生是常欲施與之人，尤其立在學藝的廣衢，在夢寐中亦不忘故山隴畝之人；相反的在南窗歸臥之日，亦未嘗失去四海之志，尋常慨世自高之士到底望塵莫及。東北之人材雖雲集，但對於先生開始懷有的學者之鄉土愛，有特別深刻的體驗者甚多。

蓋先生在生涯中學問是一貫的，特別在精力所傾注者是平民之歷史，依據些微的零散舊紀錄，若要研究一地方前代的文化，其結果是止於少數土豪之盛衰而已，在東北或在中

①即東京。
②即坪井正五郎。

國海的一孤島都是相同的。然如絕志於中原角逐，閉門於有限的見識，且以夜郎自大的俊傑為己任時，其術之易行，前者卻超過科舉之邦，然獨先生自夙昔不能安於此流風，出而對於國內尤不被照顧者，敢然欲嘗試最難完成之事業也。其意之所在恐不止一臺灣耳。

日本之學問偏重於中央，只不過修飾京華之文運，此未必為近年之傾向，至此時地方上逐漸興起大學，至少其規模、先例似無一不仰賴首都。至若家居在奧羽之曠野，寂寞的於草萊中閱讀書卷者，倘有顧念祖國人民之深切情誼，只有待大志逸才之士來指導別無他法。誠然哉自先生出，一鄉先化，繼而比鄰苟聞其名者，翕然期待學問於未拓之地。

自田村將軍以來，沉淪於悠悠一千餘年間對於忠實傳承往古的無名眾人，至此始為人所知所訪外，有時更為古意的中州所亡失者得到補充。故《臺灣文化志》最後之原稿，在陸中遠野完成，將之單解說為一個奇遇，於我是不允許的。余想這正是著者為其故鄉，以一大精進建立之紀念碑，將人類的歷史，欲從其基礎觀察所為地方學問之獨立宣言，永久在題目外的人們亦應共與仰望者，而且先生已長逝，血食無嗣，其業尚半，不得不抱有散失之虞。茲值此遺篇幸而公之於世，且有滋生惆悵於胸中之感，這未必僅思慕故人者之私情。

先生的確是學者之典範，然而我等已喪失之矣，但不僅邊陬一地方，蓋昭代文運之前途，總括之係繫於效法者之多與否也，而我私衷尚有竊以為危者焉。

柳田國男　謹識

伊能先生小傳

一、伊能家之家世

伊能家據稱出自延喜之著名大學者——三善清行卿。清行卿以多子稱，但其子卻不甚顯名，獨第八子淨藏祝髮為僧，以曉術數而知名，其行狀見於《今昔物語》，《元享釋書》卷十載其傳。

淨藏有二子，伯曰布施，季曰伊能。伊能數十世之後有友滿者，居於江州蒲生郡村田鄉，改姓村田。友滿之子為友隆，友隆之子為友治，友治之子為友次。友次於元和年間下奧州、暫住三戶以儒仕南部氏。友次之子友周無子、養其弟友員為嗣。至友員之子友治，改村田姓稱伊能，遷住盛岡（岩手縣治所在地）仕南部氏。不久，南部信重公之孫信有公一門為遠野之利勘公嗣子，則扈從於享保年間移住遠野。友治之子友躬，友躬之子美啟，美啟之子為三柳。三柳之女迎金田儀移為贅婿而承嗣。儀移之子就是先生之祖父友壽大人也。

二、先生之少年時代

友壽大人有一女，名曰千代子。遠野之大儒江田霞村先生第二子守雄入贅為嗣。其間所生者即先生也。

慶應三年（西元一八六七）五月九日（戶籍為明治元年）生於遠野町新屋敷伊能邸舍。幼字容之助，名為嘉矩，字朋卿，梅陰、蕉鹿夢是其號，梅月堂是其堂號。嘉矩唸為kanori（カノリ）。但先生之羅馬字略署為YI。先生之祖父友壽大人資性謹嚴，精通劍道，兼而國學、國風造詣精深，擔任神職，為德高望重之人。外祖父霞村先生學於安積艮齋之門下，稱為宏才，與清川八郎締刎頸交，籌策王事，有氣概之士。父守雄翁學於大學東校，以醫為業，持獨自高風，不投於世，而一面是進步主義者。余竊觀之先生人格之基本乃由上述三先人之資質所渾然鎔鑄。然先生之生涯，自第一步起即未能踏入尋常平坦之途。

先生甫二歲，在母親之懷抱裡即能誦讀坡翁〈赤壁賦〉。賢母對此異常寧馨兒之哺育庭訓費力之狀可從而察知。其貞淑溫雅的母親於明治二年（一八六九）享年僅二十三歲而逝世。翌年，其父為立志研修醫學而遠赴東都遊學，自四歲以後先生乃在祖父母之膝下成育。明治七年二月二日進入小學，十三年四月三十日初等小學全科畢業。思慕此時之先生者，有其十七歲時手記〈鹿之狸自敘傳〉（習字紙八張），係先生逝世後在筐底發現者，此處不將全文引用，依其中記載，明治七年有〈惡兒戒書〉，明治十年有〈遠野新聞〉，十一年有〈排佛新論〉等著述。可知幼時已通達文字，具有編著的癖好。

小學畢業後的先生有志紹當時剛學成歸里懸壺濟世的父親之箕裘，用心於醫學研究，又就讀外祖父霞村先生之敬身塾修修身、歷史、文章學，又從祖父友壽大人聽講國學。旋而放棄學醫之志而專事攻讀漢學。先生之上述手記曰：「無奈因缺少資費無法達其志，終於斷然放棄醫學，而今回顧之，實有不堪斷腸之痛。」

其時恰逢天下之輿論為開設國會擾擾紛紜之時，年少氣銳之先生亦趁此風潮熱血鼎沸之際，與其同志創立開知社，以為地方開化之計。於此時又著《征清論》付印。先生之著書付梓者似以此為嚆矢焉。①

三、東都遊學時代

明治十八年三月，先生年十九歲，負笈東都遊學。初應麴町區寶田町之斯文黌入學考試，因成績優異編入中等科終年期，三月十六日搬入該黌寄宿舍，因籌措學費無著，於翌（十七）日被迫退學。更立志，於五月十二日入三島毅氏之二松學舍，寓居柳塾第五房，在同年中以漢文撰寫之《日本維新外史》脫稿。此稿本現存。此書分〈前記〉、〈正記〉、〈後記〉，〈前記〉析述維新之原因，〈正記〉述其經過景況，〈後記〉述結果，先生犀利超凡之史眼於此著述可見一斑。先生之在二松學舍是至明治十九年底②止。根據當時之日記斷簡「其如教科用書在傍人書側看之，邊看邊抄」，可察知其辛勞有餘。在此期間可想為先生值得欣快的一大事，為得到盟友林田遊龜③氏。氏為前眾議院書記官長故林田龜太郎之弟，在日清戰爭（甲午戰爭）中為陸軍中尉，據聞已戰死。其義盟文（署大日本紀元二千五百四十五年一月，熊本縣林田遊龜、岩手縣伊能嘉矩），與遊龜氏之書簡數十封一齊被妥存著，此亦係先生逝世後所發現者。當時先生與林田氏共同蒐集獲得大久保公之刺客島田一郎之斬姦狀，副島伯、谷子、板垣伯、林有造氏等之建言書類及伊藤伯之憲法草案等，幾次掀起青年熱血沸騰云云。

① 伊能先生著書出版始於明治十七年之《三村地誌略》，《征清論》亦同年所著。

② 江田明彥編〈伊能嘉矩年譜〉作十月。

③ 前揭〈年譜〉作「游龜」，下同。

四、師範學校時代

時值師範學校改制，岩手縣立師範學校招募公費推薦生，先生亦獲推舉入該校繼續修業至明治二十二年三月。當時教育學之筆記簿（需用毛筆寫）尚有一部分殘存。但是，二十二年二月十一日憲法發布當日，引起有名的寄宿舍騷動，以先生及四名盟友為主謀者而被命令退學。其真相，在同志之一菊池房松氏於先生告別式的弔詞有詳盡的說明，且抄錄於此。

（前略）當時初次頒布〈內閣官制〉，文部大臣（教育部長）為有名之理想政治家子爵森有禮氏，師範學校如軍隊式之規律，頗為嚴肅，又因其係崇洋派，三餐均吃麵包及肉類之西餐，一日給一次米食，同學不少深感痛苦，加之，有關時事之新聞雜誌均不能閱讀，僅據《教育通報》及《教育時論》等雜誌，只能窺知社會的一小部分而已。（中略）明治二十二年二月十一日之紀元節（即日本之開國紀念日）發布大憲章大日本憲法，窮窘不堪的師範學校也只於此日舉行盛大慶祝，同時放假至深夜，可以與市井之民眾共樂，於此時圖以脫離校規之束縛而雄飛於自由天地，以兄①為首，同學鵜飼悅彌、里見朝祐及本人四名盟約，藉名膺懲高年級學生橫暴，引起寄宿生騷擾，因其為首領之故被退學，漸得貫串素志也。（後略）

五、新聞記者生活與人類學之研究

①即伊能。

被師範學校開除之四名盟友相繼上京，各立其方針。先生即專致勤勉於文學上之研究，因無籌辦學費之途，僅賴筆耕自食而通學於圖書館。至二十二年秋，經故波多野傳三郎氏之斡旋，進入東京每日新聞社，從事編輯事務，餘暇即就二、三私學補習國文及外國語文等。二十四年夏，改入日下部三之介氏主管之東京教育社，擔任《教育報知》雜誌之編輯主任。就現存之《教育報知》而言，其論陣之堂堂，內容之嶄新，實多可令人敬服。先生終身對教育有興趣，對教育有關之論說從未斷絕，而徵其經歷並非無故。至二十六年中，《大日本教育新聞》再興，先生應聘轉任該新聞編輯長。日清戰爭時慨然揮筆著有《戰時教育策》，更因井上毅氏之序文，該書甚為當時朝野所注目，因此未幾即再版。用其稿費招待祖父友壽大人至東京觀光，斯時之喜悅曾聞之於先生。

從此以後，自二十六年師事理學博士坪井正五郎氏研究人類學。二十八年與鳥居龍藏氏（今文學博士）謀創辦人類學講習會，其要旨云：「關於人類學上新發見之報導，或新研究之討論問題，已有東京人類學會而無所遺憾，然而對於初欲入門此學者，及欲知外國對於此學之活動情形如何者，則尚未見有適當之方法，余等同志所新設講習會即欲彌補此缺憾之集會也，本會每星期六下午二點起在東京適宜之地方開會。」先生加入人類學會之年月至今未詳，但根據二十七年十月調查人類學會會員一覽表，係登記為東京市神田區錦町三丁目十七番地今井館伊能嘉矩。今井館於相當時間內為先生之定宿云。於人類學會中先生最初之演講，記得在《人類學雜誌》[1]第九十七號，明治二十七年四月一日第九十五次例會之談話筆記有「關於御白神（オシラ）[2]」之載似為初見之事。御白神與先生之因

①應為《東京人類學會雜誌》，下同。

②御白神「オシラガミ」是奧州地方之日本東北部民眾所尊奉之男女神，神像是以桑樹有四枝出者斬斷長尺餘上部刻面、軀體則存之以木綿布結衲之，是為地方性之神。——譯按

緣甚久。昔日曾將御白神神像捐贈於上野之帝室博物館陳列因而引起學者之注意，這是同好者所周知的事。《人類學雜誌》第二十八年一月號載有題為〈遠野鄉之介紹〉一文。對鄉土研究，先生是日本先覺者之一位。

先生對人類學之輔助學科夙感有必要研究日本周圍民族之語言，二十八年在東京之朝鮮支那語學協會就中國人滋肪研究中國官話，山崎英夫及朝鮮人修學韓國諺文，於此期間又向北海道舊土人パットレン（Pattoren）研究蝦夷語。

六、渡臺及其目的

日清戰爭結果臺灣割讓給我國，臺灣島之地理、歷史及住民之闡明尚未臻理想，先生奮而欲從事研究，二十八年十一月決然渡航臺灣。當時欲達渡臺之目的，曾上呈給官方要人及先進諸氏之意見書刊載於其舊著之《臺灣志》卷首，茲將其全文揭載於左：

至界線之下，其地廣袤五千餘里，曾以美麗之島之稱，被介紹為土地肥沃、物產豐富之臺灣，現今歸入我國版圖。將來為我武備之關門及殖產之要區，在政治上、實業上，不但必須為國民所著眼，而應如何對待其固棲已久之番民，以治理之、保護之，及誘掖之，亦是我國民之責任，進而不得不講究者。

我中州之北，隔津輕海峽有一島，古稱之為蝦夷。其固有之土人，呼之曰アィヌ（Ainu），其體貌、習俗及言語、心性等，完全與我有異，初為我化外之民，近代自松前氏之時以來，漸啟就撫之端，尤以先輩如近藤、最上、間宮、松浦等諸氏挺身履難，跋涉夷境，親自測量其地，探問其俗、蒐集所見所聞，筆之於書，成幾十卷。明治盛世之初，百政待舉，而皇化及於四方之際，能審其土人之狀態如何，施治敷教，不失其宜，可知實歸因於如上先輩辛苦經營研究結果所得甚多。何況承科學東漸之機運，新著手研究人類之際，能獲增加其獨特發展之新資料，完全為無限之遺惠恩澤，不得不永久記憶之。今日蝦夷之研究，雖遠跨歐洲南北，北以俄、英為先，南由德、法學者，再累加幾多之研究，然而此等學者不但不使其獲得搶先之名，往往使其引證如上先輩之記事，即由自己之手開拓自己道路者，在斯學上不得不稱其為豐功偉績。

蓋治化、保護及誘掖未開番民之道，似易而甚難。即是一方面設立教育之法，宜為適當作智德啟培之媒助，一方面講究授產之術，不可不消除日潛之禍機於未然。而為此事，首先要審慎從事人類之研究，以此完全觀察其形而上及形而下，併探勘其地理及與自然之關係，然後將其結果加以運用之。若是此根源之調查未完成，而徒著手處理善後者，不知對於治化、保護及誘掖，何以得見其能適實也。臺灣之住民，今據稱分有三類：曰中國人、曰熟番、曰生番是也。就中中國人，固後世移殖之民，御之非難也。但對生、熟二番，首先需詳細研究調查其形而上、形而下後，再講求治教之道。而且稱熟、稱生，乃因治教之異同，權宜命名之概稱，試以學術上觀察之，則至少有四、五種族之分派，徵之向來探討其地之內外人之記事，似可瞭解一斑。而對此不同種族之固有體質、心理、土俗、言語之現狀如何，及相互之關係如何，此外與其附近海岸及島嶼諸種族間之關係如何，實為當今所未知之疑問。今日要由我國民之手，擔當闡明其發展之事，而不但在於其政治上之希望有其必要，所謂用自己之手開拓自己之道路，在學術上之希望，亦實可如此觀之也。

或曰：「臺灣之番民、咸獷悍獰猛，原無教育，故以殺戮為快、掠奪為樂，嘗不顧天理人道為何。進入此番民之間，以研究其人，決非容易之事。」然如斯說詞，只可告諸千金之子。良材可得於阻山，明珠可探於危礁，「天之將降大任於斯人也，必先苦其心志，勞其筋骨，餓其體膚，空乏其身，行拂亂其所為①，所以動心、忍性、增益其所不能」，此乃先賢孟軻之垂箴後進。彼自古以來幾多探險家，能闡前人未發之隱微，大助擴展智識之領域者，非空自逸居席之上，拾得之功果，而是甘冒百難，不顧萬死，率先挺身進入蠻煙瘴霧之間，而涉祁寒無橋之水，攀隆暑無徑之山，絕望又絕望，瀕死又瀕死，僅倖於九死一生之間所得，莫非其偉績也。現於本世紀之前後，歐洲之人士遠上亞非利加大陸，或南洋、北極探險之壯途，凡數百人。而不幸成為異域之鬼，暴骨沙礫之上，無人弔祭者十之五、六，然而或因其齎送之訃音，更鼓勵後進，或藉其所遺日記，重新資益於學界，而如知其優越於充棟之死書，其死可謂已非犬馬之死，余寧心甘傚法而在所不辭也。

余嘗有志修習人類學。數年來致力於斯學之研磨，乃對於亞細亞各種人種之系統關係加以闡明之，欲聊以裨益學界於萬一，期待已久矣。而今斯學溥博淵泉之臺灣，已屬我版圖，不但在學術上而已，將來治教上之需要，宜迅速研究調查，而目前適逢不可不為之機會。吾人有志斯學者，此時何不奮而為之也。余性不敏、孤陋寡聞，但關於所謂生、熟二番略有見解。於是願挺身排難，迢迢以踏入蕃地，探討審覈，欲以達宿志於萬一耳。唯余聞之古人曰：「士能舉大名、顯當世者，先達之士也，負天下之望者，此非先為不可。」夫身懷萬斛經世之才之善士，尚難免有如此之事情發生，況不敏如余者，非靠先達之指導，藉以成就其志於萬一不可。伏願讀此文之君子，諒察微志，於公於私，對余探險②番地賜予方便，俾能達成目的則幸甚。

①「行拂亂其所為」一句原書略而未引。
②「險」字原文作「檢」。

七、在臺十年間之研究

先生渡航臺灣當時，據稱是以陸軍部雇員之名義。在這個時候要著手研究實是困難重重，自不待言。而先生一履臺灣之地即著手其所期待之研究。在臺灣總督府博物館之歷史室，有先生初次踏入臺北城時在北門內亭仔腳所拾得書寫「良民歸降」之小旗一面，現仍保存。《臺灣經世新報》於先生追悼記中曾言及此事：「此面小旗是手帕大的襤褸綿布，一看為極不潔之物，破的地方從裏面用綳帶粘。蒐集此物保存至今，其認真之精神確實令人驚訝。」有如此之評語。又在《東京人類學會雜誌》二十八年（一八九五年）十二月號已登載〈臺灣通信第一回〉。翌二十九年一月號〈同通信第二回〉有與田代安定氏計畫組織臺灣人類學會訂定臨時規則之報告。翌二月號第三回之通信，附〈宜蘭地方生蕃蕃社報告〉：「第二回通信之末段，一月曾豫報擬赴大嵙嵌[1]地方，不幸於出發前一日適逢臺北有土匪來襲，余即投筆換劍、抛書提鎗，以為擔任一方之備急，遂不克履約。」作此說明交代。或許因參與是役先生曾獲頒明治二十七、八年戰役從軍徽章。其後，〈臺灣通信〉喧騰於每號之《東京人類學會雜誌》。二十九年九月東京人類學會創立第十二周年慶祝會，坪井會長在演講中特別推崇先生之報告，有云：「伊能氏之著眼精細而記述親切，在其報告中特別能得表揚者，想必亦為讀者所同感也。」

不久任職於總督府民政局，公餘則著意向目的達成之途徑精進。然而當時在軍政組織中，對有秩序之學術上進行調查極少有便宜。因此為他日之準備，乃進入總督府內所設之

①「大嵙嵌」或當作「大嵙崁」。

臺灣土語講習所，就教於通譯官故吉島俊明氏及臺灣人陳文卿氏學習屬於廈門語系之臺灣土語，兼向臺灣土番而被住在臺灣之漢人所養之アイ（Ai）及イヴァン（Ivan）研究泰雅族語，並另依書籍自修馬來語，然後進而調查臺灣其他各種土著族語，根據這些編成一部臺灣番語集，同時將屬於馬來語系之所謂海岸島嶼住民中各群族之土語作比較研究之嘗試，能精確證明土著語構成上亦屬於馬來語系之基礎。

自此以後，於臺灣軍政改為民政組織時，先生任職總督府囑託①主管編纂事務及從事於番人有關事務之調查，於此同時著手研究地理、歷史等。然以昔領臺之際，全島到處皆經擾亂之故，文籍圖書多歸散佚，而其他如重要史蹟亦往往被破壞無遺。先生於茲有所感，而將既刊圖書向內外極力採摭，同時向島內舊家藏之各種有關文書從事採訪，且利用因公私島內旅行之機會，尋訪史蹟及衙廟碑佛之類考證資料，極力蒐集之。

先生旅行調查之綿密周到有甚然可驚者。今舉一例：在明治三十三年七月為調查臺灣地理歷史及番地事情，調查巡迴臺南縣下時之日記題為《南遊日乘》，而用鉛筆所記之小序引用於左：

> 余值此次南遊查察之旅，自立三條原則：
>
> 第一、縱有疾病或因其他任何事故，是日查察之事實必當日整理之。
>
> 第二、欲達科學的查察之目的，其秘訣是「注意周到」四字。後來當記述時雖是細微但如有不明或疑問者仍是注意不周到之罪。
>
> 第三、以周到的注意而查察之結果，應以周到的筆記述之。

①即現在之聘派人員。——譯按

爾後雖恪遵此原則，向其所期待之方向前進，但如或因終日採取資料過勞，而夜深始能到達旅館，或在番社裏無床蓆之矮屋作假寢時，不知不覺犯了自己所定之法則亦在所難免。於是乎，更附記〈阮驃騎傳〉，重新作為觀感興起之活典型。（其傳本文省略）時在明治三十三年八月二十八日，由鳳山至打狗（高雄）途中，遇狂風激雨，所乘人車兩度顛覆於泥中，全身及行李盡濕，因感瘴氣臥病床上強記。

仆而後息之氣慨何等崇高悲壯。讀本書之士齊以先生如此周到研究記述，均同感也哉。探險番界，從事查察山地番人，但尚未一一詳加披閱之故，其詳細期待於他日，唯幾度在生死之間彷徨，間曾在談笑時吐露過。

如此辛勞調查之結果，先向學界齎送其中最引人注意者為番人種族之分類。根據其三十年之實地調查結果將泰雅、布農、鄒、澤利先（Tsarisien）即魯凱、排灣、普攸馬（Puyuma）即卑南、阿美、雅美及平埔等九種族分類為適當撰就報告，呈報總督府後公開於學界。此種族別現經總督府在公文書通令採用，且廣為內外學者所承認引用。

又對臺灣歷史之研究，先生之業績亦屬偉大。如《臺灣文化志》之歷史研究可謂為其經。而先生在研究臺灣歷史上最感困難者厥為西元一六二六年起至一六四二年之間，占有臺灣北部之西班牙人之事蹟。有關於此之記載，中國人及西洋人之著書中均屬鮮少。幸而，住在臺灣之西班牙宣教師 Celedonio Arranz 氏對於西班牙近古史造詣極深，自三十六年起接受該宣教師之研究指導。

為研究清朝治下的歷史，首先必須熟悉清國之制度習慣，嘗自光緒十一年至十七年間就教於有名的巡撫劉銘傳之幕僚清國湖南人故李少丞氏研修會典律例等。又抄寫稀覯之圖書文獻等作為進行大部分臺灣史料稿。

先生對於人類學界之貢獻有左記之表彰狀及功牌。

伊能嘉矩先生篤志於人類學研究，屢屢寄稿於會誌而裨益於學界，厥功至偉。謹代表本會顯彰其功，而致贈功牌。

明治三十七年十月二日

於滿二十年紀念慶祝會席上

東京人類學會長理學博士　坪井正五郎　印

八、回鄉後及其著述

先生迄至三十八年駐留於臺灣從事研究工作凡十年，至同年底為專心從事著述辭職歸故里遠野町。其時先生之祖父友壽大人已進入老境。清子夫人多年來代先生侍奉大人盡心孝養，如此家庭之事情相信也是促其歸省的原因之一。

回鄉後所著手者實即本書之起稿。另一方面開始編撰《大日本地名辭典》之臺灣部分，並陸續發表數種單行本及若干單篇論文。又自回鄉後以至晚年，先生之學者生活之半面確實致力於研究鄉土。對此方面最需要較多篇幅，在此概從省略，期待他日之機會。

回鄉後與臺灣之關係自三十九年（一九〇六）九月起受總督府之委託，擔任編纂《理蕃沿革志》有關事務，四十年二月起受臨時臺灣舊慣調查會委託從事編纂有關蕃情調查部分事宜。又大正十一年（一九二二）總督府設置史料編纂委員會時，被推舉為委員，至十三年該事業停辦為止，仍任其職。要之，先生與臺灣之關係自明治二十八年（一八九五）起至其臨終為止，公私均是連續的，而對臺灣之調查編修直接或間接與先生無關者甚少。而先生之為《臺灣文化志》著者可謂甚得其人，信其將來永久為學界之權威。

先生之著作目錄（包括論文），因屬稿間我上西航之途，亦唯讓諸他日再談，除鄉土史外其他主要著書揭示於左。

《戰時教育策》	一冊	明治二十八年 東京六合館發行
《戰時教育修身訓》	一冊	明治二十八年 東京普及舍發行
《臺灣蕃人事情》（與粟野傳之丞氏合著）	一冊	明治三十三年 臺灣總督府發行
《臺灣於世界上之位置》	一冊	明治三十二年 東京林書房發行
《臺灣志》	二冊	明治三十五年 東京文學社發行
《臺灣城志》《臺灣行政區志》	合冊	明治三十六年 臺灣博文堂發行
《臺灣年表》（與小林里平氏合著）	一冊	明治三十六年 臺灣琳瑯書屋發行
《臺灣蕃政志》	一冊	明治三十七年 臺灣總督府民政部發行
《在臺灣的西班牙人》	一冊	明治三十七年 著者發行
《領臺始末》	一冊	明治三十七年 著者發行

《領臺十年史》	一冊	明治三十八年 臺灣新高堂發行
《臺灣巡撫劉銘傳》	一冊	明治三十八年 臺灣新高堂發行
《臺灣新年表》	一冊	明治四十年 臺灣慣習研究會發行
《大日本地名辭書（臺灣之部）》	一冊	明治四十二年 東京富山房發行
《理蕃誌稿》	一冊	大正元年 臺灣總督府民政部發行
《在傳說中顯示的日臺連鎖》	一冊	大正七年 臺北新高堂發行

有關臺灣土蕃研究之結果多在明治二十八年以後登載於《東京人類學會雜誌》。臺灣之歷史及漢人關係之研究結果在明治三十四年以後多揭載於《臺灣慣習記事》及《東洋》等。

九、臨終

先生資性謹嚴，不嗜好菸、酒，有時拿著鍬鋏在後院花圃工作外，終日綿衣著褲籠居於書齋與筆硯相親而已。或許為補其運動不足，極注意修養攝生，因見功效，平素殆不用醫藥。然大正十四年夏為熱疫所襲，染病沉重，雖百計千方求治，終無起色，於同年九月三十日以行年五十九歲在自宅壽終。一聞先生之訃報，凡認識先生者齊聲哀悼並追懷其宏才與高德不已。尤其平日師事如慈父極度敬慕之鄉黨青年大為悲歎。依遺言於十月三日在自宅以神式舉行告別式，火葬後遺骨納於大慈寺側伊能家之歷代墳塋。夫人清子是盛岡市堀內政業氏之長女，為先生之賢內助，其淑德之譽甚高，但不幸無子嗣。

想到由期待本書之完成為唯一之歡樂而鶴首的夫人雙手供奉本書於先生靈前之日已近，則有悲喜轉切之感也。

昭和三年一月於荷蘭

門生　板澤武雄　稿

凡例

一、本書編輯校正之方針，主要是基於學習院教授文學士板澤武雄氏所擬定，本文之文章及註釋等均遵照著者之遺志。

二、本書中屬歐、美固有名詞而讀法往往有不從一般慣用之例者，尊重著者獨自見解而不予改訂。

三、各卷之詳細目次及梗概為著者之原稿所無者，而編輯校正之時特以索引代之，係為便利起見所附。

四、本書封面所題《臺灣文化志》及著者名之文字係由著者原稿中適宜者採用之。

五、本書插圖悉依著者原稿中所指定者。亦有雖經指定而由於印刷製版之關係，而不得已割愛者。

六、圖版儘量依據原本，有從東洋文庫所藏之稀覯書籍中轉引者。此完全係該文庫主任文學士石田幹之助及囧下大慧兩氏之深厚好意，謹此並表謝意。

校正負責人

小長谷達吉　謹記

第一篇　清朝以前中國人所知之臺灣

臺灣如同最早之地志《臺灣紀略》（康熙二十六年，臺灣府學教授林謙光著）①〈形勢〉一節所記述：「海中孤島，地在東隅，形似彎弓②。」由臺灣本島及其附屬諸島形成，於狹窄之臺灣海峽內一弓狀列之特徵，證明某一過去之時代由中國大陸分離而成之地質學者之考定，姑置之不論，但有斯種形勢相接近之關係，更伴著西鄰中國大陸與臺灣島群間密切之人文上之沿革，則不容等閒視之，如斯臺灣歷史上最初確認其位置存在之發現者，自然屬於中國漢民族。

然而，漢民族最初發現臺灣究在何時？據《臺灣府志》（主要依乾隆二十九年余文儀續修者，以下所稱之《臺灣府志》之記載皆是指此。）〈星野〉云：「臺灣，《禹貢》揚州之域。」按《尚書》〈禹貢〉載：「淮海惟揚州。」（蔡沈《集傳》云：「揚州之域，北至淮，東南至海。」）又載：「厥貢島夷卉服，厥篚織貝，厥包橘柚，錫貢。」（蔡沈《集傳》云：「島夷為東南海島之夷，卉草也，葛越木棉之屬，織貝錦名，織為貝文，詩曰貝錦是也，今南夷木棉之精巧者亦曰吉貝。海島之夷，以卉服來貢，而織貝精者即入篚。包，裹也。小曰橘，大曰柚，錫必待命而後貢，非歲貢之常也。」）當係以此為斷。分巡臺灣道莊年〈重修臺灣府志序〉：「閩，揚州域。〈禹貢〉曰：淮海惟揚州，……是臺地實洪荒渺昧、芒芴烱煜而在其中。」似亦以此為據。不過，如以此為臺灣地理思想之表示，仍嫌較為薄弱。惟〈禹貢〉成於周代，今為探索臺灣（包括澎湖）最早之存在與發現，則必須仰仗其書自不待言。況如其他閩海島嶼之廈門（舊名嘉禾嶼，又名鷺門）、金門（舊名浯洲，又名仙洲）在宋代以前，是否有其居民，已屬不可考乎。（依據《廈門志》及《金門志》）至於《山海經》之記事，雖類多神怪荒誕之說，然亦不能否定其有綜合古代中國漢民族山海地理知識之傳承者。且其述作年代經比定為戰國。該書〈海內南經〉謂：「伯慮國、離耳國、彫題國、北朐國，皆在鬱水之南。」鬱水當指稱今

①原文作「康熙二十四年」。

②「弓」字伊能原書未引。

之廣東河（該河南支流之中心為廣西鬱林。鬱水之名出於此。），因是臆測其河口之南方海上，有上列各島嶼存在。就中，據晉郭璞註，似擬離耳國為瓊州島。（如註云：「鏤離其耳，分令下垂以為飾，即儋耳也。在朱崖海渚中，不食五穀，但噉蚌及藷蕻也。」曰儋耳、曰朱崖等語，當不無從漢代該島有儋耳、珠崖二郡牽合附會之意。）故彫題國註云：「點涅其面，畫體為鱗采，即鮫人也。」點涅之「點」字，蓋「黥」字之誤，由此彷彿可見臺灣土番之文身也。（又《述異記》云：「鮫人水居如魚，不廢機織，目泣成珠。」蓋如描寫占居海島之民，日常慣水之常習，則非特全無意義，即不廢機織一事，自係呼應〈禹貢〉所謂島夷卉服、厥篚織貝之意。但此殊為值得注意。尚繼後文所載：《漢書》〈地理志〉之會稽海外東鯷人記事，說及會稽初封君主項下云：「文身斷髮，以避鮫龍之害。」其註曰：「應劭曰：常在水中故斷其髮，文其身，以象龍子，故不被傷害。」此亦堪引用為解鮫人之俗，而成彫題國接近東鯷之楔子。）然畢竟屬含混之記述，終不免有求之而不得其詳之憾。

過去，關於臺灣之存在，覺其記載比較具體確實者，有《漢書》〈地理志〉（第八卷下）曰：「江南卑濕，丈夫多夭，會稽（浙江）海外有東鯷人，分為二十餘國，以歲時來獻見云。」東鯷即是也。與該〈地理志〉所載：「夫樂浪（朝鮮）海中有倭人，分為百餘國，以歲時來獻見云。」之日本位置相併列為東方海上之島國。以東鯷擬為臺灣，夙在日本久米文學博士[①]著《日本古代史》中見之，而日本市村文學博士[②]，亦以為似指稱臺灣或今之琉球，在〈唐以前之福建及臺灣〉（《東洋學報》第八卷第一號）的論文中已加以考證。略曰：

《漢書》以外，不見有關東鯷人之特別記事，故其可供考證之材料甚為貧乏。然而如《漢書》之記事，與其〈地理志〉所載「樂浪海中有倭人」具有同等價值，未必能視為無稽之談。然則，東鯷人究係指稱今之何處？倘於樂浪海中之倭人以外，尚有會稽海中分為二十餘國之土地，想如非

①即久米邦武。

②即市村瓚次郎。

> 指稱今日之琉球，則或指稱臺灣也。

按當時山東、浙江至福建、廣東一帶，尚為與漢民族不同的化外民族所居，而處於不得不放棄之狀態，故總稱此處之內陸海島部族為東夷之部族。（《禮記》之〈王制〉：「東方曰夷，南方曰蠻，西方曰戎，北方曰狄。」而以此為中國與夷蠻戎狄之區別。並將之視為五方之民。）由於內陸夷部情形既明，對於位置有別之東方海島——今之臺灣所分布之民族，在名稱上自有予以區分之必要。或許藉與〈王制〉所舉西戎為民間別稱狄鞮（狄鞮，原以暹羅、老撾為中心，而中國雲南境內少數原住民之泰族，在昔亦為驍勇之山地人民，曾大振其威勢。）相對比，並命名為東鯷，此猶後來明代為與西番相對而命名為東番乃同一思考。又因鞮與鯷字同音 Tai 或是 Tei 相通而互用也。（揚子《法言》：「東鞮、北女來貢其珍。」之語，以東鯷為同音之東鞮，此可資為旁證。）所謂東鯷人以歲時來獻見云者，意不過與〈禹貢〉之島夷錫貢，相當於後世所謂輸餉之說，原似無降服之實。

及至三國時代，吳黃龍二年春正月，企圖以兵征伐東海之夷洲及亶洲，然未達成最終目的而止。事見《三國志》〈吳志〉卷二孫權傳云：「遣將軍衛溫、諸葛直，將甲士萬人浮海，求夷洲及亶洲。亶洲在海中，……所在絕遠，卒不可得至，但得夷洲數千人還。」一可知從當時定都之建業（在江蘇）①，其位置夷洲近而亶洲遠。而以亶洲擬為今之瓊州島，以夷洲擬為今之臺灣島之考證，亦見於上述市村文學博士之〈唐以前之福建及臺灣〉一文中所載。其以亶洲擬為瓊州島之論據略曰：

> 亶洲與夷洲不同之處，據〈吳志〉記事可窺見之。即亶洲絕遠而不得至，遂虜夷洲之數千人而還。

①原書誤註為「浙江」。

由而可知此二洲相分離，而亶洲比夷洲為遠。然亶洲為今之何處？《史記正義》引《括地志》云：亶洲在東海中。此記頗屬糢糊，不足為斷定其位置之材料。余則依據左列理由，斷定亶洲為今之瓊州島：（一）《三國志》〈吳志〉孫權傳，載其征討夷洲及亶洲，而他傳則載為將征討夷洲及珠崖。該書〈吳志〉陸遜傳：「權欲遣偏師取夷洲及珠崖，皆以諮遜。」又同書〈吳志〉全琮傳：「權將圍珠崖及夷洲，皆先問琮。」據此，夷洲、珠崖之征伐，與亶洲、夷洲之征伐，應認為同一事實。故孫權傳之亶洲及夷洲，與全琮傳或陸遜傳之夷洲及珠崖，當為相同之地。（二）今之瓊州島，漢時置珠崖、儋耳二郡，至昭帝時，廢儋耳郡僅存珠崖郡，後或曾改為崖洲。此儋耳之儋，不特與亶洲之亶音相通，且唐時此地置儋州，明清時亦置儋洲。然則，三國時代稱珠崖地方為亶州，自不足為怪。故余斷定亶洲為今之瓊州島。

按亶洲之「亶」似係瓊州島上土著民種黎人（自稱 Hei），指稱其地之特產天蠶（《漢書》〈地理志〉載儋耳、珠崖風俗云：「女子桑蠶織績。」）為「Sian」之譯音，而添之以島嶼別義之洲字以為地名者，故亦足以為亶洲擬作瓊州島之旁證。〈唐以前之福建及臺灣〉文中，更進一步為擬夷洲為臺灣島之考證，係依據《太平御覽》（宋李昉等撰）所引沈瑩（三國吳人）①《臨海水土志》之夷洲記事：「夷洲在臨海東南，去郡二千里，土地無霜雪，草木不死，四面是山眾。（《後漢書》東夷傳夷洲註所引本書節略「山眾」作「山谿」，似當以此為正。）②山夷所居……。此夷各號為王，分畫土地、人民，各自別異。人皆髡頭（《後漢書》註引本書節略為髡髮。）穿耳，女人不穿耳。作室居，種荊為蕃鄣。（鄣與障同）土地饒沃，既生五穀，又多魚肉。舅姑、子婦男女臥息共一大牀，交會之時各不相避。能作細布，亦作斑文布，刻畫其內，有文章以為飾好也。其地亦出銅、

①原書將沈瑩誤作「六朝人」。

②實則似當於「山」字斷句，「眾」字下屬。

鐵，唯用鹿觡矛以戰鬥耳，磨礪青石以作矢鏃、刀斧、鐶貫、珠璫。飲食不潔，取生魚肉雜貯大器中，以滷之。歷日月乃啖食之，以為上餚。呼民人為彌麟。如有所召，取大空材十餘丈以著中庭，又以大杵旁舂之，聞四、五里如鼓，民人聞之，皆往馳赴會。飲食皆踞相對，鑿木作器如稀①槽狀，以魚腥、肉臊安中，十十五五共食之。以粟為酒，木槽貯之，用大竹筒長七寸許飲之，歌似犬嗥，以相娛樂。得人頭，斫去腦，駁其面肉②，取犬毛染之，以作髭眉髮，編貝齒以作口，親出戰臨鬥時用之，如假面狀。此是夷王所服。戰得頭，著首還中庭。建一大材高十餘丈，以所得頭差次挂之，歷年不下，彰示其功。又甲家有女，乙家有男，仍委父母往就之居，與作夫妻，同牢而食。女已嫁皆缺去前上一齒。」而據以論斷。

以此等記事為基礎，並加以考察時，夷洲應即為臺灣：

（一）為關於其方向及距離。臨海之東南為指稱今之浙江省台州方面，故以方向言之，正是臺灣。但所云二千里，雖甚失之過遠，而見後世中國地圖，今之福州地方與臺灣之距離，有載為一千三百里者；則《水土志》之里數為二千里原不過言其大略，故不妨當作今之臺灣。

（二）為關於氣候。如以土地無霜雪，草木不死之記事為真，則與其將夷洲擬當日本之九州近邊，毋寧作為臺灣，方合實際。

（三）為關於地形、特產。四面皆山谿，土地饒沃，五穀亦生，又生產大竹，事與臺灣適合。

（四）為關於風俗。或髡髮穿耳，造鹿角之矛以為戰鬥用，或磨青石造矢鏃，或集

①「稀」字似為「猘」之訛。

②伊能原書此處有「留置其骨」字句。

人類之頭骨為飾，或於高木懸置戰勝所得之人頭等節，正似後來臺灣生番之風俗。今之生番於古代亦曾在臺灣西海岸棲息，故此等記事在推定夷洲為今之臺灣乃成為有力之材料。

加之，上述《臨海水土志》記事中，記載夷洲土語「民人呼為彌麟」之「彌麟」，正與歷史性口碑所傳占居臺灣西部平原中央，西自海岸線一帶，東接中央山脈之外側，連嶺而分布，而且到處有其證蹟之平埔番自稱巴宰（Pazzehe）族土語，男性通稱 **Mamarin**，又曰 **Mamarumarun**，相近，應認為其譯音無疑，由此亦可作擬夷洲為臺灣之一論據。此外關於夷洲土俗詳細記載各項，由來土俗之本質變易無常，自難免如「風俗之移，十年一小變，二十年一大變」（《淡水廳志》〈番俗〉）之推移外，其系統或境遇相同之各民族間，有彼此共同近似之事象，乃為尋常之狀態，尤其不經充分查察而為之記事，往往失於皮相之誤斷，自屬勢所難免。以成於千餘年前之文書所載，與目前回溯不過三百年之臺灣生番狀況之記錄，或更與現在之情形相比較，固或有無法獲得正鵠，然而所云：「得人頭，斫去腦，駁其面肉留置其骨。」及「戰得頭，著首還中庭，建一大材高十餘丈，以所得頭差次挂之，歷年不下，彰示其功。」等各節，似可視為直接描寫臺灣番族先天土俗之代表作風——獵首（Head-hunting）之異俗。（《裨海紀遊》記載臺灣土番獵首之風云：「野番恃其獷悍，時出剽掠，焚廬殺人，已復歸其巢，莫能向邇。其殺人輒取首去，歸而熟之，剔取髑髏，加以丹堊，置之當戶①，同類視其室髑髏多者推為雄。」而附載〈土番竹枝詞〉之一有：「深山負險聚遊魂，一種名為傀儡番；博得頭顱當戶列，髑髏多處是豪門。」之句。又〈海上事略〉云：「生番其俗，尚殺人以為武勇，所屠人頭挖去皮肉，煮去脂膏，塗以金色，藏之高閣，以較多勝，稱為豪傑。」由此可知，不過與《臨海水土志》之記載，大同小異而已，如巴宰番群，至近代尚以獵取異族頭顱為武勇之風，據稱其舉行典禮時，殺手

①伊能原書作「番戶」。

身穿稱為Laovun之特殊制服，以為標示。）如其穿耳，不外為表示臺灣番族夙以為理想之審美觀有崇尚大耳之風俗。（《裨海紀遊》曰：「男子競尚大耳，於成童時，向耳垂間各穿一孔，用篠竹貫之，日以加大，有大如盤，至於垂肩撞胸者。」《諸羅縣志》〈風俗志〉「番俗考」曰：「男女各貫兩耳，以細硝子穿綴為珥。東西螺、大武郡等社，男子好貫大耳，初納羽管，嗣納筆管，漸可容象子，珥以大木環，或海螺、蠣粉飾之，乃有至斷缺者。」《鳳山縣志》〈風土志〉「番社風俗」曰：「兩耳穴孔，用篾圈抵塞，以大耳垂肩為美觀，番婦亦悅大耳兒者。」《番社采風圖考》〈穿耳〉曰：「番俗自幼鑽耳，貫以竹節，至長漸易其竹而大之，使耳孔大如巨環垂肩上，亦儋耳之俗也。」〈番俗六考〉北路諸羅番（三）曰：「他里霧以上多為大耳……。〈裸人叢笑篇〉云：『番造大耳，幼鑽困，實以竹圈，自少至壯漸大如盤，污以土粉，取飾觀云。』或曰番婦最喜男子耳垂至肩，故競為之。」上列各節可合考之，因按日本《肥前國風土記》，松浦郡值嘉島（Chikajima）之條下有：「昔同天皇（景行）巡幸時，在志式島（Shiganoshima）之行宮，御覽西海，海中有島，多覆煙氣，敕遣陪從阿曇連百足察之，有島八十餘，就中二島有人，第一島曰「小近」（Ochika），土蜘蛛大耳（Ōmimi）居之，第二島曰「大近」（Ōchika），土蜘蛛垂耳（Tarimimi）居之，此島之白水郎（Ama）容貌與隼人（Hayato）相似，恒好騎射，其語言不同。」一節。所謂大耳、垂耳，很明顯此名乃出乎形容體格上其耳朵之大，而其容貌與隼人之容貌相似。隼人即日本原住民之一部，為熊襲之後代之稱呼，此一特徵可視為古代熊襲之特徵，至少在土俗上彼此有近似之點。）又如「女已嫁皆缺去前上一齒」一節，亦與臺灣土番為表示其成年，在適婚之時期缺齒之風習一致，尤其占居平地之平埔番均廣泛行之乃屬事實。（《裨海紀遊》載其婚姻狀況曰：「召挽手少年至，鑿上齶門牙旁二齒授女，女亦鑿二齒付男。」（《臺海使槎錄》所載〈番俗六考〉亦有類似記載。）《諸羅縣志》〈風俗志〉「番俗考」曰：「女有夫，斷其旁二齒，以別處子。」現在生番之大部分亦以為特徵云。）此外如以大杵打空材如鼓，擬為一種信號，亦與平埔番平素所行杵音遠響之風俗相近，亦頗為有趣。（《諸羅縣志》〈風俗志〉「番俗考」曰：「以巨木為臼，徑四尺，高二尺許，面凹如鍋，鑿空其底，覆之如桶。旁竅三、四孔，以便轉移。杵輒易手，左右上下，按節旋行，或歌以相之。將旦，邨舍絡繹丁東遠颺，若疎鐘清磬；客驟聽者，不辨為何聲。」又《番社采風圖考》〈舂米〉引夏之芳（雍正六年巡視臺灣御史）番俗詩①云：「杵臼輕敲似遠砧，小鬟三五夜深深。可憐時辨晨炊米，雲磬霜鐘咽竹林。」亦可作為參考。）更進一步言：「能作細布，亦作斑文布，刻畫其內，有文章以為飾好也。」一節，與前引〈禹貢〉揚州島夷之貢，卉服及織貝之目相對照等等，皆應作考量之中。上文所引〈吳志〉，又曾記亶洲在海中云：「長老傳言，秦始皇帝遣方士徐福，將童男、童女數千人入海求蓬萊神山及仙藥，止此洲不還，世世相承，有數萬家，其上人民時有至會稽貨布。會稽東冶縣人海行，亦有遭風流移至亶洲者。」（孫權傳）《後漢書》東夷傳即據此敷衍而成，將所謂徐福之遺蹟，改為夷洲及亶洲：「有夷洲及澶洲，傳言秦始皇遣方士徐福，將童男、女數千人入海，求蓬萊神仙不得，徐福畏誅不敢還，遂止此洲，世世相承，有數萬家，人民時至會稽市。會稽東冶縣人有入海行，遭風流移至澶洲者，所在絕遠，不可往來。」云云。（澶洲與亶洲為同音異字。）關於此一傳說之價值，自無需勉強辨其真偽。及至清朝，分明有將徐福之史蹟擬作臺灣，而造成新說之趨勢。

康熙三十四年成書之徐懷祖撰《臺灣隨筆》，首先載曰：「臺郡番民，種類甚繁，莫詳所自，或云秦始皇時，方士將童男、女五百人入海，蓋出於茲山而育種至今。」吳廷華（雍正初年之福州海防同知）〈臺灣社雜詩〉之一曰：「五十年來渤海濱，生番漸作熟番人；裸形跣足鬅鬙髮，傳是童男、童女身。」註云：「郡志：相傳秦時方士留童男、童女於此，土番皆其所遺。」殆亦指此。（柯培元（道光年間噶瑪蘭通判）〈生番歌〉：「或云嬴秦遣徐福，童男、童女求神仙，神仙不見見荒島，海島已荒荒人煙，五百男女自配合，三萬甲子相迴環。」之句，即承此而作。）此說之起因無他，既以相傳為徐福遺蹟之夷洲擬作臺灣，其餘則更在臺灣地名之下更作敷衍者。由此，亦可作

①為夏之芳〈臺灣紀行詩〉之一首，一題〈臺灣雜詠百首〉，目前可見者五十八首。

為考定夷洲即臺灣之旁證。按夷洲之稱呼，乃因遠在漢代被賦予「東鯷」之觀念隨著歲月流逝漸失明朗，在地名將被遺忘時，吳主孫權企圖出兵遠征，雖未達到目的而止，但已認識其地理上之位置，或許以其為東夷占居之島嶼，故命名為夷洲吧。（三國以後，對於漢代東鯷之地理觀念雖漸形消失，惟似未完全忘卻。《後漢書》東夷傳一面承《三國志》而記載夷洲及澶洲，同時亦承《漢書》而略載東鯷曰：「會稽海外有東鯷人（鯷音達奚反），分為二十餘國。」而將與夷洲記事重複之後節「以歲時來獻見云」一句刪去。蓋由於缺乏正確地理知識而生誤謬耳。而此誤謬有波及近代者。顧炎武輯《天下郡國利病書》浙江（二）戍海篇云：「倭亦名日本，其國西南至海，東北大山，地分五圻七道三島，即班固書所謂會稽海外有東鯷人者是也。」（其他倭人之存在則無視之。）又《皇清經解》收載胡渭《禹貢錐指》所載〈四海圖〉第四十七，亦揭載東鯷及夷洲兩地名，以夷洲擬為臺灣之位置，同時欲以東鯷擬作日本，以古時倭人擬為九州，至以東鯷擬作本州。又該圖中，儋耳、珠崖與亶洲（澶洲），原為同地異名，乃徒欲加以區別，因此以前者擬作瓊州之位置，同時在亶洲之配置上有所困難，乃擬定所謂所在絕遠之東鯷夷洲之極南海上。（如窮究之則或為呂宋之位置。））

據《隋書》東夷列傳中載流求國，記其訪求事曰：

流求國居海島之中，當建安郡東，水行五日而至。（中略）大業元年，海師何蠻奏：每春、秋二時，天清風靜，東望，依希似有煙霧之氣，亦不知幾千里。三年，煬帝令羽騎尉朱寬入海訪求異俗。何蠻言之，遂與蠻俱往，因到流求國，言不相通，掠一人而返。明年，帝復令寬慰撫之，流求不從，寬取其布甲而還。時倭國使來朝，見之曰：「此夷邪久國人所用也。」帝遣武賁郎將陳稜、朝請大夫張鎮州，率兵自義安浮海擊之，至高華嶼，又東行二日至黿鼊嶼，又一日便至流求。初，稜將南方諸國人從軍，有崑崙人頗解其語，遣人慰諭之；流求不從，拒逆官軍，稜擊走之，進至其都，頻戰皆敗，焚其宮室，擄其男、女數千人，載軍實而還，自爾遂絕。

蓋隋煬帝係中國以擴張疆土為國是之君主，聞及遠望此東方海中有煙霧模糊之島影，似因而企圖訪求之，可知乃為遂其夙志之方略。依據《隋書》煬帝本紀，其最後遠征在大業六年①。至所稱流求區域，徵諸《隋書》記載而考，亦似專指今之臺灣為妥。試先據其關係地名及路程以考究之：建安郡乃後來福建省（閩）所屬之福州府，為訪求位於其東方之海島，在位置上當然可得臺灣。又自義安即後來廣東省（粵）所屬之潮州府，浮海欲至此東海之臺灣，其首先到達之地，當為澎湖叢島中位於西南之島嶼。《隋書》所載至高華嶼，又東行二日至黿鼊嶼，又一日便至流求，此可謂說明其正確之路程者。高華嶼與澎湖西南之大嶼，西北之花嶼（或作華嶼）相近。黿鼊嶼即澎湖東北方之奎壁嶼。奎壁為黿鼊②嶼之訛音。（《澎湖廳志》曰：「奎壁山在大山嶼奎壁澳北寮社後，原名黿鼊，以形得名。」其北寮古稱奎壁港澳，以泊舟之地而知名。）由此東進自可抵達臺灣，故其流求分明為臺灣。（新井白石著《琉球志》〔享保四年③成書〕以《隋書》之流求擬作今之琉球，以高華嶼擬作今之臺灣云：「初隋人名曰流求，其所由未詳，曰自義安浮海到高華嶼，又東行二日到黿鼊嶼，又一日便到流求。義安即今潮州，高華嶼後俗謂之東番，即今臺灣。黿鼊嶼即今其國所謂惠平也島，明人以謂熱壁山。又謂葉壁山，古今方言之轉耳。據此而觀之，流求本是其國所謂，而隋人因之亦不可知也。」按其指稱高華嶼為東番之所自不詳。以此不確實之根據而斷定高華嶼即臺灣，未免過於牽強，從而以流求為今之琉球，其理由亦屬薄弱。至所謂流求原係其本土之自稱，而隋人因之亦不可知之想法，則可謂為千古卓見。）再進而言之，船自廣東潮州海港解纜，針路向東北方航進臺灣海峽，先抵達大嶼、花嶼之位置，通過八罩水道，即近大山嶼（澎湖本島），泊奎壁港澳，針路更向東而進當可抵達臺灣西海岸。自大嶼、花嶼至奎壁嶼之間經

①即西元六一〇年。
②原書作「黿壁」。
③即西元一七一九年。

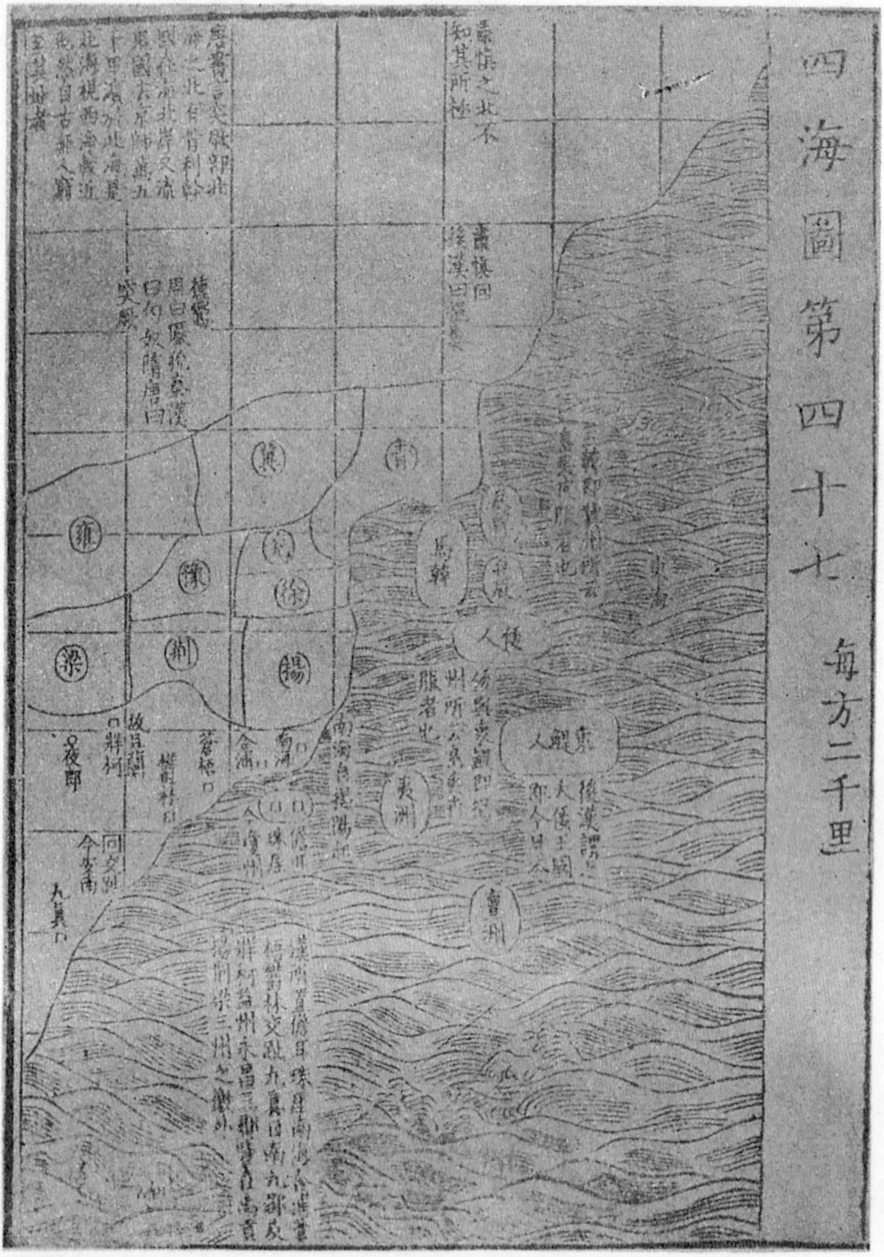

圖一　禹貢四海圖（東洋文庫藏）

二日，由奎壁嶼至臺灣之間經一日推定，由潮州至大嶼、花嶼之間需二日左右自無疑義，正與《隋書》本文之水行五日而至一節相符。（《天下郡國利病書》浙江（七）所載刑馬礁項下註曰：「在岱山（舟山列島之北）之東北，名秦頭。相傳隋驃騎將軍陳稜伐琉球時，至此刑馬祭神。」下文《隋書》陳稜傳進擊流求時有：「稜刑白馬以祭海神」之語，或係自古因此次遠征所存之傳承。）再按當時正遣派至隋都（長安）之日本國使節，見其取還之布甲曰：「此夷邪久國人所用也。」云云，查夷邪[1]久乃係日本國史所見之掖玖（ヤク）（《日本書紀》），其音理分明，（《大日本地名辭書》曰：「掖玖當作夷耶久，以耶（ヤ）之發音包含夷（イ）字音故也。」）而掖玖此時以南島之總稱而著名。至於所謂南島之區域，究竟包括那些地方之地理知識，原不可稽。但因此至少可確認該掖玖接近流求（即臺灣），且與此間土俗有近似之點，可取為一旁證無疑。又文中所載從軍之崑崙人，則似指古時東西洋交通一要衝之中南半島之東南海島 Pulo Condor（土人自稱 Pulo Komnon，《新唐書》〈地理志〉所謂軍突弄山）之土人者。當時不特指稱此一島，且有泛稱其他馬來民族（於《舊唐書》見有：「林邑（安南）以南，皆卷髮黑身，通號崑崙[2]。」）之例。且中南半島有馬來人移民似亦屬事實，（《新唐書》載林邑與唐之南境交界有馬留人之一群孳衍，隋末算三百戶。馬留當為馬來之譯音。）因此，也許帶與臺灣土番在系屬關係上，其固有言語之近似之馬來人前來，再徵諸《隋書》流求本傳之其他記載云：「土多山洞，其王姓歡斯氏，名渴剌兜，不知其由來有國代數也。彼土人呼之為可老羊，妻曰多拔茶，所居曰波羅檀洞，塹柵三重，環以流水，樹棘為藩。王所居舍，其大一十六間，雕刻禽獸，多鬪鏤樹，似橘而葉密，條纖如髮之下垂。國有四、五帥統諸洞，洞有小王，往往有村，村有鳥了帥，並以善戰者為之，自相樹立理一村之事。」此一節亦為考證其所謂流求乃指今之臺灣最有力之資料。何則？蓋以上列各人名稱、地名等固有名詞，亦猶如夷洲，以原

①「邪」字原書作「耶」。
②伊能原書作「昆侖」。

占居臺灣西部平原中央之平埔番巴宰族之語言，可解明之故也。茲將上列兩語言比較而概說如下：

【歡斯】《隋書》以為王之姓氏。而巴宰族對家之代表稱呼（約略等於姓氏）之一為 Kaishi（該族相傳最古歌謠之一有 Pakanahazaai-Sau〔初育人類〕一曲，為敘述該族發祥之由來，其中有自天下降神人之子而現其擬為太初祖先男、女二人之名，男曰 Vanah-Kaishi，女曰 Savonga-Kaishi。可知 Kaishi 之表示家名乃出此，而為其王之姓氏者也。）歡斯當為 Kaishi 之譯音。

【渴剌兜】《隋書》以為王之名。而巴宰族人名，古來有一定名譜，常存有慣用之風。其既定名譜（男性名之慣用語）之一有曰：「Harato」者，渴剌兜當為 Harato 之譯音字。

【可老羊】《隋書》以為王之稱呼。而巴宰族之土俗，其頭目有三：一為司祭頭目，二為司土頭目，三為司政頭目。而司祭頭目，依據該族之信念，以為乃屬於太初神人之苗裔，尤具有神聖地位（即等於所謂王），稱 Karaohu，故可老羊當係 Karaohu 之譯音字。

【多拔茶】《隋書》以為王之妻。而巴宰族用於老婦之尊稱（漢民族之所謂大老媽），有 Taatah 之語，此多拔茶當係 Taatah 之譯音字。

【波羅檀】《隋書》以為王所居。依據巴宰族傳說，在揀東上堡葫蘆墩街東方約計三華里之觀音山古稱 **Tupozuararyuz**，信以為太初神人從天下降之發祥靈地，而呼其山麓丘地為 **Haradan**，以為神人之子即該族之祖先初建部落之位置。（此丘地原分南、北二區，其南方丘地往時由森林蓊鬱，其中尚有現存相傳為該部落遺址之地域，且古謠中亦云：「在此居住之古昔之人，常戴當為頭飾 Vadumut。〔現於儀式之禮裝時用之。〕」後於光緒十年間為漢民族開拓成為耕地，致遺址已全失。）波羅檀當是 **Paradan** 之譯音。《隋書》記載地多山洞，且波羅檀之下亦添一「洞」字。蓋「洞」與「峒」通，因古來中國蠻夷穴居故事，對其部落稱呼慣用而倣從之。（如《瓊州府志》稱海南島黎族部落為村峒，或屬同例。）可知猶如後世在臺灣，稱番族之居所為社，以與民莊區別之類也。（依據 Terrien de Lacouperie 之研究，擬波羅檀為後來之葫蘆墩街，事載其所著《臺灣記》〔Formosa Notes on Mss., Languages and Races〕。葫蘆墩之所在地屬於原係 Haradan〔即波羅檀〕之古地名轉變命名為 Haluton 番社之位置，後來漢人建設部落因使用 Huluton 近音譯字為葫蘆墩。茲應注意者，波羅檀與葫蘆墩雖有間接依從關係，必須注意葫蘆墩並非即波羅檀之故址。）

【鬪鏤】《隋書》記載為樹名，王之居所多此樹，似橘、葉密、條纖如髮之下垂云。由此形容似可擬臺灣多產之榕樹。（蕁麻科）（《臺海采風圖考》云：榕樹其大數十圍，每枝幹之間，即長細根如絲，垂至地，漸大而成盤曲輪囷①之狀。此與上述情形，約略一致。再所謂「似橘、葉密」，因榕與橘〔芸香科〕其葉互生而長圓之外形近似。漢人由於生疎，故其比較觀察雖不中亦不遠也。）而巴宰族語，現呼松樹為 **Tuull** 似與「鬪鏤」近音。蓋臺灣漢人俗稱榕樹為松（松樹俗亦稱松柏），而巴宰族漢化，同時倣用漢人鄉語時，莫非將榕樹俗稱之松，混同為真之松樹（即松柏），

① 「囷」字於伊能原書作「菌」。

遂將榕樹之番語 Tuull 錯用為松樹，致其後因襲既久，即以為松樹之固有語。（要之，巴宰族現雖呼榕樹為 Haohi，蓋屬於以 Tuull 錯用於松柏而失去以後之新語，而榕之古語為 Tuull，鬪鏤或可視為其譯音字。）

【鳥了帥】《隋書》載為一村理事者，而以善戰者充之。巴宰族現在之語言中，雖未見有近似者，而鳥了之閩南音 Liau-liau，在巴宰族社會組織之習慣上，亦可推定其與擁有番社壯丁一團之班級之稱呼 Lakelakehal 有關係。莫非由此轉化之譯音，加上有戰士意義之帥字。

再者，《隋書》陳稜列傳載進攻流求狀況云：「大業三年，拜武賁郎將。後三歲，與朝請大夫張鎮周①，發東陽兵萬餘人，自義安汎海，擊流求國，月餘而至。②流求人初見船艦以為商旅，往往詣軍中貿易。稜率眾登岸，遣鎮周為先鋒。其王歡斯渴剌兜遣兵拒戰，鎮周頻擊破之。稜進至低沒檀洞，其小王歡斯老模率兵拒戰，稜擊敗之，斬老模。其日霧雨晦冥，將士皆懼，稜刑白馬以祭海神，既而開霽，分為五軍，趣其都邑。渴剌兜率眾數千逆拒，稜遣鎮周又先鋒擊走之。稜乘勝逐北，至其柵，渴剌兜背柵而陣，稜盡銳擊之。從辰至未，苦鬥不息。渴剌兜自以軍疲，引入柵。稜遂填塹，攻破其柵，斬渴剌兜，獲其子島槌，虜男女數千而歸。」就此記事中新出現之人名地名，亦可依巴宰族語言，獲致解釋，以資前文之補遺如左。

①張鎮周於伊能原書作「張鎮州」。

②伊能原書作「月餘而歸」。

【低沒檀】《隋書》以為小王所居洞名，而依其進行記程推測，不得不在到達其根據地即波羅檀之海岸地域，求其位置。巴宰族指稱在此位置之大甲溪為 Tomolo。低沒檀其音似尤與此近似。

【歡斯老模】《隋書》所載為小王姓名，而歡斯在巴宰族語言，為家之稱呼 Kaisni 之譯音字既如上述。又該族人名譜（男性之名慣用語）中有 Damori 一語。（該族語有一特徵即D字頭因屢轉為R字頭音，亦可以 Ramori 之發音。）老模當係 Damori（Ramori）之譯音也。

【島槌】《隋書》所載為王之子之名，巴宰族人名譜（男性之名慣用語）有 Taut 一語，島槌當係 Taut 之譯音也。

至於流求地名，如上所述《隋書》所載流求關係各種名詞，大致與巴宰族番語比較考定可獲得解釋，故似亦可依同一番語獲致解決也。現臺灣北部頂雙溪口（三貂堡）之一澳名琉球（流求之同音）澳，閩南語發音為 liû-khiû（リウキウ），該澳相傳為平埔番中凱達格蘭族之根據地，此係出諸原番語地名，當無疑義。（《淡水廳志》：琉球澳別名三貂琉球澳（又稱三貂澳），以其在三貂故耳。三貂原作三朝，西元一六二六年，西班牙人占據臺灣北部時，最初發現該澳東北角，遂取本國一地名聖地牙哥（San-Tiago）而命名之。三朝角或三貂角乃出其轉訛之音譯。與此對稱之琉球地名，顯係慣用現在字形以後所成者，可知其由來已久。（澳底庄係該澳之後部。））是則平埔番之固有地名，有近似琉球發音之稱呼存在由此自明。巴宰族似有以類此之地名，作為其分布區域之地名者。隋代訪求者似曾接觸臺灣西部一港，即後來之鹿港，吾人有充分理由相信巴宰番語 Rokauan 即近似發音之地名 Riukiu 所轉訛而成者。

蓋巴宰番語之特徵為指示其現在之某一語詞有加添一接尾語「An」之例。（如表示洗衣之義 Vavazu 加 An 為 Vavazuan 即表示現在洗衣；又表示看見 Kita 加 An 為 Kitaan 即為表示現在看見也。）此項接尾語，有時或用諸固有地名上之痕跡，諸如：Riravo-an、（苗栗三堡大甲街）Purau-an、（苗栗二堡通霄①街）Sian Pazay-an（揀東上堡觀音山）等是也，從而 Rokauan 亦係原名 Rokau，加上接尾語 An 而成，自無疑義，試就 Rokau 字形加以註釋：

凡轉向「A」或「O」與「I」之母韻，即在二重音所成母韻時，其第一母韻即不發音，是為臺灣平埔番語通有之特徵，故自 Riukiu 轉而為 Rokau 自當可能。當時之訪求者在最初登陸時，或以近似 Riukiu 之發音呼之，莫非因此把揣摸所知之番語地名，擬為廣義之全體概稱，遂用近音譯成流求二字。（但此 Rokau 之轉訛似因襲已久，自明代以來夙集中漢人寄航該港呼為鹿仔（Rokâ），亦不過俱使用 Rokau 之轉音之譯字，對於古音譯名流求被擬作土地之一般稱呼，訛音譯名之鹿仔被視為限於港口之名稱，則可看出兩者之名實存有特殊之區別。）依據《大日本地名辭書》，以掖玖（《隋書》所謂夷耶久）與琉求為同一原名之轉訛。因流求即是 LuKu，掖玖乃是 YaKu，若合考 L、J之相轉，（例如引《日向風土記》逸文載：「俗語謂栗為區爾。」說明 Kuli 之轉音為 Kuji。）及 J、Y之相轉，（例如掖玖（YaKu）之轉為邪古（Jako））其音理自可分明作為考證，亦可以參稽。

又如明代所成《皇明世法要錄》（陳仁錫著）特作明解云：「地界萬濤，蜿蜒如虬浮水中，因名流虬，後轉而謂琉球云。」（〈沿海防置〉）然而實際上不但其地名之原形使用流虬，文字無明確徵據，而且所謂流虬之解釋，難免徒拘泥於文字而有附會之痕跡，難謂其無可批

①原書誤作「雨肖」。

評之缺點。究竟係出自番語之譯音，而文字上並不具有何種意義，自不容疑。

此外，《隋書》〈東夷傳〉流求條載其土俗梗概曰：「男、女皆以白紵繩纏髮，從項後盤繞至額。其男子用鳥羽為冠，裝以珠貝，飾以赤毛，形製不同。婦人以羅紋白布為帽，其形方正。織鬪鏤皮，並雜色紵及雜毛以為衣，製裁不一。綴毛垂螺為飾，雜色相間，下垂小貝，其聲如珮。綴鐺施釧，懸珠於頸。織籐為笠，飾以毛羽，有刀矟、弓箭、劍鈹之屬；其處少鐵，刃皆薄小，多以骨角輔助之。編紵為甲，或用熊、豹皮。王乘木獸，令左右輿之而行，導從不過數十人。小王乘机，鏤為獸形。國人好相攻擊，人皆驍健善走，難死而耐創。諸洞各為部隊，不相救助。兩陣相當，勇者三、五人出前跳噪，交言相罵，因相擊射。如其不勝，一軍皆走；遣人致謝，即共和解。收取鬪死者，共聚而食之。仍以髑髏將向王所，王則賜之以冠，使為隊帥。無賦斂，有事則均稅，用刑亦無常准，皆臨事科決，犯罪皆斷於鳥了帥，不伏則上請於王，王令臣下共議定之。獄無枷鎖，唯用繩縛。決死刑以鐵錐，大如筯，長尺餘，鑽頂而殺之。輕罪用杖。俗無文字，望月虧盈以紀時節，候草榮枯以為年歲。人深目長鼻，頗類於胡，亦有小慧。無君臣、上下之節、拜伏之禮；父、子同床而寢。男子拔去髭鬢，身上有毛之處皆亦除去。婦人以墨黥手，為蟲蛇之文。嫁娶以酒肴、珠貝為聘，或男女相悅，便相匹偶。婦人產乳必食子衣，產後以火自炙，令汗出，五日便平復。以木槽中暴海水為鹽，木汁為酢；釀米麴為酒，其味甚薄。食皆用手，偶得異味，先進尊者。凡有宴會，執酒者必待呼名而後飲，上王酒者亦呼王名，銜盃共飲，頗同突厥。歌呼蹋蹄，一人唱，眾皆和，音頗哀怨。扶女子上膊，搖手而舞。其死者氣將絕，舉至庭，親賓哭泣相弔，浴其屍，以布帛纏之，裹以葦草，親土而殯，上不起墳。子為父者，數月不食肉。南境風俗少異，人有死者，邑里共食之。有熊、羆、豺、狼，尤多豬、雞，無牛、羊、驢、馬。厥田良沃，先以火燒，而引水灌之，持一插，以石為刃，長尺餘、濶數寸，而墾之。土宜稻、粱、禾黍、麻、豆①、赤豆、胡豆、黑豆等，木有楓、栝、樟、松、楩、楠、杉、梓、竹、籐。果藥同於江表；風土、氣候與嶺南相類。俗事山、海之神，祭以酒肴。鬬戰殺人，便將所殺人祭其神。或依茂樹起小屋，或懸髑髏於樹上，以箭射之，或累石繫幡以為神主。王之所居，壁下多聚髑髏以為佳，人間門戶上必安獸頭骨角。」

此等土俗為古今之比較實難準確，如上文（夷洲之條下）所述，其中曰：「以鬬死者之髑髏將向王所，王則賜之以冠，使為隊帥」、「鬬戰殺人，或懸髑髏於樹上以箭射之」、「王之所居，壁下多聚髑髏，以為佳」云云各節，亦可謂把握代表臺灣番族先天的土俗之獵頭殊俗也。再如記述偶有食人肉之異俗曰：「收取鬬死者，共聚而食之。」之痕跡，「南境風俗少異，人有死者，邑里共食之」等，就現臺灣土番間所傳過去之神話，乃告朔之餼羊所留迷信行事上可髣髴其遺風。（巴宰族中佔居山邊幽僻之番人，今雖業已部分漢化，與敵視之生番交戰殺戮之時，猶收取屍骸，以寓壓煞之意，舉社食其一臠之肉，此舊俗尚有未蟬脫者。）更言「織鬬鏤皮並雜色紵及雜毛以為衣。」係臺灣番俗之顯著發達之處，尤其犬毛之雜色，自古即相傳為巴宰族之特色。《諸羅縣志》〈番俗志〉云：「樸仔籬、烏牛難（巴宰族所屬番社）等社有異種之狗，狗類西洋，不大而色白；毛細軟如綿，長二、三寸。番拔其毛，染以茜草，合而成線，雜織領袖衣帶間；相間成文，朱殷奪目。數社之犬，惟存其鞹。」所謂織雜毛者近之。（取犬毛染之，以供衣飾之料，亦見諸夷洲民俗記事，而《裨海紀遊》云：「冬寒以番毯為單衣，毯緝樹皮雜犬毛為之。」〈番境補遺〉云：「水沙連番善織罽毯，

①「豆」字伊能原書無。

染五色，狗毛雜樹皮為之，陸離如錯錦，質亦細密。四方人多欲購之，常不可得。」又《臺海使槎錄》〈番俗六考〉北路諸羅番六（南投、北投、貓羅、半線、柴仔阬、水裏）云：「用白獅犬毛作線，織如帶，寬二寸餘，嵌以米珠。飲酒，嫁娶時戴之。番最重此犬，發縱指示，百不失一，或以牛易之，尚有難色。」皆是此類。（著者藏有北路平埔番之大甲東社昔時使用於纏飾頭周之繩索。據傳其製法，將染於茜草之犬毛，雜織於苧絲。又織樹皮之類為衣飾之風俗，《諸羅縣志》〈風俗志〉「番俗」①所載：「半線以上，多揉樹皮為裙，白如苧。」又《鳳山縣志》〈風土志〉瑯嶠番俗條下云：「或織樹皮、苧蔴為布，極粗厚。」凡此均足以作參考也。）在其他雜俗，將前之夷洲土俗之某一部分與後之流求土俗之某某部分相比較，彼此有如左列，此對於夷洲即流求之斷定，亦可認為一段良好之資料。

夷洲	流求
四面是山谿，山夷所居。	土多山洞。洞有小王。
作室居，種荊為蕃鄣。	塹柵三重，環以流水，樹棘為藩。
舅姑、子婦男女臥息共一大牀。	父子同牀而寢。
取犬毛染之，以作髭眉髮，親出戰臨鬭時用之，如假面狀。	織鬭鏤皮，並雜色紵及雜毛以為衣。
用鹿觡矛以戰鬭。	刀矟、弓箭、劍鈹之屬，多以骨、角輔助之。
歌似犬嗥，以相娛樂。	歌呼蹋蹄，一人唱，眾皆和，音頗哀怨。
甲家有女，乙家有男，仍委父母往就之居，與作夫妻。	男女相悅，便相匹偶。
磨礪青石以作矢鏃。	持一插，以石為刃，長尺餘，闊數寸，而墾之。

①伊能原書作〈番俗志〉。

（附記）臺灣山地平野及澎湖島，存有石器時代遺蹟（遺物散布地、遺物包含地、貝塚），發現各種石器、角骨器及土器等遺物。而由種種角度，就顯示遺物一致之處考之，可知，大體上為同一種族之手所遺，徵之諸番族間所傳承口碑，及現尚罕行使用原始器物之土俗，則該種族係現在番族之祖先甚明。（如在屬於占居濁水溪上流流域之生番布農族郡大社，當其粟米收穫祭時，屠豬為犧牲祭品，以頭目家古傳石刀（總長約一尺、厚二分，中部穿二孔，納柄）先擬刺喉部，隨之以現用之鐵刀，可謂表示過去專用石器之遺習。要之，彼等因與漢人接觸，知得鐵器之使用，其末期已極近代也。）又據《諸羅縣志》〈雜記志〉「外紀」載有：「鄭氏時，目加溜灣（平埔番 Vakarauan 社）開井，得瓦瓶，識者云：是唐、宋以前古窯。惜其物不傳，亦不知此瓶瘞自何時。未開闢之先，又何得有此瓶而瘞之也？」一逸事，所謂係唐、宋以前之古窯一節，原不過為前人之臆測。既謂瓦瓶，當係與石器時代遺蹟所發現素燒土器同型遺物，自無疑義。蓋此當不失其為有關遺物出土之最早文獻也。

更考記述清朝臺灣平埔番俗最古老形態文獻之《裨海紀遊》及《臺海使槎錄》〈番俗六考〉等書時，便可把握夷洲即係流求之概念。同時，對於夷洲、流求即係臺灣，亦將無所懷疑，是則當時曾經訪求之流求，正限於今日之臺灣甚明。其時，日本遣外使節往來漸繁，初主要由北道，因後來則經南道為常，時有遭遇風波之難者漂流至此，屢受番害。徵之舊志，如《續日本後紀》所載：仁明天皇承和七年[①]六月己酉（五日），遣唐第二船，知乘船事菅原朝臣成，為逆風漂抵以「片蓋鞘橫佩」為武器之南海之賊地。（傳片蓋鞘橫佩係與該地之賊作戰所得之物。蓋以此武器之形容即臺灣土番通用刀器裝置之特徵，係將刀身納於以木所刳刀鞘，露出一面，用吊帶橫

①即西元八四〇年。

佩於左腰者，能知其善把捉之殊風；而所謂南海之賊地，正可推定係指臺灣。）又如《今昔物語》所載：文德天皇仁壽三年①，企圖由鎮西航渡中國大陸之智證大師，在海上遇颶風，到被稱為食人國之琉球云云之事例（〈智證大師亘唐傳顯密法歸來語〉）即是也。

先是，隋文帝開皇中，有已占有澎湖島之異傳。《臺海使槎錄》〈赤嵌筆談〉引《福建海防考》云：「隋開皇中，嘗遣虎賁陳稜，略彭湖地。其嶼屹立巨浸中，環島三十有六，如排衙。」《臺灣府志》〈封域志〉，據此載云：「臺灣府……，古荒服地。隋開皇中，遣虎賁陳稜，略澎湖三十六島。」是為最初記載，而不特《臺灣府志》，《福建通志》及《澎湖紀略》（《澎湖廳志》所引），以後至《聖武紀》（魏源著）等被推為記載精確之諸書，咸特書此事。且如《澎湖廳志》所載，雖有以之為大業年間之差，而亦齊云：「（澎湖）古荒服地，隋大業中，遣虎賁陳稜略地澎湖。」（〈規制考〉「建置沿革」）（如徐鼒《小腆紀年》則雖以之與流求之訪求混同，然亦承認澎湖之消息而載云：「隋大業中，虎賁陳稜，一度至澎湖，東向望洋而返。」）在《隋書》所載當流求之訪求時，就其熟悉澎湖所屬南北地理跡象推測之，或可視為因係既略之地，故如此記載，又如大業元年海師何蠻奏云：「每春、秋二時，天清風靜，東望依希似有煙霧之氣。」此似假設自澎湖望見臺灣之光景，而始近於事實者。以後所成之《宋史》流求本傳云：「流求國在泉州之東，有海島曰彭湖，煙火相望。」（《文獻通考》〈四裔考〉所載亦同。）蓋係依據實際而加以修訂者。

按福建巡撫陳大受〈重修臺灣府志序〉（乾隆十年），及臺灣知府余文儀〈續修臺灣府志序〉（乾隆二十九年）中俱有「澎湖之名僅見於隋史」一語，由此可推知，《隋書》以外有另題「隋史」之書名存在於福建地方，而載以澎湖略有之事蹟者，莫非祖述上列各書，以補

①即西元八五三年。

古史之不足乎。①在大業年間訪求流求以前，已經占領澎湖之說，似未必不能否定。（但如《臺灣縣志》以《隋書》缺此記載，對於史實之確否存疑。至於《海東札記》（朱景英著），則以之並無確實證據而加以非難：「至《海防考》有隋開皇中，遣虎賁陳稜略澎湖三十六島，郡志據之，語尤可疑。考《隋書》陳稜流求之役，在大業中，而本傳亦無略澎湖三十六島之詞。獨不解當日談海防者何所據而云云也。」）然而此等訪求、占有，俱不過遺留一時攻略事跡，並無永遠移民經營措施之證據。惟將唐代詩人施肩吾（元和十年進士）〈島夷行〉所詠：「腥臊海邊多鬼市，島夷居處無鄉里；黑皮年少學採珠，手把生犀照鹹水。」（《全唐詩》）《臺灣府志》〈藝文志〉題為〈澎湖嶼〉而揭載之。（《澎湖廳志》亦同）就詩意推之，可知擬為蠻夷海島。（明萬曆二十年進士謝肇淛《五雜俎》地部云：「蘇州東入海五、六日程，有小島，闊百里餘，四面海水皆濁，獨此水清無風，而浪高數丈，常見水上紅光如日，舟人不敢近，云此為龍王宮也。」大體上彷彿係指澎湖。明萬曆三十一年（西元一六〇三年）荷人初據澎湖時，謂大山嶼要口媽宮，已有漢民聚落，是當時似早已有祀媽祖（天妃）之宮廟，因而成為地名。媽宮一稱孃宮（《讀史方輿紀要》），被擬為所謂龍王宮之俗說，莫非因與所謂鬼市之異聞連接，如此而成形。《澎湖廳志》〈舊事錄〉「叢談」②云：「大抵因港外犇濤澎湃，港內澄浮③如湖，故得此名。」可見漢民對澎湖之地理觀念如此，而此地名自古即與漢民關係密切，自非無故。前代文獻，澎湖多作彭湖，「澎」與「彭」音通而義異。）記載漢民初印移殖之足跡於此海島之史實者，以元代所成之《諸蕃志》（趙汝适著），據載彭湖隸閩之晉江縣（泉州府），其居民遇附近毗舍耶④土番寇掠，多罹生噉之害，皆苦之云為始。至明初所成之《元史》載云：「三十六島巨細相間，坡隴相望，有七澳居其間，大約有土⑤無木，土瘠不宜禾稼，產胡麻綠豆，山羊尤多，居人煮海水為鹽，釀禾為酒，採魚、蝦、螺、蛤以佐食，土⑥商興販以廣其利，貿易至者歲常數百艘，為泉之外府，至元末⑦置巡檢司於此。」⑧（《澎湖廳志》「建置沿革」云「屬同安縣兼轄」。）此僅限於澎湖一域，此外唯有《元史》瑠求本傳載其情況云：「瑠

①「隋史」當即指《隋書》，而非《隋書》以外另有《隋史》。

②伊能原書作〈封域志〉「形勢」。

③「澄浮」於伊能原書作「澄淨」。

④「耶」字於伊能原書作「那」。

⑤「土」字於《島夷誌略》作「草」。

⑥「土」字於《島夷誌略》作「工」。

⑦「至元末」三字於《島夷誌略》作「至元年間」。

⑧《元史》似無上引文；元人汪大淵撰《島夷誌略》彭湖條則有內容近似之記載。

求，在外夷最小而險者也。……近代諸蕃市舶，不聞至其國。」而已。

據《元史》載前後二次企圖遠征瑠求事。第一次在世祖至元二十八年，其瑠求本傳記事云：

至元二十八年九月，海船副萬戶楊祥，請以六千軍往降之，不聽命，則遂伐之；朝廷從其請。繼有書生吳志斗者上言：生長福建，熟知海道利病，以為：「若欲收附，且就彭湖發船往諭，相水勢地利，然後興兵未晚也。」冬十月，乃命楊祥充宣撫使，給金符；吳志斗禮部員外郎，阮鑒兵部員外郎，並給銀符，往使瑠求。詔曰：「收撫江南已十七年，海外諸藩罔不臣屬，唯瑠求邇閩境，未曾歸附。議者請即加兵，朕惟祖宗立法：凡不庭之國，先遣使招諭，來則安堵如故；否則，必致征討。今止其兵，命楊祥、阮鑒往諭汝國，果能慕義來朝，存爾國祀，保爾黎庶。若不效順，自恃險阻；舟師奄及，恐貽後悔。爾其慎擇之。」二十九年三月二十九日，自汀路尾澳舟往。至是日巳時，海洋中正東望見有山長而低者，約去五十里。祥稱：「是瑠求國。」鑒稱：「不知的否。」祥乘小舟至低山下，以其人眾，不親上；令軍官劉閏等二百餘人，以小舟十一艘載軍器，領三嶼人陳輝者登岸。岸上人眾不曉三嶼人語，為其殺死者三人，遂還。四月二日至彭湖。

如斯，其遠征似遂因窒礙而未果行。而第二次是在成宗元貞三年①，瑠求本傳記事云：

成宗元貞三年②，福建省平章政事高興言：「今立省泉州，距瑠求為近。可伺其消息，或宜招、宜伐，不必它調兵力，興請就近試之。」九月，高興遣省都鎮撫張浩、福州新軍萬戶張進，赴瑠

①伊能原書作「大德元年」，同年，即西元一二九七年。

②伊能原書作「大德元年」。

求國，禽生口一百三十餘人。

而此遠征，似亦未能使聽命如故。上述二次遠征，雖終歸失敗，然其有瑠求之事實則不容否定，試從其征軍所及位置形勢，加以考察，謂瑠求接近閩境，又謂立省於泉州，距瑠求為近，又謂：且就彭湖發船往諭之，為其殺死者三人，遂還至彭湖云云，此文字顯是指證地域限於臺灣。（又由汀路尾澳行舟，海洋中正東望見有山，遂推定其為瑠求國。由此考察其進路，其以後來之福建漳州府海澄縣所屬之井尾港，擬為汀路尾澳，似為妥當。）但以語言全異之蠻夷，因其拒逆不從，終於不得不放棄。其後由於地理上接近中國本土，且在隋代已有占有之事實，而宋代似僅將早有漢民移殖端緒之彭湖，收入版圖，及其末葉①設置巡檢司等（《元史》、《臺灣府志》），可視為此結果之具體化。

然而上述隋代之流求（《隋書》）、宋代之流求（《宋史》）、元代之瑠求（《元史》），或琉球（《諸蕃志》、《文獻通考》），雖係同一番語之譯音，但如其字形之不一，其區域之變遷亦至為模糊，不過把握其大概而已。當時隨著逐漸獲得之地理知識，遂將遠在中國東方海上，連綿斷續形成一弓狀，以現在臺灣至琉球一帶，包括於該一島群，致無法另立明確分劃，亦屬事實，從而所謂流求、琉求、瑠求、琉球，並不能斷定單指今之琉球，同時亦不能認為是專指臺灣之演變。（《諸羅縣志》云：「或元以前此地（臺灣）與澎湖共為一國，與琉球同名，亦未可知。」可知，其欲在此見地下，以解釋古琉球也。）但是至少其與記載史實有關係者，完全限於臺灣發生之事件，而非泛指此廣義之區域，此點自為不能不注意者。換言之，元代以前有關所謂流求之歷史，可謂與現在琉球完全無關。及至明代，完全以「琉球」兩字指稱之，而在其初期，仍然將

①指元末。

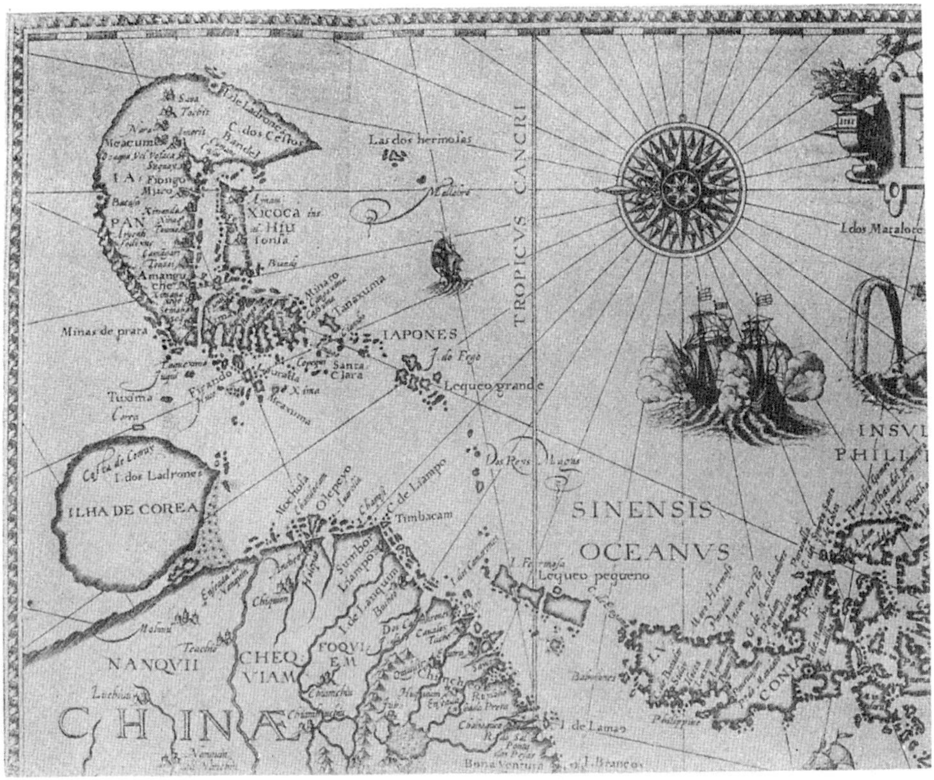

圖二　荷人 Linschoten 亞細亞圖（東洋文庫藏）

現在之琉球與臺灣混同為一，至洪武年間，中山王受明朝冊封以後，已不許沿襲如此混同，或稱現在之琉球為大琉球，對之，稱臺灣為小琉球以區別兩地。然至宣德年間，尚有慣用為臺灣稱呼之例。（如嘉靖十三年五月為使節至琉球之陳侃《使琉球錄》云：「閩中士大夫頻言霽日自鼓山可望琉球者，蓋小琉球耳。若大琉球，雖借目離婁，何由望之？」是其實例。此外西元一五九九年（明萬曆二十七年）荷蘭人 Jan Huygen van Linschoten 之東亞細亞地圖就在臺灣之位置繪描兩島嶼，在北者記為 Formosa，在南者為 Leque-Pequeno。該 Linschoten 夙抱遠遊之志，赴葡萄牙隨從臥亞大僧正一行於西元一五八三年（萬曆十一年）航行印度，耳聞目睹東方各國者凡七年間，時通過臺灣海峽，據其實地勘查繪製成此地圖云。然竟將其在全島北方三分之中間位置巨大河口，誤認為海岸線，而將南方一島命名 Leque-Pequeno 者，乃是將從來中國人所稱之小琉球，譯以葡語而襲用之，其北方一島則援葡萄牙人所命名 Formosa 之稱呼。可證當時已有小琉球之名稱存在，又此小琉球之名，曾為日本人使用作呂宋之別名，其事例載堀正意之《朝鮮征伐記》，豐臣秀吉令原田孫七郎勸呂宋入貢之永正①十一年（即正德九年，西元一五一四年）文書，其受文者名稱，載為小琉球即是也。近之，又文祿二年（即萬曆二十一年，西元一五九三年）同寄臺灣之文書，則分明指為高山國，故茲所謂小琉球，固非指臺灣無疑，需要避免彼此混淆。）如斯，琉球對於明廷已處藩屬地位之結果，隨著其地理知識逐漸被闡明，以後乃生兩地之區域應明確劃分之傾向，始以琉球地名，限定專用於現今琉球之稱呼。同時，導致臺灣完全從琉球地域外分立之變遷，以致大、小琉球之區別亦自告消滅。現與臺灣西南方接近之附屬小島中，留有小琉球名稱或可視為其遺跡乎？（該附屬小島，冠以小琉球名稱，係明末，承沈光文〈平臺灣序〉云：「鄭成功之攻克臺灣也，兵民慴伏，上下悚惶，雕題黑髮之夫，跳梁不敢，鏤耳文身之輩，蠢動無聞。」見云：「其地之遠者，……加六堂、小琉球、卑南覓。」（小琉球在加六堂（恆春）與卑南覓（臺東）之中位有所旁證。）康熙五十四年間，從事測繪臺灣輿圖之 de Mailla ②亦採用此稱呼。〈番俗六考〉南路鳳山番一附載有條云：「小琉球社對東港（港東下里）……久無番。」即指此。）在元代，雖將臺灣置諸治外，但澎湖則收入版圖，

①伊能原書作「天正」。

②耶穌會士 Moyriac de Mailla，漢名為馮秉正。

設置巡檢司，已述如前。及至明代國策又決定放棄澎湖。〈赤嵌筆談〉「形勢」云：「彭湖一名彭蠡湖。《樵書二編》：彭蠡湖嶼，環島三十六。洪武五年，以居民叛服不常，遂大出兵，驅其大族，徙置漳、泉間。」即是。《讀史方輿紀要》載其經過情形云：「洪武五年（西元一三七二年），湯信國經略海上，以澎湖島民，叛服難信，議徙近郭。二十一年，盡徙嶼民，廢巡司而墟其地。繼而不逞者潛聚其中，倭奴往來，停泊取水，亦必經此。嘉、隆以後，海寇曾一本等屢嘯聚為寇。」按原來信國公湯和經略海上之動機，是由於設防備倭，為嚴禁下海通番而起者，其徙民墟地之措施，不獨澎湖一島而已，所在海島亦同行之。（《天下郡國利病書》廣東（二）載放棄南澳事云：「明朝洪武二十六年（西元一三九三年），信國公湯和奉命經略海上，謂其巢倭，……墟其地，其田糧則派之海洋各縣。……以其界在兩省（閩、粵）之交，鞠為盜區，棄而不守。」此節亦可供合考。）

先是，在日本國內不得志之豪族等，企圖以其餘力，侵擾中國、朝鮮方面，所謂倭寇所向無不望風披靡之概。據《明史》所傳，洪武初年（日本正平年間）已見其端緒，而有如洪武六年，德慶侯廖永忠上言曰：「倭夷竄伏海島，因風之便，以肆侵掠，其來若奔狼，其去如驚鳥。」之警聞。厥後，此等侵犯非但不絕，而且中國亡命之徒，亦往往與之勾結，或以倭寇之勢威漸成為遠近畏憚為奇貨，有如《天下郡國利病書》浙江（二）所載〈戍海篇〉云：「誘引日本島之倭奴，借其強悍，以為護翼。」之情形。（其〈戍海篇〉引《高皇實錄》云：「長老亦言：洪武四年有海民沈保童，用竹筏載倭，登犯海寧等縣。」又同書浙江（三）云：「永樂間，以漁人引倭為患，禁片帆寸板不許下海。」明謝肇淛著《五雜俎》地部亦據此評論曰：「倭之寇中國也，非以中國之人誘之以貨利，未必至也；非中國人為之鄉導，告以虛實，未必勝也。」）當時，中日間之航路，專取南路，而臺灣及澎湖之位置，恰介於中、日兩國之間，形成自然之跳板，為日本船停泊取水所必要之根據地。（《廈門志》〈舊事志〉「紀兵」引

《名山藏》〈日本傳〉云：「倭……即今東洋地，其寇泉州，自洪武三年始；泊浯嶼，是年始。」浯嶼即金門①，而日本、金門間之中繼地即為臺灣，不可忘也。）所謂設防備倭之經略上，因恐在澎湖之漢民有勾引接濟之虞，故感覺不過欲為遏絕耳，但竟因此導致其成為不逞潛聚之淵藪，實勢所使然。（澎湖島各處有傳係此等海賊據址之遺蹟，諸如在大山嶼中央之大城山，（《澎湖廳志》〈封域志〉云：「山頂高處，前人築城其上，周僅二、三里，遺址猶存。」）在虎井嶼東南港中之沈城，（《澎湖廳志》〈規制考〉②曰：「虎井嶼東南港中，沈一小城，周圍可數十丈，磚石紅色。」）是其顯著者也。）

永樂、宣德年間，太監鄭和遍歷西洋，（《明史》鄭和傳曰：「鄭和，……世所謂三保太監者也，成祖……命……通使西洋……宣天子詔，給賜其君長，不服則以武懾之。……自和後，凡將命海表者，莫不盛稱和以誇外番，故俗傳三保太監下西洋，為明初盛事云。」如斯，其遠征前後共七次，第一次航海在永樂三年至五年之間，第二次在永樂六年至九年之間，第三次在永樂十年至十三年之間，第四次在永樂十四年至十七年之間，③第六次在永樂二十二年間，第七次在宣德五年至七年間。）其間，似曾一度登陸臺灣。據《明史》鄭和傳，雖未記載此事，而《臺灣府志》〈封域志〉（「建置」附考）曰：「臺灣，古未隸中國版圖，明宣德間，太監王三保（《通志》作鄭和）舟下西洋，因風泊此。」同書〈封域志〉「山川」，則擬其位置為臺江沿岸（即後來之臺南），就該地古蹟大井載述云：「開鑿莫知年代，相傳明宣德間，太監王三保到臺，曾於此井取水。」（同書〈封域志〉「山川」大井條下云：「大井在西定坊，來臺之人在此登岸，名曰大井頭。開闢以來，生聚日繁，商賈日盛，填海為宅，市肆紛錯。」《臺灣縣志》〈外編〉「遺蹟」④云：「大井：在西定坊。舊依海岸，海鹹井淡。舟人在此登岸，名大井頭。邇來民居稠密，填海成陸，市宅紛錯，距海半里許矣。」為古來泊舟取水之地而知名。《裨海紀遊》云：「惟《明會典》『太監王三保赴西洋水程』，有『赤嵌汲水』一語。」蓋從臺灣尋求鄭和之史蹟，惟所載赤嵌地址不詳而生疑問，其實，赤嵌乃出乎占居此地之土番社名譯音，所謂「赤嵌汲水」，自係指此地。本來，鄭和在臺灣之逸事傳諸文獻者亦不少，如《臺灣志略》

①浯嶼非金門，在廈門港外。

②伊能原書作〈封域志〉。

③伊能原書未列第五次，該次係在永樂十九年至二十年之間。

④伊能原書作〈地志〉「街里附井」。

云：「明太監王三保舟至臺，投藥水中，令土番染病者，於水中洗澡，即癒。」又如《赤嵌集》則欲牽連赤嵌汲水之事實，（〈裸人叢笑篇〉①句註）但此乃就土番浴水保健之固有風俗，加以潤色而附會者，正如另文所載。《香祖筆記》（康熙四十四年王士禎②著）云：「鳳山縣有薑，名三寶薑，相傳明初三寶太監所植，可療百病。」《臺灣志略》則更為此事潤色，而附會於奇蹟云：「明太監王三保，植薑岡山（鳳山縣屬）上，至今尚有產者，有意求覓，終不可得。樵夫偶見，結草為記，次日尋之，弗獲故道。有得者，可療百病。」至如明何喬遠著《名山藏》則云：「東番，永樂中鄭和入海諭諸酋，番獨不聽約束，和貽之家一銅鈴，使頸之，蓋狗之也。」又康熙五十四年間，從事測繪臺灣輿圖之De Mailla（馮秉正），手寫《踏察記》則云：「明宣德五年（西元一四三〇年）之間，明朝宦官王三保自西方歸航途次，遇暴風，漂著臺灣海岸。先是，中國人對本島無所知，彼來此未知之國土，歎其壯麗，同時，對於土民之原始落後，為之喫驚，擬向皇帝陳奏島情，為查察而暫時滯留，然而其收穫極少，但攜歸若干藥草，在中國盛行，見其成功耳。」（William Campbell（甘為霖）著《荷蘭治下之臺灣》載「De Mailla's Notes on His Visit to Formosa in A. D. 1715.」）如斯，所傳不多，固難保其記述之正確，但視為被鄭和曾履足臺灣之事實所引導，而致牽合有餘。）要之，鄭和寄泊臺灣，似在宣德五年六月第七次航海之歸途，而其最足資考證者，為日本坪井文學博士③所撰〈關於明抄本《星槎勝覽》〉（日本《史學雜誌》第二十九編第七號）文中，介紹永樂六年、十四年、宣德五年鄭和之航海及永樂十年楊勅之航海時，曾經隨行之費信撰《星槎勝覽》之明抄本內容，如左節略記錄所見聞各國風土人物：

> 予頃於坊間得照相縮影版之《星槎勝覽》，就而觀之，有正統元年丙辰（西元一四三六年）春正月朔日著者費信自序文，全篇分前、後二集，每集弁之以目錄，尤其前集目錄、序文載述四次歷覽諸番國之經過，該書以吟咏各國風土、人物之詩篇為要點，以敘述文為其序，收入《歷代小史》卷一百二之該《星槎勝覽》，係僅將此詩序選錄者（中略）。最後所要述者為明抄本與《歷代小史》

①「叢笑篇」三字伊能原書作「笑叢篇」。

②伊能原書作「王士禎」。

③即坪井九馬三。

本之異同問題。兩本原俱係轉抄本，非校對之，自不能得其底本，然而大體上，當以明抄本為佳。因此兩本皆是明本，多六朝體之文字，由於輾轉結果，誤字、爛字、俗字、譌字、通音假借字、脫漏、衍文之類，決不在少數。《歷代小史》本脫落龍牙善提、琉球國、三島國、渤海國、蘇祿國，而明抄本脫落阿魯國，雖皆殘缺不全，而明抄本之缺佚僅止一國，可謂近於完整。（下略）

據此明抄本《星槎勝覽》之記載，鄭和之航海，其足跡真正及於琉球國即臺灣之事成為全無疑惑之餘地。於是，坪井文學博士亦在其文末展示明抄本之標本中，特揭載琉球國、三島國條，且附註云：「此二國一讀雖非不為今之沖繩島之某地點，但應永中葉迄永享初年間（即永樂、宣德間），琉球決無明朝招諭使或追討使等來航，《星槎勝覽》之所謂琉球，莫非指臺灣南部之某處乎？鄭和曾寄航臺灣，雖不見於史傳，但費信亦隨楊勅航行。其實，臺灣海峽風浪頗惡，實際上媽祖坐鎮之本廟儼存，是以鄭和為避難而至臺灣南部之沿岸，誰能保其絕無此事乎？」此語可謂中肯，其所展示標本之琉球國全文如左：

琉球國

其處山形，抱合而生。一山曰翠麓、一山曰大崎、一山曰斧頭、一山曰重曼，高聳叢林。田沃穀盛，氣候常熱①。男、女以花印布大袖衫連褲穿之。其酋長尊禮，不科民下，人皆效法。釀甘蔗為酒，煮海為鹽。能習讀中國書，好古畫、銅器，作詩效唐體。地產沙金、硫黃、黃蠟②，貨用珍珠、瑪瑙、磁碗之屬。

①「熱」字於伊能原書作「盛」。
②「硫黃、黃蠟」於伊能原書作「流黃臘」。

詩曰

翠靄是琉球　遐觀碧海浮
四山高對聳　一水遠長流
袖大健連袴　髮鬆撮滿頭
土民崇詩禮　他處若能儔①

所載不過為其梗概而已，且如其所載山名，因古今幾多變遷，雖難免有「久而忘其舊名也」（《續修臺灣縣志》〈地志〉「山川」附辨）之意，而當時鄭和足跡所到之位置，既在臺江沿岸，試按該地點為中心之臺灣縣（後之安平縣）地理，依照舊形之地名以擬定之，除該書載琉球云：「其處山形，抱合而生」，又《臺灣府志》〈封域志〉「形勝」云：「臺灣縣②、……東倚層巒，西迫巨浸。」（引〈島上附傳〉）略相符合外，《臺灣縣志》〈地志〉「山川」云：「大烏山：在邑東北百里遙，郡垣之祖山也。山勢西南行十餘里，而高聳秀拔者，為分水山。稍下又西行為分水崙。崙南、北兩石峰蒼翠秀削，翼之以行。緣崙皆結細石，產青草，磈礧嫩綠，崙南、北皆良田美石，無坑塹。……崙西行二十餘里，顧盼逶迤，欲收仍縱，前起巨阜曰草山（以多茅草，故名），則郡垣之少祖山也。」其「翠麓」之山名，與上述記事，加以合考，似係指稱草山附近。縣志又曰：「內烏山：在分水崙之南者，直趨南路。其分支者，東趨羅漢內門，……稍西為雁門關，……雁門之西為土樓山，亦曰險山，門徑甚險，惟容一人一騎。亂時人爭逃之，扼其險，賊不能至。……西南為茅草埔山，皆邑之左肩也。又南為狗圇圈山③，則左肩之外輔。（中略）又西北為虎頭山。」其「重曼」之山名，雖未

①「他」字於伊能原書作「化」。
②府志所引原文無「縣」字。
③上句伊能原書略。

能擬得適切地名，然或為「險」與「茅草埔」之約略併稱，而由「險茅」轉成者。其「斧頭」山名，正指稱「虎頭」甚明。縣志又曰：「羅漢內門：在邑東南六十五里。其地四壁皆山，中開平疇，……以形家之說較之，則邑之庫藏也。（中略）大東方木山，則內門之正東山也，……其上為大葉林山，山南為龍潭①山，……其南為大崎越嶺，又其南為鼓山，則出羅漢外門焉。」其「大崎」之山名，係指「大崎越」，固無疑問。要之，就所有層巒疊峰之中，幾能舉其比較高聳隆起為代表，自可知其觀察之卓越，而且其名稱不採為後世臺灣地名所適用番語之對譯，而專使用漢語之會意文字充之，亦足為一徵。又如其民俗之記述，似非土著番人之風俗，而是漢人之風俗，足察當時在臺灣之一方面，已形成漢人一小聚落。至其三島國，當是《諸蕃志》所謂：「三嶼，乃麻逸（即Manila，馬尼拉）之屬。」乃指呂宋屬島者也。（《諸蕃志》云：「琉求國土人間以所產黃蠟、土金、氂尾、豹脯往售於三嶼。」其所產正與本文琉球土毛相符，亦值注意。）②按鄭和於宣德五年之航路，據《明史》所載：「自蘇州劉家河，泛海至福建，復自福建五虎門揚帆。」③其離開五虎門係在翌六年十二月初九日，（據《記錄彙編》所載祝允明《前聞記》）適值此方面東北風盛發時期，故漂抵臺灣西岸，而一時在臺江內試行登陸。《明史》之所以不載述此事，或許以為不過偶然之寄泊，完全係使命目的以外，故不予著筆耳。先是，地名之變遷以「琉球」之稱呼專用於現之琉球，而與此分離之現在臺灣，則與「雞籠山」（或「雞籠」），或「北港」及「東番」等不同之稱呼並不統一，直到此時，始啟稱「臺灣」為一定名稱之端緒（參照附錄臺灣條）。從前其地理知識，雖難免不清楚，至此始漸見有所闡明。

嘉靖年間，廣東流寇有吳平者，以閩、粵④交界之南澳（廣東潮州府饒平縣屬）為根據地，到處肆行剽掠，荼毒生靈，當時一代名將、對於海情、海防夙有見地之都督戚繼光，善於用兵彈壓，尚且稱之為勁敵，最後合閩、粵兩省兵力會剿之，始得平定。（吳平為人身材雖短小，

①「潭」字伊能原書誤作「覃」。
②土毛即當地所產菜蔬、穀物及樵牧等。
③《明史》此係鄭和於永樂三年第一次通使西洋之記事，但各次大抵相同。
④「粵」字於伊能原書作「浙」。

精悍有智略，童年與群兒牧，其部署號令悉如軍法，群兒畏服。既而厭為人之家奴，去而為盜，不肯居於人下。時之劇賊前後推之為首魁，及其一敗，與扈從百餘人駕小舟脫逃，炙其面以變貌，竭所藏匿之金銀寶物，放浪江湖，後不知所之云。）其夥黨林道乾、曾一本等皆驍勇，膽力過人，敗後尚保餘勢出沒閩、粵海上，其實如全未歸明統屬之臺灣，亦成為其一處巢窩。嘉靖四十二年，林道乾起事南澳，繼則跳梁於閩海，（嘉靖四十五年入寇福建漳州府漳浦縣沿岸時，其船號稱五十餘艘。）都督俞大猷舉水師征之，追至澎湖，林道乾更竄入臺灣，俞大猷留偏師駐澎湖，嚴哨臺灣外海，欲待其敝，林道乾竟窮蹙而脫逃哨船之監視，望南航海遠去。於是，澎湖之駐師亦撤廢。《臺灣縣志》以林道乾為倭黨，導倭人寇亂，又勾倭，遁入臺灣。此時，彼不逞之徒，甚至往往佯稱日本甲螺聚。（甲螺係日本之俗稱，為擬作具有首領意義之「カシラ」之中國音訛譯字。《諸羅縣志》〈封域志〉甲螺註云：「猶云頭目，夷人所設以管漢人者。」略有其意。而當時漢民假倭尤夥之狀，正如《天下郡國利病書》廣東（八）海寇條下云：「先是，嘉靖壬子，倭寇初犯漳、泉時，僅二百人，真倭十一而已，餘皆閩、浙通番之徒，前頂剪髮，椎髻向後以從之，然而髮根下斷，與真倭之素禿者自有異。」此節可以合考。）亦可視為其類例，足知當時欲以臺灣為根據，而與日本人互通聲援。（據《澎湖廳志》〈規制考〉，大山嶼媽宮港東岸之暗澳（即後來之文澳），築有其駐防之城，而府志、縣志俱載遺址猶存，今已無考云。關於林道乾係據臺灣何地為巢穴，文獻記載不多，莫衷一是，其間似存有若干差錯。《諸羅縣志》〈雜記志〉「外記」，引陳小厓《外紀》曰：「明海寇林道乾為俞都督大猷所追，窮竄臺灣，勢蹙。恐不能據，以酒食紿諸番醉而殺之，有鬮社無噍類者：取血調灰以固船，乃航於遙海。」且承此謂：「大奎壁劈破甕，是其故穴。」且註此地為「諸羅地」。蓋屬古諸羅十七莊之一之大龜壁之地，即擬係此大奎壁，乃後來以嘉義西堡水堀頭街為中心一帶之總稱，故在臺灣內地占有之巢窩，當係諸羅山附近。《臺灣府志》①「建置」附考曰：「嘉靖四十二年，林道乾寇亂邊海，都督俞大猷逐道乾入臺；偵知港道紆迴，不敢進，留偏師駐澎，時哨鹿耳門外。道乾以臺非久居所，遂恣殺土番，取膏血造舟，從安平鎮二鯤身隙間，遁去占城。」

①〈封域志〉。

是專就臺江而言者，而《臺灣縣志》則作自一鯤身與北線尾之間，即臺江南口脫去。蓋臺江之北口即鹿耳門外，如有明軍嚴哨，當無從該口企圖脫去之餘地；至府志所載：安平鎮即一鯤身，與二鯤身之隙間，在往時也是窄隘，似不足以通舟，故縣志所謂自南口脫出之說，當可認為妥切。《鳳山縣志》〈雜志〉「叢談」曰：「明都督俞大猷，討海寇林道乾，道乾戰敗，艤舟打鼓山下，恐復來攻，掠山下土番殺之，取其血，以固舟，遁占城。餘番走阿猴林，今之比屋而居者是其遺種也。」①是專就打狗地方而言者。由來海寇窮竄之蹤跡，素不限定為港澳，可隨時隨地出沒甚明。就中如臺江及打狗之類安全港，必須謀求久居之計，所謂其發生殺土番取血調灰以固舟之慘劇，不外以臺江或打狗之一地方滋事，傳為起自兩地之異聞。今欲試解明其究竟，須提及被難餘番之阿猴林社。按鳳山縣下淡水流域平埔番（族稱馬卡道）所屬阿猴社原稱打狗社，占居打狗港口一帶，此事有該番口碑傳承。〔「打狗」為該番語竹林之意，蓋因其土產而命名者，《鳳山縣志》〈風土志〉「番社風俗」云：「社四圍植竹林。」可徵之，此社名使用打狗或打鼓之音譯字成之。乃阿猴 Ākau 係常被認為番語特徵之打狗 Tākau 其頭一字「T」字不發音所轉訛無疑。阿猴係譯成之音譯字，而其末尾所添「林」字，不外具有森林意義之形容。故如《鳳山縣志》及《臺灣府志》，番社名僅作「阿猴」，蓋對其土番加以虐殺暴掠係屬事實，致土番不得不避難，故認為發生在打鼓山下之滋擾為妥當，蓋人血塗舟之俗，或由字典釋：「釁用血，蓋所以厭變怪，禦妖釁也。」所導引之古意乎？〕《臺灣縣志》〈外編〉「遺事」云：「至謂道乾艤舟打鼓山下，恣殺土番，取血和蜃灰以固舟，則流寇之慘毒，固有可信者。」康熙五十四年間，從事測繪臺灣輿圖之De Malla所著《踏察記》評云：「彼任手下屠殺居民，以此等可憐無辜者之鮮血，代替船底防漏之樹皮，其殘虐洵屬空前。」即是也。〈番俗六考〉記載北路大甲、房裡二溪流域平埔番（族稱道卡斯）所屬蓬山八社番俗云：「崩山番，皆留半髮。傳說明時，林道乾在澎湖，往來海濱，見土番則削去半髮，以為碇繩。番畏之，每自削，以草縛其餘。」此傳說是否事實，雖不無疑問，而當時流寇之侵暴，及曾至此等海邊，由此可資旁證。又《噶瑪蘭廳志》〈規制志〉「海防」附考云：「蘇澳……為蘭界東勢之盡頭，……該澳內寬外窄，……可避風湧。相傳自明嘉靖四十二年間，林道乾寇海，曾踞數月，以夥伴病損過多，始行徙去。」此外，又有因道乾艤舟之打鼓山，一名埋金山，遂附會為道乾之奇蹟而傳說者。《臺灣府志》〈雜記志〉②「叢談」引陳小厓《外紀》云：

①《鳳山縣志》此段係引錄陳小厓《外紀》。

②「雜記志」三字於伊能原書作「雜志」。

「相傳道乾有妹，埋金山上，有奇花異果，入山樵採者摘而啖之，甘美殊甚；若懷之以歸則迷失道。雖識其處，再往則失之。」《鳳山縣志》〈雜志〉「名蹟」載云：「埋金山在打鼓山巔，相傳明都督俞大猷討海寇林道乾，道乾遁入臺，艤舟打鼓山港，其妹埋金山上。時有奇花異果，入山樵採者或見焉，若懷歸則迷失道。雖識其處，再往終失之。」蓋乃將此地流寇豪奢情形假託誇張耳。鳳山諸生施陳慶所作古詩〈鼓山行〉一篇亦描寫此意。（詩載《鳳山縣志》〈藝文志〉）又《臺灣縣志》所載林道乾退出臺灣之緣由云：「道乾勾倭，遁入臺，恐為倭所併，又懼官軍追擊，揚帆直抵浡泥。」《鳳山縣志》〈輿地志〉「建置沿革」云：「道乾遁附倭，艤舟打鼓山下，始通中國。尋林道乾懼為倭所併，遁占城，地復歸倭。」要之，如林道乾之據點，不能限定於臺灣一、二地方，同時以其退出之要因，為繫於特加限定之事實，自屬錯誤。蓋此要因逼迫，使之不得不全盤退出臺灣也。概言之，內有日本人掌握之優勢，固不致聽彼一流寇之甘言為所左右，而反有被其吞併之虞，外則早晚不免遭受明軍追擊，其形勢已無從掩蓋，由於進退維谷，故作脫逃之計耳。）

試問林道乾退出臺灣以後之消息若何？文獻記載甚少，《臺灣府志》「建置」附考載其退往占城，即中南半島之占婆（Champa），此當是起初之寄港地，該志又註曰：「占城屬於廣南（Kwang-nam），今尚有道乾之遺種。」而諸羅、鳳山二縣志亦承載之。（俞大猷致粵總兵凌雲翼書中：「海賊林道乾逃去西南番東埔寨，上山居住，似無復回之理，若回勢亦不大，容易滅之。」（《正氣堂續集》）之語亦指此也。）

而《諸羅縣志》〈雜記志〉「外紀」另傳異聞：「或云到崑崙，不知所終。」《臺灣府志》〈雜記志〉「外島」所載其他一說亦曰：「明季，海寇林道乾自臺遁去，曾至大崑崙，見其風景特異，欲留居之。奈龍出無時，風雨暴烈，海浪掀騰，舟不可泊；意其下為蛟龍窟宅，乃棄去，復之大年。先年，臺灣有老人，經隨道乾至大崑崙者，尚能詳言之。」又《臺灣縣志》〈外編〉「遺事」曰：「揚帆直抵浡泥，攘其邊地以居，號道乾港。」綜合彼此，大崑崙乃中南半島東南之海島 Pulo-Condor。（《海國聞見錄》①曰：「崑崙非黃河所繞之崑崙也，七州洋之南，大、小二山屹立澎湃，呼為大崑崙②、小崑崙。山③尤甚異，上產佳果，無人蹟，神龍蟠踞。」即此也。）

大年（《東西洋考》作大泥，《海國聞見錄》作大哖，《臺灣志略》載大年一名杓仔。）係指面於馬來半島暹羅灣之 Pa-tani，即指暹羅人之 Muangtani。若浡泥即文來島之西北灣頭之 Brunei，一旦南下臺灣海峽入南中國海，暫時駐足占城，然後更出海洋，欲先行占據 Pulo-Condor，（《海國聞見錄》云：「紅毛……以崑崙介各洋四通之所，嗜涎不休。」可見當時為販洋一根據地而知名。日人米澤德兵衛著《天竺渡海物語》云經過柬埔寨海上之島，其所載ホルコンセウロ（Horukonsyoro）或ホルウントウロ（Horuntouro）亦應係 Pulo-Condor 之訛音。）輾轉流落大年（Patani）或渤泥（Brunei）之間。（按《明史》以大泥④為古之浡泥，彼此混同而成為一地名。（〈外國傳〉云：「浡泥，後改名大泥。」）而其錯誤，在日人近藤守重著《外蕃通書》已辯之。是以《臺灣縣志》所載浡泥亦指大年，亦未可知。）與此幾乎同時，似夙有稱號具有水師意味之海賊大將之名，而益振其聲威之日本遠征者（所謂倭寇），在臺灣，不但為一時便利停泊取水，且更企圖進一步征服內部土番者，據何喬遠《閩書》載云：「東番之夷，始皆聚居海濱，明嘉靖之末，遭倭焚掠，乃避居於山。」（按自嘉靖⑤年間前後，江南、浙、閩一帶，海賊大將之寇掠，尤見猖獗，《天下郡國利病書》江南所引《吳縣志》云：「嘉靖三十九年，倭夷入寇，遠近震恐，無敢敵對。」之情形，及至嘉靖二十六年，如新設閩浙總督，亦不外為厲禁通番，由此可見當時倭寇餘威波及臺灣，有企圖在此著手奠立定居之基礎。）

而《臺灣縣志》〈地志〉，則以其地擬係雞籠（即基隆）。蓋雞籠為臺灣極北之港口，以其早為日本人最初寄泊地關係，加以考察，則此地乃其定為入寇之先驅，當無可置疑，而此土番之征服，自可視為日本人欲在臺灣定居，建立基礎之初步行為，然而倭寇之侵入，其勢力範圍自有限定。其據臺灣而及於南方閩、粵者似以薩摩為中心之九州方面之豪族。

①伊能原書作「海國見聞錄」，下同。

②「大崑崙」於伊能原書誤作「大崙崑」。

③伊能原書之「山」字上衍「小崙崑」三字。

④伊能原書誤作「太泥」。

⑤「嘉靖」二字於伊能原書誤作「嘉清」。

清初親往探勘海外情形之陳倫炯，在其所著《海國聞見錄》述曰：「薩峒①馬，山高巉巖，溪深水寒，故刀最利，又兼產馬，人壯健。嘉靖間之倭寇，薩峒馬是也。」（按薩峒馬乃「薩摩」之音譯甚明。又《天下郡國利病書》福建（二）所載〈海防總論〉中，記述防倭大汛、小汛之下云：「向之入寇者，薩摩、肥後、長門三洲之賊居多，其次即為大隅、筑前、筑後、博多，博人善角進，而監前（原本作「監前」當係「豐前」之誤）、豐後、和泉之人，間有之，乃因商於薩摩附行者。」此節亦須合考。）夫模擬日本地名方式之タカサゴ（Takasago），附與臺灣之初，或在此時之前後乎？既而自豐臣氏之文祿初年以來，日本之海外航運，開一新局面，中國②、九州地方客商活動後將此地從前之海賊大將時期之潮流為之一變，在稱為朱印船公許之下，開創從事海外貿易之緒端。及至德川氏時，倍加獎勵，於是臺灣夙以其渡航地之一而知名。而此，文祿二年（明萬曆二十一年）豐臣氏派遣原田孫七郎至呂宋途中，亦致書臺灣，徐勸入貢，諭曰：「如南蠻琉球者，年年獻土宜，海、陸通舟車，而仰我德光，其國未入幕中，不庭之罪彌天，雖然不知四方成享③，則非其地疎志，故原田氏奉使命而發船，若是不來朝，可令諸將攻伐之。」（據前田侯爵家傳藏文書）之旨意，其意所存或足可忖度乎？究竟此勸諭如何傳至臺灣，不得而詳，就當時除日本人及漢人之寄寓外，僅為蠢爾的土著番民之情形推考，恐不得交涉之要領而終結。慶長十四年（明萬曆三十七年），如德川家康雖密命有馬晴信（治理肥前國日江城），派遣部下士卒到臺灣，遂視察島內，且與土番交好，而商討通商事宜。亦可認為是同上述情況之重複。當時政府命令及各條須知中略謂：「連暹羅、高棉及其他遠地之邦國對日本道謝，年年有商船往來，而近處臺灣之眾，迄今竟不通往來，殊感不宜，請派人予以處分。」可徵，又云：「無論如何，取臺灣人所欲之物，設法帶去，使其能思念日本人，應懇切為之。」一節，尤堪注目。（據《大日本史料》第十二編所

①「峒」字伊能原書誤作為「峒」，下同。

②日本本州之西部地方。

③「成享」二字或當作「咸享」。

載有馬家代代抄本。）但：「此次渡海至臺灣者，海、陸均濫為盜竊，非為亂作，應嚴予禁止。」雖有懲處，而事實上未忘戰國餘習之船員在臺脫逸法紀之外，惹起彼我意外之衝突，豫期之目的似全屬泡影。（《長崎港草》記：「因與彼蠻夷之從者們在大宛之街道發生毆打，擊殺蠻夷數人。其夜蠻夷七、八十人，濫加打倒殺之，悉奪行李。」（節略）可參。）此間元和元年（明萬曆四十三年），長崎代官耶穌教徒村山等安領取航渡臺灣之朱印狀，（該朱印狀見於金地院崇傳管掌之異國渡海御朱印帳，於同年九月九日署「朱印狀之交附於正月十一日，及九月九日二期為恆例」，有登記為高砂國。即主要赴臺灣為目的，以此為嚆矢矣。）艤船十三艘出發，據傳此實為承德川家康之密令，企圖侵占彼地，至翌年，無功而還。

（附記）按當時自中國大陸至日本九州之航路，據《文獻通考》云：「倭，其地去浙、閩甚邇，及六朝至宋，多由南道浮海入貢，及通互市。」而其南道之要路，亦有兩方向，一自浙江之普陀（浙江之扼要舟山列島之一，亦為東端之門戶）東渡，經過肥前之五島。一自福建之廈門經澎湖及臺灣而北行。《海國聞見錄》云：「普陀往長崎，雖東西正向直取而渡橫洋，風浪巨險，諺云：『日本好貨，五島難過。』廈門往長崎，乘南風，見臺灣雞籠山；北至米糠①洋、香箄洋，再見薩峒馬（薩摩）大山天堂（開聞嶽），方合正針。」以之可徵。前者航程近而海上輒有危險，後者則航程雖遠而航路安全，故似多取後者。不特中國船隻如此，即日本船當亦取同一方向，尤其航渡南洋方面之船隻，一概如此。從而臺灣在其中間要衝關係位置上，為必然停泊取水之靠岸。今假想日本人所取之臺灣航路，當自九州西岸，向西南轉舵而進，以雞籠山（後之基隆山，因里俗所在亦呼糠仔寮山）為目標而入雞籠港（即基隆），轉航淡水港，旋即南下入臺江（即臺南安平）或入打狗港，

①「糠」字於伊能原書作「糖」。

以此為第一根據，再行西進，而據澎湖，以為中國南洋之出發點。（在雍正六年福建處士藍鼎元條奏六事中臺灣水陸兵防項云：「明末倭船由雞籠登岸，而臺地竟屬于倭。」此語可謂亦指稱雞籠為最初之登陸地。）蓋聳峙於雞籠港口之雞籠山，夙為其航行船隻之目標，諸如《臺灣府志》〈封域志〉云：「大①雞籠山：在廳治（淡水）②東北二百五十里。大海中一望巍然，日本洋船以為指南。」（《淡水廳志》之〈封域志〉亦承之，記同山「直立巍然，日本人以為指南。」）又《臺海使槎錄》所收載〈赤嵌筆談〉「形勢」云：「閩人云臺山發軔於福州鼓山，自閩安鎮官塘山、白犬山過脈，至雞籠山，故皆南北峙立。往來日本、琉球之海船，率以此山為指南，此乃郡治祖山也。」如從實際之史蹟尋討之，則雞籠港如《臺灣府志》〈封域志〉曰：「大雞籠嶼：在廳治（淡水）東北二百五十里，城與社皆在西。而又有福州街舊址，偽鄭與日本交易處。上建石城。」大雞籠嶼為後之社寮嶼（橫過基隆港外口）之舊名，原為與日本人交易之地而知名，迄至明末鄭氏時期，可證繼續如此。淡水港成於西元一六三二年即寬永九年，駐淡水西班牙宣教師 Jacinto Esquivel 報告文中云：「日本人中亦有來與土番貿易者，如本年率帆船三艘入 Casidor 之日本人載運鹿皮歸去，據言在本國之利益比絹布為大。」所稱 Casidor 即淡水港之西班牙舊稱（C. Arranz 講授）。臺江據《臺灣紀略》載荷蘭人占據之記事條云：「先是，北線尾日本番來此搭寮經商，盜賊出沒其間，為沿海之患。」北線尾為連接鹿耳門之小島。打狗港據《鳳山縣志》〈輿地志〉曰：「道乾遁附倭，艤舟打鼓山下，始通中國。尋道乾懼為倭所併，遁占城，地復歸倭。」此係指出林道乾企圖在此地久居時，與先住之日本人發生利害關係耳。在澎湖，《讀史方輿紀要》載明洪武年間，湯信國公經略海上，驅逐澎湖島民，徙置漳、

①上字伊能原書脫。
②此指淡水廳治。

泉近郭事，其次載云：「繼而不逞者潛聚其中，倭奴往來停泊取水，亦必經之。」又〈赤嵌筆談〉「形勢」所引《福建海防志》①云：「澎湖僻在興、泉外海，其地為漳、泉南戶。日本、呂宋、東西洋諸國皆所必經，南有港門，直通西洋。」惟想其根據或係正在開媽宮安全港之澎湖港內。

初，林道乾退出之後（嘉靖四十二年），仍依舊制，設巡檢司以守澎湖，未幾廢之。由此完全走向退步。萬曆元年有廣東潮州府海盜林鳳（西洋人所稱：Li-Ma-Hong），屯於南澳之要口（淡水澳）前來求撫，因廣東提督殷雲翼不許，遂自澎湖奔臺灣之魍港（即蚊港），為福建總兵胡守仁所敗，一度退去，復犯閩疆，被胡守仁追擊至淡水洋，其舟被擊沉二十艘，窮蹙奔竄東南洋之呂宋。（相傳其明年，廣東潮州把總王望高，以呂宋番兵討平之云。）又曾一本，曩昔於嘉靖末年至隆慶初年之間，屢出沒閩海。（嘉靖四十六年，入寇漳浦沿岸時，其船號稱百餘艘。及至隆慶三年五月，誘倭千餘泊漳浦沿岸，閩、廣軍門派兵船會剿之云。）萬曆八年，由南澳一時竄入澎湖，而以前被強遷之澎湖島民，亦接踵潛圖復歸，乃於二十年，將漳州南路參將移駐廈門，運籌居中調度之策，同時，復設澎湖游兵，歸該參將所轄。《天下郡國利病書》福建（三）漳州府兵防載云：「彭湖②在漳、泉海外，與倭僅隔一衣帶水。嘉靖以來，曾一本、林鳳輩，往往嘯聚其間，數為邊患。壬辰（萬曆二十年）朝鮮告變時，傳倭且內侵，當事謂：不宜坐棄彭湖，為設官兵，據險戍之，又慮孤島遙懸，汛期分諸砦之兵，遞為聲援，以水犀杜其皃㺅③。」為其始末之大概。同年為日本文祿元年，即豐臣秀吉發軍侵韓之年，明廷接此警聞，似以曩昔曾屢經海寇嘯聚，欲往聲援，慮進軍或將不及。（《讀史方輿紀要》云：「萬曆二十年，倭犯朝鮮，

①伊能原書作「福建海防考」。

②伊能原書作「澎湖」。

③「㺅」字於伊能原書作「猨」。

哨者云：將侵雞籠、淡水，……於是，議設兵戍險。」雞籠、淡水即臺灣也。又於《天下郡國利病書》福建〔三〕澎湖游兵云：「壬戌歲，倭犯朝鮮，時有侵雞籠、淡水之耗，雞籠密邇彭湖，當事者集議，不宜棄，乃設官兵，先據險戍之。二十五年冬，初刱一遊兵。」因此可知，澎湖之設戍，即兼以防備臺灣。又推測萬曆二十年之設兵，出諸臨機應急之術，至二十五年始規定常置遊兵。）其翌年，豐臣氏遣使促臺灣入貢，是試傳示威勸諭之時。三十五年，又於澎湖設置衝鋒遊兵，以備倭寇，據《讀史方輿紀要》，同年倭突犯，泊澎湖龍門澳云。設衝鋒遊兵，蓋係為此防備耳。（《讀史方輿紀要》載三十五年、四十五年二次倭犯龍門，增衝鋒遊兵為四十五年。蓋同一事於異時重複記載耳，而作為四十五年者，當係聯想及四十四年之警聞而誤記者，故不採之。）又《天下郡國利病書》中，論曰：「彭湖①絕島，舊為盜賊淵藪，今故有遊兵防守，則賊至無所巢穴，又泉郡藩籬之固也。」（福建〔五〕之信地）正把握此間之機微。《漳州府志》「防汛」云：「澎湖島，北自北山起，南盡八罩嶼。北山、龍門港、丁字門港、西嶼頭，倭必由之所，為最要地；媽宮前、蒔裏澳為次要之地。春汛以清明前十日為期，駐三個月，冬汛以霜降前十日為期，駐二個月，由浯、銅二寨（浯、銅二寨為浯嶼即廈門南屬島與銅山二寨，乃閩海要害。）分兵為聲援，汛畢而險要之地，各有兵船哨守，曰小防。」是其戍海情形。再按《明史》〈外國列傳〉琉球載：「萬曆四十四年，日本有取雞籠山（臺灣）之謀；其地名臺灣，密邇福建，尚寧（琉球國王）遣使以聞，詔海上警備。」萬曆四十四年即日本元和二年，前述村山等安之陰謀，似早洩漏於明朝，故籌制警備機先之策耳。（《讀史方輿紀要》載：「雞籠山島，野夷……亦謂之東番。萬曆四十四年，倭夷脅取其地，久之始復國。」或許以此警聞與既記嘉靖間之征伐，相混同而為訛傳者。）

先是，一面以西元一千五百年代之初葉為期，歐洲之遠東航海之機運漸熟，由葡萄牙人（漢民呼為佛郎機，即Frangues），占據廣東之一角蠔鏡澳即澳門（Macao）②。（澳口有

①伊能原書作「澎湖」。
②伊能原書作「媽宮」。

南北臺對峙，形成自然之澳門，「澳門」地名即出此。）啟其端，從遠進中國海之北，通過臺灣海峽之航海者，初將臺灣之存在，而介紹於歐洲，當時寓有「華麗島」之義（**Ilha Formosa**）之地名稱夙以葡萄牙語命名。（《大日本地名辭書》汎論國號篇中載有，若般（Japan）條載：「威尼斯（義大利），德治（ドージ）宮所藏壁畫，稱係十六世紀前半期之作，其擬定日本之位置頗為明確，即標示為「Giapan, Zipangu di M. Polo」，島上記載京都 Merco 於其南方附以土佐、豐後（Tousa, Bungo）二島，而在其南大幅繪有種島（Tanaxima）及臺灣（Formosa），按天文（日本年號）十年七月（即西元一五四一年），葡萄牙國人至豐後，十二年八月，又到種島，加以合考，則此地圖測繪年代，當係天文年中之事。」（據塚本氏《日本古圖考》）之一段徵之，大體上可考稱呼 Formosa 廣泛被慣用之初期情形。羅加士（C. P. Lucas）著《英國殖民史》（*Historical Geography of the British Colonies*, 1886）曰：「葡萄牙將澳門定為殖民地，乃係一五五七年（明嘉靖三十六年），而由該國政府承認其殖民地，乃係一五八五年（明萬曆十三年），當時澳門殖民地以外，橫臥中國海上之一島——臺灣，雖亦包括於葡萄牙附屬地中，而尚無一殖民地之建設，不成為殖民地狀態。故在中國地方，作為葡萄牙殖民之永久基礎者，只澳門地方而已。」可見當時情形之一斑。然而實際上，臺灣之屬於葡萄牙勢力範圍事，並無可信之確證，除了成為 Formosa 最初命名者外，如東海岸北方花蓮溪邊名稱為 Rio Duero（金河之意），係因僅將葡萄牙國產金地之一河名，移用於該地，或許因早熟悉於此方面產金地理所致。又如呼東海岸南方（卑南附近）與 Alanger 名稱等，只可認其事實之一、二而已。Formosa 之稱呼後來荷蘭人仍然照此襲用，而西班牙人則用本國語呼為 Hermosa。）

既而，脫離西班牙支配而獨立之荷蘭人，擬藉荷蘭聯合東印度公司（**Vereenigde Nederlandsche Oost-Indische Compagnie**）之組織，向東洋伸其驥足（西元一六〇二年），最初主管機構，設置於爪哇之萬丹（**Bantam**）。尋遷移巴達維亞（**Batavia**），（此地原由 Sunda 人呼之為 Karapa，由 Jaba 人呼之為 Jacatara，荷蘭人稱為巴達維亞。中國之文獻，用咬喇吧、噶喇吧、咬嚠吧、咖嚠吧等之文字即為前者之音譯，於日本古謂：ジァガタラ，即為後者之轉訛。）以該地為其經營之中樞地點。至此，更懷有將

圖三　荷蘭船東進圖、荷蘭人澎湖登陸圖（東洋文庫藏）

圖四　熱蘭遮城與市鎮圖（東洋文庫藏）

以中國之澳門為根據之葡萄牙人，及以菲律賓群島之呂宋為根據之西班牙人逐出於遠東之外，以獨占其海權之野心也。如斯荷蘭人有所企圖，一面與英國攜手，形成一種防禦同盟，欲藉其聯合艦隊以達成目的。曩昔曾為奪取西班牙領有之呂宋，因不得志，乃改變方向，突入中國海，提督韋麻郎（Wybrand van Warwijck）率一艦隊，於西元一六〇三年即明萬曆三十一年，向葡萄牙占據之澳門推進，欲達成占領而未果，偶因暴風在臺灣海峽遇難，避之，經八罩嶼進入大山嶼之媽宮澳（荷蘭人所稱之Eyland Piscadore）。荷蘭人實際知悉澎湖及臺灣之地理見聞，實以此為始，乃獲得據為立腳點之開端。（荷蘭人把握必要之知識，似屬於過去，《臺灣縣志》〈外編〉「遺事」載此情形云：「有海澄人李錦①及奸商潘秀、郭震，久居大泥，與荷蘭人習，語及中國事。錦曰：『若欲通貢市，無如漳州者。漳南有澎湖嶼，去海遠，誠奪而守之，貢市不難成也。』」荷蘭人占據澎湖之動機，係出此漢民之進言。Linschoten於西元一五九九年繪成之〈東亞細亞地圖〉早已明記Formosa之地名。又《明史》〈外國傳〉云：「浡泥……，初屬爪哇，後屬暹羅，改名大泥，華人多流寓其地。……〔萬曆時紅毛番強，商其境，築土庫以居，其入彭湖互市者所攜乃大泥國文也。〕」正與上述相對照。一如上文所述，因浡泥〔Brunei〕往往被混同大泥〔Pa-tani〕，故茲所謂大泥其實顯係浡泥。）

《臺灣縣志》〈外編〉「遺事」曰：「時汛兵已撤，遂登陸，伐木築舍，為久居計。」可知於萬曆年間所設游兵已撤，而荷蘭人即乘虛而入耳。時守閩之副總兵②施德政，令欽依把總③沈有容率兵往諭，出示威力以求其撤去，一方面，福建巡撫徐學聚嚴禁島民之通交，始得其去。然而察「漳、泉間射利者，意鞅鞅，以為此不費航海，而坐收遠夷珍寶，利百倍，若之何而失之？」（《天下郡國利病書》福建〔三〕洋稅）之實情，商民之欲引接交往之傾向似仍然未改變。果然西元一六二二年即天啟二年又有來也先④（Cornerius Reyerszoon）

①「李錦」於伊能原書誤作「季錦」。
②伊能原書作「總兵」。
③伊能原書作「都司」。
④一譯賴爾遜。

率軍艦六艘，兵二千，進攻澳門失敗，即轉向澎湖，由媽宮澳登陸占領土地，築堡砦而據之，又與海盜李旦聯繫，出沒於華南，濱海因而戒嚴，當時強制奴役多數島民之慘事，釀成於此時。（荷蘭人所築城堡，在媽宮城北二、三華里海岸之「紅木埕鄉」（由閩南語「紅毛城」之近音而轉訛者），今雖僅存廢址，但見其以玄武岩巨材修造牆壁，即可察該工程之鉅大。《澎湖廳志》云：周圍一百二十丈，而為此城砦①外障，有該港口之南北岬角，即風櫃尾之蛇頭，與媽宮半島之金龜頭，與在蒔里澳蒔里之丘上及其中央港口外之四角嶼。又為防護大山嶼與北山嶼間之水路，在北山嶼東南瓦硐港丘上；為防護北山嶼與西嶼間之水路，而在北山嶼西北方瞭望山，分別急修砲臺。〔瓦硐港有古井，稱為紅毛井，傳係荷蘭人時所鑿，以水質清冽聞名。至後世，鄉民保存每年一次盛祭井神之儀式。〕再極南屏障之八罩嶼網垵②鄉之南丘，有稱為紅毛城者，似為扼此南門以防備其敵人——呂宋西班牙人之侵略也。當時強制虐役在澎湖漢民情形，係在修築城砦時，於尚未竣工以前，對所役使漢民一千五百人中之一千三百人，每日給糧米不過半斤，因此全數餓死。及至竣工後，又以生存者為奴隸，販運巴達維亞，而多因不堪虐待慘死於船中，或罹病而被棄諸海洋，其獲倖存抵達目的地者不及其半。又停泊澎湖之漁舟六百餘艘，亦悉遭掠奪云。）越至天啟四年（西元一六二四年）正月，福建巡撫南居益，發大兵，命福建總兵俞咨皐，督諸軍齊進，由北山嶼東方之鎮海港登陸，其策略似欲直衝荷蘭所設瓦硐港砲臺背後而南進，以逼取紅木埕之城砦。以後兩軍抗衡亙數月，明軍在蒔里丘上砲臺，將荷蘭守將高文律（Koboenloet）生擒。（《澎湖廳志》〈舊事志〉「紀兵」云：「渠帥高文律十二人，據高樓自守，諸將悉力破擒之，獻俘於朝。」所謂高文律，即指上述Koboenloet。）因之，得講和之端緒，即約以荷蘭如放棄澎湖，則明人將對其占領臺灣不表異議互讓之條件締結和約。是年八月，荷人遂退出澎湖，而入據臺灣南部。其首任太守為與明當事者折衝而占領臺灣之宋克（Maarten Sonk），荷軍即扼其西岸之臺江（荷蘭人所謂't Walvis Been）之要害，而在外屏之一島——一鯤身（後來之安平）海岸修築沙墩，為暫時砲壘。六年後，即

①「砦」字於伊能原書作「呰」。

②「垵」字於伊能原書作「按」。

西元一六三〇年（明崇禎三年），更於島內之丘上，建一城砦，以為防備，命名熱蘭遮城（Zeelandia），嗣又在能由本城下視近距離之小丘，建設命名為 Utrecht 之石造小堡。其後於西元一六五〇年（明永曆四年），於內部沿岸——赤嵌（後來之臺南）增建一城砦命名普羅民遮城（Provintia），與熱蘭遮城兩處營建城市，以之隔臺江為東西犄角。另於臺江外口，設小砦命名 Baxemboy，作為外護。（熱蘭遮城為漢民所謂赤嵌城、紅毛城、臺灣城，又普羅民遮城為漢民所謂赤嵌樓、紅毛樓。至 Baxemboy 砦之位置，雖然不詳，可擬為漢民所謂青峰闕，即蚊港口也。）①當時，臺灣已充斥中、日兩國人之勢力，尤其如日本人，其定居之總人數，雖無從得知，但應占完全優勢。當荷人據臺時，為得日人和平之承認，所作妥協似尤費苦心，如《臺灣紀略》云：「北線尾，日本番來此搭寮經商，盜賊出沒於其間，為沿海之患。後紅毛乃荷蘭種由咖嵧吧來，假其地於日本，遂奄為己有。」係描寫其交涉之一斑。如荷人對於出入臺江船隻，課徵關稅，又對移住民徵收人頭稅，漢人承服之。日本人則主張其為先住者，而不承認荷人之主權，因此拒絕納稅。此不外顯露日本人之特殊勢力耳。馮秉正在其所著《踏察記》中評曰：「與既占有利地位之日本貿易歸於失敗，對荷蘭而言，是極為嚴重之事，故儘可能設法不與日本人發生糾紛。」又羅加士（Lucus）的《英國殖民史》云：「荷蘭人之最注目者商業也，故其政策只注意商利之如何，荷蘭政府不努力於臺灣之改宗（對土番以外），係因在臺灣與日本有貿易關係，恐失其歡心之故云。」換言之，對於日本人作表面上之屈讓，乃係荷蘭人所持高明政策之一。（享保年間德川幕府要求長崎之荷蘭商館，輪②貢洋馬，且以傳習洋式馬術。而於出島之《蘭館日誌》〔*Dag Register*〕：於西元一七二八年即享保十三年馬術師 Hans Jungen Keijser 渡來，翌年上江戶，賜予居住御濱御殿內，當時長崎商館長 Bookesteijn 給與之訓示中，見有出差中汝對凡日本人不為倨傲自大之風，應注意謙遜而獲得好感之一節。（據

①將 Baxemboy 砦擬為青峰闕，據《臺南縣志》卷首地圖，似失之偏北。

②「輪」字似當作「輸」。

《史學雜誌》第三十三編第十二號齋藤文學博士之〈德川吉宗之洋馬輸入與荷蘭馬術師之渡來〉〕斯種政略上屈讓，似覺在臺荷蘭人間亦把握之，如膾炙人口之關於濱田彌兵衛之糾紛，是西元一六二八年（寬永五年）曩長崎代官末次平藏之交易船，受荷蘭人有意妨害，船長濱田彌兵衛等，為報復而來臺灣，以武力脅迫荷蘭太守 Pieter Nuyts，以要求損害賠償及謝罪，竟以誓證之意義，作人質之交換，彼我同航就歸國之途，如斯至將其人質之荷蘭人等投之於平戶之獄，但尚能始終持忍從之態度即是，而其結果，據文學博士村上直次郎著《日荷三百年》：「幕府遣使者至巴達維亞，要求引渡或破壞臺灣城寨，巴達維亞政府派遣特使至日本，辯解要由占領臺灣之中國政府承認，併論幕府之要求不當，但幕府之怒氣不解，寬永九年以 Pieter Nuyts 為責任者，引渡我國，其後屢請釋放 Pieter Nuyts，寬永十三年獻七百九十六斤之青銅燭臺於日光廟，始達其希望，臺灣事件終告完全解決。」（節略）可以思過半矣。）

當時荷人之占領臺灣，正如彼等自身所招供，即：「本島對荷蘭為緊要之地，實由於依之得牽制西班牙對中國及日本之商業也。」（依據西元一六六九年荷蘭刊行 Arnoldus Montanus 著之《日本誌》〔*Atlas Japannensis*〕）即說明此種情形。從而西班牙所受打擊頗大，二年後，即西元一六二六年（天啟六年），以欲保護中國與呂宋間貿易為名，企圖占領臺灣北部。五月，在提督 D. Antonio Carenio 指揮之下，遣發遠征隊，取道巴士海峽經臺灣東海岸，發現其東北角，而命名為聖地牙哥（San Tiago）（即三貂角），最初擬在附近港灣（即三貂灣，或澳底灣）獲有根據地，而因認為其位置及地形不佳，乃改為踏查北岸，進入基隆港（西班牙人之所謂 San Tiago trinidat），由橫在港口之一島（古之雞籠嶼，後之社寮嶼）登陸，在海岸築城砦，呼為聖救主（San Salvador）城，並在港後之山上及海岸設砲壘，呼為聖三位一體（Santissima Trinidad）及巴里安（Parian）之砦。尋於西元一六二九年（明崇禎二年）七月，回航西北海岸，入淡水港（西班牙人所稱卡西多路〔Casidor〕），曾在漢民或土番所築堡壘之遺址，建設城砦，命名聖多明各（San Domingo）。（聖救主城為漢民之所謂雞籠城，或紅毛城；聖多明各城為漢民之所謂紅毛城，其他似未留下地名。）南部荷蘭太守 Pieter Nuyts 以為：如西班牙在臺灣北部要口得勢時，將來對荷蘭商權上之阻礙至大。於是擬用威力，將之逐出於島外，乃於西班牙人據臺三年後，即明崇禎二年[1]西元一六二九年，派軍艦進攻淡水港，因提督 D. Antonio Carenio 善加防禦，荷蘭水師提督陣亡，無功而退。十二年後，即西元一六四一年（崇禎十四年），以荷蘭太守包拉士・杜拉紐士（Paulus Tradenius）名義，對駐基隆港西班牙太守 Gonsalo Portilio 致最後通牒，宣告如不將其所在各城砦移交，則將以武力對付。西班牙太守答以：欲得城砦當自來取。是年九月，荷蘭軍艦再進逼基隆、淡水二港，而因西班牙軍之堅守，故不奏其功。翌年八月，第三次見優勢之荷蘭軍艦北進，適值西班牙軍在呂宋進攻民答那峨，而減少駐臺兵力之際，荷蘭提督 Hendric Harouse 在殆無抵抗情形之下，攻占淡水港，嗣又攻陷基隆港，於是使割據北部臺灣十六年之西班牙人，完全退出臺灣，為九月四日之事。（《臺北廳志》（臺灣總督府臺北廳編）載，地方人士所傳口碑：位於淡水、基隆兩港間之金包里海岸水尾灣遺事云：「昔年荷蘭人襲擊基隆、淡水之西班牙人時，此地為軍隊登陸之處，附近大石刻有紀念文字，鄉民呼為石頭公而奉祀之云云。今字跡已磨滅難辨。」蓋以該地擬為當時荷蘭出征艦隊之根據地點乎。）

至此，臺灣北部亦全歸屬荷人勢力範圍。（荷人來臺灣之歷史餘談，有專在漢民間傳承之異聞，即租借牛皮大土地之史談是也。該史談原有二說：一為向當時據臺之日本人租借，二為向土著平埔番人租借。前說初見於鄭亦鄒之《鄭成功傳》，謂：「荷蘭人遭風飄此，借地於倭，不可，紿之曰：『願得地如牛皮，多金不惜。』許之。乃剪皮為絲，圈城里許。」後說初見於《臺灣府志》〈封域志〉云：「荷蘭紅毛舟，遭颶風飄此，愛其地，借居於土番，不可，乃紿之曰：『得一牛皮之地足矣，多金不惜！』遂許之。紅毛剪牛皮如縷，周圍圈匝已數十丈，因築臺灣城居之。」此兩說中之一說，多被引用於後來

[1] 伊能原書誤作「崇禎三年」。

之文獻，例如陳昂（將軍施琅之幕僚）用作〈詠偽鄭遺事〉之詩材云：「金多舊借牛皮地」。日本與土番，其客體雖不相同，但其事則完全一致，固不待言。另有內容相同之一史談在荷人未據臺灣之前，即西班牙人將占領呂宋時，對其土民所施之詭計云。《臺灣外記》載鄭氏據臺時，中書舍人鄭德瀟對鄭克塽開陳略取呂宋計策中，言及此事云：「按：佛郎機人互市得利，遂奉黃金為呂宋王壽，向王乞地得一牛皮大。王許之，佛郎機酋陰截牛皮細條，相連圈圍，已逾百丈，王有難色，但業許之。佛郎機酋立將其地築城，城內置樓臺，城上列大砲以自固。後殺王兄弟，併其眾。」《昭代叢書》所載尤侗《竹枝詞》詠呂宋云：「當年失國一牛皮，何處天生金豆枝，可恨大崙遮殺後，澗頭不剩壓冬兒。」其前句註云：「佛郎機以黃金求地如牛皮大蓋屋，王許之，乃剪牛皮，相續為四圍，求地稱是，築城居之，遂滅呂宋。」可徵之。對於該彼此傳說之類似，古人亦夙為懷疑，日本川口長孺在《臺灣鄭氏紀事》，引尤侗《外國竹枝詞》，而後註云：「其事與荷蘭奪臺灣相類，蓋彼此傳聞之異耳。」按此異地同轍之傳說，胚胎自某一根源，一繫於西班牙占有呂宋，一繫於荷蘭之占有臺灣，應俱係附會而如同史實耳。試稽諸西洋史，似與希臘人所傳承卡爾達哥（Carthage）之建國神話有所關係，該神話之要點云：「Tyre 王 Pygmalion 之妹 Dido 原為叔父 Sichaeus（Hercules 之司祭）之妻，由於 Sichaeus 之勢力次於王，Pygmalion 企圖奪其珍寶，陰行殺害叔父，而 Dido 由夢之靈感，知其夫罹兄之毒手，偽為忘卻憂愁，而望與兄同居，實計出奔他處，王不悟即遣眾多臣下，助其遷徙。Dido 助諸人，而諸人乃悉為 Dido 之黨，遂浮海，到 Cyprus 島與 Zeus 之司祭一族聯合，掠八十個處女，妻其部下，相率出發，於非洲北岸之一港登陸。於是，對其土人，求得購足覆一牛皮大之土地，許之，乃剪其牛皮如細絲，周匝之以占廣潤之土地，建國號 Pyrsa，乃出於牛皮之義，即卡爾達哥（Carthage）國之創立也。」（主要節錄自 Henry Smith Williams, *The Historians' History of the World*）或擬為西元前八一三年之事。可知為古傳，而臺灣及呂宋之租借牛皮大土地之史談，顯係以此卡爾達哥之建國神話為根據，彼此相對照，自可明瞭。在近古，值歐洲人欲進出東方占地殖民，以擴張其勢力時，用是常弄某手段之機謀，欺凌當地人民為不可掩飾之事實，足知其不過為假借古卡爾達哥神話予以合理化，而脫胎換骨之一種附會。此僅可存為異聞之傳承而已。如作為臺灣之史實，則不可認定其價值矣。）

其後至荷蘭為明遺臣鄭成功遂出臺灣之西元一六六二年即明永曆十五年、清康熙元年之三十八年間，荷蘭人為事實之臺灣主權者，而受巴達維亞之荷蘭聯合東印度公司之指揮和監督。（綜合荷人在臺灣設施經營史實，西元一七二四年至一七二六年間刊行之荷蘭傳教士華連泰因（François Valentyn）著《新舊東印度誌》第四卷〈福爾摩沙及荷蘭在此貿易〉〔原書名："Oud en Nieuw Oost-Indiën, vervattende een Naaukeurige en Uitvoerige Verhandelinge van Nederlands Mongentheyd in die Gewesten, Benevens eene wydluftige Beschryvinge der Moluccos, Amboina, Banda, Timor", en Solor, Java, en alle de Eylanden onder dezelve Landbestieringen behoorende; het Nederlands Comptoir op Suratte, en de Levens der Groote Mogols; als ook een Keurlyke Verhandeling van 't wezentiykste, dat men behoort te weten ven Choromandel, Pegu, Arracan, Bengale, Mocha, Persien, Malacca, Sumatra, Ceylon, Malabar, Celebes of Macassar, China, Japan, Tayouan of Formosa, Tonkin, Combodia, Siam, Borneo, Bali, Kaap der Goede Hoop, en van Mauritius. Te zamen dus behelzende niet alleen eene zeer nette Beschryving van alles, wat Nederlands Oost-Indiën betreft, maar ook 't voornaamste dat eenigzins tot eenige andere Europeërs, in die Gewesten, betrekking heeft."之略譯。〕及居臺久年之英國傳教士甘為霖（William Campbell）著《荷蘭治下之臺灣》（*Formosa Under the Dutch*）等書實為其翹楚。）要之，荷人在此期間，對於臺灣文化影響之顯著者，約言之，在於對土著番人之基督教宣傳作為綏撫手段，並因之努力使其理解使用羅馬字拼寫番語教育之成功（請參閱第十五篇〈番政沿革〉第二章〈番人之教育〉第一節〈熟番之教育〉。），及就其勢力所及內外區域地名，創始多仿用荷語之稱謂。（其中雖非無土番之固有地名，或基於中國人、葡萄牙人、西班牙人等之少數命名而為荷語化者，概擬荷語之稱謂。詳見於華連泰因之著書見次頁所附載地圖（Kaart van het Eyland Formosa en de Eylanden van Piscadores），而在鄭氏時代，主要由於破壞荷蘭人統制史蹟之政略，使用荷語稱謂之地名，悉被除卻，尚有漢語化之變形非無遺存殘骸，臺灣最北端之富貴角，採原為荷語地名 de Hock van Cametiao 之岬之義 Hock 一語，似取之使用其近音譯字。）

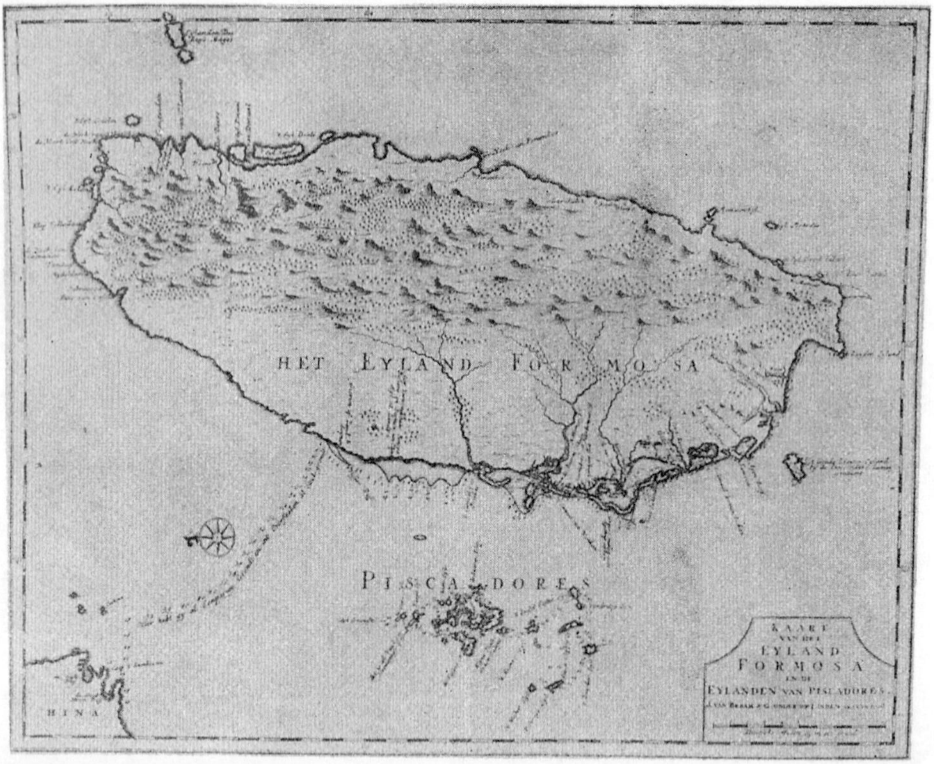

圖五　華連泰因臺灣圖（東洋文庫藏）

另一方面，萬曆末葉，閩人顏思齊（漳州府海澄縣人）者，嘗流落至日本，卜居於肥前平戶。（《臺灣外記》曰：「顏思齊，身體雄健，武藝①精熟，因宦家欺凌，揮拳斃其僕，逃日本，裁縫為生，居有年，積蓄頗裕。疏財仗義，遠邇知名。」據屬於英國東印度公司平戶商館管事之日記〔*Diary of Richard Cocks, Cape-merchant in the English Factory in Japan*〕，記有一六一三年〔即慶長十八年，明萬曆四十一年〕六月，英國東印度公司以 John Saris 為船長來航平戶，策畫開始貿易時，賴領主之斡旋，從平戶中國之頭人 Anddash 及 Andria Dittis②，約定為期六個月七百六十日借用一屋，與船員共寓該處，且將商貨庋藏其倉庫，嗣 Saris 東上駿府謁見德川家康，得通商之許可，於平戶設商館之際，翌年一月，以一貫目③由中國頭人買受該屋。又購其鄰接之房屋及土地，擴張商館之事，此所稱 Anddash 及 Andria Dittis 或許顏思齊之異名云。）

明天啟三年，閩人鄭芝龍（泉州府南安縣人），亦以事流寓肥前之平戶，稱「平戶老一官」，娶婦此地，家眷團欒。且藉海舶之便，往來泉州與平戶之間，於此間與顏思齊相識，意氣頗投合，結黨立盟，遂至稍有企圖不逞。（《臺灣外記》附記謂：芝龍與顏思齊為盜時名一官，迨齊死，渠繼為首，名芝龍。蓋「老一官」，據《廈門志》〈風俗記〉云：「閩俗……呼有體面者曰『官』，朋友相稱曰『老』。」老一官或許係其敬稱也。據《小腆紀年》，引《南略》④所載鄭芝龍小傳，註曰：「芝龍年十八，以戲父妾事覺，逃之洋船。芝龍固姣好，群商悅之。」《賜姓始末》云：「初，芝龍之為盜也，所居為泉州之東石。其地濱海，有李習者，往來日本，以商舶為事；芝龍以父事之。習授芝龍萬金寄其妻子；會習死，芝龍乾沒之；遂召募無賴為盜於海中。久之，而所得不貲。」可窺知其人一、二也。至於鄭芝龍在平戶娶妻事，據平戶人葉山高行所撰鄭成功碑文（碑於日本嘉永五年、西元一八五二年建於平戶千里濱）云：「娶土人田川氏女，屢訪藩士家，學雙刀技。」可徵之。日本人朝川鼎著《善庵隨筆》附錄有〈鄭將軍成功傳〉云：「吾先公賜宅地，乃娶田川氏。」可知鄭芝龍獲得藩主之信望。而關於田川氏，由漢民所成之文書概稱為倭婦翁氏。如後來光緒元年修泉州府南安縣覆船山之封塋時，在塚中所得鄭克塽所撰之〈鄭氏祔葬祖父墓誌銘〉載云：「翁曾祖母，生於壬寅年（萬曆三十年）八月十八日未時，卒於丙戌年（隆武二年）十一月三十日巳時，享年四十有五。」臺灣舉人蔡國琳加以考證曰：「泉州冶工翁

①伊能原書誤作「武義」。
② Andria Dittis 亦拼作 Andrea Ditts，即李旦。
③六點二五臺斤。
④即計六奇《明季南略》。

姓之人，嘗歸化日本，住飛鸞臺（即平戶之中國譯音），養倭婦為子，時鄭芝龍落魄到日本，與其婦婚，生成功，所以稱翁氏也。」《臺灣外記》曰：「翌皇為翁氏父，一官之丈人也。」可知翁姓之人，即為翁翌皇。按日本人所傳田川氏之稱，係依據其生家之姓，而漢民所傳翁氏之稱，係依據其養家之姓，同一人而彼此稱呼互異之原因，由此分明矣。如斯生長子福松（即成功）於日本寬永元年即明天啟四年，而生次子七左衛門於寬永七年即明崇禎三年。《小腆紀年》引《南略》所載鄭芝龍小傳云：「日就島主宴飲歌舞，島主有新寡女，悅之，即延平王成功母也。」一齣，而如《小腆紀年》評其情事多係影響耳，故排之而不採。後隆武元年，田川氏即翁氏自平戶西渡福建。《小腆紀年》云：「日本國王聞芝龍貴寵，亦送翁氏至安平。」又據鄭成功碑所載，鄭芝龍所居，在平戶河內浦甚明。（又丸山正彥著《鄭成功》云：「鄭氏邸宅即河內浦之喜相院，成功所植『力柴』今尚存。」即指此。）從而顏、鄭二人，其鄉貫雖異，但俱為閩人，且二人才智、膽略相伯仲，因而意氣投合，尤其在異鄉，親交更深。《臺灣外記》以顏、鄭結盟之年，為天啟四年，或為如此，即係鄭芝龍初來平戶之翌年之故也。《臺灣外記》載結盟情形云：「六月十五日，大結燈綵，香花牲儀，列齒序行，以鄭一官為尾弟，禱告天地：『雖生不同日，死必同時。』之語。畢，燒化紙錢，眾拜振泉（顏思齊字）為盟主，大開筵席，暢飲而散。自此之後，親契友愛，勝於同胞。」此外，〈鄭將軍成功傳〉中載有異聞云：「芝龍留在平戶一、兩年，前艘船又至，及其返，芝龍亦附歸，至中途，為海盜所劫，海盜即顏思齊也。至是，芝龍入黨。」此當係得自《小腆紀年》引《南略》所載鄭芝龍小傳云：「逾年附商舶歸，中途為海盜所劫，盜嬖之。」之史料者，此類實近乎小說，又與事實相去不遠之嫌也。故應支持前說。又鄭成功碑以鄭芝龍來日本，比定係在慶長壬子（十七年）即明萬曆四十年，距鄭芝龍出生於萬曆三十四年①，僅為七年，夫七歲幼童而遠出海外，殊難以置信，恐係顏思齊渡日之傳承而混為一談也。自不如天啟三年（時年十八）渡日為確也。）於是，脫逃緝拏，分乘花葉小舡十三隻，走海上，乃據臺灣為策源地，與當時候寇勢盛，出沒中國海上倭寇之流勾結，思齊自稱「日本甲螺」與群盜相嘯聚云。在臺灣分占十寨，係此時，實天啟四年八月間事。以後肆意橫行，如《臺灣外記》云：「（顏思齊）方到臺灣，即安設寮寨，撫恤土番，然後整船出掠，悉得勝焉。」（《小

①《臺灣外記》作萬曆三十二年。

腆紀年》云：「顏思齊者，謀奪日本國，計洩，與其黨楊天生、陳衷紀等二十八人，竄臺灣。」依據《臺灣外記》所載，初欲據浙江之舟山島，而眾議以臺灣為有利者多，乃決之。又載當時於八月十五日天明，由平戶外海解纜，經八晝夜而抵達臺灣西岸云。而對顏、鄭一黨據臺初期，文獻所載紛紜不一，如〈赤嵌筆談〉「原始」所引《蓉洲文稿》（季麒光①撰）云：「明萬曆間，海寇顏思齊踞有其地。」而《臺灣府志》云：「天啟元年，漢人顏思齊為東洋國甲螺，引倭屯於臺，鄭芝龍附之。」又《臺灣縣志》云：「天啟五年，海寇顏思齊入臺灣，鄭芝龍附之。」之類，然各節皆多少有錯誤，不如《臺灣外記》之「天啟四年」為妥當，今從之。）

天啟五年，會顏思齊死，九寨無所統，時鄭芝龍亦主一寨，眾乃推為頭目，以承其後，驅使群盜。（《小腆紀年》曰：「思齊死，眾禱之天，擲碗欲得聖筶，而碗不破者，立為主帥。一官三擲不破，遂以為主。」是當時情形。）樹旗招兵，旬月之間，從者數千，勒富民助餉，謂之「報水」，嶄然殆有稱霸海上之勢。而其根據之中心地，係在臺灣西岸之臺江內。（諸如天啟六年三月，犯福建金門、廈門，四月犯廣東靖海、甲子地方。崇禎元年，犯福建銅山，又犯金門等為其犯境之大者。及至都督俞咨皋，大整兵船會剿，或議避之奥海，芝龍曰：咨皋，膏粱之紈袴，徒讀父書耳（咨皋為俞大猷之子也），何足懼乎？大破之於廈門外護之浯嶼，咨皋遁入廈門（後被糾褫職）。由是芝龍縱橫沿海，當時稱無敢問者云。）其聲勢有如〈赤嵌筆談〉「偽鄭附略」引《按閩摘略》所載：「芝龍渾身是膽，屢建奇功，海口之旌旗，指顧不啻摧枯拉朽。」之概。於是，福建巡撫熊文燦奏議招撫，而鄭芝龍亦嘗自謂：「朝廷苟一爵相加，東南可高枕矣。」其心稍動，而其表露有投降之意，為崇禎元年七月事。於是，以總兵官②鎮守福建，自於泉州南方之安平築城居守。（《臺灣外記》曰：「芝龍置第於安平，開通海道直至其內，可通洋船，亭榭樓臺，工巧雕琢，以至石洞花木，甲於泉郡，城外市鎮繁華，貿易叢集，不亞省城。」可知其極盡豪華。）以後數年平定全③閩寇盜，（崇禎八年四月，合粵兵，討劉香老於閩海，使其勢④蹙自焚溺死，尤著。）積功，累官進至都督，

①「季麒光」於伊能原書誤作「李戲光」。

②非鄭芝龍初降即授總兵官之職。

③「全」字於伊能原書誤作「金」。

④「勢」字於伊能原書誤作「執」。

遂加太師，封平國公。①因其降附，鄭芝龍之黨徒遂至絕跡臺灣。然而據稱芝龍就撫後，海船非得鄭氏之令旗，仍不能往來云。就此點考察，可知其仍然擁有重兵，制壓海上，臺灣亦歸其勢力範圍。（〈鄭將軍成功傳〉載：「由是以軍國事劇，芝龍不得復至日本。」亦近乎傳實。）當時日本人已有侵入臺灣者。在顏思齊及鄭芝龍等來臺前後，有荷蘭人來此占據，形成貿易市場。然則，顏、鄭一黨與此等日本人及荷蘭人之相對關係如何？《臺灣縣志》云：「思齊引倭寇剽掠海上，與荷蘭共有臺灣，以之為巢穴。」（《香祖筆記》所云：「引倭酋歸一王屯臺灣。」然而歸一王乃當時荷蘭領事Coyett②之譯音字，其作為倭酋之名非也。應認為日、荷人名之混同。）《臺灣縣志》所謂「引倭」，蓋其敢冒稱日本甲螺，同時或許藉其翼護方便者。（如隆武元年五月，與清軍對抗時，以士兵一千偽裝日本人，持火器作戰。（《明清鬥記》）之例確證之。）又因彼此之間，利害相同，故應視為當時與據臺日本人深相勾結之反證，而與另一占據者之荷蘭人，則以彼此共存之姿態，相互貿易，似完全在一地分有之約束下，獲得交換利益。《明史紀事本末》所載：「顏思齊、陳衷紀，相與為盜，剽掠海上，以所剽掠與紅毛市，遂入居於臺灣。」是其實際。要之，顏、鄭一黨在臺灣，為聲援其勢力保持，與日本人勾結，又為獲利，與荷蘭人共存，以免彼此衝突。

（但是，當時荷蘭人，在世界海上有稱霸之勢，乃未必孤守臺灣一島者。越崇禎三年以來，自臺灣放船，犯廈門，更將窺伺漳、泉地方，而當時主持抗衡之局者，似係鄭芝龍。其奇策常得克捷。《臺灣縣志》〈外編〉「遺事」記載崇禎三年荷人犯廈門情形云：「芝龍募龍溪人郭任功，率十餘人，夜浮荷蘭船尾，潛入焚之。（中略）餘船悉遁。」〈赤嵌筆談〉「偽鄭附略」引《按閩摘略》，敘述崇禎六年，荷蘭人自廈門入寇漳、泉沿岸情形云：「紅夷犯順，鄭芝龍攻擊大擔③，偵知夷艅分泊彭湖，設計勒捕，焚夾板一隻，擒酋七名，後直抵料羅（金門），麾令參將陳鵬等，首衝夷陣，生擒酋長，因用牽扯焚燒之法，會同副總高應岳、遊擊張永產、彭湖游兵游擊王尚忠等夾擊，焚大夾板五隻、賊小船五十餘隻，生擒偽夷王呷吆嘽吧哇一名，前後計擒賊眾百餘

①此為隆武年間事。

②Coyett為荷蘭人之最後一任臺灣長官，現多譯為揆一。

③伊能原書衍「廈門」於此。

名，斬級二十顆，焚溺以千計。此從來未見之死戰，亦從來未見之奇捷。」按偽夷王呷呶嗶吧哇或許係 Hendrik Brouwer 之譯音。Brouwer 為十年前（慶長十七年至十九年間）駐在日本，係平戶荷蘭商館館長。如斯其後荷蘭人遂不敢再窺伺中國內地。）

顏、鄭一黨之致富，雖以劫掠為主，貿易為從，而得之。（《小腆紀年》引《南略》所載鄭芝龍小傳云：「芝龍幼習海情，海盜多故盟。自就撫後，海船不得鄭氏令旗，不能往來，每船例入三千金，歲入千萬計。」可知其優勢。又曰：「放一洋……，劫四艘，值數十萬，於是芝龍之富逾十寨矣。其主死，芝龍遂主其寨。始通家耗，置蘇、杭、兩京珍玩，興販琉球、朝鮮、真臘、占城諸國，掠潮、惠、肇、福、汀、漳、台、紹之間。」由此可察其縱橫海上之情形也。）此外，獎勵臺灣內地之墾拓，亦屬不尠。崇禎年間，全閩大饑，鄭芝龍為之建策，請於巡撫熊文燦，以舟舶移饑民數萬於臺灣，人給銀三兩，三人給牛一頭，使墾島荒。（對移民給銀、牛之數額，志書所載，似略有異同。如《聖武紀》所載為每人給三金一牛；今依據黃宗羲著《賜姓始末》所載。）蓋官府對人民發給牛具、種子，乃明末為濟急而厲行之一種綏撫政策。在嘉靖八年，曾招人耕種陝西省西安、延慶二府之荒田，而由官給牛具、種子。同十三年，各處拋荒之地，又招流移小民或附近軍民，使其耕種，又行官給牛具、種子之事，乃係倣此故例。臺灣之荒地漸形成聚落之端緒係於此時，實為天啟、崇禎年間之事。（崇禎中，中國全境，遍地有凶荒，稱為近代罕有其比之慘狀。當時饑民揚言死於饑與死於盜相同，與其坐而饑死，不如為盜而死，尚得為飽死之鬼云。其大規模遷移閩省饑民，籌謀救濟之方策者，當是此時也。）

先是，漢民雖非無往來臺灣或在此暫時寄寓者，至能見其多數人在此定居蓋始於此時以後。《臺灣縣志》載當時情形云：「顏思齊①……所部屬，多中土人，中土人之入臺灣自思齊始。」係言其情形。（《臺灣縣志》未成之前，屬私人著書而言及此事者不少。諸如鄭亦鄒著《鄭成功傳》云：「臺有居人，自芝龍等始。」《蓉洲文稿》（《臺海使槎錄》〈赤嵌筆談〉所引）亦云：「臺灣有中國民，自思齊始。」等是也，

①伊能原書誤作「顏思濟」。

《臺灣縣志》乃據此而加以詳覈耳。）《臺灣府志》〈封域志〉云：「荷蘭紅毛……因築臺灣城居之（今安平城），已復築赤嵌樓，與相望。設市於城外，而漳、泉之商賈集焉。」（《小腆紀年》曰：「時芝龍已去臺灣，荷蘭專治市舶，不歛田賦，故荷蘭夷二千踞城中，流民數萬屯耦城外，俱無猜忌，鴻荒甫闢，土膏墳盈，一歲三熟，厥田惟上上，漳、泉之人赴之，如歸市。」）為其情形。依據荷蘭人記錄，其本國人總數，尚未出三千（稱公私民六百，守兵二千云。），而所傳漢民全數約計二萬五千戶。約略相符。又《臺灣外記》載，顏思齊撫恤土番（天啟四年）、在豬羅山（即諸羅山）試獵事（天啟五年）。似因墾荒而著手開發番地。該書又載述，鄭芝龍禁戒所部下列四事：（一）擄掠婦女、（二）屠殺人民、（三）縱火焚燒、（四）斬刈稻穀（天啟六年）。《御批通鑑輯覽》云：「閩海多盜，芝龍尤猖獗，然嘗破官軍不追，獲將士不殺。」可見其馭眾尚能節制。鄭芝龍晚年與文臣忤，威勢不如昔日，終於變志，而投降清人北去，為隆武元年事。鄭芝龍在臺灣之關係，因其降清北去而告斷絕。當時在日本，似值寬永年間厲行鎖國之禁令之時，爾後受其挫折之影響，日本船在中國海上之帆影，即告稀少，同時罕見其在臺灣陸上之活動。但漢人來臺倍加，從而勢力漸長，遂對荷蘭人試圖激烈之反抗，如自稱為日本甲螺之郭懷一①（荷蘭所稱 Buwet）於永曆初年，聚黨舉事，欲將荷人逐出臺灣，因事洩露反遭屠戮為其著例。《臺灣縣志》〈外編〉「遺事」載云：「事覺被戮，漢人在臺者，遭屠殆盡。」其慘狀可推知之也。（此事發生之年分，諸書所記並不一致，本文主要係依據《香祖筆記》，及《臺灣府志》所載為順治七年，即永曆四年（庚寅）；而《諸羅縣志》載為崇禎十三年（庚辰），《臺灣縣志》則載為順治十五年，即永曆十二年事。而荷蘭傳教士華連泰因著《新舊東印度誌》第四卷（福爾摩沙及荷蘭在此貿易）項下，所載中國人 Buwet 之反抗，為西元一六五二年（永曆六年），雖比本文所載年代遲二年，但約略相近。荷人所呼 Buwet 與郭懷一係同人異名不容置疑，故所擬永曆初年間應為妥當。又其最後被戮地點，

①伊能原書將「郭懷一」誤作「郭一懷」，下同。

同為歐汪，而位置之考定則有異同。《諸羅縣志》註云：「諸羅地名。有溪，曰歐汪溪，……此地至今多鬼，昏黑則人不敢渡。郡志以為鳳山仁壽里之歐汪。誤。」蓋試託鬼怪事蹟，以作漢人遭戮殆盡之旁證。此即後來漚汪堡之漚汪也。〔歐汪與漚汪均發音Auwan，為同音異字。〕其擬為鳳山仁壽里之歐汪之說，係出自《香祖筆記》註解「在今鳳山界」，此即等於仁壽下里之呼為「後紅」者。〔「後紅」之發音亦為Auwan，與「歐汪」亦為同音異字。〕如與上列荷蘭人記事載：距城市南方數里之地，隔著溪水叛徒鞏固其最後之根據地，結果死者四千云云一節相對照，則當採取後說。所謂溪水，當係阿公店溪。至其引證《諸羅縣志》之怪談，毋寧有失之穿鑿之嫌。其以為誤者反為錯誤也。厥後鄭成功企圖占領臺灣時，先住之漢人，作其內應與有力，自不能予以否認。如當時因清軍南下，而避難遯迹之明代名門沈光文，遇風漂至臺灣，向荷蘭人租賃一廛以寄居，及至鄭成功復臺，即對之待以客禮。由此加以考察，可知此等人士或許係內應之張本乎。〕

至於曩昔明人與荷蘭人折衝，使其撤退澎湖時，明代之善後經營，則全無文獻足徵。唯《裨海紀遊》載：「獨澎湖於明時屬泉郡同安縣，漳、泉人多聚漁於此，歲徵漁課若干。」云云，當則係其實況。而對於門戶之衛護，則殆放委無為似置之不顧，然而其後，明廷並非無有識之士，特注目東疆之緊要關係，籌議臺、澎之所以必不可付諸等閒，關於澎湖，於荷蘭人撤退後，未幾沈鈇①致福建巡撫南居益〈請建彭湖②城堡置將屯兵永為重鎮書〉云：「今欲使紅夷不敢去住彭湖城，諸夷不得往來彭湖港，其策有六：一曰專設遊擊一員，鎮守湖內；二曰招募精兵二千餘名，環守湖外；三曰造大船、製火器，備用防守；四曰招集兵民，開墾山蕩，以助糧食；五曰議設公署、營房，以妥官兵；六曰議通東西洋、呂宋商船，以備緩急。……以上迂議六款，前五款似可為彭湖善後之一助，後通商一款亦聊備後日通變之微權。」（《天下郡國利病書》福建〔六〕所載）如與此約略同時所成郭造卿〈閩中經略議〉，亦以澎湖宜為鎮，議云：「外嶼澎湖最大，有三十六島，與琉球（臺灣）直，視他島

①伊能原書作「沈鐵」。

②伊能原書作「澎湖」，下同。

獨為遠，不預為之所，漸為海寇所據，則其巢難攻，往年之覆轍可鑒。」(同上)關於臺灣，如給事中何楷於崇禎八年所上〈靖海疏〉中云：「臺灣在澎湖島外，水路距漳、泉約兩日夜。其地廣衍膏腴，可比一大縣；中國版圖所不載。初，窮民至其處，不過規漁獵之利已耳。其後見內地兵威不及，往往聚而為盜。近則紅夷築城其中，與奸民私相互市，……屹然成大聚落矣。」(孫承澤《春明夢餘錄》所載)又如給事中傅元初，於崇禎十二年所上〈論開洋禁疏〉[①]中所云：「海濱之民，惟利是圖，走死地如鶩；往往至島外甌脫之地曰臺灣者，與紅毛番為市。紅毛業據之以為窟穴，自臺灣兩日夜可至漳、泉內港。而呂宋佛郎機之夷見我禁海，亦時時私至雞籠、淡水之地，與奸民闌出者市貨。其地一日可至臺灣。官府即知之而不能禁，禁之而不能絕，徒使沿海將領、奸民坐享洋利；有禁洋之名，不能盡禁洋之實，此皆臣鄉之大可憂者。」(同上)係其一代表者。然而當時因明代之積弱，使清軍南下之危機日漸逼近，竟徒知之而不能實際加以控制。及至鄭成功(芝龍之子)入臺，謀為反清復明之根據地，以先人之故物為辭，迫令荷蘭人撤退之內情，可知或因已鑑於前事，熟悉形勢、地利，且受上敘奏疏中所條陳之影響矣。

要之，漢民獲知有臺灣存在之初期，早在〈禹貢〉已有其端緒。以後自兩漢至隋，逐漸萌芽，經過唐、宋、元、明，雖概以海外置之，但漢民訪求之足跡屢及於此，尤其明末開疆拓土事業之就緒。及至清朝興起，掌握中國最後主權，臺灣乃明白歸屬中國版圖。以之可知有其古來歷史之關係不淺也。再言之，清朝將臺灣納入版圖，實係承古代周、漢以來之緒，最後加以落實展現。足知其間有其因果連綿之處也。茲於記述清朝領臺歷史之前，

① 「論開洋禁疏」於伊能原書作「靖海疏」。

先略述漢民經營盛衰之沿革，不失為必要之前提也。

附錄　明代以後由中國人所命名之臺灣地名之變遷

在古代（明代以前），關於由中國人所與臺灣之地名，如東鯷、夷洲、流求（琉求、瑠求、琉球）等，已在本文有所記述。茲述明代以後重要地名之變遷，以資參稽。

一　雞籠山（雞籠）、北港、東番

在明代，今之琉球（即沖繩）列入其藩屬之後，為區別之而不以琉球之名稱呼臺灣已如前述。而當時，被漢民易之而附與稱呼，為雞籠山（或作雞籠）或北港。《明史》〈外國傳〉（卷三百二十二）所載雞籠山即是。而其記載係有關臺灣全體之事蹟。然而雞籠山之稱呼，原係北部之一地名，而非全島之總稱。溯其稱呼之本源，則係占住北部地方平埔番之自稱人族語凱達格蘭（Kietagarang）之略稱即 Kieran 之音譯字，「雞籠」添加完全具有海島意義之「山」字，其最準確之憑據有日本內田文學博士在《史林》（第二卷第二號）所發表題為〈三百年前日本與臺灣之經濟關係〉之論文中所引古文書《異國渡海船路積》（最後載明為寬永十四年八月朔日）之一節云：「雞頭籠，此處自先年亥年，始有御朱印船來到。」可徵之。所謂「雞頭籠」顯係指雞籠。足以認為正將其原語 Kietagarang 直接連寫下來之音譯字者。可知，在明末年間，尚以原語作為該地之慣稱。雞籠二字，乃將雞頭籠之「頭」字省略也，更堪為注目者，該古文書中「雞頭籠」三字有旁註「タカサゴ」（Takasago）一事，此應認為是日本人稱臺灣為タカサゴ唯一之說明。日語稱雞頭為「トカサ」（Tokasa），而「籠」日語稱為「ゴ」（Go），以此「トカサゴ」（Tokasago）之發音，聯想及日本之「タカサゴ」（高砂）乃將其擬為日本地方名稱之甚明。如斯，「タカサゴ」之地名，最初將係僅限於雞頭籠即雞籠之一地，而逐漸擴大其外延。終於成為全島之總稱。本文所載豐臣氏送臺灣勸其納貢之日本文祿二年文書，明顯指稱其國以「高山國」為「タカサゴ」之音譯亦係其例。又日本金地院掌管之《異國渡海御朱印帳》元和元年（西元一六一五年）部分，亦載為「高砂國」。此外「タカサゴ」又以數種同音異字之音譯表示。諸如《華夷通商考》（元祿八年）作「塔伽沙谷」，《外國通信事略》（寛永、享保年間）作「塔伽沙古」，《和漢三才圖會》（正德三年）作「塔曷沙古」等是也。至於日本有馬家所藏文件中所載慶長十四年公文〈從公義被仰出條條並心得之事〉中作「タカサクン」（Takasakun），可認為係訛音。平戶英國商館管事 Richard Cocks 之日記拼寫為 TACCASANGA 亦同係訛音之類。然據《裨海紀遊》就孤立港外之雞籠嶼（即基隆嶼，又呼雞籠村①，或雞籠尖，據〈赤嵌筆談〉云古時相對於大雞籠嶼（社寮嶼）而稱為小雞籠嶼。）載述云：「有小山，圓銳，去水面十里，孤懸海中，以雞籠名者，肖其形也。」蓋似欲以雞籠地名為起源於該嶼也。要之，不過係因其位置近於雞籠港，故呼為雞籠山、雞籠嶼，及至郁永河之《裨海紀遊》所成之康熙三十六年間，已失去雞頭籠字形，及原來之語意，乃拘泥於現在之文字，作附會之解說而已，但是，在澎湖港外之一小島，自古漢人稱之為雞籠嶼，該嶼又名圓頂嶼，或許因於其形似籠而命名。（因形似雞籠即以之為地名者，古來在中國大陸

①伊能原書誤作「雞籠材」。

亦有前例，《天下郡國利病書》江南（五）所載陸廣微著《吳地記》中云：「雞籠山在吳縣西三十里，以形似雞籠，因名。」是也。本島之命名應為此類。）考其說或似失於穿鑿，以雞頭籠省略為雞籠二字，亦出此比擬，而連其原意之解說，亦莫非要併移乎？（於寬永初年，米澤德兵衛渡海印度地方報告書《天竺渡海物語》中見：「由長崎九十六里，走未甲方向，有女島、男島及申島，由是走南方六百五十里，高砂（一本以假名書タカサクン），此國長七百五十里，距此國之都十二三里海上有叫 ukuu、taken 及申島，此方角在琉球國末端，為福州、南京之方，由是走向西方六百五十里，係廣東之入口，為澳門（中略），由澳門走南三百里，為 Hiyau 之鼻。」此高砂即「タカサクン」，係臺灣本島，所謂 ukuu、taken 之二島，即指澎湖主島大山嶼之媽宮澳及北山嶼之赤嵌嶼，ukuu 即媽宮之轉訛，taken 即赤嵌之轉訛。此兩澳當時為漢民之聚落故也。或又以所謂 Hiyau 之鼻之位置，有擬澎湖之異說。（川島文學士①著《德川初期之海外貿易家》，所引東京地學協會藏延寶八年萬丹人日向漂著時，長崎奉行所調查之文書所附地圖，及大槻茂質著《寬政九年仙臺石卷》之〈漁船漂流安南之始末記聞〉、《漂南聞略》載長崎立山府庫藏臺灣古圖。）然難以相信。參照由廣東港口之澳門有南三百里，與澎湖地理上之懸隔甚然之故。按，Hiyau 者，係指開瓊州島對岸廣東雷州之海安港之岬角，指為博張無疑，後由於偶因澎湖與 Hiyau 發音近似而率行牽合而已。）

（附記）余曩擔任撰寫《大日本地名辭書》續編《臺灣之部》，於高砂之條下記有：「按，往時往來臺灣之日本人，主要寄航地之一，為南部地方之沿岸，今之打狗港出於原所謂打狗社番地方，由漢民轉訛呼為打鼓山（タアコオサン）社，其音宛與日音『タカサゴ』近似，亦因有使人聯想至我高砂浦之形勝而假之予以強制轉訛者。」而此難免有所失考矣。原打鼓山（打狗山），打狗即打鼓。（此地名之所謂打狗出自番語之音譯既記於前文。）因聳立港口北角而如此呼之者，而打狗即為打鼓，偶然由於轉訛之方式，寫成

①即川島元次郎。

打狗仔（漢人之命名）、寫成 Tancoia（荷蘭之命名），以打鼓山或以打狗山，無慣用於一般地名之實例。從而此近似所謂「タカサゴ」之轉訛無引伸為地名之理由。況且，打狗港往時為日本人之主要寄航地之一，雖為不可否定，但不如日本對臺灣之關係地理上，位於極北之雞籠港最為緊密。乃以此機會訂正其謬誤。）

既如前述，雞籠（Keiran）乃由族名之稱呼轉為地名而慣用，最初只用之於聳峙極北一角之一山名，《臺灣府志》云：「大雞籠山：大海中一望巍然，日本洋船以為指南。」此係明代倭寇猖獗時期，夙為人所知之地理描寫，認此山為到達臺灣之目標之思想者，與當時亡命漢民自稱「日本甲螺」之事相聯結。竟至以雞籠山（或雞籠）似為代表全島之總名，於是對曩失去其先前其固有稱呼——琉球，而以雞籠代替之。及至一般用「臺灣」稱呼，而雞籠山（或雞籠）之總名，完全歸於消滅，再回復為北部一地名。（《明史》不採臺灣之名而用雞籠山，可知出於尊重其沿革之見地耳。《明史》雖如斯以雞籠山為全島之總名，然載其位置云：「雞籠山，在澎湖嶼東北。」似稍有矛盾。蓋此不過是以北部一地名之雞籠山位置，漫然移用於總名記載之上，此種混同，適足以旁證雞籠山不過原為北部一地名也。）

北港亦略與雞籠山之名相同，係古來漢民對本島北部之稱呼，而被慣用者。北港之閩南音為 Pakkang，其名稱可視為占居北部地方之平埔番凱達格蘭族語，Paken 之具有北方意義之音譯字。依據《明史》，雞籠山在澎湖嶼之東北，因承其位置之記載「故名北港」。如此因其在東北故名為北港之解釋，似亦難免有齟齬之感。又如《名山藏》云：「雞籠、澹水之夷，名北港，又名東番。」係以北港作為土番之稱呼者，殊屬牽強，不足採信矣。後來北港至擬作其總名之稱呼事，西元一六二九年（明崇禎二年）駐臺荷蘭領事Pieter Nuyts之報告文中載云：「呼Formosa為Po'kan」，西元一六六九年（清康熙八年）在荷蘭出版之Arnoldus Montanus之《日本誌》（*Atlas Japannensis*）載云：「Formosa中國人稱為Paccande。」可明徵之。如《讀史方輿紀要》亦有：「北港即臺灣也。」之斷語。及此名稱亦自從臺灣之新稱呼當一般地名而被慣用之後，雖有漸失其名之傾向，然至清人有臺以後，迄乾隆年間，與臺灣有併用之形跡，諸如乾隆十年至十一年間之巡視臺灣御史范咸〈題諸太①守祿觀稼圖〉詩，有「北港地肥沃（臺灣舊名北港）」之句。又乾隆三十六年即西元一七七一年②告成之貝尼奧斯基（Maurice Benyowsky）之《旅行記》云：「Formosa島普通稱為Pacca-Himba」，此應可視為係北港（Pakkang）之轉訛音。（《讀史方輿紀要》有「北港在澎湖東南」之語，係對《明史》所載在澎湖東北之狹義原位加以更正，同時記明與此相反之方向，此雖似完全失之矛盾，然在此所謂東南，係以當時臺灣首府所在地為基點而言者，參照書中著論曰：「澎湖為漳、泉之門戶，而北港即澎湖之唇齒。失北港，則唇亡齒寒；不特澎湖可慮，即漳、泉亦可憂也。」即可把握「北港即臺灣」之概念。因此而言，撒瑪納札（George Psalmanazaar）著《臺灣地理歷史》一書，雖被批評為荒唐無稽虛構，但其中之地名並非全無根據，如其：「Formosa中國人稱Pacando。」顯係荷蘭人所稱Paccande之轉訛甚明，此足旁證北港稱呼之演變。）

文獻中亦見有與雞籠山及北港之地名並稱為東番③者，此原係漢民指其土番之稱呼，使其與據居中國大陸西方邊疆之西番相對，而出於東方海外番人之意。如《臺灣隨筆》（康熙三十四年徐懷祖著）云：「明季，莆田周嬰著《遠游編》載〈東番記〉一篇。」之語。因周嬰即世所稱翠舉先生，宣德、正德年間之人（成化中進士），故其初期或可以推定乎。以後專為土番之稱呼，如何喬遠《閩書》所載：「東番夷人，不知所自始，居澎湖外洋海島中。」

①「太」字於伊能原書誤作「大」。
②伊能原書誤作「一七九一年」。
③「番」字於伊能原書作「蕃」。

是其一例。（《名山藏》所載：「雞籠、澹水之夷，名北港，又名東番。」後說亦因此而被附會者。至《噶瑪蘭廳志》①「建置」所謂：「噶瑪蘭……，前明謂之北港，亦謂之東番。」不過更承襲上說耳。）而《明史》載：「雞籠山，在澎湖嶼東北，故名北港，又名東番。」以之認此純為地名之指稱，而《臺灣府志》之舊志亦準此記述之。雞籠山及北港之名，雖皆出自番語，唯東番係以漢語命名之稱呼。然無作為純然地名，而被普遍慣用之實證。

二　東都（**Tantou**）、東寧（**Tanrien**）

《臺灣府志》〈封域志〉②「建置」曰：「成功遂入（臺地）據之……，總名東都……，子經改東都為東寧。」此改名自明永曆十六年即清康熙元年至永曆三十七年即康熙二十二年，約計二十二年間，與鄭氏在臺相起訖，其改名之原意在對此新興之領土，擇用雅字命名也。詳於下文臺灣條下併述之。

三　臺灣（**Taioan**）（臺員、大灣、台灣）

由中國人最後所用之稱呼，且現在亦被慣用中，至關於「臺灣」地名之命名初期，則古來各說紛紛不一：

甲、《蓉洲文稿》（季麒光③著）曰：「明萬曆間，海寇顏思齊踞有其地，始稱臺灣。」（據《臺海

①〈封域志〉。

②「封域志」於伊能原書誤作「封城」。

③「季麒光」於伊能原書誤作「季戲光」。

使槎錄》所載（赤嵌筆談）「原始」所引。）

乙、《臺灣隨筆》（徐懷祖著）曰：「臺灣於古無考，惟明季莆田周嬰著《遠游篇》載〈東番記〉一篇，稱臺灣為臺員，蓋南音也。」

丙、《瀛壖百詠》（乾隆六年①巡視臺灣御史張湄著）自序中曰：「至明季，莆田周嬰於《遠遊編》載〈東番記〉一篇，稱其地為臺員，蓋閩音之譌也。臺灣之名入中土，實自茲始。」（依據《臺灣縣志》〈藝文〉所引。）

丁、《明史》曰：「至萬曆末，紅毛番泊舟於此；因事耕鑿、設闤闠，稱臺灣焉。」

戊、《臺灣縣志》〈地志〉（「建置」）曰：「萬曆末年，荷蘭據臺灣，築城於一鯤身之上，曰臺灣城，臺灣之名於是始。」

按周嬰既如上述，乃宣德、正德年間之人，其著書所載，可謂為最古文獻所見之稱呼。所謂臺員之「員」字，乃南部福建音，（《臺灣隨筆》之「南音」、《瀛壖百咏》之「閩音」。）與「灣」字相同為 Oan，故「臺員」為與「臺灣」同以 Taioan 之音，所寫字形明矣。蓋藍鼎元《東征集》曰：「臺地宋、元以前，並無人知，至明中葉，太監王三保舟下西洋，遭風至此，始知有此一地。」宋、元以前之人雖非全不知有此地，而其地理知識難免至為淺薄，乃依此等航海，而得把握稍微確實闡明之緒端，被稱為 Taioan 之固有地名初期亦在此間之說法尤為妥當。《蓉洲文稿》所載：「明萬曆間，海寇顏思齊踞有其地，始稱臺灣。」係由以顏思齊等為頭目而往來本島之漢民，專慣用「臺灣」之稱呼而解為於此致其成為普通之地名，或可認為近於事實乎。後來臺灣二字，遂用為普通地名，如此解釋，當近於事實，而

①伊能原書誤作「乾隆五年」。

合乎情理。（至於《明史》及《臺灣縣志》所載，以其命名初期為萬曆年間，欲使其與荷蘭人築城有關係，則未免同屬失考矣。其考辯詳於下文。）

其次需要加以考定者，係「臺灣」地名，在地理上之區域變更。原來「臺灣」二字並非對於全島總名所給與之稱呼，實則當初係南部地方一小區域之地名，詳如後文所述。迄至明末清初，南部一帶海岸線，深灣入東方，形成內港（即臺江），臺南城市之西端，直瀕於海，在此內港之外面，橫有數座島嶼，其最大者稱為一鯤身（後來之安平街之前身），而《臺灣府志》〈封域志〉：敘述一鯤身之地理云：「一鯤身……雖在海中，泉甘勝於他處，多居民。」此種情形，不但清朝之後，即在明末亦如是也。而且因內港西岸地方，為未開化土番（即族稱為西拉雅之平埔番）之根據地，漢族移民與平埔番別居，以此島為集中點，逐漸進入對岸番地，擴開墾拓區域，乃是事實，當時此等漢人稱該島為臺灣，而呼對岸為赤嵌。（康熙二十三年臺灣歸入清之版圖，上諭中有「於赤嵌設臺灣府」之語，此乃襲用古地名者也。）嗣為荷蘭人所據，在「臺灣」築 Zeelandia 城，又於赤嵌築 Provintia 城。於是居留漢民乃依據其所在地名，附與本身之稱呼，Zeelandia 城為臺灣城，Provintia 城為赤嵌城。《臺灣府志》〈封域志〉云：「荷蘭紅毛……愛其地，借居於土番，不可……，因築臺灣城居之，已復築赤嵌樓，與相望。」即此之謂。（《裨海紀遊》云：「（鄭）成功之有臺灣……，而自就臺灣城居焉。鄭氏所謂臺灣城，即今安平城也，與今郡治隔一海港，東西相望約十里許，雖與鯤身連，實則臺灣外沙。」可參考。）

既以因存臺灣及赤嵌之地名之故，取而冠於城樓之稱甚明，從而《明史》及《臺灣縣志》，以為因此築城，而臺灣之名稱即起，此解殊與事實不符。（《明史》及《臺灣縣志》擬以「臺灣」地名之命名初期，乃誤記為萬曆年間築城，發生如此錯謬，蓋將萬曆三十一年（西元一六〇三年），荷蘭人最初侵入澎湖之年代混為一談耳。臺灣城即 Zeelandia 之築成，係崇禎三年（西元一六三〇年），後於萬曆約五十餘年。可知與築城無關。再按《臺灣縣志》〈雜記〉，其「荷蘭……築城以居，因稱臺灣。」①其註云：「紅毛據臺在萬曆末，詳載《明史》。第云事耕鑿、設闤闠，不言築城者，省文耳。以形勢考之，有城而後稱臺灣；其云稱臺灣，則築城之證也。且鯤身沙磧，海風飄蕩，無城不可以居；而當日闤闠設於此，非無城可知。至其所耕鑿處，則當日謂之赤墈（即赤嵌），未嘗稱臺灣也。」畢竟《臺灣縣志》之誤記，係承襲《明史》，而欲以荷蘭人之據臺築城歸於萬曆年間耳。其已失實雖無容置疑，而「至其所耕鑿處，則當日謂之赤墈，未嘗稱臺灣也。」一句，尤值得注意。以臺灣與赤嵌二區域之並存，及最初「臺灣」之稱呼，並非具有全島總名之意。又漢民耕鑿之地區正擴展至赤嵌之番界為旁證，徵此記事可看出之也。）

於是，荷蘭人亦襲用此漢民所命名之狹義稱呼，屢指 *Zeelandia* 城所在地稱 **Taiwan, Tayoan, Tayouan, Taoan** 或 **Tyovan** 等等，諸如在臺灣過去歷代荷蘭人之手所做成紀錄：即西元一六七五年②，在荷蘭以 *C. E. S.* 名義出版之《被閑卻之臺灣》（*'t Verwaerloosde Formosa*）及一七二四—一七二六年間告成之荷蘭傳教士華連泰因著《新舊東印度誌》第四卷〈福爾摩沙及荷蘭在此貿易〉記事所載名目可徵。既而漢民之集中地點，因番界之占有租借，從臺灣即一鯤身一島轉而進至及於其對岸陸地，使從來限於該島狹義之地名，擴大其區域之範圍，隨著土番退而更移居內陸（臺灣本島），乃「臺灣」成為廣義地名之開端。如崇禎年間，明給事中傳元初上疏中云：「臺灣，紅毛（和蘭人）據之；雞籠、淡水，呂宋之佛郎機（西班牙人）私至。」且云：「雞籠、淡水之地，一日可至臺灣。」由此可知茲所謂臺灣，乃係指稱包括一鯤身島與對岸陸地一帶聚落，即臺灣之稱呼，示其外延漸擴大之經過。（再按現在臺南城東郊原長興上里，有大灣庄，該里在荷據、鄭氏時代，屬於漢民拓墾區域，鄭氏所立長康③里，實為其前身且有其沿革。又鳳山舊城東郊半屏里，有大灣庄。該里亦以鄭氏時代開屯之區著名，北部之後勁庄、右沖庄，相傳因當時設置其鎮營

①王必昌《重修臺灣縣志》〈雜記〉「祥異（附兵燹）」。

②伊能原書作「一六二二年」。

③「長康」似當作「長興」。

之處而命名①。此等大灣似係與臺灣同音之異字。要之，稱 Taioan 之地名，當可認為附與所在漢人之聚落之往昔命名之一。）

而同為崇禎年間，明給事中何楷上疏有：「臺灣在澎湖島外，水路距漳、泉約二日夜，其地廣衍高腴，可比一大縣。」等語。可知被認為全島之總稱。至此，從前附與一鯤身島所用狹義之稱呼，除僅存有城名外，致變遷消失。然而此後鄭氏改此慣用稱呼之「臺灣」定為東都或東寧，蓋有其故。《臺灣縣志》〈外編〉於赤嵌城亦名臺灣城條下載云：「偽鄭……惡『臺灣』之名，閩音呼似『埋完』，改稱安平。」（「埋完」之南部福建音為 Taioan。）一城名尚且忌諱不用臺灣二字。何況新興領土，豈願以此為全島之總名乎？乃特別另擇雅馴之佳字命名之，竟排斥「臺灣」之稱呼，蓋勢出乎不得已耳。清人亦有不欲承襲鄭氏所與名稱，以冠於府治之狀。而偶因以前之慣用稱呼「臺灣」地名實際上仍然存在（清人在入臺前，上諭及有司奏疏示諭等文件，皆用「臺灣」稱呼，是其旁證也。），即採之而公式上命名之。此是一面就破壞鄭氏之統治之意，同時一面則標榜舊例復活之政策，得以成就。

最後，更進一步對於臺灣地名稱呼之本義加以考說。《臺灣縣志》對於原臺灣地名依：「有城而後稱臺灣，其所謂臺灣，為已築城之證。」之見地，專欲使其與臺灣城有關係，更對臺灣城加以解說云：「荷蘭設市於此，築磚城，制若崇臺；海濱沙環水曲曰灣，……此臺灣所由名也。」（此解之根源早見康熙三十一年至三十六年間之分巡臺廈兵備②道高拱乾〈澄臺記〉中云：「臺灣之名，豈以山橫海嶠，望之若臺；而官民市廛之居，又在沙③曲水匯之處耶？」蓋幾乎係其踏襲。）然此係拘泥於臺灣之字形④，而有牽強附會之嫌。倘依此說，則在荷蘭人據臺築城以前，應已有 Taoian 之稱呼存在之事，雖應不得不予以否定，但在悠久之既往，已有同音之地名存在，並明顯記載於文獻，已如前述。則其解說欠妥，自無須多辯。蓋此稱呼之本源，出自土番語甚明。惟

①上述地名係源自在各該處屯墾之鎮營之名，而非設置於各該處之鎮營。

②上二字衍。

③「沙」字於伊能原書作「灣」。

④上二字似當作「字義」。

在明末，與最初漢族移民接觸之土番，係占住內港（即臺江）西岸之平埔番（族稱西拉雅），該番語對於漢民之他稱人族名曰 **Taian** 或 **Tayan**。（此外，如分布於南部下淡水溪谷野之平埔番（族稱馬卡道），呼漢民為 Pairan，又分布於同方面山地之生番（排灣族）呼漢民為 Airan, Pairan, Pairangan，而東部平原阿美族生番呼漢民為 Pairan，皆係同一系統。）乃此族稱，由漢民轉訛而成為 **Taioan**，且由人移用為地名，在當時漢民集中地點一鯤身方面，則以同音譯為臺員或臺灣。（再按在長興上里之大灣庄、半屏里之大灣庄等，即留下漢民拓殖痕跡最古之地方，存有各由同音異譯而成之地名亦實出自同一意義甚明。換言之，凡漢民聚居地在西拉雅番語或與此近似之平埔番語之勢圈內，概用此指稱。此外，土番對漢民之所與他稱人族語經一再轉訛，由人而移用於地，變為地名之例，在臺灣不少。如占住北部基隆地方之凱達格蘭族，稱呼往時移住該方面之漢民為 Vātsai 或 Māsok，此人族稱呼再由漢民轉訛為馬賽（Mātsai）或馬鋉（Māsok），後來又轉訛為馬鎖（Māsō），而成為基隆堡一小地名，至今猶存。）其後荷蘭人據臺後，在此地築城砦，於是漢民遂冠以地名稱為臺灣城，故非先有城而後有臺灣之稱呼也。

再就與臺灣相關聯，而不可分離之番地名「赤嵌」之稱呼附誌之：《臺灣縣志》〈外編〉「遺蹟」載赤嵌樓曰：「先是，潮水直達樓下，閩人謂水涯高處為墈，訛作嵌，而臺地所用磚瓦，皆赤色，朝曦夕照，若虹吐、若霞蒸，故與安平城俱稱赤嵌。」又乾隆十、十一年間之巡視臺灣御史范咸之〈赤瓦歌〉序，亦載：「臺屋瓦皆赤，下至牆垣階砌，無不紅者。此赤嵌城所由名也。」（《臺灣府志》〈藝文志〉）認為所有赤嵌之稱呼，係起因於荷蘭人所築城樓款式及位置。然此亦係拘泥於「赤嵌」之文字而強解耳。其實乃係基於平埔番西拉雅族所屬一部落名稱 **Tsiakam**，而漢民以音譯字「赤嵌」使用之，早在荷蘭人築城以前，即明代已用為地名而著稱，郁永河之《裨海紀遊》欲以《明會典》所載擬之，而云：「惟

《明會典》『太監王三保赴西洋水程』有『赤嵌汲水』一語。」又六十七之《番社采風圖考》亦從之。如〈沐兒〉註云：「明太監王三保，出使西洋，到赤嵌汲水，投御藥於澗水中，至中今番俗生兒，即入水洗。」另一面荷蘭人亦夙襲用此番地地名之稱呼，使用其轉音而成之 Chhaccam, Saccam, Scakam, Sakam, Sacam, Sacoam, Zaccam 等字。後來荷蘭人在此海岸築 Provintia 城，漢民以該城係於赤嵌之地，遂呼為赤嵌樓。偶然因其款式為堆疊赤磚而築成，且其位置在水涯，遂有上列附會之解說，而與此對峙之 Zeelandia 城（即臺灣城）亦在同一理由之下致稱為赤嵌城之再變遷。此錯誤不特《臺灣縣志》而已，即《臺灣府志》及參考此書之各文獻，悉受其影響。（因此而言，當初 Tsiakam 之位置，係以臺南府城所在地為中心，而分布於附近，荷蘭人與土番言和，立約借地，在此地動工築城，後更使土番遷移東北數里外邊陬之地（即後來之新化西里新市街附近）。漢民對此遷移部落之稱呼，因其地瀕臨河港，且寓於新移番社之意義外，似以與 Tsiakam 近音之文字所成新港（Sinkang）為社名。而在荷蘭人之文書中，亦有依從此「新港」之音拼成，Sinkan, Sinckan, Sincan, Xincan, Zinckan 等之土番社名，此亦係襲用者也。如斯，赤嵌及新港兩名稱，原出自同一番語而後來完全分離，前者赤嵌樓為漢語之稱呼，後者新港社為番語之譯音。）

已如上述 Taioan 之稱呼，係出自土番語。普通除慣用「臺灣」外，古來另存有許多同音異譯字係基於此因，從而此等音譯而來之譯字，並無任何意義自明。除明代周嬰之〈東番記〉所載最古字形「臺員」之外，如明沈鈇①〈上南撫臺暨巡海公祖請建彭湖城堡置將屯兵永為重鎮書〉（見《天下郡國利病書》福建〔六〕）之書作「大灣」等，是其顯著之例。（日本文獻另有使用「大寃」（《華夷通商考》、《和漢三才圖會》、《唐土歷代州郡沿革地圖》）、「大宛」（《長崎港草》）。「大寃」、「大宛」依南部福建音譯俱為 Taioan，此當係當時此方面漢人所傳者。又朝鮮人所謂「Taiman」，應該是臺灣之轉音，而貝尼奧斯基《旅行記》云：「Formosa 島，中國人稱為 Touai. Ouai，當係臺灣之重訛。至於野史之《外國傳》臺灣，引《續萬國新話》

① 伊能原書作「沈鐵」。

所載：「臺灣讀作曾以母伎（Soimoki）。」乃誤將臺灣南端古地名「沙馬磯」（Samaki）混同，並非正解。）

四　毗舍耶（毗舍那）

此外，有毗舍耶或毗舍那之地名存在，是往時漢民指稱接近澎湖之某一小島。《諸蕃志》云：「毗舍耶①，語言不通，商販不及，袒裸盱睢，殆畜類也。泉有海島曰澎湖，隸晉江縣。與其國密邇，煙火相望。時至寇掠，其來不測，多罹生噉之害，居民苦之。」《文獻通考》〈四裔考〉云：「琉球國，居海島，在泉州之東。有島曰彭湖，煙火相望；水行五日而至……旁有毗舍耶（一作那）國；語言不通，袒裸盱睢，殆非人類。」（《宋史》琉球本傳作毗舍那約略同文。）《臺海使槎錄》所載〈赤嵌筆談〉「原始」斷定云：「按彭湖東南即今臺灣，其情狀相似，殆即昆舍耶國也。」此與《文獻通考》（或《宋史》）相對照，係將琉球（琉求）與昆舍耶（昆舍那）併記者，當時並非與主指臺灣為琉球（琉求）視同一地。（後世被推為考證精確之徐鼒②《小腆紀年》，與魏源之《聖武紀》俱指臺灣為《宋史》所稱昆舍那（昆舍耶）之地，此似為〈赤嵌筆談〉之速斷所誤者。）

是故，昆舍那或昆舍耶係臺灣附近之島嶼，而非直指臺灣本島甚明。或以為因昆舍耶（昆舍那）之音，與南方菲律賓群島所屬之 Bisaya 相近，莫非乃與之混錯之觀，如從《諸蕃志》對於呂宋地方之地理，則另有記載，且其島嶼之布置，俗情之描寫，甚少有謬誤察之，無特將 Bisaya 之位置如此混錯之理。故不得不另於澎湖近海查求可與昆舍那或昆舍耶相比定之地。而在臺灣附近往向澎湖之臺灣海峽內，有一小島，稱為小琉球嶼。（小琉球島名，原非固有之稱呼，明末之時，因附屬於臺灣本島而改名，既記於本文。）往時，此島嶼係土番占居之區（今已全屬

①伊能原書作「毗舍那」。

②「鼒」於伊能原書誤作「才鼎」。

漢民部落），《臺海使槎錄》所載〈番俗六考〉北路諸羅番（一）云：「新港、蕭壠、麻豆各番，昔住小琉球，後遷此。」可徵知之。該三社番係以後來之臺南地方為中心，而分布於附近之平埔番社名，故所謂「後遷此」，顯係指稱現住區域至明。（新港社番中，亦有與此相符合之傳說，彼等以作故鄉之此一島嶼曰 Lamai 云。歐洲人所謂 Lambay 之島名係由此轉訛者。《臺灣府志》①「戶口」載乾隆二年鳳山縣土番四社社餉徵銀下，有「琉球社」名稱係指小琉球，當時似尚有平埔番之餘流留此。）此土番之一部自稱 Siraiya 或為 Siraya（荷蘭人文獻所見 Sideia 亦係指此。）毘舍那或毘舍耶，與 Siraiya 或 Siraya 當有關係，因係附屬於小琉球嶼，而可斷定為古番語之地名。《問俗錄》（道光十三年北路理番同知陳盛韶著）云：「又云琉球旁有毗舍耶②者，在小島中。」此小島中之指示，殊堪注目。（邪與耶音通，可能依之）再為溯究 Siraiya 或 Siraya 之語源，顯係自南方 Bisaya 種族中之某部分在過去之某時代，由於故意或偶然之動機，移來小琉球嶼。初自稱 Bisaya，後來語言轉訛而稱為 Siraiya 或 Siraya。毘舍耶或毘舍那係在其純然之固有語，即有 Bisaya 之稱呼，是其既往即用之音譯訛字，亦從人而轉用為地名者。（然則毗舍耶乃近於正調之音譯字形，而毗舍那並非其音轉訛，當係將耶字誤書寫為那字。《問俗錄》以毗舍耶比擬為印度四姓中之毗舍〔Vaisyas〕而載云：「《楞嚴經注》云：四方貴賤族分四姓，毗舍商賈也，然則臺灣為西洋互市地，自昔為然矣。」此不過徒拘泥於其字發音之相近似而牽合耳。）又《諸蕃志》又有記事云：「（琉球國）旁有毗舍耶③、談馬顏等國。」此所謂琉球，如係專指臺灣，則在其旁近位置，有與毗舍耶相並之談馬顏一地，此顯係指臺灣東部之紅頭嶼甚明。（荷蘭傳教士華連泰因著《新舊東印度誌》第四卷〈福爾摩沙及荷蘭在此貿易〉所載地圖中，紅頭嶼為 't Eyl Groot Tabaco，其南方之露岩〔即小紅頭嶼〕為 't Eyl Klyn Tabaco，而 Tabaco 乃可知談馬顏之譯音。）與此並載之毗舍耶位置，當從臺灣近海中之一島求之自不待論。（更進一步言之，在小琉球嶼之土番即 Siraiya 或 Siraya，與現在

①〈賦役志〉。

②伊能原書作「毗舍邪」。

③伊能原書作「毗舍那」。

菲律賓群島之 Bisaya 種族，於其語言、風俗有相當的一致，與其說偶合似不能否定應認為有種族關係之存在。《東京人類學會雜誌》第二百五十四號，載有拙撰〈菲律賓群島之毗舍耶與臺灣之西拉雅之近似〉一文。）《蓉洲文稿》所載：「臺灣，海中番島。《名山藏》所謂『乾坤東港、華嚴婆娑洋世界』，名為雞籠。」蓋擬以婆娑洋之為 Bisaya 之譯音，乃有此說也。（臺灣知縣薛志亮之〈續修臺灣縣志序〉云：「自邃古以迄有明，版圖弗屬，言語弗通，雖《文獻通考》有『毗舍耶』之名、《名山藏》有『婆娑洋』之號，後人或以臺灣實之，亦景譾之譚耳。」頗為置疑。）

五　東瀛

入清後或因文學之士子（王融）所云：「沔彼流水趨東瀛」等古語而聯想，致有稱臺灣為東瀛者。而更有《澎湖廳志》〈封域志〉云：「澎湖或謂之西瀛，臺灣別號東瀛，澎在臺西，故稱西瀛。」之說。然此不過為藝文上之雅名被擬用，並不被承認為普通之地名。

第二篇　領臺原始

第一章　鄭氏在臺灣與清朝之勦蕩

中國近世史上一大演變——明、清二代之興衰交替，兆於明萬曆四十六年，清太祖愛新覺羅努爾哈赤起於滿洲，建元天命，開始顯示其南下之勢時。至明崇禎九年，定其擁有天下之國號稱為大清。（清太宗崇德元年）明隆武元年，唐王聿鍵①入閩疆，在福建之福州踐祚，（時以福建為福京，以福州為天興府。）徐圖復國之策。平西侯鄭芝龍，據有閩省要鎮泉州南方之安平，由於夙習海事，且極富饒，所部兵精糧足，有威震八閩之概。乃令其子成功晉謁唐王，因賜國姓，以示優遇。

鄭成功幼名福松，初由母撫育於日本（肥前平戶）。崇禎三年，父芝龍具書迎請，獲准，赴之，改擬漢名為森，時年甫七歲。（《小腆紀年》云：成功每東向望其母，輒掩涕。《一肚皮集》〈鄭事紀略〉云：成功每寢必東首。蓋同事異傳。後，隆武元年，從唐王在福州，嘗以母病陛辭，將歸省安平鎮。唐王曰：「有事之秋，卿何忍舍朕去？」成功泣曰：「臣七歲別母，忽爾病危，為子者心何安？以報陛下之日長，故敢請。」唐王不得已許之云。可見其思親孝情之切。）叔父鄭鴻逵②甚器重之，常撫其頂，至謂「此吾家千里駒」云。讀書精敏，不治章句，曾以「洒掃應對進退」之題作文，中有：「湯武之征誅，一洒掃也；堯舜之揖讓，一應對進退也。」之句。塾師大奇之。先輩王觀光亦謂芝龍曰：「是兒英物，非爾所及也。」年十五補諸生，試高等，食餼。時有術士視之，驚曰：「此奇男子，骨相非凡，命世雄才，非科甲中物也。」弘光中，弱冠而入

①「鍵」字於伊能原書誤作「釗」。
②「逵」字於伊能原書誤作「達」。

南京太學①，聞錢謙益之名，執贄為弟子。謙益字之曰大木。②至隆武元年，賜姓、名「成功」。由是咸稱之「國姓爺」。如斯，初拜御營中軍都督，起而一身委於邦家。同年七月，唐王將親征，頒詔四方，中有：「鄭家父子兄弟，實是將星聚於一門。……功臣③鄭芝龍，振古之豪傑。」之語。既而芝龍累進封平國公，成功封忠孝伯，掛招討大將軍之印，鄭氏廝養皆有恩賜，可知鄭氏一族受特別重用。

翌二年，唐王淪落於汀州，為清軍所襲，於其府堂遇害，明之運勢漸非也。

> 《小腆紀年》附考云：「諸書皆謂隆武（唐王）被執，送至福州，斬於市，曾妃被執投九龍潭死。《臺灣外記》云：錦衣衛陸昆亨眼見隆武帝后戎裝小帽，與妃嬪被難於汀州之府堂，百姓收群屍，葬於羅漢嶺。當得實也。或又曰：在汀州代死者為張致遠，王實未死。後，鄭成功屯兵鼓浪嶼，有遣使存問諸臣者，謂為僧於五指山。然亦莫別其真偽也。」

先前，鄭芝龍曾與文臣忤，心竊有意歸款於清。（成功嘗入侍唐王，見其有憂容，頓首曰：「陛下鬱鬱不樂，得無以臣父有異志耶？臣受國厚恩，義無反顧，願以死扞陛下矣。」云。）至此，將從其招撫，召成功謀事，成功再度力諫曰：「夫虎不可離山，魚不可脫淵，離山無威，脫淵則困，大人思之！」又曰：「從來父教子以忠，未聞教子以貳。且北朝何信之有？倘有不測，兒惟有縞素復讎而已。」鄭芝龍不聽，率五百人到福州，遵制剃頭投降。而清人疑其桀黠多智，恐縱之有意外之憂，遂挾之北去。（是歲即清順治三年④，與鄭芝龍以一等精奇尼哈番（清初，於公、侯、伯之外，授予功臣

①「太學」於伊能原書作「大學」。

②金鶴沖《錢牧齋先生年譜》繫其事於崇禎十一年戊寅，並云成功時年十五。

③上三字伊能原書作「勳臣」。

④伊能原書誤作「五年」。

之封爵」①。後，順治十年封同安侯，而其實不過名譽之桎梏也。）時鄭成功嘗蒙南明之殊遇，雖敘崇爵，而未嘗掌兵柄，諫父不聽，且既聞北行，又痛母死於非命，（同年，清軍南下時，逼安平鎮，鎮兵棄城泊於外海。初成功之母田川氏（即翁氏）迎自日本，住圍城中，持劍不肯去，歎曰：遠在異域，事至此，今惜一死，有何面目復見人乎？遂登樓自刃投河水云。而黃宗羲《賜姓始末》所載：「北兵至安海大事淫掠，成功母亦被淫，自縊死。成功大恨，用夷法，剖其母腹，出腸滌穢，重納之以斂。」自屬異聞。）乃悲歌慷慨，欲起義兵，以圖恢復，詣泉州文廟，拜先師，脫所著儒服焚之，用招討大將軍之印，自稱「忠孝伯、招討大將軍、罪臣國姓」，回安平訓練士卒，整飭船隻，收集餘眾，得數千人。往來閩、粵海上以觀變。而金門及廈門（含鼓浪嶼）二島（皆屬泉州府同安縣，在閩海南北對峙），實為其立腳之根據地。（《讀史方輿紀要》曰：「同安三面距海，金、廈尤險要，為門戶之防。」《海國聞見錄》曰：「金為泉郡之下臂，廈為漳郡之咽喉。」可見金、廈二島在閩海兵要上位置之重要也。）時桂王由榔，既立於廣東肇慶府，擬為發祥正位之始都，以明年為永曆元年。越二年八月，鄭成功遙聞之，加額曰：「吾有君焉。」遣特使（前中書舍人江子燦及黃志高）航海至行在，上表奉正朔。（先是，鄭成功於海上稱隆武三年、四年。《小腆紀年》載：「時道阻，未通粵中也，從大學士路振飛、曾櫻議，仍稱隆武四年，頒曆；用文淵閣印鈐之。（考曰：顧炎武集有〈路舍人家見東武四先曆〉詩。舍人，振飛長子澤溥，「東武四先」蓋隆武四年之隱語也。）即是也。」至此始用永曆年號。）

由是專雄視海上，分所部為七十二鎮，仗節守義，出沒閩、粵之間，屢與清軍抗衡，有如《一肚皮集》〈鄭事紀略〉月旦云：「所謂喑嗚②則山岳崩頹，叱咤則風雲變色者，此其鋒銳誰與敵？」之概。因此清朝有如浙江監察御史李振宜上書所云：「鄭逆為閩、浙、江南之重患。」之憂。（於是，清朝倣其父之例，將行招撫之策，先降旨鄭芝龍，勸成功投誠。永曆八年（清順治十一年）二月，遣使冊封成功為海澄③公。成功不受。同年八月，復遣使招之，諭可畀以泉、漳、惠、潮四府事權。成功斥之。嗣於九年（順

①視一品，乾隆時改為子爵。
②「喑嗚」於伊能原書作「暗嗚」。
③「海澄」於伊能原書作「澄海」。

治十二年）六月，十年（順治十三年）十二月，累書勸降，成功置之不答，尤其最後之勸降，傳有接受鄭芝龍之本意者，名謝表，面說就撫，以其不聽日夜涕泣，至以無可復命為憂。成功雖持強硬態度，但父子之情不能忘，常於中夜起立北向，私自悲哭哀痛云。）

鄭成功在廈門，自置官屬，分理庶事，立儲賢館，延四方之士係在此際。如其改廈門為思明州，亦不外標榜回天憑據之意耳。（當時屯兵東南內島，鼓浪嶼為其外護，又廈門城東郊之太平巖及紫雲巖等佛宇禪房所在，傳係鄭氏讀書之處。見《鷺江志》。）

永曆十二年正月，鄭成功冊封延平王，（先是，永曆二年晉威遠公，三年晉廣平公，七年晉漳國公。既而次年①，江南一敗，上表待罪，且自貶王爵，仍用招討大將軍印云。或謂鄭成功封延平王，旋晉封潮王。此說未有根據。）②賜尚方劍。（尚方劍之故事，漢代之制，凡為調製供御之器物，屬少府三官之一，有尚方、珍寶貴什之外，掌作可充天子佩用刀、劍之類，所謂：「願賜③尚方斬馬劍，斷佞臣一人，以厲其餘。」（《漢書》朱雲傳）如此暗示特意期待矣。）令以便宜行事。且手詔有：「進師江南，伸大義於天下。」之語。於是七月④大整舟師，將攻略江南重鎮——金陵（即南京），抗衡亙年餘，終不克。股肱將領多陣亡。翌十三年九月，無功回師退返閩海，⑤僅保廈門、金門二島。而此一敗實為鄭氏在大陸失其勢之致命傷。（初，鄭氏舟師舳艫相接，自閩海北上，而於羊山遭颶。碎巨艦數十，漂沒士卒八千人，成功之子三人亦溺之。乃一時旋舟山理舟楫，為後圖。蓋屬成功戰歷中未嘗有之失敗也。時為永曆十二年七月事。《小腆紀年》曰：「其山羊多，故名之。相傳其下有龍宮，戒震驚，成功曰：『成功統率三軍，恢復中原，如天命有在，即將諸船沈滅，神其鑒諸。』祝畢，風頓止。」又《偽鄭逸事》曰：「成功久踞金、廈，蓄志內侵，造戰艦三千餘艘。順治十三年（永曆十二年係順治十五年，故上列「十三年」應係「十五年」之誤），將大發兵，窺江南，……連檣八十里，見者增慄。至江南羊山，山有神、獨嗜畜羊，海舶過者必置一生羊而去，日久蕃息至徧山，不可數計。鄭氏戰艦泊山下，將士競取羊為食，干神怒，大風驟至，巨艦自相撞擊，立碎，損人船

①指永曆十三年。

②據朱希祖〈鄭延平王受明官爵考〉一文考定：成功於隆武二年三月封忠孝伯，永曆二年十月封威遠侯，三年七月封漳國公，八年七月封延平王，九年四月齎延平王冊印重來，十一年十一月晉封潮王。封潮王事，見於阮旻錫《海上見聞錄》及夏琳《海紀輯要》、《閩海紀要》，應屬可信。

③「賜」字於伊能原書作「得」。

④永曆十二年。

⑤成功之北伐凡二次，永曆十二年及十三年各一次，前者因羊山遭風，損失慘重，中止不前。後者師行，攻無不克，戰無不勝，至圍金陵時竟功敗垂成，令人扼腕。謂之「抗衡亙年餘」，似滋誤解。

十七、八，大失利返。」蓋所傳雖大同小異，而皆將其禍歸於干神怒，記時人之恐怖耳。）其後，清軍南下，屢次進攻廈門，鄭軍反擊退之，終成功之世，廈門島未曾覆沒。

永曆十三年閏正月，桂王自雲南西出鐵壁關，播遷緬甸，（據傳「自古乘輿之奔播未有若此艱難者」。）以後音訊不通金、廈，幾有存亡不詳之狀。而且地蹙軍孤，稍有不堪愁悶之感。鄭成功尚倣唐天祐、天復之故事，奉正朔，欲易地以圖恢復。此時東方海島之臺灣，為荷蘭人所據，偶有荷通事何斌（泉州府南安縣人，流寓臺灣，據《臺灣府志》所載，似亦曾冒稱「日本甲螺」。）夙為荷蘭人掌會計，虧空二十萬，懼事發難償，乃前來廈門說鄭成功曰：「臺灣沃野千里，雞籠、淡水硝磺有焉。橫絕大海，肆通外國；耕種可以足食，興販銅、鐵，可以足用。十年生聚，十年教養，真霸王之區也。」言畢自袖中出示地圖，指點水陸之布置，鄭成功悅，以為此亦海外扶餘也。（據《小腆紀年》載何斌遣其私人郭平，駕小舟，偽裝釣魚者，順鹿耳門至赤嵌城往來探視，得港路一條云。可知其經過。）蓋其父芝龍，嘗占有此地以制海，地利既所與聞，心乃倍動，因召集僚屬計議，終日不決，遂獨斷而決定之。（此時，對於據臺之利害，鄭氏將領之間，似有甚多異見，且多非之，唯有馬信、楊朝棟等則以為是。兵部尚書張煌言，原與鄭成功有舊，亦非之，遣幕客羅子木，苦言進諫曰：「思明（即廈門）為根本，臺灣枝葉耳，無思明，臺灣豈得一日保乎？此時與紅夷交爭，殊非至計。」而責以今如一入臺灣，則將來兩島不可並守，是孤天下之望也，且作詩譏誚之曰：「中原方逐鹿，何暇問虹梁。」「圍師原將略，墨守亦夷風。」「只恐幼安肥遯老，杖藜皂帽亦徒然。」「寄語避秦島上客，衣冠黃綺總堪疑。」後有遷界之令，沿海流亡失所，張煌言頓足歎曰：棄此十萬生靈，與島夷爭乎？復以書招鄭成功，請乘機取閩南，再遣使苦口責之。而鄭成功以臺灣初定不能行，張煌言乃以孤軍徘徊金、廈兩島之間云。）時荷蘭人已扼住南部西岸已開之臺江要害，於外屏之一島——一鯤身（後之安平）築熱蘭遮（Zeelandia）城，即赤嵌城，又於內部沿岸之赤嵌（後之臺南）築普羅民遮（Provintia）

城即赤嵌樓，以為遠東貿易之一根據地。而鄭成功一面將金、廈兩島，委世子經監守，十五年三月四日（西元一六六一年四月三十日）①親率優勢之舟師（稱有船隻不下九百，兵二萬五千云）發自廈門，②橫渡臺灣海峽，進入澎湖大山嶼之媽宮澳。（六日，鄭成功自祭禱海岳，並巡視附近諸嶼，對諸將言曰：「臺灣若得，則此門戶保障。」遂撥派陳廣、楊祖、林福、張在等守澎湖。）旋究測漲潮，進入臺灣之臺江北口鹿耳門。（當時鄭成功命設香案，冠帶叩祝曰：「成功受先帝眷顧重恩，委以征伐，奈寸土未得，孤島危居，今冒波濤闢不服之區，天若祐我，假我潮水，行我舟師。」驗之，則加漲丈餘，乃以手加額曰：「是天之哀孤，不委之溝壑也。」令何斌按圖轉舵，發礮云。）

先是，駐臺灣之荷蘭太守揆一（Frederik Coyett）夙察鄭氏對臺灣之關注，為嚴其守備起見，乃向巴達維亞荷蘭聯合東印度公司，請求增遣軍艦，而該公司評議會則予以彈劾，謂揆一怯懦，並無理由而驚惶，且對揆一下停職令，派克蘭克（Herumanus Clenk）代之。如斯，鄭氏之艨艟，已壓迫臺江外口，而新任太守尚未到達，且其警備至為薄弱，堪作實際戰鬥之船艦亦缺乏。（康熙五十四年間，從事測繪臺灣輿圖之法國傳教士馮秉正所著《踏察記》云：「余聞當時為鄭國姓一部將之實話：鄭國姓來征時，臺灣之城及港之守備，僅以荷人幹部十一人所成立，其餘一部分為自東印度諸島隨來之黑奴與一部分土番組織而成者耳。港內有四艘荷蘭船，各以一荷蘭人率引衛兵數名搭乘而已。雖另有荷蘭船七艘，然被困於城內。」（據甘為霖著《荷蘭治下之臺灣》所載之"De Mailla's Notes on His Visit to Formosa in A.D. 1715"。）尤應視為實錄。又《小腆紀年》述鄭軍入臺光景云：「先數夕，風潮驟振，聲震雲霄，揆一王率諸酋登城望海，見一人襆頭紅衣，騎長鯨，從鹿耳門游漾紆洄，繞赤嵌城而沒。是日礮聲轟天，登高以千里鏡視之，見鹿耳門船隻旌旗，笑謂：『唐船近礮臺則無遺類。』俄見首船樹旗纛，倏北③倏東，餘船以次銜尾魚貫，悉遠礮臺而行，駭為兵自天降。」其如一人騎長鯨云云一齣，蓋據漢民所信此為亡國妖孽之示兆於荷蘭人之異傳乎？）

①括註有誤，永曆十五年三月四日應為一六六一年四月二日。

②上列日期有異說，當以《先王實錄》即《延平王戶官楊英從征實錄》所載為準。

③「倏北」二字於伊能原書脫。

圖六　鄭成功像及鄭氏征臺圖（東洋文庫藏）

鄭軍（部將楊祥專督其進攻部隊）先將熱蘭遮與普羅民遮兩城之間截斷，而先占領普羅民遮城所在地，遣通事李仲勸降，告以此地乃先人故土，不可不收復，珍寶不急之物，聽任載歸。荷蘭太守固拒，竭盡兵力死守熱蘭遮城。其後兩軍對抗，相持數閱月，鄭軍採取長期包圍之策，最後決意以數船積載可燃性材料，乘東北烈風放火，自上風接近荷蘭船舶。此計奏效，共燒夷荷蘭船四艘中之三艘。（初鄭軍一入鹿耳門，有荷蘭一遊艇馬里亞〔Maria〕號，由臺江南口逃出，急往巴達維亞報告戰情，適遇西南信風，逆向航行費時五十三日，及其抵達巴達維亞，時在新太守克蘭克出發後二日。新太守克蘭克抵達臺灣，將入臺江時，目擊鄭軍占領之意外光景，乃改變航路北上，寄泊北部之雞籠港，知悉已難抵抗之情後，乃向日本長崎而去。當時，在雞籠之荷蘭人一百七十餘人同行避難云。荷蘭聯合東印度公司接獲馬里亞號之急報，乃在主將卡宇〔Jacob Kaew〕指揮之下，以七百之兵，分乘船艦十艘，併載運軍械與糧餉。〔自臺江南口進入。〕另一方面，在臺灣之漢民，競為鄭軍內應，故荷人已成眾寡難敵之勢也。據荷蘭人之記錄，鄭軍對待荷蘭之俘虜，頗加虐待，被屠戮之屍骸，裸體堆積，竟有一坑埋葬五、六十人者。其被殺害者不僅有戰鬥力之男子，竟及於婦孺。加之熱蘭遮城被圍困日久，缺乏糧食，軍民陷於飢餓，戰死、病亡者計達一千六百人，以致軍無鬥志，甚至有與鄭軍通款曲者云。）於是，荷蘭軍終告不支，太守揆一向鄭軍乞降，其和約全文十八條，包括：「停止彼此一切敵意，忘卻前嫌，將所有公物移交與國姓爺（Koxinga），但其各自私有財產應准予保留，容許攜出島外。」之條款。鄭軍許之，當時荷蘭人移交鄭成功之物件，除城砦及兵器外，有商品、雜物等財貨，實計達八百萬兩云。（據荷蘭人之紀錄，當時，在確實履行降約之前，先行交換人質，國姓爺送交武將 Moor Ongkun、文官 Pimpan Jamooje，而荷蘭人則送交 Jan Ortzens van Waveren 及 St. David Harthouwer 云。）

十二月三日（西元一六六二年二月一日），太守揆一以下全部軍民，分乘船艦八艘，退出臺灣南部。先是，荷蘭人代替西班牙人，擴張其勢力範圍至臺灣北部，據雞籠、淡水二港，且將在淡水港頭之西班牙舊城——聖多明各（San Domingo）城加以修築，在放棄南部主權後，以鄭氏之統治實際尚未及於北部為奇貨，故尚在此駐足。加之，荷蘭經營臺灣前後達三十餘年，實不能因為一敗於鄭軍，而完全忘卻臺灣。乃與清軍約攻守同盟，一面願為清軍提供撲滅明餘黨之方便，以一面獲清軍資助恢復臺灣之捷徑。於是，一六六三年（康熙二年），荷蘭水師提督波特（Bort），率軍艦十六艘，搭載水陸精銳數千，占得鄭軍根據地金、廈兩島。越二年（一六六五年，即康熙四年），該荷蘭提督波特，又將雞籠港口之聖救主（San Salvador）城，加以重修，以為徐圖恢復其勢力之基礎。然清軍忙於自衛，不能履行對其應援。及至次年鄭軍進兵北部，荷蘭人鑑於孤軍無援之形勢，於是對占領臺灣絕望而退去，是為一六六八年（永曆二十二年，康熙七年）五月之事。（荷蘭人駐足之根據地聖救主城所在地，即基隆港口社寮嶼〔即西人謂 Palm 島〕，其面臨北方海洋之山腰，有一岸洞，洞內刻有洋字參差交錯，大小約一千餘字，其中其文字添有 1664、1666、1667 等西元紀年。現在漢民稱此洞為「番字洞」。而所刻文字之種類，除紀年外，似係人名，據實地採訪示其一、二著例，如：1664 IACOB SCHELCK. HANS HUBENER. 1667 CK HANS HENRICK. BOTEN PORY. MICOIAWS IROS. ANNO LIRII 1666.，西元一八九三年出版之 C. Imbault-Huart 著《臺灣島》〔*L'île Formose*〕，敘述及此史蹟之查考云：「港口以 Lile Palm 島〔即社寮島〕為防禦，用珊瑚礁加以圍繞，由一小通路，僅與臺灣端分離。中央小丘，高不過七十公尺。吾人至今尚可辨認在山腰所存洞窟之沙岩內側面，以小刀雕刻之二、三荷蘭人姓名。此乃與堡壘同為荷蘭人占領該堡壘之紀念，其附載於姓名之年代，則為明顯證示：荷蘭人雖於一六六二年為國姓爺逐出熱蘭遮城，而迄至一六六八年，仍有寄寓於基隆者。」此實為中肯之說，蓋此姓名乃往時荷蘭人占據此地之紀念簽名無疑。）

據漢民口碑，鄭軍從雞籠港外西方已開之金包里海岸，萬里加投之小澳（或係金包里堡下萬里加投庄之礦港附近乎。）登陸，其一部由東方直衝雞籠側面，一部由西方突擊淡水之背後云。

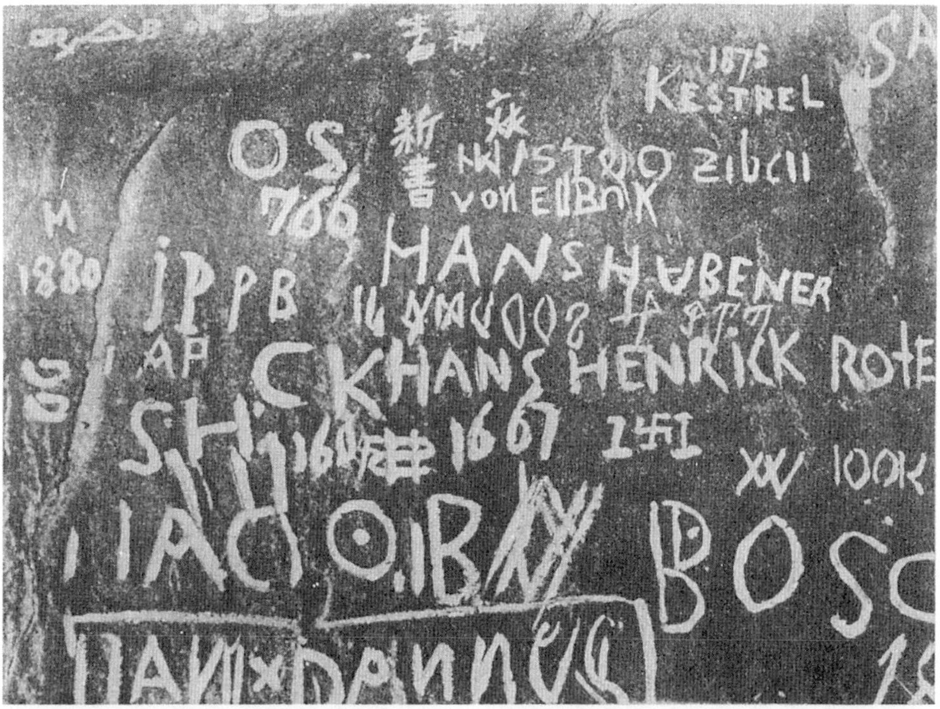
1875
KESTREL
新
書
OS
1880
HANS HUBENER
HANS HENRICK ROTE
1667
BOS

PbL

圖七　番字洞

圖八　荷蘭人投降圖（東洋文庫藏）

是為昔日西班牙人所開雞籠、淡水之海岸聯絡道路，就其地理形勢而言，應可首肯。（荷蘭人退出後經過十四年，西元一六七五年，荷蘭阿姆斯特丹府出版一書，著者匿名署以 C.E.S，書名題為《被閑卻之臺灣》〔't Verwaarloosde Formosa〕。書中揭發荷蘭最後經營臺灣，誤採退縮之政策，且其當局者，本身專注於利己營私之計，雖其歲入有餘裕，而歲出則僅不過十分之一上下，從而軍備之設施，亦屬有名無實，因此，終使鄭軍乘虛攻破之而收攻略之功之經過。如插在書內之一張圖，描寫鄭成功穿著明代衣冠，坐高椅上，鄭成功之面前，荷蘭人低頭約投降之狀態，見有暗示諷刺之意。該著者 C.E.S. 究係何人？識者認係拉丁語「Coyett et Societas」即揆一及其同伴之簡寫。〔J. J. van Toorenenbergen 著 "De Nederlandsche Zending op Formosa 1624-1661." 則以 Dr. Grothe 之有根據之推測，明言其所以有採信之價值。〕Coyett 乃荷蘭最後之臺灣太守，為臺灣之守備建策綢繆之計，反被彈劾，終不得已留下投降之污名。）

初，鄭成功占領普羅民遮城，即開始分治之端，改赤嵌為承天府，府治擬於此處，又於北路設天興縣（屬於鄭氏時設立之開化里，位於後來之佳里興堡佳里興庄之位置），南路設萬年縣（後來鳳山縣城，即興隆內里埤仔頭庄之位置）隸屬之，時為永曆十五年五月。（最初任承天府尹（後為知府）為楊朝棟，任天興知縣為祝①敬，任萬年知縣為莊之烈。）至是年十二月，荷蘭人履行降約，退出臺灣南部，鄭成功乃祭告山川神祇，改稱全島為東都，置安平鎮於熱蘭遮城（赤嵌城）。（當時其公廳設於安平鎮之赤嵌城，《裨海紀遊》云：「功自就臺灣城居，鄭氏所謂臺灣城，即今安平城也。」《臺灣縣志》〈外編〉「遺蹟」赤嵌城條云：「康熙元年，偽鄭就內城改建內府，塞北門，欲闢南門，斧鑿不能入，乃止。」《臺海使槎錄》所載〈赤嵌筆談〉之「城堡」亦云：「紅毛城，鄭成功僭竊時，宮殿在焉。」又同書〈偽鄭附略〉云：「闤闠，鄭國城門名，偽鄭據紅毛城，因取以名內城之門。」等可徵之。（赤嵌城一名紅毛城）又其私邸似在承天府內，清人入臺當初，就之置臺灣府署處，《臺灣府志》〈規制志〉云：「臺灣府：在東安坊，南向。舊係偽宅……，署右側舊有榕梁、四合亭遺址。」（《臺灣縣志》〈政志②〉亦有略同之記載。）關於臺灣縣署（後之海東書院）之位置，據《臺灣府志》〈規制志〉云：「舊縣署在東安坊，開闢時建。」又《臺灣縣志》〈政志③〉云：「偽時故宅也。」等節可徵知之。此外，承天府北郊有鄭氏退閒之別墅（外武定里鄭仔寮庄之洲仔尾）。《臺灣紀略》所載：「辛酉（永曆三十五年）鄭經預立其庶子鄭欽（即克𡒉）為監國，退閒於洲仔尾，築遊觀之地：峻宇雕墻、茂林嘉卉，極島中之華麗；不理政務，嬉遊為樂。」即是。或因鄭氏別墅所在，故有「鄭仔寮」地名乎？有北園別館（永康下里三份仔庄）。《臺灣府志》及《縣志》云：「偽鄭為其母董氏建。」即是，亦係鄭經所置，〈赤嵌筆談〉「泉井園石」云：「鄭氏北園，去郡治五、六里，從海視之，則直北矣，故名。園在平壤，無邱壑、亭臺曲折凌峻之致。」（開元寺為其後身））

鄭成功於是謂諸將曰：「此膏腴之土，當寓兵於農。」諸將請其法，曰：「今僻處海濱，安敢忘戰？按鎮分地，按地開荒，有警時則荷戈而戰，無警時則負耒而耕，將使野無曠土，

①「祝」字於伊能原書誤作「視」。
②伊能原書作「地志」。
③伊能原書作「地志」。

軍有餘糧。」於是即日貼分地方，督兵開墾。營盤之制是也。（營盤為一種屯田，顧炎武《天下郡國利病書》云：「國家設立屯田，有邊屯，有營屯。邊屯為屯於各邊空閒之地，且耕且戰者；營屯為屯於各營附近之所，且耕且守者，即古寓兵於農之意，法莫善於此。」（北直二所引《三河縣志》之屯田）鄭氏之營盤兼營屯與邊屯為一體。康熙七年施琅〈陳海上情形勦撫機宜疏〉中所載「今雖稱三十餘鎮」可以推察當時鄭氏營盤布置之大概。又《臺灣縣志》〈外編〉「遺蹟」載：「馬兵營井：在寧南坊。……鄭氏駐馬兵此，故名。」由此可知當時兼有馬兵之設施。）

先前清人屢次以書勸諭鄭成功歸降，而成功不應，至此乃令閩、粵沿海居民，盡向內地遷徙，以斷絕與臺灣明餘黨之聯絡應援。（此劃界遷民之議，實基於海澄公黃梧所陳〈滅賊五策〉，其一云：「金、廈兩島，彈丸之區，得延至今日而抗拒者，實由沿海人民走險，糧餉、油、鐵、桅船之物，靡不接濟。若將山東、江、浙①、閩、粵沿海居民盡徙入內地，設立邊界，布置防守，則不攻自滅也。」其二云：「將所有沿海船隻悉行燒燬，寸板不許下水，凡溪河豎樁柵，貨物不許越界，時刻瞭望，違者死無赦。如此半載，海賊船隻無可修葺，自然朽爛，賊眾許多，糧草不繼，自然瓦解。此所謂不用戰，而坐看其死也。」乃令兵部尚書蘇納海履勘之。時湖廣道李芝芳②以為「自古養兵，原以衛疆土，未聞棄疆土以避賊也」，因上疏條陳所以不可者八，而終不見採納。）且議以：「其父芝龍羈縻在京，（鄭）成功賂商賈，南北興販，時通消息。宜……嚴加懲治。」云。（黃梧之議）於是，將芝龍棄市，及其子弟（共十一人），悉數伏誅，時為清順治十八年即明永曆十五年十月初三日，鄭成功據臺後八個月。（此時從征於鄭軍者，多係閩、粵士民。而其文、武官僚及兵民諸眷，概有躊躇之色，《臺灣外記》云：「臺地初闢，水土不服，病者即死，故各島之搬眷，俱遷延不前。」明盧若騰〈殉節篇（為烈婦洪和作）〉古詩，即足以想見其懷念故山家人情緒也。詩曰：「妾為君家數月婦，君輕別妾出門走，從軍遠涉大海東，向妾叮嚀代將母。驚聞海東水土惡，征人疾病十而九，猶望遙傳事未真，豈意君訃播人口，滔滔白浪拍天浮，誰為負骨歸邱首，君骨不歸君衣存，攬衣招魂君知否？死怨君骨不同埋，死願君夜共相守，骨可灰兮怨不灰，衣可朽兮願不朽，妾怨妾願只如此，節烈聲名妾何有？」又如據《臺灣外

①「浙」字於伊能原書誤作「折」。
②當作「湖廣道御史李之芳」。

記》，載述出征軍眷之怨聲：鄭成功將征臺灣，一夜二更時分，倣俗問吉凶於聽背後言，（南部福建語俗稱聽闇卦，類似夕占橋占之占卜。）忽聞一婦人獨語毒罵曰：「國姓好死，不死，留這長尾星，在此害人。」（鄭成功應速死，此不祥之彗星生存，將害人之意。）成功竟忘其咒罵，以為「長尾星」一語，乃示武運長久之吉兆，心中大喜，於是，在其門上暗留記號，次日差衛兵帶該婦人前來，問知係出征兵眷，乃以好言勸慰之，諭以此係天意，勿怨藩主，賞銀四兩、白麻五觔令去云云之逸事。係描寫與之相表裏從征兵眷之怨聲也。）鄭成功聞之長嘆曰：「使吾徇諸將意，不自斷東征得一塊土，而英雄無用武之地。沿海幅員，上下數萬里，田廬、邱墓無主，寡婦孤兒哭望天末，惟以吾故耳。今當移我殘民，闢東土，養精蓄銳，閉境息兵，待天下之清，未為晚也。」乃招徠閩之漳、泉與粵之惠、潮之流民，與其營盤相表裏，大行開闢草萊。（據明沈光文〈平臺灣序〉載承天府分坊云：「坊有東安、西定、寧南、鎮北四坊。」又載各地之建里云：「里有文賢、仁和、永寧、新昌、仁德、依仁、崇德、長治、維新、嘉祥、仁壽、武定、廣儲、保大、新豐、歸仁、長興、永康、永豐、新化、永定、善化、感化、開化諸里。」此四坊二十四里為鄭氏時代漢民聚落之中心。）

於是，制法律，定職官，大獲臺灣民心；一面又得日本之接濟，故軍備得無虛耗。（〈偽鄭逸事〉曰：「成功為日本婦所出，因以渭陽誼相親，有求必與，故鄭氏府藏日盈。」蓋國際上之援助雖予以拒絕，而私交上之接濟，尚繼續至其末年，係屬事實。該書又載起兵當初情形云：「聞父降，咨嗟太息。頃之，其弟襲舍自外來，成功告之故；且曰：『汝宜助我。』即與徒手出門……，棹小舟，至廈門隔港之古浪嶼山①招集數百人。方苦無資，人不為用。適有賈舶自日本來者，使詢之，則二僕在焉，問有資幾何？曰：『近十萬。』成功命取佐軍。僕曰：『未得主母命，森舍安得擅用？』成功怒曰：『汝視我為主母何人！敢抗耶！』立斬之。遂以其資招兵製械。從者日聚，竟踞金、廈門。」此亦日本接濟之一齣。此外，《臺灣外記》康熙十三年（永曆二十八年）條云：「差兵都事李德，駕船往日本，鑄永曆錢，並銅熕、倭刀、器械，以資兵用。」）

而另一面，與其所占金門、廈門兩島，隔重洋而成犄角之勢。相傳：「成功於一切謀

①即鼓浪嶼。

畫，皆出己見；其所任用，不過荷戈執戟、摧鋒陷陣之徒，絕無謀士為……畫一策者。非成功不好士，亦非士不為用，良以謀畫無出成功右耳。」（《偽鄭逸事》）又傳：「成功特重操練，艑艫陳列，進退有法；將士在驚濤駭浪中無異平地，跳躑上下，矯捷如飛。將帥謁見，甲冑僅蔽身首，下體多赤腳不褌；有以靴履見者，必遭罵斥，併抑其賞。凡海岸多淤泥陷沙，惟赤腳得免粘滯，往來便捷，故與王師鏖戰屢勝，其於勝勢固已占卻一籌[①]矣；官兵以靴履行泥淖中，不陷即滑，奚免敗績？」（〈偽鄭逸事〉）其隨機應變之巧妙如此。《沈文肅公政書》所謂「滄溟獨闢田横之別島」之偉業實須如斯果斷也。（又鄭成功夫人董[②]氏內助之功，亦有不可沒者，〈偽鄭逸事〉云：「成功婦董氏，勤儉恭謹，日率姬妾、婢婦為紡績及製甲冑諸物，佐勞軍。成功於賞賚將士，揮千萬金不吝；獨於女紅，不令少怠，使絕其淫佚之萌，可謂得治內之道者矣。」）

永曆十五年十二月，桂王[③]蒙塵於緬甸阿瓦之舊城下。（據稱當時桂王之居，為草廬十餘間，編竹為城，守兵百餘人，從臣自備竹木，結宇聚居。其荒涼境遇，可想而知。）及明之降將吳三桂欲俘之以為功，乃追入緬甸，緬酋莽猛白（Mohâ Parara Dhamma Râja）生擒桂王送至軍營。翌十六年三月，吳三桂擁之北旋，至雲南，越四月殂於此地。（《小腆紀年》載：「宋光伯謹案：伯幼時聞先曾王母云：『吳三桂絞桂王於滇省篦子坡，天晦黑七日。』計時相隔不遠，傳言當不誤也。」）

明代正統，至此全絕。而臺灣鄭氏，仍然奉永曆正朔。是歲正月，清聖祖即位，改元康熙。五月朔日，鄭成功偶感風寒，猶日強起登將臺，持千里鏡，望澎湖諸島。越八日，登臺觀望，回書室，冠帶請出明太祖遺訓，禮畢，坐胡床，命左右進酒，讀至第三帙，嘆曰：「吾有何面目見先帝於地下？」以兩手掩面而暝云。自隆武起兵，凡十七年，壽三十九。（初，是年四月，明兵部司務林英，祝髮為僧，自雲南逃抵廈門，遂來臺灣見鄭成功，鄭成功先問雲南皇上恢復如何，林英詳

①「籌」字於伊能原書作「等」。
②「董」字於伊能原書誤作「菫」，下同。
③即永曆帝。

陳蒙塵緬甸之末路情形，鄭成功頓足咨嗟者良久云。鄭成功之忽然臥病不起，似因此精神沮喪所致。夏琳著《閩海紀要》亦為鄭氏實錄，推為直筆，其述成功之臨終，與其他諸書不同，曰：「五月朔，成功感冒風寒；文、武官入謁，尚坐胡床談論，人莫知其病。及疾革，都督洪秉誠調藥以進，成功投之於地，嘆曰：『自國家飄零以來，枕戈泣血十有七年，進退無據，罪案日增；今又屏跡遐荒，遽捐人世，忠、孝兩虧，死不瞑目！天乎天乎！何使孤臣至於此極也！』頓足撫膺，大呼而殂，時年三十有九，為五月八日也。」蓋此係當時泉南地方所流行之異傳也。）十四日，世子鄭經，在廈門嗣立，布告各島，方令舉哀。諸將有哭泣過傷而死者。

時鄭經克纘先人遺志不屈，亦奉永曆年號，且襲延平王，佩招討大將軍之印，其實並無所受命也。初，鄭成功溘然而逝，其弟鄭襲在臺灣暫時護理，適有權臣投其間弄策，偽稱有先藩遺言，將擁鄭襲為主，而行廢立。群情恟恟。於是，十月，鄭經欲自率舟師，到臺灣彈壓，以精通地理之周全斌為嚮導，於大霧蔽天之間，遽然登岸。諸將多持兩端以觀望者，咸歡迎之，鄭襲亦懇切釋明其不存異心，乃得無事。十一月，鄭經往南、北路巡視綏撫。翌十七年（康熙二年）正月，又回廈門。此時清軍正由閩浙總督李率泰，與荷蘭人訂立攻守同盟之約，企圖合攻金、廈兩島，以絕後顧之虞。先前因在中國之澳門為葡萄牙先占而不得志之英國重新與鄭經結托，立約與臺灣貿易，係八年後之西元一六七〇年。若其二年前之一六六八年不曾使荷蘭斷念於臺灣並與清人絕緣之頓挫，表面上雖為明、清爭衡之一片影，但背後是當時英、荷兩國之勢力在東洋海面競爭，餘波所及，明英同盟（島國聯合）與清荷同盟（大陸聯合）之衝突在中國海上所演之活劇也未可知。在此之前，鄭將施琅因事忤成功而逃出，投歸清軍，為所重用，列秉鉞專閫之要位，乃密陳略取金、廈二島之方策，於十月進兵，連戰克之。二島之民遭受劫掠，糜爛不堪。鄭經退守銅山嶼（漳州府漳浦縣屬，漳之一重鎮），至永曆十八年（康熙三年）決議東徙臺灣，致力經營自立之計。舉用原鄭成功幕賓之陳永華為諮議參軍，頗多獻替。三月，鄭經偕同部將忠振①伯洪旭等，踏勘澎湖諸島。洪旭曰：「澎湖乃臺灣門戶，上至浙江、遼東、日本，下通廣東、交趾、暹羅必由之路，當設重鎮鎮守，不可苟且。倘被占踞，則臺灣難以措手足。」鄭經然其議，於媽宮澳設立營壘，左右峙中置煙墩②炮臺。守將以四閱月更代。八月，改稱東都為東寧，陞天興、萬年二縣為天興州、萬年州，於南、北兩路及澎湖，各設安撫司，皆出於籌謀擴張地方分治也。永曆二十年（康熙五年）建學宮，旁置明倫堂，並於各社設學校。（《閩海紀要》永曆十六年十月條云：「東寧初開，南、北二路之人猶尚夷習，相沿侈靡，等威無別。成功方欲遣官敷教，會疾革，不果。至是，鄭經以賞勳司蔡政為審理所正，巡訪其地。所至，毀淫祠、崇正道、定制度、別尊卑，民悉向化，知所率循。」）時洪旭立議云：「文事武備，兩者不可缺一，當勤訓練操演，備一旦之變。」經可之。乃檄各鎮、營，凡農隙教習武藝弓矢，春秋致力操演陣法，更為縮減澎湖守兵，以充臺灣之屯墾。（先是，有漳人江勝者，勇略過人，乃於永曆二十年，授水師一鎮，使駐箚廈門。《臺灣外記》曰：「勝踞廈門，斬茅為市，禁止擄掠，平價交易，凡沿海內地窮民，乘夜竊負貨物入界，雖兒童無欺。由是，內外相安，邊疆無釁。」如斯餘響流通於臺灣，洋販愈興。）既而中國大陸發生三藩叛亂事件，其據閩疆之靖南王耿精忠，乞師於臺灣。（據雲、貴一方之平西王吳三桂，僭號「大周」，改元「利用」。）鄭經於是親自統兵渡海而西赴之，時為永曆二十八年（康熙十三年）五月。可知其意在於東西相呼應，以期復興先業也。經令長子克壓守臺灣，號為監國，補諮議參軍陳永華為留守東寧總制，以膺監國之輔佐，〈偽鄭逸事〉附〈陳參軍傳〉云：「國事無大小，惟公主之，轉粟餽餉。五、六年，軍無乏絕。」之概。

初，鄭成功在臺灣，用法尤嚴，以至多誅殺細過，部將馬信以為言。鄭成功曰：「立

①「振」字於伊能原書誤作「信」。
②「敦」字於伊能原書誤作「墩」。

國之初，法貴嚴，後之守者易治耳，子產治鄭，孔明治蜀，用嚴乎？用寬乎？」馬信服其說云。果然據〈偽鄭逸事〉所載：「成功立法尚嚴，雖在親族，有罪不少貸。有功必賞，金帛珍寶頒賚無恡容；傷亡將士，撫恤尤至。故人皆畏而懷之，咸樂為用。其立法：有犯奸者，婦人沉之海，姦夫死杖下；為盜，不論贓多寡，必斬，有盜伐人一竹者，立斬之。至今臺灣市肆百貨露積，無敢盜者；以承峻法後也。」即證之。（《閩海紀要》云：「成功自起兵以來，軍律嚴明，禁止淫掠；犯者立斬。破城之日，諸軍雖爭取財物，遇婦人在房內，則卻退不敢入，遠近稱快。」為始，《臺灣外記》云：「（永曆十五年十二月）初六日，諸鎮兵詣成功轅門，告給發月糧扣剋用小斗，質實，殺府尹楊朝棟、知縣祝敬、斗給陳伍等示眾。」〈偽鄭逸事〉亦載云：「長子錦舍（即鄭經）與弟裕舍乳母某氏通，成功知之，命以某氏沉海；錦舍又私匿之，已逾三載，無敢為成功言者。某氏怙寵，頗凌錦舍婦，婦不能堪，以告其祖父唐某號枚臣者，為致書成功。時錦舍守廈門，成功居臺灣，以令箭授禮都司①黃元亮，命渡海立取錦舍頭來，並令錦舍母董氏自盡。母子遷延未即死，會成功病亡，得免。」（《小腆紀年》所載與此略異，其康熙元年鄭成功病卒條云：「成功駐臺灣，令長子經監守兩島。經謙恭慈讓，好學善射，而頗耽聲色。聘尚書唐顯悅之女孫為妻，不相能；通於四弟之乳母陳氏，生男，詭報侍妾所出，成功賚經母董氏暨生子者金錠花紅，頒賞臺灣諸將士。顯悅發其奸，成功大怒，令黃毓持令箭，諭兄泰監斬經、陳氏與其所生孫，並董氏以教兒不謹也。洪旭等接令，大驚曰：『主母、小主，其可殺乎？』乃議殺陳氏及孫以復命，成功不許。部將蔡鳴雷以罪懼責，乞假來廈，搆之曰：『藩主誓必盡誅，否則且及監斬諸公，已密諭南澳周全斌，以兵來矣。』旭等益駭，既聞成功有疾，謂此亂命也，謀曰：『世子，子也，不可以拒父；諸將，臣也，不可以拒君；泰於藩主為兄行，拒之可也。』調兵守大擔，誘全斌而執之。成功接諸將公啟，有『報恩有日，候闕無期』之句，知金、廈諸將拒命，心大恚②恨，疾遂革。」）是為用法峻嚴之一面。又《臺灣外記》康熙十四年（永曆二十九年）條，載述在泉州責其將士③之反側云：「二月，……又竄（洪）承疇侄士昌、士恩，暨故明癸未翰林泉州晉江縣人楊明琅二眷口共百餘人於雞籠、淡水，且責明琅曰：爾身為詞林，當甲申（崇禎十七年）煤山之變，既不能死難，反敢於賊隊

①「司」字當作「事」。
②「恚」字於伊能原書誤作「圭」。
③下文所舉楊明琅並非明鄭之將士。

中揚揚①得意，策馬過梓宮，而復睨視之。旬後。明琅亦死竄所。」《諸羅縣志》〈雜記志〉「古蹟」，以此流刑為在雞籠嶼。《鹿洲初集》載〈阮驃騎傳〉云：「淡水為產硫磺所，毒氣薰蒸，鄭氏以投罪人。」當時鄭氏似以此地方擬為極邊煙瘴之充軍發遣地。又《鳳山縣志》〈典禮志〉鄉厲壇條下載：「舊鄭氏時，自港東至瑯嶠，皆安置罪人所。」（《閩海紀要》之彼洪、楊二姓流竄之地為狼②嶠」，可知，當時自下淡水溪東岸至車城灣頭，瀕臨西海岸狹長如帶之一帶地方，亦視為極邊煙瘴之域。《臺灣府志》〈人物志〉「流寓」沈光文傳云：「及經嗣，光文以賦寓諷，幾罹不測，乃變服為僧入山。」等。皆鄭氏峻法之餘影也。）

至陳永華，則承創業尚峻厲之後，不失守成以寬宏為主之要諦，一如〈偽鄭逸事〉〈陳參軍傳〉所云：「公一以寬持之；間有斬戮，悉出平允。民皆悅服，相率感化，路不拾遺者數歲。」著有成績。（陳永華初於鄭氏在廈門開設儲賢館時，雖與之，但未嘗受職。遇事果斷有識力，定計決疑，瞭如指掌，不為群議所動，鄭成功曾指陳永華語經曰：「我遺以佐汝，汝其師事之。」及鄭經嗣立，乃舉為諮議參軍，職兼將、相。陳永華慨然以身任事，謀無不盡，鄭經甚為倚重。既而鄭經出師，移駐泉州，即為留守東寧總制，輔佐監國鄭克𡒉，治理之效有可見者。而鄭經歸臺灣，見其掌握重權，心中微有忌意。權臣、部將之憚其方正敢為者，乘機中傷之，似終為所賣，乃不得已而解去印綬。〈偽鄭逸事〉〈陳參軍傳〉載云：「一日，命家人灑掃廳事，內設供具，扃閉甚嚴；日齋沐，具表入室拜禱，願以身代民命。或曰：『君秉國鈞，民之望也；今為此，實駭觀聽，其若民心何？』公曰：『此吾所以為民也。』復歎曰：『鄭氏之祚不永矣！』」係洩其末路之情形也。）

其後，依陳永華之策，立「十年生長，十年教養，十年成聚，三十年而可與中國相甲乙」之計畫。一面，進行種穀、插蔗、製糖、滷鹽、煉瓦、伐木等事業；同時一面，鞏固立教育才之基礎，一時稱為少康寧息。鄭經馳逐閩、粵之間，屢有戰功，偶因小故齟齬，與耿精忠失和，及至耿精忠降清，鄭軍漸失利，所在概遭敗衄，將弁多向清軍通款曲。永曆三十四年（康熙十九年）終於引兵退回臺灣，於是多年賴以為根據之金、廈全失。（從來記載鄭、

①「揚揚」於伊能原書作「楊楊」。
②「狼」字於伊能原書作「瑯」。

耿齟齬原因之史志，以鄭經東遷以來，偃武日久，兵甲鈍敝，船不滿百，軍不滿萬，耿精忠乃失望，頗悔之，不如棄經，獨為進攻。然而據趙翼《陔餘叢考》云：「經時尚有二十八鎮，如征北將軍吳淑、平北將軍何祐、侍衛馮①錫範、左武衛劉國軒、右武衛薛進思②、左虎衛許耀、左都督趙得勝③，宣毅前鎮江勝、宣毅後鎮陳諒、建威後鎮朱友、援剿左鎮金漢臣、樓船中鎮蕭琛④、樓船左鎮朱天貴、吏官洪磊、禮官柯平、兵官陳繩武等橫行一時，負嵎自雄。」由此情形加以推察，雖不及往年鄭成功據臺初之盛，然亦可見其威勢不可輕侮。所謂兵甲鈍敝，乃其末年衰運，並非當時實狀。究竟不外乎鄭、耿爭勢而起齟齬所致。傳聞鄭軍所向風靡，耿之故封悉入鄭氏，可以窺見其消息也。如斯，鷸蚌相爭，終為滿清漁翁之利耳。又《閩海紀要》載述鄭軍不得已放棄廈門當時之困迫情形云：「時（劉）國軒……猶欲據廈門，然兵心已變，不可收拾。諸文官如楊⑤英、洪磊等已先攜眷登舟，諸軍乘間擄掠；國軒禁之不止。（經）懼為人所圖，乃焚演武亭行宮，輜重、寶玩悉毀於火；踉蹌回東寧。時二月二十六日也。二十九日，次於澎湖，諸文、武、士民俱接踵而至。」次述清軍平廈門之狀云：「總督姚啟聖、巡撫吳興祚、水師提督萬正色，率兵入廈門。……秋毫無犯，百姓歡呼。」）在此之前，清朝聞鄭成功病歿，即擬採懷柔為主之策略，以招撫其餘眾，閩浙總督李率泰，遣派特使（都司李振華、總兵林忠）至廈門，對鄭經諭以：「朝廷誠信待人，若釋疑，遵制削髮出降，當厚爵加封。」之旨。是為成功溘逝之翌月（即康熙元年六月三日）事。而鄭經決守節不從，至康熙六年（永曆二十一年）五月，河南人孔元章，以非公式奉密旨渡來，傳宣清朝之德意，致力招撫。鄭經至此，心稍動，乃答以如僅將臺灣置於附庸之地位，使自立，在此條件下訂立和約，則當讓步云云之意。孔元章因無專權加以裁決，而空自回去。至康熙八年（永曆二十三年）七月，清朝再令刑部尚書明珠、兵部侍郎蔡毓榮齎招撫之詔書抵福建，與督、撫商議，派特使（興化知府慕天顏、都督僉事李佺⑥）至臺灣，傳詔鄭經。時鄭經不肯接詔，惟展明珠之副書，中有：「誠能翻然歸命，使海隅變為樂土，流離復其故鄉，閣下亦自海外而歸中原，不亦千古之大快，而事機不可再得者乎？」之語。

①「馮」字於伊能原書誤作「憑」。
②「思」字於伊能原書誤作「恩」。
③「勝」字於伊能原書誤作「超」。
④「琛」字於伊能原書誤作「探」。
⑤「楊」字於伊能原書誤作「揚」。
⑥《臺灣外記》作「李佺」。

於是鄭經乃出示比較具體條件，持「苟能照朝鮮事例，不削髮、稱臣納貢，尊事大之意則可矣」，要求重加折衝。福建督、撫聯名勸曰：「夫稱臣納貢，既已遵國制，定君臣之義，譬如父子，從無父子而異其衣冠，豈可君臣而別其章服？此剃髮一事，所當一意仰從，無容猶豫者也。」終則激勵之曰：「忠孝兩全，在此一舉；得失利害，決於片言。」鄭經仍不輕從，復明珠書以示意向曰：「即如田橫，不過三齊一匹夫耳，猶知守義不屈，而況不佞世受國恩，恭承先王之訓乎？」於是，議竟不成。後來，和碩康親王亦察知鄭軍作戰之布置周密，不能平之。至康熙十八年（永曆三十三年），中書蘇鏞以邊海殘黎受困已久，啟請親王，重申前議招撫，以息兵安民。許之，乃派特使（蘇鏞之姪蘇埕①）至廈門，有所折衝，而偕同鄭氏之賓客司②傅為霖，前往福建省，更數加妥議，和約將成，而鄭經之侍衛馮錫範最後欲留廈門對岸之海澄一港（福建漳州府），以為緩衝中立地帶，因提議：「海澄實為廈門之戶，決不可棄。今既承親王之命，將海澄為往來公所。」而清方對此堅持主張：「照朝鮮事例，貴藩當退守臺灣。凡海島歸之朝廷，以澎湖為界，通商貿易。海澄乃版圖之內，豈可以為公所？」而予拒絕，以為尚有求取試行招撫機會之餘地。翌年，大集舟師征伐海島，同時，平南將軍貝子賴塔，以私信形式諭鄭經曰：「自海上用兵以來，朝廷屢下招撫之令，而議終不成，皆由於封疆諸臣執泥於削髮登岸，彼此齟齬。臺灣本非中國版籍，足下父子自闢荊棘，且睠懷勝國，未嘗如吳三桂之僭佞，本朝亦何惜海外一彈丸之地，聽田橫壯士逍遙其間？今三藩殄滅，中外一家，豪傑識時，必復嘘已灰之焰，不思毒瘡痍之民，若能保境息兵，不必由此登岸，稱臣入貢亦可也，不稱臣入貢亦可也。以臺灣為箕子之朝鮮，為徐市之日本，於世無患，於人無爭，沿海生靈，永息塗炭，惟足下圖之。」清人雖

①「埕」字於伊能原書作「珵」。

②「司」字於伊能原書誤作「師」。

肯讓步，許鄭氏以臺灣幾同獨立，惟對於保留海澄為公所一節，不能一致。結果，閩浙總督姚啟聖阻議謂：「寸土屬王，誰敢將版籍封疆輕議作公所？」於是和約決裂。此間，康熙四年（永曆十九年）以來，施琅企圖統諸鎮，發戰船，征剿臺灣，往往為颶風所阻而徒勞空還，由時稍無事，又漸厭兵戈，乃姑置不問。可知，清人作某種程度之讓步，儘可能避免干戈之抗衡，而期望懷柔之局甚切之內情。

一方面，鄭經在此前後，廣集亡命，且與外國結托，企圖於臺灣及金、廈兩島互市通商，清人對此之彈壓，厲行已於中國大陸發布之禁海令。（順治十二年題准：「奸豪勢要及軍民人等，擅造違式大船，攜違禁貨物下海，潛通海賊結聚，或為嚮導劫掠良民者，正犯處斬、梟示，全家送邊衛充軍。」順治十八年題准：「官吏、兵民，不許出海貿易，遷徙海島，建家種地。」）尤其在閩、粵地方，為杜絕其接濟起見，所有漁舟、商船等，寸板不許下海。（康熙十一年題准：「閩、粵地方，嚴禁出海，其餘地方，止許木筏捕魚，不許小艇出海。又，凡大、小船隻，出海貿易，又遷徙海島，建家種地者，不論官兵、民人，俱以通賊論，處斬。」）且於閩、粵各島，並沿海倣以前順治十八年之例，屢施劃界遷民之制。（按劃界遷民之制，啟端於康熙三年，施行達十九年，有一張一弛之沿革。康熙三年，閩浙總督李率泰，移舟師於銅山澳，下令福建、廣東等各島沿海住民，在三十里界外者，盡徙內地，逢山開溝，闊二丈餘，名為「界溝」；又溝內築牆，厚四尺餘，高八尺，名為「界牆」。逢溪河，用大木樁柵，五里相望，於高阜之處，置一砲臺，臺外置二煙墩，每二十里設一大營盤，營將為千、把總，率眾守護其間，晝瞭望，夜伏路。若有警，一臺煙起，左右各相應，指揮眾人合圍攻擊。而守界之弁兵，最弄威權，賄之者縱其出入不問，有睚眦拖出「界牆」外殺之，官不敢問。百姓無由訴冤，民皆失業，號泣之聲載道，鄉井極流離顛沛之慘，背夫棄子，失父離妻，至於老弱填溝壑，骨骸暴荒野云。當時流謠曰：「宮空野鶴呼群立，門蹋城狐引子蹲，墜鈿莫思悲婦女，路門何處泣王孫？」「盜殘兵慘頻相連，一日徙移意外傳。鳥雀啄腸農事少，麥苗生土主人邊。」（《廈門志》〈舊事志〉曰：「先是有『嘉禾斷人種』之讖；至是果驗。」蓋永曆二年所傳，嘉禾為廈門舊名。）旋於康熙八年，奉旨解禁，康熙十二年十月，閩浙總督范承謨抵任，見閩地百姓無依，雖云開界，而堡臺限守，依然嚴禁，乃上疏①言：「閩人活計，非耕則漁。一自遷界以來，民田廢業二萬餘頃，虧減正供約計有二十萬之多，以致賦稅日缺，國用不足，而沿海之廬舍、畎畝化為斥鹵，老弱婦子輾轉溝壑、逃亡四方者，不計其數；所餘孑遺無業可安、無生可求，顛沛流離，至此已極！邇來人心皇皇，米價日貴；若不安插，倘饑寒迫而盜心生，有難保其常為良民者矣！我皇上停止海界之禁，正萬姓更生之會；而閩地仍以臺寨為界，雖云展界墾田，其實不及十分之一。且臺寨離海尚遠，與其棄為盜藪，何如復為民業！如慮接濟透越，而此等遷民從前飄流忍死尚不肯為非，今若予以恆產，斷無舍活計而自取死亡之理。即釘、麻、油、鐵、絲綢、布帛皆奸商巨賈、勢豪土棍有力者之所辦，窮民亦無此資本，何由而濟！如慮逼近沿海，難免寇艅侵掠；夫『海賊』可以登岸之處不過數所，餘皆海潮湧入之小港，時湧時退，不能停泊。若設防兵堵禦要害，則寇亦無隙可乘。設立水師，原為控扼嚴疆，未有棄門戶而守堂奧之理。」至此，展界之實稍舉，沿邊之地，民業漸見恢復。康熙十七年，閩浙總督姚啟聖，以鄭氏仍然不就撫，與福建巡撫吳興祚會疏。翌年正月，福建趕逐上自福寧、下至詔安一帶之居民，重為遷徙內地，或十里或二十里，凡近水險要，添設礮臺，以便稽查守望，但廣東平南親王尚之信，力爭不必遷移，粵東無事。既而金、廈兩島平，有三照前例，就界築壁，分兵守禦之議，姚啟聖變前議，以此為不可曰：「諸島由來悉係版圖，魚鹽田土，計國賦年數十萬，前日失策輕棄，致鄭經猖獗橫行，蔓延數歲，滋害生靈，今既藉朝廷之威福，一旦克復。得寸守寸，豈可復議輕棄以資賊乎？」尋，福建提督萬正色，更請除自福寧至詔安劃界之禁，盡許百姓復業。亦從之，專以水師提督守廈門，且令分防沿海內地。）

而其遷民結果，不過如閩浙總督范承謨奏疏所云：「自遷界以來，民田廢業二萬餘頃②，虧減正供約計有二十萬之多，以致賦稅日缺、國用不足，而沿海之廬舍、畎畝化為斥鹵，老弱婦子輾轉溝壑、逃亡四方者，不計其數。」反之，鄭經一時意氣風發，有如永曆二十八年檄諭所云：「予組練百萬、樓船數千，積穀如山，不可紀極，征帆北指，燕、齊

①即〈條陳閩省利害疏〉。

②「頃」字於伊能原書誤作「項」。

可搗，遼海可跨；旋麾南向，吳、越可掇，閩、粵可聯；陸戰而兕虎辟易，水陣則蛟龍震驚；願敦念故主之恩，上雪國家之仇，下救生民之禍；建桓、文之偉業，垂芳名於青史！」之慨。既而鄭軍漸窮蹙，遭遇瀕於完全孤立無援之否運。鄭經終至不能復興其先業，將政務委諸長子監國克壓，而自退隱於府外濱海洲①仔尾。（外武定里鄭仔寮庄）放逸嬉遊，不顧政務。永曆三十五年（康熙二十年）正月（二十八日），罹病遽歿。自其紹統適為二十年。（《臺灣外記》康熙二十年正月條下，載述當時情形云：「經欲以是月望日，大放元宵，張日曜即傳街市居民，構結燈棚，懸掛古董、竹馬故事，煙火笙歌，以供遊玩。克壓聞之，上啟云：『偏僻海外，地窄民窮，屢年征戰，幾不聊生；茲屢報清朝整備戰艦，意欲東征，人心洶湧，何必以數夕②之歡，而費民間一月之食？伏乞崇儉，以培元氣，以永國祚。』啟上，經嘉其能固邦本，納之，即為禁止。」於此際為嬉逸之一消息。）

初，施琅企劃征臺，因遇阻止，而一時中絕，至康熙六年（永曆二十一年）十一月，重以邊患宜靖而上疏，請剿討臺灣。其疏文要點云：「鄭賊負嵎海上，久阻聲教，……負固，雖戢翼斂跡，未敢突犯，而蜂蠆有毒，沿邊將為不寧。堂堂天朝，萬國賓服，豈容此餘灰日以滋蔓？……伏思賊黨盤踞臺灣，沃野千里，糧食匪缺。上通日本，下達呂宋、廣南等處，火藥、軍器之需，布帛服用之物貿易俱備。兼彼處林木叢深，堪于採造舟檝，以窮島一隅，有煩南顧。為今之計，順則撫之，逆則剿之，若恣其生聚教訓，則恐養癰為患。……蓋澎湖為臺灣四達之咽喉，外衛之屏藩。先取澎湖，勝勢已居其半。是役也，當剿、撫並用。……若據澎島，以扼其吭，大兵壓近，賊膽必寒。遣員先宣朝廷德意，如大憝勢窮，革心歸命；抑黨羽離叛，望風趨附，則善為渡過安插，可不勞而定。倘執迷不悔，甘自殄滅，乃提師進發，次第攻克，端可鼓收全局矣。」於是，有旨，令其入京詣闕面陳。翌七

①「洲」字於伊能原書作「州」。
②「夕」字於伊能原書誤作「多」。

年四月，又上〈盡陳所見疏〉，條奏克取海上情形曰：「伏思天下一統，胡為一鄭經殘逆盤踞絕島，而折五省邊海地方，晝為界外以避其患？自古帝王政治，得一土則守一土，安可以既得之封疆，而復割棄。況東南膏腴田園及所產漁鹽，最為財賦之藪，可資中國之潤，不可以西北長城塞外風土為比。倘不討平臺灣，匪特賦稅缺減，民困日蹙，即防邊若永為定制，錢糧動費加倍；輸外省有限之餉，年年協濟兵食，何所底止？又使邊防持久，萬一有懼罪弁兵及冒死窮民以為逃逋之窟，遺害叵測；似非長久之計。且鄭成功其子有十，遲之數年，長成群強，假有一、二機覺才能，收拾黨類，結連外島，聯絡土番耕民，羽翼復張，終為後患。而我邊各省水師雖佈設周密，然臣觀之，亦只區守汛口，若使之出海征剿，擇其精銳習熟將兵，實亦無幾。況後來慣者老、練者往，何可恃禦？」又曰：「查自故明時，原住澎湖百姓有五、六千人；原住臺灣者，有二、三萬，俱係耕漁為生。至順治十八年，鄭成功親帶去水、陸偽官兵並眷口，共計三萬有奇；為伍操戈者，不滿二萬。又康熙三年間，鄭經復帶去偽官兵並眷口約有六、七千；為伍操戈者，不過四千。此數年，彼處不服水土，病故及傷亡者五、六千；歷年過來窺犯，被我水師擒殺亦有數千，陸續前來投誠者計有數百。今雖稱三十餘鎮，多係新拔，俱非夙練之才；或管五、六百者，或管二、三百者不等。為伍賊兵計算不滿二萬之眾，船隻大小不上二百號，分為南、北二路墾耕而食，上下相去千有餘里。鄭經承父餘業，智勇無備、戰爭匪長；其各偽鎮亦皆碌碌之流，又且不相浹協。賊眾散處，耕鑿自給，失于操練，終屬參差不齊，而中無家眷者十有五、六，豈甘作一世鰥獨，寧無故土之思？但賊多係閩地之人，其間縱使有心投誠者，既無陸路可通，又乏舟楫可渡，故不得不相依為命。鄭經得馭數萬之眾，非有威德制服，實賴汪洋大海為之禁錮。如專一意差官往招，則操縱之權在乎鄭經一人，恐無率眾歸誠之日；若用大師壓境，則去就之機在乎賊眾，鄭經安能自主？是為因剿寓撫之法。大師進剿，先取澎湖以扼其吭。則形勢可見、聲息可通，其利在我；仍先遣幹員往宣朝廷德意，若鄭經迫之勢窮向化，便可收全績。倘頑梗不悔，俟風信調順，即率舟師聯䑸直抵臺灣，拋泊港口以牽制之；發輕快船隻，往南路打狗港口，一股往北路蚊港、海翁窟港口，或用招誘、或圖襲取，使其首尾不得相顧，自相惑疑。則其中有變，賊若分則力薄、合則勢蹙，那時用正、用奇，隨機調度，登岸次第攻擊。臣知己知彼，料敵頗審；率節制之師賈勇用命，可取萬全之勝。倘賊踞城固守，則先清剿其村落黨羽，撫輯其各社土番；窄狹孤城僅容二千餘眾，用得勝之兵而攻無援之城，使不即破，將有垓下之變，賊可計日而平矣。」乃以為一時之勞而萬世之逸。至此，廷議略決，康熙十八年（永曆三十三年）閩浙總督姚啟聖，躬自指畫作戰方略，以福建漳州府與臺灣近邇，據為策源地，令福州同知蘇良嗣督造戰船，令隨征同知林昇管理糧運，又屢施間諜，以探敵情，且運招徠之計。

　　鄭經一死，監國而有能名之長子克𡒉應承其統，乃忽釀骨肉離間之累，交相鬩墻，加之權臣爭勢，各為比黨一方，不相和衷，克𡒉竟至橫死，次子克塽承其後。（鄭經夫人唐氏無子，八子皆庶生。於是妾媵之間釀成承祀之爭執，實亦勢所難免，祇因鄭經尚未立嗣而俄然病歿，爭執之伏火乃告爆發。而長子鄭克𡒉為妾昭娘所出，次子鄭克塽為妾和娘所出，二生母之間似各運用其權謀。據《臺灣府志》所載：初，克𡒉生時，有流言謂昭娘假孕，實乃密養屠者李某之子云。獨鄭經謂生時目睹，不之信，族人竊誹之。未幾，昭娘以眾嫉死矣。可知其鬩墻之端，早兆於此時也。據稱克𡒉甫弱冠，剛毅果斷，遇事敢為，天資頗似鄭成功，故鄭經特加鍾愛。尋，經離臺，移駐泉州，以克𡒉為監國，克𡒉即居守裁決國事，賞罰功罪，一出於至公，諸父昆弟有過，不少寬恕，以是宗族多怨之。既而經自廈門敗歸，見克𡒉處理國事悉皆妥當，益信其賢，軍國事概委其掌握，以精兵三千為護軍，宗族愈憚之而含怨更深。先是，克𡒉娶諮議參軍陳永華之女，克𡒉與永華因此姻親尤加深魚水之關係，克𡒉治理之績似與永華輔佐匡助有關。因此自然之反動，乃形成畏憚克𡒉之宗族與對永華慊然之權臣，聯結為忤逆之朋黨。經之排斥永華乃受此反黨之術策蠱誘所致，似由於其晚年逆境所致千慮之一失。適經遽歿，未立後嗣，時永華已亡，克𡒉陷於孤立之劣勢，反黨乘機玩弄其陷擠奇計，經諸弟揚言克𡒉非吾家骨肉，一旦得志，吾屬將無遺類。因煽動族人，且引藉當時執有垂簾監政實權之母董太妃為援，推侍衛馮錫範為謀主，先行強制收繳監國之印，且經諸弟群起而撻之，克𡒉笑曰：「撻我無足武！我平日不避嫌怨，守法不阿，亦為鄭氏之疆土耳。今日死生惟命，何撻為？」董①太妃命幽克𡒉於旁屋中，不令出。尋經諸弟相謀，遣烏鬼（黑奴）往縊之。烏鬼畏不敢進，克𡒉自知不能倖存，乃自縊而死。昔從經在外者錫範也，經歸來而疏斥無辜之永華，推測其原由，乃因在內外分任重職之陳、馮二人之交爭權柄也，故錫範於其間之態度，不能無疑。又當其將收繳監國之印時，往取之者為克塽之生母和娘，由此可知董太妃及和娘之雌鳴，尤加深鄭家內訌之程度。克塽之手所成之〈鄭氏祔葬祖父墓誌銘〉刪除克𡒉之名，而自以為長子一節，不外上列內訌之表現，而所載失其實。若鄭亦鄒有如現代直筆之史家者，亦受誤導，而載云：「𡒉，鄭氏螟蛉子也，原姓李，經嬖妾林養之，其事秘，經莫知也。」（《閩海紀要》亦從此說。）由此可知當時流言之紛傳，有如鳥之雌雄難辨之勢，林謙光在其所著《臺灣紀略》，記克𡒉為鄭經之庶長子，當係目睹之筆。至克𡒉夫人陳氏，夙知書守禮，內助之勞多，終為守節而殉死於克𡒉，同葬於洲②仔尾，聞者無不哀惜，稱為陳烈婦。（相傳：初克𡒉被執，語陳氏曰：「事變矣，恐不能相保。」陳氏曰：「夫在與在，夫亡與亡，無相負。」及克𡒉自決，移其柩於門外別室，且由董太妃告陳氏曰：「汝參軍女也；參軍於國有大功，汝居宅中，當善視汝。」陳氏辭曰：「昔為箕帚婦，今為罪人妻，願出別室，待亡夫卒哭，即相從地下耳！」許之。陳氏旦夕臨哭，日啜苦茶數勺；既卒哭，沐浴自經於柩前。或云：絕粒七日不死，終投環。時年二十。）相傳既葬，臺之人士常見監國乘馬呵殿往來，或時與烈婦並出，容貌如生，導從甚盛，人以為神云。由此可推想其為人所景仰，咸同情其橫死之餘，如此欲尊之為神乎。）

亦襲延平王，佩招討大將軍之印如故。時鄭克塽年僅十二，幼弱不肖，不堪紹父祖之遺業，政出多門，有民心漸乖

①「董」字於伊能原書誤作「堇」，下同。

②「洲」字於伊能原書作「州」。

離之虞。（《閩海紀要》以鄭克塽之嗣立在是年二月，載云：「諸文、武官上啟勸進，太妃乃下教令立之。」且載以克塽之名頒布國憂令諭於諸軍，略曰：「氣運邅①迴，我父藩規恢未就，薪膽自勵；不幸於正月十三日遘疾，至二十八日登遐於寢殿。惟茲世庶悲號，既扳髯而莫逮；遙念將軍暴露，倍摧膽以震驚。文到之日，諸大、小將領及諸兵士掛孝三日，釋服辦汛。嗚呼！先德是念，知臣心之愛無窮；小子告哀，惟匪躬之報是望！」乃以其大叔鄭聰（成功之次子）為輔政公，其實不過為名譽虛銜耳。事無大小，取決於侍衛馮錫範。《臺灣外記》康熙二十二年②五月條云：「劉國軒安設澎湖各島停當，集諸將商議戰守之策，林陞、江勝、邱輝、吳潛等，皆願竭力死守，第患糧餉不足耳。軒遂公同啟克塽，塽下六官會議。錫範曰：『有土便有財，再勻派百姓車稅、毛丁等類。』國軒聞之，即飛啟云：『當今百凡皆出民間，五穀不登，米價騰貴，百姓困苦極矣。若再為搜括，恐人心搖動，則外侮立至。須出內帑，或捐助，庶可萬全。啟上，克塽示錫範，範曰：『兵原以衛民，民自應養兵。今內帑空虛，百僚蕭條，不取之民，將何所出？』鄭聰亦以範之言為是。克塽不能主決，拱手唯唯而已。」其非經世之器，由此可見一斑。）

遂令清朝乘此機會，斷行進剿之計。

康熙二十年（永曆三十五年）鄭經之訃一傳，清朝以為機不可失，乃上諭曰：「鄭錦（即經）既伏冥誅，賊中必將乖離擾亂，宜乘機規定澎湖、臺灣。總督姚啟聖、巡撫吳興祚、提督諸邁、萬正色③等，其與將軍喇哈④達、侍郎吳努春，同心合志，將綠旗舟師，分領前進，務期剿撫並用，底定海疆，毋誤事機。」蓋廷議初在使滿洲將軍膺任進剿，而參與諸臣咸謂海波不可測度，無可制奇策之勝，逡巡謝任，最後勝算不無憂懼。會內閣學士兼禮部侍郎李光地，以施琅老將知兵，密薦其獨任，閩浙總督姚啟聖亦同此意見，清朝乃特授施琅為福建水師提督。（施琅初於康熙元年擢為福建水師提督，同七年，以議撤浙、閩、粵三省水師提督，歸陸路兼管時，施琅亦罷。至是，復設水師提督，實出於陸路提督楊捷之奏議。其奏議有云：「臣更考福建舊制，原有專設水師提督，後因海面無警，鄭逆竄伏臺灣，故爾奉文裁去。今則海寇見駐廈門，於漳、泉等處，水、陸交犯，狂逞之勢，什倍於昔。自應循照舊制，

①「邅」字於伊能原書誤作「遭」。

②伊能原書誤作「二十一年」。

③伊能原書略以上四人名。

④「哈」字於伊能原書脫。

特設專員，令其統轄沿海兵將，調度水戰。」可見察此種情況之曲折。）

上諭分別部署，曰：「總督姚啟聖，統轄福建全省兵馬；提督施琅，進取澎湖、臺灣；巡撫吳興祚，有刑名、錢糧諸務，不必進剿。」時施琅於十月到廈門，躬視軍事，更以為渡海東征，乘機而出，便可進取，若欲事事馳會督、撫，恐失其時。乃上〈密陳專征疏〉，獲准。其奏疏要點曰：「督臣姚啟聖調兵製器，獎勵士卒，精敏整暇，咄嗟立辦，捐造船隻，無所不備；矢志滅賊，國爾忘身，堅圖報稱，非臣所能力止。惟是生長北方，雖有經緯全才，汪洋巨浪之中，恐非所長。……臣之愢愢，謂督臣宜駐廈門居中節制，別有調遣；臣得耑統前進。行間將士知有督臣後趲糧運策應，則糧無匱乏之患，兵有爭先之勇，壯志勝于數萬甲兵。今若與臣偕行，徵糧何以催趲？封疆何有仰賴？安內攘外，非督臣斷難彈壓緩急。……所有督臣題定功罪賞格，賜臣循例而行，則大、小將士咸皆凜遵。」奏文中又有：「臣在在密用間諜，亂其黨羽，自相猜忌。」之句，由此可見施琅運籌奇計也。尤其關於進軍方向，軍機所繫，議輒不決。姚啟聖主張須待北風，自福州直搗臺灣本島，而施琅則反是，以為不如乘南風先攻澎湖，如其〈決計進剿疏〉云：「夫南風之信，風輕浪平。將士無暈眩之患；且居上風、上流；勢如破竹，豈不一鼓而收全勝？」議遂決。時康熙二十一年（永曆三十六年）七月也。蓋為臺灣特徵之季節風，在冬季北風尤甚，如臺灣海峽風力強烈，航海最難，但夏季則南風微動，除遇颱風外，海上極平穩。施琅主張利用南風季節，在期航海安全。此籌策乃根據多年往來外洋，熟悉海上形勢之幕僚陳昂（泉州府同安縣人）之指畫云。（施琅之南風進剿方略，詳見其〈密陳專征疏〉中：「自去年逆艘糾集澎湖欲抗我師，據險以逸待勞；設我舟師到彼，必由過澎湖西嶼頭，然後轉帆向東北而進，正值春、夏之交，東北風為多，我船盡是頂風頂流，斷難逆進，賊已先站立外塹、內塹接連娘媽宮，俱居我上風、上流禦敵，其勢難以衝擊取勝，故不可不慮及此也。……莫如就夏至南風成信，連旬盛發，從銅山開駕，順風坐浪，船得聯艅齊行，兵無暈眩之患。深有得于天時、地利、人和之全備，逆賊縱有狡謀，斯時反居下風、下流，賊進不得戰、退不能守；澎湖一得，更知賊勢虛實，直取臺灣，便可克奏膚功。倘逆孽退守臺灣，死據要口，我師暫屯澎湖，扼其吭、拊其背，逼近巢穴，使其不戰自潰，內謀自應。不然，俟至十月，乘小陽春時候大舉進剿，立見蕩平。」此外，二十一年十一月所上〈舟師北上疏〉，二十二年正月所上〈海逆形勢疏〉，同年四月所上〈海逆日蹙疏〉中，均開陳其作戰方略。）於是，在福建平海澳（興化府莆田縣）大為治兵。康熙二十二年（永曆三十七年）施琅整備大、小戰船二百餘隻，船蓬上大書將弁姓名，以便審其進退，定賞罰。六月十四日由銅山澳（銅山嶼與漳浦對岸之間，開內澳與外澳）啟程，十五日始進入臺灣領海，經澎湖極西之貓嶼，抵達花嶼，尋抵八罩嶼，停泊水垵澳，遣官赴將軍澳、南大嶼等地，安撫居民。十六日進迫大山嶼之媽宮①澳鄭軍根據地，開始戰端，至二十二日完全攻克澎湖。二十六日馳驛奏〈飛報大捷疏〉至京師，其疏章縷縷萬餘言，中有：「是役也，逆賊盤踞海島四十餘載，荼毒生靈，蹂躪版圖，致厪皇上宵旰之憂，臣體聖衷，誓必滅此淨盡，故雖帶傷負創，賈勇撲剿。舟師自十四日深入汪洋巨浸之中，水天相連。稽古以來，六月時序，澎湖無五日和風，即驟起颶颱，怒濤山高，變幻莫測。……今抵澎湖旬餘日，海不揚波，俾臣得以調度，七日夜破賊克捷；且二十二日進師，午刻潮漲多四尺，莫非上天垂祐，皇上彌天之福，故使扼守澎湖巨魁巨鎮精銳、逆賊巨艦，不數日而全軍覆沒。雖各鎮將、弁目、士卒戮力用命，實賴皇上天威丕振。督臣姚啟聖捐造船隻、捐養水兵，與臣共勦大舉；仍又親來廈門彈壓，殫心催趲糧餉，輓運不匱；加以厚資犒賞將弁，三軍莫不激勵思奮。今日克取澎湖之大捷，皆督臣賞賚鼓舞之功，乃有此成效也。」之語，以之可察想其意氣。

①「宮」字於伊能原書誤作「官」。

（附記）曩日，鄭軍自放棄廈門以來，對於澎湖之守備，亦付諸鬆弛，一旦有國憂，恐清軍即乘釁來攻，乃議撥兵戒嚴，令戎旗四鎮董騰守澎湖，旋又命右武衛林陞代之。及接清軍南下情報，急行修整戰船（水師鎮林亮董其役），且將精銳部隊集中澎湖，以固臺疆門戶，授武平侯劉國軒總督之任，委以全權，當時頒與劉國軒之令諭曰：「惟武平侯聲塞宇宙，義炳日月。電掣風驅，膽落望劉之幟；虞[1]張機駭，氣奪撼岳之軍。草木已知其名，樓船亦壯其烈。茲特命爾總督諸鎮營兵，駕我大、小戰船，前往扼守澎湖，遏截虜船。魚龍隊裡，獨高殺氣之英騰；霹靂聲中，倏見敵舟之齏粉。豈不休哉！」（據《閩海紀要》）當初之意氣可以想見。而其戰船大、小達二百餘號，全島之防衛，配置如左：

媽宮澳頭上下礮城二座

風櫃尾礮城一座

四角嶼礮城一座

雞籠嶼礮城一座

東西蒔裡一列礮臺四座

西面內外塹西嶼頭一列礮臺四座

牛心灣山頂礮臺一座

此外，沿海小舟可登岸之處，盡行築造短墻，安置腰銃，如施琅〈飛報大捷疏〉中所稱：

①「虞」字於伊能原書誤作「虎」。

「環繞二十餘里，分遣賊眾死守，星羅碁布，堅如鐵桶。」一面，在臺灣本島，全力嚴為加強南部之防備，扼守臺江門戶之鹿耳門，同時，將各鎮營官兵眷口，監羈於承天府及安平鎮，以期鞏固其死戰之心。（此時，鄭軍部屬，有乘間投清軍，備陳其內情者，曰：「澎湖新舊熕船、鳥船、趕繒、雙帆船各船共有百一、二十隻，劉國軒、林陞、江欽等共賊眾六千餘；內有家眷舊賊約二千名，其餘俱係無眷口新附之眾。私相偶語：提督不嗜殺人，只等大軍到，便瓦解歸順。」蓋據實相告也。而載述靖臺情形之史志，概記為清軍三萬，鄭軍二萬，皆不過誇張之辭耳。但當時清軍將士，較鄭軍為優勢似屬事實，可能對鄭軍約六千人，發出一萬內外之眾。）

清軍對此，於六月十六日，直逼澎湖口，企圖一舉衝入媽宮澳，以完成其占領，乃竟遭鄭軍還擊而敗退。（十五日，清軍進入澎湖，抵達貓嶼時，其鄰接之花嶼，尚有哨船數①十餘隻把守，見清軍將到，即奔回澎湖港。是則，鄭軍此時已知清軍進入矣。當時鄭軍總督劉國軒之驍將江欽、邱輝，請及早邀擊之，不許。十六日，澎湖港清軍敗退時，日暮，收兵於港外西嶼頭，拋泊洋中。江欽、邱輝再為進策云：彼眾雖倍我，然港道生疏，今方喘息未定，宜乘夜掩擊，使自相撞擾，敵可破也。國軒不之從而收兵。鄭軍之敗似乎由於坐失制先之機。）十七日，更將全艅收泊八罩嶼，嚴申軍令，查定功罪，明示賞罰，決定進攻之計。十八日，攻取澎湖港外虎井、桶盤二嶼。十九日，偵察大山嶼之蒔裡及西嶼之內、外塹地形。二十、二十一兩日，兵分二股，一攻蒔裡礮臺，一攻內、外塹礮臺，以分敵勢。二十二日，發布最後決戰之軍令，以分股之法，配置攻擊陣勢，為東畔、西畔、中央及後援四部隊，東、西畔各以戰船五十隻為一股；中央分戰船五十六隻為八股，每股七隻，各作三疊，以其餘八十隻分為二十股為後援。

①「數」字於伊能原書誤脫，據〈飛報大捷疏〉補。

部隊	股數	位置	將領
東畔①部隊	一股		隨征都督陳蟒、魏明、副將鄭元堂
中央部隊	一股	末右	海壇總兵林賢
	一股	次右	署②提標中營參將羅士鈴③ 署右營遊擊藍理 署後營遊擊曾成
	一股	右	平陽總兵朱天貴、提標前營遊擊何應元
	一股	中	水師提督施琅
	一股	左	興化總兵吳英
	一股	次左	金門總兵陳龍
	一股	次左之左	署銅山總兵陳昌
	一股	末左	廈門總兵楊嘉瑞
西畔④部隊	一股		隨征總兵董義、康玉、外委守備洪天錫
後援部隊	二十股		

部署既定，東畔部隊自峙裡進入，攻拔雞籠、四角二嶼之礮城，為奇兵夾攻，西畔部

①即右翼。
②「署」字據〈飛報大捷疏〉補，下同。
③「鈴」字於伊能原書作「鈐」。
④即左翼。

隊攻破內、外塹，奪取牛心灣之礮臺，中央部隊直衝媽宮澳頭之礮城，（此戰自早晨開始，至黃昏始漸止云。）鄭軍大敗，或被礮火焚殺，或跳海溺死者無數，傷者亦多，生存將士概倒戈投降，戰船被擊沉過半。（據施琅〈飛報大捷疏〉：鄭軍部將曾瑞〔征北將軍〕、王順①〔定北將軍〕等四十七員，其餘將弁頭目約三百餘員，及兵眾約一萬二千有奇，自殺，或跳水溺死，屍浮滿海，將弁一百六十五員、兵眾四千八百五十三名投降。清軍官兵戰死計三百二十九員名，帶傷一千八百餘員名云。蓋鄭軍將弁死者及投降人數與清軍傷亡人數略近於實際數外，應係想像之誇張，至於所謂「屍浮滿海」之形容一節，亦是做「流血漂杵」故事為虛構耳。該奏疏中列載澎湖之戰利品云：「查所獲紅衣大銅礮十二位，每位重有四、五千斤，礮子大者二十二、三斤，中者十七、八斤，次者十四、五斤，鉎鐵大礮二位，每位重七千餘斤，用礮子三十餘斤。」由此可知鄭軍之防備實力也。）原來，依〈赤嵌筆談〉所引楊孝廉朝宗之說云：「彭②湖灣船之澳，有南風、北風之別。時當南風誤灣北風澳，時當北風誤灣南風澳，則舟必壞。」當時，恰值西南信風季節，且值臺灣近海颱風來襲期間，鄭軍乃利用天時，船艦咸安泊於南風澳，反之，清軍誤入北風澳，劉國軒因之大喜，謂不戰亦勝也。於是，置酒談笑，意氣自若。會南方颱風迅發，忽然疾雷一聲，風向頓轉，北風大起，鄭軍各船，自相撞碎覆沒；清軍船艦安然無恙，遂獲全勝。而修志者以之歸於天眷亦有其所以然也。

守澎湖之鄭軍提督劉國軒，察及精銳皆盡，大勢已去，乃乘小快船，自北面吼門逃出，航入臺灣之臺江。（《澎湖廳志》〈封域志〉曰：「西嶼稍北為吼門，波濤湍激兩旁，其大列、小列二嶼，夾峙左右。昔劉國軒為施侯所敗，乘小舟由此遁去，吼門水淺，其時蓋漲三尺云。」當時南面港門已全被清軍封鎖，會乘潮漲，自北面吼門潛出，似遠沿吉貝嶼迂回西下，入鹿耳門。據《臺灣外記》則載六月二十二日脫吼門，二十四日午刻到臺灣云。）如此，

①「王順」於伊能原書誤作「江欽」。

②「彭」字於伊能原書作「澎」。

防備其島上之部隊，悉解甲投降，於是，清軍占領媽宮澳，扼守要害，更作進取臺灣之計。時，施琅專施威信，致力收攬人心，凡歸順之將弁，皆獎賞之，士卒給予衣糧，負傷者施以醫藥救治之，其欲歸見妻子者，給舟送之。是年閏六月，發出左列曉諭蠲免三年徭稅差役，以示綏撫良民之意：

太子少保、提督福建水師總兵官、右都督、伯施，為曉諭事。照得：澎湖各島，地屬荒區，民實窮苦，兼之逆賊蹂躪多年，今幸大師蕩平。此日王土、王民，悉隸版圖，宜加軫血，以培生機。合就示諭。為此，示仰該地方居民人等知悉：爾等既脫邪氛，咸登樂土，各宜安意生業，耕漁是事。本提督憫念疲瘵之餘，當為蠲三年徭稅差役，遂其培養也。特示！（康熙二十二年閏六月初四日）

七月，施琅在媽宮澳，親祭陣亡將士，弔其靈。十一月二十五日，自臺灣班師過澎湖時，復祭陣亡官兵。翌年七月十五日中元節，在廈門再祭其靈，觀下列各祭文，即足以推知其心意之所存矣。

祭澎湖陣亡將士文

嗚呼！人孰無死，得所流芳，丹青、汗青，白骨猶香；鴟夷、馬革，不愧昂藏。泰山、鴻毛，懸絕堪量。嗟諸將士，干莫輝鋩，矢志奏膚，委身是償。姓名大書，篷掛高檣，逆孽惴慴，螳臂當車，艦艘縱擊，砲矢飛蝗；迷昧煙焰，地黑天黃。死生此決，勳譽斯揚。共奮不顧，各逞其強。

鯨鯢嚼鐵，烏號孔張。斬將焚舟，敵勢倉惶；披靡敗遁，魁渠滅亡。無何祝融，奄忽殞傷。非不能戰，鋒鏑所創。嗟諸將士，填膺縈腸。桓赳方壯，時命匪常。或分南北，或同梓桑。某忝統率，悼痛難忘。嗚呼！孰無妻兒在室，亦有椿萱在堂，念爾捐軀滄海，漂泊落荒，英魂渺渺，皓魄茫茫，遺骸無歸，猶晨夕倚閭之是望，嗚呼痛哉！為爾涕泗而汪汪，惟逆既竄，巢穴必戕。旌旗一麾，誰復頡頏？馳捷帝闕，備敘疏章；身歿名顯，寵錫後昌。爾諸士卒，優卹咸慶，魂兮安妥，各歸故鄉。蕩平奏凱，超度建場。臨流哭奠，釃酒盈觴。靈其有知，來嘗，尚饗！（《靖海紀事》）

班師祭陣亡官兵文

惟淵獻之季夏，統勁旅乎舟航。耀絳天之朱旆，擁兕虎于戎行，矚波瀾以迅激，奠于炎其奚方。緊渠寇之不逞，奮螳臂乎殳斨。恣轟雷于巨礮，矢石共煙焰以飛揚。咨將士之賈勇，冒鋒鏑以罹傷。身膏芙蓉之刃，骨沈大壑之鄉。咸各矢忠報國，誓死勤王。風雲為之黯慘，日月掩其光芒，家室悲痛，淒斷肝腸。余忝軍麾于率領，肅紀律以更張。抗土爭先兮破敵，哀猛壯于國殤。茲當臺灣底定，凱奏廟堂。舟師旋旆以西指，不禁雪淚之千行。几厥將弁，力當奏請優卹，恩逮妻孥。其餘各鎮營之士伍，遘此荼毒，魂煢煢其無依，即圖創建厲壇，春秋供其祭祀，務令爾等咸有血食之享，勿致貽悲若敖，以慰此九泉之徬徨。是用披誠虔察①，尚其歆格。尚饗。（《靖海紀事》）

中元祭陣亡官兵文

閼逢紀歲，金祇御時。涼飈瀏泬，白露沾滋。感四序之遷易，懷故壘乎殤師。操吳戈兮犀甲，衝矢石兮海涯。奮先登以賈勇，誓焚艦而搴旗。遂乃觸轟礮于飛隕，罹鋒鏑而傷彝。痛形體之淪喪，

①「察」字似當作「祭」。

冀魂魄之來茲。風雲悽其悲惋，波濤咽其流澌。余忝軍麾于率領，肅紀律以控持。屆中元之令節，值蘭盆之會期。念將士之殫力，悼幽冥之凶危。羅肴蒸以奠享，陳酏醴于盈巵。持嵩員而虔祭，抒誠悰于水湄。靈之遊兮髣髴，惟歆飫兮攸宜。尚饗。（《靖海紀事》）

（附記）廈門城東郊之萬石巖寺，傳係施琅所建，巖上之鷓鴣①巖，（位於萬石、太平二巖之間，因此有中巖之名。）有將士亭，祀澎湖陣亡將士云。（《廈門志》〈分域略〉）亦出相同之卹典。

劉國軒逃歸臺灣，見鄭克塽及文、武百官，陳訴戰敗情由。在臺軍民聞知，各懷戒心，市井風聲鶴唳。馮錫範即馳令守衛鹿耳門之鎮弁，嚴加防備，又諭禁軍民，不許越出村落，大會諸將計議最後之戰守。而另一面，施琅所施收攬政策，逐次收效，降卒概為其恩信所懷柔，誠有如生死肉骨之慨，其送還臺灣者，更人人傳其德威，所在軍民，為之心動，多無固守之意，密與偵探者通謀，願為內應。（《裨海紀遊》曰：「蓋其下皆謂克塽孺子，不足謀國事，而歸誠反正，猶冀得天朝爵賞。」云。）大勢既無可挽回，以劉國軒、馮錫範之議，終於決定歸降，乃以刑②官鄭平英、賓客司林惟榮，及曾蜚、朱紹熙等為使節，於閏六月八日，齎表至澎湖，以鄭克塽之名請降，其要略曰：「伏念先世自矢愚忠，追懷前代之恩，未沾盛朝之澤；是以臣祖成功，蓽③路以闢東土；臣父經，鞣韋而雜文身；寧敢負固重險，自擬夜郎；抑亦保全遺黎，孤栖海角而已。……乃者舳艫西下，自揣履蹈之獲愆；念此氣血東來，無非霜露之所墜。顏何敢再逆，革心以表後誠。昔也威未見德，無怪鳥駭於虞機；今者悟已知迷，

①「鴣」字於伊能原書作「胡」。
②「刑」字於伊能原書誤作「禮」。
③「蓽」字同「篳」。

敢後麟遊於仁圃！」又各修書與施琅告以其情曰：「側聞大將軍擅蓋世之名久矣，愚懵無從攀仰，遠避外荒，株守先祀，初未嘗妄生釁端。不虞樓船迅烈，震我門庭，僕知過矣！即不敢期將軍之深為布護，獨不為桑梓生靈繫念耶？順天之命，謹奉國制而遵勅諭，永為屏翰。蓋東寧遠在炎荒，若服而舍之，使守先祀，猶足以昭大同，而靖南徼。」蓋根據特定之歸附條件雖願削髮稱臣，而希望仍世襲於臺灣，永遠保留鄭氏宗祧於斯土，以為清朝屏翰也。然而，清軍既已得勝，固不能答應其如此要求，施琅對此疏陳：「臣奉命專征，整搠舟師，……在澎湖連日與賊鏖戰，礮火雨①點。仰賴皇上威靈、官兵用命，渠鎮賊夥俱被焚殺殆盡，遂克取澎湖三十六島，……擬乘勝長驅搗臺灣，直如摧拉。……偽藩鄭克塽……等賫具降表，……到澎湖臣軍前納款，請降待命。……欲求原居臺灣，承祀祖先，照管物業，懇臣指示。臣思此議未妥。若在未進師撲剿之時，逆孽蚤遣求降，當為題請。今澎湖既得，窮逼之際，始差鄭平英等前來求撫，明係詭譎緩兵之計，難以遽信。臣專征，止宜主剿，不宜議撫之事。」（〈賫書求撫疏〉節略）斷然拒絕鄭氏所請，且勸其速躬自來投軍門，舉其人民、土地，悉入版圖。七月二十七日，鄭氏兵官馮錫圭、工官陳夢煒等為使節，齎降表再到澎湖軍前，並繳延平王金印一顆、招討大將軍金印一顆②、公、侯、伯、將軍銀印五顆③，而求歸降。其表文較前尤極卑辭哀陳，要略在於：「竊惟臣生自海邦，稚懵無識，謬繼創垂之緒，有乖傾向之誠。邇者，樓船西來，旌旗東指，簞壺緩迎於周旅，干羽煩舞於虞階。自省重愆，誠為莫贖。然思皇靈之赫濯，信知天命有攸歸。逆者亡、順者昌，迺覆載待物之廣大；貳而討、服而舍，諒聖王與人之甚寬。用遵往時之成命，爰邀此日之殊恩；冀守宗祧以勿失，永作屏翰於東方。業有降表具奏外，及接提督臣施琅來書，以復居

①「火雨」二字於伊能原書誤作「兵兩」。
②此印當時因攢造戶口兵馬各項冊籍，暫行留用候繳。
③伊能原書作「四顆」。

故土不敢主張。臣思既傾心而向化，何難納土以輸誠？（中略）繳奏版籍土地、人民，待命境上。數千里之封疆悉歸土宇，百餘萬之戶口並屬版圖。遵海而南，永息波濤之警；普天之下，均沾雨露之濡。實聖德之漸被無方，斯遐區之襁負恐後。獨念臣全家骨肉，強半孺呱；本係南人，不諳北土。合無乞就近閩地方，撥賜田莊、廬屋，俾免流移之苦，且獲養贍之資，則蒙高厚之生成，當誓丹青以銜結。至於明室宗親，格外優待，通邦士庶，軫念綏柔；文、武諸官，加恩遷擢；前附將領，一體垂仁；夙昔結怨，盡與蠲除，籍沒產業，俱行賜復，尤當廣推寬大之仁，明布維新之令。使夫群情允愜，共鼓舞於春風；萬彙熙恬，同泳遊於化日。斯誠微臣無厭之請，微望朝廷不次之恩者也。」易原來所請永留臺灣守其土之條件，而就祖先以來墳墓所在之閩境，請求賜予田園、廬屋。於是，施琅乃簡派侍衛吳啟爵、筆帖式常在，為接受臺灣之正使，鄭克塽及劉國軒、馮錫範①等文、武諸員，至轅下執降禮，此外，避難遯跡之明監國魯王世子朱桓、瀘溪②王朱慈爌、巴東王朱江、樂安王朱浚、舒城王朱著、奉新王朱熺、奉南王朱逵、益王宗室朱鎬等，亦同時投誠。當時以施琅之名，公布〈安撫輸誠示〉之諭示曰：

太子少保、提督福建水師③總兵官、右都督、伯施，為安撫輸誠文武官員、兵民，以廣皇恩事。照得：聖朝定鼎以來，法素從寬，恩恒惟厚，撫順剿逆，區宇咸寧。臺灣未靖，本提督奉旨專征，蓋欲拯絕島之生靈，俾海疆於奠安。茲偽延平王及武平侯（劉國軒）等，識天意之有在，樂皇仁之無偏，見遣協理兵、工二官、副使二員，齎具表章、敕印前來歸命，土地、人民悉入版圖。本提督體朝廷好生之德，念至誠求撫之心，現在題請，仰邀浩蕩洪慈，安輯咸宜。合就曉諭。為此，

①「範」字於伊能原書誤作「苑」。
②「溪」字於伊能原書誤作「雞」。
③「水師」二字伊能原書脫。

示仰臺灣地方官兵、士庶人等知悉：示到，各官兵立即削髮，本提督剋日親臨安插。軍紀素嚴，秋毫無犯。今既革心歸順，官則不失爵秩之畀，民則皆獲綏輯之安，兵丁入伍、歸農。聽從其便。各自安意樂業，無事徬徨驚心。俞旨下頒，新恩遍及；本提督言出金石，決不爾負。須至示者！

嗣於八日十三日，施琅親自鹿耳門入臺灣，乃籍其兵民之數，納土歸命，在此期間，上疏奏聞前後達五次，（計有：閏六月十一日〈齎書求撫疏〉，七月二十四日〈臺灣就撫疏〉，七月二十九日〈齎繳冊印疏〉，八月九日〈報入臺灣疏〉，八月十九日〈舟師抵臺灣疏〉。）其〈舟師抵臺灣疏〉中云：「臣于本月十三日，到臺灣鹿耳門。偽藩鄭克塽，遣小船前來，接引入港，偽侯劉國軒、偽伯馮錫範率領各偽文、武官員到軍前迎接。悉于本月十八日削髮，臣逐一分發袍、帽、外套、靴全副。其各鄉社百姓及土番，壺漿迎師，接踵而至。臣宣布皇仁，酌量給賞銀牌、袍、帽、靴、煙、布疋，咸皆欣歡踴躍。」是為投降當時光景。於是發出安撫民生諭示，且嚴禁攤派勞軍犒師之費；表示為拯民而非擾民之本意，其〈諭臺灣安民生示〉曰：

為重申曉諭，以安民生事。照得：本提督統師親臨臺灣，官兵雲集，號令霜嚴。念土地既入版圖，則人民皆屬赤子，保乂撫綏，倍常加意，官兵不許占住民居，弁目不許包贌鄉社。樵蘇採捕，載運米穀、蔬菜，出入港澳，均聽民便。農商工賈，經營市肆，鄉村騷擾強買，各嚴差巡。糖蔗民間物業，嚴禁兵丁混折。至於本地之跳梁伏莽，夜聚曉散，訪聞皆係臺灣新附之將不嚴約束，故縱官兵剽劫。經本提督一面發示招徠解散，恐不效順，復一面行偽武平侯遣發搜捕，法處該管將弁故縱之罪。凡有妨於民生者，靡不禁戢備至。惟恐爾民未悉本提督惓惓至意，自疑新附，猶懷驚惶。矧此大師甫臨之際，將及五穀秋成之時，若不安心，必致失業。合再申諭。為此，示仰各地方官兵、百姓、土番人等知悉：本提督素性愛民，今日統師至此，務在安戢爾民而登袵席。隨征官兵糧餉，船隻載運，足給兵食有餘。鎮營日用蔬菜，市肆買辦，照依民價無虧，斷不許藉稱官辦應用，一絲一毫侵取民間。茲地方初定，賦稅固宜盡蠲，惟查官佃產牛種，原出業主備給，今歲應納租穀，十分酌減其四，准赴州官輸納六分，以供偽延平王稅課。其一切保務疊派什項差徭，盡行蠲免。臺灣去留，業經題請候旨。或臺灣議留，本提督軫念海外荒區，非比內地樂土，年納正供，當為從輕酌定具題。其官兵、人民去住，聽從其便。各宜樂業，無事驚心。收成在邇，農務毋荒。貿易如常，壟登有禁。官兵違犯，法在必行，人民安生，事勿自緩。須至示者！（康熙二十二年八月二十日）

如斯，視察南、北各處。至十一月，經廈門至福州，凱旋京師。（《臺灣外記》載：十一月二十六日，自澎湖開船，二十七日午刻到廈門，十二月初一日往福省。）回顧鄭氏在臺灣奉明朝正朔，計父子三世，二十三年；（自鄭成功起義以來，計三十八年。）就此告終。而允許鄭克塽之請將全家留於閩境，賜給田園、廬屋，畢竟有將敵方置於外之虞，在清朝統一全國之政策上，固非能予縱容者，乃諭旨令挈眷屬入京，授以正黃旗漢軍公。（清制授爵之恩典，實際上，滿、漢不得同體均霑，漢人最高軍功亦以侯爵為限度，公爵完全為滿人獨占。而鄭氏後裔特敘公爵，可認為示破格優遇之表現。）①劉國軒特授天津衛總兵，馮錫範②特授正白旗漢軍伯，清軍從征將弁，各敘功有差。此外，在臺之前明宗室及耆老，經奏准釋歸本土，或安處臺灣，使各得其所，又本土軍民而為鄭軍虜獲，蓄為僕婢者，悉按其原籍遣歸。

① 清軍入關之前，孔、耿、尚業已封王，入關之初吳又封王，嗣後吳再晉親王，孫可望降清後，亦授封王，其封公者先後有黃梧、沈瑞、年羹堯、孫士毅等人。

② 「範」字於伊能原書誤作「苑」。

（附記）如本文所載，清軍之征臺，在澎湖交戰兩次（六月十六日及二十二日）之外，幾乎無事經過，至臺灣本島則因鄭氏歸降，完全和平解決。（施琅〈舟師抵臺灣疏〉及其自撰〈靖臺碑記〉〔在澎湖〕等可徵。）然而據以鄭氏實錄見稱為直筆之鄭亦鄒著《鄭成功傳》則云：「澎湖既破，琅率大小舟師，乘勝追至鹿耳門外，適潮水驟漲丈餘，琅舟悉入，臺灣之人，以是大震。」①魏源之《聖武紀》，原雖筆致慎重之作，乃於〈康熙戡定臺灣記〉中，記述澎湖決戰之後云：「官軍乘勝進臺灣，至鹿耳門，膠淺不得入，泊海中，十有二日，潮不至。忽大霧，潮高丈餘，舟師浮而入，鄭氏皆駴②曰：先王得臺灣，鹿耳門漲；今復然，天也。」（《小腆紀年》亦從之。）該兩書似均出乎同一口吻，載述施琅克捷澎湖後，直進臺灣，鄭軍震駭之餘，乃至乞降。施琅〈飛報大捷疏〉中有：「擬即乘勝進剿，但臺灣港道紆迴，南風狂③湧，深淺莫辨，似應少待。八月或十月，利在北風，進取萬全。倘有機會可破，臣立即進師。三軍關係綦重，尤當倍加慎毖，不敢輕舉妄動。澎湖為臺灣咽喉，今澎湖既已克取，臺灣殘賊必自驚潰膽落。可以相機掃蕩矣。」等語，④其未嘗乘勝進攻，至為明顯。按施琅〈密陳專征疏〉⑤中云：「澎湖一得，更知賊勢虛實，直取臺灣，便可克奏膚功。」夫因澎湖克捷，而臺灣未戰乞降，為其所未豫期之處，乃清軍將以澎湖為根據，轉為下一步作戰，其進兵臺灣之既定計畫因此廢棄，故不外率然作如此揣摩之誤斷耳。林謙光著《臺灣紀略》云：「八月初二日，揚旗入臺灣，文武官僚薙髮迎師。兵不血刃，臺灣已歸我版圖矣。」係在此簡明記述中，得其實況。林謙光原籍福建福州府長樂縣，其有入清之初首任臺灣教官⑥之經歷，據《欽

①此段與鄭亦鄒著《鄭成功傳》卷下出入甚大，鄭亦鄒原文云：「澎湖既破，琅以臺灣未滅，為攻心之法，迎降弁目賞以袍服、靴帽，凡降卒四千餘人，給以饟米，傷未及死者凡六百餘人，醫治之，送還臺。降者相謂曰：此所謂生死而肉骨之也。歸共傳說，臺灣之人，是以大震。」

②「駴」字於伊能原書作「誡」。

③「狂」字於伊能原書作「汪」。

④伊能所引，將末尾「澎湖為臺灣咽喉」以下四句，置於全段引文之首，茲據《靖海紀事》所載原疏校改。

⑤伊能原書誤作〈密陳決計進剿疏〉。

⑥臺灣府學教授。

定四庫全書總目》云：「是編乃康熙二十三年平定鄭克塽以後所作。」故當係據其實聞而秉筆載述者。

更回顧臺灣北路情形，施琅〈密陳專征疏〉曰：「請以今年三、四月，輕北風進兵，蓋為鄭逆奸細頗多，使賊知我舟師必用北風而進，然而出其不意而收之。」是為康熙二十一年（永曆三十六年）[1]事，鄭軍虞清人舟師由福州直入，占領雞籠港，而逐漸南進，蓋似已陷於此術計。同年[2]，鄭經命將此港口之一島（古之雞籠嶼，後之社寮嶼）所築紅毛城（即西班牙人所建之 San Salvador，後經荷蘭人修築），予以毀壞，使敵軍無由進紮係緣於此。而翌年，總督北路防備之左武衛何祐[3]，加以重修之，並於港後之山上，另立老營，（即西班牙人所築山頂之砲壘，Santissima Trinidad 之砦址）以為犄角。未幾，何祐增加淡水港之守備，亦據此港口之北崗（古之所謂北山）所築之紅毛城。（即上述西班牙人所築之 San Domingo 城，後經荷蘭人重修者。）據〈海上事略〉云：「康熙庚申（十九年），偽鄭毀雞籠城。雞籠係海嶼，隸臺灣北山，居澹水上游，其澳堪泊百餘艘，先時呂[4]宋化人裔（即指西班牙之先占者）占據此城，與土番貿易；因產米稀少，遠餽不給，棄去。後紅毛及鄭國姓據臺灣，皆不守。癸卯（康熙二年）總督李率泰召紅毛，合攻兩島，約復臺灣後許貢，就閩省交商。紅毛於乙巳年（四年）重修雞籠城，圖復臺灣。丙午（五年）鄭經令勇衛黃安督水、陸諸軍進攻。偽鎮林鳳戰死，紅毛慮無外援，隨棄去。至是，有傳我師欲從北飛渡，恐踞此城，乃遣右武衛北哨，密令督兵將城拆毀。辛酉（二十年）令偽鎮何祐等北汛雞籠，驅兵負土，就舊址砌築，並於大山別立老營，以為犄角。兵士疲勞，兼時值炎天，居處磧地，手足斷爛，不可勝計。偽鄭無定謀，猶如兒戲。雞籠一城，始也毀而棄之，繼也築而守

①伊能原書誤作康熙十九年（永曆三十四年）。

②康熙十九年（永曆三十四年）。

③「祐」字於伊能原書作「佑」，下同。

④「呂」字於伊能原書作「臣」。

之，模稜之見，徒苦生靈耳。」蓋指陳其經緯也。（《淡水廳志》〈古蹟考〉，載此鄭軍最後修築為康熙二十二年，然而二十年為鄭軍失去廈門之根據地，而將防備主力集中臺地之時，故其修守備必須在此時，況二十二年以鄭氏之末路，內訌多紛，已未遑顧及北邊防守乎？故不採用。）①而守後之何祐，一接澎湖敗耗，即納款清軍，悉散所屬之兵隊而撤退。（據《淡水廳志》〈祥異考〉②「兵燹」，載有清軍進剿雞籠事云：「康熙二十有二年六月癸巳，水師提督……施琅，進兵雞籠嶼，斬偽將林陞。」此乃誤以澎湖之雞籠嶼而杜撰者，林豪之《淡水廳志訂謬》辨明甚詳，曰：「按〔陳〕培桂〔廳志監修〕此言，說異說夢，即此可知其目不識史，於明末海上軼事，全未考究，不過捕風捉影，如瞽人之說古也。查《臺灣府志》、《澎湖紀略》引施琅奏疏，稱：偽鄭大帥劉國軒，統水陸全軍，扼守澎湖，以林陞總督水軍。琅分兵三路，以五十艘攻雞籠等嶼，以五十艘攻西嶼等處，自率兵七、八十船居中，直擊媽宮港。林陞中箭，遁歸臺灣，國軒單舸由吼門遁去，力勸偽鄭納土投降。是澎湖一戰，全臺平定，不再用兵矣。澎湖自有雞籠嶼，並非淡水之雞籠。其時淡水荒土未闢，距澎湖水程八、九更，以一更六十里計之，幾四、五百里矣。琅未取澎湖，豈能分兵向淡水哉？乃培桂誤認澎湖之雞籠為淡水之雞籠，地方一經移置……竟成滿紙虛詞，將何以為傳信之書？且何堪令博雅君子寓目乎？」蓋曩有傳言清軍將北進雞籠港者，此先入之報聞，乃誘成此錯舛之因。）

對於臺灣鄭氏有關聯而必須加以觀察者，為計畫將其雄圖及於附近外島之經略，努力求得接濟餘地一事。初，鄭成功在廈門時，有義大利人耶穌會士李科羅（Vittorio Riccio）者，因嘗受鄭成功之庇護，鄭成功入臺之年，乃召彼為使節兼密使，遣往呂宋之馬尼拉府，陽為規勸西班牙太守入貢，而陰對當地華僑傳檄，令彼等樹旗反抗暴政，而將乘其內亂，占領該地，無奈事機暴露，終致華僑被慘殺，其經過詳載於 John Foreman 著《菲律賓群島

①《淡水廳志》〈古蹟考〉無此項記載。
②伊能原書誤作「祥禪考」。

志》（*The Philippine Islands*）。其大略曰：

國姓爺於一六六二年（明永曆十六年，清康熙元年）以其相識僧人李科羅為使節，攜帶規勸入貢之書信，前往馬尼拉，信中謂如太守不答應此條件，則將一舉征服其國。李科羅一抵馬尼拉，即以歐洲教士兼東洋冒險者之身分，被待為名譽之貴客，且以中國使節之資格，登西班牙太守之政廳，途中所過之處，皆有一隊兵士整列表示敬意。然而同時，將國姓爺之密書交與呂宋華僑，教唆企圖反抗西班牙政廳事敗露，李科羅痛受究責，太守急令全島兵力集中馬尼拉，五月六日更下令，將有中國人占據之虞之 Zamboanga, Yligan (Mindanao Is.)，Calamianes 及 Ternale（Moluccas）之城砦[①]，予以毀壞，只存留 Surigao 城砦（當時稱為 Caraga），因此，南部地方之回教土人，在半年間，於海上及陸上形成自立狀態。乃一面增加馬尼拉之守備，整頓兵器，其兵力據稱有騎兵一百、步兵八千。

如斯，西班牙人故意挑動中國人，使其爆發滋事，藉言鎮壓，而欲予盡殲。先行捕獲中國型之船二艘，擒其船長，以威嚇中國移民。於是，中國人等憤恨西班牙人之暴虐，為保護自身而起兵，至襲殺一名西班牙人，此原係彼方所預期，乃乘機自巴里安（Parian）要塞，開始猛烈砲轟。此時，無辜之華人恐惶狼狽，不知所措，自縊或乘獨木舟逃海而溺死者夥多，或有狂奔失措，深入山中者。其幸而安全逃至臺灣者，投歸國姓爺之軍。因此原來為數眾多之中國人，經此變故，當時在馬尼拉所餘僅不過八、九千人而已。此慘劇之餘波，使馬尼拉商業呈現恐慌狀態。未幾，馬尼拉太守即與華人議和，以恢復秩序，而派遣 Fray Joseph de Madrid 與國姓爺之使節李科羅同行，令與華人多次妥協。華人不接受李科羅的條件，以李科羅為人質，留於其地，而自到馬尼

① 「砦」字於伊能原書作「砦」。

拉向太守復命，而放棄武器之一般華人，以法王之名予以特赦，並欲將釋放之船長二人交還時，Frei Joseph de Madrid 以反間罪被處斬，從而彼等亦遭殺戮。後來李科羅回到臺灣，企圖重整軍備，發大兵征討呂宋，而竟因病，終齎志而歿。

關於鄭成功此項南征之雄圖，在漢人所成文獻，概避而省略之。惟後來鄭克塽時，中書舍人鄭德瀟[1]開陳略取呂宋書中，似有可瞥見其機微者。（參閱後文）據《菲律賓群島志》：未幾鄭經繼承後，守臺灣，即於永曆二十年（康熙五年）再次派遣李科羅至馬尼拉，訂修好之約，且約為供給造船材料。《臺灣外記》指出其結果云：「忠振[2]伯洪旭曰：『地方已定，船隻第一緊要，況東來已有數載，諸熕船、戰艦悉將朽爛，當速修葺堅牢，以備不虞。』經是之，即檄南、北路各鎮，著屯兵入深山窮谷中，採辦桅、舵，令匠補葺修造。旭又別遣商船，前往各港，多價購船料，載到臺灣，興造洋艘、鳥船，裝白糖[3]、鹿皮等物，上通日本，製造銅熕、倭刀、盔甲，並鑄永曆錢，下販暹羅、交趾、東京各處以富國。從此臺灣日盛，田疇、市肆不讓內地。」（《臺灣外記》繼上文又曰：「八月，呂宋國王遣巴禮僧至臺貢問。經令賓客司禮待之，以柔遠人。巴禮僧求就臺起院設教，陳永華曰：『巴禮原名化人，全用詐術，陰謀人國，決不可許之設教。』經笑曰：『彼能化人，本藩獨能化彼。』賜以衣冠，令巴禮僧去本俗服飾，穿戴進見；如違，梟首。巴禮僧更衣入，行臣禮，經諭：『凡洋船到爾地交易，不許生端勒擾。年當納船進貢，或舵或桅一。苟背約，立遣師問罪。』巴禮僧叩首唯唯，不敢提設教事。遣之歸。」此似為當時之一原委也。）

永曆二十六年正月，統領顏望忠、楊祥會啟鄭經，請領兵船征呂宋，以廣地方。馮錫範曰：「呂宋乃黎國埠頭，其地並無所產，況年已納貢桅、舵，今若征之，有三失焉：

① 「瀟」字於伊能原書作「潚」。
② 「忠振」二字於伊能原書作「振忠」。
③ 「糖」字於伊能原書脫。

一、師出無名，有失遠人之心。二、殘擾地方，得之不足為吾臂指。三、欲守之，有鞭長不及之勢。況年來安守，幸爾豐熟，豈可妄興無益之兵？」遂止其議。（《臺灣外記》）如斯，鄭經南征計畫，亦告中絕。既及清軍一舉克捷澎湖，建威中鎮黃良驥建議：「今日澎湖失守，臺灣勢危，不如將大、小戰船暨洋船，配載眷口、士兵，從此山邊直下，取呂宋為基業。」中書舍人鄭德瀟贊之，出地圖示之，條陳其可取事宜曰：「呂宋者，南海之外國也，橫亙數千里，當中國丙離之位，山川綺麗，中包巨湖。四序溫煥，盛夏南風發則微涼。田禾四時皆可種，亦產木棉。其水土和甘，人民白皙，百姓繁生，不亞中國。從閩、廣舟行七十二更，順南、北風來往，僅七日程耳。……閩、廣人數貿易其地云。……諸島番，惟呂宋待我中國人最無禮。先王在日，每欲征之，以雪我中國人之恨，因開創無暇。至世藩，業已興師，因接耿藩之變，遂移兵過廈。細查呂宋，其兵眾不過千有餘人。所恃者，城上數門大熕而已。然佛郎機之得國，非有信義，守國又無材武，徒藉巴禮僧，廣設禮拜寺，……罔愚蠢之生靈，役使如牛馬，斬芟①又如蓬蒿。竊據茲土，已百四十餘年矣。漳、泉人積骸其地者，何啻數十萬？覊魂厲魄，痛恨何極？夫積怨者，神人所共憤；而叢貨者，興盛所資取也。……今之積於公班巴禮者數十百萬，是皆昔所誘惑貪愚，死而括藏之物。天下安有久積而不散，虐侮而不復之理？又安知非天之鐍其藏，以待興王之探取也哉？觀天運，自北而南，漸啟文明之象。……愚謂：今日時勢有似於此，故以議取呂宋為上策。」馮錫範大悅，即於閏六月四日啟鄭克塽，部署鄭明②、黃良驥、洪邦柱、姚玉等諸將，領前隊為先鋒；其餘船隻，分配眷口，陸續而行。時兵弁多沮喪踏海之勇氣，遂恃強橫為，訛言四起，大肆搶掠，以是，百姓驚惶，晝夜不安。劉國軒聞知，以為攻略呂宋雖為良策，

① 「芟」字於伊能原書誤作「艾」。

② 「鄭明」於伊能原書誤作「鄭明同」，蓋因《臺灣外記》記「鄭明」同「黃良驥」諸將，遂以誤也。

可行於澎湖未失之前，今澎湖已失，人心懷疑，苟輜重在船，一旦兵弁利其所有而反目，則其弊不可測。此最後圖南之策遂亦歸中止。據《菲律賓群島志》，入清之後，召李科羅於北京，尋問呂宋交涉事情，其對虐殺華人，派師問罪之議雖漸成熟，而李科羅之辯疏，似仍有停止其南征之力。（本文所謂巴禮，或公班巴禮之語，其巴禮乃西班牙語 Padre 之音譯，又公班巴禮乃西班牙語 Conpadre 之音譯，均為教父之義。）加之，鄭氏之企圖經略外島，似非僅止於呂宋一島，即如印度洋上之崑崙，亦有企圖之跡象，《臺灣府志》〈雜記志〉「外島」載云：「先年，臺灣有老人經隨林道乾至大崑崙者，尚能詳言之。後鄭成功不安臺灣，有卜居大崑崙之志，咨訪水程、風景甚悉；會病亡，不果行。」即是也。如清人有臺後，令熟悉海上形勢之福建人陳昂，出入東西洋，探訪有無鄭氏遺黨遁匿，此探訪工作長達五年，蓋可謂非無故。（此外，當時鄭氏一黨在中國近海似甚為橫行，據傳於日本當年荷蘭新館長來繳，延寶四年（即明永曆三十年）六月十二日舊 Johannes Comphuais 及新 Dirk Haas 署名題為〈口上書〉之文書中云：「聞居住東寧之錦舍（鄭經）手下之華人至暹羅，企圖妨害居住於暹羅之荷蘭人事，此消息由暹羅當地人密報與荷蘭人，荷蘭人已作準備，然而暹羅本地人亦將華人扣押，故不至妨害荷蘭人。此事於去年霜月，由暹羅通報 JAGATARA。」六年（明永曆三十二年）六月二十二日，舊 Albert Brevink 及新 Dirk Haas 署名文書中，荷蘭人造船自馬拉甲（maroka (marakka)）地方至中國營商，而在天川附近島嶼破損，將其船貨起於島上，右列荷蘭人中七人乘小船為買小船登陸回歸小島，眼見錦舍方面之華人將荷蘭人全部殘殺，奪取其所有貨物，當時該七個荷蘭人逃至此船，回歸馬拉甲。」云云各一節。（由稻葉美濃守、久世大和守、土屋但馬守等向弘文院內呈之抄件，據《西力東漸史》所引可徵之。」）

若夫鄭軍與清軍軍力之比較，無論在戰船之隻數或兵弁之人數，雙方似勢均力敵，（實際上清軍較占優勢）而僅交戰二次，未經旬日而鄭軍遽敗陣，蓋鄭軍在臺、澎之間不過苟延其窮蹙沮喪之餘喘，且軍心已背離而無固守之志。反之，清軍威勢極旺盛，主將施琅正如其〈決計進剿疏〉所云：「臣丁年六十有二，血氣未衰，尚堪報稱；今不使臣乘機撲滅，再加數年，將老無能為；後恐更無擔當之臣，敢肩渡海滅賊之任。……即赴湯蹈火，臣志所不辭。」之敵愾指揮全軍，又從征將士亦有如其〈飛報大捷疏〉所云：「我師奮不顧身，抵死戮力擊殺。」亦因氣概橫溢所致。此外，清人靖臺之功績，實歸於文臣閩浙總督姚啟聖之苦心盡力之處甚多。施琅已在其〈飛報大捷疏〉中有所明言矣。嘗建策曰：「國家聲教無外，今逆藩（指明末三藩之變）①雖已削平，而僅以臺灣一彈丸，有宵旰之憂，使沿海居民，不遑寧處，罪將誰歸？」云云，如斯，由其手所運作之權謀奇策，幾乎神出鬼沒，有過於尋常作戰者。康熙十八年（永曆三十三年）駐箚福建漳州府，改漳州衛開設招徠館，令隨征參議道黃性震董其事，（開設招徠館以收攬民心，出於黃性震之進言。）凡有前明餘黨欲為內附者，無論真偽悉納之，有高宴華軒，焜煌於道之狀，經數月之間，乃稍見有投降者，即厚加賜與，寵以禮貌，務使聞者心動。（《三藩紀事本末》云：「啟聖開第於漳州曰修來館，以官爵、銀幣餌來歸者。皆令恣其慾。于是，豪猾望風爭款。」②又《聖武記》之〈康熙戡定臺灣記〉曰：「啟聖在閩，靡財似泥沙，耳目徧海島，官帑不足，則回易貿遷以濟之，前後揮霍百萬。」均描寫當時情形。同書又載述：鄭經在廈門時，有孌人施亥者，姚啟聖密賂使為間，約誘鄭經至海口，欲伏兵擒之。鄭氏大享將士時，復賂其庖人，謀毒而殲之，皆不克而死。後劉國軒在臺灣，多次幾遭刺客之難，皆姚啟聖所使云。）先是，鄭氏部將朱天貴歸清，為浙江平陽總兵。姚啟聖知其有勇，且熟海道，諳鄭氏形勢，特請其參與軍事，至則引入帳中，相與臥起，器用供帳，侈於自奉。朱天貴感激，竭誠效命，得其死力。又令福建興化知府卞永譽③、泉州知府張仲舉，膺任遊說歸誠。嗣於康熙二十年（永曆三十五年）更行密箚，誘約在臺灣之鄭氏幕賓傅為霖為反間，陰散其黨。

① 即清初吳、耿、尚三藩之變。

② 自「皆令」以下似不見於楊陸榮《三藩紀事本末》。

③ 「卞永譽」於伊能原書誤作「下永興」。

時傅為霖因心持兩端，垂成而事洩（為建威後鎮朱友所舉發），傅為霖及眷屬受株連，悉處極刑。（此反間計，籌劃尤密，被籠絡之黨與其干繫甚大。案發時，鄭氏物色極嚴，舉其株連似欲期網羅而殄滅之，因以伴生眾多之悲劇。明續順公沈瑞，初鎮粵之潮州，鄭經懸軍於粵時（永曆三十二年），沈瑞之家屬及其仲①斑，遷臺灣，居永康里，遇之頗厚，以部將鄭斌②之女妻沈瑞。然而，因傅為霖謀叛事，瑞與謀，鄭經命囚其家屬。時沈斑告兄③曰：「我家蒙國（清朝）厚恩，奈何受制於鄭氏？宜早為計。」沈瑞曰：「吾志決矣。」於是，命沈斑結環畢，沈瑞不能及，沈斑乃扶之就環，拜於地，及其兄④氣絕乃扶之下，己亦自縊而死。沈瑞之妻、妾三人聞之，皆自盡。同母女弟，年十六者聞之，亦大慟曰：「一家俱亡，留此無益也。」繼之投環死。初，沈瑞之妻鄭氏，乃鄭氏部將之女，故令歸還生家，而鄭女泣謂父曰：「兒既適沈，生死與共。今罹重禍，兒安可獨生？願遣兒同殉。」父從其請，羈之別室。及沈瑞將縊，使人持一帶與鄭氏為別，鄭氏自結環，其弟泣挽之，鄭氏曰：「生為沈家人，死為沈家鬼，姐從此辭矣。」終死之。又傅為霖次子璇之妻，為黃堂壯之女，名棄娘，傅為霖父子被囚時，家屬令棄娘歸還生家，兄黃銓為斡旋，冀得赦免。旋璇被逮繫，棄娘猶日望其生，及聞父子皆伏誅，遂決意俱殉。其兄多方慰之，棄娘泣曰：「今日之事，子為父死，妻為夫亡，於理甚順，妹復何憾！」自縊。時年十九，聞者皆哀之云。（據《臺灣府志》〈人物志〉）此外，尚有進行謀殺鄭經（錦）陰謀之痕跡。又，日本《史學雜誌》第十三編第十號，市村文學博士⑤撰〈清初臺灣鄭氏關係文書〉，載〈鄭成功歿後鄭錦現管偽文武官員冊底〉云：「偽統領中衝鋒鎮總兵官都督同知蕭拱辰，在臺灣，謀約獻臺灣殺鄭錦投誠，因蔡政逃回漏洩，被鄭錦凌遲，抄家。拱辰弟蕭福證逃歸。」可徵之。）⑥至此，姚啟聖乃作急遽狀，從數騎，招搖漳州城市，見大屋輒扃之，榜其門曰某鎮公館、某將軍行臺，各盛陳供具。得賊偵，則佯曰：「爾非某將軍人乎？歸語爾主，某日之期不可爽。」予酒食，遣之歸，得他偵，亦如之。所在喧傳，自相猜忌，繼踵納款；於是，鄭氏心腹皆人人自危。此計對於鄭氏之窮蹙，實與有力。《臺灣府志》〈職官志〉「列傳」，綜敘其勞績云：「啟聖制閩數載，前後議剿臺灣，獨握勝算；一切文移、條教，悉出己手，雖溽暑盛寒不倦。每有

①伊能原書於「仲」字之下誤衍一「子」字。
②鄭斌曾任明鄭之禮官。
③「兄」字於伊能原書誤作「父」。
④「兄」字於伊能原書誤作「父」。
⑤市村瓚次郎。
⑥蕭拱辰欲害鄭經，為擁成功弟襲為護理謀拒經嗣位時事。

議論指授，英氣激發，義形於色，遇有功將弁及降將，皆開誠獎勵，捐金宴犒，無少悋惜；推功讓能，勞謙不伐。其定謀推轂，亦一時之能臣也。」宜也。而福建巡撫吳興祚，夙任姚啟聖之輔翼，內掌刑名、錢糧，於啟聖之立功始終與有力，其勞績亦為不可沒也。

當時論功行賞，尤深加注意，康熙二十四年三月上諭曰：「凡軍功議敘卹賞，俱關緊要。如遲延日期，往返咨查，恐奸宄之徒舞文作巧，易生弊端。朕思此等貧兵，早給一日卹賞，使得早受一日實惠。此後著一概速行議敘。」徵之可知。所謂因遲延日期，恐生奸徒舞文作巧之弊等語，實為揭發個中重重暗流者。從而，議敘亦概從優渥，依其對首功施琅之恩賞破格（參閱附錄〈對施琅之優遇〉）及對於澎湖一役善戰健鬥，而竟陣亡之平陽總兵朱天貴，特旨贈太子少保，賜謚「忠壯」之例，可推想之。

鄭成功在臺時，起池館，大行優待明宗室、耆老之來歸者。而鄭經亦繼其志，專以禮遇之。尤其待遇寧靖王朱術桂，殊為優厚，其將弁、兵民，咸尊敬之。因此，於澎湖一敗而守義，全家自縊以殉。（寧靖王朱術桂，為明太祖九世孫遼王之後，長陽郡王之次支。自崇禎十五年，避難南下，流寓經年。隆武中，受封為寧靖王。永曆十七年（康熙二年）十月，自金門東渡臺灣，依鄭氏。（臺南城內天后宮址為其居處。稱為一元子園亭址。一元子乃王之別號。）就南路之竹滬（長治二圖里湖內庄）墾田數十甲，以力贍朝晡。（竹滬之西南，有一池，名月眉，其源受雨水，可溉田二甲。《鳳山縣志》〈雜志〉「名蹟」云：「明寧靖王術桂所鑿，植蓮其中。景致幽淡，頗堪玩適。」乃為當時灌溉，兼供遊翫者乎？）永曆三十二年（康熙十七年）聞清軍有大舉進剿之計，常言：「臺灣有變，我再無他往，當以身殉。」嗣永曆三十七年（康熙二十二年）六月二十六日，澎湖敗訊一抵臺灣，王度難以支持，以為義不可辱，即以王印送交鄭克塽，整冠服，拜辭天地、祖宗，並與耆士老幼訣別，書絕命詞曰：「艱辛避海外，總為數莖髮；於今事畢矣，祖宗應容納。」結帛於梁以自縊，且曰：「我去矣！」遂絕。時年六十六。越十日，葬於竹滬。墓不封不樹。先是，王謂其妾袁氏、王氏、媵秀姑、梅姐、荷姐曰：「我之死期已至，汝輩聽自便。」僉曰：「王能全節，妾等寧甘失身？王生俱生，王死俱死。」俱冠笄被服，先縊於堂。葬於府城外之魁斗山（仁和里桶盤淺庄），稱五烈墓。光緒初年福建巡撫王凱泰《臺灣雜詠》①載詠寧靖王史詩一首，有句云：「猶有山僧殊解事，介圭不便沒蒿萊。」註曰：「道光年間，農人掘土得圭，法華寺僧奇成，以穀易之，滌去塵埃，見朱術桂三字，知為王之物，近已飭藏祠中。」後流傳民間，可數為王之逸事。）蓋鄭氏最後所期，如幸而達到制勝目的，當擁戴如該王之宗室親派，欲建設其有復興明室意義之新國家，事至明顯。其傳三世奉明正朔，至明亡後尚為奉持之意似亦可推想而知矣。而鄭氏在臺灣，實際上臺民似致以對帝王之尊敬，《諸羅縣志》記云：「地高而寬坦，臺人謂之崙。邑有黃地崙，鄭氏踞臺時征南社番（原住布嶼堡貓兒干庄之平埔番），親屯兵於此，番呼皇帝，遂以名崙，猶麻虱目之呼為皇帝魚也。相沿已久，不可復改，沿其音而易其字。（皇帝與黃地南部福建音同，故如此稱）然則鄭氏在臺，雖無黃屋左纛之事，而帝制自為，亦有其號矣。」（〈雜記志〉「外紀」）應從之否？其呼麻虱目（一名虱目魚）為皇帝魚之緣由，同書云：「鄭經酷嗜麻虱目。臺人名之曰皇帝魚。」（同上）即是，可為鄭氏受民間擬稱為皇帝之旁證。魯之裕《臺灣始末偶記》云：「鄭芝龍投誠，子成功留閩，思得臺灣以苟存。臺灣之門戶曰澎湖，俗呼鐵門限，以此有吸鐵石，船至則為膠，前此所以不通也。至是，洋人見王之衣冠者乘巨鯤，時時來往，衝突其間。踰月，鐵石盡，成功適載輜重至，停泊澎湖，而令何斌誘諸番應於臺，紅毛守者不能拒，成功遂僭王其中。」此亦足以認與上述同轍之民眾心理之流露也。如施琅之〈壤地初闢疏〉中見有：「在鄭逆當日僭稱一國」之語，足察清人似亦暗認之，故傾其全力從事招撫，或予以剿蕩之意向。

其他流寓臺灣之老成耆德之重要人士，列舉於左：

①凱泰有〈臺灣雜詠三十二首〉及〈續詠十二首〉，下詩在〈續詠十二首〉中。

沈光文

明之名門沈一貫（文恭公）之族孫，出身副榜舉人，累官太僕寺少卿。當清軍南下，奉差廣東監軍。永曆五年，自潮州航海至金門，（據《臺灣府志》〈人物志〉。另〈赤嵌筆談〉「雜著」所引《蓉洲①文稿》〈沈文開傳〉載云：「明鼎革後，遯迹不仕。辛卯，從肇慶至潮州，由海道抵金門。」）時閩浙總督李率泰，方招徠前明遺臣，聞沈光文之名，密遣使以書幣招之，沈光文焚其書，返其幣，不赴。後將入泉州卜居，舟過圍頭洋，遇颶風，漂至臺灣。其時臺灣為荷蘭人所據，沈光文從之，受一廛以居，遂與大陸音耗斷絕，海上亦無知其生死者。及鄭成功光復臺灣，知沈光文在此，大喜，以客禮相見，不署其官。既而，遯迹諸遺老。多有入臺灣依鄭氏者，皆以得見沈光文為欣幸，握手相勞苦。鄭成功使麾下致餼，且以田宅贍之有年。及鄭成功薨逝，子經嗣，頗改父之政，軍亦漸削。沈光文作賦以寓譏諷，為譖②者所中傷，幾罹不測，乃變服為僧，入羅漢門山中，結茅不出。或以好言說鄭經，得免。在目加溜灣社（平埔番）教讀，兼以醫藥活人，嘗歎曰：「吾二十載飄零絕島，棄墳墓不顧者，不過將以完髮見先皇於地下耳，而卒不克，命哉。」尋鄭經逝，諸鄭之禮沈光文如故。入清之後，因與施琅有舊，慰問夙昔，仍著僧衣，不結辮。閩浙總督姚啟聖亦與友善，許贈資回籍（浙江寧波府鄞縣），姚啟聖死，未果行，遂不能為歸計，留而受清人之養贍，從事育英，如時之諸羅知縣季麒③光，為粟肉之繼，旬日一候門下云。

盧若騰

明進士出身，官至兵部尚書，學者稱牧洲先生，夙受「盧菩薩」之敬稱。因屢次疏劾當權高官，

① 「洲」字於伊能原書作「州」。
② 「譖」字於伊能原書誤作「潛」。
③ 「麒」字於伊能原書誤作「戲」。

為忌其直者所斥。永曆十八年，遯迹東渡臺灣，三月到澎湖，僑寓大山嶼之太武山①下，忽染微恙，不二日遽歿，年六十六，葬太武山，從其遺命題墓曰「自許先生」。或云其病革，忽問：「今是何日？」侍者以三月十九對，乃瞿然曰：「是先帝殉難之日也。」一慟而絕。鄭經與部將洪旭、楊祥等至澎湖時，會其訃傳，乃親赴其墓哭祭。著述詩文甚富。

王忠孝

明崇禎元年進士，官至戶部主事，嘗劾太監忤旨，獲罪戍邊，尋免。清軍南下，蟄居廈門、金門之間，杜門不出。（《閩海紀要》曰：「永曆十三年，命官齎勅，陞為兵部右侍郎。忠孝疏辭。復賜勅曰：『王忠孝孤臣亮節，允鑑朕心，新銜未足示酬，尚宜祇受，以資聯絡，俟閩、廣克奠，卿即馳赴行畿，用展壯猷。』忠孝感泣，日望恢復。」）永曆十八年，偕盧若騰入臺灣，不圖宦達，日與流寓諸人，肆意詩酒，以為方外之客，居四年而歿。（《閩海紀要》載：永曆二十四年歿，則在臺七年也。）②

李茂春

明末登鄉薦，寓居廈門，富於著述，以風神秀整，跣足岸幘，旁若無人見稱。永曆十八年，與盧若騰同時遯迹渡臺，居永康里，題其茅亭，取莊周故事命曰「夢蝶處」。日誦佛經自娛，人號「李菩薩」云。歿年不詳。康熙二十二年，入清之際，僧人鳩資改其遺蹤為佛寺，故其歿係在入清以前，明矣。

①伊能原書誤作「大武山」，下同。

②據洪旭撰〈王忠孝傳〉：忠孝卒於永曆二十年，享年七十四。則在臺三年也。

辜朝薦

明崇禎元年進士，以京官與黃奇遇、羅萬傑、郭之奇，駢名為「四駿」。方清軍南下，初遯迹棲於金門、廈門，尋渡臺，未幾而歿。後其孫文麟，於康熙三十九年，在潮州登進士第。

張灝、張瀛兄弟

灝為明進士，官至兵部職方司郎中。瀛為崇禎十五年舉人，未仕。（或云為工部司務。）初，兄弟相偕，避難廈門。永曆三十四年入臺灣，翌年，瀛以病歿，享年八十四歲。康熙二十二年入清之後，施琅撥舟，欲送灝回內地，至澎湖而病歿，壽九十有五。

沈佺期

明崇禎十六年進士，官至都察院右副都御史。明亡後絕意仕途，遯迹廈門謝客。後渡臺，累徵不就。以醫藥濟人，病遇即療。永曆三十六年歿。

徐孚遠

明崇禎十五年舉人。清軍南下，與同志結社，求健兒，倡勤王。尋從監國魯王軍，授左僉都御史。永曆六年舟山之敗，扈魯王至廈門，時鄭成功啟疆禮士，耆老之避地者多歸之。徐孚遠自在其間為領袖，每以忠義相鏃勵，鄭成功聽從不倦。有大事輒咨而行。嘗自嘆曰：司馬相如之入夜郎教盛覽①，此承平世之事也，吾以亡國之大②夫當之，傷何如矣。十二年，在雲南之桂王，遣使冊封避地諸將士，進徐孚遠左副都御史，徐孚遠將隨使節入覲，失道安南，其國王求以臣禮見，不

①「覽」字於伊能原書脫。
②「大」字於伊能原書作「丈」。

屈而歸。與葉后詔、鄭郊輩，結為方外七友，浮沈島上十四年，不知所終。或曰：老後挈家來臺灣，恬憺自若，佃於新港番界（新化西里），躬耕沒世云。

葉后詔[①]

明崇禎十七年歲貢生，避國難，以詩酒自娛，自廈門渡臺。

林英

明崇禎年間之歲貢生，積學而負文名，任雲南昆明知縣，有「神明」之稱。桂王[②]之時，任兵部司務。永曆十六年，祝髮為僧，自雲南逃至廈門，旋入臺灣。

郭貞一

明崇禎十三年進士，官至都察院右都御史。福王[③]之世，按時勢條陳屯田、保甲，稱洞見源委。隆武以後，歸隱廈門，永曆十八年與盧若騰渡臺。

許吉燝

明崇禎十六年進士，官至刑部主事。明末居廈門，永曆十八年，隱居於臺灣，勵節以終。

此外，沈瑞、沈珽兄弟[④]及顧敷公[⑤]等，亦可列入流寓。

① 「詔」字於伊能原書誤作「詞」。
② 即永曆帝。
③ 即弘光帝。
④ 「兄弟」於伊能原書誤作「父子」。
⑤ 參下文按語。

明永曆十三年，鄭成功兵艦進攻江南失敗，當時顧敷公任江南糧儲道①駐於該地被生擒②，後隨鄭成功來臺。《裨海紀遊》云：「顧君敷公，……居臺久，習知山海夷險。」入清後，似曾任官。

明魯王以海（太祖十世孫）曩在浙江紹興府稱監國。（以隆武二年為魯監國元年。）雖或傳聞與鄭成功入臺灣，卒葬於此。但非事實也。③

監國魯王與鄭成功之關係，由來難免有感情之疏隔。初，永曆六年（即魯監國七年），魯王避地至廈門時，鄭成功召諸參軍，議接見之禮，④或曰：魯王雖為監國，而藩主既奉粵西之正朔，則均臣也，相見不過賓主。鄭成功曰：「不然，外藩於諸王非敵體，況經監國？用賓主禮則紀綱紊亂矣，吾當以宗人府府正之禮見之，則於禮兩全。」眾是之。尋於永曆七年三月，有構陷魯王於鄭成功者，鄭成功對其禮儀漸疏，魯王乃自削監國之號遷移金門，僅賴舊臣之調護。至此，鄭成功強送魯王至粵中行在，後出海遇風，回居南澳。（舊傳或謂魯王在金門，意不能平，移居南澳，鄭成功使人伏於中途沈之海云。然其舛謬，前人已有的說。）時桂王手勅，仍命為監國，鄭成功不欲，而遷澎湖，後悔之，迎歸金門，供給如前，如斯終殂於金門。魯王入臺之異聞，係出自全祖望《鮚埼亭集》所引《文開詩集》（沈光文著）〈輓魯王詩〉序：「王同成功入東寧⑤，故即葬焉。」之記載。（《小腆紀年》亦云：「康熙元年十一月二十三日⑥，明前監國魯王，殂於臺灣。」）而周凱《內自⑦訟齋文集》所載〈魯王碑陰記〉，詳辯之曰：「王……太祖十世孫。崇禎甲申（十七年）襲封魯王。乙酉（隆武元年），監國……。癸巳（永曆七年）去監國號，居金門，凡十年。壬寅（永曆十六年）成功死，海上諸臣議復奉王監國，會王得哮疾，於十一月二十三日⑧

①任江南糧儲道者係敷公之父顧礽。礽字南金，後曾任承天府府尹。

②實係歸附明鄭。

③魯王於永曆十六年十一月十三日卒於金門，並葬於該地。

④《臺灣外記》作永曆七年事。

⑤當作「東都」。

⑥當作十三日。

⑦「自」字於伊能原書誤脫。

⑧當作十三日。

薨。生於萬曆戊午（三十四年）五月十五日，年四十有五，葬於城東王所嘗游地。（《金門志》〈分域略〉「墳墓」云：「魯王之墓在古坑後埔。」即此。）野史載成功沈王於海，又稱王薨於海外（指臺灣），皆訛傳也。沈太僕光文輓王詩序云：墓前有大湖。按之，即今鼓岡①湖，去墓里許。湖南多石，鐫王手書……並從亡諸臣題詠。知王嘗游息於此，則墓在金門無疑。惜久湮失，林君樹梅訪得之。凱為立墓碑，禁樵蘇，加封植焉。懼其久而復湮也。為記於碑陰，願金門士人歲時祭掃，共守護之。道光丙申（十六年）月日。」蓋如上文所載，因曾為鄭成功遷澎湖，遂臆②斷為與鄭成功同入臺灣，且殂於臺灣。加之，金門王之墓前有大湖之事實，恰如在臺灣寧靖王墓近有大湖之地，遂使以沈光文之慧眼，尚將彼此混同，增加舛錯耳。至鄭成功沈魯王於海一事，如《三藩紀事本末》所載：「順治十一年，鄭成功奉王居金門。初至，禮待甚恭，既益懈，王積不能平，成功啣之。未幾，王將往南澳，成功使人沈之海中。」是其例也。然而魯王之薨在永曆十六年五月鄭成功歿後數月，既因周凱之考證而明，③可知其為訛傳也。再，魯王世子朱桓，④曩日流落臺灣，後投歸清人。或因此等事由而誤傳乎？因魯王之女朱氏亦流寓臺灣，朱氏初適南安儒士鄭哲飛，生一男三女，夫歿後避難扶姑挈兒渡臺，依寧靖王於竹滬。既而鄭氏投降清軍，寧靖王將自盡，朱氏亦將殉之，王以姑存兒幼諭之，乃涕泣從之，奉姑育兒，躬自從事針繡，以忍飢凍十餘年，及女嫁姑亡，子尋亦死，朱氏遂持長齋，孀居五十餘年，得「冰操無玷」之聲名，壽八十餘歲歿。

而清人對待鄭氏，實際亦不視為不逞逆民之反抗，而以對於敵國之態度應之，當初專採取招撫政策時，宛然承認其半獨立之事實，而不辭予以國際間之讓步，及至最後，決計

①「岡」字於伊能原書作「崗」。

②「臆」字於伊能原書作「憶」。

③更有出土之〈皇明監國魯王壙誌〉足證。

④鄭克塽〈鄭氏附葬祖父墓誌〉作朱弘桓，弘桓娶成功四女。

加以剿蕩，乃竭盡清軍之精銳以向之。可徵知基於所謂：「臺灣一平，則邊疆寧靖，防兵可減，百姓得享昇平，國家獲增餉稅，沿邊文、武將吏得安心供職，可無意外罪累。」（施琅〈盡陳所見疏〉）云云見地之打算也。（《裨海紀遊》評論鄭氏父子三代據臺史績曰：「嗟乎！鄭成功年甫弱冠，招集新附，草創廈門，復奪臺灣，繼以童孺守位，三世相承，卒能保有其地，以歸順朝廷，成功之才略信有過人者。況乎夜郎自大，生殺獨操，而仍奉永曆之紀元，恪守將軍之位號，奉明寧靖王、魯王世子禮不衰，皆其美行；以視吳、耿背恩僭號者，相去不有間耶？」《閩海紀要》亦曰：「初，成功倡義時，無兵將，又無糧餉，徒以忠貞自矢，眾遂日附。治軍嚴整，臨陣身先士卒，賞罰必信。北將或歸，推心置腹，故一時智勇咸效死，樂為之用。雖位極人臣，猶以未能恢復境土為恨，終其世不敢稱王。將卒之年，遙傳明主遇害，有勸其改年者，答曰：『皇上西狩，存亡未卜，何忍改年？』終身奉尊正朔，以兩島抗天下全力，威振海內，從古未有也。」蓋可謂俱知其心事之言也。再，《小腆紀年》贊評鄭成功曰：「成功拒父投誠之命，匿影海濱，袒臂一呼，群雄聽約。以我國家之謀臣如雲，猛將如雨，至五省遷界以避其銳。且江南喪師，喘息未定，又能鎮定強戰，轉敗為功，闢海外之扶餘、存天復之正朔，迹其忠義自誓，仇親兼用，臨機決策，賞罰無私，亦可謂人傑矣哉！」誠可為對國姓月旦之代表也。）

第二章　靖臺之紀功及報賽

第一節　紀功

臺灣之靖定，實成為清朝奠鼎其穩固之基礎。此從康熙二十二年九月十日對吏、兵二部所發一道上諭足以察其意之所在。上諭曰：

向來海寇竄踞臺灣，出沒島嶼，窺伺內地，擾害生民。雖屢經勦撫，餘孽猶存；沿海地方，烽煙時警。邇者滇、黔底定，逆賊削平；惟海外一隅，尚梗王化。爰以進勦方略咨詢廷議，咸謂海洋險遠，風濤莫測；長驅制勝，難計萬全。朕念海氛不靖，沿海兵、民弗獲休息。特簡施琅為福建水師提督，前往相度機宜，整兵進征。該提督忠勇性成，韜鈐夙裕，兼能洞悉海外形勢，力任剋期可奏蕩平，遂訓練水師，整頓戰艦，揚帆冒險，直抵澎湖，鏖戰力攻，大敗賊眾，克取要地，立奏膚功，餘眾潰遁臺灣，慴服兵威，乞降請命，已經納土登岸，聽候安插。自明朝以來，逋誅積寇，始克殄除；瀕海遠疆，自茲寧謐。此皆該提督矢忠報國，大展壯猷；籌畫周詳，布置允當；建茲偉伐，宜沛殊恩。施琅著加授靖海將軍，封為靖海侯，世襲罔替，以示酬庸。前進勦雲南官員曾各加一級、兵丁賞賚一次，頃因該提督所統官兵，出海進勦，勤勞堪念；已經照雲南例，加級、賞賚。復思官兵遠抵海疆，冒險勦寇，非滇、黔陸地用兵可比；在事官員著再各加一級、兵丁再賞一次，以示特加優渥至意，爾二部即遵諭而行，特諭。

既而施琅撰〈靖臺碑記〉，立於其最初戰勝地點之澎湖媽宮澳頭。似原承清朝內旨為之者。碑在媽宮城內施將軍祠旁。左揭其文，為存紀功：

閩海汪洋之東，有島曰澎湖。明朝備倭，更番戍守；及鄭氏據臺灣，勢為咽喉，環島要害，皆設礮臺，因以為城。康熙二十年辛酉八月間，余奉命專征至閩，群議咸以浩渺之表，難以奏膚。余乃矢策，繕舟楫、訓甲兵，歷有歲餘。以二十二年癸亥六月十四日，乘南風由銅山進師，直抵八罩。偽帥劉國軒統眾拒敵；適風息潮退，難以進取。余暫收軍八罩，再申軍令，以二十二日揚帆齊發，礮聲駭浪，火焰衝天；將士用命奮戰，盡焚其舟，而破其壘。偽軍全歿，屍浮海中，以殷①青波，時以為偽帥俱亡，不知其僅以身免，乘小艇匿敗艘二十餘遁去也。所有在水中撈起偽將士八百餘，帶傷負創、喘息猶存者，俱施以醫藥，浹月痊癒；仍給糧食，撥船載歸，令其傳諭臺灣，束身歸命。其陸地偽將卒楊德等四千餘員名，倒戈乞降。余更奏請，奉有旨赦其前罪。是以臺灣人心咸知有生，紛紛內潰。偽藩及偽文、武，自度勢窮難保，修降表至矣。余遂於八月望日②躬臨赤嵌受降，海疆從是廓清。以數十年來未靖之波，臨淵血戰始定，則斯島謂非巖區歟！爰是誌於□□□朝□成之。故記之云。

太子少保、靖海將軍、靖海侯世襲罔替、水師提督事務施琅立。

（按上文，在《澎湖廳志》〈藝文錄〉，雖題為〈施將軍廟碑記〉而載之，是原本名實不符也。其適在施將軍廟傍，故或如此記乎。因此碑存在，後人乃在其附近建置廟祠。兩者並無相干也。原碑無題，若強要擬題，當以〈靖臺碑記〉為妥當。而閱現存碑文，中闕九字難讀，如此磨滅，

①「殷」字於伊能原書作「□」。
②上七字伊能原書作「余□于□八月□□」。

似為經年累月已久所致，《澎湖廳志》亦同樣照其闕字轉載之，故今無從校訂之。）

與此同時，標榜靖臺紀功之實錄告成，《靖海紀事》（二卷）即是也。該書為施琅五子施世驃（最以文名著，世稱平園先生）彙輯先人征勦經略臺灣前後之奏議、文告，（附以八閩紳士公刊頌評）並御製詩章、褒賜祭葬各文，併錄其族人進士施德馨（曾任臺灣府儒學教授）所撰〈家傳〉，及頌揚詩賦等。其中施世驃小引（該小引題為〈御敕宸章及平海奏疏總錄〉，蓋為初題，而《靖海紀事》乃在刊行時所題者歟？）載明為康熙四十八年①仲夏，可知為當時告成者。書中收載通奉大夫禮部侍郎兼翰林院學士富鴻基②、內閣學士兼禮部侍郎李③光地、戶部江南清吏④司主事林麟焻、翰林院庶吉士候補主事曾炳、吏部文選清吏司主事程甲化、奉政大夫左春坊左庶子掌坊事兼翰林院侍讀陳遷鶴撰序，皆以聖主任賢之明與名臣效忠之績為可彰之軌範，無不頌揚該書之價值。左列李光地之文尤為其中代表作。曰：

> 韓淮陰指畫東征形勢及料楚、漢成敗，如指諸掌。諸葛武⑤侯校計孫、曹強弱，圖荊、益之利，定鼎足之規，皆先握算於前，而操券於後。司馬仲達不足道也，然其平公孫淵，量敵計期，不差時日。岳忠武對⑥魏公定湖湘計⑦，八日而捷書果至。蓋古之重臣宿將，其於天下大勢、一隅要害，未嘗不熟籌深曉，制其短長之策，故一旦應機，迎刃而解；此固非冒利趨險、迄無成謀，苟焉以國家民命為試者也。東南之苦海患，六十餘年。聖朝受命，恃其險遠，踞島嶼，乘風潮，出沒為梗。自戊子以來，攻圍破陷郡邑者三：跨有粵、閩邊地，曠日而後平者一。己⑧亥之役，浮長江，犯金陵，則中原腹心為之震動，議者割棄沿海田廬，延袤數千里，而又歲資鄰省軍糈，動百萬計。

①伊能原書誤作「十八年」。
②「基」字於伊能原書誤脫。
③「李」字於伊能原書誤作「季」，下同。
④「吏」字於伊能原書誤作「史」。
⑤「武」字於伊能原書誤脫。
⑥「對」字於伊能原書作「張」。
⑦「湖湘計」三字於《靖海紀事》作「擒楊么」。
⑧「己」字於伊能原書誤作「巳」。

蓋毒生靈、糜國藏不可勝數。此豈鱗介之倫不以衣裳易者比哉！靖海侯施公，自其先任樓船，則已①疏言賊可滅狀。乘傳陛陳，言之彌切。天未厭亂，留公宿衛十有餘年，而後出竟其志。時異勢殊，而公前二疏所陳者，無一不酬於後。自奉命專征，至于受降獻俘，籌畫措置，連篇累幅，又無一不符於前。吾以是知公計之熟、料之明，知己知彼，算定而後戰，故能役不踰時，而成不世之功。所謂上兵伐謀者，於公見之矣。國家之難在用兵，用兵之事，莫難乎滄波巨浪之中，與遠夷爭舟檝之利。珠崖、南交，漢、明所以屢征而不服；遼左、日東，唐、元所以傾師而不再；彼數君者，皆以遠略窮兵，績用弗底。今鄭氏境內逸寇，托足孤島，為濱海無窮之憂。皇上憫惻殘黎，赫然誅討。天佑皇仁，風波助順。而公以國賊家難，忠孝交逼於中，憤不顧身，義形顏色。仰伏皇上委託之專，無復疑貳掣肘，遂克受事報成，宣威絕徼。航海之勳，稽古莫及焉。然則公之智勇，蓋公之誠為之；而非皇上救民伐罪、內斷於心、任公勿二，如議者舉棋不定之口，其不潰②成者幾希耳。閩之人取公前後章疏，彙萃編刻，而請敘於余。余惟公之功，天子褒之，史氏紀之，其所以為百世戎臣師者，吾無綴乎爾，故復稱道古今，以見遠圖之不可事，耀兵之非得已，以及主之仁明、臣之忠孝，著厥成功之自。覽是編者，考閩事之終始，尚將有以論世也。

據其所併錄門下士周澎（福建晉江人）〈平南賦〉之引云：「海氛煽虐數十載，大將軍施啣命徂征，一戰而克。平南奏疏一編，乃都人士家謠戶頌積成卷軸也。雖里巷微詞，而輶軒足採。乃摭其事實而作賦。」以其書之內容傳為餘資，既以施琅之曾孫施奕學，更就原本加以校訂，易其施德馨所撰之〈家傳〉以《欽定八旗通志》所載之〈名臣傳〉，以國史告成，昭示不敢以私廢公之意，（對奏議閩士之評論及頌揚之詩賦，亦悉予刪削，以示事實之昭然耳目，而不以評

①「已」字於伊能原書作「以」。
②上字疑誤。

為事之見地。）而題曰：《靖海紀》。《臺灣府志》〈雜記志〉「雜著」，《臺灣縣志》〈藝文〉「著述」所載書目《靖海紀》二卷即此，故其書當係成於乾隆初年。同治十三年，日本有征臺之舉。當事者致意於善後方策時，裔孫兵部員外郎施葆修，欲採施琅靖臺之先蹤，以資龜鑑，乃將舊編（《靖海紀事》）付諸重刊，於光緒元年告成。該重刊序中述其意向云：「是歲日本之役，余在都，蒙總理各國事務衙門諸公延問臺灣情形，並及先侯事蹟，余以《靖海紀事》對。始歸而謀重鐫付梓，公諸同好。……覽是紀者，知今日臺灣之重，即可以見先侯當日之心。而凡我後嗣子孫，尤當知荷國恩，紹祖武，相與繼繼繩繩，克振家聲。韓昌黎所謂有為之前而美彰、有為之後而盛傳者，是又余之所深企也夫。」

另有《平南事實》（一卷），依據《臺灣縣志》〈藝文〉「著述」，亦為施琅所撰，然其實似為其幕下倪殿侯手筆。蓋與前者相表裏，記載靖臺始末者也，惜哉現已佚而不傳，惟《臺灣府志》〈藝文志〉載有檢討毛奇齡〈平臺灣記序〉一篇，可略察知其內容，抄錄於左：

> 從來不世之功，必藉大文以傳之；虎之詩、長舅之銘、韓吏部之碑，皆是也。獨是循蜚以還，不臣海邦，幅員雖長，漸被有限。而本朝於四征之餘，凡衣韝飡兕、雕膺畫額之族，無不臣伏；祇此海中孤島，從古未經奉耕犁者，而戈船所屆，即驅除而版籍之。然且逋逃四世，由明季迄今，僭妄自大，舉前代孫、盧、陳、彭朝興暮蔑者，且偷安因循，至七、八十年之間。乃一旦破澎湖、擣臺灣，由銅山、花嶼，抵將軍、大嶼，乘潮而入，斬將奪柵，燔其井而瀦其穴。海外一方，重申弔伐，自辰至戌，揮數世積逋①之寇而平於七日之內，何其捷也。然則廟算之神與師武臣之力，

①「逋」字於伊能原書誤作「連」。

其所宜鋪張而誦揚者，豈顧問哉？惟是壬戌（康熙二十一年）春，①奏凱京師，天子親御端門，受俘獻馘。其時侍班諸臣，徒橐筆立左右，不能歌詠其事以嬗於將來，但記諸起居為聖朝實錄採擇。而倪君殿侯親歷行間，目睹旌竿之所及，辟易潮汐，且身當礮石，復能摩盾吮矢，以誌其始末。今讀其文，不啻陳琳之草檄而韋皐之紀功也。則是廟謨雖大，有載事而德益彰；版宇雖寬，得頌言而積（蓋「續」之誤）彌顯。斯文果傳，其有裨於聖世者，豈淺鮮也？殿侯既以其文上之將軍，將勒石海濱，而復錄其兼本以示世，因次其篇帙，而屬予為序。謹序。

依據該序，可知其書之成，係與上列〈靖臺碑記〉同時者。

（附記）《臺灣外記》（三十卷），康熙四十三年福建人江日昇所撰。本書實係以臺灣鄭氏之史實為中心而記述者，其體例專為敷衍正史，而雜以稗史，故往往憑虛架空、過於潤色，甚至不無失諸怪幻俶詭之誇張，例如其中關於清人靖臺之記事，似係當時實地歷察取材，如以《靖海紀事》所載詔諭、奏疏等原文，與《臺灣外記》所載相比較，殆彼此相同，由此觀之，即可推徵其餘矣。

《臺灣外記》云：「余曾於甲子冬，欲觀新闢之地，浮海過臺②灣。舟次澎湖，登其地，偶成一律曰：煙霞蕩漾漁人處，已作霸圖保障關。退守聚成雄海圖③，進窺釁隙動華山。百千萬事④咸空壯，三十六峰險亦閑。南顧將軍誠有賴，德流教化逮荒蠻。」甲子為康熙二十三年⑤清人有臺之年。《臺灣外記》有陳祈永之序，為悉盡其書之真價，援引於左：

①施琅於康熙癸亥二十二年「平臺」。

②「臺」字於伊能原書脫。

③「圖」字於《臺灣外記》原文作「國」。

④「事」字於《臺灣外記》原文作「士」。

⑤伊能原書誤作「二十二年」。

余司鐸南詔，於乙丑①春，獲交珠浦江子東旭，蓋循循然重厚博物君子也。嗣出其所輯《臺灣外記》三十卷②，而屬敘於予。予讀其書，起明季擁眾，迄於我朝歸順，垂六十年。其間島嶼之阻絕，城壘之沿革、鎮弁營將之忠佞勇懦，以至睿謨之征討、招徠，沿海之戰勦區畫，靡不瞭如指掌，筆力古勁詳確，有龍門班掾風。③其書專為鄭氏而作，始於明太祖，非著明之始，所以著鄭氏之始也。首誌顏思齊，所以著鄭芝龍之始，又所以著臺灣開闢之始也。④至於紀闖⑤賊之流禍，載馬相之擅權，列三藩之反側，藉為鄭氏引線，故不詳其說，非具有三長者不能也。按成功以隆武賜姓逃竄海外，奉閏運故⑥朔三十有七年，仗義守節，庶幾田橫之遺。然以我朝視之，則固勝國游魂，海隅窮魄，律以犯邊梗化，夫復何辭？敬惟我皇上神功聖烈，度越千古，而鄭氏叛則討之，服則撫之，又仰見皇仁浩蕩，格外矜宥，聿成中外一統之治，億萬年丕基定於此矣。是書以閩人說閩事，詳始末，廣搜輯，迥異於稗官小說，信足備國史採擇焉，余故樂而序之。

此書雖稱專為鄭氏而作，然所謂睿謨之征討、招徠，沿海之戰勦區畫，其記載之詳，確實不失為清人靖臺紀功之外史也。（《金門志》另揭江日昇之著述《海濱紀錄》之名，蓋係有關閩海及臺灣之事，又見有《臺灣外史》名，想或指《臺灣外記》乎？）

第二節　報賽

①上二字誤；一本《臺灣外記》所載作「康熙四十八年己丑」。

②一本《臺灣外記》所載作「臺灣外志凡十卷」。

③《臺灣外記》一本陳祈永序不見上二句，而彭一楷序有：「筆力古勁，雅有龍門班掾風。」

④自「其書專為鄭氏而作」至此，一本見於鄭應發序；又該句以下俱不見於是本陳祈永之序。

⑤「於紀闖」三字於伊能原書作「闖紀於」。

⑥「故」字於伊能原書誤作「放」。

向來中國大陸與臺灣之間，有臺灣海峽橫隔，其海路險遠，而風濤不測，殊難展長驅制勝之萬全計策，向為清朝當道進勦臺灣時，概為之躊躇逡巡之故也。如斯向來雖有征臺計畫，而往往受阻於風濤，遂暫告中絕。及至最後決定進勦，康熙二十年施琅躬臨廈門視事，是年十一月十六日，在該地祭江神，祈禱護佑，曰：

> 欽惟尊神：總納百川，包括萬匯，天池著象，鉅靈攸宰。祇奉皇威，伐彼有罪。利濟安瀾，丕赫軍壘。翳惟徂征，發江之瀕，順茲長道，舳艫星陳。霞明組練，戈甲嶙峋。揚旌海外，天討克伸，乃奮厥武，闞如虓虎。除殘去暴，逆勦順撫。誓禁妄殺，整軍束伍。焚香籲天，百神是主。肆靖醜孽，是用勦絕。擒渠獻馘，蕩巢掃穴。川后波恬，既賴靈哲。虔申薦告，孔惠懌悅。謹告。（《靖海紀事》）

既而清軍乘天時、地利之良機，進入澎湖奏捷，施琅乃歸功於神明庇祐，以施琅之名，上〈請加封天妃疏〉，上奏對海上守護神天妃即媽祖，為報賽之特奠，疏文中云：「康熙二十二年六月十六日、二十二等日，臣在澎湖破敵，將士咸謂：恍見天妃，如在其上，如在其左、右，而平海之人，俱見天妃神像是日衣袍透濕。與其左、右二神將兩手起泡①，觀者如市，知為天妃之助戰致然也。又先於六月十八夜，臣標署左營千總劉春，夢天妃告之曰：『二十一日必得澎湖，七月可得臺灣。』果於二十二日，澎湖克捷，七月初旬內，臺灣遂傾島投誠，其應如響。」因此，乃於翌二十三年，勅加封天妃為天后，同時，在其原籍福建興化府莆田縣之湄洲嶼建祠，稱為朝天閣。又特遣禮部郎中雅虎至澎湖，致祭在

①「泡」字於伊能原書作「袍」。

媽宮澳古來崇祀該神之廟，亦在此時。（據《臺灣府志》〈典禮志〉「祠祀」。）其祭文鐫額懸掛該廟前楣，現時猶存。文曰：

> 御祭護國庇民妙靈昭應宏仁普濟天后聖母文：國家茂膺景命，懷柔百神，祀典具陳，罔不祗肅。若乃天庥滋至，地紀為之効靈；國威用張，海若於焉助順。屬三軍之奏凱，當重譯之安瀾，神所憑依，禮宜昭報。惟神鍾①靈海表，綏奠閩疆，昔藉明威，克襄偉績，業隆顯號，禋享有加。比者，慮窮島之未平，命大師之致討，時方憂旱，井澤為枯，神實降祥，泉源驟湧，因之軍聲雷動②，直搗荒陬，艦陣風行，竟趨巨險。靈旗下颭，助成破竹之功；陰甲排空，遂壯橫戈之勢。至於中山殊域，冊使遙臨，伏波不興，片帆飛渡，凡茲冥佑，豈曰人謀。是用遣官，敬修祀事。溪毛可薦，黍稷惟馨。神其③祐我家邦，永著朝宗之戴；眷茲億兆，益宏利賴之功。惟神有靈，尚克鑒之。

當時施琅在臺灣府治（明寧靖王故居）新建天后宮，又鳳山縣④亦奉旨建天后廟，列為祀典，蓋有所緣由也。

（附記）《臺灣府志》〈典禮志〉「祠祀」澎湖廳天后廟條云：「康熙二十二年，水師提督施琅克澎湖，入廟見神像面有汗，衣袍俱濕，知神助。」（《澎湖廳志》〈舊事錄〉「軼事」，引《澎湖紀略》曰：「施侯戰勝入澎，謁天妃廟，見神像衣袍濕透，面有汗痕。」）蓋以本文奏疏謂：於興化府平海澳神助之奇蹟成為同事之異傳。另於《天妃顯聖錄》（《澎湖廳志》〈舊事錄〉「軼事」所引。）載一異聞。曰：「康熙二十二年九月初五日，督部憂菴姚公，遣隨征同知林

---

①「鍾」字於伊能原書作「昭」。
②「動」字於伊能原書誤作「同」。
③「其」字於伊能原書脫。
④興隆莊，即今左營。

舁、總兵官游澎往撫臺灣新附之眾。十五日自彼開駕將回，十八夜夢天妃在船，有四人戴紅帽從水仙門而上。問其所來，答曰：舟有厄，將為爾護。十九早舟過柑桔嶼（漳州府之銅山外海。）①擱淺，船折四尺，勢將溺矣；眾投拜神前求庇，倏見天妃降靈保護，得轉危為安。十九晚收進八罩澳，遂歸復命。」蓋因此奇蹟倍加證明神明之效靈，而爾後更併傳萬軍井之奇蹟而欲潤色之。萬軍井即澎湖之媽宮社大井矣。《澎湖紀略》（《澎湖廳志》〈封域志〉所引。）就該井所記：「康熙二十二年②，靖海侯施琅既克澎湖，駐兵萬餘於此，水泉甚少，不足供眾師之食。侯禱於天后神，甘泉立湧，汲之不竭，至今井泉甚旺，俗名萬軍井。」此亦欲以禱神得泉傳之矣。而《澎湖廳志》〈封域志〉辯之曰：「施襄壯侯奏疏云：八罩、虎井，大海之中，井泉甚少，供水有限，自臣統師到彼，每於潮退，就海次坡中，扒開尺許，俱有淡水可餐，從未曾有。及臣進師臺灣，彼地之淡水遂無矣。按郡乘（《臺灣府志》）錄〈師泉井記〉，以為禱神得泉之證：不知師泉井固在內地之平海澳也，……而《紀略》以媽宮街大井，指為施侯得泉濟渴之處，考之奏疏，似未盡合。蓋施軍惟在八罩、虎井，故艱於得泉耳。若既入媽宮澳，則澎地已平，隨處可汲，何必獨恃此一井乎？且從前劉國軒兵守媽宮港者亦多，何以並無患渴，而所汲者又何井乎？」（〈封域志〉）近於是。施琅幕僚陳昂之〈詠偽鄭遺事〉詩有：「仰仗威靈涉險來，地轉海鹹生淡水。」之句，就言八罩、虎井之島嶼狀態，又其所謂〈師泉井記〉（原載《靖海紀事》，《臺灣府志》〈藝文〉引之。）云：「今上御極之二十一載③壬戌孟冬，予以奉命統率舟師，徂征臺灣。貔虎之校、犀甲之士，簡閱而從者三萬有餘。眾駐集平海之澳，俟長風、破巨浪，以靖掃鮫窟。爰際天時暘亢、泉流殫竭，軍中取

①原註誤，一本《澎湖廳志》註云：「按即今之東吉嶼。」為是。

②《澎湖廳志》作二十三年。

③「載」字於伊能原書作「歲」。

汲之道，遙遙難致，而平澳故遷徙之壤，介在海陬，昔之井廛盡成堙廢。始得一井於天妃宮廟之前，距海不盈數十武，漬滷浸潤，厥味鹹苦，其始（《府志》作「原夫」）未達深（《府志》作「廣」）源，其流亦復易罄。詢諸土人，咸稱是井曩僅可供百家之需、至隆冬澤愆（《府志》作「堅」）水涸，用益不贍①。允若茲，是三軍之士所藉以朝饔夕飧者，果奚恃歟？予乃殫抒誠悃，祈籲神聰（《府志》作「聽」）。拜禱之餘，不崇朝而泉流斯溢（《府志》作「擴」），味轉甘和。綆汲挹取之聲，盛②夜靡間，歕涌滋溉，略不顯其虧盈之迹。凡三萬之眾，咸資飲沃，而無呼癸之慮焉。自非靈光幽贊，佐佑（《府志》作「治」）戎師，殲殄妖氛，翼衛王室，未有弘闡嘉祥，湛澤汪濊，若斯之渥者也。因鐫石紀異，名曰師泉，昭神貺也。在《易》，地中有水曰師。師之行於天下，猶水之行於地中，既著容民蓄眾之義，必協行險而順之德。是知師以眾正，乃克副大君討貳撫順、懷柔萬邦之命，而揚旌海外，發軔涯涘，神異初彰，闓惠覃布，誕惟聖天子赫濯之威，以致百靈效順，山海徵祥，亶其然乎！昔貳師劍刺大宛之山，而流水溢出；耿恭拜禱疏勒之井，而清泉奔涌：並能拯軍士于渴乏，著萬里之奇功，乃今井養不窮，三軍獲福，予之不敏，其曷以答茲鴻嘉之賜哉，是用勒之貞珉，以志不朽云。」雖固非傳澎湖禱神得泉事，徵之於《臺灣外記》有：「施琅以平海甘泉之湧，臺灣可收之兆，是天之將亡鄭氏，宜乘機進勦，不可違時。遂密題疏。」之文。因其與確定征臺之一動機有關係，偶於澎湖八罩、虎井等井泉甚少之處，並有得淡水之事實，而終至以彼附會於此，再轉至古來存在媽宮澳頭之大井，而至猶如著其效靈者也。畢竟不問其事蹟之實在如何，而以克捷歸屬於神明祐護之影響如何顯著，知其實為形成臺民敬虔之淵源而有餘也。（按

①「贍」字於伊能原書誤作「瞻」。
②「盛」字於伊能原書作「晝」。

此類之說法亦傳於廈門。《廈門志》〈分域略〉曰：「朝天宮，一名上宮。……祀天后。將軍施琅平臺時，禱神默相，後軍中乏水，祝之得泉。凱旋……」云云。要之，其根源之出處乃屬同一，惟其所傳相異者。）

施琅一面對天妃神助報賽，而於媽宮澳並致祭后土，以答神靈襄助，其祭文載《靖海紀事》，曰：

聖代隆興，皇圖恢廓；海澨山陬，率土經略。蕞茲澎島，鯨氛是托；恃險負嵎，相傳濟惡，四十餘載，億兆斯虐，戶口零丁，鄉村寂寞。云胡天厭，喪敗莫度，渠魁盡殲，兎脫膽落。地土人民，今已非昨。朝廷版籍，山川丘壑，以佃以漁，以耕以穫。惟神之靈，闢疆彌擴，永賴奠安，黔庶熙若。齋①心致虔，清醑一酌。謹告。

嗣於八月，施琅之船自澎湖進入臺江時，原臺江外口之鹿耳門，以水路窄狹且底淺，舟航最稱危險。而當時潮水滿漲，大、小船隻，得縱橫畢入，乃亦歸功於神之庇祐。（初，鄭成功率舟師入鹿耳門時，先祭皇天、列祖，祈求助潮水之漲，以便船艦進入而免礙沮，祝後探示水位深淺比往日加漲丈餘之傳，乃藉鹿耳門神祐之事蹟，前後一轍傳承。）施琅於鹿耳門躬自致祭水神，以答謝神祐，其祭文曰：

惟滄波之浩蕩，渺難測其所之。何重關之據險，儼要隘乎天池。既迤邐以紆折，復迅激而奔馳。擬鹿耳兮巖浚，若砥柱兮標奇。灩澦無以喻斯流之湍急，天塹奚以軼扃鍵于藩維！某忝專戎于茲域，端藉舟航以指麾。欽神功于有赫，仰幽贊而匡維。願濟涉乎無阻，俾往復咸底于平彝。伏望

①「齋」字於伊能原書作「齊」。

鑒此救民湯火之誠悃，彰斯聖皇赫濯之靈威，風濤于焉恬息，驚波為之奠綏；士馬攸利，黎庶靡危。虔陳菲獻，亶錫崇祺。謹告。（《靖海紀事》）

而《臺灣府志》〈雜記志〉「菑祥」亦特載云：「康熙二十二年秋八月，鹿耳門水漲，師乘流入臺，……臺灣平。」又《平臺紀略》對於康熙六十年朱一貴之役，清軍戰艦由鹿耳門進入時，亦會逢水漲，「抑聞之，康熙癸亥年（二十二年）克鄭逆，舟進港時，海水乍漲。康熙辛丑年（六十年）克朱一貴，舟進港時，海水亦乍漲，前後如合符節。蓋聖人在上，海若効順，王師所指，神靈呵護，理固然耳。」其利用南風進攻澎湖之史實，亦有附會於神祐之痕跡。施琅之幕僚陳昂〈詠偽鄭遺事〉，詩註云：「六月中，常有颶。是日將戰，有風從西北來，士皆股慄；公乃大呼祈禱，須臾雷震，立轉南飈。」施琅禱風之事，其他文書並無所見，蓋因當時傳承此奇蹟，故為記註耳。此外，九月三日施琅在臺灣親自致祭山川后土，亦出諸同樣意思之報賽，其曰：

竊以淵獻仲秋，東溟維舟，原隰相望，陟彼崇丘。田疇鬱其聯屬，黔庶于焉止休。蔽長天之巨艘，揚旌旆之悠悠。奉皇威以遠濟，統水兕乎貔貅。既克澎湖于重險，爰躋臺灣而周流。維山川之巖浚兮，羗連檣以難進；仰神功之浩大兮，御艨艟其飛迅。封內則載于祀典兮，殊方遡夐古而莫迅。誕后土之載物兮，控東隅以靜鎮。比神嶽而孕靈兮，應安貞以益崇夫明信。某菲薄之涼德兮，伏天討以翼翼，拯斯民于塗炭兮，啟絕島之異域。慨杼柚之空竭兮，嗟旱潦夫稼穡；籲靈貺之昭格兮，錫福祉于遐國。水土平衍，不匱于民用兮，俾遺黎徧得沾乎豐殖。驅螟螣與蟊賊兮，庶無侵于狐蜮。繄統師其申嚴紀律兮，秉鈇鉞以專征。遏兵戎于衽席之上兮，欣耆壺漿之遠迎。誓不殺以凜犯于秋毫兮，體皇仁而用兵。撫茲土以安民輯眾兮，祈士馬乎寧平。亶篤祐此征人兮，願氛沴波濤之弗驚。幅幀既入輿圖兮，版籍已登廟堂。寧徒白雉楛矢之遠貢兮，頌海波之不揚。化窮髮以漸被兮，熙帝載于無疆。酬椒醑與桂酒兮，融肸蠁而彌臧。謹告。（《靖海紀事》）

第三章　臺灣之領有

清朝雖已勦蕩臺灣，然往昔其所以認為有征服臺灣必要者，初不過為芟除以此海島為根據之前明餘黨。（尤其唯一勢力之鄭氏族黨。）在其中原之建國鴻謨猶未鞏固，內治之基業亦未就緒之時，欲收之歸入永久版圖內，此在清人國策上，殊不易決定者也。魏源《聖武紀》〈康熙戡定臺灣紀〉云：「方鄭氏之初平也，廷議以其孤懸海外，易藪賊，欲棄之。」即是。《蓉洲文稿》所載，據《臺海使槎錄》〈赤嵌筆談〉「形勢」所引云：「東寧，緣高邱之阻以作屏，臨廣洋之險以面勢；無仙蹤神跡之奇，無樓臺觀宇之勝。有山則頑翳於蔓草，有水則鹵浸於洪濤；鹿、豕、狸、鼠之所蟠，龍、蛇、蜃、虺之所游。夫既限之以荒裔，而求天作地成之景，皆無所得。」蓋此似至少認為可放棄臺灣之一項理由也。如斯，廷議概傾向以臺灣之領有為不利，而僅主張以介在閩、臺中間之澎湖群島為東南之藩籬，至對於已移住臺灣之漢民，則以為應悉令歸還原籍，而完全置於版圖之外。（《臺灣外記》云：「眾以留恐無益，棄慮有害，各議不一。」可見其依違難決之狀。而有直接利害者如戶部尚書蘇拜、閩浙總督①金鋐等，則似左袒放棄臺灣尤為有勢。）時，以親歷征服，建樹首功之靖海將軍靖海侯施琅，堅主留臺之意見，遂於康熙二十二年十二月二十二日題疏詳陳棄留之利害，疏曰：

竊照臺灣地方，北連吳會，南接粵嶠，延袤數千里，山川峻峭，港道紆迴，乃江、浙、閩、粵四省之左護；隔離澎湖一大洋，水道三更餘遙。查明季設水澎標於金門所，出汛至澎湖而止，水道

①應當作「福建巡撫」。

亦有七更餘遙。臺灣一地，原屬化外，土番雜處，未入版圖也；然其時中國之民潛至、生聚於其間者，已不下萬人。鄭芝龍為海寇時，以為巢穴。及崇禎元年，鄭芝龍就撫，將此地稅與紅毛為互市之所。紅毛遂聯絡土番，招納內地人民，成一海外之國，漸作邊患。至順治十八年，為海逆鄭成功所攻破，盤踞其地，糾集亡命，挾誘土番，荼毒海疆，窺伺南北，侵犯江、浙。傳及其孫克塽，六十餘年，無時不仰廑宸衷。臣奉旨征討，親歷其地，備見野沃土膏，物產利溥，耕桑並耦，漁鹽滋生，滿山皆屬茂樹，遍處俱植修竹。硫磺、水籐、糖蔗、鹿皮，以及一切日用之需，無所不有。向之所少者布帛耳，茲則木棉盛出，經織不乏。且舟帆四達，絲縷踵至，飭禁雖嚴，終難杜絕。實肥饒之區，險阻之域。逆孽乃一旦凜天威，懷聖德，納土歸命，此誠天以未闢之方輿，資皇上東南之保障，永絕邊海之禍患，豈人力所能致？夫地方既入版圖，土番、人民，均屬赤子，善後之計，尤宜周詳。此地若棄為荒陬，復置度外，則今臺灣人居稠密，戶口繁息，農工商賈，各遂其生，一行徙棄，安土重遷，失業流離，殊費經營，實非長策。況以有限之船，渡無限之民，非閱數年難以報竣。使渡載不盡，苟且塞責，則該地之深山窮谷，竄伏潛匿者，實繁有徒，和同土番，從而嘯聚，假以內地之逃軍閃民，急則走險，糾黨為祟，造船製器，剽掠濱海；此所謂藉寇兵而齎盜糧，固昭然較著者。甚至此地原為紅毛住處，無時不在涎貪，亦必乘隙以圖。一為紅毛所有，則彼性狡黠，所到之處，善能蠱惑人心，重以夾板船隻，精壯堅大，（「精壯堅大」在《臺灣府志》所引該疏作「製作精堅」。）從來乃海外所不敵。未有土地可以托足，尚無伎倆；若以此既得數千里之膏腴復付依泊，必合黨夥竊窺邊場①，迫近門庭。此乃種禍後來，沿海諸省斷難晏然無慮，至時復動師遠征，兩涉大洋，波濤不測，恐未易再建成效。如僅守澎湖，而棄臺灣，則澎湖孤懸汪洋之中，土地單薄，界于臺灣，遠隔金、廈，豈不受制于彼而能一朝居哉？是守臺

①「場」字當作「埸」。

灣則所以固澎湖。臺灣、澎湖，一守兼之。（「一守兼之」在《臺灣府志》所引該疏作「聯為臂指」。）沿邊水師，汛防嚴密，各相犄角，聲氣關通，應援易及，可以寧息。況昔日鄭逆所以得負抗逋誅者，以臺灣為老窠，以澎湖為門戶，四通八達，游移肆虐，任其所之。我之舟師，往來有阻。今地方既為我得，在在官兵，星羅碁布，風期順利，片帆可至。雖有奸萌，不敢復發。臣業與部臣蘇拜、撫臣金鋐等會議之中。部臣、撫臣未履其地，去留未敢進決；臣閱歷周詳，不敢遽議輕棄者也。伏思皇上建極以來，仁風遐揚，宜聲遠播，四海賓貢，萬國咸寧；日月所照，霜露所墜，凡有血氣，莫不臣服。以斯方拓之土，奚難設守，以為東南數省之藩籬？且海氛既靖，內地溢設之官兵，盡可陸續汰減，以之分防臺灣、澎湖兩處。臺灣設總兵一員，水師副將一員、陸師參將二員，兵八千名；澎湖設水師副將一員，兵二千名。通共計兵一萬名，足以固守。又無添兵增餉之費。其防守總兵、副、參、遊等官，定以三年或二年轉陞內地，無致久任，永為成例。在我皇上優爵重祿，推心置腹，大、小將弁，誰不勉勵竭忠？然當此地方初闢，該地正賦、雜餉，殊宜蠲豁。見在一萬之兵食，權行全給。三年後開徵，可以佐需。抑亦寓兵於農，亦能濟用，可以減省，無庸盡資內地之轉輸也。蓋籌天下之形勢，必求萬全。臺灣一地，雖屬外島，實關四省之要害，勿謂彼中耕種，猶能少資兵食，固當議留；即為不毛荒壤，必藉內地輓運，亦斷斷乎其不可棄。惟去留之際，利害攸係，恐有知而不言。如我朝兵力，比於前代，何等強盛，當時封疆大臣，無經國遠猷，矢志圖賊，狃於目前苟安為計，劃遷五省邊地以避寇患，致賊勢愈熾而民生顛沛。往事不臧，禍延及今，重遺朝廷宵旰之憂。臣仰荷洪恩，天高地厚，行年六十有餘，衰老浮生，頻慮報稱末由。熟審該地形勢，而不敢不言。蓋臣今日知而不言，至於後來，萬或滋蔓難圖，竊恐皇上責臣以緘默之罪，又焉所自逭？故當此地方削平，定計去留，莫敢擔承，臣思棄之必釀成大禍，留之誠永固邊圉。會議之際，臣雖諄諄極道，難盡其詞。在部臣、撫臣等耳目未經，又不能盡悉其概，是以臣于會議具疏之外，不避冒瀆，以其利害自行詳細披陳。但事關朝廷封疆重大，棄留出自乾斷外，臺灣地圖一張，附馬塘遞進御覽。緣係條議臺灣去留事宜，貼黃難盡，伏乞皇上睿鑒施行。

奏疏之要旨為：臺灣雖係海外一島，實為腹地，乃東南數省之屏蔽，一旦棄之，逃軍流民必與土番和同，為嘯聚之巢穴，亦將難免荷蘭乘隙再圖占有，是假兵於寇，齎糧於盜之較著者，沿海各省斷難保晏然無事。且澎湖為不毛之地，不及臺灣十分之一，如無臺灣則澎湖亦不能守云云。加之，立寓兵於農之計，期能有濟。深謀遠慮，雖然得展盡底蘊，所謂二百餘奏，似可見無不剴切當帝心者矣。此議終見獲准，康熙二十三年四月，遂發臺灣歸入版圖之上諭，曰：

臺灣僻處海外，新入版圖，應設立郡縣、營伍，使善良①寧宇，姦宄消萌，教化既行，風俗自美。著於赤嵌設臺灣府，附郭為臺灣縣，鳳山為鳳山縣，諸羅為諸羅縣，設一道員分轄。又設總兵一員，副將二員，兵八千名，分為水、陸八營。澎湖設副將一員，兵二千名，分二營。設遊擊、千、把等官。

於是以臺灣為一府，隸屬福建省，分巡臺廈兵備②道併管廈門。

①「良」字於伊能原書作「民」。

②「兵備」二字衍。

《池北偶談》「臺灣府縣」曰：「康熙二十二年，臺灣平，設府一，曰臺灣府；縣三，曰臺灣、曰鳳山、曰諸羅，又設總兵官、分巡廈門道各一員駐焉。幅員之廣，古未有也。」

《臺灣府志》①所載：「東抵羅漢門莊內門……，西抵澎湖……，南抵沙馬磯頭……，北抵雞籠……」係其轄境之疆域，而《鳳山縣志》②「阨塞」所載：「澎湖為臺灣之門戶，鹿耳門為臺灣之咽喉；雞籠則北方之險要，沙馬磯則南隅之砥柱。」乃當初方輿之概括，以中央山脈為分界線，認其西半部為轄境，至其東半部一帶，完全委為管轄以外之情形。初，在明代以後，此地名擬稱為臺灣。隨著鄭氏之收復改為東都、東寧。（鄭成功開臺之初，總名東都，子經改東寧。）及至清人領有後，廢之，恢復臺灣舊名，因而命於府。林謙光《臺灣紀略》曰：「以東寧復舊，為臺灣府。」③《臺灣輿圖》〈說略〉稿本（光緒十九年臺灣布政使校訂）亦云：「蓋自有明以來，即以臺灣為名，設府時，仍以名之。」即指此也。按清人征平臺灣，其靖臺政策，伴隨致力湮滅鄭氏史蹟，如府治之稱呼，亦欲避免襲用鄭氏時代公認之東都、東寧之名，似出乎寧回溯往昔移殖漢人所慣用之臺灣名稱為愈。

按：鄭氏時專以新定之稱呼，即如應從東都或東寧，與地名無關，因此，除單使用於公式上外，仍然行用臺灣地名。

先是，居住於臺灣之大多數漢民，概係前朝遺民，故對於新政往往懷抱敵愾心，有不悅服之傾向，清人因此窮於善後事宜，似難免為須施行何種措施所困擾，尤其如鳳山、諸

①〈封域志〉「形勝」。

②初修康熙《鳳山縣志》〈規制志〉。

③上書似無此二句。

羅二縣，亘十數年未設縣署，當局之知縣、佐雜等員，皆僑居於府治而掌理其政務。因此，不能見治績之顯著提高，記載入清以後十四年情形之郁永河《裨海紀遊》云：「議者謂：『海外丸泥，不足為中國加廣，裸體文身之番，不足與共守；日費天府金錢於無益，不若徙其人而空其地。』不知我棄之，人必取之；我能徙之，彼不難移民以實之。噫！計亦疏矣！我朝自鄭氏竊踞以來，海艅飄忽，在在入寇，江、浙、閩、粵沿海郡縣，蹂躪幾遍，兵戈垂四十年不息，至沿海萬里遷界為清野計，屢煩大兵迄不能滅者，以有臺灣為之基也。今既有其地，而謂當棄之，則琉球、日本、紅毛、安南、東京諸國必踞之矣！琉球最稱小弱，素不為中國患，即有之，亦必不能長守為中國藩籬；安南、東京，構兵不解，無暇遠圖；日本最大，獨稱強國；紅毛狡黠，尤精戰艘、火器，又為大西洋附庸；西洋人務為遠圖，用心堅深，不可測識，幸去中國遠，窺伺不易；使有臺灣置足，則朝去暮來，擾害可勝言哉？鄭鑒不遠，何異自壞藩籬，以資寇巢？是智者所不為也。」此論足以察及大勢。夫一旦已收之領土，勢固不容忽爾放棄，雖漸使統制就緒，而其實並未出諸真摯之經營，係屬事實。且《裨海紀遊》所謂：「今臺郡百執事，朝廷以其海外勞吏，每三歲遷擢，政令初施，人心未洽，而轉盼易之，安必蕭規曹隨，後至者一守前人繩尺，不事更張為？況席不暇暖，視一官如傳舍，孰肯為遠效難稽之治乎？」係當時不加重視之臺灣政治之實情，終至於康熙末年釀成朱一貴之大案。因此，接近該年代所成有關臺灣之文獻中，如特書臺灣之形勝，寓意讚頌泰平，與其認為當時之實狀，毋寧係粉飾虛華，可謂不外所以衒張一時之筆耳。

曰：

海外蒼茫島嶼，自古未有建郡、縣者。隋開皇中，略澎湖；至元末，置巡司。而北港、臺灣，前明始見於簡編，初為逋藪，繼作倭巢。自偽鄭拾荷蘭之遺，城市室廬①，頗近中土。迫入國朝版圖，聲教遐訖，經營而締造之，歷七十年；天獻其祥、地不愛寶，千峰作鎮、百川匯流，巍然為②東南之保障。所謂聖人懷柔及河喬嶽者，寧以海外異哉！（《臺灣府志》〈封域志〉小序。）

通臺灣者厥有三族。初發難由倭人，闢地築城自荷蘭，相度形勢、奠厥國基成於鄭氏。蓋海外墾除若斯之難也。聖王奠③之，建都立邑，設官分職，有土有人，斯其時矣。明禮法，定民志，以完開國承家之事，是在官斯土者。易曰：「雲雷屯，君子以經綸。」猶是時哉，猶是時哉！（《臺灣縣志》〈地志〉「建置」附論。）

臺灣處大海之中，地形坐東南、面西北；自東北而至西南如列屏，為中國江、浙、閩、粵四省之外界。西北近海，多平地可耕，土番及人民聚落以百數。山背東南，一望洸洋，舟楫所不到，土番加嘮④使種類居焉。自紅夷以至鄭氏，皆不能綏附，聞中國盛德，悉來臣服，贄其方物。故我國家邊陲極於海東數萬里，置郡縣、為疆界，實自古所未有。（〈赤嵌筆談〉「形勢」引《福建海防志》。）

按：本文所謂土番加嘮⑤之種類者，蓋係對「カラサイ」之譯音，住於臺東卑南溪北之海岸土番部落，夙因古占居而傳承口碑，現由於近音之轉訛書為猴仔山（カウアサン）。

蓋臺灣內濱於廣東、福建、浙江、江南、山東五省，外羅以數十餘國，臺灣而得潔己、愛人、恤兵，

①「室廬」二字於伊能原書作「廬室」。
②「為」字於伊能原書作「有」。
③「奠」字於伊能原書作「定」。
④「嘮」字於伊能原書作「礑」。
⑤「嘮」字於伊能原書作「礑」。

明於治①要者柄之，則五省以有所衛，而無虞於外患，而澳門、廈門、寧波、崇明四口之貿易者，源源其來矣。如是而沿海之汛隘，俱可以無警。臺灣之治忽，其有關於內也豈淺鮮哉？（魯之裕②《臺灣始末偶紀》。）

另一方面當時當道賢達之士，有以清人之有臺為天命所歸，專假託瑞兆，所謂：「國家將興，必有禎祥。」致力於扭轉懷念前代之民心，努力欲使歸向於此，徵諸下列各文獻可知之：

府志載：「鳳山先年有石忽開，讖云：『鳳山一片石，堪容百萬人。五百年後，閩人居之。』俄而復合。」有言朱文公登福州鼓山，占地脈曰：「龍渡滄海，五百年後，海外當有百萬人之郡。」今歸入版圖，年數適符；熙熙穰穰，竟成樂郊矣。（〈赤嵌筆談〉「紀異」）

又傳：佃民墾田得石碣，內鐫：「山明水秀，閩人居之」八字。（《臺灣府志》〈雜記志〉「叢談」引《福建通志》）

彭湖、臺灣向屬夷島，明末迄國初，鄭寇竊據。迨鄭歸命，夷島亦入版圖，為海中島。海中島，各一方，耳無帝，目無王，古若茲，況漢、唐。勝國末，鄭寇強；踞其壤，……毒閩疆，皇赫怒，整斧斨，命樓船，下扶桑。寇日蹙，乃求降。陬兼澨，梯且航；置郡、縣，破天荒。貢皮幣，賦蔗糖，銷兵氣，日月光。（〈赤嵌筆談〉「偽鄭附略」所引《勞之辨集》）

①「治」字於伊能原書作「治」。

②「裕」字於伊能原書作「祐」。

昔日本始居此地，荷蘭、鄭氏環視而起，皆德薄不能遠有，我朝得坐而致之，豈非天施地設以俟大一統之君出，乃取五帝三王以來禹跡所未經、豎亥所未步，萬古神聖所未開闢之疆域，授之不遺餘力？今海波如鏡，舉瀛堧一千八百里而遙，晏然如金甌之無缺；世界昇平，山水之福，而人民從可知也。（《一肚皮集》〈滬尾紅毛樓記〉）

明崇禎庚辰（十三年），閩僧貫一，居鷺門（即今廈門）。夜坐，見籬外坡陀有光，連三夕；怪之。因掘地得古磚，背印兩圓花突起，面刻古隸四行。其文曰：「草雞夜鳴，長耳大尾，干頭銜鼠，拍水而起；殺人如麻，血成海水；起年滅年，六甲更始；庚小熙皞，太和千紀。」凡四十字。閩縣陳衎盤生明末，著《槎上老舌》一書，備記其語；至今癸亥（康熙二十二年），四十四年矣。識者曰：雞，酉字也；加草頭、大尾、長耳，鄭字也。干頭，甲字①；鼠②，子字也，謂鄭芝龍以天啟甲子起海中為群盜也；明年甲子，距前甲子六十年矣。庚小熙皞，寓年號也。前年萬正色克復金門、廈門，今年施琅克澎湖，鄭克塽上表乞降，臺灣悉平。六十年海氛一朝盪滌，此固國家靈長之福，而天數已預定矣。異哉。（《池北偶談》〈廈門塼③刻〉）④

《臺灣外記》云：「萬曆甲辰三月初十日，春暖融和，天氣晴明，廈門忽爾雲霧四合，電雷閃爍，霹靂一聲，海渚劈開一石，中悉隸篆鳥跡，識者文之曰：『艸雞夜鳴，長耳大尾。銜鼠干頭，拍水而起。殺人如麻，血成海水，揚眉於東，傾陷馬耳。生女滅雞，十倍相倚。志在四方，一人也爾。庚小熙皞，太平伊始。』人咸不解其語。」此蓋同事異傳也。

①「字」字於伊能原書作「子」。
②「鼠」字於伊能原書誤作「鼶」。
③「塼」字於伊能原書誤作「禎」。
④〈赤嵌筆談〉錄入「紀異」。

達宗和尚，住太文嚴，明末人。能詩，學辟穀，嘗謂盧若騰曰：「公牧馬侯後身，改號牧洲，加馬名，當得第。」每盧至，歡然款接。遇俗客，則崖岸自放，人因呼為傲和尚。以兼學辟穀，傲餓音同，謔之也。一日過澤畔，有兩童子方浴鴨，相拍手曰：「傲和尚來矣。」達宗戲擲鴨，鴨忽浮海去，童子牽衣泣拜，達宗笑曰：「還爾鴨。」鴨仍在故處。閒登嘯臥亭四望，東指曰：「不週一甲，海中當生一大郡。」即今臺灣也。後坐化。（《金門志》〈人物列傳〉「仙釋」所引《浯洲見聞錄》）

康熙十九年夏六月，有星孛于西南，形如劍，長數十丈，經月乃隱。（《臺灣府志》〈雜記志〉「菑祥」）

按臺、澎之西南，為漳之銅山、古雷等處。又三年而施侯由銅山進討澎湖，遂下臺灣矣。意者我朝仁人之師，將救斯民於水火，故蒼穹垂象，為授鉞專征、削平逋寇之兆歟？未可知也。（《澎湖廳志》〈舊事錄〉「祥異」）

癸亥①（康熙二十二年）興師，正當盛夏南風大震之候，偽都督劉國軒將戰艦盡泊南風澳，時我師到澎，舟盡誤泊北風澳。國軒得計，謂可弗戰而勝也。豈知天眷，忽北風大作，我師舟楫無損，而偽敵連艅覆沒，因得乘時進攻，克取澎湖。楊孝廉朝宗說。（〈海外紀略〉）蓋俗有「六月一雷止九颱」之謠，至是竟驗，實天意也。（《澎湖廳志》〈舊事錄〉「紀兵」）

《閩海紀要》云：「癸亥二十二年六月，水師提督施琅，率兵攻澎湖（中略）。次八罩，劉國軒笑曰：『誰謂施琅能軍？天時、地利，尚莫之識。諸軍但飲酒以坐觀其敗耳。』蓋澎湖六月北風，常有颶風至，八罩流水湍急，島下有老古石，剛利勝鐵，凡泊船下椗②，遇風立壞③，故國軒以

①「亥」字於伊能原書誤作「刻」。
②「椗」字於伊能原書作「掟」。
③「壞」字於伊能原書誤作「壤」。

為喜也。時數起風，俄而雷響即止。八罩井泉稀少，平日不足供十人，茲忽泉湧，琅軍六萬餘人，用之不竭。國軒聞之失色，皆知天意有在也。」

康熙二十二年六月，水師提督施琅帥師攻澎湖，拔之。二十六日，夜有大星隕於海，聲如雷。秋八月，鹿耳門水漲，師乘流入臺；鄭克塽降，臺灣平。冬十一月，雨雪，冰堅寸餘。（臺地氣暖，從無霜雪，八月甫入版圖，地氣自北而南，運屬一統故也。）（《臺灣府志》〈雜記志〉「菑祥」）

火焰山在港西里赤山頂，時濆湧出火，有火無煙，取薪置其上，則煙起。考《諸羅志》亦有火山，皆從水中炎上，造物化工真不可解。聞康熙二十二年，我師將進港，出火三條，如彩虹亘天，三日夜始散，殆顯示以出幽遷喬之象耶。（《鳳山縣志》〈雜志〉「叢談」）①

康熙二十九年冬，大有年。（自蕩平後，年穀時熟，幾不勝書；是歲尤大稔。）（《臺灣府志》〈雜記志〉「菑祥」）

舊稱三、四月以後，雨連綿不絕，謂之秋霖；八、九月乃不復有雨。今亦不然。夏、秋竟多晴日，立春間有滂沱。蓋入版圖既久，陰陽之氣，與中土漸近也。（《鳳山縣志》〈風土志〉「氣候」）

舊傳，野不苦旱，以土沙含潤，又露氣重②也。予嘗秋郊早行，辨明時草露已晞，③志所謂：「入夜霏霏如霰，茅簷④日高，尚溜餘滴者。」無有也⑤。或曰⑥近年人煙漸稠，故露氣減於昔云。（《海

①「叢談」二字當作「名蹟」。
②上四字於伊能原書作「山氣露重」。
③上句於伊能原書作「草露已晞覺」。
④「簷」字於伊能原書作「蒼」。
⑤「無有也」三字於伊能原書作「少矣」。
⑥「曰」字於伊能原書無。

東札記》）①

夫閩之有臺灣，猶粵之有瓊州也，山川形勝，自闢海外乾坤，奧博雄奇、幽深峭拔之勢甲天下。（《一肚皮集》〈安定縣司鐸實堂先生傳〉）

而另一面，對鄭氏流布不利之菑殃巷說，似欲以牽合夫「國家將亡，必有妖孽」之古語者。茲將文獻所散見之例摭拾如左：

康熙癸亥（二十二年）四月，彭島忽見鱷魚，長丈許，有四足，身上鱗甲火炎②，從海登③陸。百姓見而異之，以冥鈔、金鼓送之下水。越三日，仍乘夜登山，死於民間廚下。按鄭成功起兵，荼毒濱海，民間患之。有問善知識云：「此何孽，肆毒若是？」答曰：「乃東海長④鯨也。」問何時而滅？曰：「歸東即逝。」凡成功所犯之處，如南京、溫、台並及臺灣，舟至，海水為之暴漲。順治辛丑（十八年）攻臺灣，紅毛先望見一人冠帶騎鯨，從鹿耳門而入；隨後，成功諸舟由是港進。癸卯（康熙二年），成功未疾時，⑤轄下夢見前導稱成功至；視之，乃鯨首冠帶乘馬，由鯤身東入於海外。未幾，成功病卒，正符「歸東即逝」之語，則其子若孫，皆鯨種也。今鱷魚登岸而死；識者知其兆不佳。至六月，彭⑥師戰敗歸誠，亦應登山結果之兆焉。（〈海外事略〉）⑦按此殆劉向《洪範傳》⑧所謂魚孽也。是時鄭氏骨肉相殘，民心離析⑨，運丁荒末，是有咎徵，亦其氣焰有以取之歟？吁，可畏哉！（《臺灣志略》）

①卷三〈記氣習〉。

②上四字《臺灣外記》作「鱗甲金色，邊有火焰奪目」。

③「登」字於伊能原書誤作「澄」。

④「長」字於伊能原書作「大」。

⑤成功卒於壬寅年，即康熙元年。

⑥「彭」字於伊能原書作「澎」。

⑦此段錄自《臺海使槎錄》〈赤嵌筆談〉「紀異」；自「鄭成功起兵」以下亦見於尹士俍撰《臺灣志略》。

⑧即《洪範五行傳論》。

⑨上字伊能原書作「折」。

亦傳承之近似者。

《金門志》「祥異」云：「康熙元年，大嶝海中，有人面魚，立水面，見人笑而沒，越明年遷界。」

龍碽者，大銅礮也。成功泊舟粵海中，見水底有光上騰，數日不滅，意必異寶。使善泅者入海試探，見兩銅礮浮游往來；以報，命多人持巨絙牽出之，一化龍去，一就縛。既出，斑駁陸離，若古彝鼎，光艷炫目，不似沈埋泥沙中物；較紅衣炮不加大而受藥彈獨多。先投小鐵丸斗許，乃入大彈；及發，大彈先出，鐵丸隨之，所至一方糜爛。成功出兵，必載與俱；名曰龍碽①。然龍碽有前知，所往利，即數人牽之不知重；否則，百人挽之不動。以卜戰勝，莫不驗。康熙十八年，劉國軒將攻泉郡，龍碽不肯行；強舁之往。及發，又不燃；國軒怒，杖之八十，一發而炸裂如粉，傷者甚眾。（〈偽鄭逸事〉）

盧若騰……，康熙三年，將渡臺灣，至澎湖，病亟，夢黃衣神持刺來謁，忽問今是何日？侍者以三月十九對，瞿然曰：「是先帝殉難之日也。」一慟而絕。……年六十六。」（《金門志》〈人物列傳〉）

陳參軍永華……，復嘆曰：「鄭氏之祚不永矣！」居無何，告其家人曰：「上帝命吾宰茲郡，將以明日往。」詰朝，端坐而逝。（〈偽鄭逸事〉「陳參軍傳」）

鄭氏將亡時，大疫，有神曰天行使者，來居安平鎮陳永華宅；永華與相酬接。自是，鄭氏主、臣、

① 「碽」字於伊能原書作「熕」。

眷屬凋喪殆盡。（《臺灣府志》〈雜記志〉「叢談」）

康熙二十二年癸亥夏五月，大雨水。（時淫雨連月，鄭氏土田多沖陷，有「高岸為谷」之歎。）（《諸羅縣志》〈雜記志〉「災祥」）

鄭經酷嗜麻虱目，臺人名之曰皇帝魚。夏初出，頗適口；及秋，則味帶酸而肉澀，宜乎鄭氏之不能久也。（《諸羅縣志》〈雜記志〉「外紀」）

下淡水地氣甚熱，居者多病。有一山絕頂噴泥，浮於溪中，夜見光炎如火，老番私語云：欲易代者，固如是也。自紅夷竊據，及國姓開刱，以至於今，皆一一為人道之。後果驗。（《閩海紀要》康熙二十二年五月下淡水山頂噴泥條）

《池北偶談》之荷蘭貢物，載述清人靖臺後，曩昔占有者荷蘭人奉表進貢，致慶賀之意云：「荷蘭國自康熙六年入貢，今二十五年臺灣平，設郡、縣，其王耀漢連氏甘勃氏，遣陪臣賓先吧芝復，奉表進貢。表詞有云：『外邦之泥丸尺土，乃是中國飛埃；異域之勺水蹄涔，原屬天家滴露。』云云。貢物：大珊瑚珠一串、照身大鏡二面、奇秀琥珀二十四塊、大哆囉絨十五疋、中哆囉絨十疋、織金大絨毯四領、烏羽緞四疋、綠倭緞一疋，新機嗶嘰緞八疋，中嗶嘰緞①十二疋，織金花緞五疋、白色雜樣細軟布二百一十九疋、文采細織布一十五疋、大細布三十疋、白毛裏布三十疋，大自鳴鐘一座，大琉璃燈一圓、聚耀燭

①「緞」字於伊能原書脫。

臺一懸，琉璃盞異式五百八十一塊，丁香三十擔、冰片三十二斤、甜肉荳蔻四甕、廂金小箱一隻（內丁香油、薔薇花油、檀香油、桂花油各一罐）、蒲萄酒二桶、大象牙五支、廂金鳥銃二十把、廂金馬銃二十把、精細馬銃十把、彩色皮帶二十佩（廂金馬銃中用）、繡彩皮帶十佩（精細馬銃中用）、精細小馬銃二十把、短小馬銃二十把、精細鳥銃十把、廂金配刀十把、起花佩刀二十把、廂金雙利劍十把、雙利濶劍十把、起金花單利劍六把、照星月水鏡一執、江河照水鏡二執、雕製夾板三隻。」①按康熙二十五年為西元一六八六年，所謂其王「耀漢連氏甘勃氏」，乃指當年荷蘭聯合東印度公司之總督 Johannes Cumphys，（先此，於一六七四年（延寶二年）到日本長荷蘭商館。）又所謂陪臣賓先吧芝復，雖未能考定其人，而其係荷蘭聯合東印度公司職員之一甚明。（從荷蘭人之名例推試或許係 Vincent Pasp 之類之譯音）要之，原來荷蘭人因敗於鄭氏，不得不放棄主權而被迫退出臺灣，而回顧之，最不堪慊焉回首之處，推察其有一時與清軍訂約、聲援其征臺之形跡，夷滅臺灣鄭氏，係洩其餘憤為荷蘭人所滿足之處，自不可否定者，終究係流露其會心之所為，但清人之識者竟居為奇貨。〈赤嵌筆談〉「進貢」評上述記事云：「荷蘭國最稱富饒，乃遇風至臺，假地於倭，虎視盤踞，大有深心。迨何斌引鄭成功襲臺，力戰不克而歸，見我師掃蕩鄭逆，不覺讋服。」此可想亦寓意誇示清人攻臺武力之強大耳。所謂：「臺灣地倍於琉球，其山脈發於福州之鼓山，自閩安赴大洋，為澎湖三十六島，又東渡洋百里至臺灣，為中國之右臂，可富可強，可戰可守。」是為《聖武紀》〈康熙戡定臺灣紀〉，敘述攻臺之最終理想也。

①《池北偶談》此段記載，收入〈赤嵌筆談〉之「進貢」，微有異同。

附錄　對施琅之優遇

清人平定臺灣之成就，實多歸於福建水師提督施琅之勳績，故對施琅恩賞尤極破格優渥。康熙二十二年九月十日有旨，授靖海將軍，封靖海侯，與之世襲，《臺灣府志》〈武備志〉「列傳」評施琅曰：「版圖式廓，海波不揚，江、浙、閩、粵四省，數十年鯨鯢久靖，琅之功為多。」係稱之者也。其封侯制誥曰：

奉天承運皇帝制曰：朕惟尚德崇功，國家之大典；輸忠盡職，臣子之常經。古聖帝明王，戡亂以武，致治以文。朕欽承往制，甄進賢能，特設文、武勳階，以彰激勸。受茲任者，必忠以立身，仁以撫眾，智以察微，防姦禦侮，機無暇時。能此則榮及前人，福延後嗣，而身家永康矣。敬之勿怠！爾施琅先任水師提督時，同總督李率泰總統水師官兵進勦海賊，克取廈門、金門、銅山等島，著有勞績。海寇竄踞臺灣，出沒島嶼，窺伺內地，擾害生民，雖屢經勦、撫，餘孽猶存，烽煙時警。嚮者滇、黔底定，逆賊削平，惟海外一隅，尚梗王化，應行剪滅，永奠海疆。爰以進勦方略，咨詢廷議，咸謂海洋險遠，風濤莫測，長驅制勝，難計萬全。朕念海氛不靖，則沿海一帶地方，民鮮幹止之樂，兵有征調之繁，計切安全，用彰天討。以爾忠勇性成，韜鈐夙裕，兼能洞悉海外形勢，特簡為福建水師提督，前往相度機宜，整兵征進。爾克承簡命，力任尅期可奏蕩平。遂訓練水師，整頓戰艦，揚帆冒險，克取花嶼、貓嶼、草嶼、八罩、將軍澳、南大嶼、東西吉，直抵澎湖，克取虎井、桶盤嶼、西嶼頭、牛心灣、內外塹、嵵內、雞籠嶼、四角山、風櫃尾、娘媽宮、案山仔、紅毛城、林投仔、暗澳、竹竿灣①、龍門港、龜壁港、赤嵌嶼、小門嶼、吉貝嶼、

①即竹篙灣。

馬鞍嶼、吼門、雁靖嶼、中墩嶼、蝠仔嶼、北山嶼、鳥嶼、香爐嶼、大小烈嶼等三十六島；鏖戰力攻，大敗賊眾，殺賊一萬四千餘名，招撫偽將軍果毅中鎮楊德等一百六十五員，賊眾四千八百餘名。因克取澎湖等要地，餘眾潰遁臺灣，懾服兵威，鄭克塽乞降，請命納土歸誠。自明朝以來，逋誅積寇，始克殄除，海外遐陬，歷代未隸疆索，自茲初闢，悉入版圖。此皆爾矢心報國，大展壯猷，籌畫周詳，布置允當，建茲偉伐，宜沛殊恩。封爾為靖海侯，世襲罔替。

此外，准在臺灣建施琅生祠二所，（臺南城內檨①仔林街，及澎湖大山嶼之媽宮城內。）俱稱施將軍祠。又康熙三十二年九月，以臺灣縣四坊（即東安、西定、寧南、鎮北）之鄉耆、舖戶等名義，在西定坊天后宮內，合立靖海將軍侯施公功德碑記（碑石尚存），其動機雖不得而知，但亦與生祠同以頌德者也。施琅於康熙三十五年三月，病薨於官，翌年特旨准勑建碑文，為對施琅優遇之最後異彩，且係其彰功之概括曰：

> 太子少保、靖海將軍、靖海侯、右都督、管福建水師提督事、加贈太子少傅、謚襄壯施琅碑文
>
> 朕惟國家有戡亂寧民之略，必有協謀宣力之臣，用能殫布天威，廓清海宇，績既書於冊府，寵亦集於私門。堂陛之誼常通，始終之禮攸渥。弘茲異數，以勸有功。爾施琅材略夙優，忠誠丕著。自分閫同安，從征用命，每當調遣，輒冠軍鋒。尋總水師，屢陳進取。廈門之克，爾與有勞。召列環衛之班，晉賜躬圭之爵。既朕削平僭逆，底定多方，蠢茲海氛，阻遠負固。欲聲厥罪，以救邊氓，諮諏在廷，謂難剪滅。惟爾獨抒忠悃，力贊成謀。聚米堪圖，指掌可述。朕心益斷，命爾徂征。爾能上度天時，下揆地勢；更行間諜，收合人心。排群帥以密陳，乘南風而破浪。六月于

① 「檨」字於伊能原書誤作「樣」。

邁，一鼓而平。四十餘年之巨孽悉除，三十六島之殘黎皆悅。戢兵而惟宣德意，受降而不復私仇。調度周詳，朕深嘉歎，嘗賦詩以當勞還之寵，解衣以弘挾纊之恩。世爵爾侯，董戎如故。既而入覲，訓以溫言，仍赴軍中，委任不替。爾能祇遵朕訓，保有令名。何不遐年，朕心軫悼！澤加身後，悉准來章，贈䘏從優，謚曰襄壯。嗚呼！賜爾喪之反葬，永增耀於鄉邦。嘉爾子之多才，更推恩於部曲，情惟念舊，義不忘勞。勒之貞珉，垂休無斁！康熙三十七年八月十二日立。

然施琅亦時自負其勳績，不無縱其餘威之跡象。現如臺灣南部各地方所存稱為「施侯租」田、園之土地，雖屬出於恩賞之勳業地，（《清律》所謂功臣田土。）但亦非盡然者，康熙二十三年諸羅知縣季麒光①在〈再陳臺灣事宜文〉②中云：「將軍以下，復取偽文、武偽業，或托招佃之名，或借墾荒之號，另設管事照舊收租。在朝廷既弘一視之仁，而佃民獨受偏苦之累，哀冤呼怨，縣官再四申請，終不能補救。」（《福建通志》）又《澎湖廳志》〈經政志〉③載乾隆二年四月，禁革澎湖廳魚規之上諭中，有：「朕查閩省澎湖地方係海中孤島，並無田地可耕，附島居民咸置小艇捕魚，以餬其口。昔年提臣施琅倚勢霸佔，立為獨行，每年得規禮一千二百兩。及許良彬（福建水師提督）到任後，遂將此項奏請歸公，以為提督衙門公事之用。」之語，是可謂確證，此概係當時在靖臺首功名下，致被吞併者，此等橫奪私占，亦被公然默認，視同隆恩之勳業地耳。

同治十年，以業主靖海侯施之名，所發與小租戶之墾批云：「本侯府祖遺勳地，在嘉屬蕭④壟保等處」，又云：「查界內將軍庄，有勳業一所」，是其佐證。而如將軍庄（漚汪堡）地名，實乃

①伊能原書誤作「季戲光」。
②伊能原書誤作「關於賦制之覆議」。
③當作〈皇言錄〉。
④「屬蕭」二字於伊能原書作「蕭屬」。

基於靖海將軍勳業地之原意名之云。

（附記）本文所載施侯租田、園，傳係靖海侯施琅，以其勳業地，今在臺之閩屬分墾，從此征收大租（施侯租）之慣例，而永遠以業主靖海侯施之名管理者。

光緒十年收租執照中之一，存有記載下列內容者：「世襲靖海侯業主施，為收租事，據（堡里）將軍庄佃吳燦完納，光緒玖年分勳業租谷零石玖斗伍升零合柒勺。光緒拾年拾月拾玖日完單。」

其地除臺南城內檨①仔林施公祠地外，散在漚汪堡（將軍庄、巷口庄）、學甲堡（中洲庄、溪底藔庄、北門嶼庄、蚵藔庄、學甲庄）、打貓西堡（舊南港庄、埤頭庄）、牛椆溪堡（番婆庄、菜公厝庄、月眉潭庄、潭仔墘庄、中洋仔庄、三間厝庄、大客庄、大崙庄、溪北庄）、觀音中里（大社庄、保舍甲庄、楠梓坑庄、土庫庄、林仔邊庄、三奶壇庄）、半屏里（後勁庄、八卦②藔庄、右沖庄、大灣庄）、大竹里（籬仔內庄）、興隆內里（覆鼎金庄）、興隆外里（左營庄）、小竹上里（翁公園庄、山仔頂庄）、仁壽上里（漯底庄、港口崙庄、白米庄、梓官庄、大舍甲庄、蚵仔藔庄、茄苳坑庄、街尾崙庄、後協庄、鹽埕庄、彌陀港庄、海尾庄、舊港口庄、石螺潭庄、阿公店街、前峰庄、赤崁庄）、仁壽下里（下鹽田庄）、觀音下里（灣仔內庄、赤山仔庄、仁武里庄、竹仔門庄、新庄）等處。當初設施公租館十所，置管事，分掌收租事務，經縣、府、省致送京師，交納與施琅後裔之世襲業主成為慣行。及至道光年間，業主將其六所租館所屬管業杜賣，僅存其餘四所。臺灣割讓時，業主施家因不具日本國籍，該大租亦編入官租。

①「檨」字於伊能原書誤作「樣」。
②「卦」字於伊能原書誤作「封」。

施琅有八子，曰：世騌、世綸、世騮、世驥、世騋、世驃、世驊、世范。而世范以父命襲侯爵，移住北京，侍廷闕，子孫承續云。

第三篇　文治武備沿革

第一章　文治之規制

第一款　組織及權限

依據清朝制度，地方文治機關之組織，省之下有府，府之下有州及縣，為三級，另有直隸州、直隸廳，直屬於省，其地位與府略同，又有廳即分府，與州、縣相並而其地位與州、縣略同。而每二省或三省置總督總轄之，統制文、武政權。（總督原為行政文官，為令其綜理軍務，故另加兵部尚書銜，①為令其監察行政及參與司法終審，②所以加都察院右都御史銜是為定例）又各省置巡撫，專綜理民政，總督不駐在之省，由該巡撫兼理軍政。（巡撫亦原為行政文官，因令其綜理軍務而加兵部侍郎銜，又為令其監察行政，及參與司法之終審，而另加都察院右副都御史銜，是為定例。）即總督、巡撫兩官係俱為地方（即省）之最高長官，其地位幾乎並立。隸屬於督、撫之正印官，在省有布政使掌理財政，有按察使掌理刑名，有道員依職制所示專任行政之監督。府有知府，綜理府轄內之政務，州有知州，縣有知縣，膺任各州、縣轄內之治理，直隸州、廳及分府（廳）之同知、通判，亦略同知府及知縣之任務，其下更有縣丞、巡檢、其他佐雜及胥吏等，設置有差，是為一般組織之概要。

在清朝統治下之臺灣，大體上雖與此通制同軌，但因其位置與本土遠隔海洋，且係民、番雜處之殊域，認為編制自應不得不有所差別，而在特殊編制之下，賦與特殊權限。及至近代分立為一省，提高巡撫之地位，尚無專設按察使，而歸他官兼掌，直隸州不另設屬縣③，

①清朝總督非必然加兵部尚書銜。——校按，以下略

②清制司法綜審乃刑部職，且多另派其他有關機關會同辦理，總督、巡撫之所以有都察院加銜，主要在糾察彈劾屬吏，以正官箴。

③清朝各省直隸州多數領縣。

而委諸州同及州判分治；又府轄內不置州等，亦屬其特例。①其中文治機關之顯著變遷，得分為二期，一為康熙二十三年初入版圖至光緒十年，為隸屬福建省府治地方之時期；（此期間凡二百零一年，更分為四小期：一、自入清之初至康熙六十一年之間，二、自雍正元年至乾隆五十二年之間，三、自乾隆五十三年至同治十三年之間，四、自光緒元年至光緒十年之間。）二為光緒十一年至光緒二十一年割讓日本，為臺灣建省時期。（此間共十一年。）而前於康熙六十年，福建漳州府長泰縣民朱一貴，住於羅漢門番境，乘當時守土官員恬嬉，不以民生吏治為意，防範疏濶，遂陰圖不軌，以其姓朱為奇貨，詐稱明室遺裔，與同黨五十二人歃血結盟，樹旗起事，時各鄉民眾之不滿於官府者，紛紛響應，計數萬人，直逼臺灣府治，府治文、武官員譁然震駭，先後駕舟逃竄，未旬日而全臺淪陷，朱一貴自立為「中興王」，建年號為「永和」，設置大、小偽官職，於鄭氏遺府推行政令。雖僅經七日而清軍大舉敉平之，然當其他民變起事之際，為美其名、大其聲，屢屢冒稱王或類似之稱號，各異其選，因此清之主權在臺灣一度中斷，而由所謂「中興王」朱一貴之政令取而代之，可謂事實。其後於光緒二十一年臺灣割讓之際，臺灣巡撫唐景崧等為部分士民所擁立，組織臺灣民主國，並新建年號曰「永清」，推舉唐景崧為總統，乃企圖不承認日本帝國主權之事件，此固然具有夜郎自大之潛謀，實為臺灣政治史上之波瀾，不得不認為其變遷之一枝節。茲將臺灣重要文治官署之組織及權限，分節概述其特色。

第一節　臺灣巡撫　附：布政使

①清朝各省，府以下不領屬州者實屬常見，臺灣有此情況，似不能視為特例。

臺灣原係福建省之一府，然以孤懸海外之故，閩浙總督及福建巡撫極少躬自渡海巡察。《東華錄》（蔣良騏撰）云：「總督與巡撫，水師、陸路二提督，每年輪值一人前往臺灣，稽察道、府、廳、縣之賢否。」雖然存有此明條，而實際上幾同具文。

按魏源之《聖武紀》①載：乾隆末年林爽文倡亂時，有特旨，內庫所藏大吉祥利益右旋白螺，頒賜出征之大將軍福康安，以護渡海風帆。當時海波平穩而且順風得直抵臺灣，乃以為賴其右旋白螺之威靈，以後由福建布政司庫保管，凡大官渡臺例為佩之以往云。如此實際巡察臺灣之事空委具文，因視涉渡重洋為畏途之故也。

同治十三年，日本派兵征伐臺灣番地一事，對於清之當路，予以深刻之刺激，一經和平交涉，獲致解決之後，欽差辦理臺灣海防事務之總理船政大臣沈葆楨，奉旨留駐察看，通籌善後事宜，於是年十一月十五日，會同閩浙總督李鶴年，先上〈請移駐巡撫摺〉，擬請倣照江蘇巡撫分駐蘇州之例，令福建巡撫移駐臺灣以專責成，其摺文曰：

竊臣等於十月二十七日，將收回草房營地各情形奏明在案；因思洋務稍鬆，即善後不容稍緩。惟此次之善後，與往時不同。臺地之所謂善後，即臺地之所謂剏始也；善後難，以剏始為善後則尤難。臣等曩為海防孔亟，一面撫番，一面開路，以絕彼族覬覦之心，以消目前肘腋之患，固未遑為經久之謀。數月以來，南、北諸路，縋幽鑿險，斬棘披荊，雖各著成效，卑南、岐萊各處，雖分列軍屯，祇有端倪，尚無綱紀。若不從此悉心籌畫，詳定規模，路非不已開也，謂一開之不復

①〈乾隆三定臺灣記〉。

塞，則不敢知；番非不已撫也，謂一撫之不復疑，則不敢必。何則？臺地延袤千有餘里，官吏所治，祇濱海平原三分之一，餘皆番社耳。國家並育番黎，但令薄輸土貢，永禁侵陵，意至厚也。而奸民積匪久已越界潛蹤，驅番佔地，而成窟穴，則有官未開而民先開者；入山既深，人迹罕到，野番穴處，涵育孳生，則有番已開而民未開者；疊巘外包，平埔中擴，鹿豕遊竄，草木蒙茸，地廣番稀，棄而弗處，則有民未開而番亦未開者。是但言開山，而山之不同已若此。生番種類數十，大概有三：牡丹等社，恃其悍暴，劫殺為生，暋不畏死，若是者曰兇番。卑南、埔裏一帶，居近漢民，略通人性，若是者曰良番。臺北斗史等社，雕題剺面，向不外通，屯聚無常，種落難悉，獵人如獸，雖社番亦懼之，若是者曰王字兇番。是但言撫番，而番之不同又若此。夫務開山不先撫番，則開山無從下手；欲撫番而不先開山，則撫番仍屬空談。今欲開山，則曰屯兵衛，曰刊林木，曰焚草萊，曰通水道，曰定壤則，曰招墾戶，曰給牛種，曰立村堡，曰設隘碉，曰致工商，曰設官吏，曰建城郭，曰設郵驛，曰置廨署，此數者孰非開山之後必須遞辦者？今欲撫番，則曰選土目，曰查番戶，曰定番業，曰通語言，曰禁仇殺，曰教耕稼，曰修道塗，曰給茶鹽，曰易冠服，曰設番學，曰變風俗，此數者又孰非撫番之時，必須並行者？雖然，此第言後山耳，其緊重已若此。山前之入版圖也，百有餘年，一切規制何嘗具備。就目前之積弊而論，班兵之惰窳也，蠹役之盤踞也，土匪之橫恣也，民俗之慆淫也，海防、陸守之俱虛也，械鬥、紮厝之迭見也。學術之不明，庠序以容豪猾；禁令之不守，煙、賭以為饔飧。官斯土者，非無振作有為、正己率屬之員，始苦於事權之牽制，繼苦於毀譽之混淆，救過不遑，計功何自？使不力加整頓，一洗浮澆，但以目下山前之規模，推而為他日山後之風氣，雖多一新闢之區，適多一藏奸之藪。臣等竊以為未可也。嘗綜前、後山之幅員計之，可建郡者三，可建縣者有十數，固非一府所能轄，欲別建一省，又苦器局之未成，而閩省向需臺米接濟，臺餉向由省城轉輸，彼此相依，不能離而為二。環海口岸，處處宜防；洋族教堂，漸漸分布。居民向有漳籍、泉籍、粵籍之分，番族又有生番、熟番、屯番之異，氣類既殊，撫馭匪易，況以剏始之事，為善後之謀，徒鎮靜之非宜，欲循例而無自！使臣持節，可暫而不可常。欲責效於崇朝，兵、民有五日京兆之見，倘逾時而久駐，文、武有兩姑為婦之難。臣等再四思維，宜仿江蘇巡撫分駐蘇州之例，移福建巡撫駐臺，而後一舉而數善備。何以言之？鎮、道雖有專責，事必稟承督、撫而行，重洋遠隔，文報稽延，率意徑行，又嫌專擅。駐巡撫則有事可以立斷，其便一。鎮治兵，道治民，本兩相輔也。轉兩相妨，職分不相統攝，意見不免參差，上各有所疑，下各有所恃，不賢者以為推卸地步，其賢者亦時時存形迹於其間。駐巡撫則統屬文、武，權歸一尊，鎮、道不敢不各修所職，其便二。鎮、道有節制文、武之責，而

圖九　巡撫（上）及布政使（下）官印

無遴選文、武之權。文官之貪廉，武弁之勇怯，督、撫所聞與鎮、道所見，時或互異。駐臺則不待采訪，而耳目能周，黜陟可以立定，其便三。城社之巨奸，民間之冤抑，覩聞親切，法令易行，公道速伸，人心帖服，其便四。臺民煙癮本多，臺兵為甚，海疆營制久壞，臺兵為尤。良以弁兵由督、撫、提標抽取而來，各有恃其本帥之見，鎮將設法羈縻，只求其不生意外之事，是以比戶窩賭，如賈之於市、農之於田。有巡撫，則考察無所瞻徇，訓練乃有實際，其便五。福建地瘠民貧，州、縣率多虧累，恆視臺地為調劑之區，不肖者骫法取盈，往往不免。有巡撫以臨之，貪黷之風得以漸戢，其便六。向來臺員不得志於鎮、道，及其內渡，每造蜚語中傷之，鎮、道或時為所挾。有巡撫則此技悉窮，其便七。臺民遊惰可惡，而實戇直可憐，所以常聞蠢動者，始由官以吏役為爪牙，吏役以民為魚肉，繼則民以官為仇讐，詞訟不清，而械鬥、紮厝之端起；奸宄得志，而豎旗聚眾之勢成。有巡撫則能預拔亂本而塞禍源，其便八。況開地伊始，地殊勢異，成法難拘，可以因心裁酌，其便九。新建郡、邑，驟立營堡，無地不需人才，丞倅、將領可以隨時剳調，其便十。設官分職，有宜經久者，有屬權宜者，隨事增革，不至廩食之虛糜，其便十有一。開煤、鍊鐵，有第資民力者，有宜參用洋機者，就近察勘，可以擇地而興利，其便十有二。夫以臺地向稱饒沃，久為他族所垂涎，今雖外患暫平，旁人仍眈眈相視，未雨綢繆之計，正在斯時。而山前、山後其當變革者，其當剏建者，非十數年不能成功，而化番為民，尤非漸漬優柔，不能渾然無間。與其苟且倉皇，徒滋流弊，不如先得一主持大局者，事事得以綱舉目張，為我國家億萬年之計，況年來洋務日密，偏重在於東南，臺灣海外孤懸，七省以為門戶，其關係非輕。欲固地險，在得民心；欲得民心，先修吏治、營政，而整頓吏治、營政之權，操於督、撫。總督兼轄浙江，移駐不如巡撫之便。臣等明知地屬封疆，事關更制，非部民屬吏所應越陳，而夙夜深思，為臺民計，為閩省計，為沿海籌防計，有不得不出於此者。敢不據實上聞，以為芻蕘之獻！

部議對此，竟未作全部之可決，而決定加以參酌採用，而立福建巡撫每年夏、秋二季駐留本省，春、冬二季分駐臺灣之新例。而其實當時福建巡撫王凱泰，以臺地瘴癘時行，心懷畏懼，因而陰行逡巡阻止云。（如斯王凱泰於光緒元年自五月至十月駐紮臺灣為始，光緒二年至六年間由丁日昌分駐，光緒七年至九年間由岑毓英分駐。）光緒二年十二月，刑部左侍郎袁葆恒上疏云：「臺灣之地雖僻處海濱，而物產豐富，各國垂涎，倘為外人盤踞，則南、北洋各處，出沒窺伺，防不勝防，加以民、番雜處，區畫尤難，非專駐大臣，鎮以重兵，舉其地之民風、吏治、營制、鄉團，事事實力整頓，洽以德意，孚以威信，未易為功。查直隸、四川、甘肅各省，皆以總督兼辦巡撫。可否改福建巡撫為臺灣巡撫，常川駐守，經理全臺，其福建全省事宜，專歸總督辦理，事任各有攸司，責成即有所屬，似於臺灣目前情形，不無裨益。」

時福建巡撫丁日昌亦議謂福建巡撫分駐兩地之例，往來不便，須簡派重臣，專行督辦，數年後改建一省云云。雖然部議不可，而後來臺灣分省之端倪實即孕育於此。

光緒十年清法交戰，法軍封鎖臺灣全島海面，且占領基隆及媽宮兩港。翌十一年兩國和議成立後，廣為詔諭內外文、武大官，上陳辦理善後事宜。是年七月，大學士左宗棠上遵旨籌議海防事宜疏曰：

今日之事勢以海防為要圖，而閩省之籌防以臺灣為重地，臺雖設有鎮、道，一切政事必稟承督、撫，重洋懸隔，文報往來，平時且不免稽遲，有事則更虞梗塞。如前次法人之變，海道不通，諸多阻礙，其已事也。臣查同、光之交，前辦理臺防大臣沈葆楨躬歷全臺，深維利害，曾有移駐巡撫十二便之疏，比經吏部議准在案，嗣與督臣李鶴年、巡撫王凱泰，仍以巡撫兼顧兩地覆奏。光緒二年，侍郎袁葆恒，請將福建巡撫改為臺灣巡撫，其福建全省事宜，專歸總督辦理。部議以沈葆楨原奏臺灣別建一省，苦於器局未成，彼此相依，不能離而為二，未克奉旨允行。厥後撫臣丁日昌，以冬、春駐臺，夏、秋駐省，往來不便，因有專簡重臣，督辦數年之請。臣合觀前後奏摺，督、撫大臣謀慮雖周，未免各存意見，蓋王凱泰因該地瘴癘時行，心懷畏卻，故沈葆楨循其意，而改為分駐之議。丁日昌所請重臣督辦亦非久遠之圖，皆不如袁葆恒事外旁觀，識議較為切當。夫臺灣雖係島嶼，綿亙亦一千餘里，舊制設官之地祇海濱三分之一，每年物產關稅，較之廣西、貴州等省有盈無絀，倘撫番之政，果能切實推行，自然之利不為因循廢棄，居然海外一大都會也。且以形勢言，孤峙大洋為七省門戶，關係全局甚非淺鮮，其中如講求軍備，整頓吏治，培養風氣，疏濬利源，在在均關緊要，非有重臣以專駐之，則辦理必有棘手。以臣愚見，惟有如袁葆恒所請，將福建巡撫改為臺灣巡撫，所有臺、澎一切應辦事宜，概歸該巡撫經理，庶事有專責，於臺防善後大有裨益。至該地產米甚富，內地本屬相需，若協濟餉項，各省尚通有無，亦萬無不為籌解之理，委用官員請照江蘇成例，各官到閩之後，量缺多少簽分發往，學政事宜並歸巡撫兼管，勘轉命案，即歸臺灣道就近辦理。其餘一切建置，分隸各部之政，從前已有成議，毋庸更張，專候諭旨定案，即飭次第舉行。

時貴州按察使李元度，亦就臺灣善後有所條陳，其中有：「夫日本距臺甚邇，日本疆圉略如臺灣，而歷朝以來倔強自立，近且併琉球，亂朝鮮，改從西洋制度，儼然自居於列強之間。夫日本之財力皆取之國中，非別有轉輸也，而游刃有餘，可以富庶。臺灣地大物博，百利未興，若能經理得人，需以歲月，何遽不如日本哉？夫強弱無異民，不善用之則弱，能善用之則強，應請簡任巡撫、鎮、道，久任而責成之，闢土地，課農桑，徵賦稅，修武備，則七省之藩籬永固，而臺灣可無害矣。」等語。有旨下軍機大臣、總理各國事務王大臣、六部，令會同各省督、撫籌議。是年九月，軍機大臣醇親王奕譞①、總理各國事務大臣慶親王奕劻、北洋通商大臣李鴻章等，連銜覆奏曰：「查臺灣為南洋樞要，延袤千餘里，民物繁富，通商以後，今昔情形迥然不同，宜有大員駐紮控制，若以福建巡撫改為臺灣巡撫，以專責成，似屬相宜，恭候欽定，如蒙俞允，所有一切事宜，應由該督、撫詳細酌議，奏明辦理。」於是上諭照准曰：「醇親王奕譞等，遵籌海防善後事宜摺內奏稱：臺灣要區，宜有大員駐紮等語。臺灣為南洋門戶，關繫緊要，自應因時變通，以資控制，著將福建巡撫改為臺灣巡撫，常川駐紮，福建巡撫之事即著閩浙總督兼管，所有一切改設事宜，該督、撫詳細籌議，奏明辦理。欽此。」

而為展開新省凡百之規劃，以臺灣作為海上長城，保持中流砥柱，所以恃為沿海之藩籬，而堪能負責修明治具者，非得當時之福建巡撫劉銘傳之措置不克濟之。是年十月十七日，遂調劉銘傳為新臺灣巡撫。（初，清法開戰之年五月擢任劉銘傳為福建巡撫。②專膺督辦臺灣海防事宜，翌年五月凱旋本省。）

時劉銘傳審度臺灣時勢及與福建之關係，以為此時遽行決定臺灣分省，參酌內外情勢未得其宜，乃一准照前撫臣所奏以重臣督辦之議暫為權行，而在此期間先行完整辦防、練兵、清賦、撫番四要務，俟財力穩固得獨立為一省，然後實現之，因上〈臺灣驟難改設省

①依《清史稿》〈軍機大臣年表〉，奕譞未入軍機。

②劉銘傳初以巡撫銜抵臺，而非福建巡撫。

會謹陳管見疏〉曰：

臣查臺灣一島，孤懸海外，為南洋門戶要樞，誠如聖諭關係緊要，自應因時變通，改設巡撫，以資控制。惟微臣到臺年餘，情形稍悉，此中奧曲，不得不瀝陳於聖主之前。臺灣所出財賦，較之貴州、新疆則有餘，惟沿海八縣之地，番居其六，民居其四，重洋遠隔，倚傍一空，猝有難端，全恃閩疆為根本，聲氣聯絡，痛癢相關，以助孤危之境。上年法人之亂，督臣楊昌濬未到之時，何璟罷官之際，前藩司沈保靖，尚能力籌接濟以救艱危，誠以本省受兵，義難辭卻。即沿海州、縣，文報往來，尚通聲氣，亦以地歸本省，不敢膜視其間。若改設臺灣巡撫，與閩省劃界分疆，即督臣顧全大局，一視同仁，司道以下，畛域分明，勢必不相關顧。即以餉論，以後仍須閩省照常接濟，方能養兵辦防。現在籌餉艱難，除不得不用之費，萬難減省，以誤要需；其稍可緩減者，即須力求撙節，惟視事之緩急輕重，次第分籌。臣前陳善後摺，以辦防、練兵、清賦、撫番為急圖，現既奉詔設臺灣巡撫，必先漸撫生番，清除內患，擴疆招墾，廣布耕民，方足自成一省。臣查臺番與雲貴苗民、甘肅番回迥異。臺番不相統屬，各社所佔膏腴之地，高山宜茶，平地宜穀，一旦教之耕種，皆成富區。從前撫番，虛糜鉅款，皆由舉辦未能認真。一撫就降，遂若無事。臺南降番甚眾，仇殺依然，聲氣仍歸隔絕。以臣度之，若認真招撫，示以恩威，五年之間，全臺生番，計可盡行歸化，然後再籌分省，土地既廣，財賦自充，庶可無勞內地。刻下外辦防務，內撫生番，鉅款難籌，時形竭蹶。一經改設巡撫，省城必建彰化縣北適中之地。前撫臣岑毓英察勘，形勢昭然。核計建造城垣、衙署、廟宇之需，又非百萬不可。臣目疾沉重，業經奏乞假歸，如蒙恩准，無論何人接替，若外辦防務，內辦清賦、撫番，又造城垣、衙署，萬端草創，縱使經費有著，亦恐才力難支。但臺灣重地，經醇親王等統籌全局，冀保海疆，自應派大員駐紮。似可倣照江寧、江蘇規制，添設藩司一員，巡撫以臺灣為行臺，一切規模無須更動。全臺兵政、吏治，由巡撫主持，內地由總督兼管，如此分而不分，不合而合，一俟全番歸化，再行改省以重巖疆。既可寬此數年，從容籌辦，目下又可節省鉅款，騰出資財撫番、設防，先其所急。此臣審度事勢，擬從緩設巡撫之大略也。①

時閩浙總督楊昌濬，認其分省為是。惟籌議臺灣設行省，必與福建聯成一氣，如甘肅、新疆之制，內外相維。蓋以其海防善後之事宜，在內外大官條陳所以概言臺灣可為分省者有故也。曩日，當清法開戰時，法國為向遠東伸張其勢力，對於多年寄託希望之中國東南屏藩之臺灣，欲把握扶植勢力之機會，一面進攻福建首府福州之前後，占領臺灣及澎湖。至此，清朝深覺其位置實當中國本土消長安危之要衝係事實，故上諭所謂：臺灣為南洋門戶關係緊要，畢竟緣此起見。光緒十二年三月②上諭又曰：「閩臺防務關繫緊要，該督等商辦一切，務當和衷共濟，不分畛域，力顧大局。上年諭令該督等會議臺灣改設各事宜，並著一併妥速議奏，毋稍延遲。」一如斯，臺灣分省因為朝議所決，非得輙加紛更，而此閫外寄命之大任遂不容劉銘傳辭避。同年二月，楊昌濬先行渡臺，五月劉銘傳到任，經會商勘查，於六月十三日上〈遵旨籌議臺灣改設行省事宜疏〉曰：

查臺灣為南洋門戶，七省藩籬，奉旨改設巡撫，外資控制，內杜覬覦，實為保固海疆至計，惟沿海僅數縣之地，其餘番地尚歸化外，氣局未成，海外孤懸，與新疆情形迥異。閩、臺本為一省，

①旋得廷旨：「劉銘傳所稱從緩改設，著勿庸議。」不從。

②日期為該月二十四日。

今雖分疆劃界，仍須唇齒相依，方可以資臂助。誠應遵旨，內外相維，不分畛域，乃能相與有成。茲就省局司道及署臺灣道陳鳴志、總理糧臺前貴州藩司沈應奎籌議條陳，詳加酌核，謹繕清單，恭呈御覽。方今整飭海防，百廢待舉，加之改設行省，經費浩繁。如澎湖一島，……辦防需銀八十萬兩，迭經臣等奏請敕部指撥。此外製械、設電、添官、分治、招墾、撫番，在在均關緊要，前車可鑒，安能再事因循？至建立省城衙署、壇廟各巨工，雖不妨稍從緩辦，然既分省，亦不能不次第接籌。臺地防軍裁撤外，尚存三十五營，分布沿海，周回二千餘里，勢難再減。海外餉需缺乏，即有譁潰之虞。臣等悉心籌劃，擬由閩海關每年照舊協銀二十萬兩，經臣銘傳咨請署福州將軍古尼音布，嗣後由廈關徑撥解臺，至閩省各庫，無論如何，每年協銀二十四萬兩，陸續籌解。並請旨敕下粵海、江海、浙海、九江、江漢五關，每年協濟銀三十六萬兩，共成八十萬兩，以五年為期。統計閩省庫、閩海關所協四十四萬兩，合之臺地歲入百萬兩，專應防軍月餉之需，五關每歲各協銀七萬餘兩，……尚屬輕而易舉。臺疆得此鉅款，庶不致盡託空言。惟仍懇朝廷寬以歲時，容臣銘傳分別緩急重輕，次第舉辦。經費支絀，固不能急切圖成，竭力經營，又焉敢遷延坐誤？現已奏明清理田賦，並隨地隨時，力求整頓，變私為公，如三、五年後，能照部議，以臺地之財供臺地之用，即當奏請停止協款。一切改設事宜，單內或未經賅載，容臣等續行妥議奏咨……。

乃於光緒十三年，經部議允准。而所列條陳改設行省事宜凡十六項中，其第一項曰：「臺灣奉旨改設行省，必須與福建聯成一氣，如甘肅、新疆之制，庶可內外相維等因。查新疆新設巡撫關防內稱『甘肅新疆巡撫』，臺灣本隸福建，巡撫應照新疆名曰『福建臺灣巡撫』。凡司道以下各官考核大計，閩省由總督主政，臺灣由巡撫主政，照舊會銜。巡撫一切賞罰之權，仍巡撫自主，庶可聯成一氣，內外相維，不致明分畛域。又陝甘總督關防內有『兼管甘肅巡撫』字樣，閩浙總督關防應否添鑄『兼管福建巡撫』字樣？恭候欽裁。」對此籌議如何予以批准，可參照《臺灣通志稿本》所載左列二項得知悉之：

總督部院：光緒十一年①，改福建巡撫為臺灣巡撫，總督兼管福建巡撫事，……凡司道以下各官考核大計，閩省由總督主政，臺灣由巡撫主政，依舊會銜辦理。

巡撫部院：光緒十一年，奏准改福建巡撫為臺灣巡撫，常川駐紮。十三年，照甘肅新疆巡撫例，關防改為「福建臺灣巡撫」。

然則雖由閩浙總督兼管福建巡撫事，而實際上仍需要聯絡閩、臺兩地之關係，因此，在名義上，頒發「福建臺灣巡撫」之關防，且提高其地位。光緒十一年十月②十九日，有上諭曰：「臺南北地輿，袤延甚遠，以形勢而論，臺北各海口尤為緊要，原設臺灣道一員，遠駐臺南，深慮難以兼顧，且巡撫常川駐紮，一切錢穀、刑名事宜，必須分員管理，各專責成，應否於臺灣道之外添設臺北道一員，著楊昌濬、劉銘傳悉心會商，妥議具奏。」時閩浙總督楊昌濬覆奏以布政使代之。於是是年十二月十二日有上諭曰：「楊昌濬所奏，添設臺北道不如添設藩司，係為因地制宜起見，自可准行。……臺灣雖設行省，必須福建聯成一氣，如甘肅、新疆之制，庶可內外相維……，詳細會商，奏明辦理。」因此，在臺灣巡撫以下，置布政使。而如清賦事務，歸布政使直轄，雖均以司掌錢穀之出入為職責，而

①光緒《臺灣通志稿本》原文作「十二年」。

②伊能原書誤作「九月」。

臺灣布政使權限似較大。

（附記）臺灣巡撫歷任年次表

劉銘傳	光緒十一年十月十七日調任，十四年正月十九日接受新頒巡撫關防，十七年四月二十八日卸任。
沈應奎	光緒十七年四月二十八日護任，同年十月二十四日卸任。
邵友濂	光緒十七年十月二十四日調任，二十年九月遷湖南巡撫。
唐景崧	光緒二十年九月署任，二十一年四月十四日失官。①

第二節　臺灣道

康熙二十三年，清人有臺之初，置分巡臺廈兵備道②為在臺灣府之最高官司，併管臺灣與廈門。其首任分巡臺廈兵備道③為周昌。蓋相隔重洋之臺灣與廈門由一道統轄者，因當時之急務在掃蕩海患，而海患由來存於臺、廈之間，勦滅鄭氏之後為保持臺、廈之寧息，故不外出乎設置此項特別機關以兼任臺、廈地方之分巡道（即守土之職責）與兵備道（即鎮撫之職責）之必要，此屬於文官併有武職權限之特殊責任。嗣於康熙六十年，去「兵備」為分巡臺廈道，④蓋當同年朱一貴起事時，守防府治之鎮標軍敗衄，總兵陣亡，分巡臺廈兵備道⑤梁文煊忘其節制兵權之責，與臺灣知府等乘舟而逃。故為亂平謀善後之策，以道標無用，⑥遂有旨裁撤道之鎮撫之責。雍正五年，經閩浙總督劉世明奏准，更以分巡臺廈道與廈門分離，

①實則光緒二十一年四月二十六日奉旨解職晉京，並令臺灣大小文、武各員內渡。

②初置分巡臺灣廈門道，至雍正五年改為分巡臺灣道，乾隆三十二年加「兵備」。清代方志間有異說。參見第二章第一節校按。

③「兵備」二字為衍文。

④參前校按。

⑤「兵備」二字為衍文。

⑥時臺澎營兵共萬人，道標僅其中五百人，萬人且不濟事，況此區區五百人哉？「道標無用」之說，見下引沈起元著〈治臺灣私議〉。餘參清聖祖實錄，康熙六十一年夏四月十日條。

改為分巡臺灣道，專任統轄臺灣與澎湖，因此或稱為分巡臺澎道。

同時，在廈門則由興泉永海防兵備道移駐，（駐福建興化府，而統轄興化、泉州二府，永春一府①。）以其在廈門故或稱為廈門道。因認臺、廈間海患之廓清漸有收功，一道而兼轄臺、廈兩地之特制，②至此而止，即歸入普通分巡道之組織。既而乾隆五十三年，特兼加按察使銜，又再加兵備③以提高其地位。其理由出於海外重地，非帶文、武兵威，難資彈壓。於是巡道復掌握兵權實職，同時由於巡視臺灣御史之裁撤，其直奏特權乃付與道、鎮。且自清初至雍正五年，及乾隆十七年至光緒元年，與光緒四年至十三年之間，數次兼掌提督學政。先是雍正末年，攝理④臺灣知府沈起元著〈治臺灣私議〉，其中論述臺灣道之權宜尊重曰：

臺郡重洋阻隔，風汛不時，每地方有事，動須請命兩司，兩司請命兩院，文移往返輒須累月，一經駁議，往往經年。事之叢廢半由於此。且臺地與內地不同，唯本道熟悉情形，可以隨宜裁處；兩司在內地，以遙度耳聞之見處之，所以彼此飭查，每無定局。至如詞訟、命盜等案，其審實重犯，固應解院，而原告、干證應審人等，遠涉重洋，水、陸千有餘里，其為拖累，何可勝道？至於錢糧本無解司，原係另行奏銷，每年核定應協濟兵餉若干，遣官支領外，其徵比緩急早晚之宜，亦與內地不同，原非藩司所能稽察。愚以為刑名、錢穀之事，統歸本道查審詳院定案，不必更經藩、臬衙門，則一凡公事可以隨時辦理。況兩御史坐鎮臺地，倘臺道有所缺失，御史可以就近糾察，不必以專擅為嫌。至於海疆重地，文、武宜帶兵威，方可資其彈壓，緩急可恃。故向來設道標之制，自有深意。曩以臺變之故，謂道標之無用，遂議裁汰。夫臺變之際，豈獨道標之無用？又豈可盡廢耶？以皇上之用人，今日之吏治，而仍用昔年之制，未嘗不大有補於海疆也。⑤

①此處之「府」當作「州」。道光《福建通志》載：雍正五年移興泉道於廈門。

②清朝巡道多分轄三、四府州者，但惟臺、廈之間有海峽重洋之隔。

③乾隆三十二年即加。

④署理。

⑤此文收入賀長齡輯《皇朝經世文編》卷八十四〈兵政〉。

當時所議雖未盡見其實行，而乾隆五十三年之擴大臺灣道之權限，似根源於此議。光緒元年，於臺北添設一府時，知府林達泉著〈全臺形勢論〉，策陳分巡臺灣兵備道移駐臺北之有利。曰：

全臺形勢，翼蔽東南，幅員綿邈，以目前論，臺灣為府治所在，鎮、道建節，實扼要之區；然統宇內籌之，臺灣之地，處下游，如人居矮屋之中，不能昂頭四顧，是未如臺北之地，據上游控制全局，與福建犄角，尤有振衣千仞，濯足萬里之概也。夫省、郡輻輳之區，必據山水交會之勝，臺灣逼近海濱，地勢卑薄，北有蔦松溪，南有二層行溪，源短流弱，驟盈驟涸，而臺北則平原沃壤，周迴數百里，實為天府之域，其山則有三貂嶺、大坪林等，開列如障，迤邐而來，又有觀音、大屯二山，雄峙水口，以為拱護，其水則有二甲九、三角湧、水返腳三溪，源遠流長，百有餘里，均匯於艋舺，乃由關渡出滬尾以入海，全臺之水皆不匯而三溪獨匯，全臺之溪皆不通舟楫而三溪獨通，此山水之勝一也。昔晉人謀去故絳，韓獻子、郇瑕氏以土薄水淺，其惡易覯，民有沈溺重腿之疾，不如新田土厚水深，汾澮以流其惡；晉侯從之。今臺灣府治，地既斥鹵，泉尤不潔，而臺北則有三溪洪流，蕩滌污垢，且泉脈甘美，飲之舒泰，此水泉之勝二也。臺灣所產，以糖為巨，而臺北則菁華所萃，米、茶、油、煤、硫磺、樟腦、靛青、木材等產，每年二、三百萬金，故富庶甲全臺，此物產之勝三也。全臺通商口岸，南有安平、旗後，而安平自夏徂秋，風起水湧，從前安瀾、大雅兩輪船，皆以是擱淺毀壞；旗後內港漸淤，近議用機開挖，亦未易疏通。是臺灣之兩口，一險一淤，通商實無大益，若臺北、基隆潮漲潮退，均可泊碇，滬尾潮漲時，巨舟可入，故全臺通商之在臺北者，恆十之七、八，而在臺灣者祇二、三而已，此口岸之勝四也。且基隆、滬尾皆與福州對渡，水程不過六更，朝發夕至，又無橫洋之險，若自福州至安平，必經黑水溝，過澎湖，不唯遠倍於臺北而已，險亦倍之，此亦遠近、安危之迥異，其勝五也。夫臺北與福州地勢既近，呼應極靈，督、撫在省調度，左提右挈，萬一臺疆有事，以內地之師船可逕渡，即內地有事，臺北亦可策應，此亦兩地相為表裏，其勝六也。夫就臺論臺，臺北之勝於臺灣者四，就閩論臺，臺北之勝於臺灣者亦二，竊意臺北之經營措置，少則五年，多則十載，臺灣巡道當移駐臺北，唯風氣日闢，不第勢不能遏，抑亦形勢扼要之理有固然也。

光緒十一年臺灣分省之際，立對以從前之分巡臺灣兵備道為臺南道，而新行添設臺北道之議，似曾有所斟酌，但因設布政使而止。《臺灣通志稿本》：「臺灣隸福建布政使司①。光緒十一年既設臺灣巡撫，以臺北海口尤為緊要，上諭：應否於臺灣府②縣增設臺北道一員，著督、撫奏議。覆奏：增設臺北道，不如增設布政使，綜核錢糧兵馬，整頓廳、縣交代，並設布庫大使，兼理經歷事。十三年，吏部覆准。」

臺灣分省以後之分巡臺灣兵備道，幾被削去其特殊權限，一面由於改革營制，實際上裁汰綠營，而兵備歸於空銜亦勢不得已也。

①「司」字伊能原書脫。

②「府」字於《光緒臺灣通志稿》中作「道」。

（附記）臺灣道歷任年次表

分巡臺廈兵備道①

周　昌	光緒康熙二十三年任
王效宗	康熙二十六年任
高拱乾	康熙三十一年任②
常光裕	康熙三十六年任③
王之麟	康熙三十八年任
王敏政	康熙四十四年任④
陳　璸	康熙四十九年任
梁文科	康熙五十四年任
梁文煊	康熙五十七年任

分巡臺廈道⑤

陳大輦	康熙六十一年任
吳昌祚	雍正二年任⑥

分巡臺灣道

孫國璽	雍正六年任
劉藩長	雍正七年任

①「兵備」二字衍。
②三十年冬由泉州知府陞任，三十一年到任。
③三十五年任。
④四十三年由興泉道調任。
⑤此行衍。
⑥雍正五年改分巡臺灣道。

倪象愷	雍正八年任①
張嗣昌	雍正十年任
尹士俍	雍正十三年任
鄂　善	乾隆四年任②
劉良璧	乾隆五年任
莊　年	乾隆八年七月任
書　成	乾隆十三年任
金　溶	乾隆十五年三月任
托穆齊圖	乾隆十七年任
德　文	乾隆二十年十月任
楊景素	乾隆二十三年四月任
覺羅四明	乾隆二十六年四月任
余文儀	乾隆二十九年八月任
蔣允焄	乾隆二十九年十二月護任
奇寵格	乾隆二十九年任③
張　珽	乾隆三十一年任④

分巡臺灣兵備道⑤

奇寵格	乾隆三十六年再任
碩　善	乾隆三十九年任

①九年任。

②三年由汀漳龍道調任，四年到任。

③三十年四月任。

④三十二年加兵備。三十三年余文儀回任，三十四年蔣允焄任。

⑤此行於伊能原書列於萬鍾傑條之前。

馮廷丞	乾隆四十年任
張　棟	乾隆四十二年任
俞　成	乾隆四十五年任
穆和藺	乾隆四十七年任
楊廷樺①	乾隆四十七年任
永　福	乾隆四十九年任②
萬鍾傑	乾隆五十三年任
楊廷理	乾隆五十六年任
劉大懿	乾隆六十年任
季學錦③	嘉慶二年任
遇　昌	嘉慶四年任
慶　保	嘉慶十年任
清　華	嘉慶十一年任
張志緒	嘉慶十三年任
麋奇瑜	嘉慶十七年任
汪　楠	嘉慶二十三年任
葉世倬	嘉慶二十五年任
姚　瑩	道光元年九月任
胡承珙	道光元年任

①「樺」字於伊能原書作「華」。
②四十八年十二月由興泉永道調任，四十九年二月到任。
③伊能原書作「李學錦」。

孔昭虔	道光四年任
劉重麟	道光七年任
平　慶	道光十年任
劉鴻翺	道光十三年任
周　凱	道光十三年權任，十七年實任
姚　瑩	道光十八年再任
熊一本	道光二十三年任
仝卜年	道光二十七年九月任
熊一本	道光二十七年十二月再任
徐宗幹	道光二十八年四月任①
裕　鐸	咸豐四年四月任
孔昭慈	咸豐八年三月任
洪毓琛	同治元年三月任②
陳懋烈	同治二年六月任③
丁曰健	同治二年十二月任
吳大廷	同治五年五月④任
梁元桂	同治七年二月任⑤
黎兆棠	同治八年九月任⑥
定　保	同治十年四月任⑦

①二十七年九月由汀漳龍道調任，二十八年四月到任。
②三月護理，五月始奉旨調任。
③係署任。
④當作十月。
⑤係護理。
⑥係署任。
⑦係署任。

周懋琦	同治十一年七月任①
潘駿章	同治十一年十一月任②
夏獻綸	同治十二年二月任③
周懋琦	光緒五年六月再任④
張夢元	光緒五年七月任⑤
劉　璈	光緒七年八月任⑥
陳鳴志	光緒十一年五月任⑦
唐景崧	光緒十三年四月任⑧
陳文騄	光緒二十年十月任⑨

①六月以署臺灣知府兼護，七月到任。
②六月以署興泉永道調署，十一月到任。
③十一年二月以船政提調調署，十二年二月到任。
④係以署臺灣知府再署。
⑤係調署，六年七月奉旨實授。
⑥四月由署甘肅蘭州道調任，八月到任。
⑦係委署到任。
⑧唐景崧之後，十八年顧肇熙任。
⑨陳文騄之後，二十一年忠滿以代理安平知縣兼護。

第三節　知府

臺灣初係一府，康熙二十三年置知府一員，總匯各領縣之刑名、錢穀，兼為支放兵餉，經理鹽政。（在福建鹽務由總督司掌之，下置鹽法道以管所屬鹽場，而在臺灣則由臺灣道一時兼管外，迄至分省為止，專由知府兼管。）後來添設二府，其職權亦約略相同。而臺灣分省後，鹽政歸巡撫司掌，又自設立支應局（後為善後局）以後，撤去其支放兵餉之兼務。首任臺灣知府為蔣毓英，嗣光緒元年添設臺北府時新任臺北知府為林達泉，光緒十三年添設新臺灣府，而以舊府為臺南府，新任臺灣知府為程起鶚，而舊臺灣知府吳本杰補臺南知府。（參閱第二款〈文治設施之變遷〉。）

第四節　知縣及直隸州知州

知縣自清初以來經過屢次添改，近代有安平縣（舊名臺灣縣）、鳳山縣、嘉義縣（舊名諸羅縣）、彰化縣、恆春縣、淡水縣、新竹縣（改自淡水廳）、宜蘭縣（改自噶瑪蘭廳）、臺灣縣、雲林縣、苗栗縣，計十一縣。直隸州知州一係改卑南廳為臺東直隸州。知縣職權與一般通制無異，首任各縣知縣如下：

臺灣縣（舊）	沈朝聘	康熙二十三年任
鳳山縣	楊芳聲	康熙二十三年任
諸羅縣	季麒光	康熙二十三年任
彰化縣	談經正	雍正二年任
恆春縣	周有基	同治十三年①任
淡水縣	汪興禕	光緒元年任②
新竹縣	劉元陛	光緒元年任③
宜蘭縣	馬桂芳	光緒元年任④
臺灣縣（新）	黃承乙	光緒十三年任⑤
雲林縣	陳世烈	光緒十三年任⑥
苗栗縣	林桂芬	光緒十三年任⑦

①當作光緒元年。
②首任實任淡水知縣一說為光緒十年任之張景祁。
③首任實任新竹知縣一說為光緒七年到任之徐錫祉。
④光緒六年署，七年春已為實任。
⑤十四年到任。
⑥當作十四年，係署任。
⑦當作十四年，係代理。

臺東直隸知州之職權，除依一般通制外，兼理番同知職責。其初任知州為歐陽春（光緒十三年任）。（參閱第二款〈文治設施之變遷〉。）

第五節　同知及通判

分府之同知及通判，視其地域之衝僻與事務之繁簡，職權輕重不一，分別將各廳略述如左：

（一）淡水同知　淡水同知（臺灣分府）管理北路淡水廳轄地方之刑名、錢穀，且權宜兼理海防同知事務，其初任者為王汧（雍正三年①任）（參閱第二款〈文治設施之變遷〉。）

（二）澎湖通判　澎湖通判（臺灣分府）為稽查澎湖廳轄地方之船隻，管理命盜雜案及錢穀，至刑名案件仍歸知府②審結，其初任者為王仁（雍正六年任）。（參閱第二款〈文治設施之變遷〉。）

（三）噶瑪蘭通判　噶瑪蘭通判（臺灣分府）管理噶瑪蘭廳轄地方之命盜雜案及錢穀，至刑名案件，仍歸知府審結，且權宜兼理海防同知及理番同知之事，初由臺灣知府楊廷理署理，至嘉慶十七年由翟淦接任。（參閱第二款〈文治設施之變遷〉。）

①當作雍正二年，淡水同知初設時為捕盜同知，雍正九年始改撫民同知。

②「知府」二字當作「臺灣縣」。

（四）埔裏社同知及通判　埔裏社同知（臺灣分府）係由原北路理番同知（直隸廳①）改設，加「撫民」之銜，為中路撫民理番同知後移之，除行理番同知職責外，管理埔裏社廳轄地方之刑名、錢穀，自初任者陳星聚於光緒元年②就任以來，皆仍駐鹿港，而只派委員辦理，久無實授同知。光緒十年，閩浙總督何璟、福建巡撫張兆棟合上〈擬請添設移改疏〉云：「查臺灣之水沙連，在中路之後山，未經開墾，以先祇為荒埔，近田、園日闢，漸成要區，其界內之埔裏社，地勢坦平，民、番雜處，尤為後山之中權扼要。前議鹿港同知改為中路，移紮水沙連，曾於埔裏地方，建設土城官廨，今鹿港同知未能改移，亟應別設通判一員，駐紮埔裏，辦理撫番開墾事宜，名為埔裏社通判。」爰於翌十一年准予改設撫民通判，管理命盜雜案及錢穀，至刑名案件，仍歸彰化知縣審結。其初任者為華廷錫（光緒十三年任）③。而中路撫民理番同知，則決定待其他添設然後改駐，暫在鹿港，至光緒十三年，改為北路撫民理番同知。④（參閱第二款〈文治設施之變遷〉。）

（五）卑南同知　卑南同知（臺灣分府）由原南路理番同知（直隸廳⑤）改設，加「撫民」銜，為南路撫民理番同知後移之，除在後山即卑南廳轄地方，行理番同知職責外，管理刑名，稽查船隻，其初任者為袁聞柝（光緒元年任）。（參閱第二款〈文治設施之變遷〉。）

（六）基隆通判及同知　基隆通判（臺北分府）管理基隆廳轄地方之命盜雜案及錢穀，

①上原註三字誤衍。
②年代疑誤。
③華廷錫係光緒十一年署任。
④《光緒臺灣通志稿》云：「十三年，缺裁。」
⑤上原註三字誤衍。

至刑名案件，仍歸知府審結。後來改中路撫民理番同知為北路撫民理番同知①以移之，其職責為管理刑名、錢穀，至理番同知之事，則不過空銜而已。其初任通判為鄭應基（光緒元年任），而就任同知者為黎景嵩（光緒十三年任）。（參閱第二款〈文治設施之變遷〉。）

（七）南雅通判②　其最初就任通判③為宋維釗，而各種規制未見實施而止。（參閱第二款〈文治設施之變遷〉。）

第六節　縣丞及巡檢

清朝以來，各廳、縣之下設縣丞及巡檢，承上司之命，任其分轄區內之治務，與一般通制無異，而實際上在臺灣特加重視。道光年間分巡臺灣兵備道徐宗幹嘗著文論曰：「臺屬地方遼濶，各廳、縣恃分防之佐雜為耳目，而遇事藉以收指臂之助，平日於所管各鄉，事無鉅細，隨時探報，且比紳士總理與印官，易於親近，往往收息事寧民之效。」（《斯未信齋文集》）自可明其意也。（參閱第二款〈文治設施之變遷〉。）

第七節　海防同知

清初，船隻過航，專以臺灣府之臺江與對岸之廈門為正口，祇限此兩口之間准許出入，

①參閱上文〈埔裏社同知及通判〉。
②「通判」二字當作「同知」。
③通判為同知之誤。

對之：（一）凡船隻欲到臺灣者，要由官府發給票照。（二）船隻出入正口時，須經官府稽查掛驗，依此為厲行當時之限制漢民渡臺之禁例。（基於臺灣孤懸海外，易為賊藪之理由，當初公布〈編查流寓則例〉時，附帶定渡臺限制，違者按照《清律》〈兵律〉私出外境及違禁下海之條治罪。而此項限制，一張一弛：在清初，先示禁止（一張），至康熙五十八年重行禁止（二張），雍正七年更行嚴禁（三張），雍正十年開放一部分限制（一弛），限乾隆五年禁之（四張），乾隆九年解其禁（二弛），乾隆十三年禁止（五張），至乾隆二十五年又行開禁（三弛）。）及違禁貨物之管束（貨物之海禁，原係對往來海外商船之管束，而基於臺灣屬於新附之海島，基於不可與內地同一制度之理由，故準用海外之規定辦理。）在分巡臺廈兵備①道（後之分巡臺廈道②、分巡臺灣道、分巡臺灣兵備道）監督之下，於臺灣府治置海防同知（直隸廳③），以掌管其海口之稽查。及至伴隨臺灣地方之開發及與大陸交通之日益頻繁，僅南路之正口遂有難期稽查周密之情形。乾隆四十九年，福建陸路提督將軍永慶上〈請設鹿港正口疏〉，陳請更在北路開彰化縣下之鹿港，與泉州府之蚶江口交通，疏曰：

竊閩省泉、漳等府各屬，民間產米無多，大約取給臺灣，即一切食用所需，亦藉臺地商販往來，以資接濟，凡自內地往臺船隻，由廈門查驗出入，自臺地渡回船隻，由鹿耳門查驗出入，俱設有同知等官管轄稽查，不准由別港私越偷渡，此向來之定例也。奴才於上年兼署福建陸路提督，極力踴緝偷渡人犯，其由廈門拏獲者，雖不乏人，而由泉州之蚶江口偷渡，盤獲者有二十餘犯，奴才體訪臺地，往來海面，其南路臺灣、鳳山等屬，係鹿耳門出洋，由廈門進口，是為正道。至北路諸羅、彰化等屬，則由鹿港出洋，從蚶江一帶進口，較為便易。若責令概由鹿耳門④出口，其中尚隔旱路數站，故不若蚶江一帶進口較近，是以臺地北路商販，為貪便取利，即多由此偷渡。

①上二字衍。
②上五字衍。
③上原註三字衍。
④「鹿耳門」三字於伊能原書誤作「鹿港」。

以奴才愚見，莫若於鹿港、蚶江口一帶，照廈門、鹿耳門之例，設立專員，管轄稽查，聽民自便，則民不犯禁，而奸胥亦無能滋弊。倘蒙俞允，其如何設立章程之處，伏乞飭下閩省督、撫，詳悉妥議具奏。

建議獲准採納，於乾隆五十年①置北路海防同知，由曩設於彰化之北路理番同知兼任，而在臺灣府治者改稱南路海防同知（兼任南路理番同知），至此，南、北兩路同知並置。其初任海防同知為梁爾壽（康熙二十四年任），而以北路理番兼北路海防同知者為長庚（乾隆五十年任）。②既而乾隆五十五年准許在淡水廳之八里坌與對岸福州府之五虎門設口。下至道光四年，准在彰化縣之五條港與對岸蚶江，及噶瑪蘭廳之烏石港與對岸五虎門設口。當時其設口之目的，在於消除兵糧配運之積滯，至如渡臺之限制已歸裁撤，其事務自然簡少，是以五條港由北路海防同知兼管之，而八里坌由淡水同知，烏石港由噶瑪蘭通判，權宜監督之。至光緒元年十一月，從前所行違禁貨物之管理亦解除，遂將南、北兩路海防同知裁撤。

第八節　理番同知

清初，凡民、番交涉事件，在縣由知縣，在廳由同知或通判辦理。後來隨從臺灣拓墾漸進，益有嚴予管束奠定其內疆之必要。於是乾隆三十一年，閩浙總督楊廷璋上〈請設北路理番同知疏〉，奏請別設專管以明責成，蓋在於倣照廣東省理猺同知之制也。（明代為治理甘肅及四川邊疆之西番，置理番同知，又為在湖南及廣東邊疆之猺人置理猺同知，清朝仍承襲此制度。）該疏曰：

①一云五十三年。

②一云黃嘉訓於乾隆五十三年任，係署任。

竊臺灣孤懸海外，為七省之藩籬，民、番雜處，其生番潛居大山，祇須防範嚴密，自不慮頻出滋事；至於熟番則與民人錯居村莊，數十年來，頗知畏法恭順。乃日久弊生，不法漢奸，鑽謀入社，侵漁肥己，致使番社之地土，俱為漢人佔去，番眾不知流離何所，難免逃入山內，仍作生番之事，實為臺地隱患，不得不早為思患豫防之計。伏思廣東捌排猺人，與臺灣熟番無異，向設有理猺同知專管。今臺灣熟番戶口眾多，與廣東猺人，事同一例，應將淡水、彰化、諸羅一廳二縣所屬番社，設立理番同知一員，凡有民番交涉事件，悉歸該同知管理，定例以後，奸棍豪強購典番地者，概令清理歸番，如有牽手番婦，佔居番社徒棍，立即拏究逐出，不肖官吏，若有派累番社，採買及需索供應等事，該同知查實立即通詳請參，倘敢狥隱，察出一併參處，仍責令官吏，清查番界，防禦生番，於海外邊疆，大有裨益。查內地泉州府西倉同知一員，從前因該地有施、吳、許、蔡各大姓，聚族而居，習俗慓悍，每多不法滋事，經前督臣宗室德沛奏請，將興化府同知改隸泉州府，駐劄西倉地方，彈壓化導，迄今二十餘年，今昔情形大不相同，該地民人已咸知畏法，安靜營生，械鬥忿爭之事絕少，地方久已綏靖，同知幾無所事，況距西倉七、八里之永寧地方，現有提標右營遊擊統率官兵駐劄，汛防碁布星羅，足資巡防彈壓，更無需同知分駐。應請將泉州府西倉同知裁汰，添改為臺灣府理番同知，其同知所需俸廉役食，即照西倉同知額編之數，改撥於臺灣府存留經費項下支給，無庸因裁此設彼而議增，其書役民壯，亦照西①倉同知衙門額數募充，其衙署現有彰化縣淡水同知舊衙署，尚屬完整，適在淡水、諸羅之間，儘可居住，無庸議修建，只須頒給「臺灣府北路理番同知關防」，其員缺定為在外調補海疆要缺。該同知果實力查辦，整飭有方，番黎樂業，三年俸滿時，准照臺灣各缺，予以即陞。其南路臺灣、鳳山兩縣之社，番民

①「西」字於伊能原書誤作「酉」。

甚少，查臺灣府海防同知，專管船政，事務簡少，應請以海防同知兼管，換給「臺灣府海防兼南路理番同知關防」。似此酌量裁添，既無需添官糜帑，而番務有專員經理，熟番見主持有官，自必知所感激，安分守法，漢奸豪惡，亦無所施伎倆，海外數萬戶熟番，生計咸獲裕如，永為臺郡禦侮藩籬，邊疆自臻寧謐之效矣。

同年十一月二十八日，獲得批准，翌年實施。乃分全臺為南、北兩路，於彰化置北路理番同知（直隸廳①），（裁撤福建泉州府西倉撫民同知，改為本同知。）以管轄淡水、彰化、諸羅一廳二縣，而南路理番同知，係令從前設在臺灣府治之海防同知兼任，以管轄臺灣、鳳山二縣。此海防理番同知之兼理，竟成臺灣之常例。其後乾隆五十年，添設北路海防同知，亦令北路理番同知兼理，（於乾隆五十三年由彰化移駐鹿港。）是為權宜之特制，而其掌理事務，一如上錄疏中所言，主在處理民、番交涉事件，詳言之：（一）對於違制購典番地之漢民之清理。（二）違制漢民與番婦私婚而占居番社者之拏究逐出。（三）處分官吏派累番社及採買需索供應等事者。（四）清查番界及鎮壓生番等。（五）掌理編審番戶。迨至嘉慶十七年八月，新設立噶瑪蘭廳，以民番糧捕通判之名義，兼理廳轄之熟番，置於理番同知之轄外。當時委辦開蘭事宜之臺灣知府楊廷理基於因地制宜而如此籌劃。其最初北路理番同知為張所受（乾隆三十三年任），海防同知兼南路理番同知為徐德峻（乾隆三十三年任）。

至光緒元年，北路理番同知改為中路撫民理番同知，移至埔裏社廳（臺灣分府），南路理番同知改為南路撫民理番同知，移至卑南廳（臺灣分府），直隸廳②之理番同知撤裁。

①上原註三字衍。
②上三字誤。

第九節　巡視臺灣御史

清朝之制，原設有都察院。在都御史（滿、漢各一人）之下還有十五道之監察御史（滿、漢各一人），①監察京外各官之治務，分辨其得失、邪正，掌理其非違之彈劾。然在遠隔重洋之臺灣，因監察御史執行任務有所不便，（督、撫雖有右都御史、右副都御史之兼銜，而事實上幾等具文，此點已述於前矣。）於康熙六十年，為在此海外執行都察院之職掌起見，特為選派巡視臺灣御史（略稱巡臺御史）滿、漢各一人，以一年為期，期滿更換。蓋當年臺地朱一貴之起事，駐臺官員政治不修明，實為主要原因，故需嚴加督導。而其地位，獨立於督、撫節制之外，在道員之上，監督文、武各官，且有不經由總督而行直奏之權。《臺灣府志》〈職官志〉云：「至若巡視，特簡繡衣掄才②，專擁絳帳，宣威布化，權獨隆焉。」即此之謂。初任為滿御史吳達禮、漢御史黃叔璥（俱康熙六十一年任）。當時，望重全閩之儒者蔡世遠（世稱梁山先生），夙唱「吾道南」，有〈送黃侍御巡按臺灣序〉一篇，敘述識者對該御史之期待，由此可旁證其職務之重要，茲錄其全文如次：

臺灣居海外，在南紀之曲，東倚層巒，西界漳州，南鄰粵，北之雞籠城與福州對峙，地近河沙磯、小琉球，周袤三千餘里，孤嶼環瀛，土壤沃衍，禾稻不糞而長，物產蕃滋，果樸③、蠃④蛤、硫磺、水籐、糖蔗，無所不有，固東南一大聚落也。自鷺門、金門迤邐以達澎湖，可六百餘里，又東至臺之鹿耳門，旁夾以七鯤身、北線尾，水淺沙膠，紆折難入。明嘉靖末，

①清制都察院有左、右都御史，及左、右副都御史，而無都御史。左都御史為專職，滿、漢各一員，左副都御史滿、漢各二員，亦為專銜。外省督、撫以「右」繫銜。置十五道，道置滿、漢掌印監察御史各一人外，另京畿、江西、福建、湖廣、河南、浙江、山西、陝西等八道各置滿、漢監察御史各一人，江南道滿、漢各三人，山東道滿、漢各二人，餘廣東、廣西、四川、雲南、貴州五道與首開八道同。據前人筆記所載，自明迄清初以河南道職權最重，蓋除照劃部院諸司卷宗外，兼稽察吏部、詹事府（清詹事府為養望衙門，但內而部院，外而督、撫多由是出）、步軍統領、五城故也。乾隆二十年，命京畿道居河南之前，并互易職掌，下至光緒季年不變。

②此指以漢御史兼管提督學政而言。

③「樸」字於伊能原書誤作「撰」。

④「蠃」字於伊能原書誤作「贏」。

海寇林道乾據之。道乾後，顏思齊勾倭人屯聚，鄭芝①龍附之，未②久荷蘭誘倭奪之。鄭氏破荷蘭為巢穴，傳三世。今天子聲教四訖，鄭氏擒滅，設官置吏，休養孕育，垂四十年。去歲，群不逞之徒，煽惑莠民，撞搪③嘯號，賴天子威靈，將帥用命，舟師直入，七日奏克。天子特注意臺灣，簡④監察御史中有敦實廉能、嫺猷略、知治體、可任以股肱耳目者二人，往按其地，黃君偕吳君膺新命以行。余與黃君，同門友也，夙知君家學素履，君兄弟五人，皆有聲績，長公、次公以督學清正，晉秩為卿，君年最少，由吏部陟臺中，能直己行道，不矯激沽名，為聖主所倚信。以夏四月至閩，余一見即為臺灣慶得人。君自童子試至登進士第，未嘗出都門，茲將出波濤，航大海，奉天子命，以綏輯群黎，神志肅定，忠慎恢廓；古所謂大丈夫者，君其人矣。夫臺灣鮮土著之民，耕鑿流落多閩、粵無賴子弟，土廣而民雜，至難治也，為司牧者不知所以教之，甚或不愛之而因以為利。夫雜而不教，則日至於侈靡蕩逸而不自禁；不愛而利之，則下與上無相維繫之情，為將校者，所屬之兵，平居不能訓練而又驕之，夫不能訓練，則萬一有事不能以備禦；驕之，則恣睢侵軼於百姓。夫聚數十萬無父母、妻子之人，使之侈靡蕩逸，無相維繫之情，又視彼不能備禦之兵，而有恣睢侵軼之舉，欲其帖然無事也難矣。今海氛已靖，臺地乂安，監司、守令皆慎簡之員，則所以教而愛之者必周，總戎藍君，又平臺著績人也。所以練而輯之者必至，君與吳君從容經理其間，慎簡乃僚，罔不同心，臺灣之人行將數百世賴之，豈徒南粵之奉伏波，峴山之傳叔子已哉？余淺人也，烏知事宜？然地近梓桑，不能不關心於勝算，君之至，自能不擾而核，不肅而威也。

按此文載於《臺灣府志》〈藝文志〉，蓋係據自《二希堂文集》者，文中：「顏思齊勾倭人屯察鄉之龍附之表久荷蘭誘倭奪之」之句，其所添圈，當有誤字，似應改為「入屯

①上三字伊能原書誤作「察鄉之」。

②上字伊能原書誤作「表」。

③上字伊能原書作「擄」。

④上字伊能原書作「[illegible]」。

蓁，鄭芝龍附之，差一」。①

由來清朝制度，對於其樞要官職，採取滿、漢並任之制，係出於一種箝制政策，在國政上，欲防止漢族獨占權勢之弊者。而在臺灣，滿、漢御史之兩立，並非出於實際設施上所需要，只不過沿襲制度上之慣行而已。換言之，不外欲與其他監察御史之組織，在形勢上保持均衡耳。（試就其初任滿御史吳達禮及漢御史黃叔璥言之，御史實權似掌握在黃叔璥一人手中，而吳則不過位列御史上班，擁有空銜而已。②《臺灣府志》獨敘黃之官績云：「初設巡察臺灣御史，公首膺是命。既至，安集哀鴻，措置時務，多得當。」（〈職官志〉「列傳」））從來，形式上雖係滿、漢兩御史並存，間或有缺其一員，究亦認因在實際上無所必要耳。再回顧察事實經過，其並任滿、漢御史之間，漢御史概有淩駕其上之跡象，至於文治手腕，滿御史素非漢御史之敵手，故其實權被漢御史獨占，似亦係勢非得已。雍正五年，決定提督學政事務由巡視臺灣御史兼理時，特規定為限於漢御史。或可知個中情形乎？③既而其駐留期間原以一年為例，亦有繼續二年者，滿、漢御史之間屢生推諉之弊，甚至交相傾軋，或互相排擠。因此，於雍正八年④有特旨曰：「臺灣地方，關係緊要，巡察御史，新、舊並用，方為有益。希德慎已留任一年，這差著御史栢脩去，高山再留巡視一年。」蓋欲為頻行調換以絕餘弊之發生也。（希德慎為滿御史，高山為漢御史，俱係雍正八年就任，下令調換時，高山原係承接漢御史李元直任期未滿以前去職之後者，故不令與希德慎同時離任，而只於希德慎之後派滿御史覺羅栢脩以交接而已，高山則令留任，於是乃創新、舊並用之端。）然而以後御史或因不得其人，不足期待其達成所謂耳目之官而糾明政弊之任務。因此，乾隆十七年定例，以後三年巡視一次，無需留駐臺灣，從而漢御史所兼掌提督學政之事，歸由分巡臺灣道兼理。據《臺灣府志》〈職官志〉所載，自此，御史不在臺灣時，其關防即封貯於藩庫，或可徵當時實際上

①《臺灣府志》作「人屯聚，鄭芝龍附之。未一」，見前文。

②巡臺御史雖有「均衡」作用，實際上則為分工合作，蓋以軍事歸滿人，政事歸漢人，餘則因種族而暗中互相牽制，此外，亦曾發生漢人文、武官吏互分氣類，即文員偏附漢御史；武員偏附滿御史之事。

③漢御史絕大多數由進士起家；滿御史十之八、九自筆帖式出身，學政乃中央欽差至地方負責教育之首長，生員入學，憑文取進，文有定式，非正途出身者莫決其良窳，而滿御史精通漢文者有限；精通制義者，更是寥若星辰，自不宜以學政委諸滿御史。

④似當作九年。

好幾次重要官職是無人的。同時將其任期一年改為三年（與三年巡視一次之例並行），即在任期間巡視一次。乾隆三十年，有上諭曰：「巡視臺灣御史，前已降旨三年簡派一次，事竣即回，毋庸留駐候代。今思該處見有道、鎮大員駐劄，一應地方事①務，俱可隨時經理，而向來巡察御史在彼，並未聞有所建白，原屬有名無實，若遽行裁撤，則地方官或以遠隔海洋，無人稽察，日久不免廢弛，亦不可不防其流弊。嗣後屆三年請派之期，該衙門仍照例奏請，或暫停派往，或數次後派員一往巡查，候朕隨時酌量辦理。」由此可見致使其成為一空銜冗官②之內容矣。至此，巡視臺灣御史全為臨時簡差官員姿態，如乾隆三十六年，施行滿、漢御史巡視以後，迄至四十二年，已無其事，至四十六年始再見有滿、漢兩御史巡視之記載。以後所成之《臺灣縣志》，與《臺灣通志稿本》，俱未提及。據《東華錄》載云：「乾隆五十二年，罷御史巡察臺灣之例，總督、巡撫與水師、陸路二提督，每年輪值一人前往臺灣，稽查道、府、廳、縣之賢否。」（魏源《聖武紀》亦載五十二年罷遣巡臺御史之事。）其編制③上之撤官雖在是年甚明，而實際上在乾隆四十六年就任之御史期滿後，其後任似皆付缺如。要之，巡視臺灣御史之裁汰，係以乾隆五十二年林爽文事件後釐革臺灣內政為機會，以為編制上之決定者，而實際上，此御史之實職，自數年前已不見其存在係為事實也。

（附記）巡視臺灣御史歷任年次表

吳達禮（滿）	康熙六十一年任
黃叔璥（漢）	康熙六十一年任
禪濟布④（滿）	雍正二年任

①「事」字於伊能原書作「軍」。

②巡臺御史皆自科、道——給事中謂之科，御史謂之道——原有編制人員內臨時派遣，并未為此增加編制，無「冗官」之問題。

③參前文關於「冗官」之校按。

④伊能原書誤作「禪濟布」。

丁士一（漢）	雍正三年①任
景考祥（滿）	雍正三年任
汪繼燝（漢）	雍正四年任
索　琳（滿）	雍正四年任
尹　秦（漢）	雍正五年任
赫碩色（滿）	雍正六年任
夏之芳（漢）	雍正六年任
希德慎（滿）	雍正八年任
李元直（漢）	雍正八年任
高　山（漢）	雍正八年任
覺羅栢脩（滿）	雍正十年任
林天木（漢）	雍正十一年任
圖爾泰（滿）	雍正十二年任
嚴瑞龍（漢）	雍正十三年任
白起圖（滿）	乾隆元年任
單德謨（漢）	乾隆二年任
諾穆布（滿）	乾隆三年任②
楊二酉（漢）	乾隆四年任
舒　輅（滿）	乾隆五年任

①當作「二年」。
②二年十一月差，三年三月到差。

張　湄（漢）	乾隆六年任
書　山（滿）	乾隆七年任
熊學鵬①（漢）	乾隆八年任②
六十七（滿）	乾隆九年任③
范　咸（漢）	乾隆十年任
伊靈阿（滿）	乾隆十二年任
白　瀛（漢）	乾隆十三年④任
書　昌（滿）	乾隆十四年任
楊開鼎（漢）	乾隆十四年任
立　柱（滿）	乾隆十六年十月任
錢　琦（漢）	乾隆十六年任
官　保（滿）	乾隆二十一年任
李友棠（漢）	乾隆二十一年任
宗室實麟（滿）	乾隆二十四年任
湯世昌（漢）	乾隆二十四年任
永　泰（滿）	乾隆二十八年任
李宜青（漢）	乾隆二十八年任
明　善（滿）	乾隆三十二年任
朱丕烈（漢）	乾隆三十二年任

①伊能原書誤作「能學鵬」。
②七年十一月差，八年四月到差。
③八年冬差，九年三月到差。
④疑當作十二年。

喀爾崇義（滿）	乾隆三十六年任
王顯曾（漢）	乾隆三十六年任
覺羅圖思義（滿）	乾隆四十二年任
孟　邵（漢）	乾隆四十二年任
塞　岱（滿）	乾隆四十六年任
雷　輪（漢）	乾隆四十六年任

第十節　提督學政

提督學政（一稱學政使），係由吏部特別簡派赴各省之差官，三年間駐在一省，隸屬於督撫，掌理有關學政，尤其是有關貢舉事務。在臺灣因其駐於福建本省之提學基於遠涉不便之理由，故倣照陝西省之延安、廣東省之瓊州等遠隔之邊地之例，初時，令分巡臺廈兵備[1]道兼管。至雍正五年改由巡視臺灣漢御史兼管，及至乾隆十七年，制定巡視臺灣御史三年一巡之例，復歸分巡臺灣道兼管。降至光緒元年，開始福建巡撫半年駐臺之新例，即以應歸巡撫兼管為妥當，經總理船政大臣沈葆楨會同福建巡撫王凱泰，奏准施行。此係根據當時分巡臺灣兵備道夏獻綸之建議者，該條奏要旨云：「竊思歲、科兩試，國家掄才大典，人文所繫，風教攸關，該道所請，具見慎重之意。惟事屬更張，臣等未敢擅便，所以本屆科試，臣凱泰仍批飭按照舊章，由道舉行，業於五月間局試竣事。以後應否以巡撫兼理學

①「兵備」二字為衍文。

政之處，仰懇天恩，飭部議覆。」（〈歲科兩試請歸巡撫片〉）可知其理由之梗概。而巡撫半年不在臺地之間，便宜決定委任分巡臺灣兵備道辦理，後又以為不便，乃於光緒四年完全改歸於道，及至光緒十二年臺灣分立一省，亦為巡撫兼理，惟巡撫之事務繁多，難以一一兼顧，故道仍立於輔佐地位。至於提督學政之督導下，在各府及各廳、縣儒學設有教官，係依一般通制，而因學額人數關係，或有教授，或有教諭，而俱缺訓導，或只有訓導而無教授、教諭者，其實例亦不少。凡教授、教諭，攝理訓導，而訓導則為護理教授、教諭。（光緒十二年以來，雖設直隸州，而未立州學，故無學正。）①

第十一節　特設官司

清朝鑑於近代時勢所需，除《大清會典》所明定之京官、外官以外，或為常設，或為暫設，經題准特設官司，概為差委之組織，設置總辦或督辦（俱為事務之總理）、會辦（為總辦、督辦之輔佐）、提調或委員（俱為事務之掌理）等職員。在臺灣亦准照一般通制，或限定本地，創設多種官司，其係事業機構，需要特殊技術者，亦以會辦名義任用外國人。茲將臺灣特設官司之組織分述其梗概如次。

第一項　全臺保甲局及全臺團練局

清朝夙依「聯保甲以弭盜賊」（康熙九年頒布之上諭）之意旨，實施保甲制度，以為遂行自

①清朝早期於雍正年間起之一段時間，臺灣府儒學同時設有教授與訓導，臺、鳳、諸、彰各縣儒學亦皆同時設有教諭與訓導。

衛警察目的之機關，而在臺灣，至雍正十一年始實行之。然純以委諸地方自理為主，且在道光末年以後，幾乎歸於有名無實。同治十三年，日本派兵征伐臺灣番地，依據欽差辦理臺灣海防事務總理船政大臣沈葆楨之籌議，決定在臺灣府治（即臺南）再興保甲。其組織係將舊來自衛警察之編制更行改善，形成官、民混合之警察者：於城內設保甲局，城外設保甲分局，以掌理事務。然當時僅局限於府城內、外一區域而已。光緒十三年臺灣分省以後，巡撫劉銘傳決行清賦事業時，先定編審保甲之方針，亦倣照同治末年之規制，為官、民混成警察之組織，乃計畫於省會臺北設置全臺保甲總局，並逐漸於其他府下之廳、縣設置分局，而結果僅在臺北城內、外實施，餘未實行而止。

在清朝，古來與保甲制度相表裏之措施有團練之設，而在臺灣因原有義民舊例存在，故不施行團練制度。及至同治年間，戴潮春事件後，為謀善後籌策，准福建巡撫奏議，設全臺團練大臣，然亦只局限於臺灣府治而已。（其組織係依義民之例。）嗣於同治十三年，日本派兵征伐臺灣番地時，總理船政大臣沈葆楨將舊制加以更張，創設全臺團練總局，以統轄其下地方之各局，命所在士紳為局首，以樹首尾相應之策，然未見普及全臺。至光緒七年，分巡臺灣兵備道劉璈改稱之為培元總局，主要為辦理平時慈善公益等事宜之處所。光緒十年，清法啟開戰端，臺灣亦處於須嚴加警戒狀態，劉璈乃再議將培元總局復舊為全臺團練總局，統轄各屬分局，命令全臺團練大臣膺其總監，其後，於臺北、臺灣、臺南三府設立之。然至光緒十七年，臺政縮緊以後，團練之制亦成為具文，其局務僅止於依照舊慣辦理冬防而已云。（參閱第六章〈保甲及團練〉。）

第二項　全臺釐金局

咸豐十一年，隸屬於福建省釐金總局，其一分局設於臺灣（淡水廳艋舺）。此為臺灣最初之釐金局，既而設置子卡於各開港及其他要地，當時以所在之地方紳商為委員，包辦抽釐。至光緒十三年，臺灣分省之後，全臺釐金總局設於臺北，（其下設分局及子卡），而抽釐改歸官辦。依照釐金制度之通則，係以起驗方法抽收為例，但在臺灣則除鴉片外，僅對出口貨物抽收而已，而對入口特免予抽收，以標榜體恤華商是為其特色。（參閱第十二篇〈商販沿革〉第四章〈海關制度及抽釐〉。）

第三項　臺灣海關

臺灣初為隸屬福建省之一府，屬於閩海關管轄區域內，原在具有特別權限之海防同知監理之下，故未設立常關（即舊海關）。及咸豐年間依據天津條約，臺灣開港，同治元年，先在淡水港創置一洋關（即新海關）。由來清朝之海關，係由英國人管理一切事務為定制，英人赫德（Sir Robert Hart）以布政使銜任總稅務司，是故淡水海關當然亦隸屬之。同治二年於基隆港，同治三年於安平及打狗兩港，各設海關。而以淡水為本關，以基隆、安平、打狗為分關。由淡水海關總括關務，為名分上空銜之兼管海關（外人所謂Superintendent of Customs）之職，在臺灣府時代由鎮閩將軍膺任，分省後由臺灣巡撫膺任。（參閱第十二篇〈商販沿革〉第四章〈海關制度及抽釐〉。）

第四項　臺灣商務局

咸豐年間，臺灣開設四港以後，外國商賈接踵而來。同治九年，於道衙門內設置招商局（光緒元年改為通商局），以分巡臺灣兵備道任督辦。（時該總局在福建省會，臺灣為其所屬範圍。）而最初設施規模未大。先是，鴉片戰爭以來，對官、民造成衝擊而使充滿排外思想，此種思想慢慢延伸，導致省民對於開港產生嫌惡之感，往往對外人出以不穩行動，為恐外商在財產上有所損失，而此商務局則似專為外商之保護機關。

初，同治七年，有臺灣兵弁，對一英商加以迫害，於是英國領事 Gibson 以果斷要求香港英國艦隊出動，Algerine 號及 Bustard 號二艦，攻擊安平港，並短暫占領之。時在廈門之興泉永道曾憲德①，奉閩浙總督之命渡臺，經與英國領事折衝妥議，終告和平解決。後來分巡臺灣兵備道梁元桂，以失察被革職，而英國領事亦受召回本國之懲處。鑑諸既往，警惕將來，似出乎防遏再發之策。

既而光緒十二年，臺灣分省時，巡撫劉銘傳派遣革職道張鴻祿、候補同知李彤恩等，為南洋地方商務視察委員，根據其調查報告，於翌年六月，樹立改革通商事宜之策略，於臺北設立臺灣商務總局，於臺南設分局，擴大經辦事務範圍，其分掌項目為：（一）對外交涉事宜，（二）外國租界事宜，（三）洋行通商事宜，（四）買辦報名存案事宜，（五）

①伊能原書作「曾德憲」。

保護外人遊歷事宜，（六）教堂交涉事宜，（七）照會往來事宜，（八）各國領事訪問事宜，（九）中外人民互訟事宜等。當時開辦之南洋通航事宜，亦由該局辦理。局務之掌理，分南、北兩屬，北部之淡水、基隆兩港屬於總局，歸臺灣布政使直轄，南部之安平、打狗二港，屬於分局，歸分巡臺灣兵備道管轄。光緒十八年，決議停止臺灣鐵路建設工程，即將鐵路總局事務，歸商務總局兼辦，因有鐵路商務總局之稱。（參閱第十三篇〈外力之漸進〉第五章〈對外政策之軟硬姿態〉。）

第五項　全臺鹽務局

鹽在臺灣，清初承襲鄭氏遺制，行官督官銷之法，旋即依照大陸之通制，改行官運商銷制度，後改行官運官銷，而其管理機關，或為道，或為府，屢經調換不定，鹽務概不振作。光緒十三年，臺灣分省之後，鹽政歸巡撫司掌，於臺北設立全臺鹽務總局，臺南置分局，鹽務分南、北兩屬，北部屬於總局由臺灣布政使直轄，南部屬於分局由分巡臺灣兵備道管轄之。（參閱第十篇〈農工沿革〉第十二章〈鹽務〉。）

第六項　臺灣郵政局及臺灣電報局

光緒十四年，臺灣巡撫劉銘傳，為籌畫更張通信機關，裁撤準照舊來定制所設之舖遞，參酌曩於大陸開港之地所行海關郵政部之設備，新創郵政組織。乃置臺灣郵政總局於臺北，而按省內地方情形，分設若干正站及腰站，且與對岸大陸之海關郵政部取得聯絡。電報於光緒三年，雖在臺灣南部之一部開設，但未能由一局統管其事。及至光緒十二年，臺灣巡撫劉銘傳為著手籌畫更張通信機關而上〈臺灣購辦水陸電線以速郵政摺〉奏云：「臺灣一島，孤懸海外，往來文報屢阻風濤，每至匝月兼旬，不通音信，水、陸電線實為目前萬不可緩之急圖。」乃於臺北設置臺灣電報總局，先架設貫通島內南北之陸上電線，各要路設置電報局。嗣沉設海底線通至對岸大陸，接續福州川石山。（參閱第十一篇〈交通沿革〉第三章〈通信〉。）

第七項　臺灣鐵路局

光緒十二年，臺灣巡撫劉銘傳，上〈請試辦臺灣鐵路疏〉，奏明為促進全臺商務之繁榮，且裨益海防，聯絡臺灣各內地與港灣之間，所以亟需鋪設鐵路。光緒十三年四月，於臺北設立臺灣鐵路總局隸屬於巡撫，興工鋪設貫通全島南北之鐵路，已完成其一部。而因臺政縮緊，以經費浩繁無從繼續為由，光緒十九年依據巡撫邵友濂奏議，停止之，其後僅以既成部分之鐵路經營運輸事業而已。如斯其事務由商務總局兼辦，因有鐵路商務總局之稱。（參閱第十一篇〈交通沿革〉第四章〈鐵路〉。）

第八項　臺灣金沙局

臺灣北部基隆溪上游流域產金，古來已為漢民所知，而由於所謂：「拾金在手，則雷鳴於上，棄之即止。」（季麒光《臺灣雜記》）之迷信，似幾於放棄不問。至光緒十六年，在該溪中游架設鐵路橋樑工程中，偶然發現河身之沙礫中混有沙金粒，遂以此為動機，而採金從業者逐漸麕集，頗生滋擾。翌年，即光緒十七年，基隆同知發出諭示，加以禁制，但因終未厲行。光緒十八年二月，臺灣巡撫邵友濂，乃於基隆設置臺灣金沙總局，後來於各採金要地（瑞芳、暖暖、頂雙溪、四腳亭、六堵、七堵、九份山、小粗坑等處。）設置分局，分別經辦管理採金之業務。（參閱第十篇〈農工沿革〉第九章〈鑛務〉。）

第九項　臺灣煤務局

臺灣北部之基隆山脈中，出產煤灰之事，古來雖已為漢民所知，但如《淡水廳志》所謂：「恐傷龍脈，立碑示禁。」予以封禁。道光末年以還，臺灣之產炭深受外國人注目，至同治年間，遂有商請租借者。一面，私採之弊，亦有不可遏止之勢，乃於同治九年，實地履勘，官辦開挖。至光緒元年，因需要稽查管束，乃新添設通判（基隆廳）為臺北分府。光緒三年，在分巡臺灣兵備道管轄下，於基隆港東之八斗仔庄設置煤廠，未幾中止。至光緒十四年，再行設置臺灣煤務局（位置同前），隸屬於巡撫。（參閱第十篇〈農工沿革〉第十章〈煤炭及煤油之管束〉。）

第十項　臺灣腦務局

臺灣特產樟腦煎熬事業之興起，在乾隆年代。至咸豐以後，樟腦成為對外輸出貨品之一。當時歸官辦，至同治年間，因外國領事之抗議而裁撤。光緒十二年，臺灣巡撫劉銘傳奏議再歸官辦，翌十三年於臺北設立臺灣腦務總局，隸屬於巡撫，先後於大嵙崁、三角湧、雙溪（屈尺）、雲林、埔裏社、罩蘭等處，設置分局。（後來只留大嵙崁與彰化二局。）曾因關於官辦事項，與英人之間發生樟腦糾紛，一時互動干戈，為外國領事及公使等所抗議，乃於光緒十六年十一月，撤銷官辦，事務因而簡少，將腦務總局歸礦務總局兼辦（分局仍舊），因有礦腦總局之稱。（參閱第十篇〈農工沿革〉第八章〈腦務〉。）

第十一項　臺灣礦務局

臺灣北部大屯火山彙到處產硫磺，自乾隆末年以來予以封禁。光緒元年，欽差辦理臺灣海防事務總理船政大臣沈葆楨，上〈請臺灣硫磺開禁疏〉，奏明應為採備官用，雖令通商委員便宜兼辦，但仍未許販運出口。光緒十二年，臺灣巡撫劉銘傳奏歸官辦，且准予出口。翌十三年於臺北設立礦務局①，隸屬於巡撫，而設分局於北投、金包里二產礦地。自光緒十六年因其兼辦腦務總局事務，即有礦腦總局之稱。是年，在苗栗縣境開辦油坑，其事務亦即令由金包里礦務分局兼理。（參閱第十篇〈農工沿革〉第十一章〈礦務〉。）

第十二項　招墾局

①伊能原書作「礦務總局」。

光緒元年，解除臺灣番界之禁例，未幾，分巡臺灣兵備道夏獻綸，即奏議：「臺灣後山南路之卑南，中路之秀姑巒，北路之岐萊及前山南路之恆春所轄地方，暨中路埔裏六社等處，曠地甚多未經開墾，而土質肥美，未便久蕪。」乃於所在設置招墾局，廣向島內外招徠墾民，而支給口糧、農具、耕牛、籽種等以資鼓勵。（光緒四年決定另設局於廈門、汕頭及英領香港等處，先設於汕頭，未幾撤去。）然其收效竟不顯著，加之經費浩繁，光緒五年九月，分巡臺灣兵備道張夢元乃將招墾局裁撤，更委之民招民墾。（參閱第十四篇〈拓殖沿革〉第二章〈開山撫番之時期〉。）

第十三項　全臺撫墾局

從前理番同知之職責，在於管理已經向化熟番之機關，至對於其未歸附之生番，不過專定安撫之法，置通事應之而已。光緒十一年，臺灣分省之初，福建巡撫劉銘傳先以撫番一項為治臺善後事宜中之要目，嘗奏稱：

> 現既詔設臺灣巡撫，必先漸撫生番，清除內患，擴疆招墾，廣布耕民，方足自成一省。臣查臺番與雲貴苗民、甘肅番回情形迥異。臺番不相統屬，各社所佔膏腴之地，高山宜茶，平地宜穀，一旦教之耕種，皆成富區。從前撫番，虛糜鉅款，皆由舉辦未能認真，一撫就降，遂若無事。臺南降番甚眾，仇殺依然，聲氣仍歸隔絕。以臣度之，若認真招撫，示以恩威，五年之間，全臺生番，計可盡行歸化。（〈臺灣縣難改設省會謹陳管見疏〉）

至光緒十三年，將理番同知與招墾委員之職責合而為一，而為更行擴張，設施於生番地界起見，在北番咽喉之大嵙崁（後來南雅廳之位置），設立全臺撫墾總局，而在番界各要地，設置撫墾局，便宜在局之下更設分局，後來經過添改，該局定大嵙崁（兼總局）及屈尺、三角湧、咸菜甕、大湖、東勢角、罩蘭、埔裏社、叭哩沙、雲林、隘寮、恆春、卑南、秀姑巒、花蓮港等處。（參閱第十五篇〈番政沿革〉第一章〈理番設施〉第二款〈對生番之設施〉。）

第十四項　全臺清賦局

古來臺灣賦課制度，散漫而無所統歸，尤其基本稅源之田、園更形紊亂。因此，臺灣分省當初，巡撫劉銘傳欲先興辦清賦事業，丈量田畝，清查賦課，確立新土地制度之基礎，一以裕國用，一以安民心。光緒十二年五月，會同閩浙總督楊昌濬，上〈請丈量田畝清查賦稅疏〉。光緒十三年，於臺北、臺南二府，設置臺灣清賦總局，隸屬於臺灣布政使，而由各該知府管理局務，並於各廳、縣置分局實施之。其後繼續推行，光緒十四年十月，全臺清丈大致完成。嗣於光緒十八年五月，以其整理事業告成而撤局。臺灣田、園賦率得予統一，實皆賴此清賦局之功也。（參閱第九篇〈經政沿革〉第三章〈賦課制度〉。）

第十五項　臺灣通志局

及臺灣分立為一省，其既成府志及縣志、廳志，舊者經百餘年，新者亦經十餘年，宜加修訂，而未及實行，且既成一省自需纂修通志。光緒十八年六月，臺北知府陳文騄、淡水知縣葉意深，具稟臺灣巡撫邵友濂曰：「臺灣一島，渟峙東南，管鑰乎中原，屏藩乎六合。……爰修通志，進之史宬，上備聖天子體國經野之資，下裨百執事宣化承流之助，洵今日之急務，誠曠代所罕逢。」之旨。乃於臺北設立臺灣通志總局，嗣於各州、廳、縣下，亦置一局，定先編成其采訪冊，據此以分修州、廳、縣志，更定綜採之以纂修通志之方針。於是分定監修及總纂、纂修等職，推行其業務，至光緒二十一年初，大部分采訪冊[1]及一部分縣志等，已見完成，通志亦幾將見脫稿，會因日清交戰，日本軍占領澎湖，修志事業遂半途輟止。（參閱第八篇〈修志始末〉第二章〈臺灣通志及州、廳、縣采訪冊〉。）

第十六項　其他特設官司

其他如司法機關之發審局，屬於武備機關之善後局（由支應局改設）及軍械機器局或軍裝局、火藥局，皆為特設官司，而在臺灣成為特殊組織，如在各該章所記述。又不為獨立一衙門，而直屬於既存官司：乃在《會典》之明文以外，為建築基隆港而特設之填築基隆口總辦及委員（光緒十三年設），為整理重要都市道路所設清理街道委員（光緒十三年設）之類，亦不為少也。

[1] 采訪冊已完成者不及州、縣、廳之半數。

（附記）左列之表，係為臺灣割讓當時，即清朝臺灣最後正印官表。①

（一）中央官司		
巡撫	唐景崧	
布政使	顧肇熙	
臺灣道	陳文駼	
（二）知府及知州		
臺灣知府	孫傳袞	
臺北知府	管元善②	
臺南知府	朱和鈞	
臺東直隸州知州	張振鐸	
（三）知縣		
臺灣知縣	史濟道③	
彰化知縣	羅樹勳④	
雲林知縣	羅汝澤	
苗栗知縣	李烇	以上四縣隸屬臺灣府
淡水知縣	凌汝曾⑤	
新竹知縣	王國瑞⑥	
宜蘭知縣	汪應泰	以上三縣隸屬臺北府

①視巡撫以次至道員為「中央官司」，顯然不類，自組織系統而言，巡撫為省之最高行政首長，《清史稿》〈職官志〉三列為外官，其不能視為「中央官司」明矣。倘以任用出自中央而言，清朝官吏凡一命以上之任免皆操諸君主，亦不宜如此分類。

②伊能原書誤作「管善元」。

③伊能原書作「范克承」。

④伊能原書誤作「羅汝勳」。

⑤伊能原書作「沈茂蔭」。

⑥伊能原書作「葉意深」。

安平知縣	謝壽昌①	
嘉義知縣	鄧嘉縝	
鳳山知縣	盧自鑅	
恆春知縣	盧肇經②	以上四縣隸屬臺南府
（四）同知、通判、州同及州判		
埔裏通判	唐步雲	隸屬臺灣府
基隆同知	方祖蔭	
南雅同知	宋維釗	以上隸屬臺北府
澎湖通判	陳步梯	隸屬臺南府
卑南州判	張廷玉	

按依據清朝之例，父子同僚原應迴避，而羅樹勳、羅汝澤父子竟同時任臺灣府屬知縣③，傳稱為臺灣官制之創格云。

第二款　文治設施之變遷

第一節　隸屬福建省時代

①伊能原書作「謝壽泉」。

②伊能原書作「盧肇經」。

③父子或規定親等之內迴避係以隸屬關係為主，羅氏父子同為知縣，無隸屬關係，雖同官一府，應無迴避之必要。

第一項　第一期

康熙二十三年四月，臺灣歸清，隸屬福建省為一府，名為臺灣府，府下分設臺灣、鳳山、諸羅三縣，而以澎湖為臺灣縣轄如前篇之記載。臺灣縣係臺灣府之附郭，與南路鳳山縣及北路諸羅縣最初所擬定之疆域：其臺灣縣東及南以紅毛寮溪與鳳山縣為界（西方之安平鎮及南方之土墼埕保、喜樹仔保，東方之羅漢門一帶，皆屬鳳山縣。），北以上游新港溪南一帶，下游蔦松溪以南與諸羅縣為界，鳳山縣北自臺灣縣界南至沙馬磯頭（即恆春之西南岬），諸羅縣南自臺灣縣界北至雞籠（即臺北之基隆）之間，澎湖總稱為三十六島。而從前在荷蘭竊據、鄭氏時代所擬設首府之地（原荷蘭人築 Provintia 城，鄭成功設承天府之地，即古之赤嵌，後之臺南城之一部。），因占在開發中心，故府治卜定於此，至於鳳山、諸羅之南北二縣治，在當初知縣及佐雜等皆不蒞任地辦公，概僑居府治①內。至康熙四十三年知縣宋永清時，始建鳳山縣署，為官司留駐之所。而建城則在康熙六十一年以後。諸羅縣城為康熙四十三年署理知縣宋永清時所建，而至康熙四十五年攝理知縣孫元衡時，始設縣署駐留官司。蓋當時官員皆藉口土地遼曠，且屬瘴癘之區而迴避也。

清朝領臺後之最初志書即林謙光著之《臺灣紀略》②，及以記述精確見稱之魏源著《聖武紀》等，所載臺灣置府、縣為靖臺當年即康熙二十二年。然而既如上述，鄭氏投降、清朝接收臺灣為是年八月上旬，未幾廷議對於臺灣之棄留，紛紜未決，由此推察，可知當時似未能完成行政區劃之設施。《臺灣府志》及諸廳、縣志、《福建通志》及《臺灣通志稿本》等，皆載為康熙二十三年事，其所有文治官司之調任係在當年亦與此相符。又《皇朝通志》

①時名曰「公館」。

②林著成於康熙二十九年，內容簡略，似不足當「志書」之稱。且在其以前，蔣毓英曾於二十五年創修府志，是即楊文魁〈臺灣紀略碑文〉所謂之「郡志」是也。

所載康熙二十四年置府、縣，亦失其實矣。

（附記）關於臺灣府治之位置，據《臺海使槎錄》〈赤嵌筆談〉「城堡」云：「臺地初闢，原卜築城於永康里，後不行。」按：永康里為鄰接府治東方，而向東北延伸之一區域，遠在荷據、鄭氏時代已開拓就緒，如蔦松溪流域之蔦松莊，夙為北路要地，由此情形推察，可知荷據、鄭氏時代之首府當較偏於南位，故雖一時權宜擬為府治，而將來作為永遠之府城位置則定為永康里。（或係蔦松莊附近也）及至後來治臺方針，漸傾向於保守，終不見其遷移也。

又考察其他二縣即鳳山及諸羅之最初位置，鳳山縣轄係沿襲鄭氏時代之萬年縣（後改為州）區域者，鳳山乃崛起於其海岸平野（鳳山上里與小竹下里之交界）之一丘崗名稱，古來漢族移民視為勝境之一，乃取為縣名。《鳳山縣志》〈輿地志〉云：「……赤山分支，其高起橫列為鳳山，旁有二小峰，形若飛鳳展翅。（縣治命名取此。）上有鳳鼻山，旁有鳳彈山，皆縣治及學宮拱案也。」是為簡明之解釋。（鳳山之丘崗，古來漢民傳為勝境事，《臺灣府志》及《鳳山縣志》云：「鳳山相傳，昔年有石自開，內有讖云：鳳山一片石，堪容百萬人；五百年後，閩人居之。」（〈雜志〉「叢談」）此原係神祕之傳說，亦足徵也。清人靖臺當初，曾參與機密之陳昂題為〈偽鄭遺事〉詩中有：「片石能容百萬人，天遺圖讖應南閩。」句，即詠此事。係鄭氏時代所傳甚明。）而其當初，卜定為置縣之地，係鄭氏萬年州治址之興隆莊（興隆外里埤仔頭庄即舊城）。然而既取鳳山之丘崗擬作縣名，又卜定以南之要衝（即鳳山附近），為統轄南路一帶地方之中心點，由此即可見清之當路當時似已胸有成竹，而因該地方尚未開闢，故將鄭氏時代已見發達之興隆莊權定其位置也。《鳳山縣志》〈輿地志〉「建置沿革」云：「按偽鄭時，縣曰萬年，營曰統領。國朝定制，改縣曰鳳山，分營曰南路，然初底定，土地寥曠，文武職官多僑居府治。康熙六十年，臺匪竊發後，始奉文歸治。」諸羅縣轄係沿襲鄭氏時代設置天興縣（後改為州）之區域。諸羅原係平埔番族之諸羅山社①所在地（嘉義西堡嘉義街附近），即鄭氏天興州治舊址，（《諸羅縣志》〈封域志〉「建置」曰：「地為鄭氏故營址。」）乃擬為縣治，即將「諸羅山」加以音譯而省略為諸羅。或謂係由於諸羅地名，如《諸羅縣志》〈封域志〉「建置」云：「二十三年（康熙），設縣治於諸羅山，因以命名，取諸山羅列之義也。」要之，此不過偶然附會文字之意，未必有何原義也。②（按《諸羅縣志》纂者似採取從來傳承之說③而載述之，而另在其〈雜記志〉「外紀」略加說明曰：「縣曰諸羅，人稱縣治者，皆曰諸羅山，欲指一山以實之，無有也。附郭番社曰諸羅山社，然則諸羅山之名，相沿已久。設縣時，見諸山羅列，適與相稱，故仍其名耳。」所辯有條理，應無疑惑之餘地。）然而最初所卜定該縣之位置，並非此地，而係暫設在開化里佳里興（即佳里興堡佳里興庄）。《諸羅縣志》〈封域志〉「建置」云：「置縣後，以民少番多，距郡遼遠，縣署、北路參將營皆在開化里佳里興，離縣治南八十里。四十三年奉文，文、武職官俱移歸諸羅山，縣治始定。」該縣志〈規制志〉「城池」云：「諸羅自康熙二十三年卜縣治於諸羅山，城未築。四十三年，奉文歸治。」（該志「衙署」曰：「諸羅縣署，原在佳里興，歸治後，相土縣內之中。」《臺灣府志》〈規制志〉承此而載曰：「諸羅縣……原在佳里興，康熙四十三年移駐今所。」）由來諸羅山地方，早自荷蘭據臺時期，由漢族移民開始拓墾，且在鄭氏時代，已定為縣、州之治，故清之當路似原計畫以此地點為中心，統轄北路一帶地方，而因該地方未經開闢，乃以當時為北路要地且已發達之佳里興，權定

① 諸羅山，明鄭時本作「朱羅山」、社名「朱羅山社」，鄭克塽降清所繪附圖經杜臻轉引之文可證。

② 或以為社名「朱」字不能謂為無義，否則，清人亦不致易「朱」為「諸」矣。

③ 自該志「欲求一主山而終不可得」觀之，則周、陳亦不知其原為「朱羅山」矣。

為其縣治位置。而佳里興係濱海之偏地，不適合置治建城，當路亦應夙認之無疑也。（當時典史署，在便宜上設於善化里目加溜灣街，即後來之善化里西堡灣裡街，此亦可為佳里興不定為縣治之旁證。）而確定將其縣署移駐諸羅之地，為康熙四十年知縣毛鳳綸①時事。（決定此事之年代，舊有記載概付闕略，茲依據光緒五年分巡臺灣兵備道②監修《臺灣輿圖》〈說略〉而補記之。）康熙三十六年所成之《裨海紀遊》，載述當時臺灣分治情形云：「臺灣縣即府治，（中略）諸、鳳兩縣衙署（中略）隸焉。」又云：「至若諸羅、鳳山二邑，各有疆域，舍己邑不居，而寄居郡治臺邑之地，若僑寓然。」徵之可察其實際情形。而此等暫建之衙署，冠以公館之名，擬古制之驛亭。（其他所在設有公館，或由官建，或為公建。《諸羅縣志》〈規制志〉云：「公館之設，古之驛亭，《周禮》遺人所以職委積者也。使客之往來，於是乎憩，故民居不擾。其無事，則子衿里老朔、望會集子弟，即此宣講《聖諭》，申明條約，又鄉校之遺矣。」即論此情形者。乾隆二十八年建設之淡水公館，當屬官建之末期也。）然而如此辦法，不過一時權宜，並非永久之規制。於此如《裨海紀遊》雖立論：「不獨撫字為便，而犄角互援之勢亦成矣。」決定在諸羅、鳳山二縣治之地建城，俾知縣留駐，而迄至十數年後，仍未見其實行。

更按當初所謂疆域，只不過是在表面上表示版圖之區域，而籠統之指稱者。實際上，政化所及，係在西海岸之平野，南限於下淡水溪岸，北不逾乎嘉義以北，為地方分治而設之巡檢，③只於鳳山縣之淡水、（最初卜地於大崑麓（港東下里大庄附近）並未實設，而暫置於港西里東港，（當時東港之主要地，在東港溪口西岸鹽埔仔庄即新園里之一部，然其地夾在東港溪與下淡水溪之間，屢受水害，乃於同治初年，遷移該溪東岸之位置即港東上里④），未幾又遷移赤山里赤山庄。（《臺灣府志》〈封域志〉曰：「自鳳彈而聯於東北者，亦名曰赤山，以土色赤故名。」鳳彈山係鳳山之支峰。）雍正九年，遷建於港

①伊能原書誤作「毛鳳林」。

②即夏獻綸。

③據《清史稿》：「巡檢掌捕盜賊，詰姦宄，凡州、縣關津險要則置。隸州、廳者，專司河防。」準此，巡檢之職掌僅同於當前警察派出所或水上警察巡邏隊。

④伊能原書作「東港上里」。

東里嵌頂街。《鳳山縣志》〈規制志〉所載，淡水巡檢司署條下云：「按縣初設時，淡水巡司署在下淡水東港，尋以水土毒患，移建赤山巔。今開闢既久，風氣日和，東港、赤山村落紛闐，瘴癘不作，無煩輾轉遷徙矣。」）諸羅縣下之佳里興（只有擬置之名，而無實設，至康熙四十三年，移駐諸羅縣署所在地之諸羅，始建立之。）而已即可明白矣！如大甲溪以北，則幾乎視為塞外之域。（《臺海使槎錄》所載〈番俗六考〉，北路諸羅番〔九〕附載，記述康熙末年情形云：「往年自大甲溪而上，非縣令給照，不容出境。」）又東部番界一帶，諸如羅漢門①及斗六門，全為邊界要害，警防奸匪而設關禁，徵之可察當時情形。再如極北之淡水港，（當時停泊地在港之南岸八里坌。）雖有安平水師之派撥，亦不過為荒服之防衛，以備一時海患之鎮壓而已，未幾即歸於有名無實。澎湖雖有三十六島之名，而不過設一巡檢於大山嶼，以管轄北山嶼、西嶼等就近數嶼而已，在其他偏遠諸島，則由居民各立鄉約，行其自治。而設置巡檢之位置，竟不擇澎湖首腦要地之媽宮鄉，而卜於僻處該港東岸之文澳鄉，雖然是因為明代舊城址，（天啟四年，荷人撤離後，總兵俞咨皐議在穩澳山即文澳，開築城基，事載《讀史方輿紀要》。）但又似係依據形家風水之說者。《澎湖廳志》〈封域志〉，載文澳之形勝曰：「形家云：此處地脈最正，故井水亦清。」由此亦可推察其意之所在也。由來在臺灣擬建衙署時，每出於迷信，卜問於堪輿家，以定其位置，似始於此時。②

換言之，為標示上列疆域之地名，似不過為清朝當路所知有關臺灣地理上知識之概括而已。至如南部瑯璚（恆春）及山後一帶（臺東）番界，則如同內山，完全視為化外之域，係屬事實。如《裨海紀遊》云：「三縣所隸，不過山外沿海平地，其深山野番不與外通，外人不能入，無由知其概。」又〈赤嵌筆談〉「形勢」所引《理臺末議》云：「臺

①「羅漢門」於伊能原書誤作「羅溪門」。

②堪輿之說，由來已久，窮溯可及《易經》；演變出自陰陽家。

灣在福建之東南，地隔重洋，形勢延袤，可至者凡千六、七百里，外此則生番所居，與熟番阻絕，遠望皆大山疊嶂，莫知紀極，可以置而不議。」此實可謂把握入清當初管轄區域之概況。不特此一時而已，事實上將內山及山後番地一帶，完全放置於化外，及至同治十三年，受日軍征伐此化外番地之影響，始確定開山撫番之國策。《臺東州采訪》述當時情形云：「第以其地荒僻，其人不解耕織，故不責其貢賦，而化外視之。」同治末年所成《臺灣輿圖》（臺灣府纂修）例言云：「內山雖屬界外，然係版圖，分界禁墾，為一時權宜。」自係表示其新見解。

其最初卜定之府治之荒涼，似出乎意料之外。《裨海紀遊》載康熙三十六年之光景云：「海外初闢，規模草創，城郭未築，官署悉無垣牆，惟編竹為籬，蔽內外而已。」由此可見一斑矣。

依據康熙五十四年間，從事測繪臺灣輿圖之法國傳教士馮秉正《踏察記》所載情形，其文曰：「街衢之家用泥土與竹材構造，用藁葺之，外觀極卑陋。」（據甘為霖著《荷蘭治下之臺灣》所載 "De Maillaʼs Notes on His Visit to Formosa in A.D. 1715."）亦略與此相符。

如康熙三十一年至三十六年間之分巡臺廈兵備①道高拱乾②，於道署之後建亭名斐亭，亭左築臺曰澄臺，以為休憩之所，（《臺灣府志》記載臺郡八景之中亦有「斐亭聽濤」及「澄臺觀海」之目。）可知其欲身處其間，以消除排遣其絕域棲遲之歎耳。南、北知縣藉辭土地尚未開闢，避不

①「兵備」二字衍。
②高拱乾離任應為三十五年秋末冬初，其次任到職為三十五年十月初八日。

蒞任於其境，顧當時情形，似因無心躬親入窮地之有司因偷安之習而勢不可止者。《臺灣府志》〈藝文志〉載高拱乾撰〈澄臺記〉，可視為當時實情之流露，其文曰：

> 古者臺榭之作，誇遊觀而崇侈麗，君子譏之；若夫制樸費約，用以舒嘯消憂、書雲攬物，斯高人之所不廢，亦廉吏之所得為也。臺灣之名，豈以山横海嶠，望之若臺，而官、民市廛之居，又在沙曲水匯之處耶？然厥土斥鹵，草昧初闢，監司聽事之堂，去山遠甚，匪特風雨晦明，起居宴①息之所，耳目常慮壅蔽，心志每多鬱陶，四顧隱然，無以宣洩其懷抱，並所謂四省藩屏、諸島往來之要會，海色峰光，亦無由見。于是捐俸鳩工，略庀小亭于署後，以為對客之地。環繞以竹，遂以「斐亭」名之。更築臺于亭之左隅，覺滄渤島嶼之勝，盡在登臨襟帶之間，復名之曰「澄」。惟天子德威遐被，重譯入貢，薄海內外臣民，共享清晏之福。而余振綱飭紀，分揚清激濁之任焉，正己勵俗，有端本澄源之責焉。當風日和霽，與客登臺以望，不為俗累，不為物蔽，散懷澄慮，盡釋其絕域棲遲之歎，而思出塵氛浩淼之外。則斯臺比諸凌虛、超然，誰曰不宜？②

康熙四十三年，南北之鳳山、諸羅二縣，初行實際之政治。是可徵其屬於臺灣政令伸張沿革之一，雖不過為表面之名目，而從此北部之治理逐漸向北推進，終啟達到臺北之一部之端緒。（康熙四十八年，以諸羅知縣宋永清名義發給上淡水大佳臘地方即大加蚋堡之墾照現存，（參照第十四篇〈拓殖沿革〉第一章〈限制拓殖之時期〉）。可知管束至當時流民之私占私墾。）惟所以令從來保守姑息主義之清朝有司決然實行此項改革者，乃鑒於以前康熙三十五年吳球事件及康熙四十年劉却事件，俱起自有設治之名而無其實之諸羅縣邊陬，故因之與當路以重大之警惕甚明，而過去寄居府治，

①「宴」字於《續修臺灣府志》原文作「冥」，據刊本高拱乾《臺灣府志》本改。

②高拱乾《臺灣府志》所載末尾尚有：「豈得以文遜大蘇而無以記之也。」一句。

惟圖苟安之知縣，當其移駐向來以瘴惡之區視為畏途之縣治，如何逡巡躊躇，徵諸羅縣治之設雖早於康熙四十年決定，而至康熙四十五年，仍然缺知縣之實即可推察。一讀康熙四十五年攝理知縣孫元衡手成〈新建諸羅縣署記〉，均可想見當時情形矣：

> 今天子聖神文武，聲靈遠播。二十二年，開拓臺疆，設郡分邑，置諸羅為一縣。然縣治雖有其名，而衙署未建。宰斯土者，就佳里興為縣署，後先相仍，於茲二十有餘載。四十三年，鳳山令宋君署諸邑，奉文移歸羅山，業擇地興工，以新令蒞任不果。四十五年，余攝諸篆，親履其地，問聽斷何所？承宣何所？自公退食何所？則荒田野草，數椽未就，因亟為之謀。命工庀材，依其爽塏。雖丹漆未施，而公堂內署已井然有序矣。從此蒞政之暇，與邑紳士坐論桑麻，漸及禮樂，即不敢侈規模之大備，亦不至以蒞政臨民之地，委諸荒田野草，是則余之所差慰也。至若大其棟樑，飾以華藻，以壯厥觀，請俟後之君子。（《諸羅縣志》〈藝文志〉。）

（附記）自康熙二十三年至康熙六十一年之一小時期，地方分治區劃如左表：

府	縣	下級官司
臺灣知府	臺灣知縣	臺灣縣丞　康熙二十三年新設
		新港巡檢　康熙二十三年新設
		澎湖巡檢　康熙二十三年新設

府	縣	下級官司
臺灣知府	鳳山知縣	淡水巡檢　康熙二十三年卜地大崑麓，而設於下淡水東港，後移於赤山莊
	諸羅知縣	佳里興巡檢　康熙二十三年新設

第二項　第二期

康熙六十年，朱一貴起事，全臺淪陷；一時以「中興王」之名施行政令。及事平，有更張內治之議。而如膺任其善後籌謀之臺灣鎮總兵幕僚藍鼎元，以開擴疆域為第一要義，提倡於臺灣北部之半線（即彰化）添設縣治，其所議要點曰：

以愚管見，劃諸羅縣地而兩之，於半線以上另設一縣，管轄六百里。雖錢糧無多，而合之番餉，歲徵銀九千餘①兩。草萊一闢，貢賦日增，數年間巍然大邑也。（《平臺紀略》）

又其自撰〈紀虎尾溪〉云：「虎尾溪天然劃塹。竊謂諸羅以北，至此可止，宜添設一縣于半線，自虎尾以上至淡水、大雞籠，山後七、八百里，歸半線新縣管轄。然後北路不至空虛，無地廣兵單之患。吏治、民生大有裨補。不知當局可有同心否？跂予望之。」（《東征集》）實與之相照應。

①「九千餘」三字於伊能原書作「八九千」。

按半線添設新縣之議，乃始於《諸羅縣志》總纂陳夢林，於該縣志〈兵防志〉「總論」，敘述控制北路之方策云：「宜劃半線以上別為一縣，聽民開墾自如，而半線即今安營之地，周原肥美，居中扼要。宜改置為縣治，張官吏，立學校，以聲明文物之盛，徐化鄙陋頑梗之習；嚴保甲之法，以驅雞鳴狗盜之徒。」即此之謂也。臺灣鎮總兵藍廷珍題《東征集》序中有：「予憂臺北空虛，玉霖（鼎元之字）議於半線以上設縣添兵，與陳君少林（夢林之字）修志時所見脗合，而玉霖尤大聲疾呼，不啻舌敝穎禿。」思忖兩人之心事矣。蓋陳夢林為先倡者，而藍鼎元則為其大成者也。

《東征集》〈紀竹塹埔〉文中又敘述其以北即竹塹（即新竹）一帶形勢曰：「其地平坦，極膏腴，……闢田疇，可得良田數千頃①，歲增民穀數十萬。臺北民生之大利又無以加于此。……此地終不可棄，恢恢郡邑之規模，當半線、淡水之中間，又為往來孔道衝要，即使半線設縣，距竹塹尚二百四十里，不二十年，此處又將作縣。」然而當時廷議似因循莫決，藍鼎元在其《平臺紀略》中云：「顧或謂臺灣海外，不宜闢地聚民，是亦有說。但今民人已數百萬，不能盡驅回籍，必當因其勢而利導約束之，使歸善良，則多多益善。從來疆域既開，有日闢無日蹙，氣運使然。即欲委而棄之，必有從而取之。如澎湖、南澳皆為海外荒陬，明初江夏侯周德興皆嘗遷其民而墟其地，其後皆為賊窠②，閩、廣罷敝。及設兵戍守，迄今皆為重鎮。臺灣古無人知，明中葉乃知之，而島彝、盜賊後先竊踞，至為邊患。比設郡、縣，遂成樂郊。由此觀之，可見有地不可無人，經營疆理，則為戶口、貢賦之區；廢置空虛，則為盜賊禍亂之所。臺灣山高土肥，最利墾闢，利之所在，人所必趨。不歸之民，則歸之番、歸之賊，即使內賊不生，野番不作，又恐寇自外來，將有日本、荷蘭之患，

① 「頃」字於伊能原書誤作「甲」。

② 「窠」字於伊能原書作「巢」。

不可不早為綢繆者也。」其切論如此。初，康熙末年，陳夢林應諸羅知縣周鍾瑄之聘，纂修《諸羅縣志》時，即已鑑於時勢，深謀遠慮，在朱案未萌時，豫察其未然，曾在該縣志〈兵防志〉「總論」曰：「夫天下事非身歷其地，目覩其形，而心維其故，不能洞悉其所以然，故宏遠深切之謀，流俗或以為難而不肯為，或以為迂而不必為。其始為之甚易而不為，其後乃以為必不可不為而為之，勞費已什佰千萬矣。明初漳、潮間有深澳（即今之南澳），泉屬有澎湖，江夏侯周德興皆遷其民而墟之，且塞深澳之口，使舟不得入，慮島嶼險遠，勞師而匱餉也。及嘉靖間，倭入深澳，澳口復通，巨寇吳平、許朝光、曾一本，先後據以為巢，罷敝兩省，乃設副總兵以守之，至於今而巋然重鎮也。澎湖亦為林道乾、曾一本、林鳳之巢穴，萬曆二十年，倭有侵雞籠、淡水之耗，當事以澎湖密邇，不宜坐失，乃立一遊四哨以戍之。至於今又巋然重鎮也。向使設險據守，則南澳不必懲閩、廣之帥，澎湖不必為蛇豕之窟，倭不得深入，寇不得竊據，漳、泉諸郡未必罹禍之酷如往昔云云也。臺灣僻在海外，古來史冊未經見之邦。明宣德間，太監王三保乃一過其地，未幾而林道乾據之，未幾而顏思齊、鄭芝龍據之，倭據之，荷蘭據之，鄭成功又據之，至於今而列為郡、縣。當其始，若無人乎知有臺灣者；及其既，乃無人乎不知有臺灣者。何則？玉之在璞，行道之人弗顧也。知其為玉，則人人思攫之矣。今半線以至淡水，水泉沃衍，諸港四達，猶玉之在璞也。流移開墾，舟楫往來，亦既知其為玉矣。而雞籠為全臺北門之鎖鑰，淡水為雞籠以南之咽喉，大甲、後壠、竹塹，水、陸皆有險可據，乃狃目前之便安，不規久遠之至計，增置縣邑防戍，委千里之邊境於一營九百四十之官兵，一知縣、典史、巡檢之耳目，使山海之險弛而無備，將必俟羊亡而始補牢乎？南澳、澎湖、臺灣之往事可覩已。」此節亦與上列情形相符，足以察識者對此之輿論也。

既而廷議採納之，於雍正元年，新設彰化一縣及淡水一廳，彰化縣東以南、北投大山麓為限，南以虎尾溪與諸羅縣分界，北以大甲溪與淡水廳分界。淡水廳南自彰化縣界，北至雞籠，而東方只限於番界連嶺之外側而已。（據《皇朝通志》，擬其置縣、廳為雍正三年，而《臺灣府志》、《彰化縣志》，以至《福建通志》、《臺灣通志稿本》等，則皆以為雍正元年，今從之。）未幾於雍正五年，新設澎湖一廳，其實際所轄似漸擴及四邊各島嶼，周凱《內自訟齋文集》概論云：「澎湖阨臺灣要衝，為全閩之外捍。有澎湖則臺灣如在掌握之中。」可視為其設廳之理由。然而極南之大嶼、東南之東嶼坪及西嶼坪等，以距廳治較遠，經予封禁，事載於《澎湖紀略》（《澎湖廳志》〈封域志〉所引），仍有外延之限制。如當時之衙署，似概極隘陋，據《臺灣府志》載府衙署云：「舊係偽宅，兩座毗連，後左畔一署傾圮，惟存右署，規制稍隘。雍正七年，知府倪象愷即左畔基址，恢廓重建，……規模軒敞。貢生黃國英董其事，五十餘日落成。①」（〈規制志〉）《府志》〈人物志〉又云：「黃國英……佐郡守……建郡署，咄嗟立辦，三月而落成，人皆善之。」可知其急工速成，僅有大堂及六房之設備耳。府署如此，其他可以類推。雍正十二年，（據《臺灣府志》，而《鳳山縣志》則為雍正九年。）更以東界之羅漢門莊（羅漢內門里），歸入臺灣縣轄，改以二贊行溪（一作二層行溪）為臺、鳳二縣之交界，以新港溪為臺、諸二縣交界。其彰化縣治卜定於半線，淡水廳治卜定於竹塹，澎湖廳治卜定於大山嶼巡檢署舊位置，而在彰化縣，截至雍正六年知縣湯啟聲時，尚不蒞治辦事；（《彰化縣志》不載其駐留處所，當係依前例，寄居諸羅縣治者。）淡水廳，截至乾隆二十一年同知王錫②縉時，係在彰化縣治下建置淡水廳公館，駐留此處辦公，《臺灣府志》〈職官志〉云：「淡水同知：雍正元年添設，稽查北路，

①下引黃國英傳作「三月而落成」。

②「錫」字於伊能原書作「錫」。

兼督彰化捕務。雍正九年割大甲溪以北刑名、錢穀悉歸管理。」可以推察淡水同知之執行其固有職權，乃在雍正九年以後，其以前則毋寧謂為輔佐彰化知縣而已。即如承命膺任實際稽查之竹塹巡檢，在事實上亦暫駐於大甲溪南之沙轆（大肚中堡①沙轆庄），是年大甲社番變失事，亦因此姑息所致耳。（當時沙轆之地，恰如北路聚落之一中心。先是，康熙六十一年，初任巡視臺灣滿御史吳達禮及漢御史黃叔璥，巡按北路時，當係因此情形，故巡至沙轆而止。又如竹塹巡檢之一時暫設此地，其理由亦可想而知。）

當時閩浙總督郝玉麟，曾聘請朱案善後籌謀有功之藍鼎元（時家居閩省。）參其帷幕，而藍鼎元以故辭之，其致該總督〈論臺灣番變書〉中云：「去歲閱邸抄，有淡水同知移駐竹塹之議。不知張弘章②失事，何以乃在沙轆？必竹塹未墾，無村落民居之故耳。竹塹居彰化、淡水之中，距彰化縣治二百四十里，一路空虛，上、下兵力俱皆不及，宜移同知駐此，以扼彰、淡之要，聯絡數百里聲援，然後臺北上、下血脈相通。」（《鹿洲初集》）此項條陳，意在釐革當時現狀而立言，其意見大半為當局所採納，遂有竹塹巡檢之移駐。

雍正十年，淡水同知張弘章③以失察解任，由此事加以推察，竹塹巡檢之移駐，應略同此時期甚明。《淡水廳志》云：「竹塹巡檢署在竹塹城南門內，……乾隆二十一年，與廳署同建。……（相傳舊在巡司埔（城外），案無可稽。）」（〈建置志〉）由此可其初建規模猶小，僅存其名而已。而實際上北路情形，有長足之發展。乾隆初年，淡水咽喉之八里坌（淡水營在此）由紳民捐建一座城堡，與此同時，都司王三元在營後之觀音山西畔建望海亭，《臺灣府志》稱其規模云：「海市萬狀④，悉屬望中。」後來，淡水港要地漸移對岸之滬尾，而堡廢亭亦圮。

①當時大肚保尚未分為上、中、下三保。

②伊能原書作「張宏昌」，下同。

③伊能原書作「張宏章」。

④「狀」字於伊能原書誤作「伏」。

乾隆二十八年，淡水同知夏瑚，於移置之新廳署相連接處設淡水公館，而從前置於彰化縣治之公館，因自此廢止。或許襲用其原有之名。讀當時夏同知所撰〈淡水公館記〉，可知新闢疆土極其寥曠之情況矣：

竹塹，居臺北後，乃設官吏，畫封圻而守之，黔黎新集，圜圚①樸陋，不讓茅茨太古風。節使、觀察與郡守不時至止，又守土官吏，秩滿需代，無閒廨居，於公甚不便之。歲癸未（乾隆二十八年），予奉命分守斯土，凡百務前人未遑者，思欲倡導，與民更始。適署左有廢宅，余新之，覺恢恢乎有餘地焉，因顏之曰「公餘②」，並搦筆而為之記。（《淡水廳志》〈文徵〉）

「淡水」之地名，原為指稱淡水溪本支流域一帶，故實際上，竹塹雖係門戶而並非中樞。然以其為控制淡水地方而設廳治於此，如僅以為門戶而卜定於竹塹，似有鞭長莫及之患。而且當時彰化知縣及淡水同知，迄至設治數年乃至十數年後，仍未蒞治辦公之情形察之，不過藉辭地方規制未備，而實際上乃視為畏途而迴避耳。在此種姑息國策之下，欲期待其更進一步設治於淡水中樞——臺北方面，以開展經綸之決斷，自屬不能期待之事。當時在府治之下，有司之間尚且有荒唐之吉凶迷信存在。例如原臺灣縣署（在東安坊）係使用鄭氏時代舊宅，至為隘陋，以前知縣相繼遽然病歿者七人，未有一人終其任期。因此，乾隆十四年，新任知縣魯鼎梅以為衙署不寧，將關係生民休咎，經問卜結果，以鎮北坊（赤嵌樓右西向）為吉地，遂計畫改建於此。由此實例觀之，其對於被認為毒惡瘴癘之邊陲迷信上之障礙，或為加強其迴避畏途之一副因。

①此二字伊能原書作「闤闠」。
②「餘」字於伊能原書作「館」。

地方官為迷信所左右，而表現於政治上者有之，如《臺灣縣志》〈政志〉「列傳」所載，乾隆初年鳳山知縣方邦基宦績云：「有民婦被祟，即暮見形，如人似犬，闔室騷擾，莫可奈何。即為齋戒，牒告城隍，忽雷震，怪走入地，掘之得猴子髑髏，有血濡縷，怪遂絕。」夫黨眾起事時，每示神怪以煽惑愚民為奇貨，此亦利用民眾之迷信心理之傾向，以助成其事者也。

而魯鼎梅所改建之臺灣縣署，以翌年告成。《臺灣縣志》〈地志〉載稱：中為新民堂，其後曰愛堂，又後為齋閣，此外築亭及小齋與之參差，規制大備。臺灣公署設備之漸致完整者似以此為始。時知府方邦基，作「愛堂」題額之跋，以其文可知寓意所存，特揭以資參考，曰：

邑舊署湫溢，余謀所以更張之，邑紳士慕義恐後，不日落成，可謂能愛其上矣。繼自今登斯堂者，其庶心曠神怡矣乎。維兩岐偕樂之仁，佩一范先憂之義，所以竭愛士愛民之心，亦以勿負我士民之愛也。因以名之，並跋以勗。（《臺灣縣志》〈藝文〉）①

乾隆三十年，臺灣知府蔣允焄改建府署，《臺灣府志》〈規制志〉云：「官廳二間②，曲檻迴廊，重樓③複閣，池臺亭沼，各色悉備，又編竹為籬，雜蒔花木，備極勝概。」府署所在（東安坊），原為鄭氏設廳第之處，其西偏寬敞之區，係舊四合亭址，所謂「榕梁」在此。（《臺海采風圖考》曰：「臺之府署內，有榕根蜿蜒地上，高約四、五尺，長約二丈餘，謂之榕橋④。」乾隆四年，

①該志〈政志〉「衙署」亦載此跋文。
②伊能原書作「三間」。
③「樓」字於伊能原書誤作「棲」。
④上字或當作「梁」，而實即榕橋之意。

巡視臺灣御史楊二酉，有題為〈四合仙梁〉（註云：郡署四合亭側有老榕一株，扶疎繁蔭，根①出地數尺，蟠屈虬直②如梁）之詩曰：「誰將玉斧斲仙榕，露葉雲根影萬重，疑是銀橋天上落，不因風雨作神龍。」是也。）改建府署之同時，又於此處築鴻指園，自為文記之，於是擬為臺邑八景之一，名為「府圃榕梁」，文曰：

> 署西偏廣可數畝，古榕三株，蟠根屈曲，志稱榕梁，枝葉展翠，又稱榕屏，舊四合亭址也。歲久且蕪，予就而新之，芟荒塗，鑿深沼，護花欄，砌曲徑，別作堂宇，以為游觀。中列三楹，盛宴會也。左縛小亭，備游憩也。右架層榭，憑眺望也。夫古人流連景物，偶然寄之，去無所貪，來無所戀。漢山、峴水，陵谷變遷，歐陽公嘗譏杜預、羊祜③汲汲於名，是不若蘇氏雪泥鴻指之說，為足盡其義也。予臺陽守土，幾歷兩載，思海外風景，與吏民相安，百堵皆作，成於不日，所謂偶然而留，亦為其可留者耳，果何有哉？園既成，取以額之，因書其微指於此。

先是，府城小東門外有李氏園，《臺灣府志》〈雜記志〉引《瀛壖百詠》曰：「李氏園，近鯽魚潭，主人築小亭曰聚星。綠疇四繞，青嶂當牕。臺地官僚省耕，皆憩於此。張鷺洲（乾隆六年巡視臺灣御史）詩云：梧竹陰森護短垣，群峰飛落聚星園；海翁九十髮如鶴，門外水田秋稼繁。」亦重視民生之片段也。

雍正末年，攝理臺灣知府沈起元著〈治臺灣私議〉一篇，切論今之臺灣非古之臺灣，宜將府治遷移全臺中心——諸羅，以控制南、北，文曰：

> 在國家初得臺灣時，亦以人民尚未集，田土尚未闢，可居可耕之地，惟臺邑左、右方百里地耳，

①「根」字於伊能原書缺漏。

②「直」字於伊能原書作「真」。

③「祜」字伊能原書訛作「祐」。

故置壁壘，設縣府，皆因偽鄭故址，即其營署、宮室，以為官府駐札地。今聖教日廣，戶口日繁，田土日闢，南自郎嶠，北至雞籠，延袤一千七百餘里，皆為人煙之境。地廣則規模宜遠、防險宜密，形禁勢格之道，誠不可不講也。愚以為諸羅居全臺之中，負山帶溪，形勝獨得。宜遷府治及鎮標三營於此，以控制南、北，而後中權之勢始握其要。

又論宜將鳳山縣治遷置南方，且別為統轄下淡水地方一帶，應添設一廳，文曰：「南路則宜遷鳳山縣治於埤頭，當居民輻輳、行旅往來之孔道，以親民事。設下淡水同知①於新園、萬丹之間，凡淡水以東，上至羅漢門，下至海口，凡番漢盜賊之事屬焉。」（按新園及萬丹二地，共占港西下里之西部，南、北對立。康熙年間，與在東港溪②口西岸鹽埔仔庄之一部發達之舊東港通屬聯絡要衝，而最初限於下淡水溪西岸之實際上政化之區域，更有漸次向東岸進展之趨勢。）又論應將淡水廳治更張新設一縣，曰：「至彰化大肚溪以北，幅員既廣，地土日闢，四、五年後，民居稠密，必宜更設一縣者也。議者欲於藍張興莊、鹿仔港、南嵌、奇武子社旁添設巡檢四員，少佐大員所未及，其說未嘗不可；微員雖多，不足恃也。」（按藍張興莊為後來之藍興堡臺灣城（臺中）及大墩街附近，鹿仔港即馬芝堡鹿港，南嵌乃平埔番族之南嵌社桃澗堡南嵌港、奇武子為平埔番族之奇武子（即奎府聚）社，即後來之大加蚋堡臺北城及大稻埕街附近。）此等意見雖俱未實行，然後來文治機關之更張，事實上由此胚胎也。

①「知」字於伊能原書誤作「治」。
②「溪」字於伊能原書誤作「漢」。

（附記）自雍正元年至乾隆五十二年一小時期之地方分治區劃如左表：

府	縣	下級官司	
臺灣知府	臺灣知縣	臺灣縣丞	雍正九年遷移羅漢門
		新港巡檢	乾隆二十六年遷移斗六門
		澎湖巡檢	雍正五年改設通判
		羅漢門縣丞	雍正九年自臺灣縣治移此
	鳳山知縣	淡水巡檢	雍正九年在崁頂改建
		萬丹縣丞	雍正九年新設，乾隆二十六年遷移阿里港
		阿里港縣丞	乾隆二十六年自萬丹移此，乾隆五十年移下淡水
	諸羅知縣	佳里興巡檢	雍正九年移鹽水港，乾隆五十三年移大武壠
		笨港縣丞	雍正九年新設
		斗六門巡檢	乾隆二十六年自新港移此
	彰化知縣	鹿港巡檢	雍正九年新設
		貓霧拺（犁頭店）巡檢	雍正九年新設
		南投縣丞	乾隆二十四年新設
	淡水同知	竹塹巡檢	雍正九年新設（原在沙轆，後移竹塹）
		八里坌巡檢	雍正九年新設，乾隆十五年移新庄
		新庄巡檢	乾隆十五年自八里坌移此
	澎湖通判		

第三項　第三期

乾隆五十一年，林爽文起事，騷擾幾及全臺，餘黨多潛匿番界遠陲，諸如北路之水沙連及南路之瑯璚等地，據為其巢。乾隆五十三年事平之後，議將鳳山縣治之位置遷移以南之竹橋莊下陂頭（大竹里鳳山街）。初，南路賊首莊大田，再次蹂躪鳳山舊城，當局以此為不利，乃為擴大規模以控制南邊。（《鳳山縣志》〈規制志〉附載「街市」云：「下陂頭街……五方湊集，市極喧嘩；……大路之衝。」是為雍正末年沈起元〈治臺灣私議〉中所謂埤頭，至此擇定此地點。）又於前年，奉旨改稱諸羅縣為嘉義縣。（參閱第四篇〈治匪政策〉第二章〈匪亂各志〉第五節〈林爽文事件〉。）林爽文事件後至乾隆六十年，有陳周全事件，此兩次事件俱發源於彰化縣，故自嘉慶元年以來，注重籌謀北路之殄兇除害，以絕死灰復燃之患。如當時彰化知縣胡應魁，慨然以為己任，躬自窮搜番界山谷，餘黨幾無漏網之虞。嘉慶三年，胡應魁將縣城東門外要害定軍山改名八卦山，於縣署後添築一亭稱太極亭，以收山峰之秀，蓋取義《易經》所謂「太極生兩儀，四象生八卦」也。《彰化縣志》〈規制志〉述太極亭云：「可以遠眺，戶牖軒豁，具有雅致。」胡應魁所作〈太極亭記事詩〉云：

金鼇突怒湧靈潮，首戴蓬壺矗紫霄，渤澥安流緣重鎮，巖巒環拱儼班朝。紅亭憶自初春築，碧宇新將太極標，八卦列成分脈絡，一元資始見根苗。胚胎萬象機還伏，籠罩千門勢獨超。幽曠忽焉開異境，昇平允矣慶崇朝。乾坤蘊奧全呈露，溪嶺妖氛總息消。倏報渠魁爭面縛，為聞長吏作書招。百尋鐵索長鯨貫，五色牙旗歸馬嬌。佩犢俗移清井牧，聽鶯興到集賓僚。枝頭鳥語因歌亂，檻外花香逐袖飄。高閣夜深催進酒，小樓煙冷識吹簫。園林此際推名勝，墟市當年悵①寂寥。客喜如今符頌禱，我懷在昔起憂焦。林、陳搆亂共誅戮，黃、廖連謀復結腰，最易潛蹤山雜沓，況多游手眾浮囂。地靈有述能旋轉，邦本宜培怕動搖，苛政不曾除猛虎，好音何以感飛鴞？天心可向人心卜，殺氣恆憑和氣銷。但使官民聯指臂，那愁盜賊煽風謠。玄關孰探陰陽祕，彝訓原同日月昭。思患豫防懲忿緩，立成為本戒虛驕。濂溪圖說須詳釋，海國琴聲未易調。留贈後來登眺者，我言竊願比芻蕘。

以此察知其寓意所在矣。嘉慶十六年，彰化知縣楊桂森重修，改稱「豐樂亭」。因是年三月，糧價騰漲，四月，早禾慶大熟，乃酌取「年豐民樂」之意。《彰化縣志》以「豐亭坐月」為彰邑八景之一。

此時前後，北路山後蛤仔難番地（即噶瑪蘭，後之宜蘭）歸入版圖，亦萌起設治之動機。初，乾隆末年，有閩籍漳人吳沙者，居住此地交界淡水之三貂，與番人互市，頗得其信用，素知此區域平廣膏腴，遂企圖偷越私墾，凡窮人來投者，每人給予米、斧，俾前往伐薪、抽籐以自給，於是歸附者漸多。當時淡水同知②聞之，恐成亂階，乃遣諭羈縻之。及至林爽文起事，慮及黨類北竄內山，同知徐夢麟謂在三貂之吳沙，素為民、番所信，能堵賊不使遁入者也。為酬答吳沙防堵之勞，可保障其他日之入墾，可知入墾之機緣熟於此。嘉慶元年，吳沙招徠閩之漳、泉及粵三籍民，並率鄉勇，自行越境，築土圍，進墾番地，屢與土番抗衡，彼此殺傷日多，未幾講和施撫，而拓墾事業全部就緒。先是，為林案善後之一策，

①「悵」字於伊能原書作「帳」。
②「知」字於伊能原書誤作「治」。

淡水同知徐夢麟①向臺灣知府楊廷理上陳吳沙可用，以及蛤仔難番易行招撫。此事雖由楊知府轉稟福建巡撫徐嗣曾，當時以開疆經費無從籌出，且恐界外之地，啟開番釁，故不見採納。會吳沙自恐因私墾獲罪，於嘉慶二年，求淡水同知何茹連②，公認其墾業，而權宜發給墾單。（《噶瑪蘭廳志》〈雜識志〉「紀人」曰：「吳沙在日，官給以吳春郁義首戳，疏節濶目，一切頗聽其便。」者是也。）翌年，吳沙死後，承其遺業優勢之漳人，臨事強橫，因此，三籍之間發生分地糾紛。嘉慶四年，有漳人揑造墾戶蘇長發名字，赴福建本省申請優先占地。福建布政使劉栻命臺灣知府，移飭本屬淡水同知，查明其可否詳報。如斯臺灣知府吳逢聖轉據淡水同知李銘心報告，對福建布政使覆稱：「蛤仔難遠在淡水三貂以外，距淡水廳城五百里，森林密菁，疊嶂重巒，鳥道迂迴，人跡罕到。三十六社生番散處其中，性同梟獍，恐難稽查，致滋釁端，毋庸准行。」一時，劉布政使已去，後任李長森據前分巡臺灣兵備道遇昌移文已予批准，接上述臺灣知府報告，乃於嘉慶五年二月，改從知府之意見。於是本案重新由承墾業戶，向臺灣道陳述其既成撫墾情形，以求當局允許，遇道③乃再令淡水同知查覈其利害情形。嘉慶七年，淡水同知吉壽依照前任李銘心之議，不予准行，結果雖不准所請，然官府對上列墾戶亦不為厲行驅逐出山，封禁墾地，而持相當姑息態度，似欲一時推諉塞責了事。情勢如斯，從而民墾自若，於是難免弊害乘隙而生，或向福建本省或向臺灣道、府，百方巧弄夤緣之術，其中有假托內閣大學士蔡新之族侄蔡必發，欺詭福建布政使裒行簡，敢呈請開墾土地者。甚至吏胥之間賄賂公行，而竟有以提供銀數萬兩，供充一切勘丈陞冊及私人應酬等費用為條件者。以此，鬨傳該處為金穴云，可知其趨向之不可抑止。嘉慶十一年，海寇蔡牽覬覦此區，當時奉命到臺灣彈壓之福州將軍賽沖阿，顧慮山後化外之地，為賊所

①「麟」字於伊能原書誤作「林」。
②一作「何如連」，伊能原書誤作「何如蓮」。
③即遇昌。

垂涎，因而其條奏中有「因該處膏腴為蔡牽窺伺」之語，故是年四月，上諭對該地之辦理不得疏忽，該上諭曰：「朕聞淡水滬尾以北，山內有膏腴之地一處，為蔡逆素所窺伺，年來屢次在彼游奕，希圖搶佔。著詢明此處係何地名，派令官兵前往籌備，相機辦理。」

是年九月，召見臺灣知府楊廷理時，垂問及蛤仔難，楊廷理即直奏當開拓其地，得旨稟商閩浙總督阿林保[1]及福建巡撫張師誠，而未得籌辦。嘉慶十二年，又有海寇朱濆前往窺伺。經福州將軍賽沖阿與臺灣知府鄒翰合議，疊言亟需設官經理，翌年即嘉慶十三年，特奏請設屯，因部駁而不果行。時少詹事梁上國奏陳：「蛤仔難地方，田土平曠豐饒，每為海盜覬覦，從前蔡牽、朱濆皆欲占耕，俱為官兵擊退。若收入版圖，不特可絕洋匪窺伺之端，且可獲海疆無疆之利。」並分別各條，詳悉具奏。上諭對此謂：「梁上國籍隸閩中，於本省情形自應素悉，所言不為無見。」由此可徵其立言之被重視。於是，督、撫奉旨經令臺灣知府徐汝瀾履勘著手實行，而尚未覆奏，至嘉慶十四年正月，上諭不可置之化外，諭曰：

蛤仔難北境居民，見已聚至六萬餘人，且於盜匪窺伺之時，能知協力備禦，幫同殺賊，實為深明大義，自應收入版圖，豈可置之化外？況其地又膏腴，素為賊匪覬覦，若不官為經理，妥協防守，設竟為賊匪佔踞，豈不成其巢穴，更為臺灣添肘腋之患乎？著該督、撫等熟籌定議，應如何設官經理，安立廳、縣，或用文職，或駐武營，隨宜斟酌，期於經久盡善為要。

於是，嘉慶十五年四月，閩浙總督方維甸到臺灣經詳審查明，奏請收噶瑪蘭入版圖，

① 「阿林保」三字於伊能原書誤作「阿保林」。

其奏議中云：「凡係良善民、番，皆思設官納賦。若竟置之化外，恐臺灣日後或添肘腋之患。現經鎮、道等稟議僉同，俱以設官經理為宜。」由此似可見其上下輿情之趨向也。

方維甸奏摺有云：「臣行次艋舺，即有噶瑪蘭生番頭目包阿里等，帶領噶里阿完等社生番，前來叩見，呈送戶口清冊，業已遵制薙髮，請即收入版圖。並以熟番潘賢文等侵佔伊地，請照熟番之例，設立通事，以免欺淩。」又言有民戶頭人何繪等呈請：已墾田地，照則陞科，設官彈壓，分定地界等情。由此可知上述生番不過為漢人墾戶操縱之傀儡而已，並非出於自動之結果也。

對此奏疏之上諭曰：

噶瑪蘭田土膏腴，米價較賤，民、番流寓日多，若不設官經理，必致滋生事端。現在檢查戶口，漳人四萬二千五百餘丁，泉人二百五十餘丁，粵人一百四十餘丁，又有生、熟各番雜處其中。該處居民大半漳人，以強淩弱，勢所難免。必須有所鈐制，方可相安無事。其未墾荒埔，查明地界，某處令某籍民人開墾，某處令社番開墾，尤須分劃公平，以杜爭端。至所設官職，應視其地方之廣狹，酌量議添，或建為一邑，或設為分防廳、營，俱無不可。其應設官長及營汛等事，該督於回省後，俟楊廷理（臺灣知府）等查稟到時，即會同張師誠（福建巡撫）悉心詳議具奏。至臺灣寫處海外，諸務廢弛。今方維甸到彼，於地方營伍力加整頓，酌改章程。若地方官謹守奉行，自漸有起色，第恐日久生懈耳。且該處俱係漳、泉、粵民人雜處，素性強悍，總須時令大員前往巡閱，使知儆畏。嗣後令福建總督、將軍，每隔三年輪赴臺灣巡查一次，用資彈壓。

由此可知，廷議對於收噶瑪蘭入版圖事，如何持審慎態度也。因此，臺灣知府楊廷理奉委辦理開蘭事宜。嘉慶十七年八月，新設噶瑪蘭廳，西以山為限，南至蘇澳，以外為番界，北以三貂溪與淡水廳交界，廳治之位置卜定於五圍（即本城堡宜蘭街）。從前之添治係既領疆域之擴展，噶瑪蘭廳之設置則屬於化外番地之收領，係示所謂改土歸流①之新例。惟當初於收土設治之利害關係，在當路有司似頗難取捨，對於開拓有所躊躇。本來，開疆之動機早即發於乾隆末年，然經過十數年尚未解決，《噶瑪蘭廳志》〈職官志〉「政績」云：「楊廷理……嘉慶……十一年……引見時，垂問及噶瑪蘭，廷理直奏當開，得旨乘傳來閩查辦，頗為他案所牽制。三度入蘭，始於十五年四月奉委開疆。」又云：「楊廷理……嘉慶十五年四月，委辦開蘭事宜，十七年九月初八日接鈐記。」②如至正式命其暫時署理通判，有二年多之空白，洩其情形也。如與臺灣縣學教諭對於防遏洋匪積勞之鄭兼才之論述以當事者見地言，以收入版圖為有利，文載〈山海賊總論〉，大意曰：「蛤仔蘭居臺灣之極北，為郡城之上游，地力肥沃，粟米所生，生番未入版圖，漳、泉之人雜處，其釁易構，萬一失守，臺灣之患由是方滋。海賊雖猛，其入港必借風潮，即使登岸，必不傾船盡出，有節制之師固守海口，以逸待勞，足恃無恐。然則為臺灣計，非關蛤仔蘭不可。為蛤仔蘭計，非肅清海盜不可，為清海盜計，非固守海口不可。」（《臺灣通志稿本》所載〈山海賊總論〉大意之語。）《臺灣通志稿本》〈鄭兼才傳〉載云：「其後詔闢蛤仔蘭，置官司，兼才之議行焉。」可知其建議之被重視也。與此同時，嘉義縣學教諭謝金鑾亦著《蛤仔難紀略》六篇，（一曰原由，二曰宣撫，三曰形勢，四曰道里，五曰圖說，六曰論證。）以其地險遠，切論所以不可放棄，乃郵示其鄉友

①開蘭與改土官為流官之「改土歸流」並不相涉。

②此段出自「官秩」。

少詹事梁上國，因得達上聞云。

因云〈蛤仔難紀略〉之成，似有鄭兼才之援助，鄭兼才致書前輩汪廷珍（即文端先生）為該書乞序，其書中云：「……謝君金鑾，官嘉義教諭，去歲詳修臺邑志，……既竣事，復著《蛤仔難紀略》一卷。蛤仔難者，臺灣東北地，初為生番社，今皆漳、泉人住居。闢地既廣，慮併於海賊，願內屬，當事未以聞。以勢論之，郡城地近極南，蛤仔難處極北，上可及下，下不能顧上。蛤仔難即可棄，為郡城計不可棄也。以理論之，墾田數萬，聚族數千，地為化外之地，人為向化之人。化外之地可棄，向化之人不可棄也。況其地易為巨盜佔踞，未雨綢繆，斯為要著。兼才欲敘述存之，慮學識淺陋，不足取重。謹呈鑒並乞序言。他日其地新屬，是書得行，夫子鴻裁，於海外有光矣。」（《噶瑪蘭廳志》〈雜識〉）文中鄭兼才之定見，頗為生動。

其論證節略如下：

古之善籌邊者，却敵而已。開疆闢土，利其有者，非聖王所欲為。顧是說也，在昔日不可以施於臺灣，在今日復不可以施於蛤仔難。其故何也？勢不同也。臺灣與古之邊土異，故籌臺灣者，不可以彼說而施之於此也。夫古之所謂籌邊者，其邊土有部落，有君長，自為治之。其土非中國之土，其民非中國之民，遠不相涉焉。偶為侵害，則慎防之而已，必欲撫而有之，有其土而吾民不能居也，徒為爭殺之禍，故聖王①不願為，而為之者過也。若臺灣之在昔日，則自鄭氏以前，紅夷踞為窺伺，海寇處為巢穴，及鄭氏之世，內地之人居之，田廬闢，畎澮治，樹畜饒，漳、泉之

①「聖王」於伊能原書作「聖人」。

人利其肥沃而往者，日相繼也。其民既為我國之民，其地即為我國之地，故鄭氏既平，施靖海上言，以為不當棄。朝廷韙其說，遂立郡、縣，豈利其土哉？順天地之自然，不能違也。夫臺灣之在當日，與內地遠隔重洋，黑水風濤、沙汕之險，非人跡所到，然猶不可棄。棄之則以為非便，乃至今日之蛤仔難，則較為密邇矣，水陸毗連，非有遼絕之勢，而吾民居者眾已數萬，墾田不可勝計，乃咨嗟太息，思為盛世之民而不可得，豈情也哉？況楊太守入山，遮道攀轅，如赤子之覯父母，而民情亦大可見也。為官長者，棄此數萬民，使率其父兄①子弟，永為逋租逃稅、私販偷運之人而不問也，此其不可者一。棄此數百里膏腴之地、田廬、畜產，以為天家租稅所不及也，此其不可者二。民生有欲，不能無爭，居其間者，漳、泉異倩，閩、廣異性，使其自鬥自殺、自生自死，若不問②也，此其不可者三。且此數萬人之中，一有雄黠材智、桀驁③不靖之人，出而馭其眾，深根固蒂，而不知以為我疆我土之患也，此其不可者四。蔡牽窺伺，朱濆鑽求，一有所合，則藉兵於寇、齎糧於盜也，此其不可者五。且其形勢，南趨淡水、艋舺為甚便，西渡五虎、閩安為甚捷，伐木扼塞以自固則甚險，倘為賊所有，是臺灣有近患，而患即及於內地，此其不可者六。今者官雖未闢，而民則已闢，水、陸往來，木拔道通，而獨為政令所不及，奸宄凶人以為逋逃之藪，誅求弗至焉，其不可者七。凡此七者，仁者慮之，用其不忍之心；智者謀之，以為先幾之哲；其要歸於棄地棄民之非計也。而或者曰：臺灣雖內屬，而官轄之外，皆為番土，還諸番可矣；必欲爭而有之，以滋地方之事，斯為非宜。不知今之占地而耕於蛤仔難者，已數萬眾，必當盡收之使歸於內地，禁海寇勿復往焉，而後可謂之還番，而後可謂之無事。否則官欲安於無事，而民與寇皆不能也。非民之好生事也，戶口日繁，有膏腴之地而不往耕，勢不能也。亦非寇之好生事也，我有棄地，寇固將取之；我有棄民，寇又將取之也。故使今之蛤仔難可棄，則昔之臺灣

① 「兄」字於伊能原書作「母」。
② 「問」字於伊能原書作「聞」。
③ 「驁」字於伊能原書作「鰲」。

亦為可棄。昔之所以留臺灣者，固謂郡、縣既立，使吾民充實於其中，吾兵防捍於其外，番得所依，寇失所踞，所謂安於無事者此也。今之蛤仔難，亦猶是已矣。或則又曰：蛤仔難之民，久違王化，其心叵測，欲馭之，懼生禍端。信哉是言也。夫君子之居官，仁與智二者而已。智者之慮事，不在一日，而在百年；仁者之用心，不在一己之便安，而求益於民生國計，倘敬事以愛民，蛤仔難之民即堯、舜之民也，何禍端之有？楊太守之入山①也，歡聲動地，驅為義勇，則率以從；索其凶人，則縛以獻，安在其久違王化哉？苟其圖利於身，弗達時務，抑或委用非人，土豪奸吏把持，行私乎其間，則其啟禍也必矣。故此事非才德出眾者，不可與謀也。（中略）且夫制治之方，視乎民而已。民之所趨，不可棄也。沃足以容眾，險足以藏奸，臺灣之地大概如此。有類乎蛤仔難者，尚當以漸致之，其事非止於蛤仔難也。然而自昔以來，苟安者眾，焦頭爛額之事，使後人當之，豈所以為民為國哉？

前後兩議互相呼應。如斯承林爽文案平定後時局之傾向，一面隨著當時善後之策而實施之番界清查，要點在擴開疆土。曩在閩浙總督李侍堯幕中參與戎務之趙翼，於其所著《武功紀盛》，論述臺灣府治位置偏在南方，不便控制全臺，宜將彰化縣城遷移鹿港，而以分巡臺灣道駐此為有利，曰：

臺灣既平，有當酌改舊制者，彰化縣城宜移於鹿港，而以臺灣道及副將駐之。康熙中初取臺地時，僅臺灣、鳳山、諸羅三縣地，鳳在南，諸在北，臺灣居其中，又有鹿耳門海口，通舟楫，故就其地設府治，其後北境日擴，閩人爭往耕，於是諸羅之北，增彰化縣，彰化之北又增北路淡水同知，

①「山」字伊能原書脫。

> 則府已偏於南，且舊時海口僅一鹿耳門，由泉之廈門往，海道八、九百里。今彰化之鹿港既通往來，其地轉居南、北之中，由泉州之蚶江往，海道僅四百里，風順半日可達，此鹿港所以為臺地最重要門戶，較鹿耳門更緩急可恃也。幸林爽文等皆山賊，但知攻城，不知扼海口，故我師得以揚帆至，然海口舟大不能附岸，須鹿港出小船二十里來渡兵。倘賊稍有智計，先攻鹿港，鹿港無城可守，其勢必拔，拔則據海口，禁小舟，我師海舟雖至，亦不得薄而登，所恃以入臺者，只鹿耳一門而已。兵既自鹿耳入府城，又須自南而北。轉多紆折，必不能如彼處之路捷而功速也。彰化城距鹿港二十里，不傍山，不通水，本非設縣之地，若移於鹿港，鎮以文、武大員，無事則指揮南、北，聲息皆便，有事則守海口以通內地應援，與鹿耳門為關鍵，使臺地常有兩路可入，則永無阻遏之患。時上方有旨，修築臺郡各城，余囑李公以此奏，李公以築城事別有司之者，遂不果。然此議終不可廢，後之留意海疆者，或奏而行之，實千百年長計也。（〈移彰化縣城議〉）

其所言竟不為當道採納也。為控制北路淡水地方而所設之廳治位置，卜定於竹塹，亦已偏於南方既如前述。而時運之趨勢不許仍如現狀，嘉慶十四年，決定收噶瑪蘭入版圖之議，當年並決定以新庄縣丞（在桃澗堡海山口），移置臺北平野中心之艋舺街（大①加蚋堡），同時淡水同知一年兩分，半期在本廳，半期駐此地。《東槎紀略》所載〈臺北道里記〉云：「艋舺外即八里坌口，商船聚集，闤闠最盛，……同知歲中半居此，蓋民富事繁也。」即此之謂。蓋地方分治之主軸，實際上為移向北路淡水之初步情形也。

又一面因噶瑪蘭開疆奏效，而企圖向北路彰化就近內山之水沙連番地推進開墾腳步者夥多，如彼學開闢噶瑪蘭吳沙之流隘丁首黃林旺②者，與嘉義民人陳大用，彰化民人郭百

①「大」字於伊能原書誤作「太」。
②伊能原書作「黃旺」。

年等結夥，於嘉慶二十年，以詐術經臺灣府給示照，竟敢冒稱貴官，率民壯、佃丁一千餘人侵入築土圍木城，大肆焚殺。翌年，即嘉慶二十一年，臺灣總兵武隆阿巡閱臺北，知悉其事而嚴詰之，彰化知縣吳性誠乃諭令出山。墾民恃府示而不遵縣令，甚至有議以漢佃萬餘，所費工資甚鉅，已成田、園，一旦逐之恐滋變故云。吳性誠上言云：「埔地逼近內山，道路叢雜，深林密箐，一經准墾，人集日多，竊恐命盜凶犯從而溷跡，儻招集亡命，肆行無忌，奈何？且此埔素為生番打鹿之場，即開墾後明定界址，而姦貪無厭，久必漸次私越。雖番性愚蠢，而凶悍異常，一旦棲身無所，勢必鋌而走險，大啟邊釁，不若乘未深入，全驅出山，尚可消患未萌。」分巡臺灣兵備道糜奇瑜採納其言，飭臺灣府撤回示照，嘉慶二十二年六月捕侵墾之首領治罪，盡行退去其耕佃，且於南、北兩口之地立禁碑加以限制。（節錄自《東槎紀略》）

此時，移殖漢民愈多，企圖侵占熟番地域，因啟開平埔番大移動之端，其最初退卻地乃以往禁絕漢民足跡之水沙連番界荒埔，而漢民亦有暗隨其後溷入之勢。有司往往亦有建議開闢其地以施治者。道光三年九月，北路理番同知鄧傳安，自行進入其地實地調查。（鄧傳安著《蠡測彙鈔》，所載〈水沙連紀程〉云：「此地東通秀孤巒，南連阿里山，北連未歸化之沙里興，為全臺適中之地，而平曠膏腴，彷彿內地莆田一縣，真天地自然之美利，惜其越在界外也。」）歸來遂建議開闢水沙連。會有流寓臺灣之浙江紹興府人馬菼士者，至福建福州府，誘商人林志通，企圖為其①墾業戶。閩浙總督趙慎畛乃以問前臺灣知縣姚瑩，姚瑩答曰：「臺灣生齒日繁，游手甚眾，山前無曠土矣，番弱勢不能有其地，不及百年，山後將全入版圖，不獨水、埔二社②也。然會有其時，今則尚未可耳。」道光四年五月，福建巡撫孫爾準至臺灣欲再議其事，鄧傳安力言其地膏腴

①指馬菼士。

②「水、埔二社」於伊能原書作「水沙連」。

及山川秀美情形，頗為詳細。孫爾準大為所動，乃倣噶瑪蘭故事決行開疆收入版圖，因以詢問臺灣知府方傳穟，方傳穟更問姚瑩（時為臺灣知府之幕僚）以利害，姚瑩乃為陳述開闢水沙連要略八事，謂經理之人非才識足以幹事，操守足以信眾不可，事載《東槎紀略》之〈埔裏社紀略〉，云：「噶瑪蘭地，南、北蓋百餘里，並山計之幾于二百，東、西腹內亦四、五十里，不足置縣，故設一廳。今埔社方三十餘里耳，並水社山埔計之，或百餘里，似不足為一廳縣。然其地在萬山中，南自集集鋪①北自烏溪，兩路入山，皆極迂險，內逼兇番，後通噶瑪蘭、奇來諸處，蓋全臺之要領，前後山海之關鍵，形勢天成，去彰化縣城遼遠，非佐雜微員所能鎮撫，不得不略如廳、縣之制。文武職官廉俸、兵餉作何籌給，不可不為計及。」當時淡水同知為吳性誠，噶瑪通判為呂志恆，方傳穟乃更與商討，而吳、呂二人皆持時機尚早之說，因此，鄧傳安亦不能固執前說，方傳穟乃採納眾議，詳請仍然嚴令劃界封禁。及至道光二十一年，給事中朱成烈奏言臺灣曠土甚多，應許開墾。廷議令閩浙總督顏伯燾②議覆。於是，水沙連處分之問題再起，臺灣鎮總兵武攀鳳、分巡臺灣兵備道熊一本、臺灣知府仝③卜年等履勘其地，前後詳稟切言可為開闢。而熊一本〈條覆籌辦番社議〉中有：「查埔社為將來建城設官駐兵重地」等語。對此覆議，顏伯燾覆奏議謂：顧及從前經過，如此與生番爭利，後患將有難防者。因此遂作罷論。道光二十六年，北路理番同知史密，詳細稽查水沙連番情地勢，提出〈籌辦番地議〉云：「夫獻圖開闢，不自今日始；全臺無地非番，一府數縣，皆自生番獻納而來。由諸羅而彰化，由彰化而淡防，納土開疆，百餘年來安於無事，即遠在後山噶瑪蘭，地土不同，而該處番情則自請墾以來，四十餘年亦未聞番患，五廳、四縣最為安靜者，惟蘭一廳，此其明驗。設當日淡、蘭歸化

① 「鋪」字於伊能原書作「埔」。
② 「燾」字於伊能原書誤作「壽」。
③ 「仝」字於伊能原書誤作「同」。

以番情難測為疑，則兩廳至今依然番土耳。」又斷定謂：「水沙連……數十里，平原沃野，較內地小縣尤為廣濶，熟番數千人，二十餘年早經開墾，人煙叢聚，已具有井疆。南、北兩路，此時均已暢通，出入再無險阻，創建取資甚易，耕耨翻犁即成，將來正供遠過淡、蘭，經費萬不至入不敷出。」翌二十七年閩浙總督劉韻珂試行履勘實地，上〈奏勘番地疏〉及〈奏開番地疏〉，其中如〈奏勘番地疏〉云：「縱熟番不難驅逐，而利之所在，眾趨若鶩①，能禁今日之不來，不能保異日之不往。從前豎碑立界，設隘分防，立法何嘗不密？乃私墾者仍有二千人之多，可見禁令雖嚴，總難期歷久無弊。即謂驅逐之後，厲禁迭增，竟無敢或有踰越；而被逐之熟番數至二千，既無本社可歸，又無田廬可家，饑寒交迫，勢必致流而為匪。臺灣地狹人稠，流匪本多不靖，又何堪再益此二千流匪也？」又如〈奏開番地疏〉云：「臺灣孤懸海外，民情浮動，不逞之徒動輒逞兇械鬥，甚或造謠聚眾，謀為不軌，迨經兵役跟蹤尋緝，而該匪徒等明知水沙連內山，為兵役緝捕難至之區，遂各相率逃入，潛匿深藏。開闢則地歸疆理，建廳設汛，棊布星羅，匪徒既無從託足，地方即可期靜謐。」蓋審其大局，為控制備禦起見也。

劉總督〈奏勘番地疏〉中有云：「（水沙連）六社番情，則又有大可見者。方臣甫至南投時，即有田頭社生番三、四十人，匍匐出迎，及入山以後，又有水裏、貓蘭、審鹿、埔裏、眉裏五社各生番，或十數人或數十人，間段跪接。一見臣輿，均各爭先恐後，用手挽扶。每至一社履勘時，各生番即盡率其族眾，俯伏道旁，不敢仰視，內有薙髮著衣履者十之七、八，餘尚披髮跣足。……當向查詢歸化獻地是否出自真誠？各番均手指草地，一一首肯，惟言語啁啾，音同鴃舌，無從辨

①「鶩」字於伊能原書作「鷔」。

悉。據通事傳稟，各番皆誠求開墾。……迨臣履勘六社已畢，復回至埔裏行寓，將田頭社番目擺典、水裏社番目毛蚧肉、貓蘭社番目六改二、審鹿社番目排塔母、埔裏社頭目督律、眉裏社番目改努，同隨行番眾及各社通事人等，逐一傳齊，嚴詰其獻地之故。該番目等各操番音，喃喃苦訴。詢之通事，據稟各番目等咸稱：伊等因不諳耕作，各社番地悉成荒蕪；其自墾之地，歲收無多，不敷食用，遂致衰弱窮困，日甚一日，實有難以存活之勢。幸鹿港同知進社查看，遂各獻輿圖，情願薙髮易服，改為熟番，求准歸官經理；但蒙大皇帝酌賞租穀，俾得溫飽自全，恩同再造等語。臣因通事傳供恐有揑飾，復諭令傳示各番目，凡有供詞，不妨裝演手勢，該番目等各以一手捫心，一手拍地，並以拍地之手作操翻狀，以明其獻地歸官實係出自本願。臣以該番眾等獉處狉遊，毫無知識，一旦輸誠納款，未必非漢奸人等，懷詐挾私，從中勾引；又面諭通事向各番目再三詰訊，各番目均搖手稱無，臣遂諭以：爾等既各真心內附，自當代為具奏，俟欽奉諭旨，再行遵辦。各番目伏地叩頭，同聲感戴；並各撫其手足、身體，含笑私語。傳詢通事，據稟：各番目以如蒙大皇帝恩准墾地，伊等此後亦得同服衣裳，同著冠履，是以稱快。」一節。蓋馴熟之番人雖有真摯感情，而其歸化獻地，究係出於番眾之本願，或有從中加以揑飾，殊有可疑餘地也。

劉韻珂〈奏勘番地疏〉之意見云：「或謂臺地本屬外夷，現在閩省兩口通商，夷情或不無叵測，若六社番地一開，土地廣而財賦多，恐外夷之垂涎更甚。不知夷情止在通商，此外別無營求，更不貪圖田土，六社番地尚在彰化之後，僻處山隅，距海口甚遠，外夷斷無垂涎之理。而臺地所產，菽、粟、魚、鹽之外，間有產茶處所，皆葉粗味苦，俱非外夷所珍惜。即外夷之售銷於內地者，又非臺民所必需，懋遷有無，均不足啟外夷之覬覦。必謂外夷之重涎專以六社之番地墾與不墾為行止，臣固未敢深信。」由此即可看出當時姑息政策之一斑也。及至大學士穆彰阿等屢為阻議其不可，於是水沙連之開疆收入版圖一時遂告中止。但參照〈嘉義縣輿圖說略〉註說云：「道光二十七年，斗六連彰化，逼近內山，時遭生番之害，兼有匪徒出沒，以典史有監獄之責，不能往來兼顧，議將彰化與嘉義之交界，添隸於斗六門縣丞之分轄。」可察其表面上，將水沙連番地雖置於治外，而實際上則令由斗六門縣丞掌管之也。

先是嘉慶十一年，議將鳳山縣治（新城）遷回興隆里①（舊城），蓋因當年海寇蔡牽之餘黨吳淮泗乘間攻陷該縣城，故以其地為不利。然以經費無著不能實行，至道光四年，福建巡撫孫爾準巡臺時，採取輿論條奏，時適有楊良斌事件，侵犯縣城，大肆劫掠，臺灣知府方傳穟議准以官捐為民倡，於道光五年七月興土，六年八月竣工。既而城內文、武衙署、祠廟及倉廒、監獄等建置具備，而因有他故再行中止遷移，其告成時，知縣、佐雜各官，咸惑於擇日迷信因循不能決行遷徙。至道光七年，先將罪囚移繫新獄以按驗吉凶，然後卜擇良辰，舉行喬遷典禮。未幾知縣杜紹祁忽病歿。署理知縣徐必觀以為城址不祥所致，竟經奏准予以中止。當時投入經費九萬餘兩興修之城垣及建物，遂空埋於荊棘，致頹壞於風雨。試以一般常識言之，如此情形，雖似出乎意料之外，然因迷信而改建衙署，如前所述早在乾隆年間，已有先例，故官府如此行動，在督、撫或部議，似亦不以為異。道光年間，嘉義人陳震曜，於張丙事件中隨軍，辦理團練、撫卹諸務，以州同任用，嘗上書云：「鳳山縣轄地遼濶，行政未周，須劃下②淡水南岸至瑯璚一帶，新建一邑。」後來，同治十三年設置恆春縣，即有所參酌於上列建議云。

① 伊能原書誤作「隆興里」。

② 「下」字伊能原書脫。

嗣於咸豐年間，基於《天津條約》，在臺灣開放安平、打狗、淡水、雞籠四港。而雞籠有其地利，正如《臺灣輿圖》〈說略〉云：「臺洋風⿰日凡①靡常，惟雞籠四時可泊輪船。」尤以同治以後開採煤炭之故，風氣日開，於是北路之施治不容造次等閒。從而淡水同知半年駐留艋舺縣丞署，自不能以為滿足。同治十年，分巡臺灣兵備道夏獻綸，議將淡水廳改為一直隸州，移建州治於臺北，另添設一縣於竹塹（淡水廳舊位置），又改噶瑪蘭廳為縣，俱歸為州屬。閩浙總督李鶴年、福建巡撫王凱泰採納此議，然而妥議試辦時，正當日本出兵征伐番地之際，洋務之防護加緊，此事遂不果行。然而，後來於光緒元年所決行臺北擴建一府三縣之分治，亦主要係出於上列建議而行者云。同治八年十二月，新任臺灣知縣白②鸞卿，甫到任時，即於縣署儀門揭示宋儒黃庭堅格言：「爾俸爾祿，民膏民脂，下民易虐，上天難欺。」之匾額，以訓飭僚屬一事，由此可察當時有司致意整理臺政之動向也。又後山一帶即卑南覓番境早在康熙時已有漢人偷越之足跡，以後往來日盛，生聚漸多，及至道光年間，論者或稱其地膏腴，如《彰化縣志》〈雜識志〉「叢談」云：「他年此地開闢，可墾良田數萬甲，歲得租賦數萬石，足置一縣治。」至同治初年，則視為施治之要區，如《淡水廳志》〈志餘〉「紀地」云：「由噶瑪蘭、大南澳，鑿山通道而南，環設州、縣，如東粵瓊州例。瓊地不及臺地之廣，迴遭設立十四州、縣，內山為黎人如故。今臺有地方責者僅二廳、四縣，幅員廣闊，每患鞭長莫及。」然仍以為化外番地，繼續其封禁，而竟不能制其偷越之弊。加之，在此視為化外之番地，近年屢次引起國際上之懸案。同治六年，美國商輪羅妹號（Rover）遇風在臺灣南端之海上觸岩礁沉沒，生存之船員乘小艇漂著於南岸龜仔角番地，除一中國水夫外，悉遭土番殺害。同治十年，琉球人民乘船，被風漂著於

①上字從《臺灣輿圖》〈淡水縣輿圖說略〉改，伊能原書作「⿰日凡」，惟二字皆不見於《中文大辭典》。

②「白」字於伊能原書誤作「伯」。

東岸之八瑤灣番地，船員六十六人被土番拉至山中，其中五十四人被殺害，僅十二人獲免。而當路有司對此案件，藉辭謂：「生番之地未隸中國版圖，故生番亦屬化外之民類。」同樣欲以此推卸責任。因此，不但日本，歐、美識者之間，對於「臺灣土番之部落，非清政權所及之地」之疑問（日本明治七年大久保利通及大隈重信兩參議上陳之〈臺灣番地處分要略中〉之一節）成為輿論之傾向。

在清國上海一外國人所著論文："Is Aboriginal Formosa a Part of the Chinese Empire?"（N. O. B. Scott, Statement of the Question.）即其一例，該論文要旨云：「中國視臺灣之生番如同亞美利加印地安人，而欲論其番地所屬之事是不當也，何則？在美國對於土人策為致力誘導其進入開明之域，反之：在中國對此等生番不施教化，而以殘忍偽詐欺罔而已，焉得主張番地之所屬乎？由來，中國於一四三六年發現臺灣，而以此事實請求番地，但發見僅係學問上之行為，與政治並未發生關係。苟欲享有領土，則應在其發現地施行政治。自一六六二年（康熙元年）國姓爺復臺以來，在中國並無與生番有關係之正當理由，而國姓爺征討番地，終不成功。後來中國人雖弄其謀略，企圖略取番地，而亦皆失敗，似此對於不得施行君權之土地，敢為請求其君權，可謂不當。」（按本文所云一四三六年發見臺灣一節，雖年代有錯，而當係指明宣德年間，鄭和遇颶漂抵臺灣之事。）在日本以《番地所屬論》（明治七年立嘉度譯）為題所發行者，係該論文之翻譯。

結果，難免對於本國不利，遂成為後來決定開山撫番之動機。

（附記）自乾隆五十三年至同治十三年一小期之地方分治區劃如左表：

府	縣	下級官司	
臺灣知府	臺灣知縣	羅漢門縣丞	乾隆五十四年改為巡檢
		羅漢門巡檢	道光十五年①改自縣丞
		大武壠（灣裡）巡檢	乾隆五十三年移自佳里興
	鳳山知縣	下淡水（阿猴）縣丞	乾隆五十三年移自阿里港②
		淡水巡檢	乾隆五十三年移往興隆
		興隆（舊城）巡檢	乾隆五十三年移自下淡水，同治十二年移往枋寮
		枋寮巡檢	同治十二年移自興隆
	嘉義知縣	笨港縣丞	
		斗六門巡檢	道光十五年改為縣丞③
		斗六門縣丞	道光十五年改自巡檢④
	彰化知縣	南投縣丞	
		鹿港巡檢	嘉慶十四年移往大甲
		貓霧捒巡檢	
	淡水同知	竹塹巡檢	
		新莊巡檢	乾隆五十五年改為縣丞
		新莊縣丞	乾隆五十五年改自巡檢，嘉慶十四年移往艋舺
		艋舺縣丞	嘉慶十四年移自新莊，光緒元年裁撤

①當作乾隆五十四年。
②上字伊能原書作「興」。
③似當作乾隆末葉。
④似當作乾隆末葉。

府	縣	下級官司	
臺灣知府	淡水同知	大甲巡檢	嘉慶十四年移自鹿港
	澎湖通判		
	噶瑪蘭通判	頭圍縣丞	嘉慶十七年新設
		羅東縣丞	嘉慶十七年新設，光緒元年裁撤

第四項　第四期

同治十三年，日軍出兵征伐臺灣番地時，欽差總理船政大臣沈葆楨辦理臺灣海防事宜，事定尚留臺灣統籌善後，當即條奏議將福建巡撫移駐臺灣。蓋以巡撫駐紮省會以外之地，係屬外官之特例，乃欲倣照江蘇巡撫分駐蘇州之例耳。此建議雖未見實行，而依部議樹立巡撫分駐之新例，以後決定福建巡撫每年夏、秋兩季在本省，春、冬兩季在臺灣。（後來在臺南、臺北設置行署。）沈葆楨於是年十二月十三日至二十日之間，為履勘南路瑯璚番地即日軍駐軍故址，率同臺灣知府周懋琦、前臺灣總兵曾元福就道，接見分巡臺灣兵備道夏獻綸、營務處督辦劉璈相與會商，上〈請琅①璚築城設官②疏〉曰：

接見夏獻綸、劉璈，知已勘定車城南十五里之猴洞，可為縣治；臣葆楨親往履勘，所見相同。蓋自枋蘩至琅璚，民居③俱背山面海，外無屏障，至猴洞忽山勢迴環，其主山由左迤趨海岸而右，

①上字伊能原書作「瑯」。
②上字伊能原書作「管」。
③「民居」二字伊能原書誤作「居民」。

中廓平埔，周可二十餘里，似為全臺收局。從海上望之，一山橫隔，雖有巨礮，力無所施，建城無踰於此。劉璈素習堪輿家言，經畫審詳，現令專辦築城、建邑諸事。惟該處不產巨杉，且無陶瓦，屋材、甎甓必須內地轉運而來，匠石亦宜遠致，城地所用，已墾成田，不能不給價以卹貧戶，未免繁費。惟有囑委員等，核實估計，不得虛糜。縣名謹擬曰「恆春」，可否之處，伏候欽定。如蒙允准，擬先設知縣一員，審理詞訟，俾民、番有所憑依，畀之親勇一旗，以資號召。其餘武員、學官、佐貳，且置為緩圖，以一事權而節糜費。

因經獲准許新設恆春縣，在西部以率芒溪與鳳山縣為交界，在東部以八瑤灣與新設卑南廳為交界，縣治之位置定在瑯璚中央之猴洞。（宣化里恆春街一土名）初，嘉慶九年於鳳山新城添建內、外門時，其外門題曰「郡南第一關」，至此，臺灣極南之外護益加周備。先是，同年六月間，南路海防兼理番同知袁聞柝，奉命自安平港乘輪至後山番地，在卑南登陸，先行招撫附近生番，且率領番目陳安生等數人歸還府治報稱：群番願歸化。沈葆楨乃於七月，奏議分南、北、中三路進兵，開闢前山與後山之連絡道路，奏議獲准，決定即予實行。十二月五日，上〈臺地後山請開舊禁摺〉，亦蒙採納之。至是，清人有臺以來持續實施之保安政策之禁止偷越番境之命令，（此禁令即《清律》之〈兵律〉私出外境及違禁下海之例。）乃予裁撤。沈葆楨為開闢前山中路番界，水沙連及後山一帶番地以施治，乃於光緒元年六月，上〈請改駐南北路同知片〉，曰：

據臺灣道夏獻綸詳稱：臺灣向設南、北兩路理番同知，南路駐紮府城，北路駐紮鹿港。今內山開闢日廣，番民交涉事件日多，舊治殊苦鞭長莫及。如將南路同知移紮卑南，北路同知改為中路移紮水沙連，各加「撫民」字樣，凡有民、番詞訟，俱歸審訊；將來升科等事，亦由其經理，似於民、番大有裨益。其南、北路屯餉，向由各縣徵收，交該同知散放者，該同知既經移紮，礙難兼顧，應改由各縣就近自行發給等因。臣等伏思，朝廷因事而設官，任官者即宜顧名而思義，該同知既以理番為名，當以撫番為事。向惟番境未闢，故分駐郡城、鹿港，以待招徠，今榛莽日開，蠢頑歸化，民熙熙而往，番穰穰而來，杜其猜嫌，均其樂利，咸以官為依附。倘非躬親坐鎮，何以盡撫循之實，而期聲教之同。

而奉准改南路理番同知為南路撫民理番同知，移紮新設卑南廳，改北路理番同知為中路撫民理番同知，移紮新設埔裏社廳。其埔裏社廳，析自彰化縣，西以火焰山為限，南轄濁水溪上游，北轄北港溪上游，東轄接壤內山一帶。廳治定在埔裏社（即埔裏社堡埔裏社街）。其卑南廳管轄臺灣東部一帶，即南自八磘灣之恆春縣界，北至東澳溪南之間，該溪北為宜蘭縣轄、廳治定在寶桑（即南鄉卑南街），蓋亦改土為流①之舖張也。《臺灣輿圖》〈說略〉②所載：「窮髮儋耳之民，咸得沐浴王化，則自光緒紀元之開山撫番始，而輿圖始可得而志也。」即指稱之者，而事實上全臺歸入版圖係在此時。當時開山招撫之事宜主要歸沈葆楨董督，至光緒元年七月，沈葆楨陞任兩江總督；後任總理船政大臣吳贊③誠雖亦承理其役，然不過時至臺灣巡察而已，如後山一帶則於光緒五年將該事務委交統領後山南、中、北路諸軍之吳光亮之手辦理。而截至是年，卑南廳尚未建署，故實際成績似不顯著。《臺東州采訪冊》④中，載此間之情形云：「前巡撫丁公，則疑撫番墾荒盡屬粉飾，毫無實際。」

① 南廳之設，猶之開蘭，皆無與於改土官為流官之「改土歸流」。
② 〈後山輿圖說略〉。
③ 「吳贊」於伊能原書誤作「吳讚」。
④ 〈墾務〉。

蓋幾乎係揭發其內情。

光緒元年六月，沈葆楨另上〈臺北擬建一府三縣摺〉，蓋由於當時臺北口岸四通，外防、內治政令難周，宜更添建府治，以便控馭，而固地方之故也。該奏摺曰：

竊惟臺灣始不過海外荒島耳，自康熙年間收入版圖，乃設府治，領臺灣、鳳山、諸羅三縣，諸羅即今之嘉義，嘉義以北未設官也。郡南、北各一百餘里，控制綽乎有餘。厥後北壤漸闢，雍正元年拓彰化一縣，並淡水同知主北路捕務，與彰化知縣同城，蓋明知非一縣政令之所能周，特以創建城池籌費維艱，姑權宜從事焉已耳。雍正九年，割大甲以北刑名、錢穀諸務，歸淡水同知，改治竹塹；自大甲溪起至三貂嶺下之遠望坑止，計地三百四十五里有奇。嘉慶十五年，復以遠望坑迤北而東至蘇澳止，計地一百三十里，設噶瑪蘭通判，則人事隨天時、地利為轉移，欲因陋就簡而不可復得矣。然由噶瑪蘭上抵郡城，十三日始達；由淡水上抵郡城，亦七日始達，而政令皆統於臺灣府。當淡水設廳之初，不特淡北三貂等處榛莽四塞，即淡南各社亦土曠人稀，今則村社毘連，荒埔日闢。舊志稱東西相距僅十有七里，今則或五、六十里或七、八十里不等。蘭廳建治以後，由三貂嶺繞至遠望坑復增地數十里有奇，其土壤之日闢不同有如此者。臺北海岸，前僅八里坌一口，來往社船不過數隻，其餘叉港支河僅堪漁捕，今則八里坌淤塞，新添各港口，曰大安、曰後壠、曰香山、曰滬尾、曰雞籠，而雞籠、滬尾，港門宏敞，舟楫尤多，年來夾板、輪船帆檣林立，洋樓、客棧闤闠喧囂，其口岸之歧出不同有如此者。前者臺北幅員雖廣，新墾之地，土著既少，流寓亦稀，百餘年來休養生息，前年統計戶口，除噶瑪蘭外已四十二萬有奇。近與各國通商，華洋雜處，睚眦之怨即啟釁端，而八里坌一帶從教者漸多，防範稽查尤非易易，其民人之生聚不同有如此者。

臺地所產，以靛、煤、茶葉、樟腦為大宗，而皆出於淡北。比年荒山窮谷，栽種愈盛，開采愈繁，洋船盤運，客民叢集，風氣浮動，嗜好互殊。淡南大甲一帶與彰化毘連，習尤獷悍。同知半年駐竹塹衙門，半年駐艋舺公所，相去百二十里，因奔馳而曠廢，勢所必然。況由竹塹而南至大甲，尚百餘里，由艋舺而北至滬尾、雞籠尚各數十里，命盜等案，層見迭出，往往方急北轅，旋憂南顧，分身無術，枝節橫生。公事之積壓、巨案之諱飾，均所不免。督、撫知其缺之難，必擇循吏、能吏以膺選，而到任後，往往賢聲頓減，不副所望，則地為之也，其駕馭之難周，又有如此者。

淡、蘭文風為全臺之冠，乃歲、科童試廳考時，淡屬六、七百人，蘭屬四、五百人，而赴道考者不及三分之一，無非路途險遠，寒士艱於資斧，裹足不前。而詞訟一端，則四民均受其害，刁健者詞窮而遁，揑情控府，一奉准提，累月窮年，被誣者縱昭雪有期，家已為之破。矯其弊者因噎廢食，概不准提，則廳案為胥吏所把持，便無可控訴。而械鬥之衅，萌櫱乎其中。至徒、流以上罪名定讞後，解郡勘轉，需費繁多，淹滯歲月，賠累不貲。則消弭不得不巧，官苦之，民尤苦之。其政教之難齊又有如此者。

所以，前者臺灣道夏獻綸有改淡水同知為直隸州，改噶瑪蘭為知縣，添一縣於竹塹之請；臣鶴年、臣凱泰等，正飭議試辦，臺事旋起，因之暫停。臺南騷動之時，即有潛窺臺北之患，經夏獻綸馳往該處，預拔機牙，狡謀乃息。海防洋務，瞬息萬變，恐州牧尚不足以當之。況去年以來，自噶瑪蘭之蘇澳起，經提臣羅大春撫番開路，至新城二百里有奇，至秀姑巒又百里有奇；倘山前之布置尚未周詳，則山後之經營從何藉手？故就今日之臺北形勢策之，非區三縣而分治之，則無以專其責成，非設知府以統轄之，則無以挈其綱領。伏查艋舺當雞籠、龜崙兩大山之間，沃壤平原，兩溪環抱，村落衢市，蔚成大觀，西至海口三十里，直達八里坌、滬尾兩口，並有觀音山、大屯山，以為屏障，且與省城五虎門遙對，非特淡、蘭扼要之區，實全臺北門之管（鑰），擬於該處創建府治，名之曰臺北府，自彰化以北直達後山，胥歸控制。仍隸於臺灣兵備道，其附府一縣，南劃中壢以上，至頭重溪為界，計五十里而遙；北劃遠望坑為界，計一百二十五里而近；東西相距五、六十里不等，方圍折算百里有餘，擬名之曰淡水縣。自頭重溪以南至彰化界之大甲溪止，南北相距百五十里，其間之竹塹即淡水廳舊治也，擬裁淡水同知，改設一縣，名之曰新竹縣，自遠望坑迤北而東，仍噶瑪蘭廳之舊治疆域，擬設一縣，名之曰宜蘭縣。惟雞籠一區，以建縣治，則其地不足，而通商以後，竟成都會，且煤務方興，末技之民四集，海防既重，訟事尤繁，該處向未設官，亦非佐雜微員所能鎮壓，若事事受成於艋舺，則又官與民交困，應請改噶瑪蘭通判為臺北府分防通判，移駐雞籠以治之。

此議獲准，新建臺北一府，分轄三縣、一廳，府治卜定於艋舺附近（屬於大加蚋堡，即臺北城），以新設之淡水縣為附廓，改淡水廳設新竹縣，改噶瑪蘭廳設宜蘭縣，又置基隆廳為分府。淡水縣南以桃澗堡土牛溝與新竹縣分界，東北以南港溪與基隆廳分界。新竹縣南以大甲溪與彰化縣分界，北至淡水縣界，縣治之位置為舊淡水廳治。宜蘭縣西北以遠望坑與基隆廳分界，南以東澳溪與卑南廳分界，縣治之位置為舊噶瑪蘭廳治。基隆廳西南至淡水縣界，東南至宜蘭縣界，廳治位置卜定於基隆（屬基隆堡）。曾於道光年間，在地方行政之權宜上，總稱為金雞貂堡之金包里、雞籠、三貂三堡之極北一帶，包轄在內。初，擬議將臺北府治自舊淡水廳治所在地即竹塹，向北移至艋舺附近而設之，而地方紳民等即稟請設置於舊廳治時，初調任臺北知府之林達泉，以為不可，而駁議云：「此地四山環抱。山水交匯，府治於此創建，實足收山川之靈秀，而蔚為人物①。且艋甲②居臺北之中，而滬尾、雞籠二口，實為通商海岸，與福建省會水程相距不過三百餘里，較之安平、旗後，尤有遠近安危之異。十年之後，日新月盛，臬道將移節於此，時勢之所趨，聖賢君相不能遏也。」（見《臺灣通志稿本》③）乃將此駁議榜示通衢，輿情遂定。又同年改以曾文溪④為臺灣、嘉義兩縣界。

光緒七年，分巡臺灣兵備道劉璈，建議以彰化縣及埔裏社廳轄，改為臺灣直隸州，以彰化之橋仔頭庄（藍興堡所屬，即臺中），擬為州治之位置，並將移分巡臺灣兵備道於此，而以舊彰化縣轄之大肚、八卦兩山以西海岸地帶，為新彰化縣，縣治之位置擬定鹿港（馬芝堡）為州屬，又於舊埔裏社廳轄設置州同。此外又改臺灣府為臺南府以專轄臺灣、嘉義、鳳山、恆春四縣。時福建巡撫岑毓英分駐臺灣，對此意見有條陳謂：「臺灣形勢孤懸海外，幅員遼濶，籌備防務，必須南、北聲氣相通，方易措手。查彰化縣治居南、北之中，應以臺灣道、府二缺權其輕重難易，移一於此，使居中控制。」因採其議，將為題請，會清法兩國間之糾紛，不能和平解決，遂不果實行而止。光緒十三年，隨著臺灣分省添改府、縣，其設施以上述建議為基礎者不少也。

（附記）自光緒元年至光緒十年一小期間之地方分治區劃如左表：

①「人物」二字於伊能原書作「大觀」。
②伊能原書作「艋舺」。
③〈列傳〉「政績」。
④即灣裏溪。

府	廳縣	下級官司
臺灣知府	臺灣知縣	羅漢門巡檢
		大武壠巡檢
	鳳山知縣	下淡水縣丞
		枋藔巡檢
	嘉義知縣	笨港縣丞
		斗六縣丞　光緒十二年裁撤
	彰化知縣	南投縣丞
		貓霧捒巡檢
	恆春知縣	
	澎湖通判	
	卑南同知	
	埔裏社同知	
臺北知府	淡水知縣	
	新竹知縣	新竹巡檢　光緒元年由竹塹巡檢改稱
		大甲巡檢
	宜蘭知縣	頭圍縣丞
	基隆通判	

第二節　臺灣省時代

光緒十一年，清法戰爭結束後，大力籌議辦理善後事宜。時用醇親王等之奏議，准改福建巡撫為臺灣巡撫。光緒十三年，依照甘肅新疆之例，稱為福建臺灣巡撫，以保持與閩省內外相維之關係，分立一省為臺灣省。因此於光緒十三年四月，新調巡撫劉銘傳①與閩浙總督楊昌濬會同上〈籌議臺灣郡縣分別添改裁撤以資治理疏〉，實施其地方分治之改造曰：

伏查臺灣疆域。南北相距七百餘里，東西近者二百餘里，遠或三、四百里，崇山大溪，鉤聯高下。從前所治不過山前迤南一線，故僅設三縣而有餘；厥後榛莽日開，故屢增廳治而猶不足。光緒元年，沈葆楨請設臺北府、縣，以固北門，又將同知移治埤南，以顧後山一路，全臺官制粗有規模。然彼時局勢未開，擇要舉行，實非一勞永逸之計。臣等公同商酌，竊謂：建置之法，形勢為先；制治之方，均平為要。臺疆治法，視內地為獨難，各縣幅員反較多於內地，如彰化、嘉義、鳳山、新竹、淡水等縣，縱橫多至二、三百里，鞭長莫及，治化何由。且防務為治臺要領，轄境太廣，則耳目難周；控制太寬，則聲氣多阻。至山後中、北兩路，延袤三、四百里，僅區五段，分設碉堡，並無專駐治理之員，前實後虛，亦難遙制。現當改設伊始，百廢俱興，若非量予變通，何以定責成而垂久遠。臣銘傳上年九月，親赴中路督勦叛番，沿途察勘地勢，並據各地方官將境內河山、扼塞，道里、田園，繪圖貼說，呈送前來，又據撫番、清賦各員將撫墾地方分條續報。謹就山前後全局通籌，有應添設者，有應改設者，有應裁撤者。查彰化橋孜圖（即橋仔頭）地方，

①據《清史稿》〈疆臣年表〉，劉銘傳光緒十一年九月初五日為臺灣巡撫。據《清德宗實錄》光緒十二年春正月初七日係「福建臺灣巡撫」。

山環水複，中開平原，氣象宏開，又當全臺適中之地，擬照前撫臣岑毓英原議，建立省城。分彰化東北之境，設首府曰臺灣府，附郭首縣曰臺灣縣。將原有之臺灣府、縣改為臺南府、安平縣。嘉義之東，彰化之南，自濁水溪始，石圭溪止，截長補短，方長約百餘里，擬添設一縣，曰雲林縣。新竹苗栗街一帶，扼內山之衝，東連大湖，沿山新墾荒地甚多，擬分新竹西南各境，添設一縣，曰苗栗縣。合原有之彰化縣及埔裏社通判，四縣一廳，均隸臺灣府屬。其鹿港同知一缺，應即撤裁。淡水之北，東抵三貂嶺，番社紛歧，距城過遠；基隆為臺北第一門戶，通商建埠，交涉紛繁，現值開採煤礦，修造鐵路，商民麕集，尤賴撫綏，擬分淡水東北四保之地，撥歸基隆廳管轄，將原設通判改為撫民理事①同知，以重事權，此前路添改之大略也。後山形勢，北以蘇澳為總隘，南以埤南為要區，控扼中權，厥惟水尾。其地與擬設之雲林縣東西相直，聲氣未通。現開路百八十餘里，自丹社嶺、集集街徑達彰化。將來省城建立，中路前後脈絡，呼吸相通，實為臺東鎖鑰；擬添設直隸州知州一員，曰臺東直隸州，左界宜蘭，右界恆春，計長五百里；寬三、四十里、十餘里不等，統歸該州管轄，仍隸於臺灣兵備道，其埤南廳舊治，擬改設直隸州同知一員；水尾迤北，為花蓮港，所墾熟田約數千畝，其外海口水深數丈，稽查商船，彈壓民、番，擬請添設直隸州判一員，常川駐紮，均隸臺東直隸州。此後路添改之大略也。謹案：臺灣土疆賦役，日增月廣，與舊時羈縻僑置，情勢迥殊，因地制宜，似難再緩。況年來生番歸化，狉榛之性，初就範圍，尤須分道拊循，藉收實效。……臣等身在局中，既不敢遇事紛更，以紊典章之舊，亦不敢因陋就簡，以失富庶之基，損益酌中，期歸妥協。

如斯，大行添改分治機關。更詳就其設施內容言之：（一）以確定一省之政治中心，

① 伊能原書作「撫民理番」。

乃卜定其當全島之適中，且便於兼顧南、北之彰化縣屬橋仔頭庄大墩附近（屬藍興堡，即臺中），擬為建築省城之位置。蓋前年福建巡撫岑毓英建議設定臺灣中樞首府之處，而楊督、劉撫會同條陳改設行省事宜中，已採用此意云：「新疆以迪化州為省垣，城署無須建造；臺灣改設行省，必須以彰化中路為省垣，方可南、北兼顧。另造城池、衙署，需費浩繁，一時萬難猝辦，所有官制，暫仍舊章，將來添設廳、縣，改派營防，再行奏辦。」（二）全省分劃三府及一直隸州，中路曰臺灣府，為省會首府；南路為臺南府，改自舊臺灣府；北路即原設之臺北府。舊卑南廳轄稱臺東直隸州。又各府共分設三廳十一縣，即臺灣府設置臺灣、彰化、雲林、苗栗四縣及埔裏社一廳，臺北府設置淡水、新竹、宜蘭三縣及基隆一廳，臺南府設置安平（改自臺灣縣）、嘉義、鳳山、恆春四縣及澎湖一廳，在臺東直隸州，不別置領縣，卑南設州同，花蓮港設州判而已。而其疆域，在臺灣府，臺灣縣為省會附廓之首縣，東至原有埔裏社廳界，南以濁水溪上游與雲林縣分界，以大肚溪與彰化縣交界，西以貓羅堡同安嶺與彰化縣交界，北以大甲溪與苗栗縣交界；彰化縣南以西螺溪與雲林縣交界，北及東至臺灣縣界，縣治為原位置；雲林縣西南溯自牛稠溪，以上游石龜溪與嘉義縣交界，東以濁水溪上游與埔裏社廳交界，北以西螺溪與彰化交界，縣治位置初卜定林圯埔（沙連堡），因不得地利之宜，於光緒十九年，遷移斗六（斗六堡）；苗栗縣南以大甲溪上游至埔裏社廳界，下游至臺灣縣界，北以中港溪與新竹縣分界，縣治位置卜定維祥庄（即苗栗一堡苗栗街）；埔裏社廳西南至雲林縣界，西至臺灣縣界，北至苗栗縣界，廳治為原來位置。在臺北府，新竹縣北至苗栗縣①界，除基隆、宜蘭廳縣交界改為草嶺之頂上外，概為原有疆界；廳、縣治之位置亦照舊。在臺南府，各廳、縣咸為原有疆界。在臺東直隸州，亦全依

①當作淡水縣。

卑南廳舊治之疆域，州治之位置，卜定中央之水尾（奉鄉）。自光緒十五年八月起，臺灣知縣黃承乙、中路軍統領林朝棟等，承命監督省城興工，在未完竣以前，既建之臺北府城規制略備，且與福建省會連絡最便，故權置巡撫衙門。至是，從來一直在南部之首府乃遷移至北部。初擬將省垣建於彰化中路時，即有彰化縣士紳蔡德芳、鄭茂松、吳朝陽、吳恩汲、黃玉書、黃炳奎、莊士勳、劉鳳翔、鄭景奇、吳鴻賓、吳德功等，稟請臺灣巡撫，將建省之地定在該縣之鹿港，其要點曰：「臺灣一島孤懸，南北綿千餘里，東盡橫山，西臨瀚海，重以土浮民靡，動輒生變，無事則耕、漁亦足相安，有事則請兵籌餉，在在仰需內地。伏思開臺之初，建設郡、廳、縣，多從海口，意殆為是，獨嘉義一縣，城離海稍遠，每遇揭竿，四面受困，歷徵前事，可為寒心。至如彰化城，西離鹿港不過十餘里，其奈東延內山，平洋遼濶，伏莽滋擾，兼之，溪多林雜，防禦難施。即如同治元年戴逆自內一發，城池立陷，城之西面，只一橋被斷、一竹圍被踞，雖內地大兵數千，接屯鹿港，經年莫能前進。洎乎南、北大兵夾擊收復之後，猶爭於此。乾隆年間，貴西道趙翼議移彰城於鹿港之說，懇恩入告，事雖未行，要其大意，總以設城距海越近越是也。今當盛朝威靈震疊，欣荷欽憲撫臨此邦，營建省會，從此添兵足①餉，重權鎮攝，全臺托庇，萬萬不至慮此。第聖人有言：處常固當思變，謹始乃以慎終。如果臺灣得蒙建省，省會必歸彰界。當謂重衛②居中，藉可控制乎南北內外，誠我臺陽千百年不易之宏規也。然恐前議縣城移近於海者，今或將省城轉而設於近山，萬一地方有警，一溪扼險，萬兵莫進，似乎咫尺，先不能通，何論南北內外？此尤大勢之不可不籌者也。至於來龍之歸宿，海道之引通，或擇其新地，而深謀遠慮，或仍其舊城，而事半功倍，欽憲明見萬里，斟酌自有權衡，無庸芳等多贅也。且事關

① 「足」字於伊能原書作「定」。
② 「衛」字於伊能原書作「衝」。

奏聞，是非下士所能置辯。唯既生長於斯，見聞頗熟，抱此區區，又不能坐受知而不言之咎，爰敢瀝披歷來大局情形，附繪彰化舊城來龍宿脈圖說一紙，懇乞轉詳。」而對此，彰化知縣李嘉棠駁議①曰：「臺灣建立省城，控制全臺，必得形勢可觀，方能建城。如臺灣府為興創之始基，臺北府物產最富，滬尾、基隆兩口為全臺之要隘，若該二府紳士於此兩處請建省城，尚非謬論。鹿港瀕海，地勢低下，水口沙淺，不能泊船，該紳士蔡德芳等忽請建立省城，非為控制全臺起見，特為本地貿易起色耳。統論全臺局勢，豈有棄中南北前後三②千里地方，獨重鹿港一鎮之理？如以鹿港傍海易守，不致四面受敵，何以福建省城不立於長門，江蘇省城不立於吳淞？……查大墩地方，襟山帶海，控制南北，實天造省會之基，本經岑宮保勘定建城，復經本爵部院上年親往察看，堪建省城，所有蔡德芳等稟請建省鹿港，為私忘公，應毋庸議。」（據光緒十三年四月二十一日，臺灣知府程起鶚之行知。）因此，竟不行而止。又臺東一州，當初該州知州歐陽春，任一切籌畫，光緒十四年，因其出缺而告頓挫，同年擬將既設卑南廳治，改為州治位置，《臺東州采訪冊》云：「土匪、兇番勾結叛亂，水尾居民死亡殆盡，仍暫寄治於埤南，今因之。」是其真相也。嗣於光緒二十年，淡水縣海山堡沿山一帶，新見拓殖，由於撫墾局務之廢弛，需要更設機關以資彈壓民、番，且為兼行稽查北路腦務，臺灣巡撫邵友濂，經奏准新設一廳名南雅廳，（將前所裁撤之基隆通判改行移駐。）其廳治位置初擬定為其中心地之大嵙崁，（按《淡水廳志》載有大姑嵌南雅內山生番三十二社，廳名出處當在此，而南雅之名，係因內山之門戶有湳仔（牛角湳），乃擇其近音之佳字眼而名之者云。）適逢臺灣割讓，遂不實施。

初，福建巡撫劉銘傳，為辦理臺灣善後，以辦防、練兵、清賦、撫番四項為燃眉之要

①以下為李嘉棠將蔡德芳等聯呈及圖說轉稟劉銘傳後，銘傳之批駁，而非嘉棠之駁議。

②「三」字於伊能原書作「山」。

務上其條陳，及調任臺灣巡撫，遂以完成此四項要務為第一義，而值新省百事草創之際，因經費浩繁，所求財源，縱有所重課，其既定歲入亦不足支應歲出，因此，限期仰賴福建省及閩海關與其他五關協款銀八百萬兩，在此期間舉辦一切財政獨立，籌畫確立所謂「以臺地自有之財供臺地之用」之方針，然後停止一切協款。如此急進之新政，自與向來慣熟於保守之朝野輿情相牴牾，有對不滿新政之民眾加以煽動者，光緒十四年，遂有施九緞①因此起事，劉銘傳施政事事概與初期之志齟齬，光緒十七年四月，乃不得已稱病辭職。

時清朝治臺政策完全變更，主要決定採取緊縮方針，後任巡撫邵友濂，承此國策從事理臺政務，所定設施方針為：「（一）察刻下臺灣形勢，奉行休養民力之計，而為達到此目的，需要節減施政經費。（二）施政經費節減之結果，儘量阻遏新事業計畫，避免創始『不急』之設施，以節制經費流於浩繁，但其既已設計著手之事業，應在可行籌辦範圍內繼續行之。」於是，以前所開始興辦之事業過半奏請裁撤中止，其已經設計著手之重要設施雖繼續進行，而多難免曠滯依違，是亦勢所使然也。先是，邵友濂就任當初，在截止新事業計畫之第一步驟，先上〈擬請移設臺灣省會以定規模摺〉，奏明臺灣省會之重要，及地利所以不宜之理由。曰：

前卜定省城之地，雖當中樞，控制南、北，而山岳四面匝圍，距臺南、臺北兩府，各四、五日程，其間溪水暴漲，交通頗煩。加之沿海水淺，輪船難以駛入，南、北有事，則接濟遲延，又省城必需建築壇廟、衙署等，經費浩繁，無由籌辦。伏思臺北居臺灣之上游，衙署、局庫略已成工，商民輻輳，鐵路亦通，舟、車之利兩備，故擬以該府城為臺灣省會，名實相符，規模大定。（《臺

①伊能原書誤作「施九段」。——譯按

灣通志稿本》）

於是，翌光緒十八年先行中止省城之施工，擬以臺北為永遠省會之地，至光緒二十年二月三十日始獲得批准。蓋當時日、清兩國之間，有朝鮮統屬之懸案未決，清朝朝議繁忙，致如此稽延云。（據光緒二十年五月十八日分巡臺灣兵備道唐景崧之行知。）

（附記）自光緒十一年至光緒二十一年一段期間之地方分治區劃如左表：

府	**廳縣**	**下級官司**	
臺灣知府	臺灣知縣	南投縣丞	光緒十三年移於鹿港
		葫蘆墩巡檢	光緒十三年新設
	彰化知縣	貓霧拺巡檢	
		鹿港縣丞	光緒十三年移自南投
	雲林知縣		
	苗栗知縣		
	埔裏社通判		
臺北知府	淡水知縣		
	新竹知縣		
	宜蘭知縣		

	基隆同知	
	南雅通判	
臺南知府	安平知縣	羅漢門巡檢　光緒十三年移八罩
		大武壠巡檢
	鳳山知縣	下淡水縣丞
		枋寮巡檢
	嘉義知縣	笨港縣丞
	恆春知縣	
	澎湖通判	八罩巡檢　光緒十三年移自羅漢門
臺東直隸州①知州		卑南州同
		花蓮港州判

①上字原文脫。

第三節　澎湖之規制

臺灣本島及中國大陸之間，臺灣海峽內廣為碁布澎湖大、小島嶼（即屬澎湖廳轄），據《澎湖廳志》〈封域志〉載，其島嶼數達四十九嶼，夙稱為臺灣要衝、全閩之外捍，如《裨海紀遊》論之曰：「然守臺灣，尤宜以澎湖為重。澎湖者，臺灣之門戶也，三十六島，絕無暗礁，在在可以泊船。故欲犯臺灣，必先攻澎湖。澎湖既得，進戰、退守無不宜。欲守臺灣，亦先守澎湖。澎湖堅壁，敵舟漂蕩無泊，即坐而自困矣。疇昔鄭氏尚與王師鏖戰，澎湖既失，遂至窮蹙。蓋可鑒也。」《澎湖廳志》〈封域志〉亦承此載曰：「澎湖不過海上一漚耳，然島嶼迴環，港汊錯雜，為中外之關鍵，作臺、廈之逆旅。前者施侯爭之以進取，鄭氏失之而議降。既入版圖，凡臺灣有事，內地舟師東征，皆恃澎湖為進戰退守之地，所關於沿海大局者，正匪淺矣。」故向來在武備上，雖尤為注重，而《澎湖廳志》所載：「澎湖乃海中孤島耳，論其地，風多雨少，斥鹵磽薄，不產稻、麥，種植是艱，夙稱窮荒無用之地。」之情形，在文治設施上，則難免有被忽略之傾向。道光末年，分巡臺灣兵備道徐宗幹，對督、撫建議，於澎湖通判之下添設一巡檢，其文曰：

> 惟澎湖一廳，孤懸海中，為全臺門戶。島嶼叢雜，港汊紛歧，文職止有通判一員，民事雖簡，而分防實為喫緊之區，郡城又遠隔鯤洋，鞭長莫及。該廳命盜案件，向由廳勘驗後歸臺灣縣詳辦。如公出巡查海島，或有緊要公事進郡，設地方出有案件，百姓竟無可控訴之處，包封往返，風迅①靡常，又不能定以時日。兵民倘或生事，未便事責武員彈壓。然添設官吏，事涉紛更，祇可酌量裁撥。飭據該廳楊倅會同臺灣府裕守稟商：各屬分防之缺，皆關緊要，惟鳳山興隆司巡檢與縣城附近，向係典史兼理，久成虛設，可否將此缺裁歸澎湖，名為澎島巡檢？該廳海口媽祖宮地方，可以暫置公署，遇有緊要事件，亦可隨時差委，庶官守不至曠誤，而洋防較為周密。商之呂鎮，意見相同。但事關改設官制，如蒙俯准，再由該府、廳具詳會鎮，轉請核辦。再查該廳管轄洋面七、八百里，共計三十六島，係有名可指者，此外島嶼尚多，周圍約三百餘里，近年生聚日繁，人丁約計有十五、六萬，與往昔情形不同。且駐紮兵丁尤眾，鈐束稽查，不容稍懈，即如上年戍

①上字原作「呡」，此字不見於《中文大辭典》，逕改如上。

兵林應生，因姦謀殺本夫一案，若非張倅星速拏辦，幾至漏網。想平時姦盜之案，亦所常有。該廳為糧捕通判，如可請加「撫民」職銜，如淡、蘭等缺管理民事，而設巡司兼管監捕①人犯，遇有情重之案，徑由廳解府速辦，則兵、民皆有所畏懼，似更周妥。職道以海防關重，而又遠隔郡城，非如臺郡本屬易以首尾相應，不能不鰓鰓過慮也。（《斯未信齋文集》〈澎湖官制議〉）

此建議終不獲督、撫採納而止。《澎湖廳志》②云：「澎湖壤地褊小，……百凡規為多從簡略，則地勢使然也。」其視同等閑，自古迄今皆如是也。故如官斯土者，概居恆鬱鬱不樂，難免多圖苟安而已。如乾隆三十一年二月任澎湖通判之胡建偉，甫在澎湖登岸，即為詩以寄其情懷，詩曰：「紛紛吏役懽相迎，紅紗夾岸籠燈俟，連日驚心千尺濤，足踏實地樂無比。從容就館③謁諸生，殷勤問俗挈大指，一十三澳民頗惇，澆漓只有媽宮市。」其以勤民造士銳意自任如此。又嘉慶二十一年福建巡撫王紹蘭，於巡臺途次抵澎湖賦詩云：「乍經滄海到澎陽，島嶼青青水一方，奉使東瀛持虎節，安流南紀靖龍堂。天生絕險山河固，運際文明日月光，努力諸君勞鎮撫，輶軒載筆頌平康。」有以責成當路，但皆有被藐視之傾向云。《澎湖廳志》謂「澎地瘠苦，實缺官視為畏途」，實可謂隨伴之通弊也。又如道光九年六月，澎湖通判丁秉南之幕僚劉伯琛手記《來鶴》一篇之序及詩，描寫其在任中之風流韻事而沾沾於末技，可窺見當時有司內部之情形也。

己丑荔夏，丁霽堂司馬權篆澎湖別駕，予相偕東渡，謬司記室一席。其安硯處，湫隘沮洳，絕無花木、竹石之趣，且歲多鹹雨狂颷，居恆鬱鬱不樂。仲冬十八日，有白鶴自下於庭，飼之馴甚，

①上字一作「押」。
②〈規制志〉。
③「館」字於伊能原書作「官」。

岑寂中得此佳侶，無殊空谷足音，良朋遠至①，欣快奚如，爰賦七言律句，以誌喜。

縞衣玄袂下青田，歲暮何來落海壖。
飲啄恥爭雞鶩粒，棲遲好伴鳳鸞騫。
腰纏萬貫知無分，口吐雙珠或有緣。
塵世滄桑容易換，與卿相對語堯年。（《澎湖廳志》〈藝文錄〉）

興泉永道周凱〈撫恤〉詩中詠澎湖云：「渺茲澎湖島，汪洋當巨浸。哀哉澎湖民，顛連遭歲祲。」其描寫澎民窮苦之狀又如此，無法救濟不無理由。同治十三年臺灣戒嚴，致力於澎湖防務，同時當振肅澎湖廳政之議亦被認為當前急務。光緒元年冬，水師副將吳奇勳在衙署西偏修建籌海堂，翌年春落成，充為聚會、棲息之所。通判幕僚梁純夫，代撰該堂之跋，由此或可見澎湖政治刷新之前兆，跋載《澎湖廳志》〈藝文錄〉，全文如左：

昔李文饒作樓於劍南，而以籌邊名，蓋紀實也。僕才識蹇陋，何敢妄希？惟二十年來，浪檝風帆，馳驅戎事，海防之略，竊有志焉。守澎八載，差幸鯨鯢不波，公暇得與幕中諸君子及僚友屬輩，論史談兵，並講求海上戰略，胸次為之豁然。惜衙齋日就傾圮，不堪容膝，爰捐俸葺而新之，並建堂於西偏，以為敘會、棲息之所。堂成，匠氏以名請。僕思地為海疆要害，自以籌海為先，因名之。非敢媲美於古人，亦不敢自外於古人也。願登斯堂者，勿以其迂而笑之可也。光緒元年歲次乙亥季冬穀旦。

①「至」字於伊能原書作「志」。

《澎湖廳志》〈武備略〉「營署」[1]云：「蓋協戎（副將）與幕友梁純夫密籌防海機宜處也。」可知其實際情形。光緒十二年，臺灣分省時，澎湖之擴大施治始見就緒，其廳治自文澳遷移媽宮，同時在南端之八罩嶼設置巡檢，《澎湖廳志》〈規制考〉[2]載述其移治之理由云：「按澎之腹地在大山嶼，大山之結聚在媽宮港。其地內港澄淨如湖，小島環抱，帆檣雲集，煙火千餘家，為澎之市鎮，故設營駐守，洵要地也。文澳則退處偏隅，居民稀少，較為僻陋，且文、武號同城，官乃相去四、五里而遙，未免睽隔。茲移治媽宮，有數便焉：賈舶所聚，便於稽查也。官倉所在，便於防範也。兵民雜處，便於彈壓也。朔、望宣講，文、武會商公事，便於往來也。夫廳、縣為親民之官，而紳商者小民之望也，今澎之紳商多萃媽宮，以廳治移此，則腹地之勢常重，官紳之跡常親，耳目切近，下情亦可時達矣。有賢吏出，宣上德，達下情。與父言慈，與子言孝，講學、課士、務農、通商，使疾苦得以時聞，情偽無由遁飾，眾心有所依附，而政於是乎成。」先是，光緒十年，閩浙總督何璟、福建巡撫張兆棟所上〈擬請添設移改疏〉中云：「臣兆棟，前因渡臺巡閱，條陳應辦事宜，擬請將羅漢門巡檢改移於澎湖，奉批旨，令督、撫妥為籌議。（中略）澎湖島嶼縱橫，文職祇一通判而已，控馭難周，是以有將羅漢門巡檢改移媽宮之議，現經臺灣道劉璈覆加查勘，距澎湖廳治九十里之八罩地方，較媽祖宮更為重要，該處居民以漁為本業，良莠不齊，海船擱淺有乘危搶奪情事，廳員既鞭長莫及，汛弁把總，又不足以資鎮壓，擬將臺灣縣羅漢門巡檢，移紮八罩地方，歸澎湖通判管轄，附近將軍澳等嶼，即歸該巡檢分管，因地制宜，洵於海疆有益，（中略）仰懇改羅漢門巡檢為澎湖巡檢，移紮八罩，以資治理而重巡防。」當時以清法交戰，未即實行，乃採用前議，然而果真欲令澎湖廳治興隆，則僅以八罩一島

[1]「署」字於伊能原書誤作「制」。
[2]「公署」。

添設巡檢，殊為不足，而需於其他諸島，布置巡防機關，以收沿海藩籬之實效。而事實上，此項設施，完全置之不問，如《澎湖廳志》對此已著論曰：「按澎湖各嶼，惟大山嶼及北山各社，人煙頗密。此外隔海嶼上有民居者，以西嶼、八罩為大。他若虎井、桶盤、吉貝、員貝、鳥嶼、花嶼、小門汛、大倉仔、南大嶼，以及東西吉、東西嶼坪已耳。其他或沙汕浮出，或海中片石，無平地可耕，無港路可泊。有時漁舟挂網，蹤跡偶至耳，初不得謂之嶼也。夫生齒日繁，而土田不加廣，故凡可釣可耕之地，皆小民生聚之區，在乎官之善為經理。考《紀略》載：南大嶼、東西嶼坪，距廳治較遠，曾經封禁，蓋恐鞭長莫及，為奸宄所混跡也。抑知國家聲教四訖，山陬海澨，莫非食毛踐土之區，豈於區區小島，而化外置之？且居此島者，皆耕釣良民，有家室之安，有舟楫之利，有比鄰以資守望，有澳甲水汛以互相稽查，其於媽宮廳治，無異手足之衛頭目也。脫令空曠無人，安知不為奸宄所竊踞，轉未由驚覺哉？觀於噶瑪蘭，蘇澳未闢以前，海賊朱濆、蔡牽垂涎者屢；既經墾闢，雞犬相聞，奸人更無所容其跡。孰得孰失？較然可辨矣。夫地之大小雖殊，而情形則一，又何必汲汲封禁，而後謂之無事也哉？」（〈封域志〉）①是以其規制之擴張而望之者也，然竟不行而止。至如既設之八罩巡檢，在官規上尤予以重大權限，《澎湖廳志》〈規制考〉云：「凡遭風商船擱淺，遇鄉民搶掠，則可以隨時救護、彈壓。」乃配之以弓兵十八名，駐該嶼之網垵澳。然其初任巡檢陸瑞銘，（係由羅漢門巡檢調任，期滿候缺，未幾再任，凡在官五年。）銳意盡職，其政績有可觀者；至其他巡檢，則概以苟安為事，皆未滿一年而離職，尤以光緒十九年至二十年間之最後巡檢章寶基任內，規制所定配兵之數（十八名），實駐不過四、五名而已，其餘竟屬虛設。（如巡檢署，初並未專設，僅租用一間民屋充之而已。）

①「封域志」三字於伊能原書誤作「規制考」。

第三款　司法機關

依據清朝制度，地方文治機關，係行政兼理司法，以知縣、知州等司其第一審，以知府司其第二審，以按察使司其第三審，以總督、巡撫之合議司其第四審，是為一般通例。（近代督、撫之下有發審局，專以候補知府等為委員，擔任案件之預審。）臺灣原為隸屬於福建省之一府，其時全準此通例辦理。乾隆五十三年，上諭分巡臺灣道特加按察使銜，執行第三審職務。蓋以臺灣為孤懸之海島，其上訴須涉重洋，解送福建本省審問，甚為不便，之外又為林爽文事件後，在撫綏臺民政策上，所謂刑用輕典之見解，一切問刑以簡易為旨，故令有守土職責之道員兼理之，以得審覈實情為有利也。

臺灣分省之後，光緒十三年，臺灣巡撫劉銘傳，經部議獲准改革司法制度，其要點為：（一）臺灣雖已設一省，而向由分巡臺灣道兼有按察使銜，故不需增設按察使司，一切刑名仍由臺灣道管理，依此理由繼續舊例。（二）總督在福建省會，欲與巡撫合議，恐有延滯結審之虞，是以將督、撫之合議，改歸臺灣巡撫之專權，同時於巡撫之下，設置發審局，而更為擴大其組織，作為審覈之補助機關。先是督、撫所呈〈籌議臺灣改設行省事宜〉①中云：「臺灣道向兼按察使銜，一切刑名由道審轉，……添設司獄一員，無庸另設臬司；惟《會典》職官，有按司獄，……無道司獄，應以候補按司獄、府司獄輪流借補。」於是乃有按司獄之實職。在各省通制上，關於命盜案件，經由各司法衙門，自下審至上審期限，以六個月為常例，而在臺灣則定為十個月，此規定見《吏部處分則例》。

①即〈遵議臺灣建省事宜摺〉。

如斯，外表雖期建立制度，而實際上內則如一般行政之付諸等閒，難免聽覈之政績不彰，而吏胥之流弊，在此等控案，似見極甚，而遇有命案等重大事件時，由於原兇逃亡，不能緝捕，敢為搪塞責任計，（凡是命盜案，均定有緝捕期限，如逾期被檢舉時，地方官應受罰俸、降級等處分。）竟有誣嫁於生番等，用詭計誘殺生番，而向上詐稱罪犯已伏法者。諸如乾隆五十一年，淡水同知潘凱以有死於番害之傳聞，探討其真相，但實際上並非死於番害，而遭匪徒毒手者，因不能緝捕真兇，乃虛構事實誣報稱遭遇番害。（參閱第十五篇〈番政沿革〉第一章〈理番設施〉。）尤其行政、司法混同之弊情，使地方官為掩其私曲而妄作枉法，甚至有陷良民於罪辟者，又康熙末年臺灣知府王珍肆行苛斂，恬嬉自居，於是奸匪藉為口實，誹謗官府，而當局遂據風聞，緝捕盟歃者數十人治罪。道光二十三年，臺灣縣紳民郭光侯，為錢糧之事，被民眾推舉，向官府抗訴，而官府竟欲誣嫁以謀叛之罪，會有羅漢門土豪黃號者，與奸匪結交，乃利用此機會，密囑黃號詐樹「官迫民變匪首郭光侯」之旗幟，以煽動附近庄民，殺害汛兵，遂藉辭欲以誅戮郭光侯，而反置黃號於不問，是其顯著之例也。

然而夙以吏治民生為意之名宦在任時，其涉及刑事案件尤其是命案之聽斷，則有以所謂察獄苟疑其冤之態度蒞之，在巧詐中探討其缺漏，以期推覈既至，奸欺自露者。康熙四十三年至四十六年間之臺灣知縣王仕俊，即是被推崇為模範之第一人。其最初有一吳姓者，仇家誣以殺人，經王知縣鞫訊，疑竇殊多，乃反覆詳讞，終得辨白其冤枉。（《臺灣府志》〈職官志〉「列傳」）乾隆二十三年至二十五年間臺灣知縣夏瑚，廉能勤敏，善治獄，受民詞而不定期、不限格式，有所鞫問時，集兩造於庭，立剖之，民環觀者如堵，凡所聽斷，旁及者不問。嘗曰：「一訟之興，關要者僅一、二人，窮其情即成讞矣。其他非刁悍輔訟，即畏怯而游移其詞者。吾求所不當求，則使飾偽者有助，上滋惑而下株連，時日愈久，則案牘之所以多也。」故其在任三年，既無積案亦無冤獄。至後世，凡言獄訟者思夏侯云（事載《臺灣縣志》〈政志〉「列傳」）。是其例也。又有堅守「刑期無刑」主義，以為不必拘泥於律例之法條，而寬典酌情，與活靈之裁判者亦屬事實，例如康熙末年對於朱一貴案後之籌謀著有偉績，後經廣東潮州府普寧知縣、歷任廣州知府，而博得「聽訟如神」聲譽之藍鼎元，後人擇其公案特異之例，輯錄為《鹿洲公案》，（雍正七年成，其友人曠敏本作該書序中評之曰：「先生聽斷，惟恐小民不得盡其詞，怡色和聲，從容辯折，俟其無所逃遁，而後定其是非，是以刑者不冤，死者無恨，民不能欺，而亦自不敢欺，此吾夫子所謂大畏民志者，使天下司刑之官，皆知先生之公明詳慎，宇內豈有冤民哉？……潮邑已臻大治，夜戶弗扃，民有仁讓之俗，讀《鹿洲公案》者，當知先生一片苦心，不徒以創見而誇美之也。」由此可知此書之價值矣。）以為軌範，此書所以多傳播臺灣官場，即為旁證。

徵諸現存案牘，亦可見其擬倣藍鼎元之事例，諸如雍正十三年調任鳳山知縣之方邦基，凡聽斷，對兩造之理曲者，必開誠諭之，薄示懲戒，民欣服而受之。有已定婚約，而因貧不能完娶者，妻之母欲其女改適，而訟於縣，方邦基為之擇吉捐資，助其夫往迎，遂得完娶云（《鳳山縣志》〈職官志〉「官績」、《臺灣府志》〈職官志〉「列傳」）。①乾隆二十年至二十二年之彰化知縣朱山，亦能潔己愛民，尤慎治獄，其在官二年之間，凡有鞫斷，但召兩造開庭判決，旁者概置不問，是故以案無積牘、獄無冤民見稱。尤其到任之初，於謁城隍廟之後，即行訪獄，見竊賊纍囚，與以金而悉予釋放，堅約再犯則嚴刑不貸，由是使縣民相戒不敢犯法云（《彰化縣志》〈官秩志〉「列傳」）。連雅堂撰《臺灣通史》〈刑法志〉云：「光緒初，白鸞卿為臺灣知縣，善治盜，又設各種刑具，輕者斷指，重則殛斃，群盜屏跡。鸞卿以皂總李榮

①「有已定婚約」以下，不見於二志本傳；而見於《臺灣縣志》〈政志〉本傳。

為耳目，盜莫得逃，榮遂怙權納賄，包攬詞訟。巡撫丁日昌諗其惡誅之，一時吏治整肅。初，道控之案（第三審）需費多，審問又久，訟者莫敢至。及劉璈任兵備道，深知民間疾苦，每逢二、八等日，自坐堂上，許人民入控，旁侍胥役，每呈收費兩圓，隨到隨審，案多平反，故璈雖獲罪遠流，而人民猶念其德。」亦為近代之沿革。至如光緒四年任澎湖通判，同年陞任恆春知縣之蔡麟祥①，尤被推為近代之良司直。茲就其所審理之堂諭（即判決文）舉一、二例言之：光緒八年八月，有該縣楓港庄（善餘里）民陳老在者，向該衙門具呈詞狀，控告云：「本月初旬，水牛牯一隻被偷去，乃四處跟尋，並無蹤跡。至十五日，本庄民董山豬前來，報知在李標者家中，因即往驗牛之耳號（即在牛耳標明為己有之符號）果係丟失之牛。而此牛因嘗偷食陳車者田之禾苗，而被牽去留置數日，因以陳車為證人，三面對質，李標無言可答。不料隨後，陳車反前言，謂此牛並非曩所牽之物，顯係受他賄賂，始終異詞。於是，在與李標嘵嘵置辯，是非不分，恐將來生端，茲不得已具狀，乞請訊究，曲直立分。」蔡知縣乃以為所呈情節支離，其中有未確者，於是又反覆查覈，終判明係陳老在故意私改李標之牛耳號，冒稱己牛而誣告者，陳老在亦服罪，因此，酌情處罰以屋瓦三千塊，以為建築楓港土地公廟之用，命其如此捐獻，以為結審（據恆春縣案牘）。又光緒十一年六月，該縣萬里得庄（長樂里）民謝阿玉者，向該衙門具狀控告云：「其父謝阿苟，於本月初二日，在耕種園埔，為防遏水牛踐踏，圍築籬笆，而至親服內之兄弟謝阿宗、謝天生，不知有何挾恨，手持木棍來自背後，毆打阿苟之頭部，使負重傷，阿苟昏倒在地，生死未卜，乞請驗明傷痕，究辦阿宗、天生。」蔡知縣審覈其狀，據供稱與阿苟埔地毗連，有天生之水田一所，因阿苟築籬笆，以致水溝被填平，遇有洪水則水田難免有被沖廢之虞，因欲阻止而相爭，

①蔡麟祥之澎湖通判及恆春知縣，皆係署任。

出於餘憤云。二人俱已悔罪，乃酌情辦理，判以：「謝阿苟之傷雖平復，謝阿宗、謝天生毆打期親尊長，例應徒罪，惟二人情願備辦牲醴肴饌，祭祖服禮，並賠償醫藥費貳拾陸元，又罰助本鄉王爺廟神轎一乘，而懇求寬免。以其既知罪悔過，爰從寬懲處。」（據恆春縣案牘）即是。而臺灣之審庭據傳最重讚威之儀，（判官坐定坐位，掌看守之皂快，一班唱「威」，一班唱「武」，以作整威儀之式。）乃承襲當初欲對海外新附之民，示以政府所採之政略。

又如戶口、田土、錢債等，有關民事細案之控爭，概以勸解言和，期達無訟之結果。光緒十三年，在彰化縣有彰化城內民人吳廷，與胡蘆墩（揀東上堡）民人張爐山對該縣揀東下堡埔仔墘（大肚山東北麓）土地發生大租權之爭執，訴於該縣知縣蔡嘉穀①。經查該地原稱餘慶庄，乃乾隆五十五年間，由該爭執者張爐山之祖先張錫泰賣斷與吳廷之祖先吳瓊華之旱埔。當時此地附近人口稀疏，無人希圖開墾，空委蓬茅，難免淪為雉兔之獵場而已。及至道光九年，生齒漸多，圃園、耕地漸呈不足之狀，於是企圖開拓此旱埔之墾民，或得自吳家，或得自張家讓出，墾為適宜栽種雜穀及番薯之園地。於是吳、張兩家之間，為爭地基而不獲解決，自乾隆五十五年至光緒十三年，計達百餘年，兩家土地錯雜混入，難以判定，雖有字契，而所載界址，經過自然之變動，殊難得其信證。於是蔡知縣乃對吳、張兩造，採取勸解手段，將該爭執土地之大租金額，全數捐充該縣育嬰堂租（據彰化縣案牘）。一則和平決斷多年爭端，一則為兩家博取急公好義之美名，此案遂告圓滿解決。此等細案，多不由官府自行斷案，而先由各該地方簽首、總理，或以有名望之耆老為公親人，介入其間，委於自治之調停和解為例，稱之調處，採作息訟之一種簡便方式。

①「穀」字於伊能原書誤作「國」。

尤其如恆春地方，在民、番雜處之僻陬，從前庄民有推舉庄主，專選有力之勢家，以膺任地方之自治及民、番交涉之慣例。自光緒初年，設縣以後，當時以良司直見稱之知縣蔡麟祥，尊重此習慣，似尤著重案件之調處。光緒五年，在興文里保力庄，庄民之間發生抗納水租之紛爭時，概任庄主楊友旺進行調處。當時情形，可由其票差（為其發令狀之差役）所載：「據保力庄賴慶三呈稱：伊伯父等典來四重溪水圳一所，每年應納租谷十六石，自黃登秀之子黃姑三承接圳田以來，歷年拖欠，去年至今，因半粒不吐，叩乞追究等情。據此，查此案經諭楊友旺，妥為秉公處理，而該人民兩不聽處理。」等言，即可為證。及至調解不成，乃予批示云：「兩造既不聽處理，候飭查傳訊，孰實孰虛，自然水落石出，毋庸多瀆。」於是乃付公判云。

由來清朝司法之本義，以司掌公法為主，至於民事，認為小民細故，不予重視。故在臺灣對此，採行委諸地方下級行政自治調處之方針，其目的雖似在於矯正臺灣通弊之健訟惡風，而實際上並未能消除此弊害，殊屬遺憾。（參照第六篇〈社會政策〉第三章〈健訟之戒飭〉。）再，《清律》之〈刑律〉，教唆、詞訟條下，雖揭示對於為人作詞狀者之制裁，而在古來已有健訟惡風之臺灣①，似嚴厲執行此禁，依據該條文予以特准之代書人，（上例之文曰：「內外之問刑衙門，務擇里民中誠實而識字者考取代書，凡有呈狀皆照本人之情詞據實謄寫。」蓋為使下民不識文字者能洗冤之便法也。）於各衙門配置一人，直屬之，在有司監督之下，執行其任務，而由官方發給戳記，（官定公印②）以明其責成。

（附記）在臺灣古來傷風敗俗之犯罪，（例如應考諸生挾帶既成之文章入考場、或屠殺耕牛、或向屠

①「臺灣」二字於伊能原書作「臺廳」。

②此為官頒「信」物，惟似與「公印」有別。

戶販賣牛隻、賭博、擅自結黨聚眾滋事，或文、武官員之收受賄賂者等）行為比較多，故據《清律》所定，處枷號之刑多，而對於尊重體面之臺民除予以肉體上痛苦，藉使悔過外，更施加恥辱以促其反省改正而普示群眾，以昭懲戒，即認此為必要之刑事政策之一，而特為厲行。其刑期視犯罪之輕重，自一月至三月，而在刑期間又常加此枷號之刑，在其犯罪地方，拘繫於眾庶往來處所，其情節重者或更遊行有關地方各處稱為枷示。（光緒十三年，施行全臺土地清丈時，有從事彰化縣武西堡測量工作之圖書員莊守謙，與測量弓手湯心田合謀，由佃戶邱文者收受賄賂，對現丈四甲五分八厘餘之田地，在簿冊上記載為二甲三分。事發，莊被處枷號二月，遊行各處示眾，刑期滿後，更予撤職。是為清朝治下最後之處刑。）而夜間令該街、庄地保擔任看守。原來，枷號係屬《清律》所定五刑之外，具有附加刑性質，凡對應處杖刑，或徒刑或流刑之犯罪，需要加重論處時，先加以枷示，期滿後再科本刑，是為原則，然而實際上僅止於枷號之變例似亦有之。

由來在臺灣，伴隨律例之禁制幾同具文，司法之功能不彰，政府對於人民之威信極為薄弱，當地居民多係帶有逞強輕死習氣之閩、粵移民，故遇刑案事件發生時，往往以私刑了之，此風氣在官府亦有漠然置之不問之傾向，例如：（一）子孫違背祖父母、父母之教令而有逆行者，如依國法處罰則認為有辱家門，乃發揮絕對之親權，自行處死。（二）依《清律》（〈刑律〉殺奸夫律）妻、妾與人通姦，由本夫當場捉獲姦夫、淫婦時，得即時加以殺戮之特例固為認定，不僅屢次實行而已，或不顧其當場當時之限制而敢於殺害且自稱為合法者。

依據臺灣總督府臨時臺灣舊慣調查會第一部第一回調查報告書所舉實例：（一）咸豐

年間，有石碇堡水返腳街民杜屘，因其子屢有竊盜行為，無意悔過，竟將之裝入布袋，投雞籠溪處死。時其子年已二十餘歲，並已娶婦，故乃父預先徵得其媳婦承諾，然後執行之云。又有三貂堡坪林庄民游某者，其子屢行竊盜，且好賭，不從訓戒，因與親屬協商，逮捕之，施鐵鎖於足，檻禁屋內，且減給食物，半年餘而死。時游某已娶婦，死後對其妻給以千圓，作為贍養之資云。（二）咸豐年間，興直堡洲仔庄民顏某者，察知其妻與人通姦，即當場捉獲姦夫、淫婦，登時殺死，將兩死者首級，攜帶自首於官，按理《清律》明文不予問罪。又竹塹城內書院街民廖人乞者，其妻有通姦行為，因誘之出西門外殺死，結果廖人乞問杖罪，而姦夫則處充軍云。因此，臺俗傳有一種迷信，即：若將姦夫、淫婦殺害時，用一水桶汲裝清水，以石灰攪和，投入該兩人首級，則其面必相對，是為通姦之確證，如係誤殺，則兩首級必相反背云。查光緒十七、八年之交，芝蘭堡滬尾街民張某，殺死姦夫、淫婦時，曾依此迷信行事，以為憑證，而自首於淡水知縣云。蓋由於古時滴血之習慣（載《洗冤錄》）而導致此種迷信。

（三）此外，諸如對有夫之婦之通姦，或對一般婦女之強姦行為，則加以最重之私刑，或為「沉落水」，即綑縛巨石於身體，投入水中，使其溺斃；或為活埋，即鑿土坑，埋其體而露其首，任行人唾面，或以竹木揶揄。（此刑雖有一定期限即予釋放，但往往死於刑。）此外或為剖目，即抉出眼珠（多為兩眼）；或為割耳，即割去外耳（多為一耳）等刑。其次，捉獲盜賊時之制裁，或為「革出」，即剪斷其髮辮，而加以放逐；或為「割腳筋」即切斷足（兩足或片足）之筋；或為「燒火箸」，即以烤紅之火箸，灼傷其顏面；或為灌屎，即將糞汁灌入其口中強令其咽下；或為「突屎礐」，即將受刑人倒突廁池等刑。又對於縱火罪犯，縛其手足，投入火中燒死。

尤其隨著地方自治之發達，凡細故紛爭，或姦情等私案，概委由地方父老調處。因此或形成一種特殊科罰之和解慣行，諸如罰酒、罰戲，為最普通之科罰。所謂罰酒，即令理曲者備酒以招待控告人之親屬、鄰友及調處之當事者，並當場宣誓謝罪。又所謂罰戲，即依同一旨意令理曲者出貲演戲，以供眾人觀賞，同時標明某人受罰事由。其他細案之和解，有分贈檳榔子（棕櫚科植物之果實）等習慣。檳榔子原為中國南部人民之嗜好品，凡家有賓客時，在敬茶、酒前，先薦此檳榔子奉請咀嚼，而在臺灣，此風竟推廣為表示謝罰之意。《諸羅縣志》〈風俗志〉云：「閭里雀角，或相詬誶，其大者親鄰置酒解之，小者輒用檳榔。百文之費，而息兩氏一朝之忿，物有以無用為有用者，此類是也。」（《彰化縣志》亦有略同記載。）指此也。嘉慶初年鳳山縣學教諭吳玉麟〈臺灣雜詩〉有：「氣粗性暴語難回，小忿呼群執械來。怪底怨讐容易解，檳榔捧後兩無猜。」（《素邨小草》）之一首。嘉慶十五年至十七年間彰化知縣楊桂森題〈檳榔〉詩詠云：「鮮葉流丹似飲醇，盤堆手捧藉相親，卻嗤年少瓠犀女，化盡蠻方烏齒人。」（《彰化縣志》〈藝文志〉。）①劉家謀（咸豐初年臺灣府學訓導）亦云：「一口之貽，消怨釋忿」，詩云：「鼠牙、雀角各爭強，空費條條誥誡詳。解釋兩家無限恨，不如銀盒捧檳榔。」（《海音詩》）亦同時取為詩材矣。

而實際上，膺任此項調處之地方士紳有得當之人者，率先躬行施教，頗生感化效果亦屬事實。如乾隆年間臺灣府城紳民林公業事，載《臺灣府志》〈人物志〉云：「居家孝友，性質直，善為人排難解紛，凡閭里有不平事，輒質成之，眾稱曰林公道。」又

①據《彰化縣志》〈藝文志〉，此詩作者為陳學聖而非楊桂森。

如乾隆五十五年彰化縣學恩貢生林璽，《彰化縣志》〈人物志〉云：「性和厚，素為鄉閭矜式，遇親友睚眦細故，輒以談笑解之。」道光、咸豐年間，有彰化縣拺東堡田心庄殷戶謝樹棠，據《一肚皮集》〈謝國子傳〉云：「夙讀書，通曉名分，其地閩、粵錯處，時力矯分類滋事之弊。」「遇鄉里不平事，無親疏遠邇，皆居間為調停，不解釋不已。」「謝氏門中稱禮法者，猶於君家首僂一指云。」又如咸豐、同治年間，彰化縣拺東堡三角仔庄殷戶呂炳南，《一肚皮集》〈候補訓導邑庠生呂公傳〉云：「拺東固功利藪，閩、粵錯處，凡雞蟲得失，蠻觸紛爭之事，日三、四至，官苦其繁劇，置弗問，得公一語即解。公為人坦，中無畛域，且敏於才，故遇事能決斷，一時排難釋紛，人目為今之魯仲連。」同年間，有竹南一堡尖山庄望族而僑居貓裏庄（即苗栗街）之劉獻廷者，據《一肚皮集》〈劉修堂孝廉傳〉云：「其為人光風霽月，與人言，喜怒不形於色，愈久愈令人心醉，意思深長，有吳郡陸伯言風味。……臺俗儇薄，招致任俠，與孟嘗封邑相類。又有刀筆吏起而搆之，百金之產，旦暮間可盡，甚則報復尋讎，禍至常慘。公力矯其弊，事無鉅細，必悉心力為排解，人亦感且愧，無違言者。由是貓俗以仁里稱，論者比之陳仲弓、王彥方云。」同年間又有拺東堡東勢角義民羅冠英者，據《一肚皮集》〈羅校尉傳〉載其為人云：「慷慨多大志，遇道里險夷，河山扼塞處，一一相度而指數之，能得其要領之所在。所煉火器極精，百步外無虛發，膂力兼數人，尤善謀略，料事多奇中，識者知其為經濟才矣。」《一肚皮集》又云：「內山有某甲者，虎而冠也，頑嚚比黨，魚肉孱弱，深為編氓害。公令健兒扼險設伏，連兵以決雌雄，賊敗走，捕其尤無良者擊殺之，餘黨釋不問，鄉人稱利賴焉。」又同年間臺灣縣崇德里耆老林金裕：「夙受鄉黨推服，雖業農，而約束行於一方，里人咸遵其法，以為便，強者亦得不縱，弱者得所賴，凡事無大小，爭則質之可否，隨不辭勞解紛，附近居民尠於縣詞訟。」（見《臺灣日日新報》所載〈臺灣遺聞錄〉、〈軍功五品職銜林翁傳〉。）

上述各節，是為顯著之例，尤其澎湖一廳，古來有特殊之自治組織，《澎湖廳志》〈風俗記〉載此項慣行之沿襲云：「大、小俗事悉聽鄉老處分，偶有鼠牙雀角，則投紳衿之有德望者，評其曲直。」康熙中葉，西嶼小池角社人顏起浩①，以其正直無私稱於鄉黨，多解紛息訟，夙有王彥方之風。（《澎湖廳志》〈人物傳〉）同年間，北山嶼瓦硐②澳人許福基，「性長厚，口不言人是非，每教人為好人、存好心、行好事。有爭競者，必力為解勸，不使赴控公庭，澳內化之。」（《澎湖廳志》〈人物傳〉）又如西嶼小池角社人陳龍慶，「好為人排難解紛，鄉中事無大小，皆就決於龍慶。」（《澎湖廳志》〈人物傳〉）嘉慶年間，大山嶼沙港人陳崑③山，「內行敦篤而好義，……一日見里人盜其瓜，疾引身避之，後其人知而愧悔。」（《澎湖廳志》〈人物傳〉）此不言之垂教，終為里黨所稱重。又同年間同地陳文獻，「為人解爭釋訟」有力。（《澎湖廳志》〈人物傳〉）又北山嶼瓦硐港社人張世光，「遇不平事，必力為勸解，以故鄉無事爭訟者數十年。」（《澎湖廳志》〈人物傳〉）同治④初年間，大山嶼雙頭掛社諸生張建勳⑤，「性耿直，遇鄉鄰有爭者，必苦口勸解，事息不居功。……前廳俞通判⑥（同治四年任⑦）嘗以今之古人稱之。」（《澎湖廳志》〈人物傳〉）道光末年，北山嶼岐頭社諸生陳大業，「素為鄉鄰所信服，頂⑧山民有口角細事，就質於前，得一言立解。」（《澎湖廳志》〈人物傳〉）道光、同治年間，北山嶼瓦硐港社諸生方景雲，「慎取與，與人交必誠必信，為遠近所推服。有不平事，得一言立解，以

①「好」字於伊能原書誤作「清」。
②「硐」字於伊能原書誤作「洞」。
③「崑」字於伊能原書誤作「昆」。
④「同治」於伊能原書作「道光」。
⑤「張建勳」於伊能原書誤作「張勳」。
⑥「前廳俞通判」於伊能原書作「時之通判周紹照」，實即俞紹照。
⑦「同治四年」於伊能原書作「道光四年」。
⑧「頂」字於伊能原書作「北」。

故終景雲之世，北山十三鄉，無赴訟者。素以維持風化為己任，於里中禁淫戲、禁賭、禁盜、禁贅。營兵、澳甲不得濫受投詞，不許婦女入廟焚香，至今鄉人猶遵其約。」（《澎湖廳志》〈人物傳〉）頗膾炙人口。道光年間，躬行履勘其地之興泉永道周凱〈澎湖雜詠〉詩二十首之一，特為頌揚此等事蹟，詩云：「民氣敦龐樂太平，鼠牙雀角少紛爭。訟庭寂靜閒無事，恰笑青青草不生。」臺灣閩人俚諺云：「官斷不如民愿。」（官之裁斷不如人民之和解）不外表示此意也。

最後就番人（歸附熟番）對漢民的控爭之事，應提到官府概聽從社棍、通事片面之詞，往往予以偏斷，例如郁永河《裨海紀遊》所述康熙中葉情形云：「即有以冤愬者，而番語侏離，不能達情，聽訟者仍問之通事，通事顛倒是非以對，番人反受呵譴，通事又告之曰：『縣官以爾違通事、夥長言，故怒責爾。』」為其一例。後來雖特設理番同知，以審理民、番詞訟，但似尚不能革除此弊。道光十五年間噶瑪蘭通判柯培元有〈熟番歌〉，其中有：「竊聞城中有父母，走向城中崩厥首。啁啾鳥語無人通，言不分明畫以手。訴未終，官若聾，竊視堂上有怒容。堂上怒，呼杖具，杖畢垂頭聽官諭，嗟爾番，汝何言？爾與唐人吾子孫，讓耕讓畔胡弗遵？」之句，亦具體指摘之。可察知其歧視之習持續至近代，因此彼地方官於人命之重案等不得其主名之際，輒敢將罪責誣嫁於生番，以脫卸己責，亦無足異也！

第二章　武備之規制

第一節　陸路及水師

依據清朝之制度，各外省之武備有陸路（陸軍）及水師（海軍）二種。陸路當初以綠營為主，至近代增加勇營或練軍，水師亦以綠營為主，均歸總督及巡撫節制。（總督具有兵部尚書銜，巡撫具有兵部侍郎銜，以握兵權。）而其綠營之一般組織，在督、撫之下有提督、總兵、副將、參將、遊擊、都司、守備、千總、把總、外委等相轄屬。（其總督直轄之兵稱督標，巡撫直轄之兵稱撫標，提督直轄之兵稱提標，總兵直轄之兵稱鎮標，副將直轄之兵稱之為協標。）在清人統治下之臺灣，素屬海外之島地，尤其住有明末之流民以及未化番黎之新領土。為守馭之之權宜，從康熙二十三年特定班兵之例，將中國本土閩、粵之兵，以三年一次為期，與原調來臺灣駐防之兵實施換撥，遇有缺出，不准以在地人補充。陸路在府治設鎮標營，置總兵；在諸羅設北路協標營，置副將①，在鳳山設南路營，置參將。專就屬於福建陸路之漳州、汀州、建寧、福寧、海壇、金門六鎮標②，及福州、興化、延平、閩安、邵武五協標之五十八營中抽派，（以閩江流域為中界，以北稱上府之兵，以南稱為下府之兵。）水師在安平及澎湖各設協標營，置副將，專就福建水師之海壇、金門、閩安三協標及廣東水師之南澳鎮標③抽派，合為十營，配置兵一萬，然由兼管臺灣與廈門之分巡臺廈兵備道管轄統率陸路及水師④。

①初係設北路營，置參將。

②此處所謂「六鎮標」，核與清制及史實皆有出入，且在時間上與史事差別尤大。蓋臺灣議定設郡縣，置鎮兵，時在康熙二十三年三月，後於四月十三日奏准施行。是時汀州「省」而未「復」，應以「興化鎮」為是，蓋改興化鎮復置汀州鎮乃康熙三十七年事也。又建寧鎮乃雍正十一年陞原有副將為總兵，距臺灣設鎮晚出近五十年，而海壇、金門兩鎮向隸水師提督。

③南澳鎮總兵分管閩、粵兩省，鎮標左營隸福建水師提督節制，故亦稱「閩粵南澳鎮」。

④道標營設於康熙二十三年，至康熙六十年裁。以目前所見文獻史料，似僅王必昌《重修臺灣縣志》〈職官志〉載分巡道為：「康熙二十二年設，為分巡臺廈兵備道兼督學政。康熙六十年，兵備歸臺鎮。雍正……六年，改為分巡臺灣道。」范咸《重修臺灣府志》〈職官志〉亦云：「分巡臺灣道：本臺廈兵備道，兼理學政。康熙六十年，改為臺廈道。……雍正六年（按：當作五年），改為臺灣道。」實則迄康熙五十二年間，猶未見分巡臺廈道之加兵備銜，而臺灣十營兵一萬，由分巡臺廈兵備道「管轄統率」之說，尚乏史料可資詳證。餘參第一章第二節校按。

康熙二十四年，福建水師提督施琅題准將其提標（原與陸路提標同在省會之福州）移駐廈門，①可知亦出於廈門接濟臺灣之計畫，因之，足以補臺灣水師之單薄矣。其最先膺任臺灣鎮總兵者為楊文魁。蓋當時既以綠營為主，而綠營向為漢人組織，統率之總兵似乎應以漢人擔任才對。但楊文魁卻是滿洲人（奉天人），由正黃旗②參領陞授。如此應由漢人擔任之職特選滿人擔任，可否視為特為鎮壓臺灣所作，對漢民戒守之表示？康熙三十七年③，臺灣鎮總兵張玉麒始興建教場演武廳④於府治。在臺灣武備之式廓⑤在此開端，可徵之於下列張總兵之〈建教場演武廳記〉：

> 臺灣討平既十有七載矣。政治民風，翕然丕變。戊寅秋，余奉天子命，移鎮茲土。歷覽形勝，一切規模靡不振舉，獨耀武之地，未之議建。隨亟商僚屬，咸捐清俸，構演武廳一座。是歲⑥菊月興工，嘉平告竣。雖不敢侈為雄觀，然體制略備。以此閱軍旅、奮武衛，組練揚麾，使山陬海澨，咸瞻克詰之聲靈，實保邦者所不容緩。尚望後有同志，式廓而增煥之，永與河山並垂不朽也。⑦

臺灣隸清版圖之初，一切措施皆偏重於南部，從而陸路兵力部署亦以南部為主，因此，重點放在水師之上。康熙五十一年十一月二十五日上諭謂：「張鵬翮疏奏福建水師甚要；朕思臺灣、澎湖之地關係甚大，海壇、南澳二處不甚緊要。」可據以知之。《臺海使槎錄》所收〈赤嵌筆談〉之「武備」載：「鳳山打狗港距鹿耳門水程三更，北風盛發，鹿耳門港道狹隘，舟不得進，而打狗可揚帆直入，

①據《清史稿》〈職官四〉載，陸路提督置自順治四年，終清之世皆駐泉州。水師提督置自康熙元年，初駐海澄，十七年駐廈門。

②楊文魁係漢軍正黃旗。

③《臺灣縣志》作三十八年。

④臺灣教場明鄭時業已有之，並建有演武亭，位於府治西定坊，《通志》易為周昌所建。又據高拱乾《臺灣府志》卷四〈武備志〉所載，其時全臺有教場五處，二處在附郭縣，位鎮北坊者為鎮營教場；在寧南坊者為道營教場，在鳳山縣興隆莊者為南路營教場；在諸羅縣開化里者為北路營教場；在澎湖媽祖宮澳者為協營教場。考此五場，於高志成書時先已有之，且時在康熙三十四年臘月之前。

⑤「式廓」一辭，源自《詩經》，在此為規模之義。

⑥「歲」字於伊能原書誤作「月」。

⑦此碑記係康熙三十八年二月所立。《臺灣縣志》〈藝文〉所載，乃後來加以刪改，原碑立在同城大北門內該廳遺址。

由此登岸者甚多，水師把總哨船二隻，領兵防汛。下澹水離邑既遠，奸宄易滋，陸路千總領兵防汛。此二處為南路水、陸扼要之地。」又載：「偽鄭在臺，民人往來至半線而止。自歸版圖後，澹水等處亦從無人蹤。故北路營汛止大肚安設把總①一名，領兵防守，沙轆、牛罵二社，則為境外。自海盜鄭盡心脫逃，部文行知：夥盜供稱鄭盡心約在江、浙交界之盡山、花鳥、台州之魚山，福建臺灣之澹水等處藏匿，維時總兵崔相國（康熙四十七年至五十年間）分撥千總一員，領兵分防澹水，自後遂以為常，而業戶開墾，往來漸眾。」此為當時前後之情況。至康熙五十七年更添設淡水營（守備）於北路咽喉淡水之八里坌口。

在此之前，清初在臺官員，多認為北路之防戍不可忽視，乃將安平水師分派此地，以半年交換為例，但未幾，似乎變為有名無實。《裨海紀遊》記載康熙三十六年之情形謂：「本朝內外一家，不虞他寇，防守漸弛，惟安平水師撥兵十人，率半歲一更，而水師弁卒又視為畏途，扁舟至社，信宿即返。十五、六年城中無戍兵之跡矣！歲久荒蕪，入者輒死，為鬼為毒，人無由知。汛守之設，特虛名耳。」如此至康熙中葉以降，隨北路開拓之漸進，已至不許徒委虛名之汛守。五十年間，洋匪鄭盡心乘其無備，企圖藏匿，命江、浙、閩、粵四省舟師搜緝，同時分巡臺廈兵備②道陳瓆亦命千總黃曾榮逮捕之。黃曾榮詳審山川形勢，繪圖以進，請在其地增設一營。因其時陳瓆陞為湖南巡撫③，特調撫福建，仍與閩浙總督覺羅滿保合疏奏請設置淡水營，詔允行。

此時膺任《諸羅縣志》總纂之陳夢林早已洞悉機宜，在其〈兵防志〉「總論」言之頗詳：「北路之地遼遠也，雞籠為全臺北門之鎖鑰，淡水為雞籠以南之咽喉，宜加防戍控制之。④」

① 「把總」於《臺海使槎錄》原文作「百總」。
② 「兵備」二字為衍文。
③ 陳瓆官偏沅巡撫，偏沅巡撫後改湖南巡撫，陳瓆已去任。
④ 《諸羅縣志》〈兵防志〉「總論」此段無首尾二句。

數語，此實為促進將來兵備更張之輿情先聲，其「總論」之要者曰：

國家削平臺灣，置一郡三縣，勤水陸之士萬人更番屯戍，諸羅特置北路一營於陸路，另分安平協水師以防沿海，制云密矣。顧有所當議者，北路之機軸與臺、鳳異，今日之情形與初闢異，而所以帖然無事者，由聖天子威靈遠播、各當道撫馭多方。而其間利害之隱伏於無形者，實關全臺之休戚，而人不及察；不可不長慮却顧，及今而亟為之前籌也。何也？諸羅自蔦松、新港至斗六門一百八十餘里，其間四里、九保，莊、社鱗次；府治、縣治之左右上下，漢人有室家、田產以樂其生，諸番頗漸染政教而知所畏。縱稂莠潛滋，薅之立盡耳；自斗六門至雞籠山後八百餘里，溪澗崖谷，既險且遠。當設縣之始，縣治草萊，文、武各官僑居佳里興；流移開墾之眾，極遠不過斗六門。北路防汛至半線、牛罵而止，皆在縣治二百里之內，于時當事即有臺北添兵之議。然虎尾、大肚，人已視為畏途，過此，則鮮有知其地理之險易者。又其時崩山、後壠、中港、竹塹、南嵌各港商賈舟楫未通，雖入職方，無異化外；故議而中寢也。自康熙三十五年吳球謀亂，繼之以吞霄、淡水之土官，繼之以劉却；五年之間，數見騷動，皆在北路。于是，四十三年秩官、營汛，悉移歸治；而當是時，流移開墾之眾，已漸過斗六門以北矣。自四十九年洋盜陳明隆稱其渠鄭盡心潛伏在江、浙交界之盡山、花鳥、台州魚山、臺灣淡水，于是設淡水分防千總，增大甲以上七塘，蓋數年間而流移開墾之眾，又漸過半線、大肚溪以北矣。此後流移日多，乃至南日、後壠、竹塹、南嵌，所在而有。以去縣日遠，聚眾行兇，拒捕奪犯，巧借色目以墾番之地、廬番之居、妻番之婦，收番之子。番畏其眾，強為隱忍；相仇無已，勢必搆禍。而大甲以上官兵，初至，不習水土；又地方遼濶、塘汛寡弱，無事空抱瘴癘之憂，有事莫濟緩急之用；此知縣周鍾瑄所以有清革流民以大甲溪為界之請，前北路參將阮蔡文又有淡水一汛、七塘官兵應請咨部撤回之議也。議者又謂臺灣附屬閩省，雞籠、淡水版圖以內而必畫界於大甲，使崩山、大安以至雞籠山後七百里之地，不見聲明文物之盛，非所以昭無為之化也。置郡設邑，而別異數百里外為棄地閒田，非所以弘經國之謨也。議者又謂崩山、後壠、中港、竹塹、南嵌，本郡商賈舟楫往來，而淡水一港則閩省內地商船及江、浙之船皆至焉。斗六門以東如林瓚埔、竹腳寮各處，路可通雞籠山後諸社，不必盡由大甲。姦民趨利如鶩，雖欲限之，安得一一而限之！今日畫大甲為界，而又撤淡水七塘防汛，則此七百里遂為政教不施、稽察不及之鄉，徒寄耳目於三、五通事，天下寧有七百里險阻藏奸之地，無縣邑、無官兵，而人不為惡、為頑、為盜者乎？數者之論，皆關國家之體，發慮於事機之先；而時當隆平，千百年久安長治之圖，正在今日。第苟幸無事，因循玩愒，畫界展界、撤兵留兵，二者相持，害隱伏而滋長，所謂抱火厝之積薪之下者也。竊計諸羅之地倍於臺、鳳，山澤險阻多於臺、鳳。臺為郡治，置帥府、宿重兵；澎湖區區一島，鎮以一協兩營；鳳山南路一營，所轄不過三百餘里。獨北路以千里之邊境，日闢日廣，聯為一縣，彈壓以參將一營九百四十之官兵，合則阨塞多而不足以設備，分則形勢絀而不足以建威。今昇平無事，其稍遠者已難為駕馭矣。設不幸有水旱之災、有一方之警，而又有不逞如吳球、劉却、卓个、卓霧、冰冷、亞生之狂狡乘間相詿誤者，將何以制之？故嘗私議：淡水至山後三百餘里，非山即海、有番無民，不足以置縣邑；淡水以南至半線三百餘里，水泉沃衍，多曠野平林，後壠諸港實與鹿仔、三林、海豐、笨港各水汛相為表裏，宜割半線以上別為一縣，聽民開墾自如。而半線即今安營之地，周原肥美，居中扼要，宜改置為縣治。張官吏、立學校，以聲明文物之盛，徐化鄙陋、頑梗之習，嚴保甲之法，以驅雞鳴狗盜之徒。即又于半線別置遊擊一營，與北路營汛聯絡，鎮以額兵一千，分守備五百人，設巡檢一員於淡水，分千、把總於後壠、竹塹。使首尾相顧、臂指相屬。而又酌撥鎮防水師于雞籠，則自大肚、大甲以至淡水，皆為官兵之所屯聚、往來之所周歷、有司耳目之所稽察、政教之所浸灌；即淡水至山後三百餘里，望風悚息，永無意外之虞矣。或以為置營增兵，則增餉，而不知餉固有不必增者，按臺灣鎮標三營，合道標共兵三千，並駐郡治；即有分汛，不過臺灣縣屬三、二十里之內，止有本邑佳里興、目加溜灣兩處，因北路移營歸治及設防淡水，乃調鎮標分防。且安平協水師駐札紅毛城，與郡治隔港一葦可渡；附郡鹿耳門亦係水師汛地，鎮標兵力原自有餘。今若裁鎮標一營而改設於半線，其於官兵俸薪、馬乾、糧餉一無所增。半線既自為一營，則北路營之兵自足防。諸羅一縣之汛，目加溜灣、佳里興兩處鎮標官兵，便可撤回郡治，於備禦毫無所闕，在一轉移間耳。又或以為建縣，則官、役俸工宜有所出，城郭、學校、衙署、倉庫營建宜有所措。此又不然。臺一郡三縣俱未有城郭也；學校、衙署、倉庫之興舉，未聞有動支國帑者也。前此越境有禁，人猶冒險以踰大甲；若既置縣，則招徠益眾，戶口益滋、田野益闢，漢人墾番地為田者，計值代番輸餉，於賦既增，於番亦甚便也。土之所入，賦之所出，於官、役俸工倍蓰，且可斥其餘以資兵餉也，前此地遠勢隔，官民不得相親。若既增設一縣，則兩邑之官各守其土、各訓其民，循行邨社，與民日近；拔其秀良，宣講《聖諭》，告之以孝弟忠信，君子悅其教、小人安其俗，禮義廉恥之心日長，干紀作亂之事日息。然則增兵置縣，非唯張皇威武，抑以昭宣文德。所謂法施已然之後，而禮禁未然之前者也。漢劉安之諫伐閩越曰：「蝮蛇蠚生，疾癘多作；中國之人，不能其水土。」唐韓愈之謫潮州也，其謝表曰：「毒霧瘴氣，日夕發作。」而自宋、元以至於今，閩中、東粵並稱樂土。異時內地官兵換班渡臺，妻子倉皇涕泣相別，如行萬里；三十年來，履險如夷，即淡水一汛，於今五年，視向者初戍之日亦大有間矣。何者？山川之氣鬱蒸而為瘴癘，得人焉為之經理，則氣有所洩而閉者漸開，天地之常也。屯戍眾多，邨落稠密，道通木拔，蟲蛇惡物漸次驅除，陰邪既消，災沴自息；而又潔其居食，濟以醫藥，可無憂水土矣。

康熙六十年，朱一貴之役後，遂革新臺政，擴張武備，且將分巡臺廈兵備道改為分巡臺廈道，①除道員節制總兵之特例，將兵權完全委任總兵，使其專負鎮撫彈壓之責。雍正十一年，議准援山西、陝西沿邊之例，陞為掛印總兵，授與印信。

在此之前，從康熙末年以來，兵備頹弛殊甚。尤其如其兵丁（綠營之兵丁，主要就兵丁之家族近親等，濫加召募，因此乾隆十年上諭有云：「往往有將病弱不堪者濫予收錄，虛糜糧餉者。」之徇情市惠情事。）本非能期待其為獻身而致死力之干城，滔滔者皆視派撥至海外為畏途，幾無法抑止其為逃避而冒名頂替（詐頂他人之姓名，代充他人替身之行為。）之弊病。當時擔任巡視臺灣御史，曾經親自監察其情形之黃叔璥論曰：「前此覆轍，患在兵虛將惰。而兵虛之原，皆由臺地招兵換名頂替。蓋兵從內地抽撥，逃亡事故不為申報，每至放餉，即留餉以飽私橐；即有召募，強半市井亡賴，空名掛籍，含混欺蒙，則主帥大府之過也。當責總兵不時清釐，使隨丁悉照定制，空糧悉行撥補。無籍之人，一名不得妄招；到伍之兵，一名不得頂替；則虛冒之弊可除。兵既充伍，而訓練尤所當亟講者。撥換入班，即宜配明隊伍，將統弁、弁統隊、隊統卒；清查器械，不足者補之、不精良者淬礪之，按期操演。各營將操期並演何技勇，逐月彙報，務使兵與將習、手與器習而後可。而分汛又當斟酌變通：臺地遼濶，大汛駐兵一、二百名或數十名，究之官多離汛，兵多聚賭，有汛防之名、無守望之實，多汛亦奚益乎？防汛分作幾處，勻作幾班？統以該汛弁目，於本汛鄉莊、市鎮、山口、港隘分地劃界，巡哨偵探；

①參見本篇第一章第一款第二節校按。

有事則飛報本營酌量調遣追捕，無事則遠者一月一換，近者半月一換。歇班之兵，歸營操練。更番戍守，人無偏勞，聲息可以時通；庶賣汛舊弊，自此絕矣。巡哨海口，責之水師。遠近島嶼，必明港澳險易叢雜交錯之區；上下風濤，必察灣泊向背取水候風之所。善其舟楫械器、習其行陣擊刺，定其游巡往來，毋潛伏內港，空文申報；駕駛既熟，乘風自易。則整練平時，可資備禦，出師勦捕，可成勁旅。寧有兵虛將惰之患哉？」（〈赤嵌筆談〉之「武備」）實係針對其發現之內弊而為矯正之所提之要策也。當朱一貴起事之際，不旬日全臺淪陷，不但種因於此種弛頽之事實，其中也有安平水師之兵士竊賣火藥，運往接濟賊手，至事發也置之不問等。（據《平臺紀略》）加之，因參與勦朱一貴之總兵藍廷珍幕之藍鼎元，也為此籌畫矯正之策，有云：「武有總兵、副將、參將、遊擊、守備、大小弁目若干員，其額兵七千有奇，糧儲、器甲、舟車足備。……兵有名而無人。」（《平臺紀略》）時值閩浙總督覺羅滿保亦承旨，諮詢當事者有關增加臺灣水陸兵防計畫之意見。藍鼎元乃代總兵獻言，宜使兵勇勤勵操練，革除虛冒舊弊之原由，謂：「有兵不練，與無兵同。兵不能識將意，將不能識兵情。是謂烏合。器不與手相習，手不與心相應，是謂生疏。職每誡諭臺屬標營，定以三、六、九日按期操演，三令五申，如臨大敵。又為之捐造仗房、鎗炮、火藥，以足其用。……務使地皆實兵，兵皆可用。前此虛冒名糧之弊，盡行廓清。」（《東征集》之〈覆制軍臺疆經理書〉）要之，與從前巡臺御史黃叔璥所論，大致相同，而輿情歸向亦可由此看出。如康熙末年所集成之《諸羅雜識》①，（〈赤嵌筆談〉之「武備」所引。）亦強調擴充臺灣之兵備，如謂：「臺灣環海依山，欲內安必先守山，欲外寧必重守水。守山之法勞而易，守海之法逸而難。蓋陸地之防，惟在嚴斥堠、慎盤詰、實心衛民，勿以擾民，不過得其人以任之而

①或疑《諸羅雜識》為季麒光所著。

已。水地之防，必資於船；多設船，則有篷、桅、纜、碇修葺之工費，歲需不貲，是在主計者之持策也。蓋臺灣善後之計，莫急於增兵；增兵，自不得不增餉。若僅駐鎮於郡、駐協於安平，南、北兩路兵單汛薄，恐未雨之憂不在鹿耳，而在海港、山社之間矣。」朱一貴之變果然發於羅漢門之內山接壤，藍鼎元亦有鑑於此，乃在主張振肅兵備之同時，認添兵設防為急務，於覆閩浙總督諮詢時，嘗謂：「今北至淡水、雞籠，南盡沙馬磯頭，皆欣然樂郊，爭趨若鶩，雖欲限之，惡得而限之？職等愚見，以為人無良、匪，教化則馴；地無美、惡，經理則善。莫如添兵設防，廣聽開墾。」（〈覆制軍臺疆經理書〉）基於臺灣應以其防備之周全與疆域之拓展並行為治臺之方針，乃對於其將來兵備配置之設施擬議謂：「于羅漢內門中埔莊設汛置防兵三百名，以千總一員駐劄其地。郎嶠亦設千總一員，兵三百名，控扼極邊一帶。……於南路添設下淡水營守備，帶兵五百，駐劄新園；設岡山守備，帶兵五百，駐劄濁水溪埔；扼羅漢門諸山出沒竇徑；北路添設半線守備一營，帶兵五百，居諸羅、淡水之中，上下控扼，聯絡聲援；以諸羅山守備駐劄笨港，增兵二百名；添設下加冬守備一營，兵五百；郡治添設城守遊擊一營，兵八百，與鎮標三營相埒，……則全臺共計增兵三千六百名，較憲檄前指之數，止多一百。」（〈覆制軍臺疆經理書〉節略。）按此彌補全臺兵力之不足，使得所謂千餘里之幅員，得以聲息相通之積極方策也。

雍正六年，藍鼎元條奏六事中，於〈臺灣水陸兵防疏〉謂：「竊惟全臺駐防官兵七千餘名，水、陸屯戈可云周密。但幅員千五百里，塘汛寥遙，不能無兵力弗週之處。」力主羅漢門之兵防應加經畫謂：「中路有羅漢門，雄踞萬山之中，土地寬沃，內控生番，外屏郡治，北通大武壠以出北路，南通阿猴林散出南路，為奸宄出沒、南北往來要害，即朱一貴起亂之所。一貴在羅漢門招匪豎旗，而後出掠崗山。今崗山添設守備，而羅漢門棄置空虛；所謂不遏其源而遏其流者也。崗山去府治三十里，上有總鎮標兵，下有南路參將，似無庸特設守備。臣以為宜將崗山營守備移駐羅漢門，則賊窠永絕，而番害亦可祛除。」又陳南北之邊陲，為民、番錯雜之要區，北路之竹塹埔與南路之瑯嶠，所以施行屯田兵制之利，雞籠港添設水師、修補砲城之必要，最後謂：「臺灣海外天險，日本、荷蘭素所朵頤之地，東南風順利，十餘日可至關東。此齒唇密邇之區，未可以遐荒海島目之，幸際盛平，不忘武備。」亦可視為同一意見之表露。

其次，述及充足兵備之策謂：「就內地各標營分額招募，按班來臺，如往例三年一換，然後內地不致空虛，無顧子失母之病。」（〈覆制軍臺疆經理書〉）督、撫、提督亦皆認可其議而奏請之。然當時竟不採行增兵之議。康熙六十年十月頒發「福建總督、巡撫、提督俱奏請臺灣添兵，朕意添兵無用也。臺灣地方，水師營著副將一員、兵二千[1]，陸路營著副將一員、兵二千駐劄。水師有事，陸路可以照應；陸路有事，水師亦可以照應。其臺灣總兵官移於澎湖，亦著兵二千名駐劄；令其管轄，均有裨益。至駐劄之兵，不可令臺灣人頂補，俱將內地人頂補。兵之妻子無令帶往，三年一換。」之上諭而終局也。至若兵丁不准攜帶妻子，乃不外與禁止文、武官員攜眷同其理由也。

先是，臺灣鎮總兵移至澎湖之議，經兵部奏准。謂：「澎湖係臺灣之咽喉適中之地，將臺灣總兵移至澎湖，臺灣陸路另設副將。」其理由基於曩鄭氏之時，先克捷於澎湖，遂輕易平定之；而朱一貴起事，全臺雖淪沒，但因澎湖未失，未幾得以克復，故澎湖係臺灣

[1] 伊能原書作「三千」。

之咽喉，依此足以控制全臺之首尾。（據《東征集》）之要點。①

按此意見《裨海紀遊》先已論及，其略云：「然守臺灣，尤宜以澎湖為重。澎湖者，臺灣之門戶也；三十六島，絕無暗礁，在在可以泊船。故欲犯臺灣，必先攻澎湖，澎湖既得，進戰、退守無不宜；欲守臺灣，亦先守澎湖！澎湖堅壁，敵舟漂蕩無泊，即坐而自困矣！疇昔鄭氏尚與王師鏖戰，澎湖既失遂至窮蹙，蓋可鑒也。」是郁氏之言，似為部議淵源之所在。

對於此一兵制之變革，藍鼎元又代總兵作書，申論其所以不可，大要云：「若果臺鎮移澎，則海疆危若累卵。……部臣不識海外地理情形，憑臆妄斷，看得澎湖太重。意以前此癸亥（康熙二十二年）平臺，止在澎湖戰勝，便爾歸降；今夏澎湖未失，故臺郡七日可復。是以澎湖一區為可抗制全臺，乃有此議。不知臺之視澎，猶太②倉外一粒耳。澎湖不過水面一撮沙堆，山不能長樹木，地不能生米粟，人民不足資捍禦，形勢不足為依據；一草一木，皆需臺、廈。若一、二月舟楫不通，則不待戰自斃矣。臺灣沃野千里，山海形勢，皆非尋常。其地方③於福建一省，論理尚當添兵，易總兵而設提督五營，方足彈壓。乃兵不增而反減，又欲調離其帥于二、三百里之海中，而副將處之乎！臺灣總兵果易以副將，則水、陸相去咫尺，兩副將豈能相下？南、北二路參將，止去副將一階，豈能俯聽調遣？各人自大，不相統屬，萬一有事呼應莫靈，貽封疆，誰任其咎？……澎湖至臺，雖不過二、三百里④，順風揚帆，一日可到；若天時不清，颱颶連綿，浹旬累月，莫能飛渡。臺中百凡機宜，鞭長不及，以澎湖總兵控制臺灣，猶執牛尾一毛欲制全牛，雖有孟賁、烏獲之力，

① 此謂其書中〈論臺鎮不可移澎書〉所述部臣意見。
② 「太」字於伊能原書誤作「大」。
③ 「方」字於伊能原書作「亞」。
④ 伊能原書作「二百餘里」。

總無所用。……何異欲棄臺灣乎？臺灣一去，則泉、漳先為糜爛，而閩、浙、江、廣四省俱各寢食不寧，山左、遼陽皆有邊患。」（《東征集》之〈論臺灣不可移澎湖書〉）（此時金門鎮總兵黃英亦奏言：「澎湖為臺灣之門戶，今將臺灣總兵移改澎湖，臺灣設立副將，與水師彼此接應，遙度形勢，盡善之謀無大於此。臣閱地勢輕重，澎湖雖稱三十六島，居於臺、廈之中，究皆一抔之土、錯落彈丸。除媽宮、八罩略有人煙，餘悉冷落荒嶼。原設副將，儘堪防守。茲臺灣南北延袤二千餘里，村莊、番社，閭井戶口不下百餘萬。叢山深林，最易藏奸，非總兵不足以資彈壓。況安平水師及南、北路副、參各員，與臺灣副將職位不相上下，有事勢必各懷己見，非若總兵可行調度。今若將總兵設在澎湖，與臺灣懸隔，往來船隻俱候風時，臺灣水、陸各營儻有緊急事機，不能朝發夕至。是澎湖固臺灣之門戶，而臺灣實澎湖之腹心，形勢重於澎湖，關係沿海各省要害，請將總兵仍設臺灣，庶得居重馭輕之道，以造海宇無疆之福。」①所言旨趣全同。可察知將臺鎮移至澎湖不為內外輿論所贊同也。）對此，文官之中巡視臺灣御史黃叔璥，武職之中有福建陸路提督姚堂，同其見地，因也作陳請，上述部議終於撤回。

其他依從前之慣例，將弁之下另置書識（即軍吏書記之屬），在臺灣，係於班兵之外便宜就地僱募為例。當時閩浙總督為廓清虛冒名糧之弊，諮議革絕之。藍鼎元代總兵所覆之意見謂：「獨將弁書識一項，未能遵諭革絕。蓋緣武人不學者多，鮮有親操翰墨，而兵馬、錢糧、文移、冊籍，非可全憑口說。且自古軍中字識，名將不廢。若用其人而不給其糧，情理亦未甚協。不揣愚憒，妄為酌議：臺鎮中營遊擊及各營守備，應各予書識八名；外營遊擊各六名；千把總雖係微員，亦不可全無一字，應予書識各一名；水師副將十名；南、北二路參將各予八名；總兵書辨十六名。使粗足備具文書，不至如從前冒濫；將伙糧盡行禁革，可謂節嗇至矣。」（〈覆制軍臺疆經理書〉）寧主張不如公然認可其定置而重其責成。後來於雍正初年，臺灣總兵王郡所奏似乎亦酌此意見。如斯，添兵之議雖全未獲採用，但雍正元年，

①見《臺海使槎錄》〈赤嵌筆談〉「武備」。

將北路營更向北推進，擴張至半線即彰化駐箚，可知對於藍鼎元之建議，實有所參擇。

藍鼎元進一步主張，為振肅兵備之要素，尤須特別優遇其武職員弁，使重其體面，並痛論官人於遐方絕域，欲用其身心而凍餒其妻子，且強其枵腹為國家辦事，決非能平情，另一方面建議應沿用鄭氏之遺制，設定官莊，作為養廉之資，此則獲採用。幾乎同時之雍正二年，有上諭曰：「前往臺灣換班兵丁，俱在臺灣支給糧餉，伊等所留家口無力養贍，必至內顧分心。著將兵丁所留家口，每戶賞月米一斗。內地米少，即動臺灣所有之米，合算船價僱運至廈門，交地方官按戶給發，務使均霑實惠。」嗣於七年更有上諭：「福建臺灣戍守之兵丁父母、妻子留在內地，前已加恩，每月給與米糧，以資養贍。聞臺兵之例，每月將所領錢糧扣留五錢於內地，為贍家口之用。朕思兵丁遠涉海洋，所得餉銀又復扣除以養家口，恐本身用度或有不敷，今沛特恩，於駐臺兵丁每年賞銀四萬兩，為養贍家口之用。著總督等均勻分派，按期給發；俾兵丁本身食用既得寬舒，而父母、妻子之在內地者又得養贍，以示朕恤兵賞勞之至意。」據此，每月每戶為加養贍米一斗，勻給銀二錢八分也。後來於乾隆五年又有上諭謂：「福建臺灣換班兵丁，遠戍重洋，向蒙皇考聖心軫念，於本身應領月餉外，添賞伊家口留住內地者，每月米一斗、銀二錢八分零，以資養贍，誠屬格外之恩。今朕聞得班兵更換之時，一切行李、衣裝不能無費，甚為拮据，每於本營私派幫貼而後啟行，是行者、居者均有未便。可寄信與總督德沛，令其將閩省生息銀兩查算餘剩之數，每年共計若干；即於此項內分別班兵路途遠近，賞給往來盤費，永禁營中幫貼之弊；庶於內外兵丁均有裨益。」此實優遇兵丁之措施，表示格外之恩典也，而其對於武弁撫恤之優厚，以此時為最。對於兵紀之振肅，亦隨之而可見。如乾隆九年任巡視臺灣御史、夙心篤志采風問俗之六十七監修之《海東選蒐圖》，幾可謂表達描寫其一時之極盛，次任之同御史范咸之序，得資一面之旁證。謂：

古著大司馬教民振旅，執鐃①鐸、陳車徒，以脩坐作進退、疾徐疏數之節；皆於四時之仲以集事，歲以為常。我國家武備脩舉，臺灣僻處海外，兵制尤嚴整。每歲之冬，巡方兩侍御合而閱之，以揚天子之威、以靜鯨鯢之暴，數軍實而施慶賞，甚盛典也。黃門六公涖事之明年，乃命工繪為圖。公之言曰：「吾以一書生銜命航海，選蒐戎兵，得以張旃而賞獲；將示後世子孫，俾知余小子所以奉赫濯之聲靈、慶海波之不揚者，誠不敢怠若事也。」錢唐②范咸心是之，乃即書其言以辨於圖之首。

初據雍正五年之上諭有謂：「臺灣防汛兵丁，例由內地派往更換。而該營將弁往往不肯將勤慎誠實、營伍中得力之人派往。是以兵丁到彼，不遵約束，多放肆生事。此乃歷來積弊，朕知之甚悉。嗣後臺灣換班兵丁，著該管官弁將勤慎可用之人挑選派往。倘兵丁到彼有生事不法者，或經發覺，或被駐臺官員參出，將派往之該管官一併議處。如此，則各營派撥兵丁，不敢苟且塞責，而海疆得防汛之益矣。」嗣依據六年之上諭謂：「臺灣總兵王郡奏稱：臺灣換班兵丁，例由內地派撥，而其中有字識、柁工、繚手、斗手、碇手等人，向來多係僱募本地（臺灣）之人，冒頂姓名，並非實有兵丁更換。至字識、柁、繚、斗、碇等務，換班兵丁不能通曉，請照隨丁之例，就地招募，給以糧餉等語。此事從前總兵俱未經陳明，王郡能據實奏明，甚為可嘉。但朕思海洋操練水師，惟柁、繚、斗、碇關係最為

①「鐃」字於伊能原書作「鐃」。
②「唐」字於伊能原書作「塘」。

緊要，凡在船兵丁之身命，皆操於數十人之手，若不更換內地兵丁，而常令彼地之人執司其事，似有未便。朕意柁、繚、斗、碇等務，兵丁雖未能驟熟，但未嘗不可學習而能。應於換班之內挑選兵丁，隨現今僱募之人學習。如僱募有三十名，即於兵丁內挑選三十名，隨彼學習三年。換班之時，將僱募之人裁省，留此習熟之三十名兵丁，教習後班之兵丁。此所留兵丁，至六年然後換班。後班兵丁，皆照此例留換，則新舊更番迭次相傳習，皆可熟知柁、繚、斗、碇諸務矣。此事著史貽直，會同高其倬、劉世明妥議具奏。又王郡奏稱：所赴臺兵丁，向循例俱將一營之數十人分散數處戍守，難以訓練，嗣後請勻撥一處等語；所奏甚是。但從前何以分散防守？或有別故，亦未可定。亦著史貽直會同高其倬等查明奏聞。欽此。」而兵部遵旨議准：「嗣後臺灣各水師營碇、繚、斗三項，揀選兵丁學習，更換以六年為期；著為定例。如各營將弁不勤加查管訓練，以致操駕生疎及仍有隱瞞不換者，一經察出，將該管將、備、千、把照溺職例革職，總督、提督、總兵官交部嚴加議處。其柁工尤關緊要，各船正柁准以九年為滿，令其交換。再有杉板工一項，專管駕駛杉板小船，亦照碇、繚、斗一例教習更換。其字識，仍照舊例三年為滿。但內地各營送往更換時，令水師提督親加考驗；如各營將不能書寫之人充數，即會同總督將該管將、備參處。其舊時字識，總兵、副將衙門暫留二人，參、遊以下暫留一人；再限六個月，令將各項舊案糧冊詳細交代明白，方令各回內地。至臺灣十一營兵丁俱從內地五十二營派撥，其更換之時，必令一營之兵丁分散防禦，不令彼此私相聯絡；立法之初，實有深意。應仍照舊例遵行。」又，六年上諭曰：「駐臺兵丁軍器，誠為緊要。但此項軍器，悉係各營自行製備，是以易於破壞。然將內地精良之器給與臺軍，亦非善策。嗣後換臺兵丁軍器，著該督、撫於存公銀內動支製造，務必堅利精良，該督、撫驗看給發。俟兵丁至臺之日，該巡視御史會同該鎮查驗點收。倘有不堪使用者，巡視御史等即據實題參，將該督、撫及承辦官交部議處。如三年之內，有應更造者，亦令該督、撫製造給送。」蓋俱係廓清兵制特為設施者也。而在此要注意者，當初清朝政策上對於臺灣之武備，向來採取兩個消極方針。一係將派撥臺灣之福建各營兵丁分散數處戍守，藉以遏絕其彼此通謀聯絡，免於滋啟事端，以致勢將使其缺乏嚴格之訓練，卻從不圖改進；二係就其駐臺兵丁所使用之軍器，遵「以內地精良之械給與臺軍非善策」之理由，製備較粗笨之器，因此而助長羸弱之弊，但安之而不過問也。由來承襲前代之遺制，以漢民所編制之綠營，使其在明軍最後之根據地——海島臺灣具有威勢，懷有所謂「養虎遺患」之虞之杞憂，不外出乎偏狹之心態。源泉既如此，而期望水流之廓清，其難固不待言也。曩昔較注重於水師，因隨著對於陸路之擴張而注之以主力，漸有被忽視之傾向亦屬事實。雍正初年所成之《理臺末議》（〈赤嵌筆談〉「武備」所引。）論謂：「水師之灣泊，猶陸師之安營。凡水師不能於外洋覓戰，皆於近①港交鋒；所以灣泊之處，即是戰爭之場。我舟先至，利在居要以爭上風；然風信難憑，透發之後，往往轉變，先要泊穩。倘一澳中有南風澳、北風澳不同，則寧泊南風澳以待。此又老將之持重，不可執一而論也。故水師必明於灣泊者，此其一也。水師之入港，猶陸師之克城。凡港門為賊所守，而險隘尤為賊所恃。兵法有『挾制其險而攻其虛』之說，以險處多虛，故險可制而虛可攻耳。故水師必詳於入港者，此其一也。」更論「而其要在機，曰扼要、曰伺隙、曰察變、曰虛中四者。夫扼要則握其權矣，伺隙則分其力矣，察變則奪其守矣，虛中則避其害矣，此所以能於衽席之上以過吾師，克期取敵捷如也。」實在當時為刷新水師而立言者。換言

①「近」字於《臺海使槎錄》所引作「進」。

之，係指陳其時弊也。加之，原來臺灣之水師由福建水師中派撥，而該水師將領基於要通曉閩海形勢之理由，專以閩籍出身補任為慣例，存有此一利，亦難免伴有情實之一弊也。雍正末年，臺灣知府沈起元，上督、撫〈條陳臺灣事宜狀〉云：「水師偏裨之不宜用閩人也。向來臺地兵卒，大抵驕橫懶惰成風。近日行伍數足，約束頗嚴。顧聞各路分防之將校，終有不能嚴加約束者。原其故，實緣將領即係閩人，則部下之卒，非其舊時儕伍，即其同鄉戚友。在提、鎮大員，分尊勢重，可以彈壓。若夫參、遊以下，分既相聯，情復甚接，握手相向，耦居無猜，非甚大犯誰不姑息？狃於成習，漸不能制。夫閩海水師，固非閩人不可；至於將校，似仍宜以外省人領之。即如江、浙、粵東之人，亦能便習水道，易地相制，則在將校可以法繩下而無所瞻狥，在兵伍自嚴奉約束而無敢怨懟，此亦轉移積習之微權也。」然此意見終未見採行，如此，水師亦頽廢而不振矣。

嗣於乾隆九年有上諭，禁止駐臺武員設定官莊。按官莊之設定，其端發於雍正初年，[1]為使武員得有養贍之資所為，屬於優遇之設施，概係在荒蕪之番界，經開墾者，其後漸次旺盛至極，及乾隆初年，其全數稱為一百五十二所，自漸漸形成屯田之型態，但時適理番之政策上，劃定民、番之地界，因嚴禁私人占耕番地之故，狡獪嗜利之漢民，屢求夤緣於武員，有與之相勾結而藉名為「官莊」，以逞其仍占地之野心者。所以演變至官莊亦完全禁止，但對於使大、小武員安心，奉職於遐方絕域，而給予養贍之旨意，多少有所牴牾。惟其上諭所謂：「武員置立莊田，墾種收利，縱無占奪民產之事，而……生事滋擾，斷所難免。」之情弊，欲遏止之於民、番交錯之地，為未雨綢繆，實出於不得已也。蓋自康熙末年以來，文恬武嬉之餘弊，發而為文、武職官之橫肆，尤其武員恃其威勢，逞其私曲，

[1]官莊為明鄭舊制，季麒光言之詳矣。亦見本書前文。

關於雍正初年朱案善後之事宜，藍鼎元向巡視臺灣御史吳達禮[1]陳策之要項中所謂：「臺俗好動公呈，多武舉、武進士主之。皆因以為利，非義舉也。每有爭訟，動輒盈庭，宜遏絕。」（《鹿洲初集》之〈與吳觀察論治臺灣事宜書〉）徵之可知，如其與私人勾結幫助番界之侵占，似素敢為之而不憚者也。更見乾隆中葉，特為稽察臺灣之兵、民所制定之左記〈兵部則例〉時，推察當時在臺文、武官之彼此推諉，以及兵勇之陋規，上官之失察等弊風，當可思過半矣。而林爽文之起事，實乘此隙而發也。

一、臺灣地方民人不法，許武員移送地方官究治；兵丁生事，亦許地方官關會營員責懲。如有彼此推諉者，罰俸一年，有意徇縱者降三級調用。

一、臺灣兵役，藉勾緝罪犯為名，或因催糧、巡哨等事，抑勒良善，詐害閭閻，文、武各官有姑息、徇庇等情者革職，失於覺察者降一級調用。

一、臺灣戍兵，包庇娼、賭，地方各官失察者，降一級調用，如徇情容隱不呈報鎮、道懲辦，即照知情故縱律治罪，受財者計贓以枉法從重論，若已經呈報而鎮、道不為究辦，亦分別知情、受財，按律定擬。

先是，雍正十一年，大舉擴充南、北路營，增置汛塘。先是雍正九年，淡水廳有大甲西社番之變。翌年，鳳山縣又有吳福生乘機起事，南、北一時發生番民之變亂，守備之兵力不足彈壓，滋擾殆及於全臺之半，竟動中國大陸之援軍，前後一年而蕩平。以故福建水師提督王郡（由臺灣總兵陞調），乃奏請添設北路防兵，藍鼎元亦上書閩浙總督郝玉麟，條陳

[1] 當作分巡臺灣廈門道吳昌祚。

營制應釐革。（《鹿洲初集》所載〈謝郝制府兼論臺灣番變書〉即是，中有：「北路地方千里，兵力本弱。安居無事，尚且宜議增防，況今逆番出擾，已有明徵，亡羊補牢，寧能稍緩？」）此次之擴充，動機實始於此。嗣於乾隆五十一年改定武官更調之例，使總兵歷任五年奏請陛見，副將、參將、遊擊、都司，歷任五年陞補於內地，獨千總、把總，仍舊三年調回，使其統率戍兵之換班者。是年林爽文事件起，全臺南、北防兵幾於悉被殲滅，特徵發中國大陸各省之大軍前來平定。當時靖臺之水師，多由鹿港登陸。五十三年，始分安平之水師左營遊擊使其移駐，水、陸營汛之布置乃較為得宜。又曩用巴圖魯之馬隊（巴圖魯係滿洲語由Bat'uru，有武勇或勇悍之義。清朝無分滿、漢，對於經實戰而軍功顯著者授與之稱號。）當先衝鋒陷陣，克奏奇功，即行添設馬兵也。其制，初為鎮標、城守營馬四十匹，北路中營馬五十匹，北路竹塹守備營馬十二匹，南路下淡水都司營馬六匹。（後馬數多少有減裁。）臺灣向來「地不產馬，內地馬又艱於渡海，雖設兵萬人，營馬不滿十匹。」（《裨海紀遊》所載康熙三十六年間之情形。）既而於康熙末年，藍鼎元代總兵覆閩浙總督之建策中：「臺地少馬，無以壯軍容而資衝突。今擬鎮標三營、城守一營，各設馬兵六十名；南路、北路二營，各設馬兵八十名，共該馬四百匹，即在添設之三千六百兵額之內，請旨配撥。先自內地帶馬來臺，以後換人不換馬。或有倒斃，方就臺地孳生買補。時或孳生不足，亦向內地採買以來，則無苦累民番之處。」（〈覆制軍臺疆經理書〉）乃於其配置之額數，雖尚不及，但換人不換馬之方針，被採用為定例也。（然而其實係名目上之定例而已。《噶瑪蘭廳志》之〈物產〉中，記咸豐初年現狀云：「馬從內地來者尚少，近惟營中間有兩、三匹耳。」可徵之。）又同年，分巡臺灣道加「兵備」，①提高其地位。蓋僅便臺鎮專責統制海外難於消弭萬一之異謀，似亦為其理由之一。且同時，因罷巡視臺灣御史，乃以其直奏之特權賦予鎮與道。而所謂：「總兵多武人，不

①此乾隆三十二年事。

能自為奏，未幾復由道主稿會奏。」（《東溟奏稿》自序）即係實際之真相也。又從林案之官沒田、園等所生之租息，作為臺澎戍兵糧餉之加給，每兵每月與銀四錢為定例。嘉慶十年，海賊蔡牽入寇臺灣，沿海戒嚴。當時分巡臺灣兵備道慶保，議奏備善字號梭船三十隻，守鹿耳門口。從來恃鹿耳門之天險，忽於設防，至此，被稱為守禦周密。十三年更將軍備擴充至北路，北路淡水營（乾隆三十四年移駐艋舺）之都司改為水師遊擊，令兼管水、陸，陸路之管轄置艋舺中軍守備，水師之管轄置滬尾水師守備。初蔡牽入寇時，淡水亦被侵，都司陳廷梅死之，鑑於有此敗也。嗣於十七年收噶瑪蘭入版圖，而其守備隸屬於淡水營，該遊擊兼轄水、陸三守備。（噶瑪蘭沿岸之港口係沙汕，船舶停泊不便，因此，不特設水師，而於春、夏南風盛發之時，由淡水派撥巡哨。）道光三年五月，閩浙總督趙慎軫檄分巡臺灣兵備道及臺灣總兵謂：「臺北道遠，以府兵遙制北路難，副將（協標）雖駐彰化，尚覺有鞭長莫及，艋舺遊擊所轄洋面尤寬，且兼轄陸路，未免顧此失彼，如蘭廳有事，恐將難策應。今將北路副將移駐竹塹，蘭營守備歸副將統轄，南以應彰化，北以應噶瑪蘭，形勢始為扼要，而艋舺之水師遊擊亦專事洋面，水、陸兩路均可得力。」當時臺灣總兵觀喜主張表示同意，但福建水師提督時適在臺灣，謂如此將削減艋舺水師之事權也，不予贊同，加之北路副將亦夙貪彰化之富足，更不欲北移，陳情駐紮如故。分巡臺灣兵備道方傳穟，惑於其說而作覆議，因此淡水營水師遊擊改為艋舺營水師參將，大其階而仍然兼管水、陸。而此間陸路與水師之爭衡，及武職偷安之消息，非首肯不可也。

道光四年，制定關於臺灣班兵更替之特例。依舊例，凡班兵之戍期屆滿者，由鹿耳門配舟使其內渡，因從臺北各營到臺灣府治，道遠跋涉維艱。嘉慶十五年，依據閩浙總督方維甸之奏陳，嘉義以北之班兵，准改由鹿港乘船，時以為便。既而因該港淤淺，船少兵眾，配渡需候多時，原來對於班滿之出營糧餉被停，雖得借支盤費，但回本營要被坐扣差額，而所借無多。又其初當被調戍時，皆至廈門，為了受提督之點驗，由上府點驗之各標，有從五、六站至十七、八站者，再候風東渡到臺灣之後，鎮標中營、北路協標作兩次點驗，然後配營。如艋、蘭兩營，途遠久而累日之故，需要借貸，三年戍滿每有不能償還者。竟嗷嗷陳訴於所在廳、縣，勒索良民，致滋事不絕。道光三年，鹿港之行商亦苦於騷擾，要求與淡水之八里坌口，分船配載。閩浙總督趙慎軫乃行鎮、道商議，至四年二月，分巡臺灣兵備道方傳穟咨問北路海防同知鄧傳安、淡水同知龐周時，二人均言兵、商之困狀，因此與總兵觀喜合同議覆，乃准兩分之，內渡之一半，由艋舺參將點驗，從八里坌配渡，徑入五虎門，其餘仍由鹿港如故。調戍之一半，由屬於督標或撫標之副將點驗之，從五虎門竟渡八里坌而登岸，其餘仍如鹿耳門向例辦理。而在該議覆中至言：「如此則戍兵之往來，無跋涉之勞，帶兵可免貼墊之苦，商船亦將不致有偏困之嗟。」以之可想，伴隨兵紀之紊亂，其煩累之甚也。道光十七年，臺灣總兵達洪阿，立議在所轄鎮標各營抽選六百人，自練為精兵，歲計犒賞錢二萬五仟餘緡，由道、府、廳、縣捐助其半之策。分巡臺灣兵備道周凱，下各屬酌議。當時鳳山知縣曹謹，上書極言其弊謂：「朝廷慎重海疆，額設水、陸……之兵，無一非鎮帥之兵，即無一非鎮帥當練之兵，……計所練之兵僅全臺二十分之一，而所犒賞較本兵糧餉倍之，……是予各兵以藉口之端，而開各營以推諉之漸也。且臺地綿亙一千餘里，精兵六百，以之自衛則有餘，以之衛人則不足，……一旦南、北交警，此六百人者，顧此則失彼，顧彼則失此，勢不能不驅未練未精之兵，相與從事。夫平居各籌練兵之貲，有事時不獲共享練兵之用，與平居未沐精兵之賞，有事不免仍蹈精兵之危，皆情所難堪，而理所弗順也。」所言侃侃中其肯綮，從來精兵之罷即係基於此。道光二十年，在中國大陸，鴉片戰爭開端，英艦屢次窺伺臺、澎之外洋，七月分巡臺灣兵備道姚瑩，向閩浙總督及福建巡撫上書，陳臺灣防夷之急務。書中開列之現辦急要事宜七條之一曰：「練水勇以鑿夷①船。募海邊壯丁善泅水者，水師每營百名，使之學習水底行走，用大鐵鑽鑿逆夷船底，或彼有倒鉤，則不可鑿，從其艄後扒上夷船，殺其夷人，砍其艙舵。此項水勇，必須召募，除臺灣額准召募名數外，其內地各營換班額內，現有班滿事故未經換到補額者，不下數百十名，應請准於召募水師中挑其尤為精壯者，賞給補充，咨明內地，暫免換補，俟事平後，再復舊規，以符定制。」（《東槎紀略》之〈上督撫言防夷急務狀〉。）②此即係臨機召募水師水勇之策，亦竟未見採用而止。此年代在臺灣之兵備漸增，存有一鎮及③水、陸十六營，其兵額稱為一萬四千六百五十六人，乃其施設最膨大之一期。及同治六年，依閩浙總督左宗棠之奏疏，裁汰全國綠營之冗兵而加給兵餉之議准行，依其地區緊要程度之輕重，裁減員額有多少之別，分巡臺灣兵備道傅觀海④奉命查核，改定配置於臺灣之額數（營數不影響，就各營裁撤四、五成有差。）為總兵一員、副將三員、參將四員、遊擊四員、都司九員、守備十員、千總十七員、把總四十一員、外委五十一員及兵丁七千六百三十四名（包含馬兵七十名）。

同治十三年，日本出兵臺灣番地，全臺戒嚴。清朝以總理船政大臣沈葆楨為欽差大臣辦理臺灣等處海防事務，特派撥屬於勇營之淮軍，歸營務處管理，旋因之奏開山勦番之功。（淮軍原來起因同治初年，李鴻章召募以平捻匪。其奏陳謂：「就臣鄉里之團練久戰之士，選將束伍，逐漸添募至數千人，今

①「夷」字於伊能原書作「洋」。
②此文亦收入《東溟文後集》。
③「及」字為衍文。
④「傅觀海」疑為「吳大廷」之誤。

遂成為淮勇最勁之兵。」即是。依之得以勦獰猛之兇番。）而光緒元年，籌畫其善後之事宜時，乃謂「海疆營制久壞，臺兵為尤」，（〈請移駐巡撫摺〉）因之企圖武備機關之刷新，主張除從前之綠營更革編制，欲以舉汰弱補強之實，同年七月，上〈請改臺地營制摺〉議之曰：

查臺灣營伍廢弛，曾經迭次奏陳，上年府城挑練兩營，毫無起色，並將營官林英茂等參革在案。府城如此，外汛可知。其積弊之深尤罕所見：汛弁則干預詞訟，勒索陋規；兵丁則巧避差操，雇名頂替。班兵皆由內地而來，本係各分氣類，偶有睚眦之怨，立即聚眾鬥毆，且營將利弁兵之規費，弁兵恃營將為護符，兵民涉訟，文員移提，無不曲為庇匿，間有文員移營會辦案件，又必多方刁難需索，而匪徒早聞風遠颺矣。種種積習相沿已久，皆由遠隔海外，文員事權較輕，將弁不復顧忌，非大加整頓不可。臣等體察情形，計無逾於裁汛併練者。蓋分汛裁撤，則驕擅詐擾，不禁自除；併營操練，則汰弱補強，漸歸有用。臺地除澎湖兩營外，尚有十五①營，擬倣淮、楚軍營制歸併。以五百人為一營，將南、淡、嘉義三營，調至府城，合府城三營、安平三營為一支，專顧臺、鳳、嘉三縣；其北路協副將所轄中、右兩營，合鹿港一營為一支，專顧彰化一帶；艋舺、滬尾、噶瑪蘭三營為一支，專顧淡、蘭一帶。均各認真訓練，扼要駐紮，遇地方有事，按准剳調移撥，立時拔隊，不准延宕。其兵丁換班固多疲弱，而就地招募亦利弊參半，尚須詳加察看。顧立法惟在得人，而事權尤宜歸一，現既巡撫來臺，營伍似應歸統轄。千總以下，即由巡撫考拔，守備以上，仍會同總督、提督②揀選題補。臺灣鎮總兵應請撤去「掛印」字樣，並歸巡撫節制。如蒙俞允，伏懇飭部另行頒換該總兵官關防，以昭信守。值此整頓伊始，將弁之營私骫法者，固宜隨時參辦，如有才具出眾，人地相需，亦應立予拔擢，署補各缺。暫請勿拘成例，俾收得人之

①伊能原書誤作「十三」。
②「提督」二字伊能原書脫。

效。臺地延袤一千餘里，處處濱海，皆可登陸，陸防之重尤甚於水，而臺城以安平為屏蔽，安平向設臺協水師副將一員，所轄三營，中、右兩營都司駐安平，左營遊擊駐鹿港。現擬均改為陸路，府城有巡撫董率，且有道員隨同辦事，總兵擬請移紮安平，即將安平協副將裁撤，以鎮標中營遊擊隨總兵駐安平，其臺協水師中、右兩營都司，改為鎮標陸路左、右兩營都司，原設鎮標左營遊擊改為撫標左營遊擊，隨巡撫駐臺，其撫標原設兩營仍行駐省，改左營為中營，即以中軍參將領之，原設臺協水師左營遊擊，改為臺灣北路左營遊擊，歸北路協副將管轄，守備以下弁兵缺額，均仍照舊。（《沈文肅公政書》）

乃謂：將全臺分劃南、中、北三路，統設兵備，如謂除澎湖一區，裁撤水師，除去總兵之「掛印」，歸福建巡撫節制，實為其革新之要點。惟當時不為部議所容，無法達成悉予採行。在此之前，同治十三年戒嚴之際，購入洋式之銃礮、火藥等，並聘外人執行教練，因其存儲之必要，建軍裝局及火藥局於臺灣府城內。（光緒元年，沈葆楨所奏之〈報明臺郡城工完竣片〉中附陳謂：「又臺地向無軍裝、火藥局，上年辦理防務，購買洋礮、洋槍及軍火、器械等項，必須慎為存儲，方不虛糜，因於小東門內擇出空地，委員同洋匠按照洋式起造火藥局一所。於上年六月初三日興工，凡築內圍牆五十六丈、外圍牆一百零二丈、房屋三十三間、亭子二所以及照牆、柵欄，均於上年十一月三十日完竣。又於小西門官地建軍裝局一所，上年六月初四興工，凡築圍牆八十五丈五尺，建房屋四十二間，於上年十月①十三日完竣。」係其情形，爾後於臺灣作為武備機關之一部，而被持續者也。）

嗣於光緒八年，臺灣總兵吳光亮，更奏請汰弱留強之改革，將實存之兵額減為四千五百餘名，同時澎湖通判鮑復康撰〈籌防芻言〉，條陳應擴張澎湖之兵備謂：澎湖「為

①「十月」於伊能原書誤為「十二月」。

閩海之關鍵、臺廈之咽喉，……時事多虞，海防首重；今昔不同局，中外不同勢，澎湖之不得不守，急應周諮博訪，遠考近勘。」因而舉其策六條：一曰辨論形勢，二曰修築營寨，三曰佈置水險，四曰籌備礮船，五曰屯積糧餉，六曰杜絕向導。乃上之於福建巡撫岑毓英。據稱岑毓英擊節稱讚之。（《澎湖廳志》之〈職官志〉。）①岑巡撫為臺灣之籌防而行履勘係在此時。

光緒十年，清法交戰之際，福建巡撫劉銘傳，奉旨督辦臺灣海防事宜，當時在臺灣有：「臣渡臺之時，軍務之廢弛已極，軍裝器械全不能用，礮臺、營地毫無布置。」（劉銘傳〈具陳臺北情形以明是非疏〉）之情形。乃專事統率新派撥之勇營以積功。尋兩國之講和告成。十一年，清朝確定以防務為重之政策，臺灣分省之同時，新調巡撫劉銘傳以辦防、練兵二項為治臺善後事宜中之要目，奏陳謂：

查全臺各海口，大甲以南至鳳山，沙線遠濶，兵輪不能攏②岸，遠則四、五十里，近則二、三十里，較易設防；大甲以北新竹一帶，海口紛歧，直至宜蘭，兵船皆能近泊，至遠不過三、五里。基隆、滬尾兩口，雖能停泊兵輪，尚多山險，如有水雷、大礮，設防尚可為功；至新竹一帶，沿海平沙，後隴③、中港，三號兵船皆能出入，地勢平衍，全恃兵營，殊難著手，然以視澎湖，猶較勝焉。……臣派提督吳宏洛察看情形，據稱其地不生草木，沙石迷漫，片土難求，四面驚濤，無能設險。惟港內天然船塢，最宜停泊兵輪。臣到臺一年，縱觀全局，澎湖一島非獨全臺門戶，實亦南、北洋關鍵要區，守臺必先守澎，保南、北洋亦須以澎、廈為筦鑰。澎、廈駐泊兵輪，設防嚴密，敵船無能停泊，萬不敢懸軍深入，自蹈危機。此澎、廈設防，實圖全局，非僅為臺灣計也。姑就澎湖而論，若云設防，要當不惜重資，認真舉辦。縱兵船一時難集，陸兵不過三千，必

①伊能原書作〈官職志〉。

②伊能原書作「壠」。

③伊能原書作「壟」。

須多購大礮，堅築礮臺，製辦水雷，聚薪屯粟。計買礮築臺諸費，約需五十萬金①，非一、二年不能竣事。……既節數營兵餉之需，亦免臨事覆軍之累。……伏候聖裁。……一、臺、澎軍政，急宜講求也。查臺灣軍務，久號廢弛，湘、淮各軍，已成弩末，欲挽積習、杜虛糜，非講求操練不可。……近來各營多用後門槍礮，尤非勤練不為功。倘令槍碼不明，則遠近高低，茫無準的，是有槍與無槍同矣。……拆機摩擦……，雨濕沾潮，銹霉輒損。重價購之，隨意棄之，苟有人心，能無慨惜？……是練兵非僅為臺灣之急務，亦為各省之急務。唯臺灣煙瘴之地，勇丁多半病煙，兵猾將貪，寬則玩而不振，積弊難除，嚴則紛紛告假，去而之他，一時頗難整頓，現同沈應奎、陳鳴志詳酌裁留數營，除鎮標練兵不計外，擬留三十五營，臺南合澎湖十五營，臺北合宜蘭十五營，中路新竹、嘉、彰擬派五營。……論勢則臺北為重要，論地則臺南為綿長，則無再可減之兵。（節略）②

如斯，光緒十二年，劉銘傳與閩浙總督楊昌濬會同，奏准大事釐革武備，擴大新立擇要設營之規模，陸路以勇營及練軍編制之，分劃為北路、基隆、中路、南路、後山五路，率之以統領，各設營務處管轄之，悉歸臺灣巡撫節制，省會之地之臺北，置總理臺灣營務處以統管之。先是，清法構難之初，上諭籌辦各省之防務。當時之分巡臺灣兵備道劉璈議：「臺灣孤懸海外，七省藩籬，防務最關緊要，而籌防之難，又較各邊省為尤甚。外則四面環海，……內則中亙叢山，橫、縱約二千里，生番偪處，……茲擬量分五路，酌派五軍統領。」③乃專基此，鑑於實際之趨勢也。當時該總理營務處之督辦係候補道盧本揚④，其獻替之勞績居多。而如將具有規模之主力傾注於北部，實因參酌中法戰爭之經過也。（對此重

①伊能原書作「約四、五十萬兩」。

②〈條陳臺澎善後事宜摺〉。

③見《巡臺退思錄》卷下〈詳覆遵議籌佈全臺防務大概情形應否奏咨分行以資預備由〉。

④伊能原書誤作「盧本楊」。

北輕南之措施，實際上似存有異議，如〈嘉義縣輿圖說略〉切論：「山則茂林密箐，深慮逋逃之嘯聚；海則汊港交錯，宜防奸宄之潛通，全在官斯土者，留心經理綢繆於未雨之先。」）當初似期斷行完全將綠營裁汰，但依原來清朝之規制，不容施行如斯之紛更，而姑准之，且廢撤陸路總兵之掛印。於此，總兵官再縮小其權限。又臺灣巡撫條奏之籌議臺灣行省事宜中有曰：「福建巡撫既已改歸臺灣，所有撫標左、右兩營，即須移歸臺省，惟省垣未定，安置無從，以後遇有空名，無須募補，暫留閩省，仍歸總督兼管，兵餉亦由閩支發，俟臺灣巡撫移駐中路，再行全數調歸臺灣，不願移者聽之。」①如此，察其後竟無調歸之事，亦可窺不置重於綠營之實際也。（「蓋劉銘傳因係原帶淮勇出身之人，平素輕視標營官兵，嘗譬為野雞，謂其像雞，而不足用於供牲也，故以甲申之役（清法戰爭）凡得優褒異獎，超階昇級者，皆屬淮、楚各勇營將備，臺灣鎮、協標下之各營官弁無與之者也。」邱倬雲（臺灣人）《臺灣兵備大略》所記。）

曩於清法之役，置支應（本、分）局於臺北、臺灣（臺南）二府，專司掌其軍需、糧餉。分省之後，存續於布政使監督之下，嗣改臺北之一所稱善後局，多少擴張其規模，以為關於軍事財務一切整理之機關。又另設軍械機器局於臺北，以記名提督劉朝幹為總辦，舉德人美德蘭（Bityran）任技監，使其製造及修理全臺所需之軍械，兼擔任有關鐵道之諸製作，且利用淡水縣所產之磺、硝，在臺北北郊大龍峒設火藥局。在此之前，清法之役，在後路上海設轉輸局，以便利接濟供給軍械及糧餉與臺灣，但因封鎖而海路斷絕，竟致齟齬，劉銘傳因而對此有所顧慮。初，同治十三年之戒嚴，福建陸路提督唐定奎，議將轉運局臨時置於澎湖之媽宮，以利軍行。乃清法之役，倣之而設置轉輸局也。其他如其企畫敷設從臺北，北至基隆，南至臺南之縱貫鐵道之目的，其所重者雖在於資產業交通之利，但賴鐵道之便，欲使全臺之聲援迅捷而出於軍備上之起見，似實亦為其一著眼點。（據光緒十二年，劉銘傳所上〈請

①〈遵議臺灣建省事宜摺〉。

試辦臺灣鐵道疏〉。）而其所需之軍備費達二百一十萬七千五百餘兩。如此已在陸路用精銳之勇營及練軍組織兵備。於此舉其綠營之汛兵，使用於撫墾、磺腦及釐金之各局勇，或屬於郵政局之站兵，或防番之隘勇等，臺灣之武備機關，為之一變，同時大為更張其面貌。然其更張不過為一時之現象。未幾，隨劉銘傳之卸任，因改取緊縮政策方針之結果，漸漸頹弛，殆呈有名無實之狀態。

至水師，光緒十一年六月，由閩浙總督楊昌濬，奏議特將南洋（水師）添設於澎湖之急要。其略曰：「福建島嶼林立，海道險惡，籌防之難甲於他省，而臺灣孤立重洋，物產之豐腴，久為各國所窺伺。此次法禍之起，獨趨福建，先毀馬尾之舟師，以斷應援之路，繼而肉薄基隆，分陷澎湖，無非為吞全臺之計，仰仗天威，大捷於越南，法人悔禍請和，臺灣危而復安，若使孤拔不死，固未嘗一日忘者也。從前丁日昌在臺，創議各事，實為至要之圖，惜未成而去。今防務已鬆，善後萬不可緩，省城不及兼顧，應請派重臣駐臺使其督辦。中國之海面遼濶，在在須防，請劃水師為三路，北路設在津、沽，兼顧奉東各口，中洋設在吳淞，兼顧浙江定、鎮，南洋設臺、澎，兼顧廣東瓊、廉，使其分佈於要害，聲息相通，外侮之來庶幾克濟。」而部議以經費浩繁，乃保留於他日。當時臺灣巡撫劉銘傳以其暫定豫備之策，企圖加強在澎湖之水師，（同時臺灣本島之水師，完全撤裁之。）乃奏請將海壇鎮（福州海口）之水師總兵，改設於澎湖。其大要曰：「澎湖本設副將一員，從前防務係歸廳、協會辦，遇有事故，既請命於鎮、道，復受制於通判，處處牽制，不能有為。若歸統兵將領辦理，副將一缺，又成虛設，且恐主客不能相安。現當海上多事之秋，今昔情形不同，該處為閩、臺門戶，似非特設重鎮，不足以資守禦。督臣楊昌濬與臣意見不謀而合。據云：

『擬將澎湖副將與海壇鎮對調，各就現有弁兵略為變通。無須再添額兵，所費無幾；將來海上有事，聲援隔絕之際，稍可自立。』」（《澎湖廳志》之〈武備略〉；但作光緒十三年事）翌年（十二年）三月允之。於此，更於十三年督、撫會同籌議，以海壇鎮標（四營）移設於澎湖，以澎湖協標移設海壇。（蓋海壇係閩省海口之藩籬，與省垣近，以聲勢尚易聯絡，裁總兵改為副將也。）將澎湖鎮標歸巡撫之管制，任吳宏洛為首任之水師總兵。初，同治末年之戒嚴，沈葆楨欽差視師時，先閱澎湖之海口。水師副將吳奇勳，條陳守澎之方略，請募勇軍。乃添募粵勇五百，稱健勇營。澎湖之防禦緊張之就緒在於此際。《澎湖廳志》之〈武備略〉中概敘其情形謂：「澎地小於臺灣，曾不及二十之一，乃當時設官置戍，皆舉以聞；而經制水軍，亦視臺灣十有其四者，誠重之也。」指之也。又曰：「臺灣係海疆也，澎則蕞爾之丸泥，海上點點，而似不足言疆域，然地據中流，如輔車之相倚，故海舶過臺者，必視澎之山為標準，或風潮不順，收泊澎湖，幸免覆跌。此第在無事之時耳，若臺灣有事，澎之軍每就近援應之，而如輪船轉運則軍資將如輕飛。必於澎設局支應，以濟其乏為要。是故澎湖獲守，則中外聲氣相接，呼應皆靈，而將無睽隔要截之患。昔《春秋》於虎牢緣陵，以特筆書之，因其為有關於天下之故也。夫臺灣固為沿海七省之藩籬，澎則閩與臺之關鍵也，其為虎牢緣陵多矣，守之之道奈何？曰無恃險，無弛險，無畫岸以為自固，無委險以為予。」乃為軍餉補給機關之支應局，擬欲添設於澎湖也，而於道破澎守之需振肅之理由可謂詳悉也。後以南洋水師之根據地，設置於此地之擬議，似亦以此知其由來。

若夫臺營之惡習，由來被稱有「魏博牙兵」之勢，如健訟之風，亦係假虎威之武人所主動。藍鼎元〈論治臺灣事宜書〉中謂：「臺俗好動公呈，多武舉、武進士主之，皆因以為利，非義舉也。每有爭訟，動輒盈庭，宜遏絕。」（《鹿洲[1]初集》之〈論治臺灣事宜書〉）非但指摘康熙末年間之情弊者也。加之，所在武弁之婪贓私利極甚。尤其於乾隆末年林爽文案後，帶有其靖臺餘威之營鎮最為囂張，如乾隆五十三年至五十五年間之分巡臺灣兵備道萬鍾傑之宦績：「性戇直，且不事酬應，故修造戰艦，多為武弁所疵，力與較必不可，則拆而更造，寧多費，不肯以私干也。」（《臺灣縣志》〈政志〉「憲紀」）之事例，其內可謂明言當時之惡習。乾隆五十三年承林案平定之後，籌善後事宜時，欲釐革其積弊，當時之臺灣總兵奎林膺事能執法，凡有不如吏治、營規之軌者，皆繩之以法不稍假借，於是文、武官皆有忌憚，一時雖就於肅清，未幾宿弊復萌[2]。降至嘉慶、道光年間，武職之強梁成為兵弁之難治，對此物議漸甚，閩浙總督趙慎畛深引以為憂，諭當時之分巡臺灣兵備道姚瑩（道光十八年至二十三年），使其博採輿論稟報。姚瑩對此之意見為：「自古治兵與治民異。蓋兵者兇器，其人大率椎魯橫暴，馭之之道，惟在簡、嚴。……能以簡、嚴為體，恩、威、信為用，即無難治。……夫臺灣兵本無難治，不咎治之無法，而曰兵悍可慮，至為自剄之言，亦可哂矣。」（《東溟文集》之〈復趙尚書言臺灣兵事書〉）[3]在於此，一歸其弊根於不得統領之人，「獨惜臺灣巨萬健兒，皆為國家勁旅，坐誤於三、五庸懦之將校。」乃策其救弊之法三：「一曰小事勿問，大事勿赦，二曰定期訓練，每月親考，三曰責成軍校，不得數易。」「如此營伍自肅，兵卒可收實效，亦免惰游滋事矣。」（同上）[4]而更指摘當時武職之弊情：「近時武人大都習為文貌，棄戈矛而講應酬，以馴順溫柔取悅上官。文人學士尤喜之，以為雅歌投壺之風。嗟乎！行陣之不習，技藝之不講，一聞礮聲，驚惶無措，雖有壺矢百萬，其能以投敵人哉？馴弱至此，不若粗猛。粗猛之甚，不過強梁。強梁即勇敢之資，善馭之猶可得力，苟至馴弱，

[1] 伊能原書作「鹿州」。
[2] 上字於伊能原書作「萠」。
[3] 引文自「能以簡、嚴為體」句以下出自同書〈復趙尚書言臺灣兵事第二書〉。
[4] 出自〈復趙尚書言臺灣兵事第二書〉。

則鞭之不能走矣。且將卒者，國之爪牙。苟無威，豈設兵之意？」（同上）且以添其警語謂：「且夫聚兵一萬四千餘人之眾，遠涉重洋，風濤之險，又有三年更換之煩，舊者未去，新者又至，此其勢與長年本土者固殊。而營將能以恩、威、信待兵者，百不得一。又時方太平無事，終日嬉遊廛市，悍健之氣無所洩，欲其無囂叫紛爭、少違犯禁令之事，不可得也。而巽懦無識者，既不能治，徒相告以驚怪，是可喟矣！」（同上）[1]然其粗猛強梁之極，「若械鬥傷人且死，不受本管官鈐束，不服有司逮理，則紀綱所係，必不可宥，……故治兵者不可不知簡、嚴之道。」[2]

本文所謂，如武人習為文貌，棄戈矛而講應酬，以馴順溫柔取悅上官，如致懦弱之風，從當時在中國武職之通弊而來。乾隆末年對於林案之征討立有殊功，出身於行伍，經臺灣總兵被加提督，後來為平臺功臣二十人之一，圖形於紫光閣之福建同安縣人蔡攀龍，據傳「狀貌雄偉，聲如洪鐘。少貧，事樵採，每負薪入市，力兼數人擔。市翁某，見而異之，曰：『偉丈夫！苟從戎，當得富貴，卒俛首於市儈曷為？』攀龍曰：『吾嘗再應募，終被黜。』翁曰：『將軍以服飾取人。子姑從我。』乃延至家，厚卹之，卒妻以女。適鎮將復募士，翁為製冠服戎裝以往。長官奇之，遂就募。未幾補外委。」（據《臺灣縣志》〈軍志〉「列傳」。）徒問外貌，可知殆無視實力之傾向。

加之，古來之通弊，兵丁凌虐良民漸甚。乾隆年間以臺灣鎮標中營遊擊，被稱「凡諸措施多就理」之潘國材，「素愛民而嚴於治兵，兵有凌民而傷其貨者，國材償以己資，糾其兵重罰之，兵益斂肅。」但未能繼續保持。尤其如府、縣城守營之兵丁，對於進出城門

[1] 出自〈復趙尚書言臺灣兵事書〉。
[2] 出處同上。

之良民，常加以勒索苦累，其弊至甚，因其管官之鈐束殆有不及之虞，竟至公然示禁命戒飭。現依臺南城（當時之臺灣府城）存於大、小各門內壁碑所，揭舉一例如左：

欽命　鎮守　臺澎　掛印總鎮府葉
　　　分巡　　　　提學①按司道徐　示

農商負販車牛往來，不許兵役勒索。特示。

道光貳拾捌年陸月　日勒

此係分巡臺灣兵備道徐宗幹，首倡革弊，與臺灣總兵葉長春會銜示禁者。嗣於咸豐初年間，宗幹致總兵呂壽山②書中，亦言及此事：「各城門之汛兵，查詰奸匪，向來車輛負販之出入津貼錢文，為數雖無多，相沿已久。惟有此名目，即難保無棍徒之冒混需索，以致商民視進城為畏途，車輛之入城既久，不但鄉民販運營生為難，而於城內推③積糞土，不能拉運出城，種種不便也。是以會同前署鎮，勒石示禁。茲兵丁仍未盡恪遵，而地方之刁民又藉此爭較，恐將生事，如所費十餘文、數文不等，素雖不甚為病民，但以兵法秋毫無犯而論時，雖一文亦不可得，戍兵多為窮苦，亦饑餓難於從事，每月由道轅酌捐銀元，送城守營使其給領，如再犯應從嚴革究。」（《斯未信齋文集》）更再謂：「聞四鄉之農民，以小本做④生業者多，不敢進城，以致諸物昂貴，緣有假充文、武衙門人役之棍徒，任意訛索，誠恐串⑤通在官丁胥滋事，是以商同前鎮臺，勒石示禁在案。茲聞各城門之車輛仍有阻滯

①「提學」於伊能原書誤作「提臣」，年月改小寫。

②伊能原書誤作「吳壽山」，呂壽山即呂恒安，壽山其字也。

③此處「推」字似當作「堆」。

④「做」字於伊能原書作「倣」。

⑤「串」字於伊能原書作「患」。

大家出版 讀者回函卡

感謝您支持大家出版！

填妥本張回函卡，除了可成為大家讀友，獲得最新出版資訊，還有機會獲得精美小禮。

購買書名 ______________________ 姓名 ______________________

性別 □男 □女 E-MAIL ______________________

聯絡地址 □□□ ______________________

年齡 □15－20歲 □21－30歲 □31－40歲 □41－50歲 □51－60歲 □60歲以上

職業 □生產／製造 □金融／商業 □資訊／科技 □傳播／廣告 □軍警／公職
□教育／文化 □餐飲／旅遊 □醫療／保健 □仲介／服務 □自由／家管
□設計／文創 □學生 □其他__________

您從何處得知本書訊息？（可複選）

□書店 □網路 □電台 □電視 □雜誌／報紙 □廣告DM □親友推薦 □書展
□圖書館 □其他 ______________

您以何種方式購買本書？

□實體書店 □網路書店 □學校團購 □大賣場 □活動展覽 □其他______________

吸引您購買本書的原因是？（可複選）

□書名 □主題 □作者 □文案 □贈品 □裝幀設計 □文宣（DM、海報、網頁）
□媒體推薦（媒體名稱）______________ □書店強打（書店名稱）______________
□親友力推 □其他 ______________

本書定價您認為？

□恰到好處 □合理 □尚可接受 □可再降低些 □太貴了

您喜歡閱讀的類型？（可複選）

□文學小說 □商業理財 □藝術設計 □人文史地 □社會科學 □自然科普
□心靈勵志 □醫療保健 □飲食 □生活風格 □旅遊 □語言學習

您一年平均購買幾本書？

□1－5本 □5－10本 □11－20本 □數不盡幾本

您想對這本書或大家出版說：

之處，祈務嚴飭汛弁查禁，如巡防認真，郡城內果能常常安靜，所有各衙門之汛丁自八月始，每月將由道酌賞以示獎勵。」（《斯未信齋文集》）感覺對此無管束之措施也。在府城如斯，則其他之廳、縣，尤其派駐地方汛、塘之兵卒紀律極為紊亂之事可推而知。同時致嘉義知縣手札中有：「匪類恃兵丁為護符，兵丁恃刁徒為計謀，惡無不作，良民隱忍無可控訴。」（《斯未信齋文集》）之語，蓋非偶然。其兵眷亦自來往往恃而犯法不顧，文職亦存有憚之而置於不問之事實。乾隆十七年，臺灣總兵陳林每因「守令入謁，必告以此土利弊。且曰：『吾子姪犯法必痛懲，毋以我故，示寬假也。』」（《臺灣縣志》〈軍志〉「列傳」）其事蹟受嘖嘖稱述一節觀之，足可推知。當時徐宗幹所作〈戍兵議〉，實為籌議其善後者也。

查兵丁滋事，有先期換班、逗留在郡者，有尚未滿班者，一經生事即混入班兵內渡，應請通行各屬，在內地實力查辦，不得以過海即脫然無事。再，向設精兵，職道及所屬皆捐廉養贍，原以保衛地方，惟往往恃眾生事，是衛民適為民害，雖精兵挑出後，均住鎮轅，而防範究恐未到，擬請將原額裁減一半，所餘捐項，交臺灣府委員勘修伙房，責令各按營頭居住伙房，一律修竣後，歸各衙門為添僱丁勇之費。虛糜不如實用，並非意存吝惜。如果該兵丁改過自新，日見起色，仍請復舊額，以資捍禦。都、守以上必須外省之人，方能破除情面，大加整頓。再，下府兵丁固強，而上府亦未見盡弱，營兵滋事，俱係漳、泉，而提標之悍更甚，可否換班時，漳、泉各營，減撥若干名，或漳兵與泉兵分年調戍，免致釀成分類之患，或提標兵數酌減，抑現在即全行撤換，臺民幸甚。

一、都、守以上不用閩人，都、守以下不用漳、泉人。

一、精兵裁減一半，以一半經費、捐項，修理伙房，分營居住，不准雜賃民居。
一、非操演及有事時，所有軍裝器械，一概繳庫，違者惟該管守備是問。
一、精兵城內酌留若干，分撥加添南、北兩路巡查，不得並居一城，有事仍隨時調遣。
一、換班之年，不准請留臺，以免日久盤踞生事。
一、調戍之期，漳兵與泉兵分年調戍。
一、提標兵減調若干名，到臺均分撥外汛，以免城市窩娼、局賭，及開小押、煙鋪，貽害閭閻。
一、道、府、縣各多養屯丁、鄉勇，隨時練習，以補兵力所不及，並以制兵丁之多事者。

於此同時，臺灣府學訓導劉家謀謂：「鄉邨盜賊入城竊劫，旋踰城而出，皆守門者為之導，迨擒獲至官，輒以瞻徇營員，久難定讞。」（《海音詩》之題序）①更謂：「每百錢按日繳息五文，停繳一日即將前繳抹銷，謂之五虎利，亦營卒所為。窮民不得已貸之，無力償者，或擄其妻、女而去。」（《海音詩》之題序）乃指此事。又所在兵卒之手或肆行私當之盤剝，（參閱第十二編〈商販沿革〉第一章〈郊行〉。）或設賭場，（參閱第六篇〈社會政策〉第五章〈賭博之禁制〉。）或開煙館（參閱第六篇〈社會政策〉第六章〈禁煙之厲行〉。）等弊，亦係如出一轍之指摘也。夫府城內之各兵分據於各坊街占住民房，復設立私廟、公廳以為犄角鬥爭之勢，致兵民雜處，其易啟釁端之累，府城之士紳陳泰階等呈請分巡臺灣兵備道，示禁勒歸營房，使彼此得相安即係此時，徐宗幹以當道照准，立移鎮改建兵房議，有所籌畫。其兵丁聚集之公廳雖決定予以拆毀，但未果實施也。

①「題序」二字當作「詩註」，下同。

《海音詩》①又曰：「班兵各據一隅，私立公廳，為聚議之所。提標兵據寧南坊，漳鎮、詔安、雲霄兵據鎮北坊，同安兵據東安坊，本土募兵則分據西定坊之開仙宮、轅門街諸處，賭場、煙館、娼寮、私典皆其所為。白晝刦奪財物，擄掠婦女，守土官不敢治，將弁亦隱忍聽之，懼其變也。不知臺兵多住家內地，一有叛亂，戮及妻孥，敢為變乎？聞乾隆末年奎總鎮林，知兵之強悍難制也，嚴治之。兵脅眾繳刀銃，公許之，示以期；至期，令五人為一牌，以次入繳。公升堂，先召五人入，不見出；次召五人入，不見出；次又召五人入，不見出。其在外候繳者，久之不聞消息，須臾，內持五頭出，又召第四牌入，諸兵在外見者，咸鳥獸散。其在內十人，甫入見五頭，懼而求免，各予以責革，一軍肅然；孰謂兵之不可治乎。」又曰：「黃淡川參戎清泰任彰化都司時，大墩民與汛弁爭，汛弁故捏其詞，上下惶恐。君急慰諸營將曰：『此妄語耳，若稍涉張皇，愚民畏罪走險，轉生他變。』乃隻身往諭之，兵民帖然。嗟夫！使將帥盡如君者，豈有兵民之禍哉？」以此可參稽也。如連雅堂撰《臺灣通史》之〈經營紀〉中，載有光緒七年在臺灣府治之哥老會企圖滋事，捕獲首謀者二人殺之，皆武弁也。此事亦暴露臺營惡習之一面也。

就中如澎湖，因為隔海僻在一隅，自來其放肆尤甚。《澎湖紀略》（《澎湖廳志》〈武備略〉所引。）謂：「調澎之戍兵，素稱驕悍，欺凌澳社，通判周于仁（雍正九年至十年），一繩以法而不稍假，民賴以安。」《澎湖續編》（《澎湖廳志》〈武備略〉所引）謂：「協標之戍兵夙習驕悍，欺擾鄉愚，通判胡建偉（乾隆三十一年至三十六年）「每裁以法，良民賴之」。《澎湖廳志》謂：「張建勳（道光初年），性耿直……澎人畏兵如虎，顓愚屢遭嚇索；或涉訟求直，……故多受害飲泣，而莫敢鳴官者。建勳目覩民困，為陳於有司，請定胥差規費，請據理訊斷，由是

①「詩」字於伊能原書作「集」。

兵稍斂跡，民得安業。」（〈人物傳〉）係其例也。而皆不過一時之姑息。當時據稱有戍兵名林應生者因姦謀殺本夫之案。（據《斯未信齋文集》。）澎湖一廳，雖有特應行土著之募兵之議，畢竟不外乎由此而來，可知戍兵之放肆而成為良民之怨府也。在此之前，嘉慶十五年四月，閩浙總督方維甸所發示禁中有一條謂：「查從前通事張達京（雍正年間之岸裡五社熟番通事），有捐助彰化縣北路中營都司營內天后宮之香燈銀六十元。該營藉以為例，每年移理番廳差役押繳，殊屬違例，查番民為敬神感應捐資應聽從其便，嗣後該營不許擅行移取，該廳不許輒為差追，致干查究。」乃可知從前其勒索之及於平埔熟番之一部，可想見其苦累之甚也。如斯分巡臺灣兵備道徐宗幹，一面為上敘之戒飭，同時頒布左列題為〈諭兵丁〉之訓告（鄉談文體），使兵丁等各個熟讀而期其自省。文中所指摘之事項，（「你們不為百姓防害，倒去詐害百姓，開口便說我是精兵，……因浮浪、嫖賭、吸煙、酗酒，相習成風，鬧得百姓恨你，官長惱你，或遭罪刑，或被責革，流為匪類，死在海外，豈不是自害一身，又害了父母、妻子？」如此，為其指摘之要點。）係根據當時關於兵丁黑暗面之寫實，可想其情弊有思過半者也。

你①們多是好百姓，當了兵丁，更是替國家出力的，與尋常百姓不同，要自愛自重。將弁是父母官，你們也可做到將帥、提鎮地位。總要對得住天，對得住皇上，對得住官長。此時太平世界，不要衝鋒打仗，安居度日，就是受皇上的恩。雖不出兵，各人練習武藝，預備出力，就是盡忠報國。你們為百姓防緝盜賊，彈壓地方，為百姓盡力，就是為皇上盡力。你們不為百姓防害，倒去詐害百姓，開口便說我是精兵，其奈我何！百姓怕你們，為你們是皇上家的兵。你既不能盡當兵的道理，是你們不怕皇上了。百姓那裏還怕你們？百姓大家與你們為仇，你們也未必能安然當兵。

①「你」字於伊能原書作「儞」，下同。

我奉命遠涉重洋來做官，你們也是銜風冒險來當兵，論分位有尊卑，其實同甘共苦，為國家出力是一樣的。你們上有父母，下有妻子，吃了錢糧。錢糧是皇上的，還是百姓的，豈可不保護百姓？若得了功名、封誥、蔭襲，何等光榮！或捨身報國，恩賜優卹，萬古留名。無論順逆，總是有好處的。若是一時負氣，把性命送掉了，豈不可惜！臨陣殺賊，不出力，不大家一心，不是好漢。賭氣打架，讓人一步，再沒人笑話你。只因浮浪、嫖賭、吸煙、酗酒，相習成風，鬧得百姓恨你，官長惱你，或遭罪刑，或被責革，流為匪類，死在海外，豈不是自害一身，又害了父母、妻子？你想父母、妻子，在家何等掛念，豈可不節省用度，滿班回去，好團圓過度？你們多是年輕少壯的人，離家日久，自不能常常悶坐，偶而遊戲，亦不責怪你們。但不要生事，犯了刑法，我們要饒你們，皇上不饒。我們執法辦你們，還是要你們學好。殺一個人，多少人都變好了，豈不是愛你們麼？料想你們也不盡糊塗。不服本官，便是不服王法，辛苦過海來做犯法的人，卻是為何？你們不胡行亂為，天地鬼神也保佑你，斷不至困苦終身。即或同夥偶聚在一處，無論何地人，何營的兵，都是一家，同安樂、同患難。朋友是五倫之一，你們沒①有兄弟在一處，這就與親兄弟一般，豈可逞兇鬧事？民間械鬥死了，還有圖錢的，你們卻圖什麼？況大家隨從附和，連好人都變盜賊了。堂堂官兵，將帥根苗，豈可學作匪類伎倆？向設精兵，地方官大眾出錢貼補你們，你們倒令地方官為難、擔處分，天理何在？良心何在？我今初到，不肯不教而誅。以後須大家聽我②的話，我幫你們補官立功，你們幫我保衛地方，如家人父子一般。將來大家平安內渡，豈不甚好？如不聽我話，我也不能在此做官，只可具摺自奏，請皇上將我治罪，看你們如何下場？思之！此諭。（《斯未信齋文集》）

①「沒」字於伊能原書誤脫。

②「我」於伊能原書作「我們」。

按臺營惡習之因襲，如予遠溯，並非一朝夕之事。姚瑩復閩浙總督趙愼軫之諮問，言臺灣兵事之書中論：「臺灣一鎮，水陸十三營，弁兵一萬四千有奇。天下重鎮也，兵皆調自內地總督、巡撫以下水陸五十三營，漳州、泉州兵數為多，他郡各營兵弱，向皆無事。興化一營稍黠，多不法；其最難治者，二郡之兵也。人素勇健而俗好鬥，自為百姓已然，何況為兵？水師提督、金門總兵官兩標尤甚。昔人懼其桀驁，散處而犬牙之，立意最為深遠。然如私鬥、姦暴、潛載違禁貨物，皆所不免。甚且不受本管官鈐束，不聽有司官逮理。蓋康熙、雍正之間尤甚。乾隆、嘉慶以後，屢經嚴治，乃稍戢。此兵、刑二律所以於臺灣獨重也，豈惟今日哉！」（《東溟文集》）即是，而所謂近代「屢經嚴治，乃稍戢」，只不過空名而已。及臺灣分省之後營制一新，卻有完全不能革除之狀，《澎湖廳志》〈風俗記〉中敘光緒十八年間之現狀謂：「按澎地本狹隘，媽宮澳尤甚；而各標戍兵橫暴習慣，甚或佔地至十餘里外，如隔水之小案山，亦指為該標管業，有明買扦葬者，則群起阻之，遂使民有死而無葬地之謠，甚無謂也。夫朝廷使之戍邊，並非使之多佔曠地，況死者仍歸骨故山，佔地何用？……胡文忠公曰：『養兵所以衛民；兵不愛民，何樂有兵？』願在上者體念斯言，為之明示限制，力遏狂瀾，庶不負安民之本意也。」依此可徵。然猶不止於此也。如各標兵眷，（康熙六十年，頒布兵眷帶往之禁。道光四年，文、武官員挈眷聽便之同時亦解禁。）亦時藉虎威恃聲勢，肆行侵害良民之私業而無忌憚者，照光緒十五年在嘉義縣所發禁例，足以舉一反三，察知他隅之極弊。

福建臺灣嘉義營等處地方參府世襲騎都尉兼雲騎尉陳、即補清軍府署理嘉義縣正堂加十級紀錄十次包，為會銜示禁事。按據本城外東、北二鄉團練分局總理柯大觀、林武琛、賴廖輝等僉稱：竊謂，入山樵採自有常區，附郭鄉村各有掌管，嘉義近山凡斫取柴草者，多往山谷欉穢之處，或數里，或二十里，除林木各有界管外，在所不禁，至于附近鄉民，其所住庄宅，皆編竹為籬，以資捍衛。罔料多有武營兵婦、民婦，恃其聲勢，結黨成群，借言取薪，每貪近便，輒山宅之竹籬，及圍護園囿、山墳之短籬，亂行斫伐，竝將果子、蔬菜、雜物，恣意採摘，稍有與之阻較，彼即惡聲肆罵，甚至擁前毆打，計城外村庄之受虧者，惟東北面之王山、山仔頂、埔心、枋仔林、鹿寮、紅毛埤、杉橋仔、和尚庄、盧厝庄、後庄仔庄、圳仔頭庄等庄為尤甚，村民含忍多年，莫不苦其擾，而畏其暴，每向分局投訴，因其在營居住，莫敢誰何，但恐一旦難堪，或至釀成爭訟。觀等去冬奉仁爺頒給旗戳，設立東、北二鄉團練分局，諭令聯絡村庄，凡茲被擾各鄉，皆在聯庄界內，何敢緘默不言。合亟稟懇電察，恩准移營示禁，竝給勒碑以垂永鑒。上稟沾叩等情，各到營、縣。據此，除分別批示外，合行會銜示禁。為此，示仰各標兵眷暨內來泉屬民婦，一體知悉：爾等嗣後樵採，務往山谷欉林斫取，勿得在鄉民所住庄宅，以及東、北二鄉聯庄界內，任意斫伐竹籬，採摘菜果。倘敢不遵，則是有意故違，一經滋鬧，或被告發，定即查明拘究，決不寬貸，其各凜遵毋違。特示！

光緒十五年十二月　日（石碑在嘉義西堡山仔頂庄）

同治末年，如沈葆楨上奏摺中謂：「以弁兵由督、撫、提標抽取而來，各有恃其本帥之見。鎮將設法羈縻，只求其不生意外之事，是以比戶窩賭，如賈之於市、農之於田。」（〈請移駐巡撫摺〉）亦可認為當時弁兵貪黷之一反映。

加之，有事之日，如對於其義勇出力之記功，依當時對長官賄賂之有無，致有恩賞厚薄不公之情弊。於同治初年戴潮春起事之際，自備資斧，募勇隨軍進勦，屢獲要犯之澎湖人洪廷貴，於事平之後，署臺灣總兵曾玉明札准預保都司，面許奏補實缺。而因左右婪索，貧無以應，竟為他人所得。廷貴歷陳勞績，皆寢不錄。於此，同治六年，廷貴自訟戰功中洩怨言謂：「戴逆擾亂以來，廷貴奉檄備資，引導大軍，聯莊拒賊，訂期夾攻，出萬死一生之中，深入賊巢，獲犯出力，有行營中軍城守營參將林某可證。數年間，借墊勇費盈千，勇丁傷斃多名，給醫藥、恤眷屬，家貲告罄。乃前鎮憲並無計功獎勵，有錢者保之，無錢者掩之，欺罔誤國，使貴舉家飄泊郡城，艱辛萬狀，灰壯士敵愾之心，失草莽效忠之望，非淺渺也。……不報。廷貴遂失意落拓，悒悒以終。聞者惜之。」（《澎湖廳志》〈人物傳〉引《誦清堂文集》。）以之可徵其實例之一斑。

第二節　礮臺

自古以來，臺灣之兵備，與其謂為備外患，不如謂以防內憂為目的而設施，所謂：「臺賊多由內生，由外至者鮮。」（《東征集》）為論臺防者所常掛諸口，隨而如礮臺之設備，其規模不完全。清人有臺之初，府治之正口在臺江外之鹿耳門，設有中國式礮臺一所，自康熙末年歸於圮廢不修已久。朱一貴之役後，為圖擴張臺灣之武備，閩浙總督檄臺灣總兵藍廷珍，令在鹿耳門設計新建礮臺。而依據當時藍鼎元代總兵所致之覆議，縷陳該礮臺之所以不急。大要曰：「伏讀憲檄：要口設備，議建鹿耳門礮城，水、陸分守。竊謂鹿耳礮城，止用修築，不必重新建造。蓋其港暗礁淺沙，渺茫紆險，非有顯然門戶，可以遵道而行，故須設立盪纓標記，指引迷途，毫釐偶差，立見虀粉，雖不礮城，固亦未易入也。前此癸亥（康熙二十二年）平臺，海潮驟漲，巨艦連艅，並排而入；今（康熙六十年）夏，大師進剿，潮水亦高數尺；皆賴朝廷洪福，海若效靈，遊魂喪魄，夫豈礮城之故哉！」（《東征集》之〈覆制軍臺疆經理書〉）此議即被採納，新建鹿耳門礮臺之事，隨之停止，且既設之舊礮臺亦不過一時加以修理而已，似乎再任圮廢。如斯久經年所，道光三年七月，臺灣大雷雨，致鹿耳門內海沙驟長而變為陸地。於此，因從前之暗礁淺沙賴以不易入之自然險要，成為開放之坦途。翌四年三月，認為要口之設備，不可忽視，由臺灣鎮總兵觀喜、分巡臺灣兵備道方傳穟、臺灣知府鄧傳安①等會同上〈籌建鹿耳門礮臺議〉。然因以臺防之喫緊未必在此之理由，竟未為部議所採。其餘如乾隆末年，安平鎮及大港（即西港仔）、蚊港、笨港（即下湖口）、海豐港、三林港、鹿港、打狗八口設礮架，惟對於鹿耳門之正口防備已如斯，可知，此等礮架殆為有名無實，當路亦不為置重之事而已。《東槎紀略》所載〈籌建鹿耳門礮臺〉中，其所引用本文之建議，對於鹿耳門之形勢及既設各礮臺之情形記載甚為詳悉曰：

臺灣孤懸海外，屏幛四省，郡城根本重地，設險豫防，尤為緊要。鹿耳門一口，百餘年來，號稱天險者，蓋外洋至此，波濤浩瀚，不見口門，水底沙線橫亙，舟行一經擱淺，立時破碎。其中港門深僅丈餘，非插標乘潮，不可出入。此險之在外者也。口內出水沙線二道，橫亙南北為其內戶。南線又名北線尾，大船入口更易小船，循此線內東南②行二十里；過安平鎮，為入郡咽喉。更東十里，然後達郡。北線又名海翁隙，其內可泊大船。由此至岸，亦二十餘里，為郡北之洲仔尾及

①方、鄧皆係署任。
②上字伊能原書誤作「達」。

嘉義縣地，水深浪湧，舟不能近，無由登陸，此險之在內者也。往時偽鄭重兵皆守安平，恃鹿耳門之險，不為設防；王師平臺，乘潮一入，鄭氏面縛輸誠。朱逆之亂，郡城已陷，賊亦恃此門不為設備；大兵再入，朱逆授首。本朝定制，臺協水師副將駐守安平，以防大港，而鹿耳門口以水師中、右兩營遊擊輪巡防守。嘉慶十年，前鎮、道議奏，添喜①字號梭船三十隻，專守鹿耳門，可謂周密。然十一年蔡逆猶進鹿耳門，直薄郡城，則所謂天險者，果何如也？其時天設之險無恙，而已如此。今則海道變遷，鹿耳門內形勢大異。上年七月風雨，海沙驟長。當時但覺軍工廠一帶沙淤，廠中戰艦不能出入；乃十月以後，北自嘉義之曾文、南至郡城之小北門外四十餘里，東自洲仔尾海岸，西至鹿耳門內十五、六里，瀰漫浩瀚之區，忽已水涸沙高，變為陸埔，漸有民人搭蓋草寮，居然魚市。自埔上西望鹿耳門，不過咫尺。北線內深水二、三里，即係淺水，至埔約五、六里。現際春水潮大，水裁尺許，秋、冬之後，可以撩衣而涉。自安平東望埔上魚市，如隔一溝。昔時郡內三郊商貨，皆用小船由內海驟運至鹿耳門，今則轉由安平大港外始能出入。目前如此，更數十年，繼長增高，恐鹿耳門即可登岸，無事更過安平。則向之所謂內險，已無所據依。北路空虛，殊為可慮，非於鹿耳門對岸埔上，建築礮臺，守以偏師，幾無屏幛矣！康熙年間，鹿耳門舊有礮臺，其後不知何時傾失，遂未再建。考府、縣志，自乾隆年間至今營制：安平副將所轄中營礮臺七座，蚊港汛四、大港汛三；左營礮臺七座，安平鎮三、笨港、海豐港、三林港、鹿仔港各一；右營礮臺五座在打鼓港；而鹿耳門重地，獨無礮臺之設，僅中營有礮架八座，右營有礮架七座，為守鹿耳門之用而已。竊疑前人定制，不應疏略，推原其故，蓋以鹿耳門口水勢浩漫。說者皆謂南、北二線，海上浮沙，易於陷沒，不能建設礮臺，亦無處可設營汛，故嘉慶十年新議，亦止添造梭船。然南線舊建天后宮，已百餘年，其左右文、武二館，為臺防同知、安平中右營員

①上字伊能原書作「善」。

稽查商船出入掛驗之所，至今未見淪陷，豈以之查驗商船則可，以之防禦外患則不可乎？人情喜逸惡勞，避難趨易，於此可見。況今昔形勢不同，宜為百年之計。新長陸埔未久，潮長時海水猶不無漬溼；且地勢平濶，未有要隘，應俟三、五年後，民居漸稠，地土堅實，移安平右營於此，以當北路之衝。其鹿耳門南線天后宮，請先建築礮臺，圍以土堡，使巡防鹿耳門之兵有所據依，以堡衛兵，以兵衛礮，然後鹿耳門之險庶乎可據。

而前此自前嘉慶五年以來，洋匪蔡牽及朱濆等，屢次侵擾臺灣沿岸，北自淡水、雞籠、竹塹及噶瑪蘭各港，南則鹿耳門、東港受其滋擾，皆因要口設防闕如之故。因此，將主力注之內備而忽外患之方針一變，認為以掃清洋面芟除禍根為當前之急務，當時如臺灣縣學教諭鄭兼才之〈山海賊總論〉一文率先倡導此議也。（參閱第四篇〈治匪政策〉第二章〈匪亂各志〉第七節〈蔡牽及朱濆之入寇〉。）如斯伴隨一面為添設水師，福建水師提督王得祿，議設礮臺於臺灣沿岸之各要害，雞籠（大沙灣）、淡水（滬尾）、大安港及青峰闕等即是。如青峰闕礮臺，實為鹿耳門之外護，易該地點之不利而更為卜定者也。然未幾概圮壞或歸水沖沙沒也。道光中葉，似僅有一個淡水口之礮臺存續而已。

（附記）以上之中國式各礮臺，除大安港之外，其他似均為往時荷蘭人、西班牙人所築之城砦之遺址或於其附近置礎者，即淡水口礮臺，係在荷蘭人於港頭圭柔山興建之所謂紅毛小城遺蹟上所築建，《淡水廳志》〈武備志〉記有：「滬尾港（即淡水港），……舊有荷蘭人礮城，後外口門北峰造新礮臺。」即是，而水師守備駐之。雞籠口礮臺築於西班牙人之聖三位一體（Santissima Trinidad）砦（尋由荷蘭人重修之）遺蹟上。分巡臺灣兵備道姚瑩之〈臺灣十七口設防圖說狀〉（道光二十年所成）中云：「昔紅毛於此建城，久毀。嗣於東口門之大沙灣設礮臺，孤懸難守，海寇之亂，礮數搶失，遂廢，至今未建。」大安港礮臺，在〈臺灣十七口設防圖說狀〉中記「舊有礮臺一座，……署同知范學恒甫修整完固」，范學恒係道光二十年之署理淡水同知，到當時似以廢址之狀態存在，《淡水廳志》〈武備志〉所言之「道光二十二年設」係指此重修而言也。而廳志承上文又有「今圮」二字，可知同治年間再廢。至青蜂闕礮臺存有諸多疑難，《諸羅縣志》〈雜記志〉「古蹟」記：「青峰闕砲臺；在蚊港口，荷蘭時築，今圮。」（《臺灣府志》同此文）即是。據稱由其位置推之，往時荷蘭人作為臺江之外護築在其口外，北線尾（Baxemboy）砦，似可擬之。（參閱本篇第四章〈城垣之沿革〉第一節〈城垣之起源〉。）

道光二十年發生之鴉片戰爭影響及於臺灣，外夷犯境之警傳，北部地方尤有被窺伺之虞之際，當為要口之礮臺，其設備可見者，僅有滬尾（淡水）港口，而謂：「口內北岸六、七里許，有已廢紅毛樓尚存，背樓臨水，舊建大礮臺一座，頗雄壯。臺基可容千人，……本汛把總楊得喜帶兵三百名專守礮臺。」（〈臺灣十七口設防圖說狀〉節略。）為其情形也。而其他如連雞籠之要口，不免有「至今未建，而口門寬深，夷必窺伺」（同上節略。）之憂虞。①

初雍正六年，藍鼎元於《條奏六事》之中，關於臺灣水陸兵防，陳全臺塘汛之寥遙，不能無兵力弗周之處，並謂：「如北路雞籠地方，為全臺腹背旁門要害，距福建省城水程七更，順風一日可至；此不經廈門、澎湖、鹿耳門，而可由福州直達臺北者。明末倭船由

①據上述〈圖說狀〉：當時姚瑩等因此相度形勢，於境內正對口門之二沙灣，築礮墩八座，設二千斤、一千五百斤、五百斤礮各二位，一千斤礮四位，調頭圍守備許長明帶兵八十名，督同雞籠本汛弁兵一百五十名守之。將此略而不提，恐易致誤解。

雞籠登岸，而臺地竟屬於倭，後為荷蘭所奪，荷蘭人於雞籠港口之雞籠嶼建築砲城，堅壁高壘，以遏北來艘舶之衝，臺人謂之紅毛城，中有大砲二十七位。前海寇鄭氏亦設偽鎮戍守之。雞籠去淡水營雖僅百餘里，崎嶇跳石以行，須三、四日乃至。倘有賊船駕此停泊，或日本、荷蘭巨艦入港，淡水營官兵斷不能知。臣以為宜修補砲城，添設雞籠水師一營，以守備領官兵五百，戰船七隻，防守其地，與淡水營為犄角之勢。」但仍然不為有司所顧慮，至此分巡臺灣兵備道姚瑩，會同當時臺灣鎮總兵之〈上督撫言防海急務狀〉中，其事宜七條之一語及礮墩之設備謂：「派兵勇以衛礮墩：臺地正口雖有礮臺，而小口如東港、樹苓湖、五汊港、雞籠，或因地形偏僻，或因沙埔平遠，無險可據，礮臺並未建設。近奉憲臺會同欽使奏建礮墩，誠為簡便。但既設礮墩，必有礮牆，以藏兵勇。今悉用竹簍、蔴袋，貯沙為之。每一礮墩，牆寬二十丈，用兵勇百人，架大礮二門、小礮三門，以十人放礮，二十人執鳥鎗以衛礮，三十人執長槍以衛鳥鎗，二十人持籐牌、短刀以衛長槍。每一口岸，相度地形，酌用礮墩三座或兩座，互為犄角。」（《東槎紀略》）可見其應急之策與藍鼎元之前議一致。

如斯，一時之防備係厲行修築所謂十七口之礮墩，至永久之設防仍然闕如。①同治十三年，日本興師出兵南部番地時，臺灣戒嚴，福建陸路提督唐定奎在安平、打狗（旗後）二要口急造礮臺。降至光緒元年，隨著防務之緊張，依陸路副將王福祿之畫策，使法人M. Berthelot設計，在安平、打狗修築倣西式礮臺，嗣於五年，因中國西疆之伊犁紛議與俄國之和平有破裂之虞，亦認臺灣之防備不可忽視，遂有在基隆建海岸礮臺（大沙灣）之計畫，越七年三月告成。九年，雖有在基隆、淡水（滬尾）二要口修築礮臺之舉，然設備未全。次

①十七口之修築礮墩，多係就次要港口之無礮臺之處，或要口雖設有礮臺但為增強防備火力而修築，並非十七口全無「永久之設防」。

年清法戰爭起，遂使法軍得容易乘其虛，奏封鎖之效。（澎湖西嶼之礮臺亦同時建成，但未配兵安礮。）既而講和之後，臺灣分省與築城修防之議大起，當時之巡撫劉銘傳鑒於內外之趨勢，在加強營制刷新之同時，為期防務之建設完固，計畫將既設扼要地之五礮臺（安平、打狗、基隆、淡水、澎湖），倣新軌之西式改修增築，德國人 Baons 被聘為顧問，兼膺操礮之教練。十三年以來，漸次著手起工，且定阿姆斯脫朗鋼鐵後裝礮三十一門（中國文書中，記有後膛礮名「阿姆斯脫朗」是也。）從英國購入之計，為此所需之總經費，高達六十四萬九千三十三兩，各礮臺皆以堅穩稱。綜舉其新築礮臺之座數：安平二座、打狗四座、基隆二座、淡水二座、澎湖二座。澎湖所占之要害位置夙為所識，主要委諸水師之汛防，如《澎湖紀略》（《澎湖廳志》〈武備略〉所引。）謂：「若據形勢而論，則大山嶼居中，……外而五十五嶼周環布列，水口礁線，犬牙交錯，實閩、浙、江、廣、燕、遼、山左七省之藩籬，而為臺、廈居中之咽喉。故備澎所以備邊也。」而《澎湖廳志》駁此說辯謂：「是說，對於王公設險之道或有未盡之處，西嶼之內、外塹實咽喉之重地，嵵裡、蛇頭為媽宮[1]之唇齒，尤宜建礮城駐重兵用資防守，此實為今日之第一要著。」（〈武備略〉）按議於澎湖添此種設防之必要，實始於嘉慶九年海寇蔡牽在洋面滋擾、臺、澎戒嚴之際，當時水師副將王得祿就媽宮港岸，相度要害，用石築矮堞以資堵禦，為其濫觴。（所需之石工由水師營自行捐辦。）媽宮口一帶，（自水仙宮口起至西城止。）及嵵裡澳井仔垵[2]社西南銃城一帶，係其布置之位置。嗣於同治三年，新城礮臺（就西城舊址改建），並金龜頭礮臺各一座。（俱用石板圍築，添設有外牆。）後全廢圮，於十三年戒嚴時，在新城、金龜頭、蛇頭並西嶼等處，雖有安設大礮之議，因經費之籌措困難，乃擇毗連新城、金龜頭之處所，就舊址改建而已。至光緒九年，新礮臺築於西嶼之內塹、外塹二處，《澎湖廳志》記：「西

① 上字伊能原書作「頭」。
② 字伊能原書作「灣」。

嶼之內、外塹為澎湖口門第一要害，至是築二礮臺，役竣頗為堅隱，惜未安礮配兵而海氛遽作，時論追憾守者之調派太疏，但非苛論。」（〈武備略〉）但見其亦一時中絕。而十三年新修之礮臺三座較屬完備，《澎湖廳志》載：「光緒十三年春正月，總兵吳宏洛拆建西嶼東、西兩礮臺。（西礮臺在外垵，東礮臺在內垵。）其金龜頭（在媽宮隘口）、大城北（在大城山頂）新造兩臺，式樣較高，與前迥異。」（〈武備略〉）

（附記）由來在臺灣，忽視設防，如康熙三十六年成書之《裨海紀遊》慨論之曰：「自淡水港而南，迄於郡治，尚有南嵌、竹塹（即舊港）、後龍（即後壠）、鹿仔（音雅）、二林、臺仔穵（即番仔挖）、莽港（即笨港）等七港；自郡治而南至鳳山縣沙馬磯，亦有蟯港（即蟯港）、打狗仔、下淡水（即東港）等三港。山中澗水所出，雖沙堅水淺，難容巨舶，每當潮汐，亦可進舟。設有寇盜伺隙，或紅毛思復故物，以數舶虛攻鹿耳牽制水、陸，而出偏師掩襲各港，踞土列營，首尾夾擊，則我兵守禦勢分，三面受敵矣！今獨重鹿耳、安平之守，而於各港一切泄視，非計之得也。」而當時似未被顧及而止。道光年間，因鴉片戰爭之餘波將及於臺灣，初覺其守口之防備尤應加強。二十年，分巡臺灣兵備道姚瑩，會同臺灣總兵向督、撫上言〈防夷急務狀〉，列陳現辦急要事宜七條。一曰、募壯勇以貼兵防，二曰、派兵勇以衛礮墩，三曰、練水勇以鑿夷船，四曰、習火器以焚賊艘，五曰、造大艦以攻戰，六曰、雇快船以通文報，七曰、添委員以資防守。皆被目為目前必不可緩之事宜。嗣與臺灣總兵會稟〈臺灣十七口設防圖說狀〉。所謂十七口係指安平大港①、四草海口、鹿耳門、郭賽港、二鯤身②（臺灣縣）、打鼓港（含東港）

①伊能原書作「鹿耳安平鎮港（臺灣縣）」。

②以上四口伊能原書原文脫。

①（以上鳳山縣）、樹苓湖②（以上嘉義縣）、番仔挖③、王功港、五汊港④（以上彰化縣）、大安港、中港、香山港、竹塹港、滬尾港、大雞籠港（以上淡水廳）、蘇澳（噶瑪蘭廳）⑤，當時認為要口之處，其設防所為布置亦至為周到，然不過為一時之應急，但基於「臺地延袤一千餘里，處處濱海皆可登岸，陸防之重尤甚於水」（光緒元年沈葆楨之〈請改臺地營制摺〉之一節）起見之設防，後來臺灣巡撫劉銘傳，於臺灣本島，隨著完全裁撤水師，陸路之改制始告就緒。

向來臺灣之海岸防備，僅限於西部之半面，至其東部以「化外番界」之故，完全付諸等閑，但察海寇之窺伺，屢有欲乘此閑隙之虞，故噶瑪蘭置廳後，一面實行水師之巡哨，同時有在加禮遠港（濁水溪口之東港）築臺架炮之議，但因臺政弛緩，未成而止。《噶瑪蘭廳志》〈規制志〉記有：「加禮遠港，……港口左右即係大洋，港口之水，較烏石港口計深三尺，並無暗礁。三、四百石之米船，可直收入沙岸，土人謂之東港以泛粟。從東南流而出者皆聚於此。其由西北流而出者，則囤寄於頭圍，因以烏石港為西港，其實加禮遠口，右則內通於蘇澳，左則外達於頭圍，最為蘭中扼要門戶，不獨羅東一小聚落之咽喉也。初議築臺架炮，以杜窺伺，至道光五年，改暫緩築。」（「海防」）乃屬其經過。

第三節　水師戰船

據清朝之制度，水師係江河及外海並兼防禦，有操縱所屬戰船之任務；同時，船政之

①伊能原書作「打狗港、東港」。
②「樹苓湖」於伊能原書作「笨港、倒風港、含西港」。
③「番仔挖」於伊能原書作「海豐港」。
④以上二口伊能原書作「鹿仔港、三林港、水裏港」。
⑤蘇澳一口於伊能原書脫，而多一澎湖廳之天后澳。

組織亦有一定，凡屬於外海之水師戰船，最初風帆船長一丈九尺乃至十一丈，濶九尺六寸乃至二丈三尺五寸為例，三年小修，六年大修，九年再大修，不堪修造者更造。而臺、澎之水師戰船定額為九十六隻（內澎湖三十六隻），（《皇朝通典》有云：「福建外海戰船名號凡十：曰趕繒船，曰雙篷艍船，曰雙篷船，曰平底哨船，曰圓底雙篷舢船，曰白艕舢船，曰哨船，曰平底船，曰雙篷哨船，曰水底艏船。」）初俱分派福建通省內地廳員修造，康熙三十四年，改歸內地州、縣。其尚可修整而不堪駕駛者，內地之員辦運工料，來臺灣興修。迨按糧議派，臺屬三縣（臺灣、諸羅、鳳山）亦分修數隻。後改屬在福建省內道、府監修，臺、澎九十八船，內派臺灣道、府各十八隻，餘歸福建本省修造。至康熙四十五年，仍舊改歸臺灣道、府專屬，府修造之船數倍於道，後使其專屬於知府，道船亦歸府。

當初造船之工，專在臺江，《臺海使槎錄》所收〈番俗六考〉北路諸羅番（一）之附載記：「郡中造船，出水最艱，所司檄四社番眾（指新港、目加溜灣、蕭壠、蔴豆之熟番）牽挽，歲以為常。聞金一鳴，鼓力並進，事畢，官酬以煙、布、糖、丸。」係敘康熙末年之前後，從淺水之臺江岸使船進水之慣行也。而乾隆末年，臺江完全被淤塞，係屬事實，勢自應中止造船之事。

雍正三年，兩江總督查弼納，奏准立軍工總廠於通達江、湖之所，對於百貨之聚集，鳩工辦料，均屬省便。每年派道員監督，再派副將或參將一員公道監視，務節冗費，使歸實用。嗣依閩浙總督覺羅滿保之建議，臺、澎之水師戰船在臺灣設軍工廠，道與水師副將膺監督修造，於是各船盡歸臺廠。

〈番俗六考〉北路諸羅番（三）之附載曰：「臺灣令周鍾瑄詳稿：『估修船料，悉取材於大武郡社山（該社之位置係彰化縣武東堡舊社庄），去府治四百餘里，鋸匠人夫日以數百計，為工須數閱月；每屬工人俱領官價纔十餘兩，尚不足支一日之費。凡食用、僱夫等項，每匠勻派以補不足，工完方止。此為工匠之苦。工料辦齊，郡、縣檄催，每縣約需車四百輛，每輛計銀三兩五錢，照丁派銀，保大丁多者每丁派至三錢，保大丁少者派四丁一輛，是每丁出銀八錢，合計三縣共派四千有零，所領官價，纔每屬三十餘金。此為里民之苦。至重料悉派番運，內中如龍骨一根，須牛五十餘頭方能拖載，而梁頭木舵亦復如之。一經興工，番民男婦，日夜不寧。計自山至府，若遇晴明，半月方至。此為番民之苦。今歲估修不過數隻，害已如此；若明歲大修三十餘隻，臺屬遺黎恐難承受，不去為盜，有相率而死耳！』當事①允其請，力為禁止。」周鍾瑄任臺灣知縣，自康熙六十一年，至雍正四年之間，蓋為此間前後之情形也。

因特產於臺灣之樟樹，適用於其工料，乃在軍工廠之經理下設匠首，使其擔任伐採及搬運，《東槎紀略》記有：「軍工……土料木件，向係南路之瑯璚②、北路之淡水兩匠首承辦，而北路為最多。」（〈與鹿春如論料匠事〉）蓋即指此也。

《鳳山縣志》〈兵防志〉附記：「軍廠在……枋寮街（港東下里），購料造船，軍匠屯聚之所。」所謂南路瑯璚之造船地甚明。又《臺灣府志》中，乾隆初年間現存之地名，淡水廳下載有造船港（竹北二堡鳳山崎溪下流）。按照軍工木料在北路最多之情形時，造船工之一部在此地工作，可

①「事」字於伊能原書作「時」。
②「璚」字伊能原書作「嶠」。

能因而有此地名出現。

嘉慶末年以來有匠首滋擾之事。（如噶瑪蘭廳林永春之變，參閱第四篇〈治匪政策〉第二章〈匪亂各志〉第九節〈噶瑪蘭之料匠挑夫土匪之滋擾〉。）道光年間，屬於道管之軍工廠，置一料館於淡水廳之艋舺，不外為厲行其管束。八年，更使道與府各設廠分修，但料館似依舊由道掌管之。道光十三年之北路理番同知陳盛韶之《問俗錄》中論謂：「水師巡洋之船謂哨，監修者臺灣道也，其籐麻發廳、縣采買，其釘鐵、桐油由內地采買，其桅椗樟木由內山采買，於是各城市有籐戶，曰奉憲采籐也。非軍工廠籐謂私籐，不敢賣。有小廠戶，曰奉憲發賣餘鐵也，非軍工廠鐵謂禁鐵，不敢用。有軍工廠匠首，曰奉憲采料也。非軍工廠采買之木謂偷透，非軍工廠僱修之匠謂私修。住鹿耳門巡查者名海馬，住北路海口巡查者名料差，皆所以嚴海禁、查奸細、備不虞也。而巡差之利在船規，匠首之利在樟腦，廠戶之利在鐵價。倘用非其人，利之所在弊即因之，然則曷革乎？曰：否。查臺灣道例修哨船，大船月限一隻，小船月限二隻，其價領諸司庫，大半不敷。書差辦公，不能不藉茲貼補。以山澤有餘之利，供軍需不足之用，取者尚近於義，與者尚近於忠。倘舍此而剝削府、縣倉庫，則為患滋大。再不然，而杯水盟心，半塵不染，官清於上，丁胥染指於下，小民未沾實惠，猶是飯從脊梁上過。是惟率循舊規，嚴禁滋擾，以防流弊，乃持平之道也。」由此察之，足可知當時管束之難。

先是，伴隨水師之漸就衰萎，有戰船之修造亦較被付於等閑之傾向。雍正初年成書之《理臺末議》（《臺海使槎錄》〈赤嵌筆談〉「武備」所引。）中論曰：「陸師重馬力，水師重舟力，戰陣之時，務爭上風。而運轉不靈，不能占居上風；壓持不重，或反退居下風。此雖人力，全在良舟。然匠人為舟固守繩尺，及駕中流，而快利遲鈍之用乃見。同時發棹，而前後入港之日頓殊者，何也？蓋木之本質不類（如鹽木為柁，遇波濤乃不搖動；餘則否）①，輕重亦異（木老則堅而重，否則輕）。必得良材輕重配合，如人一身筋骨相配，然後善於運動也。故水師必講於造舟者，此其一也。」及嘉慶、道光年間，其廢弛益甚，致有修造之名，而全無其實。

從前慣行之舊規，臺灣道例司軍工廠及哨船、戰艦，歲有風災，官舟碎，則巡道苦修賠。以故民船壞於風，則收其木材，以入於廠，補軍工焉。如乾隆四十七年任分巡臺灣道之穆和藺，「既莅任，則值大風，擊破商船、戰艦各數十，更欲按舊規以行，和藺恚曰：『商船派運官穀，今遭風慘於賠累，吾無救災卹患計，又因以為利，尚復有人心哉？』悉召船戶，按其號給還之，胥役無敢擾焉。」（《臺灣縣志》〈政志〉「列傳」）實不過為「其人存其政存」之一時官績。未幾宿弊復萌，而後斯種之修賠，似又成具文。

然於道光二十年鴉片戰爭之際，為臺灣防海之急務，分巡臺灣兵備道姚瑩〈上督撫言防夷急務狀〉中言：「造大艦以備攻戰：臺灣向無大號戰船，緣臺廠軍料購自內地，大料不能配運，哨船至大號同安梭而止，倘備攻擊夷船，必須添造大艦，如集成字號者二隻或四隻，分給臺、澎兩營配用。嘉慶年間，攻勦蔡、朱二逆，曾奏明特造大艦，今逆夷猖獗，似宜請動帑項，專派大員，在廈製造多隻，為臺、廈水師之用，或例價不敷，由臺、內文武分年攤捐，實乃攻夷要務，但須選訪善於製造之人，親自督工，非尋常廠員所能曉辦。」（《東槎紀略》）②然為其經費無著而未行，竟於道光末年使分巡臺灣兵備道徐宗幹擬議：「已

①此註已見《臺海使槎錄》，下同。
②此狀出自《東溟文後集》。

造之船桅柁皆完，駕未久而棄者有之，已修之船帆索悉備，領未久而折賣者有之。即不准其棄置，不許其折賣，而無兵丁以守之，無礮械以實之；有兵丁矣、有礮械矣，無官弁以統之，無口糧以養之，欲其不變價而不能也，欲其不販貨而不能也，私用窘則官物焉能全也？將官即知之而無如何也。……或偶遇風暴，則曰不堪修葺，甚至為片板無存，修無可修而造難遽造，久之而文冊中有船，海洋中無船矣。嗟乎！洋面無兵船，則洋面皆盜船；洋面皆盜船，則洋面無商船。商船絕，而臺民危矣。今盜船漸以臺洋為逋逃藪，因循再久，患不遠也，勢不能不亟起而改圖之。」（《斯未信齋存稿》〈請變通船政書〉。）

降至光緒元年七月，辦理臺灣海防事務沈葆楨所上〈請改臺地營制摺〉中，亦說及船政，言：「巡洋艇船萬不及輪船之便利，應將閩廠現造輪船分撥濟用。臺、澎各營現僅存拖罾艇船八號，俟屆修時，應請裁撤，歸廠變價，以節虛糜。」經允准決行之。初，同治末年戒嚴之際，在福州船政廠之德國人美德蘭（Bityran）為大副，同飛得士（Pittes）為管輪，使膺福臺間火輪戰船之操縱，更依囑使其督其教練。至此水師戰船之制完全一變。

同治六年，由甘陝總督左宗棠，有清國船政更張之建議，舉沈葆楨任總理船政大臣。乃設船政廠（船塢）於福州之馬尾山麓中岐之地，而聘法國人日意格（M. Prosper Giquel）為造兵輪船之監督，堅明約束，期於五年成。總督某等屢次言船政未必成。沈葆楨不為所動。至八年輪船續成，於此使輪船統領隨時訓練。十一年十二月前後造成兵輪二十艘，分布各海口，又開學堂二所，使其分習造船、航海之技藝，嗣議酌改船式，鼓勵匠徒使其自造，以至多不假外人之監督。時遇日本之兵師動於臺灣番地，乃覺防海之不可忽視，至此採納最初建議派此新水師戰船也。

然此亦不過為一時之現象。光緒十年清法交戰之際，實因缺乏與法國艦隊可對抗之水師戰船，不得已取誘之為陸戰之戰略之勢。據《澎湖廳志》〈武備略〉，記光緒十八年之現狀言：「後來額設各船，年久損壞，或變價發賣，無一存者矣。」可知其最後之頽勢也。

第四節　鄉兵之特制

第一項　一般鄉兵

為臺灣兵制釐革之一理想，應實施民勇即鄉兵之編制之議，於康熙末年朱一貴之役後作為謀善之策，在公私之間被提倡。雍正二年，藍鼎元進言巡視臺灣御史吳達禮①之〈論治臺灣事宜書〉中，陳添兵設防之要曰：「臺灣地方寥濶，兵防未增，民俗悍鷔，好為傾側。雖太平無事，不可忘有事之備也。若收納拳勇，免其差徭，練為鄉壯，教之步伐止齊，豈出官兵下哉？道、府、四縣及淡水同知各設鄉壯三百名，無事則散之農、賈，有役則供我指此；此古者民兵之法也。民兵不能給糧，在用權術駕馭之。臺民好近官長，以為榮耀，但時召至衙齋，與之談吐，如家人父子之相親切，課其武藝，教之戰法，則人人自以為官長腹心，無不踴躍從事。但須約束有方，無使藉勢陵民，則多多益善，不必限定三百數矣。」（《鹿洲初集》）是與曩代臺灣鎮總兵致閩浙總督書，欲採用團練之制於臺灣之進策相照應者，藉以補足班兵之不周備也。（又藍鼎元有賴此民壯之力以彈壓番變之意見，雍正十年，關於大甲社番事件後善謀之

①當作福建分巡臺灣廈門道吳昌祚。

立論：「飛咨內地，調兵三千，似覺招搖耳目，或滋宵小之疑。不如在臺招募土兵，倣戚繼光分號編伍、一日成軍之法；召集易而成功速。蓋山谷崎嶇，官兵不如民兵之利；選擇精壯，雷厲風行，隔海千里，不如就地取材之捷也。」《鹿洲初集》之〈謝郝制府兼論臺灣番變書〉）其議被納即成為民勇之組織，主要在文治機關之下協助緝拏與防護，使之與兵丁相為表裏。然未幾伴隨之弊竇極甚。十一年，依閩浙總督郝玉麟之奏請准予減裁。該議奏准之要點係在於：「臺屬民壯俱係無賴流寓之人，每多滋事，擾害良民。除原撥澎湖通判、臺灣府經歷、臺、鳳、諸、彰四縣典史民壯共四十四名，照舊存留供役外，其道、府、同知、知縣共民壯三百五十六名，悉行革退，編入保甲。將原給器械追繳貯官。即於鎮標營兵內酌量撥給道員二十四名、知府二十名、臺同知十五名、淡同知二十四名、臺、鳳、諸、彰四縣各二十名，以資護衛巡查。」

此間藍鼎元另主張在臺灣南、北路邊陲民、番錯雜之要區，施行屯田兵制之利。雍正六年於〈臺灣水陸兵防疏〉中，對於臺灣水、陸兵防，以北路之竹塹埔與南路之瑯璚為其位置，擬曰：「竹塹埔寬長百餘里，行竟日無人煙。是彰化守備兵力所弗及也。臣愚，謂竹塹埔廣饒沃衍，可闢良田數千頃，宜特設屯田守備一營，駐兵屯墾，併募民共耕餘地，碁置村落，使生番不敢出截行人，而農民得安耕鑿。……南路下淡水以下，大崑麓、瑯璚二、三百里，亦無兵防。向皆有番無民之地，今開墾流移日趨日眾，山深海僻，遂為匪類逋逃之藪。臣以為瑯璚乃臺南要害，亦宜特設屯田守備一營，駐兵五百，屯墾防守。或慮官兵不習耕耘，增兵又須餉，則此欲設竹塹、瑯璚兩營，可另募農民為兵，資以牛種、農具及一、二年之食，至成田登穀之後，停止給糧，即以所墾官田俾世其業。若犯法責革，將分田招民另補，其父母、妻子皆許攜至行間助耕饁餉。臣思全臺防兵，皆內地換班流寓，不妨增此二營土著，以為主客相維之勢。且兵丁有父母、妻子，必不肯受賊蹂躪，無有如前歲之臨陣不勇，以孑然一身逃歸內地者。況力農之兵，手足粗勁，血氣堅強，較官兵猛壯加倍。幸竹塹、瑯璠皆有可屯田之地，與其棄為盜窩，不如收為兵食。利國利民，一舉兩善。」即是，而《理臺末議》（收於《臺海使槎錄》〈赤嵌筆談〉之「武備」所引。）書中，切論在臺灣之屯守，為寓兵於農之設施，謂：「臺灣水、陸制兵盈萬，費綦重矣；乃彭湖、安平之兵居其半，水師汛重，不容以覈減，臺灣之兵居其半，陸路汛廣，又不得不議增，然有可節省之道、至便之術，亦持籌者所必講也。臺灣原有官莊，即可為屯田。其佃即可為屯兵，不過加以訓練，明其節制，或倣古者耕七調三，或立在要地屯守，寓兵於農之中，非特兵無跋涉，歲免度支已也。歷觀名[1]臣奏議，所用邊守之眾，多取土著，以土著宜於水土，明於地勢，而又欲自保其身家，則守禦必周。且聞名將用兵，有取農人，號為新力兵，則以其性質椎魯，手足強健，雖風雨奔馳，可無倦乏耳。今議舊設制兵仍用內地更代，增設之名，就臺另立屯田，可以相資，則兵力愈強而巡防彌周矣。」其方策之內容雖有所異，但大體之見地，有汲同流者也，而此立議未被執行而止。

降至嘉慶十五年，閩浙總督方維甸為申明臺灣班兵之舊制，擬議章程，同時有所奏陳，請酌籌臺灣各營汛地之歸併，以便操防。嗣分巡臺灣兵備道葉世倬，參酌之而更立改兵之議，其要在於裁撤臺灣之班兵，召募土著，應以純粹之鄉兵編制。蓋班兵之現制以其頹弛而有其不堪於弊累之處也。然以其存廢之利害關係重大，如臺灣總兵觀喜，不能決其疑惑，乃問策於臺灣知縣姚瑩。姚瑩為之致〈臺灣班兵議〉陳述意見，略曰：「夫兵者，凶器至危，以防外侮，先慮內訌。自古邊塞之兵皆由遠戍，不用邊人，何也？欲得其死力，不可累以

[1]「名」字於伊能原書誤作「各」。

室家也。邊塞戰爭之地，得失無常，居人各顧室家，心懷首鼠，苟有失守，則相率以迎[1]，暮楚朝秦是其常態，若用為兵，雖頗、牧不能與守，故不惜遠勞數千里之兵，更迭往戍，期以三年，贍其家室，使之盡力疆場，然後亡軀效命。臺灣海外孤懸，緩急勢難策應，民情浮動，易為反側。然自朱一貴、林爽文、陳周全、蔡牽諸逆寇亂屢萌[2]，卒無兵變者，其父母、妻子皆在內地，懼干顯戮，不敢有異心也。前人猶慮其難制，分布散處，錯雜相維，用意至為深密。今若罷止班兵，改為召募，則以臺人守臺，是以臺與臺人也。設有不虞，彼先勾接，將帥無所把握，吾恐所憂甚大，不忍言矣。」（《東槎紀略》）乃以彼之弊有不可比此之弊者，觀喜亟以為然。嗣於道光元年，葉世倬陞福建巡撫，姚瑩任分巡臺灣兵備道。次年，姚瑩與福建巡撫面議此事。三年，閩浙總督趙慎畛就新任時，與之有所切籌。總督採納其議，班兵裁撤之議乃罷也。

因中國本土鴉片戰爭之影響，道光二十一、二十二年間，有英船屢次在北路淡水廳之大安、雞籠等港外遊奕，守口之防備亦加嚴，淡水同知曹謹親自膺任其警戒措施，於沿岸將沙為囊設法為備急。初道光二十二年，浙、閩要害失守，同時早傳夷匪犯境之警於臺灣，分巡臺灣兵備道姚瑩與臺灣總兵會同上言〈防夷急務狀〉與督、撫，列陳現辦急要事宜七條，嗣與總兵會稟〈臺灣十七口設防圖說狀〉。而「逆夷去來無定，洋面倏息千里，偵探消息，必須內外相通；不容遲悞。應飭澎湖、臺防、鹿港、淡水有口四廳，各雇快小漁船二隻，往來臺廈、蚶江、澎湖，偵探逆夷動靜，一有警信，立即飛報，並請憲臺飭令廈防、蚶江二廳，一體雇備馳報臺、澎。」（姚瑩之〈上督撫言防夷急務狀〉中，關於「雇快船以通文報」之解說。）之實施與兩者相應而感得未雨綢繆也，然其實尚伴有情弊纏綿者，曹同知乃以為，海口之

①「迎」字於伊能原書誤作「逃」。
②「萌」字於伊能原書誤作「崩」。

防兵概驕惰而不能得力，不如停給防洋之兵費，專用鄉勇，具稟意見於分巡臺灣兵備道姚瑩。姚瑩發〈駁淡水守口兵費不可停給議〉而抑止之即係此時，時外患將逼，加之以內憂之不利，似出乎慮及萬一之遠見。其議之要旨曰：

兵者，國之爪牙，所以宣上威、鎮亂民也。將弁不才，訓練無方，但可更易將弁，豈可因噎廢食耶？專用鄉勇，其患更有不可言者。曹丞能得民心，善練鄉勇，但知現在義勇感奮整齊，以為團練有效，又見營兵驕惰，虛糜經費，時復滋事，遂欲罷艋舺、竹塹兩營防夷兵。殊不思鄉勇非他，即臺地之悍民也。能善馭之，故為義勇。苟一不善，則亂賊矣。兵亦猶是也。不肖將弁治之而驕惰，苟得賢能將弁，亦豈不可治之為勁旅乎？冠雖敝不加於履，辨等級所以養國威也。臺營惡習，本司道非不知之，即鎮軍亦非不知也。特鎮軍之力，但能練在郡四營之兵，猶不能徧，僅練千人，他營則皆不能，費不足也。即此千人，亦有內外之別，內精兵實止六百人耳。例領錢糧不足，全臺文、武捐助，練費豐厚倍於他營，所以獎拔之者，亦優於他營。故富而強。整水、陸萬四千人，安得盡如精兵之優厚哉？全臺十三營，皆鎮軍統轄，而厚薄攸殊，諸營不能無怨，鎮軍無如何也。諸將中賢者猶不失其律，不肖者則藉為口實，坐使廢弛，有由來矣。吾思有以結眾營兵心，正賴防夷經費優給之，於常得錢糧有加，彼亦人情也，恩惠既及，乃可受吾驅策。此一定之理。今逞一偏之見，欲罷防夷兵，專用鄉勇，恐鄉勇由此而驕，益輕諸營。設有反覆，誰為制之？且以素怨之兵，見文官偏用鄉勇，必怒。一旦為變，曹丞能率鄉勇以討叛兵乎？縱使能討，必益長臺人之亂，禍不旋踵矣。東漢董卓、唐代藩鎮之不可制，皆由先假外兵以平內難所致，可不戒之哉！自古師克在和，臺灣孤懸海外，全賴文武同心、官民一氣，庶幾眾志成城，豈可顯為軫域？廢本

司道數年調輯苦心。若如曹丞之見，是必無臺灣也。（《東溟文集》）

要之，是一面可知悉當時營兵極為驕惰之情實，同時他面可謂文、武各官闕其協和之餘弊而發，而暴露守口之防兵輒不遵守文官同知約束之事態。而地方保安之著眼上，固有募鄉勇之必要，亦為姚瑩之意見，謂：「鄉勇宜募。臺灣遊民日眾，平時剽悍，及小有蠢動，則不待賊招而自赴。否則，各成一隊，乘機焚掠，府、縣城廂內外尤多，蓋城市繁眾，為姦民聚集所也。向來辦此郡兵事者，每遇有警，則道、府、廳、縣各有出貲，廣募鄉勇，名為備用守城擊賊，實則陰收此輩，養之免其作賊耳。若輩亦非必欲作賊，以無人養食之故，乘機求食。今有口糧，則其心定矣。此必不可惜費。」（《東溟文集》之〈上孔兵備論辦賊事宜書〉）即是也。如斯繼紹之者為道光末年之分巡臺灣兵備道徐宗幹，在其〈戍兵議〉中主張：「道、府、縣各多養屯丁、鄉勇，隨時練習，以補兵力所不及，並以制兵丁之多事者。」（《斯未信齋存稿》）之意見。

尤其關於隔海之澎湖一廳，風氣與臺灣迥異，不如招募土著為有當之議，切被當道者間倡導。

於《澎湖紀略》（《澎湖廳志》〈武備略〉所引。）載：澎湖素皆招募土著，迨康熙六十年，臺變之後，於一件〈恭陳臺灣事宜〉案內，始議以內地水師營分兵輪班戍守，兵制始定。然此不免失考。臺灣之兵備，入清之初即已立班兵之制甚明，水、陸俱然也。且其一件所謂〈恭陳事宜〉，究何人所陳不詳，《澎湖廳志》亦辯之。

現如姚瑩雖亦主張在臺灣本島，必須分撥大陸之士兵，至澎湖之戍兵則建議謂不如募士民，曰：

古者名將教士，或臥於崩崖之下，或置諸虎狼之窟，所以練其膽氣，使習陷危機而不懼，然後大勇可成。臺洋之涉，亦可謂危機矣。駴浪驚濤，茫無畔岸，巨風陡起，舵折桅欹。舟師散髮而呼神，隣舶漂流而破碎。大魚高於邱岳，性命輕於鴻毛，若此則班兵往來頻數，習而狎之，膽氣自倍。一旦衝鋒鏑，冒矢石，庶不致畏葸而卻步。且平日海洋既熟，即遇變故，亦來往易通。……今若改為召募，免其涉險，則恇怯性成，遇難①望風先走。膽氣既無，鮮不潰敗……甚非國家所以養兵之意。②今考臺灣之民情浮動自宜用內兵戍守，如澎俗與臺迥殊而與內地之金門無異，則召募土著為宜，蓋澎之人能於海中行動，水務最熟，而水師時時巡洋，非如陸兵必待換班始有渡海之役焉。（《東槎紀略》之〈臺灣班兵議〉）

此有故，素來澎湖屬海隅之叢島，遠隔府治，上司之鈐束屢不免有難及之實狀，因此不逞之戍兵往往乘之，至肆為欺凌嚇索也。道光末年，分巡臺灣兵備道徐宗幹所立〈澎湖請改募兵議〉，不外係察其弊為其善後而發，曰：

臺地治兵難於治民，兵安則民安。近年呂鎮③督飭各將官實力整飭，與地方官和衷治理，漸有成效。惟澎湖一營，遠隔海洋，無從遙制。留心訪察，聞該營戍兵由廈門、銅山、海壇、南澳四營

①「難」字於伊能原書作「變」。
②以下一段未見於〈臺灣班兵議〉。
③臺灣總兵呂壽山，名恒安。

撥調，間有桀驁不馴者，頗難鈐束，欺凌民人，甚或奸占婦女。雖該管文、武隨時查辦，積習驟難盡改。並風聞有人歃血結盟、私立規約，如本管官弁責革不公，不能聽從。此傳聞之詞，不可盡信，細查亦並未生事，然究不可不預為籌維……。據楊倅面稟，請將澎湖營水師改為募兵，或酌量增補抽換。澎民皆以捕魚為生，極為勤苦，且熟諳水性，履波濤如平地，健壯丁勇，挑選入伍，以備不虞，較水師實為得力。雖亦漳、泉本籍，儉樸安分，與臺、嘉等屬游民迥不相同，必不因充兵而生事。不但節省戍兵換班加餉若干，並收養海島許多無業窮民，沙線既熟①，守望亦專，內地兵丁既不至雜處為患，又可省其跋涉往返，實一舉而數善備。該倅所議，不為無見，可否備菲葑之采而酌行之？竊謂臺郡之於澎湖，猶省垣之於臺灣，苦於聲息難通，時多顧慮，實以責任攸歸。仰體在遠不遺，有所見聞，不敢不據實上陳也。」（《斯未信齋文集》）

時閩浙總督劉韻珂，雖夙對於治臺善後有所苦心，然未及採用決行之而止。降至同治七年，澎湖水師副將吳奇勳，博採輿議，以就地募補之說，對督、撫有所陳請，亦未獲准。

第二項　特殊之鄉兵

在臺灣為兵制釐革之策，應改鄉兵編制，雖屢次在公、私之間被提倡，竟不克採行而止，但特殊鄉兵之組織因實際有其必要而被採行。一即六堆之組織，一即屯番之組織也。而前者導源於蘊涵操縱難駕馭著稱之粵屬之政略，後者則併由來於欲利用為防守番界彈壓生番所為隘丁補充之方策，自屬一種準武備機關。

①「熟」字於伊能原書誤作「熱」。

（一）六堆

六堆之組織，初於康熙六十年，朱一貴之起事於南路之際，其勢極為猖獗，未幾全臺淪沒，當時應之者概為閩屬；素與其氣類、鄉語不同，且為其利益之競爭者──在南路下淡水溪流域粵屬之移民則起敵愾之心，密行舉義誓願從官，（粵民李直三、侯觀德、凃①文煊、邱永月、黃思禮、劉魁才、林英泰、鍾國虬、林文彥、賴君奏等，為義民之首也。）四月（二十二日）先遣使赴臺灣府有所請。五月（十日）糾集十三大莊、六十四小莊，粵屬之多數（鎮平、平遠、程鄉、大埔各縣之籍民）併之以閩屬之一部分（汀州之籍民），共一萬二千餘人，會於萬丹莊（港西下里）樹立清方之旗號，奉戴清帝之牌位，部署隊伍，大為効力於疆埸。曩粵屬之少數（潮陽、揭陽、海陽、饒平各縣之籍民。）曾黨於賊，亦終背離之還莊參與義民，至此，義軍之聲勢甚熾也。而以鳳山八熟番社之倉廒貯積有粟十六萬餘石，乃帶領鄉社之民、番固守之，使賊無一人得南渡下淡水溪。事平之後，閩浙總督覺羅滿保，錄其功而上奏。（〈題義民効力議敘疏〉）對有功者二百餘人授予都司、守備、千總、把總、外委等武職之資格，及賜銀九百五十兩、米三百石、粟一千三石、綵綢一百疋，依旨發劄付（褒章）一百七十四張，（臺地守土義民之劄付一百十五張，引兵殺賊義民之劄付三十六張，擒賊義民之劄付二十三張。）且旌其里以書有「懷忠」之敕額。（總督覺羅滿保為之建亭，稱忠義亭。嗣於雍正十一年，巡視臺灣御史覺羅栢脩及高山重修而擴大規模。亭內奉清帝之牌位。爾後每有事，粵屬作為公會之所。）六堆，在此際係準戰時部署而組織，（堆係與隊異字同音，依之使其明官私之別而已。）依地勢將該粵莊全部分為六大區，因以堆編制而名。堆之區分如左：

①「凃」字於伊能原書作「塗」。

六堆
- （一）先鋒堆
- （二）前堆——上前堆、下前堆
- （三）中堆——上中堆、下中堆
- （四）後堆
- （五）左堆
- （六）右堆

一百六莊

乃由各堆公選經理、副總理，更推舉全堆之大總理、大副總理，一堆由六旗而成，一旗以壯丁五十名編之，稱之為旗丁。如斯，平時各自散而為農耕之民，一朝有事之日，即被召集從軍，所謂一下尺一之符有兵馬立具之狀。大總理掌握指揮進退一切之權，總理膺協辨各堆之軍務，軍需、糧餉屬於莊民之負擔，係形成自治獨立之一種屯田兵組織也。雍正十年南路吳福生起事時，六堆之義民（侯心富主之），起而集合一萬餘人①赴軍，著有戰功。事平依閩浙總督德沛之上奏，獎賞其軍功，對於原來已有武職資格者，各陞一等，發箚付三百五十四張。

德沛之〈題議敘義民疏〉曰：「竊惟臺灣一郡，為閩省海疆重地，番黎雜集，奸良不一，惟粵潮客民，往臺耕讀，急公好義，前于康熙六十年朱一貴竊發案內，據義民李直三等倡首起義，一萬

①《鳳山縣采訪冊》與後引德沛之疏同作九百餘人。

餘人設營保固，隨時底定，經前督臣滿准到部覆，將李直三等議敘功加署守備劄付。雍正十年南路奸匪吳福生等，謀為不軌，義民侯心富等復行率眾九百餘名，渡河應援，賊眾倒戈奔潰。其北路兇番未靖，經水師提督王郡調赴軍前備充嚮導，出力用命，各著微勞，經前督臣郝將立功義民，備造履歷，請敘行查。伏念各義民，乃耕作小民，自食其力，原與給餉官兵有間，伊等能明大義，糾眾隨師，情實可嘉，隨將各義民所立功績，分別南、北兩路，題敘覆查無異，應如所請，義民侯心富等前後隨師著績之處，准其議敘給以功劄，以示鼓勵。」

乾隆五十一年，林爽文起事之時，莊大田應之，滋擾南路。六堆之義民（許廷耀主之）三千餘人起而討之，功績不少。大將軍福康安，造其有功者之名冊上奏。五十三年，從優議敘，給與劄付及賞銀有差。（當時復御書「旌義」二字彰功。此後每年十月初二日，設香案高懸於壇上朝拜之，張筵演戲慶之，名之曰「義民普」。）嗣於嘉慶十年，海賊蔡牽入寇時，亦有所出力，各蒙賞獎。如斯官府能鼓勵之，每有事利用為我爪牙，賴為南方之重鎮。彼等亦自行標榜義民誇負他籍，藉為展示其威力之奇貨，但情弊忽伴而釀生，甚至濫發假公濟私之粵閩分類械鬪，隨而彼等一變而為驕傲。降至道光、咸豐之交，隨臺政綱紀漸形頹弛，其誇負之氣倍甚，雖係官府之命，輒有不為遵奉之狀。當道光十二年及咸豐三年，黨眾犯鳳山之際，乃有在義民之名目下動員，妄懷挾私嫌擅攻閩莊，焚搶擄殺，不分良莠，鄉社悉為焦土，財物被掠一空，難民之流離失所者不勝計數之慘禍。《臺海使槎錄》所收〈赤嵌筆談〉之「朱逆附略」記：「南路澹水三十三莊，皆粵民墾耕，辛丑（康熙六十年）變後，客民（閩人呼粵人曰客仔）與閩人不相和協。再功加外委數至盈千，奸良莫辨，習拳勇，喜格鬪，倚恃護符，以武斷於鄉曲，保正、里長非粵人不得承充，而庇惡掩非，率徇隱不報。余時飭所司調劑而檢察之，報滿擬陳請將外委多人分發閩、廣各標營差操，能者授以職，不堪委用者斥還本籍，不惟可清冒濫，亦以殺其勢也。尋被誣就質於杭，不果。」蓋夙洞察此弊端之兆也。近代《鳳山縣采訪冊》評之曰：「其名為義民，實比賊甚。」以貶之，其言不無矯激之嫌，但亦非無理由。而其武斷鄉曲之越俎，據說竟致官府亦束手不能制之。

（二）屯番

乾隆五十一年，林爽文起事於北路，其勢蔓延，將風靡全臺，而淡水廳亦危，當時淡水同知徐夢麟募北路熟番數千，結營於大甲溪口使其守衛，淡北賴以得安，而更涉大甲溪，勦蕩彰化縣北境之要地，通連絡於鹿港，使援軍從大陸東渡得不失時機，加之由於水沙連及阿里山之歸化生番亦出力有功，認為其足以資捍衛。五十三年，大將軍福康安等，奏請在臺灣設置屯防之議。而其設施之要點，係倣四川省屯練兵之例，就在番社設屯，其番丁給予番境之荒埔為其養贍之地，開墾耕種以供久計之資，尚有須以自資補充不足之實情，另定屯田招佃人耕作，而徵收屯租以足屯餉，遇一旦有事之際，使協同官兵出力奉公。五十五年，閩浙總督伍拉納、福建巡撫徐嗣曾等奉旨實行之。乃由南、北兩路之熟番及歸化生番之一部挑選屯丁，以四千名為定額，將之分為十二屯，大屯四處（每處四百名），小屯八處（每處三百名），按各該廳、縣之地勢分設，與各處之營汛官兵聲援連絡，置屯千總（二員）、屯把總（四員）、及屯外委（大、小各屯每處一員）之準武職屯弁，膺任分管統率，自就有資望之番社頭目中充補，非特徵集於屯營行操練演習。其軍械未必全按綠營之制。鏢槍、鳥銃、竹箭等任各所長，除了鳥銃之外不受官之點驗，任其自行製備，由北路協副將及南路營參將約束之；至檢閱屯丁、拔補屯弁，由臺灣鎮總兵與分巡臺灣兵備道辦理也。就中北路淡水之區域範圍，墾民私設隘防於接近番界之地域，隨而弊累增加甚多，有司有難以控制之傾向，在設屯之同時定官隘之制，派撥屯弁、屯丁使其擔任警備，以充公之隘田所收租銀支給屯餉也。

嘉慶十七年，新添設噶瑪蘭廳時，在其地之熟番（三十六社）有設屯之議，因故未實行而止。至道光年間在北路更增設水沙連大屯。水沙連係歸附生番，當初不過係一部之歸化者，至此舉六社以一揆，依分巡臺灣兵備道徐宗幹之議成為獨立之一大屯，表面係屯番制之一更張。然其時已有屯政廢弛之兆，豪強之侵占倍甚，流離四散，殆不知所之。「嘗考設屯之初，……官為經理，乾隆五十七年，改令屯弁自收發給。嘉慶十九年，仍歸官收發給，相沿至今，幾於有名無實，而屯政日就廢弛。予嘗深維其故，而知其弊所由生矣。番性愚魯，衣食可度，即不忍輕去其鄉，雖老死不出社可也。乃今則俯仰無資，紛紛散走。向時之村社，經再過焉，而已為墟矣。屯丁尚闕其人，屯政安有實效？」（《彰化縣志》〈兵防志〉之「屯政」）不免有所言情形之傾向。然有：「查屯丁世沐皇恩，佐平臺亂，習居煙瘴，好勇耐勞，誠能訓練有方，實較綠營遠勝。」（光緒十三年臺灣巡撫之關於整頓屯務之奏疏。）之概也。若能整頓屯務予以改善，雖非無足以資兵備之補充，但其後因故積欠屯餉，竟至不得不減額，使其全瀕於有名無實之末路也。（參閱第十五篇〈番政沿革〉第四章〈屯制〉。）

第三章　臺灣之特制及其內容

第一節　官員之特別調補

清朝之制，向來於文、武大小各官，對其權責之保障定有堅實之明文，以示優遇，尤其臺灣係海外之要區，蒞任者不得不遠涉重洋之險，所謂衝、繁、疲、難兼具之要缺，視為誠非尋常之獻身所能克服者。乃於康熙三十年，奉旨定特例，限制臺灣文、武官任期，將之陞進更代至內地，而其文官道員以下、教職以上，俱照廣西省南寧等府之例，就品級相當之現任官員內揀選調補，三年秩滿即陞，雖無品級相當堪調之員時，仍歸部選。即三年之任期既滿，使其以陞銜再任三年，以前後六年為最高限。嗣於雍正七年議准：「臺灣道、府、同知、通判、知縣，到任一年，令該督、撫於閩省內地揀選賢能之員，乘北風之時，令其到臺，與舊員協辦，半年之後，令舊員乘夏月南風之便，回至內地補用。政績優著者准其加二級，稱職者准其加一級，以示鼓勵。」又於八年奏准：「嗣後調臺各員，到任二年，該督、撫另選賢能，赴臺協辦，半年之後，將舊員調回。」更於雍正十一年覆准：「臺灣道員，准其照鎮、協（武官）之例，三年報滿。知府、同知、通判、知縣，准其照參將等官（武官）之例，二年報滿。俟協辦人員到臺，半年之後，令各該員交代清楚，回至內地。該督、撫照例察核，分別具題。如果實心辦理、地方寧謐，俱准其以應陞之缺即用。再查道、府應陞之缺俱係特旨補用，應令該督、撫給咨，赴部引見候旨陞用。其同知、通判、知縣俱留於本省，遇有應陞缺出，該督、撫即行具題陞補。」①

嗣於乾隆七年議准：「臺灣知府缺出，倘所屬知府內實無合例可調之員，其任內有督催錢糧未完一分以下者，吏部於本內聲明。其臺灣知縣缺出，仍令該督、撫將應行調補之員調補。如實無可以調補之官，於應陞人員內揀選調補。」八年更議准：「臺灣訓導三年報滿，准其調回內地即陞。遇應陞月分，以縣丞、府經等官陞用。如該員俸次應陞學正、教諭之時，吏部截定俸次，令該督、撫，挨次論俸陞用。」又議准：「嗣後臺灣府、廳、縣，照其道員、佐雜、教職等官，一體三年期滿，報明該督、撫照例具題，分別陞用，免其留臺協辦。」降至道光四年，新定臺灣調補之細例，且改文官在任之滿期為五年。其武官，比之文官雖由來較為單純，但有特殊之定例亦係事實，據云：「總兵官三年俸滿，請旨陞見；副將三年限滿，給咨引見；參將、遊擊、都司、守備二年限滿，咨部推轉；千總、把總三年限滿，赴省候文推補。」（《臺灣府志》〈武備志〉「營制」。）

初，雍正末年，關於臺灣文官之任期有以一年更代之旨。當時攝理臺灣知府沈起元致督、撫之〈條陳臺灣事宜狀〉之中謂：「調任之新令太驟也。臺地重洋遠隔，六年一宦②，誠屬太遠，故蒙憲臺有請三年更代之舉，荷蒙皇上曲體臣憐③，無微不照，有一年更代之旨，此誠曠世之恩也。顧卑府以為若求善治，非久任不可。三年考績，乃千古不易之良法。況臺地此時正須經理。蓋臺地章程草率，不比內地。內地規模，乘歷代文明之治，而臺郡自本朝開疆以前，尚屬洪荒草昧，其初乘鄭氏草竊之餘，苟且從事。六十年以前，官斯土者，祇為貪黷縱侈之資，未有經理地方之實。是以賦役不均、疆界未正、城柵未立、番漢之處置無法，上下苟安；幸而熟番則淳樸不擾，生番則頑鈍無知，故為易治。至於今日，

①雍正十一年以下係據《臺灣府志》〈職官志〉附考。

②「宦」字於伊能原書作「官」。

③「憐」字於《清經世文編選錄》所收沈起元〈條陳臺灣事宜狀〉作「隣」。

土地日闢，民人日增，熟番之知識日開，生番之氣息漸通，正須廉幹能員經理其地，可以化流民為土著，化熟番為漢人，化生番為熟番，均其賦役，正其疆界，治其城邑，以保障海濱一帶之內地，惟此時為要。顧期其盛理，雖甚盛才，非三載不能著效。雖蒙聖恩周詳，先令其學習半載，然可學者文移案件而已，至於為政之道存乎其人，人各有心，心各有志，為名者有喜功求進之心，為利者有刻薄苛斂之術，即有實心為國為民者，而意見各殊。一番更代必有異轍，下何適從？且人安其心，而後能理事，今一年之後，頭緒粗得，而躍躍有去思，居官者知其功之不能竟而志灰，為下者逆計其令之不足遵而情渙，未有不日益草率苟且者，此理之固有、勢之必至也。此事所關地方甚大，奏明仍以三年為率，而以半載為協理學習之期，地方幸甚。」（《敬亭集》）蓋不外表明對之有再考慮餘地之意思，似因部議更咨督、撫使其審按，經覆核而有雍正十一年之允准。要之，關於在臺文官定期更代之特例，雖原來開其報滿陞官之進途，乃出於大為鼓勵之意，而伴隨之弊，則為各官每互相推諉苟且偷安，「官斯土者，不免有傳舍之意，隔膜之視」（《東征集》）之情形，通古今大約為一轍也。在臺灣導致吏治闕緊肅之因由，亦實在於茲。臺灣分省之後，督、撫所上〈籌議臺灣改設行省事宜〉中謂：「臺灣瘴煙之地，內地官吏渡臺，咸視為畏途。向章：曾補臺灣府、廳、縣、佐雜等缺，如回內地，即屬調簡，故稍有才智者不肯渡臺。今擬倣照新疆章程，凡到臺灣實任如逾三年，著有勞績，准回內地，不計繁簡，均須調補優缺。」蓋可見其是為刷新舊有規定。

（附記）清朝之制，擔任文、武正印官執行其權職之標識，完全在於以關防鈐記之押捺示信。然在臺灣每有因動亂等亡失之，而暫時借用他官印信為一時之彌縫事例。如此雖稱為權宜，但亦似可作為因在重洋之海外，實際上督、撫之監督仍欠周全，駐臺之官員往往難免有忽略官紀傾向之徵據。左揭同治初年為了糾正此種違制，分巡臺灣兵備道丁曰健之〈奏請頒鑄臺灣道關防片〉以資參考。

再，臺灣道關防，於同治元年春間，前道臣孔昭慈赴彰化縣城勦匪，隨帶前往，嗣彰城被匪竄陷，孔昭慈殉難，關防遺失。前道臣洪毓琛接任以來，皆借用提督學政關防。臣前克復彰化時，疊派員弁紳民四處檢查，均無著落，現在臣已晉郡到任，所有道署常行事件，借用學政關防，似非體制。合無仰乞天恩，勅部頒鑄臺灣道關防一顆，以昭信守。謹附片具奏，伏[1]乞聖鑒訓示，謹奏。（《治臺必告錄》）

加之，從京師至臺灣之驛程約五千華里，此間以山海阻隔之故，遇其官職改調之際，接受關防鈐記輒歷幾多年月者似不為少，此無非是顯示官紀散漫之餘弊。福建巡撫劉銘傳被改調，係光緒十一年十月十七日，但《臺灣通志稿本》記有：「劉銘傳光緒十四年正月十九日接受新頒巡撫關防。」又雲林知縣陳世烈被調補渡臺，為光緒十二年四月，但《雲林縣采訪冊》記有：「陳世烈，光緒十四年四月初十抵署任。」之例，[2]即是也。如此實際非佩其印綬，亦不妨礙其應有職權之執行也。

①「伏」字於伊能原書脫。

②陳世烈非以調補雲林知縣來臺，初為雲林撫墾局委員，光緒十四年始以雲林撫墾局委員調署雲林知縣，而於是年四月初十日到任。

第二節　駐臺官員之優遇

清朝之制，凡作文、武之外官，為使清廉自持，並保其體面，本俸之外有加給養廉銀之定例。而在重洋遠隔之臺灣認有特予厚待以示優遇之必要。膺任康熙末年朱案善後籌謀之藍鼎元，主張在臺灣特設官莊，充為文、武官員養贍之資。其代總兵①向當路所進陳時事論議中謂：「邇者臺地各官，多以五日京兆，不肯盡心竭力，任地方安危之寄，高守②不敢思歸，又以戰船賠累，惟無米之炊是急，心灰氣隤，以脫然廢棄為幸。何能得有餘力，整頓地方？臺道、各縣強忍不敢言貧，九營將弁人人有救口不贍之歎。此真孤掌難鳴，一事不可為之秋也。夫官人于遐荒異域，而絕其養廉之資，使枵腹為國家辦事，幸時際隆平，不過空乏其身，脫有一方草動，呼應莫靈，惟有坐以待斃而已矣。鄙意前人官莊，宜酌量大、小衙門，留還少許，俾足養廉之用；略加饒裕，以備不虞。今悉數歸公，使各官窮蹙至此，豈所謂地方之福乎？國家四海之富，不在區區增益數萬之銀錢。一旦有悞封疆，即費百萬之錢糧而不足。」（《東征集》之〈論臺中時事書〉）嗣又致當時之巡視臺灣御史吳達禮之治臺論策中③謂：「臺灣舊有官莊，為文、武養廉之具。今歸入公家，各官救口不贍矣。夫忠信重祿，所以勸士；況官人於遐方絕域，欲用其身心，而凍餒其妻子，使枵腹為國家辦事，非情之平也。既不許挈眷之官，而三載任滿，又令以陞銜再任三載。六年海外，拋棄室家，誰能無憂內顧？又賞賚捐輸，百無所出。不能得人死力，未有不怠乃公事，上焉者閉戶茹蔬，為僧為佛；下焉者取償於百姓之脂膏，為鷹為虎；孰與撫綏吾民哉？朝廷蠲租賑恤，動以百千萬計，何愛此微末之刀錐？謂官佃多不法，能為盜賊；則不法豈獨官佃？

①即藍廷珍。

②謂臺灣知府高鐸，漢軍鑲黃旗，雍正三年陞任汀漳道。

③所引藍鼎元之〈與吳觀察論治臺灣事宜書〉，係致分巡臺廈道吳昌祚之書，非致巡臺御史吳達禮之書。

治得其道，盜賊可化為良；況佃乎？陷臺諸賊，半屬游手，半係衙蠹，豈皆官佃為之與？鄙意以為官莊猶古公田，古藉民力助耕，今官自養佃，較公田更不病民。舊莊雖沒，新地可再墾也。」（《鹿洲初集》之〈與吳觀察論治臺灣事宜書〉。）俱為該主張之梗概。所議半被採納，即為武職之官員，特准設定官莊，乃繼襲鄭氏時所行營盤田（即屯田）之遺制，由武員自行招致佃人，以開墾田、園，基於資養贍之意旨而施設者。至乾隆九年，因不堪武員立官莊之弊而禁絕之。（參閱第二章〈武備之規制〉第一節〈陸路及水師〉。）至乾隆末年，林爽文案之善後謀，進士鄭光策進策於當時之大將軍福康安，建議以文、武官員機會均等之方針為準，同立官莊：

臺地之亂何為乎？以民之疾視其長上也。民之所以疾視其長上者，以朘削日深，而不勝其切心之痛也。然則今日改絃更張，為之上者，必奉公潔己，皆悉反前此之所為，固不待再計決矣。雖然，人情不甚相遠，廉吏眾所願為。苟非甚不足於己，亦何樂強取於人？苟非有所甚迫於人，亦何忍自污乎己？今朝廷所設官司廉俸，非扣罰即公捐，非部規即私例，有名無實，百不一存，然而官之室家賴之，親戚故舊賴之，①僕從賴之。而且以延幕友，以賜胥役，以供奉上司，以送迎賓客僚友。而又有歲時不可知之費。計其所需，豈止一端？而況海外情形，與內地不同？士大夫捐親戚，棄墳墓，渡涉風濤，冒不測之險，以從事於彼，自僚友以至丁役，其經費度必倍蓰。此即廉俸本為有餘，而又上司體恤，無意外之苛求，尚恐不支，況一切無所藉手乎？東坡有云：「士大夫從官於四方者，宣力之餘，亦欲取樂，此人之至情也。」今即不敢言為樂，然使一切費用，艱難節溢、困苦拘囚已非治景，況勢有迫於無可逃，而其用實無所從出，自廉俸而外，何一非侵漁

①上句伊能原書脫。

刻削之端？事出於不可奈何，而復欲以法繩之，何可得哉？伏考古者自君公卿大夫皆有采地，庶士以下皆有授田。其所授者，必使足供其所費，上下各得其分，彼此可以無求，盡心宣力，以事國家，誠為法良而意美也。魏、晉以下，猶沿不廢，名曰職田。《晉書》：「陶潛以官田種秫。」《宋書》：「阮長之以芒種前一日去官。」此為公田之證也。唐、宋至元，亦間存其制。明初葉以後，始為變更。今考臺地舊有官莊之設，官莊即公田也。然聞皆為武營經費之資，與文職無與。竊意臺中各屬縣員吏亦宜倣此，將各處叛產及流亡無主田畝，各撥若干頃以為公田，（官府陋規固隨地皆有，然必不能多，其多者必其額外苛求者也。惟明予之利祿，便可不爭。每歲公田所入，每縣約得萬斛，方足以供公、私之用。）募人耕作，官收其租，一切出入悉聽之，官不得鉤考。惟定為兩稅，春糧於某時收受，秋糧於某時收受，俾交代者不得逾制捎收，庶廩給有餘，可以無煩別圖漁利。夫人非甚不肖，養之既厚，當必有以自重。此亦一時所當變計之大端也。顧猶有慮者：此項田畝，不難於設而難於奏，不難於奏而難於將來之報銷。鄙意，福節相仁心為質，洞悉吏情，一時善後諸事，又均得以便宜行事，倘得據情陳情，似乎俞旨可邀。若以為格於例，必不能行，則本地城址當歲修，池濠當歲濬，又道路、津梁及民壯工食一切公費，可以託名開除者，盡為增入，置為公業，使官每歲自行核銷，不必逐款報部，（規制略如教職之學租、書院之生息。）則官之出入經費，可以無掣肘之虞，即交代流移，亦不必有虧空之弊。夫然後責之以廉，勵之以節，彼無所藉端。一有貪冒之私，即操白簡以議其後。是內揆諸吾心而安，即外證之人情，彼亦赧然而心服矣。可否議行？統乞裁察！」（《西霞文鈔》）①

而竟不得採納而止。其他如在乾隆八年之上諭中所謂：「外省佐雜等官，朕俱已賞給

①鄭光策此文題為〈臺灣設官莊議〉，且文中有「鄙意福節相」云云，當非直接進策於福康安之策。

養廉，各就該省公項所餘，以分多寡之數。查福建一省，每員止給銀二十兩，未免用度不敷，可為軫念。著從本年為始，將通省大使①、佐雜等一百九十八員，每員加倍賞銀二十兩，以資養贍；在鹽道庫盈餘項下支給。」在福建省下位於邊要之臺灣文官，尤為特典所及，可推而知之也。又咸豐初年，臺灣府學訓導劉家謀之《海音詩》所載題序記有：「臺幕修脯豐於內地，遊客爭趨焉。」足以認為其優遇均霑於正印官之幕僚。

乾隆四年，如分巡臺灣道鄂善，為迎送文、武官員之來去者，在府城西門外渡頭之地，建接官亭，亦見為優待海外任官者之流露乎？

第三節　官員挈眷之限制

清朝之制，對於外官有挈眷之限制。在文職，督、撫家人五十名，藩、臬兩司四十名，道、府三十名，同知、通判、州、縣二十名，州同、縣丞以下十名，准其挈帶，其所攜之婦女亦不得過此數。（《戶部則例》）臺灣之道、府以下各文職，帶眷當初亦準之。又在武職，對於被調補臺灣者有特例，總兵、副將家人三十名，參將、遊擊、都司二十名，守備以下十名，准予挈帶。（《戶部則例》）而亦無絕對之挈眷禁止。康熙六十年朱一貴起事之際，在府治之文、武各官多為顧念家眷之私情所驅，當時臨難守義者甚尠。（朱一貴起事，當進逼府城之時，文、武各官驟然聞變而震慴，競相攜家眷避難於臺江，幾無固守之志。而分巡臺廈兵備②道梁文煊、臺灣知府王珍等高官，先驅商、漁艇倉皇出鹿耳門，渡海回大陸，甚至如遊擊周應龍，亦一敗即不復再戰而逃去，澎湖副將亦見逃官難民之至其地不知所措，乃將舉家登舟，與百姓婦女相爭而雜沓，至呈聲震海岸之失態，致不旬日全臺淪沒。）事平之後，依部議，嗣後臺

①「使」字或當作「吏」。
②「兵備」二字衍。

灣文、武大小各官不許挈帶眷屬，蓋懲其弊也。然利者害之所伴，其年老懷家之官員，概有迴避被調任臺灣之情實。為此，無法避免要缺之闕適材。雍正十二年，依閩浙總督郝玉麟之奏請，調臺之官員年逾四十歲而無子者，特准挈眷過臺。而對於其他一般文、武官員，仍然繼續禁制。延至道光四年，依部議乃開文、武官員不論其年齡及有無子嗣，若願挈帶眷屬過臺者准之，不願者聽其自便之特例。但如以光緒十一年至十七年間首任臺灣巡撫劉銘傳據不能挈家眷等之事例推之，原則上不准挈眷，自康熙末年以來，在臺灣對於文、武官員幾乎可謂為特別制度。如此議者咸責調臺之各官以五日京兆苟安於一時，可見為所謂知割瓔而不慮避其致死，不辨根元失錯之過愆歟。

第四節　官場之弊痼

清朝在臺之文、武官員，對於一切事宜能克稱其職，以垂其治平之功績者，古今固不鮮其人，尤其入清之初人，政策上需要收攬民心，於簡選有司頗為慎重，因此愛民撫番有方，而使遺民忘卻懷舊之情；新附番黎深感沐浴教化之德者，多賴此輩建立規模。證之方志野乘，尚有頌德之匾、去思之碑、專祠配祀，比比皆是，可足旁證，知其未必偶然。然通盤察看之下，無非是曠職之歷史，而其弊端，以當初南、北之知縣藉口其地之未闢，完全不顧己之治邑曾不一蒞，徒晏然僑居於府治為始作俑也。在康熙中葉，郁永河《裨海紀遊》論曰：「今臺郡百執事，朝廷以其海外勞吏，每三歲遷擢，政令初施，人心未洽，而轉盼易之，安必蕭規曹隨，後至者一守前人繩尺，不事更張為？況席不暇暖，視一官如傳舍，孰肯為遠效難稽之治乎？」蓋其一端也。而如生祠稱：「近年以各省建立生祠，最為欺世盜名惡習。」（乾隆五十三年御製〈命於臺灣建福康安等功臣生祠詩以誌事〉之註。）如由來其頌德去思之匾、碑，往往有類似者係屬事實，可推想以矯強之態度自求，憧憬身家之虛榮實居多。

事實上，康熙末年，藍鼎元在論及臺灣官箴時，亦已指出：「太平日久，文恬武嬉，兵有名而無人，民逸居而無教，官吏孳孳以為利藪，沈湎樗蒲，連宵達曙。」（《平臺紀略》）而更於道光末年分巡臺灣兵備道徐宗幹，評當時臺政之頹弛痛言：「各省吏治之壞至閩為極，閩中吏治之壞至臺為極。」（《斯未信齋文集》）而察，由來在臺灣，文、武各官絕不以吏治民生為意，徒以苟安，盡力為一時瞞飾弊情而已，可推而知之。嘉慶五年任鳳山知縣之吳兆麟，奸貪而多不法，凌虐良民。當時鳳山縣儒學教諭吳玉麟，揭發其狀四十，上言於督、撫，而當時之福建布政使左袒之。同年以吳兆麟之名，建「忠節流芳」碑於縣城內（城隍廟壁），旌表先年林爽文起事，莊大田攻陷縣城時，知縣湯大奎、典史史謙等，努力守城殉節之功績，乃可知隱在此等美名之下衒其善名，而欲以掩飾其秕政。魏源《聖武紀》論曰：「地大物𡚁①，漳、泉、惠、潮之民日眾，寄籍分黨，蘖芽其間，守土官又日朘削之，於是民輕視吏。及其樹幟械鬪，動以萬計，將士不能彈治，惟以虛聲脅和，於是民輕視兵。……番……地既化外，易藪奸宄，又獄有不能結者，輒誘殺生番以歸獄。於是既毆民歸番，又毆番以黨賊。」（〈乾隆三定臺灣記〉）蓋就其弊端言及之也。若夫康熙六十年之春，鳳山知縣出缺時，臺灣知府王珍攝理縣篆，私委政於其次子，頗為偷閑，稅斂苛酷，且以風聞濫捕良民。為此例之最。據聞朱一貴之役係乘之發其禍機。而朱一貴初煽惑烏合，刦隣近府治之南路岡山塘汛時，如疾趨掩之必立可撲滅，但總兵聞警後逡巡不決，使其黨有蠭起應之

①上字似當作「𡚁」，伊能原書誤作「齋」。

之餘地，甚至官軍敗訊一到，府治譁然震駭，文、武各官盡攜家眷逃舟，未旬日而全臺陷落。水師左營遊擊游崇功慨歎：「官者，兵民之望，官眷逃則人心散，大事去矣！」係此時，而「賊未至而眾心已離，欲不敗亦不可得而已」（《平臺紀略》）係指此情形也。

加以其餘弊之所蔓延，終成為文、武互相推諉，兩者之間屢至有欠和衷為尤甚。乾隆五年任福建巡撫之王恕，在次年所成之〈臺灣府志序〉謂：「治臺之法有七，而所以挈要者三：興教化、足積貯、嚴保甲、稽汛守、束戍兵、安客戶、徠番社，此有司所謂法也；實心以宣上德、虛衷以和文武、多方以求民隱，此吾所謂要也。非法不足以布政宜，非要不足以操治本；皆吏於臺者職也，其可勿朝夕思乎？柳子厚曰：『凡吏於土者，若知其職乎？蓋民之役，非以役民而已也。』曾子固曰：『吏者，惟其無久居之心，故謂之不可；如其有久居之心，奚不可耶？』苟為吏者，以吾前所言者為法，而以後所言者為戒，則鹿耳、鯤身即雉飛虎渡之區，天風海潮，皆和樂熙皞之音矣。」此可認為矯正當時之吏弊，畢竟歸於視臺地為畏途，缺久居之心之病根也。在此之前，乾隆三年[①]奏准：「嗣後臺地如有民人不法等事，許令武弁移送地方官究治，如兵丁生事滋擾，亦許文員關會營伍責懲，如有彼此推諉者，照推諉例罰俸一年，並飭令各該地方官、汛防員弁，實力奉行，彼此按月稽查，取具並無兵丁[②]滋擾印結，轉報該上司查覈。如或有意徇縱時，將該地方官照徇庇例議處。」此亦可視為對於其極弊制禁之發顯。顧於官制上，臺灣雖係福建之一府而立於督、撫之轄下，但因其以重洋之海外，自與內地異，其督、撫之監督，固不免有不能周密之憾。於此，分屬於督、撫所有文、武各官，主持其本分之權限而不相下，嗣而馴致互相推諉，致釀迴避責成之弊，及巡視臺灣御史在兩者之上行監察之特制建立之後，似亦無

①《欽定大清會典事例》卷一百十九作「二年」。

②「丁」字於伊能原書作「民」。

法使其節制浹洽無遺憾。徐宗幹以道員致閩浙總督劉韻珂之書謂：「向來，文、武之和，和於外而不和於中，兵丁肆無忌憚，文員不敢過問，恐傷營員和氣，其意以縱容生事，該管將弁終不能自全，只可聽之。此文之於武，似和而非和也。地方緊要之事，及民生休戚所關，武員漠不關心，以避干預之嫌，其意以為地方廢弛與武營無干，只可聽之，此武之於文，似和而非和也。積習已久，人之所謂同寅協和者，如是而已。」（《斯未信齋文集》之〈覆玉坡制軍文武和衷治事書〉）可謂其實際之自白，乃努力矯正此種推諉之弊情，與當時之總兵呂壽山協同措置，據說漸致文、武一家之安輯。同書中，更謂：「現在兵丁過犯，不准地方官稍為庇護，此正呂鎮所深願，……地方公事，呂鎮有所見聞，絕不稍分畛域，知會查辦，此正幹深所願。」（同上）即其一實例也。同治十三年，總理船政大臣沈葆楨作為著手刷新臺政，擬請移駐巡撫之奏摺中謂：「使臣持節，可暫而不可常，欲責效於崇朝，兵、民有五日京兆之見；倘逾時而久駐，文、武有兩姑為婦之難。」又謂：「鎮治兵，道治民，……轉兩相妨，職分不相統攝。意見不免參差，上各有所疑，下各有所恃，不賢者以為推卸地步，其賢者亦時時存形迹於其間。」欲以巡撫之移駐統屬文、武，使其權歸一專，而絕此弊端，又謂：「臺民遊惰可惡，而實戇直可憐，所以常聞蠢動者，始由官以吏役為爪牙，吏役以民為魚肉，繼則民以官為仇讎。詞訟不清，而械鬥、紮厝之端起，奸宄得志，而豎旗聚眾之勢成。」乃依巡撫之移駐，欲事先拔亂本以塞禍源，但至臺灣分省之後，似乎仍然無革除之處，實際上如光緒十四年發生之施九緞①事件，即流露其反證也。

在臺灣，不但文、武官司互相推諉，不重責成，其文職或武職相互之間，此弊亦風行，甚至竟發而為私情之傾軋。苟遇位望隆重者時，乃猜忌而排擠之，欲以沒其既立之功績，

①「緞」字於伊能原書作「段」。

或黨同伐異，上官對於下僚，徒援引對自己面從阿附者，而疎選硬頸嚴毅自持不相讓者之弊竇，似常無法避免其延續不已也。

夫清朝戡定臺灣之功業，固歸功於武將水師提督施琅偉績之處多，但文臣閩浙總督姚啟聖運內外權謀奇策，亦幾有逾尋常之作戰，故概論其功，實際上二人之間應無伯仲，然獎賞終不及於姚啟聖，徒致之至於憤死，此事姚瑩之《東溟奏稿》自序中謂：「臺灣鄭氏之平也，提督施琅自海道馳奏，七日①達京師，聖祖嘉之，封靖海侯。總督姚啟聖得臺灣報，乃奏，已遲旬日，故不得封。②然啟聖經營臺灣二十年，黃梧、施琅皆鄭氏故將，為啟聖招降，卒遣平臺。琅功實啟聖之功也，乃琅封而啟聖不封，當時大臣無有言者。啟聖以此大恚，疽發背，卒。後數十年，鄞人全祖望乃摭其事，作第二碑，紀實也。」可徵之。乃其背地裏可推知潛伏之文、武爭功暗鬪之發顯，在康熙末年朱一貴事件之際，克奏其進勦蕩靖之功，一不可不歸南澳鎮總兵藍廷珍之匪躬。如當時之福建水師提督施世驃③，於其作戰籌策，比之藍廷珍，寧不免多所遜色。然當巨魁伏誅，事平，藍廷珍不參與當初之論功，仍統兵留臺灣，奉命彈壓，無他，在此之先，施提督先在軍中奏捷。而疏中固未言及藍廷珍之戰功，因在曩施提督之指畫，往往有被藍廷珍制機先之故。且閩浙總督覺羅滿保，對於藍廷珍之信望，比之施世驃稍重。（當時之翰林院編修蔡世遠在〈安海詩序〉中有：「向使滿公不蚤鎮廈門，則內地山莽四伏，鷺門盡逃，澎湖將潰。施公雖激勵三軍，而兵少餉涼，其能浹旬奏績乎？即滿公駐廈門，不檄藍公同征，亦未能成功若是速也。」之語，自洩此消息也。）蓋施提督隱啣慊焉私情之餘，似故意於奏中埋沒其功不為言及也。但拔群之偉勳終不可全掩。在其終局之行賞，給與世襲三等阿達哈哈番。乾隆二十年，任彰化知縣之朱山，居常嚴毅，不事逢迎，不避權貴。適有分巡臺灣道（《彰化

①「日」字於伊能原書作「月」。

②《聖祖實錄》載：康熙二十二年閏六月十八日，姚啟聖題報施琅進剿臺灣，克取澎湖。同月二十九日，施琅題報克取澎湖，招降偽官兵丁，得獲礮位等項。

③「驃」字於伊能原書誤作「標」，下同。

縣志》等隱其姓名，僅書巡道某，而依年代稽之，應為德文。）抵彰化，因依舊例其供具甚奢，朱山認為不可，改以常禮宴之，為彼所惡，因此被劾幾殆矣。縣之諸紳士因此謀賂萬金以免，朱山不可，曰：「吾在此，斷不使諸君賄上游。」遽令奪歸鏹橐，已半途矣。巡道聞之大怒，遂以讒誣之，被擬罪，繫於福建之監獄月餘。然在其將被逮之際，縣民之德朱山者，爭相趕至，揮竿欲逐捕吏，朱山再三語且泣戒之謂：「諸百姓苟以我故而抗王章生事，是殺我，非愛我也。」縣民乃謂：「若然，則我等護公往。鞫有不測，願同公死。」而一同登舟。據聞為慰朱山，攜來蝦脯糗糧，積滿舟中。察其有如此德望，可知其為冤耳。果然福建將軍入覲，密奏其事，乃特蒙召見，使其復原官。（而誣告之巡道被罷官。）乾隆四十七年，膺任分巡臺灣道之穆和藺，甫下車，首除衙蠹。當時之臺灣知府（《臺灣縣志》等隱其姓名，但書太守某，而由年代稽之可能為蘇泰。）素婪贓，和藺至，廉知其實，即具劾。但不幸為權勢所阻未果行。嗣在彰化縣有泉、漳民之分類械鬥，因此，郡治囂然，穆和藺處之寬猛兼施，民以安堵，但卒至憂勞成疾，而坐其失察之案，吏議予以奪職之處分。由《臺灣縣志》敘穆和藺之宦績謂：「去之日，民遮道攀轅，有垂涕者。」（〈政志〉「列傳」）推想，亦自持硬頸，糾詰他人不正不貸者，而招忌憾之累，使人疑其莫非受過重之懲處。當乾隆末年林爽文事件時，臺灣鎮總兵柴大紀，在諸羅之重圍中勇敢死守，實亦可特記者也。於此，當時有旨，封柴大紀為義勇伯，世襲罔替。及事平，時之大將軍福康安劾奏柴大紀以前後之奏報不實，且有：「惟以專閫之大員，平日既不能整飭，臨時又不能撲滅，皆為紀律不明所致也。」之語，請即解京正法。

當時有詔：「柴大紀前此，久困圍城，不肯退兵，奏至時，朕披閱墮淚，即在廷諸臣，凡有人心者，無不歎其義勇。用人者當錄其大功，而宥其小眚，豈能據福康安虛詞一劾，遽治以無名之罪？」言至此，以福康安之事詢侍郎德成，但其回奏亦指斥其失。

至此，遂不能救回其罪，竟至被擬斬決。按柴大紀固難免貽誤軍機之咎，但有足可功過相償者。其間存有從寬典之餘地至明也。然事不克如此者，據說係在此之先，福康安來臺灣，拯諸羅之急，柴大紀出迎時，自以參贊伯爵，稍涉自滿，因此不執櫜鞬之儀，福康安乃以艴然不平之憤恨，深刻彈劾發洩之。則不得不認在其間，伴有忌諱其立功私情之痕跡。（魏源《聖武紀》〈乾隆三定臺灣記〉中亦言及此事，切切痛論之。）嘉慶四、五年鳳山縣儒學教諭吳玉麟，夙富於倜儻奇氣，弱冠善技擊，被稱有仲連之風，當時鳳山知縣吳兆麟有秕政，乃揭發其貪婪虐民之狀四十，上言督、撫。後調知縣莅任之際，敢不郊迎之，益觸忌諱，竟以誣罔被論，謫至湖南桃源，亦其類例也。（吳玉麟自著《素邨小草》中，序其〈偶感〉謂：「冒險至重洋，心傷民瘼，硬直而取忌，讒謫隨之，悲哉！」以之可察其心事。）於道光二十一、二年鴉片戰爭，英艦屢次窺伺臺灣之際，其能籌畫防堵，分巡臺灣兵備道姚瑩及臺灣鎮總兵達洪阿之力居多，尤其姚瑩以撫綏海宇為己任，政聲為一時之冠，乃周知之事實。然其後俱因吏議被革職。據稱，此原來另一面，基於英國全權代表以其妄殺彼之遭難兵民所致之抗議，但實際上不外出於當時福建失守之文武官憲忌猜臺灣之立功者之蜚語，欽差大臣耆英，輕據故閩浙總督蘇廷玉、福建提督李廷鈺二人之家信，彈劾冒功而坐者。劉鴻翔新被調任閩浙總督①時，臺灣方面深切鳴其冤枉，得明白究竟，旋被起用。而在《東溟奏稿》之自序中至謂：「臺灣有

① 當作「福建巡撫」。

事，巡臺御史徑奏，不由總督。蓋自有臺灣即為定制矣。乾隆中，罷御史巡臺，乃令鎮、道徑奏。……道光十九年，閩督某公，怪臺灣之奏事不由督、撫，吳公榮光為藩司，對曰：臺灣奏事乃國制也。某公曰：制雖如此，鎮、道何得居之不疑？吳公貽書戒余，始知見忌。未幾，某公移督雲貴去，乃解。余既得吳公書，倍益謹慎。故每奏，皆在臺言臺，無一語他涉。」且加之，總兵當時亦諱有其事，恐臺灣道見長，言或掩之：「嗟乎！一奏疏也，總督忌之，總兵忌之，雖謹慎讓功，而卒不得免。」察其為慨歎之經緯，所謂冒功之被劾事因中，亦其提起之數十奏章（據《東溟奏稿》），使人想像寧非上司之反感也？咸豐元年，膺任南路海防兼理番同知之鄭元杰，到任未及一年，雖政通人和，但有挾私隙者，摭誣於上官，被附察議，臺人惜其去，稟道、府乞留任，據稱格於例未果一事，見於〈鄭邑侯克復鳳山縣碑記〉中。可謂是言亦嫉妒之人，欲妨其賢之冤。幸而有分巡臺灣兵備道徐宗幹，次年林恭起事使其戡定，似依其樹功賞之。

其更甚者，往往行私曲之官司，為隱蔽本身之過惡，且為爭奪其權勢以為自家之利，排擠其他硬直持正之士，敢作極弊者。同治初年間，戴潮春之役後，對於善後尤竭心力之分巡臺灣兵備道丁曰健，缺文、武和衷，招參差不合之甚，竟不得不卸任，其〈平臺樂言〉所特筆謂：「不料大中丞（指時任巡撫之前巡道徐宗幹），於咸豐四年離臺灣，而營規、吏治風氣為之大變。前鎮邵委缺，以得財為次第，文員亦相習成風，下屬相率效尤。甚至得匪百餘元、數百元不等，撫而為營書，為募兵，廳、縣亦撫匪為總董、頭人，竟給與頂戴，以示優異。毫無緝捕實事，大開賞盜之風，益縱害民之虐。邵鎮尤恨健之持正，多方排擠，不得已，至九年，請咨內渡，原為歸田計也。」（《治臺必告錄》）之一節觀之，將可思過半也。

初當戴潮春之役，淡水之士紳林占梅，自行招募義勇，攻克尤力，事平加布政使銜，而最後因集資之故被控，賴叩閽（上訴宮闕）得免也。似亦可推察其中伴有聲名之爭奪。在光緒初年，臺灣開山撫番之功，實應歸於南路撫民理番同知袁聞柝之奮不顧身任事者為多，故敘功晉階為知府銜，然未幾得謗被罷官，且幾忽獲重咎。當時之分巡臺灣兵備道夏獻綸，力為辯白，其事乃解，而得復任。憶當時武官中後山駐軍統領吳光亮尤有聲威，隨文、武之傾軋，此間誘引忌其功者之彈劾不難忖度。而因袁出於閩籍，吳出於粵籍。兩者似難求和衷之餘地。光緒七年擔任澎湖通判而被稱有惠政之鮑復康，夙有骨幹，素知兵。嘗以〈籌防芻言〉條陳福建巡撫受稱賞。於此，武弁欲撓之而不得，但偶而洋船在吉貝嶼失事而生齟齬，被罷官，鬱鬱而歿。傳實係因武弁之勢家乘之中傷者。光緒十年清法戰爭之役，福建巡撫劉銘傳督辦臺灣防務時，專駐臺北籌戰守。當時分巡臺灣兵備道劉璈在臺灣府治（臺南）盡心策應，因之使其得無虞兼顧之功，亦屬顯著。然劉璈原負才氣，頗不受節制，劉銘傳心中恨之，後以其失政十八項劾奏，擬罪為斬監候，但有旨，改流於黑龍江。（將軍穆圖善聞其才，延為幕僚，居數年竟客死也。）尚以劉璈在臺灣任職時，所著《巡臺退思錄》（三卷）對治臺有害，終至強制其毀版。據稱輿情為之呼冤。嗣與臺灣分省同時，劉銘傳被調為首任巡撫，雖自行企劃積極設施，但半途事與願違，竟掛冠歸返故里。後任巡撫邵友濂，對於劉銘傳所創始之事業，撤裁中止過半。是雖素因清朝之治臺政策一變，改取緊縮之國是為主，但邵友濂嘗在劉銘傳之下為布政使，常與其進取主義扞格，兩者意見衝突，致有被逼不得不卸任之情形，據稱因此邵對於劉感情之私憤，竟報之於公務之上，反而為了破壞極端前政之形跡，似有不可掩之處，此係通曉政界內情者之概評。

又雖非臺灣官場之事，道光年間淡水之進士鄭用錫，以捐輸得京秩，籤分兵部武選司。嗣被補授禮部鑄印局員外郎兼儀制司事務，據其墓誌銘（前翰林院庶吉士朱材哲撰文）見有：「鄉人謁選者，私宅未嘗接見，凡遇郊壇祭祀，……雖烈日嚴霜不辭勞瘁，必恪恭趨伺，首先至焉，精勤稱職，長官嘉之。」其謹嚴之態度可知。而此謹嚴被得罪者讒誣，殆危其身。乃托詞母老乞養，終至歸家休養。同墓誌銘記：「奉母事畢，以祿不逮養，不復還朝。」自可窺其中之消息，在題為〈慨時〉之詩有：「無才堪報國，笑汝竟為官；雞犬升天易，牛羊在牧難。兢兢誰自履，瑣瑣盡高官；洗耳吾歸去，何如樂澗槃。」蓋洩其真意也。

而同治末年，總理船政大臣沈葆楨所上奏摺中，舉臺灣官場之積弊謂：「向來，臺員不得志於鎮、道，及其內渡，每造蜚語中傷之，鎮、道或時為所挾。」（〈請移駐巡撫摺〉）由此察之，此等痼弊，非但出於一時一地之偶發，而足想為所謂「閩省吏治之壞至臺灣而極」之病根，已入膏肓者也。

第五節　吏胥之積蠹

古來在中國文職衙門，其流弊之甚者，吏胥（一稱書吏或書辦，在外官之下有差役並皂快等。）之私曲即是，有所謂「鼠憑社貴」、「狐藉虎威」之警句，非偶然也。清朝亦襲此宿弊，（凡吏胥限五年為更迭之制，其實幾乎以無限期之供職為慣行，甚至成為子孫世襲之姿態。雍正元年之上諭中有：「更有一種缺主名色，為子孫世業，遂成積蠹。」之語可徵之而知。）而原來大、小之官員定有任職年限，而在概不得通熟其職務先例故實之便之臺灣，其情形尤甚，其有責任之官司不得不惘然拱手完全委諸吏胥之專橫者，乃為自然之數。而康熙末年，藍鼎元慨歎而謂：「邇者臺地各官，多以五日京兆，不肯盡心竭力。」（《東征集》）此非但一時之現象，已為貫通古今之情形也。吏胥之積蠹，乘此虛隙不憚加以侵蝕，亦可謂宜矣。《諸羅縣志》〈風俗志〉記載：「胥役各處所有，臺屬為盛。有室家者十之二、三，謹愿者十不得一、二焉；皆遊棍望風夤緣而入也，一衙門而數百眾、一皂快而十數幫，非舞文撞歲、見事風生，欺官以朘民之膏血，何以飽其谿壑乎？吏書之勢，豔於紳士；皂快之燄，烈於吏書。上官胥役視寮屬如烏有，又安怪其以愚民為魚肉也。此輩善伺本官，而巧中其欲；稍假以詞色，即門以外無所不至矣。北路地方遼濶，催科訟獄，勾攝動以月計，役寡則事不辦；唯在謹嗜欲、寡言笑，示以不測之威，使無所投其隙而不得肆其貪橫，則俗不以胥役為貴矣。」藍鼎元致巡視臺灣御史吳達禮[①]之〈論治臺灣事宜書〉中謂：「臺中胥役比內地更熾。一名皂快，數十幫丁。一票之差，索錢六、七十貫，或百餘貫不等。吏胥權勢，甚於鄉紳；皂快烜赫，甚於風憲，由來久矣。近或稍為斂戢，亦未可知。宜留心訪察，懲創一、二，以儆其餘。至本衙門胥役，善窺伺本官意旨，招搖撞歲，見事風生，尤不可不防也。」（《鹿洲初集》）幾能指摘其流弊。如乾隆三十一年至三十五年間之分巡臺灣道張珽，為釐革舊弊，繩奸猾之胥役，加之以法，少許亦不寬恕，政以是得清。又如乾隆四十七年任分巡臺灣道之穆和藺，甫下車，首即力除衙蠹，胥役如有不法者，痛懲之，曰：「官失德者由此輩也。」如乾隆十四年至十六年間之鳳山知縣陳志泰，以「廉靜耿介」施政，治奸吏蠹役如鷹鸇之逐鳥雀，有積弊悉除之

①當作福建分巡臺灣廈門道吳昌祚。

稱。如嘉慶十七年之澎湖通判吳性誠，作〈諭戒書役口號〉四首：

海島仙居正渺茫，蓬山初到祇尋常。
囂凌詞訟民情幻，犖确園坵地面荒。
拔薤不嫌探虎穴，鞭蒲惟欲靖龍堂。
此間土薄難栽樹，憩茇曾無召伯棠。

蚩氓鼠雀太紛紛，官吏須將黑白分。
祇任冰心為主宰，但逢木偶亦神君。
判防岐誤休濡筆，情得哀矜莫舞文。
案牘是非明鏡朗，訟庭花落映祥雲。

修行端底屬公門，陰德須留到子孫。
頭上青天休便問，眼前黑獄不堪言。
蠹名風播豺當道，苛政人驚虎入村。
好語吏胥均設想，等閒莫結再生冤。

煌煌府帖速傳呼，白叟黃童一例拘。
火失城門魚已爛，榛收谷口蕙先枯。
公庭未到心情亂，訟牘纔消儋石無。
慈惠我慚民父母，爾曹何事嚇鄉愚？

諷諭之。又如道光二十一年由鳳山縣知縣陞淡水同知之曹謹，在廳署榜曰：「嚴拏胥差勒索，資費取廉自給。」蠹胥悉裁，俱可得為明察之德者，但如此者為雞群之一鶴，實際其倫太罕者也。徐宗幹為道光二十八年至咸豐三年間擔任分巡臺灣兵備道，銳意於吏治之肅清，諭其書吏並差役之左列誡飭，實當時被認為平臺之一妙著，亦以察知其中之流弊漫滔之狀如何，有瑕瑜相揜之感也。

諭書吏

爾等入公門為吏，原為顧體面、保身家起見，如作奸犯科，甘蹈刑章，豈非自投法網？爾等將來考得吏員，亦將為朝廷官職，若有刑傷過犯，後悔何及？大家要勉勵，做個好書吏，不要包攬詞訟，不要串通衿①棍，挾制官長。縣官是爾等父母，不得以身充上司衙門經書，便敢藐視。自家公門中好修行，刑房公事，尤為緊要，如招詳早辦一時。則人證少羈候一時，爾等亦曾讀書，爾子弟及所居鄉鄰有為匪者，爾等在官知法，當勸戒之；如不聽從，即密稟查究。居鄉時遇事排解，爾等子孫亦可成名。無心過失，不以笞杖辱之；有心作惡，立斃杖下。本司道整飭地方，先從各衙門起，爾等不能盡解官話，是以簡明曉示。既往不咎，咸與維新。慎之！（《斯未信齋文集》）

諭差吏

爾等入衙門當差，名為官役，還是本地百姓，皆我子民。要爾等做好人，不可凌虐愚弱，魚肉鄉鄰，不可串通匪徒，擾害良善，如問出搶奪擄掠，曾與爾等結識者；究出盜賊竊劫，曾經爾等包庇者；訪出糾鬥滋事，曾同爾等串謀者；查出刁告架訟，曾由爾等指引者，即提至堂下，或囚木

①「衿」字於伊能原書誤作「矜」。

籠，或斷其脛骨，必置之死地以示眾。爾等各有父母妻子，但求足以養家餬口，小心當差，勿造惡孽，鬼神亦保佑爾，如任意索詐害人，本司道衙門即陽間之速報司也。凜之！（《斯未信齋文集》）

加之私民出入公門與蠹吏勾給以肆弋①利之狀，似亦在此時候倍甚。咸豐初年間之臺灣府學訓導劉家謀以「出入公門為官弋利，曰布袋手。」為題②，示諷刺：「公門折節競趨風，牽引都憑一線通；辛苦為人裝布袋，肯教妙手獨空空。」係為此而為者。（據《海音詩》。）

其他，如鳳山縣城之鳳儀書院頭門內之禁碑所記左列諭示，可知實係於道光二年，當時之鳳山知縣杜紹祁，遵照臺灣知府之札行所發布，為禁絕胥役對於紳衿勒索之流弊所為之特別訓飭：

> 署福建臺灣府鳳山縣正堂杜，為遵札禁絕，以肅法紀事。蒙本府憲蓋札奉臬道③憲胡批：據舉人曾維楨、林大筠、陳玉輝、貢生林慎徽、張振文、蔡有汜、監生黃錦尚、曾式高、林光新、生員林瓊、楊桂芳、林長青等僉呈，請飭嚴禁毋許衙門刑杖雜差橫索鋪堂禮等情，批仰出示嚴禁，毋再稍任索擾滋事等因，轉行下縣。蒙此，查鋪堂等項名目，久干例禁，本縣蒞任之初，業經禁止在案。茲蒙前因，合再示禁。為此，示仰各衙胥役知悉：自示之後，務宜革面洗心，奉公守法，如再藉稱鋪堂等項名目，任意私索，一經察出，或被告發，定行嚴提究革，決不姑寬。凜之，慎之，毋違。特示。

而在碑面，另於本文附記謂：「此案經道光二年秋九月，蒙署鳳山縣正堂杜出示嚴禁，

①「弋」字於伊能原書誤作「戈」。

②此為下詩之註，而非其題。

③「道」字伊能原書脫。

但恐積久弊生，故態復萌①，諸同人遵將禁示泐石，永垂久遠，俾後世胥役，咸知禁令昭彰，律例煌煌，罔敢干焉。道光五年蒲月日，闔邑舉、貢、監、廩、增、附同立。」（另對著本碑有一碑，橫額書「和順流芳」四字。下記謂：「喜捐建碑嚴禁胥役逆②索士紳鋪堂等項名目，以除積弊，以衛斯文。此皆樂善急公者也。合將芳名開列泐③石，俾後世咸知有賴焉。」如斯刻一百二十人之姓名及各人捐金之額數。）以一時之禁止，亦忽再生故態，可見流弊竟不能永絕之情形。同治十三年，總理船政大臣沈葆楨之條奏中，以蠹役之盤踞，列為在臺灣當前積弊之一，可謂宜也。（〈請移駐巡撫摺〉）《澎湖廳志》〈人物傳〉曰：「方景雲，……瓦硐港④……人，……性耿介……，既留心風教，膽力自負；民有不便，必歷陳於有司，得請乃已，卒以是遘禍。同治初，有奸民因緣勢弁，竊諭札，將設局捐派，踞節孝祠（在媽宮港）為巢，其勢洶洶，已出示舉辦矣，景雲毅然陳於有司。奸民懼，啗以重貲；景雲麾之去，竟斥逐奸民，罰貲三百緡充節孝祠祭費，聞者快之。而奸黨計不得行，恨次骨。未幾，景雲以事至臺郡，勢弁謬為恭敬，飲以酒，歸而暴卒。」蓋指謀而毒殺之者也。（該廳志〈規制考〉又記：「咸豐間，有奸民將節孝祠為捐輸局。祠內碑記、聯、匾皆被毀棄；幸諸生方景雲仗義力爭，卒得申理，逐出奸民，並罰項三百緡充為祭費，聞者快之。景雲歿後，是項竟入強有力者之橐，而祠中廢墜如故。」）如僻在海隅之澎湖廳，由來污吏放肆尤甚之狀可知也。該廳志〈人物傳〉中，又記道光初年之諸生張建勳之事謂：「澎人……又慮胥役擾累，故多受害飲泣，而莫敢鳴官者。建勳目覩民困，為陳於有司，請定胥差規費，……由是……民得安業。」當非一時之偶然，得見其為積弊之描寫。如光緒四年任澎湖通判蔡麟祥所發之如左到任告示⑤，可知主要以上述之矯弊，置為治澎之第一義者也：

① 「萌」字於伊能原書作「萠」。
② 「逆」字於伊能原書作「勒」。
③ 「泐」字於伊能原書作「勒」。
④ 「港」字於伊能原書誤作「巷」。
⑤ 見《澎湖廳志》〈藝文略〉。

照得：州、縣為父母之官，上受國恩，下膺民社，職司綦重，表率宜端。本分府自慚德薄能鮮，未諳建樹；惟有清勤自勵之志，永矢弗諼，所差堪自信者也。澎湖孤懸海外，俗尚敦龐，人命、搶刦等案，向稱罕見；而戶婚、田土、錢債細故涉訟者，殆亦不少。本分府蒞任斯土，所有案件，秉公斷結。合行出示曉諭。為此，示仰所屬紳、耆、軍、民人等知悉：嗣後本分府接見紳耆，無非採風問俗，欲知地方利弊情形。至於胥役、門丁，尤屬嚴加約束。如詞訟案件，敢以贓私來關說者，是直以無恥小人待我也。敢有在外藉名詐索村愚者，是甘以小人之尤自待也。本分府一經察實，毋論何人，破除情面，立予詳辦。倘敢收受案內一錢一物、曲法枉斷，以及巧設罰贖名目科勒肥己者，不特改易初心，自暴自棄，亦且明有王法，暗有鬼神；顯罰可逃，陰譴難免。汪洋大海，渾無際涯。載寶言歸，何以克濟；蒼蒼者斷不為貪贓枉法之蔡麟祥恕也。區區此心，宜共鑒之。

次年蔡麟祥陞為恆春知縣①，到任後，在其詞狀式紙之末端，特印：「本縣衙門書差、家丁，均有給發工食，和息詞訟，不許勒取分文，如家丁等敢於藉端勒索，准該民人喊稟，所請姑准和息。」之批示，以明責成也。如光緒初年，臺灣之寓賢吳子光進當路吏治之意見九條之一中有「禁需索以安善良」之項。其中論謂：「獨胥役之僭妄為尤甚，其假虎威以出也，駟馬高車，儼然馬長卿乘傳諭蜀風概，更糾合游手無賴輩若而人，擾攘一室，索酒肉、索牀榻，甚且索洋煙、索金銀以十數、以百數，更有索至數百金，猶未饜足者。小民飲泣吞聲，欲與絞訐，恐投鼠忌器，官或興問罪之師，一家無噍類矣。此輩人面獸心，幸災樂禍，如宗廟之中唯有事為榮，日肆其梟鴟之吻以搏噬良善，是不待教而誅者也。又

①蔡麟祥係由署澎湖通判調署恆春知縣。

此輩甚貪，亦甚黠，其索詐也，立氣勢、作威福，專擇善良之家而魚肉之，若惡人則避之惟恐不速焉。昔嚴紫卿司馬深悉此弊，禁不得乘車與額外苛索，有犯者殺無赦，真清時循吏哉！」（《一肚皮集》〈與當事書〉）亦作時弊之痛言也。（文中所謂嚴紫卿司馬，係指同治五年至七年間之淡水同知嚴金清。）又見《澎湖廳志》〈風俗記〉①云：「澎之患氣莫如戍兵、胥役二者；或以文亂禁，或以武亂法，各挾其勢力，以厲吾民。而顓蒙之飲泣吞聲，而莫可如何者，蓋比他處實甚。同安舊志云：差票一出，大事輒索數百金，戶婚小事亦數十金；乘輿騎馬到家，先索下馬夫價，謂之清草禮。地方凋敝，職此之由。今考澎俗，胥隸勾票，於經承禮、差禮而外，有舟車之費，有開票花紅之費。俗例差全、承半，近則經承需索或倍於差，因彼能串通丁幕而上下其手也。兩造就審時，則有報到、堂事、刑杖、看館、分班等費，為數更煩矣。夫衙門例設門丁，將以通達下情也；而能壅蔽下情者，則惟門丁。例設胥役，將使之勾捕奸惡也；而能縱庇奸惡者，則在胥役。是以廉能勤幹之官，或不設丁幕；而防範胥役，為定其舟車遠近之費，使有常格可循而不得多索，其亦今日理澎之要務乎！然胥役自有伎倆，每以術籠絡官長，或佯為散堂以刦制之，或設為疑難以把持之。慈善官長，一墮術中，亦手束口噤耳，其奈之何？」近代倍加其弊竇之滋長可徵之也。由來臺灣之閩人所行俚諺有：「衙門八字開，無錢不免來。」（意謂：官衙之門八字開〔八字開由代表非常浪費的其他俚諺「七開八開」聯想而來〕，無錢者免入來）。亦諷刺此內情也。

附錄　文、武之宦績

① 伊能原書作〈職官志〉。

在清朝治下臺灣之經過為二百一十三年，其間清朝用心於文、武當路之簡選結果，蹇蹇匪躬之宦績，可觀者亦不為少，《淡水廳志》〈列傳〉「名宦」之小序曰：「所載諸賢，各有茂績，或夷險不同，但有功德於民者，悉著於篇。」茲承其意略敘文、武之宦績，欲使其文治武備之沿革有所披露也。

（一）施琅（初名郎、歸清之後改琅）

福建泉州府晉江縣人，明末遭外釁其家沒落，未及弱冠，棄學書，習戰陣、擊刺諸技，有所造詣。崇禎年間泉州山寇四起，奉命勦捕，以功授遊擊將軍。及清軍南下，因屢立拒逆之功，為同輩所忌之故，乃由海道出而入廣東，集勁卒得八百人。先是，鄭成功夙以恢復明祚為志，但閩事既敗，永曆年間據守廈門時，以厚禮迎施琅，軍事必咨商之。施琅①頗知兵法，富於機略，據稱連鄭氏之樓櫓、旗幟、器械之制，皆為其所創。偶以事與鄭成功忤，（鄭、施睽離之事情所傳實區區小故也。或曰琅恃才稍涉倨傲，言嘗夢為北斗七星，成功心益忌之。或曰，成功為糧匱議赴廣東剽掠②，琅正言阻止。又有標弁得罪者，恃鄭氏親暱逃至鄭所，琅申軍法擒斬之，乃攖成功之怒。其孰是孰非，未可輒辨也。蓋不外因坐於兩雄之權勢爭奪之軋轢耳。）即將為其所執，且家人亦被分禁。僅施琅用計得脫，但家人皆被害。於是去而投歸清方。（琅遁之初，成功曰：「琅去必貽吾患。」逮捕甚急。部將蘇茂有義俠之心，憐其才，為琅艤舟，從廈島潛使其北渡，後自白請罪。成功陽獎釋之，但憾其所為，終誅殺之。曩琅之脫禁，實匿於石穴中五日，一無得食，偶而被田夫救得達蘇茂之所。《靖海紀事》所載〈襄壯公傳〉謂：「此天之所以玉成豪傑，不使泯沒，而為本朝建奇功者也。」《廈門志》〈舊事志〉「叢談」謂：「施琅……奔匿草仔垵石穴，復走仙洞。見絕頂二老對奕，鬚眉皓古；一叟曰：

①「琅」字於伊能原書作「瑯」，下同。

②成功南下係為勤王，此云剽掠，失之誣也。

『山下有生人氣何？』一叟曰：『金豹逃難耳。』語畢，失所在。然則侯固豹精耶？」蓋以之寓於奇蹟也。）實為順治八年（明永曆五年）五月也。閩浙總督李率泰重用之，薦授副總兵，駐於福建同安總兵，嗣於康熙元年，被擢為福建水師提督。審察閩疆之形勢，為之密陳金門、廈門諸島可取狀。次年，卜期進兵，連戰克之。

迨至康熙六年，上〈邊患宜靖疏〉請直擣臺灣，翌年得旨進京赴闕面陳。（時以議浙、閩、粵三省之水師提督裁撤。施琅留京，晉爵伯、授內大臣。）康熙二十年，朝廷從閩浙總督姚啟聖之議，決征臺之策，施琅復授福建水師提督，使統其師。於此，施琅以夷滅鄭軍自任，至福建，選舟師、練習三載，二十二年六月，乘南風、從銅山澳進兵入八罩嶼，直抵澎湖。澎湖為臺灣門戶，鄭軍之精銳悉在此。施琅挺身親自統率中堅，劇戰克之，（據傳初清軍之向媽宮港，忽北風驟發，勢相逆，全軍股栗。施琅巡師，大呼曰：「無畏！惟天、惟皇帝之靈實式臨之。」乃鼓勇前進，遂破之。）乃主以恩信招徠，戒諸軍秋毫[1]無犯。

《靖海紀事》所載〈襄壯公傳〉曰：「或謂鄭氏有仇於公，今敗殘之餘，譬猶釜魚籠鳥，何不急撲滅以雪前恨？公曰：「噫！吾為國為民耳，豈沾沾私怨為？若能啣璧來歸，當力疏奏赦其罪，毋苦我父老、子弟幸矣。」可見為施琅生死而肉骨仁惠之流露。

因而所俘獲之士卒悉予解散，使其歸還臺灣，負傷者濟以醫藥，給以口糧，敵眾聞之，皆私相告曰：「仁人也。」咸感泣而願內向。鄭軍為之益加解體，無可奈何，至乞降於軍門。嗣於八月，施琅統師抵臺灣受降，綏撫殘孽，籍府庫兵仗，卹陣亡及負傷者，各得其所。

[1]「毫」字於伊能原書誤作「毫」。

《靖海紀事》所載〈襄壯公傳〉曰：「于八月統師入臺灣，市肆不驚，耕耘如故，士民壺漿簞食以迎，皆遮道泣數行下，謂：『我等見公如見父母，但恨晚耳。』即殊方雕題諸眾、向不屈於敵者，皆重譯來歸，願奉本朝制度。」

又於其登岸後數日①，（廟可能指臺南〔東安坊〕之開山廟〔明延平郡王祠之前身〕，據傳即鄭時何姓之人與同志捐資建祭鄭成功之靈。）躬詣鄭成功之廟，具牲幣告祭謂：「自同安侯入臺，臺地始有居民。逮賜姓啟土，世為巖疆，莫可誰何。今琅賴天子威靈、將帥之力，克有茲土，不辭滅國之誅，所以忠朝廷而報父兄之職分也。獨琅起卒伍，於賜姓有魚水之歡，中間微嫌釀成大戾。琅於賜姓，剪為讐敵，情猶臣主；蘆中窮士，義所不為。公義私恩，如是則已。」（施琅之祭文，爾後多加改修潤色，所傳不一，今據距其時不久所成之鄭亦鄒著《鄭成功傳》。）據傳語畢，投地慟哭。

澎湖之捷報達闕時，適值中秋節，清主大悅，解所御之龍袍以賜施琅，及一軸御書曰：

海氛之不靖，艅艎出沒，波濤震驚，濱海居民，魚鹽、蠶織、耕穫之利，咸失其業。朕心恒憫惻焉！邇者滇、黔、隴、蜀、湖湘、百粵，悉皆底定敉寧；蕞爾臺灣，險阻負固。爾施琅銜命徂征，決策進取。樓船所指，將士一心；遂克島門，迫其營窟。勇以奪其氣，誠以致其歸。捷音到闕，時值中秋，對此佳辰，欣聞凱奏。念瀛壖赤子，獲登衽席，用紓南顧之憂，惟爾丕績！即解是日所御之衣馳賜，載褒以詩：「島嶼全軍入，滄溟一戰收。降帆來蜃市，露布徹龍樓。上將能宣力，奇功本伐謀。伏波名共美，南紀盡安流。」（《靖海紀事》）

①「後數日」三字於伊能原書作「之翌日」。

授靖海將軍，封靖海侯，世襲罔替。康熙二十四年，施琅經題准移駐福建水師提標於廈門，乃建衙署於同城內。

當時，施琅在廳堂之後，為「來同別墅」，又另有堂、亭、水、石諸勝。最北一亭為城中之最高處，可以遠望。（嘉慶二十年，福建水師提督王得祿重修之，存甘棠之愛址）有鄭纘祖所撰〈來同別墅記〉一篇，亦足以察其寓意之不苟，曰：「大將軍施公受命專征，既平海國，秉鉞坐鎮于吾郡之廈門。城小而壯，為東南舟楫輻輳地。左挹山光、右收海色，萬頃匯瀾、諸峰競秀，有負山襟海之勢。軍旅之暇，公于府治後因山高下，為園、為堂、為齋、為亭、①為軒窗、臺榭，各極幽曠；地故多巨石，又從而松之、竹之、梅之、桐之。大不盈數畝，高出城上；俯瞰內外，如列眉睫間。予客其中四閱月，悠哉忘返。客有問予曰：『美哉園亭！所以命名，其義可得聞乎？』予應之曰：『可。夫園曰涵園，言海也，涵萬象也；堂曰足觀，觀於海而足也，示不驕不吝也；亭曰青礪、曰介亭，枕漱也、帶礪也，介于石也，不苟取也；齋曰旭齋、軒曰醉月，昭其明也；曰指昇，遠不忘君也；曰羅浮，懷彼美也。』客曰：『美哉園亭，其義我知之矣。然則園之外，有曰來同別墅，其說何居？子其更為我言之。』予曰：『難言也。雖然，嘗聞之矣：其在《詩》曰：「徐方既來，徐方既同，天子之功。』公其以臺灣新入職方，猶徐方之來同歟？《論》曰：『有朋自遠方來』；《易》曰：『同人于野。』公其樂與賓從遊歟？抑外國之梯航來此者，于以見軍書之會同歟？或曰：公起家于同，廈同地也，公其復來建牙歟？別墅賭碁也，以其志澎海之奇捷歟？是皆未可知也。然予見公鑿海築堤、引流入池，藏巨艦焉，其易也，如覆杯水於坳堂，以芥為之舟；公固有移山倒海之

①伊能原書脫「因山高下……為亭」句。

規模，園亭結構其小焉者。嘗贈予初度詩曰：『臘月青霜梅吐妍，乾坤轉運卻知年。』公之胸懷高曠又何如？知其命意遠矣。然則未可知者，未之知也；其可知者，又豈能盡知之哉！』客喜而笑，相與踞石引滿，陶然而醉，不知月出于東山之上。」

施琅復念海外初平，所在土番雜處，深為善後之計，特疏詳陳臺灣棄留之利害，請設府、縣，作為東南數省之藩籬，咸報可。（《靖海紀事》所載〈襄壯公傳〉曰：「蓋公平時熟覽陸宣公奏議，諷誦不釋手，凡先後入告諸疏，皆公以真肺腑呈于筆札，原不假記室為捉刀，以故言言剴切，悉動天聽，大率從宣公奏議中來云。」）後康熙三十二年，入京朝見，因奏：「老臣力既衰，不堪重任，願賜解職依闕下。」上溫諭再三，謂：「朕用汝心，非用汝力，勉為朕鎖鑰天南。」施琅拜恩還職，越三年，即康熙三十五年三月二十一日歿於官署。壽七十六，遺疏薦賢，語不及私。詔贈太子少傅，諡襄壯，并予祭葬。歿之日閩中士民皆巷哭失聲，為之立祠，歲時祀之，尊為明神云。（襄在臺灣亦准建生祠。）嘗著《五花陣法》，指授諸將，傳習至後世。《臺灣府志》〈武備〉「列傳」頌謂：「版圖式廓，海波不揚；江、浙、閩、粵四省數十年鯨鯢久靖，琅之功為多。」

（二）姚啟聖

浙江紹興府人，康熙二年，以漢軍籍登鄉薦第一。初任廣東廣州府香山知縣，以詿誤而去。康熙十三年，靖南王耿精忠擾福建地方時，朝廷知其有幹濟之才，起用為浙江台州知府①，尋擢為溫處道。十五年，隨和碩康親王入福建，任布政使。時海氛未靖，姚啟聖

①伊能原書作「知州」。

每自備衣糧，募壯勇，有澄清海外之志。嘗曰：「國家聲教無外，今逆藩雖已削平，而以臺灣一彈丸僅宵旰憂，使沿海居民不遑寧處，罪將誰歸。」適閩浙總督郎廷相罷去，姚啟聖乃代之，於是得為所欲為，平臺之計得決也。康熙十八年，移駐漳州府。漳州與臺灣相近，間諜可施，乃大開招徠館，使隨征參議道黃性震董其事，凡欲內附者，不論真偽皆納之，高宴華軒，焜煌於道。此時又遣福州同知蘇良嗣督造戰船，委隨征同知林昇督糧運。經數月，稍有投降者，即厚賜與，寵之以禮貌，遂使聞者心動。此外運權謀奇策，或遊說降之，或反間使其相猜，據稱連鄭氏心腹亦人人自危。鄭勢之窮蹙實可歸因於此也。遂增置火炮、軍器，收購上游地方之米石，以圖大舉。至蘇良嗣之戰船報竣時，乃星馳至閩安鎮之五虎門（閩江口），親自配舟，調遣精練水師。康熙十九年金、廈兩島之克復亦賴其指揮。二十年，姚啟聖自以北人乘舟終非素習，軍中不可無主帥，具疏請以內大臣伯施琅為水師提督，既而施琅到任，與之經畫征臺之方略。二十二年六月，從平海進兵先占澎湖，七月鄭克塽率眾歸誠，海外悉平。《臺灣府志》〈職官志〉「列傳」推崇姚啟聖之貢獻謂：「一時之能臣也。」據稱觸逆鱗事，獎功不及，姚啟聖憤恚背發疽而歿。

後數十年，浙江寧波府鄞①縣人全祖望，乃摭其事，作第二碑紀其實也。

（三）蔣毓英

盛京錦州府錦縣人，由官生任福建泉州知府。康熙二十三年，清人有臺之初，督、撫

①「鄞」字於伊能原書誤作「勤」。

會疏交薦調臺灣知府。到任，見井里蕭條，哀鴻未復。躬歷郊原，披荊斬棘，經界臺、鳳、諸三縣之封域，相土定賦，罷不急之役，安撫土番，招集流亡，咨詢疾苦。進父老子弟，教之以孝弟之義，振興文教，捐俸創立義學，延師課督等，致力於綏撫新附之民心。康熙二十八年，遷湖①廣鹽驛道，士民重繭而就分巡臺廈兵備②道請留任，會江西③按察使出缺，特降旨陞補。臺民立碑紀績。原在臺灣府城之蔣公祠係其專祠也。

馬清樞（福建巡撫王凱泰之幕僚）〈臺陽雜興〉三十首之一，有「蔣鵠飛來噪夕曛」之句。註謂：「臺地無鵲，有太守蔣姓者，從內地購數百翼放之，今頗孳生，謂之蔣鵲。」言蔣姓太守應為蔣毓英，亦以之可傳斯人之一逸事。

（四）沈朝聘

盛京奉天府遼陽縣人。康熙二十三年，由四川茂州知州，以才能移任臺灣知縣。為人方平廉介，不可干以私。初抵任，不費民間供應；催科撫字，調劑得宜。治姦吏、莠民，執法不稍貸。嗣以丁憂去任，縣民醵金資其行，立碑志遺愛。

（五）季麒光

江蘇常州④府無錫縣人，康熙十五年進士。康熙二十三年，任諸羅知縣。時值設縣草創，

①「湖」字於伊能原書誤作「潮」。
②「兵備」二字衍。
③「江西」二字於伊能原書誤作「湖南」。
④「常州」二字於伊能原書誤作「松江」。

人未向學。季麒光乃首課儒童，拔尤者禮之；親為辯難，士被其容光者，如坐春風。其時諸羅縣治有名無實，知縣僑居府治，但能收當初之小康，可歸功於季麒光尚文禮士，操縱不失其宜者為多。博涉群書，所為詩、文清麗整贍①，工臨池，且著述頗富。在任踰年以丁憂而去。

（六）楊芳聲

直隸宣化府萬全左衛②人，歲貢生出身。康熙二十三年，任鳳山知縣。時縣初置，諸規制皆其所擘畫，而清田賦、革重徭，力宣朝廷之德意，民尤賴之。二十八年，任滿，擢為戶部江③南司主事。

（七）陳遠致

福建漳州府平和縣人。康熙二十二年，以參將協贊水師提督施琅靖臺。衝鋒陷陣，攻克澎湖，前後受賞銀一千三百兩。嗣後，承命留臺灣安插居民，以所給銀兩募佃，開墾田、園二萬餘畝，以示拓殖之先蹤。陞左都督，管臺灣鎮標左營遊擊事；給拖沙喇哈番，紀餘功二次。尋陞浙江溫州府瑞安縣之副將④，陛見，以年老獲准原品休致。《臺灣府志》頌之曰：「有功斯民，遺愛難泯。」（〈武職〉「列傳」）⑤

①「贍」字於伊能原書誤作「瞻」。
②「左衛」二字於伊能原書作「縣」。
③「江」字伊能原書脫。
④當作浙江瑞安水師協副將。
⑤查《臺灣府志》〈武備志〉「歷官」、《重修臺灣府志》、《重修臺灣縣志》〈人物志〉，似均無此語。

（八）張玶①

山西代州崞縣人，歲貢生出身。康熙二十九年，任諸羅知縣。性恬淡而寡言笑。（曾為福建漳浦知縣，據傳去之日，士民皆抱馬足，不得而行。）抵任，見當時諸羅全境多為曠土，招徠墾闢，撫綏有方，游民歸者如市。越至三十一年，有蝗災。張玶日巡行阡陌之間，憂形於色，竭誠祭禳，雖災不為害。在官四年，未嘗輕笞一人、慢辱一士。後遷河南彰德府同知。其在任之間，雖無赫赫之名，去後，縣民感懷不已，肖像祀於臺灣縣治之竹溪寺（臺南城大南門外）。

（九）靳治揚

盛京奉天人，出身於鑲黃旗，由筆帖式，歷福建漳州知府。康熙三十四年，調臺灣知府。抵任，蕩滌草竊，招撫土番，捐貲修學宮，詳免崩陷田課。尤雅意作人，以番童有未知禮儀者，立社學，延師教之。任滿，陞廣東肇高廉羅道。原在臺灣府城之靳公祠係其專祠。

（十）李中素

湖北黃州府麻城縣人。任福建福州府閩縣知縣，催科不擾，治行著聞。康熙三十四年，

①「玶」字於伊能原書誤作「珺」，下同。

膺薦調臺灣知縣，善聽斷，遇有冤獄，必竭力申救；有頑梗不馴者，繩之以法，不少貸。嘗攝臺灣府學教授，教諸生，諄諄以孝弟為先。長於詩歌，旁及書畫。竟以勤職卒於官，臺人思之。（《臺灣府志》〈職官志〉「列傳」）

（十一）衛台揆

山西平陽府曲沃縣人。任福建漳州知府。康熙四十年，以廉能調臺灣知府。出身貴胄，而抑遜自持，不異寒素，庶務必躬親。夜秉燭治官書，漏下不輟。性廉靜，歲時屬官或有餽樽酒隻雞，不輕予接受。愛民如子，在官數年之間，不事煩苛。苟有豪強梗法弗化者，必痛懲之不少假。四十四年，歲大饑，乃亟為詳請免除本年租課，民得安於衽席。又銳意於課藝，且建義學，置學田，多士奮興。翌年，任滿陞廣東鹽法道，以病乞歸。《臺灣縣志》〈政志〉「憲紀」頌：「開闢後，民、番得所休養者，台揆之力居多。」原在臺灣府城之衛公祠係其專祠。

（十二）陳璸

廣東雷州府海康縣人，康熙三十三年進士。四十一年，由福建古田知縣調任臺灣知縣，處理上年劉却之役善後。清操絕俗，慈惠利民。暇輒引諸生考課，以立品敦倫為先。夜自巡行，詢父老疾苦，如聞讀書紡績重與獎賞；有群飲高歌者，嚴戒諭之。歲祲則設法賑貸，發倉平糶。旱時躬自齋戒，祈禱甘霖。嘗水漲潰堤，勢逼倉廒，親自負土石防之，士民爭趨役。四十三年，秩未滿欽取以吏部用。四十九年由四川提督學政調為分巡臺廈兵備①道。臺民聞之，扶老攜幼，懽呼載道。此後主要盡力於作育人材，士風為之丕振。官莊歲入②悉以歸公，秋毫不染。始在府治建萬壽宮，中殿奉龍亭以肅朝賀。又捐俸修府、縣學宮等，規制宏敞，置學田以資師生之膏火。凡諸創建，親董其事，終日不倦。康熙五十三年③，陞湖廣偏沅④巡撫，翌年十二月調福建巡撫。一老蒼頭襆被自隨，單騎赴任，一切章奏檄移盡出己手，起居僅有一廳而已。昧爽治政，夜分乃罷。草具蔬糲，日噉老薑少許。五十四年⑤入覲時，聖祖皇帝目之，謂：「此苦行老僧也。」嗣於五十六年，奉命巡察臺灣之北路淡水地方，被稱：「往復一千四百餘里，自持糗糒，攜小帳房以隨；露宿風餐，不入邸舍、不受餽獻。每食一飯一蔬。或捐囊市酒肉，以犒徒御。不設儀衛，寥寥數人。道旁觀者，無不咨嗟。」（《諸羅縣志》〈雜記志〉「外紀」）其他凡所經營之學宮、祠廟及橋梁、道路、壩閘之類，次第畢舉。以勞，卒於官。當屬纊，僅一綈袍、覆以布衾而已。屬員入視，無不感泣；民有相向哭於途者。特賜帑金使其歸葬。特追贈禮部尚書，諡清端。《臺灣府志》〈職官志〉「列傳」頌之謂：「至今邑治左有去思碑，顏曰『尚書亭』。誕日，臺人猶張燈鼓樂以祝，為海疆治行第一。崇祀名宦，又塑像於文昌閣（府學宮內），以志不朽。」

（十三）孫元衡

安徽安慶府桐城縣人，由貢生任四川成都府漢州知州。康熙四十二年遷臺灣海防同知。

①「兵備」二字衍。
②計三萬兩。
③伊能原書作「五十四年」。
④「湖廣偏沅」四字於伊能原書作「湖南」。
⑤伊能原書作「翌年」。

資性溫厚，於物無忤，而秉志剛正不屈於權勢。諸不便民者，悉除之。會歲旱，令商船悉運米，多者重其賞，否則有罰。於是南、北船隻雲集，臺民得飽而歌。任內屢次攝理諸羅知縣事，署理臺灣知府事，所在有善政。四十七年，任滿陞山東①東昌知府。在臺灣所作有《赤嵌集》。其風物吟被推為上乘，尤其如〈裸人叢笑篇〉，實為一篇番俗志也。被視為臺灣地名解釋之範例，為所有府、縣、廳志所引用。「臺山無正名，都從彝語譯出。」一語，即為其〈春興〉四首詩中「榏邊閒譯最深山」句之註腳也。

《臺海使槎錄》所收〈赤嵌筆談〉之「形勢」所云：「臺地諸山，本無正名，皆從番語譯出。」係由其文變動而來。元衡嘗在海防廳署內（府治西定坊）建一草亭，落成之時，以「浮瓠」二字題其上，作跋云：「五石之瓠，為大樽而浮江海，善用大也。浮之耳，於瓠乎何有？苟之于無何有之鄉，余心與俱也審矣。亭成，用以顏之。」可以察其雅懷之一面也。後如乾隆二十七年同知何愷建設內省軒，蓋莫非改建此草亭乎？

（十四）王敏政

正黃旗人出身，由監察御史，外轉福建興泉道。康熙四十三年，被調為分巡臺廈兵備②道。仁厚不苛，事悉就理；尤加惠於番民，嚴禁通事、社商朘削，懲創濫派番車。遇歲荒歉，則申請賑恤，民賴生全。任滿陞廣東雷瓊道，尋以病歿。臺民建專祠祀之。

①「山東」二字於伊能原書誤作「福建」。

②「兵備」二字衍。

（十五）王仕俊

鑲紅旗人出身。康熙四十三年，任臺灣知縣。承前任陳璸之後踵成學宮，復建立義學，延師課士，且聽斷精明，每多平反，申救冤横。前任知縣李中素，以勤職卒於官，但因倉穀潮溼腐爛，羈留家屬賠補，已逾十年。王仕俊蒞任，惻然代為補苴，旅櫬始得歸。在任四年，勞心撫字，清釐夙弊，日不遑給；竟以病卒於官。

（十六）宋永清

山東登州府萊陽縣人，由漢軍[1]監生出身。康熙四十三年，任鳳山知縣。為政朞年，百廢具舉。且聽斷以平允有名。兼致力於文教之振興。初，縣下大竹、興隆二里交界硫磺水（即龍水港）一帶之官田，地瘠租重，民率逋逃；宋永清詳請薄其賦，另募耕種，充為學宮香燈。又縣治東關之上則田數百甲，歲苦旱，宋永清乃發倉穀一千石貸民，通陂[2]圳以資灌溉，蓮池潭是也。[3]康熙四十八年間，兼署諸羅知縣。夙工於詩，庭署餘閒，輒吟詠不輟。任滿，陞直隸延慶府知府。著有《溪翁詩草》。

《鳳山縣志》〈人物志〉有曰：「鄭氏月娘，縣中洲莊人。年十九，歸儒士王曾儒。逾年儒卒，翁以貧故，欲速葬；月娘乞稍停，願死同穴。翁駭然，囑隣嫗勸之。月娘曰：『夫病劇時，吾以死許之矣。義不可移。』投繯而死。紳士競輓以詩。知縣宋永清嘉其節，親祭氏墳，匾其廬曰『百

①正紅旗。
②「陂」字於伊能原書作「坡」。
③就蓮池潭築堤一千三百餘丈。

年今日』。蓋宋輓詩，有『百年今日乾坤老』句也。」可見其留心於風教之一班。

（十七）周元文

正黃旗人出身。康熙四十六年，由福建延平知府調任臺灣知府。方正廉潔，僉壬[①]畏若神明。置義學田，以贍寒士。當時臺屬連年（自四十六年至四十九年止）饑荒，米價高騰，乃與諸羅[②]知縣李鏞通詳福建巡撫張伯行委勘具題，奉旨：照例蠲免租課十分之三。且出倉粟，在媽祖宮及府學兩處平糶，臺灣及諸羅之民資之。其致力於治民概如此類。五十一年，陞湖廣辰沅靖道。《臺灣府志》〈職官志〉「列傳」頌謂：「一切措注，悉本實心；臺民至今猶思其德。」

（十八）洪一棟

湖北德安府應山縣人。康熙四十八年，由監生任臺灣海防同知。從前海口之稽查有陋規，一棟到任革除其積弊，以利商人，又豁除逃亡丁賦。康熙四十六年起，臺灣連年（自四十六年起四十九年止）荒歉，米價騰貴。洪一棟多方設法招集商販，凡載米入港者皆籍其名，厚為賞賚，以故米船雲集，而得以活饑者，其他惠政頗多。五十六年卒於官。卒之日，所屬士民咸罷市，縞素巷哭，如其私親，為作佛事於各寺院、神祠，梵聲達四境。既而醵千金為賻，以歸其喪。《諸羅縣志》〈雜記志〉「災祥」[③]謂「故老以為自開臺以來所未有也」。

① 「壬」字於伊能原書誤作「震」。

② 「諸羅」二字於伊能原書誤作「臺灣」

③ 上五字原文誤作「秩官志列傳」。

（十九）張伯行

河南開封儀封縣人，從居邑名，人稱為儀封先生。年甫七歲入小學，傳有恂恂儒者之氣。康熙二十年，中鄉舉，尋於二十四年登進士。夙讀宋儒濂、洛、關、閩五子之書，認為聖賢必可學得，有毅然搜紹之志，一時學者歸重也。請建書院，與邑人講明正學，奮興者甚多。三十八年夏，大雨，北關之堤決，水氾濫入城中，居民憂之。張伯行募人夫，將沙土作囊而填築，得無患。以功授山東濟寧道。值年歲凶荒，傾家財運穀以賑，並將錢及棉衣，載運數船分給凍餒者。俄乃有旨賑濟。張伯行奉檄，專斷而動倉穀數百石。將被都御史彈劾而得寢，留任四年，惠政多，對於河務尤為盡心。嗣遷江寧（兩江）按察使，陞福建巡撫，廉訪猾吏奸胥之為民害者，悉中以法，隨之訟庭一變，教化大行，又倡建鼇峰書院，主明體達用之學，設藏書樓，陳置古今之經籍（四百六十餘種）。留任三年，風聲日上，由是匪孽全絕跡。行文臺灣，初在諸羅縣下，立社學為康熙四十八年也。其臺灣之稱小康實在於此際。次年春，因江南為重地，特調江蘇巡撫，偶遇歲祲，蠲租賑恤。當時兩江總督噶禮，性苛貪而與之不合，張伯行亦以剛直著。故受其掣肘，不得行其所志之事，稱疾乞辭官。不聽。上諭至謂：「治天下要至公，朕御極五十年，諸事以公心處之，張伯行居官清廉，天下所共知。」之語。終被擬為天下清官第一之聖鑑。又設書院，講正學，規模次第如在閩時，被稱為極江左人文之盛。康熙六十年，累官至禮部尚書。越雍正三年，以疾卒。遺疏請崇正學，勵直臣，為千古第一首出之君，綿萬世無疆之福，一語不及於私家之事。追贈太子太①保，予諡清恪，且賜祭葬。及門受學者數千人。就中，康熙末年臺灣朱一貴之役，出而為帷幕之謀士、膺善後獻替之陳夢林及藍鼎元，俱為門下之賢士，被稱為語實學實用殆無過於二子。可知感化之所及。所著有《困學錄》、《續困學錄》、《五十書集解》、《近思錄集解》、《續近思錄集解》、《廣近思錄》、《居濟一得》、《學規類編》、《家規類編》、《道學原委》、《伊洛淵源續錄》、《性理正宗》、《正誼堂文集》。

（二十）覺羅滿保

滿洲人，康熙三十三年進士。五十年任福建巡撫，夙稱有幹濟之才。未幾②陞閩浙總督。五十二年，奉命巡海，開淤塞、置煙墩，相度機宜，綢繆孔固。六十年，臺灣有朱一貴起事。覺羅滿保即密疏告變，且星馳赴廈門，奏言應親自行彈壓，請皇上稍寬督責，尅限一個月，誓必掃蕩凶醜。告別母夫人曰：「兒如不翦滅此，將無相見日。」可想其意氣。乃投袂從省城疾趨泉州。值陰雨連綿，乘竹輿，從數騎，行泥淖中，人不知其為總督。至廈門嚴申軍令，市肆晏然也。繼而指揮籌畫進勦之計，未及旬日，恢復府治，南、北二路，以次討平，隨而調遣能吏安輯流亡，慰撫各莊社之民、番，全臺遂定。後以疾，卒於官。

（二十一）周鍾瑄

貴州貴陽府貴筑縣人，康熙三十五年舉人。長才遠識，洞察治體。五十三年，任臺灣之諸羅知縣。時縣治新闢，土曠人稀，遺利頗多。周鍾瑄至，乃留心咨訪，曾捐俸，助民

①「太」字於伊能原書誤作「大」。
②五十五年。

修築水利，凡數百里之陂、圳皆為其所經畫，縣民得以富庶。五十八年，任滿遷員外郎，嗣於康熙六十一年，朱一貴之役漸平，調臺灣知縣。值歲大饑，設平糶之法，躬運糧米至澎湖，以賑恤境內。臺灣縣治，原係鄭氏之承天府，其店厝、牛磨等皆有稅，夙由鄭氏時沿襲，閱年既久，有子姓凋落不能自存，連片瓦寸草亦無者，吏仍按舊籍催租不少貸，而如大井頭等東西新興之處，殆呈列肆碁布，不出一錢。周鍾瑄乃驗覈新舊之店屋，得大小瓦厝凡若干，令小者以二當一，使均出賦。其已破壞而無生計者悉蠲之。戶給票，厝壞罷業者，得驗票註銷。當時牛磨舊額三十首，停廢者無慮三分之二，吏按冊問賦，與店厝同，則悉責新開之磨戶輸稅，其停廢者免之。斯種釐革，收效良好，《臺灣縣志》〈政志〉「列傳」記載：「凡諸稅歲額不增，而分償於新戶，至今賦不虧而窮黎無所苦，鍾瑄為之也。」此外，振作文教，纂修縣志，及修築城垣等，規計皆憂深慮遠。後諸羅縣民肖像祀於勝蹟龍湖巖廟（赤山堡七甲庄赤山巖）。

（二十二）俞兆岳

浙江杭州府海寧縣人，歲貢生出身。康熙五十三年，任臺灣知縣。甫下車，立三誓於縣城隍廟曰：「毋貪財，毋畏勢①，毋徇人情也。」實心實政，終始不渝。②每巡行村落之間，問民疾苦，如家人父子，顧復而噢咻之。有所訊鞫，辭色雍和，民無匿志。任滿，知貴州之開州，累官至巡撫。

①「毋畏勢」三字伊能原書脫。

②伊能原書以上八字亦為誓詞。

（二十三）阮蔡文[1]

福建漳州府漳浦縣人，隨父母寄籍於江西。性剛，以膂力自負，喜弄刀盾，隣兒皆畏下之。康熙二十九年舉人，嗣應會試不第。留心於經世之學，所到南、北山川島澳，以至東南海外之情形盡皆熟悉，尤長於語才，凡四方[2]之鄉語無不迅即博通。（楚、淮、閩、粵之方言，苗、猺侏儒之音，入其鄉即化肖之，其聲調口角，有不能辨其何方之人之概。）既而落魄無所用，周遊餬口，受福建巡撫張伯行聘，在福州之鼇峰書院主講洛閩之學。嗣康熙四十九年十月，出而招降洋匪陳尚義一黨有功。

在此之前，山東、浙江間之洋匪陳尚義，殺巡海遊擊。其黨赴兵部乞降時[3]，陳汝咸為御史，文奏請自往招撫。陳汝咸駐錦州，遣阮蔡文及千總左其彪入海。瀕行賜帑金、衣裘。會颶風大作，左其彪之船漂失，不知所之，阮蔡文之船檣折幾覆，舟人大恐。阮蔡文怡然曰：「吾等為朝廷招逋寇，以靖海疆，雖葬魚腹，不猶愈死兒女子手中乎？」至登萊易船蹤跡其所在，直上賊船，開示威信，陳說利害。數日而悉降之。乃召見。當時皇帝問文：「書生此行良苦。頗驚怖否？」對曰：「臣仰仗威靈，頑梗革心，誠無所怖。」更問沿海事宜，條對甚悉。議功授雲南陸涼知州[4]。

時，大[5]學士李光地等奏稱其材武大可用，特授福建廈門水師中營參將。康熙五十四年，調臺灣北路營參將。當時諸羅知縣周鍾瑄，以才名、吏治著稱，阮蔡文一見如故，和衷共濟，戢吏卒、撫番黎，整飭部伍，增置要害，悉除所轄陋規。當時北路之半線（彰化）

[1] 藍鼎元《鹿洲初集》作阮蔡文，《福建通志臺灣府》作阮文，《諸羅縣志》云：「文榜姓蔡，任廈門參將始復阮姓。」

[2] 即吳、越、閩、廣。

[3] 康熙五十一年。

[4] 「知州」二字於伊能原書誤作「知縣」。

[5] 「大」字於伊能原書誤作「太」。

以北地方，被目為山川奧鬱、水土苦惡，初淡水設有防兵，一歲交替，生還者不及三分之一，終迴避之，巡哨未有至者。阮蔡文慨然特為親哨，部曲皆涕泣強諫。阮蔡文曰：「不然，臺地雖為彈丸，實係閩之安危，淡水又為臺之鍵鑰也。由淡水至福州，風利一日可達。民、番錯雜，亡命者日多。不熟知其道里情形，何以控制調度？」翌年，自齎帳落，具脯糒，日或於馬上賦詩，夜燃燭紀所歷之地理、山溪、風候、土俗，為文祭戍亡諸將士，悽愴激烈，聞者無不感泣。山谷諸番具牛、羊、酒食，絡繹道旁迎獻，乃皆慰諭遣還無所受，或啖一粉餈、引酒沾唇而去。召社學番童坐幕下，與之語曰：「吾，汝師也，勿懼。」能背誦四書者，旌以銀、布，為之講解君臣、父子大義，反覆不倦。諸番咸感悅。竟損健康為瘴癘所累，宿痾①不愈，遷福建福州城守副將，赴京，道劇，卒於宿遷。所部軍民設位弔祭之。在官未嘗取兵、民一粒一絲。歿後家無餘貲，據稱妻、孥饘粥不充。藍鼎元《鹿洲初集》〈驃騎傳〉評之曰：「使竟其用，經濟事業，豈必多讓古人？天奪之速，則不解其何故矣。」

（二十四）黃曾榮

初出身於臺灣之諸生，嗣棄而從戎務。補把總，陞千總。康熙五十年，分巡臺廈兵備道②陳璸，命征北路之淡水，捕匪魁鄭盡心。黃曾榮到即審察山川之形勢，繪圖以進，請在其地添設一營。既而陳璸陞偏沅③巡撫，特疏薦黃曾榮，奉旨記名。及璸調撫福建，遂會同閩浙總督奏請設淡水營，五十七年，准之，乃以黃曾榮為本營都司。相度營地，創蓋兵房，經理三月，雖竣事，但積勞得疾，歿於官。

①「痾」同「疴」。
②「兵備」二字衍。
③「偏沅」二字於伊能原書誤作「湖南」。

（二十五）施世驃

福建泉州府晉江縣人（靖海侯施琅之子），初以外委守備，隨父與鄭氏軍戰於澎湖有功。後累官至福建水師提督，駐箚廈門。康熙六十年四月，朱一貴在臺灣起事，施世驃聞變，集諸將議曰：臺寇猖獗至極也，未及旬日全臺俱陷，殆非小賊也。今臺船數百艘逃入內地，脫有奸徒混跡乘虛鼓煽，廈島一搖勢不可制，咎將誰執。乃謹巡防，嚴守禦，使無懈怠。而閩浙總督覺羅滿保，羽檄飛促施世驃出師赴澎湖，以慰眾心。迨總督至廈門時，施世驃已登舟出港兩日矣。施世驃抵澎湖，與南澳鎮總兵藍廷珍謀。六月，進擣鹿耳門，克安平，復府城，朱一貴等先後就擒。當時元兇雖夷，餘黨尚散匿。施世驃乃與藍廷珍分遣大兵，廓清南、北二路，以除殘孽。八月遇大風暴雨，屋瓦皆飛，船舶撞壞，人民震驚尤甚。施世驃終夜露立風雨之中，因之發疾，九月十五日①卒於軍。詔給世襲頭等阿達哈哈番。

（二十六）藍廷珍

福建漳州府漳浦縣人，起於行伍。夙蹻捷如風，且博有鎗砲無虛發之譽，嗣歷把總、遊擊，追擊海寇於外洋，屢有奇功。（凡絕島險遠僻深，官軍不到之處，莫不搜剔。）康熙五十七年，任臺灣澎湖水師副將，未幾擢廣東南澳鎮總兵。康熙六十年四月，朱一貴在臺灣起事時，閩浙總督覺羅滿保，飛檄召藍廷珍赴廈門。先是，藍廷珍聞臺警，慨然以征討為己任，上

①「九月十五日」於伊能原書誤作「翌年」。

書覺羅滿保獻進兵事宜，首勸總督駐廈，當時覺羅滿保已兼程疾馳赴廈門之途次，接此稟函，大喜曰：「藍總兵所見，事事與吾脗合，吾謂此君，平臺得其人矣。」嗣，藍廷珍亦單騎率所部舟師到廈門。乃兼署臺灣鎮總兵，統征臺之水、陸大軍赴澎湖，會福建水師提督施世驃，剋期進勦。六月朔日，將出廈門港。祭江誓師，覺羅①滿保躬造海濱送之，藍廷珍意氣慷慨，從容謂滿保曰：「草寇不足煩區處，某一登彼岸，可即奏報蕩平也。」颶風驟起②，軍士相顧失色。藍廷珍親自操舟馭風，漂到銅山。風定，從銅山出發③，達澎湖④與施世驃議進兵，且曰：「群盜皆穿窬烏合，畏死脅從，乖離渙散，一攻即靡。但其眾至三十萬，不可勝誅。且多殺生靈無益，以某愚見，止殲巨魁數人，其餘反側概令自新，勿有所問，則人人有生之樂，無死之心，可不血刃平矣。」為施世驃⑤所贊同，乃戒將弁，登岸之日，不得妄殺，賊來降者悉縱還家。十六日，兵由鹿耳門進，藍廷珍指揮諸將奮擊，賊眾敗走，直克安平，收復府治。越數日，遂平之，尋廓清南、北二路。有旨：仍留臺灣膺彈壓。會施世驃病歿，因而攝提督之事，餘孽悉緝捕，或有逸而遁內山，皆能計料其所之，移檄捕之，無有脫者。陞授福建水師提督，⑥世襲三等阿達哈哈番，七年十一月⑦，卒於任。追贈太子少保銜，予謚襄毅。

《臺海使槎錄》所收〈赤嵌筆談〉之「物產」，就荔枝（龍眼之別種）記謂：「藍總戎廷珍，每貽漳州狀元紅，紫綃玉膚、甘如醴酪。每以海上風阻，不得日食三百，殊為憾事。」廣東地方，即粵產之荔枝，古來稱為冠天下，而福建之漳州、興化之產，亦非無名，尚多有遜色。藍廷珍為南澳總兵之日，似欲將之贈貽故山之知己。而所謂其不得日食三百為憾事，係基於蘇軾之詩謂：

①「羅」字於伊能原書誤作「維」。
②此係翌日至青水溝時事。
③此初八日事也。
④此初十日事也。
⑤「驃」字於伊能原書誤作「標」。
⑥據清世宗實錄，此為雍正元年九月事。
⑦伊能原書作六月。

「羅浮山下四時春，盧橘楊柳次第新，日啖荔枝三百顆，不妨長作嶺南人。」亦傳為藍廷珍有趣之一逸事。

（二十七）林亮

福建漳州漳浦縣人。幼孤，長而有四方之志。竟決意從戎，習騎射、擊刺，留心海務，對於島澳之險夷，舟航之利鈍，營陣戰伐，無不講求熟悉。康熙四十五年，任臺灣水師右營把總。五十六年，以熟悉水務被調任澎湖水師右營守備。六十年，臺灣朱一貴事件起，逃竄各官及避難人民咸到澎湖。澎、臺相距一水而已，在澎湖之將弁倉皇不知所措，群情洶洶然。乃以為孤島難守，議欲撤歸廈門，各出家屬使其登舟。百姓婦女雜沓爭舟，哀聲震海岸。林亮聞之請主將掣回登舟之各家屬，死守澎湖。眾議猶豫不決。林亮厲聲曰：「朝廷以海外封疆付我等，正為緩急倚賴，非徒昇平食廩祿、營身家已也。今鋒刃未血而相率委去，他日駢首市曹，寧能免乎？大丈夫不死則已，死則死忠義耳！請整兵配船，守禦要害，俟賊至決一死戰。戰不捷而亮死，公等歸亦未遲。」皆曰諾，願死守。林亮馳出港岸徑申主將號令，拔所佩刀，驅官民家屬盡各登岸，敢言退歸廈門者斬，眾心始固。又慮臺米不至，行間乏食，捐家財買穀碾米給軍，製造戰攻器械及諸軍需，以俟大兵之進勦。福建水師提督施世驃及南澳鎮總兵藍廷珍，統師至澎湖，以林亮膽識超群，忠勇出眾，委為前隊先鋒，使其領舟師進發。林亮至臺灣，冒死盡銳奮進，一日之中奪鹿耳門，登安平城，遂克復府治，七日之內得恢復全臺。閩浙總督覺羅滿保手書褒揚，紀功第一，方之古賢將馮異①、曹彬。雍正元年，以功擢臺灣水師副將。二年，陞臺灣鎮總兵。至此，林亮自主力為撫恤亂後之窮黎，正己率屬，整飭水、陸兵防，和衷文、武，庶民歡樂之。又招撫內山之生番②，使近山之居民得安堵。其事上聞，有旨：賜金一萬兩，從優議敘，特加四級。林亮仰體皇仁，因番性所嗜，購色布、漳③、煙、鹽、糖等物，遣官遍歷各社，宣朝廷之德意，賞賚諸番。歡呼之聲震山谷。計動用賜金一千八百九十餘兩，尚餘八千一百四十兩餘。封貯臺庫，流交公用，絲毫不私為己有。雍正五年，遷浙江定海鎮總兵。尋歿於官。④

定海四面汪洋，扼浙東之吭，林亮盡心綢繆，訓練卒伍，日率戰艦弁兵巡防周歷，不敢一日暇逸。積勞成疾，竟不起。

特賜祭葬，藍廷珍之〈林元戎傳〉評之曰：「言臺、澎之遺事者不能不為此君屈一指。」

（《鹿洲初集》）

（二十八）陳倫烱

福建泉州府同安縣人，由諸生得蔭陞任為官。後居廈門。父昂，少孤貧，習賈而往來於外洋，熟悉海上之形勢。康熙二十二年，施琅奉命勦蕩臺灣之際，聞其名，召而與之計事。昂指畫南北之風信、港澳之險夷，瞭如指掌。乃置於麾下使其參與機密。定計以南風

①上字伊能原書脫。
②凡一百零八社。
③「漳」字似當作「酒」。
④時年六十有四。

攻澎湖，實出其獻策。及戰，身自搏鬥。又奉令，在東、西洋探訪鄭氏遺孽之有無凡五年，敘功，授江蘇蘇州城守遊擊，嗣經廣東碣石鎮總兵，擢廣東副都統，到任即疏劾天主教之異端惑眾隱憂，極其剴切。又見沿海困於洋禁，謂其子倫炯曰：「濱海生民業在番舶，今禁絕之，則土物滯積，生計無聊；未有能悉此利害者。」即知之，亦莫敢為民請命。我今疾作，終此而不言，則莫達天聽矣。」卒不起，遺疏以聞。陳倫炯齎疏入京，聖祖召充侍衛。嘗扈從，上垂問海外諸國情形，對答明晰，與地輿圖籍符合。康熙六十年，臺灣朱一貴起事，時適直侍，跪奏曰：「烏合耳，會須刻日平也。」為詳陳所以易平狀。果不旬日平定，賞賚有差。雍正元年①，授臺灣南路營參將。到任，先請建鳳山縣城，親自督工役，毫不苟且，時加慰藉，民忘其勞。且撫緝亂後之瘡痍，整理有方。馭兵寬嚴並用。嗣於雍正元年，晉臺灣（安平）水師副將，築海岸，護鎮城。尤憫往年殉難之將士，祀水師副將許雲、遊擊游崇功、千總林文煌、趙奇奉、把總李茂吉，取名五忠祠。四年陞臺灣鎮總兵，勵己率屬，時有「總鎮清廉補破靴」之謠。六年，調廣東瓊州鎮總兵，因事降調。十年，由澎湖水師副將，補臺灣水師副將，十二年，遷江南蘇松鎮總兵。乾隆七年，提督兩浙軍務②。購小白山，瘞閩之客死者。建資福庵，置田充祭費，閩人德之。在官五年，卸任歸廈門，歿。所著有《海國聞見錄》，以其任官之地多為濱海之區，平生聞見能熟通海道之形勢，且有賴於乃父之實話及遺疏之故，乃會萃敘次成為一書，（其書中篇目為〈天下沿海③形勢錄〉、〈東洋記〉、〈東南洋記〉、〈南洋記〉、〈小西洋記〉、〈大西洋記〉、〈崑崙〉（即崑屯）、〈南澳氣〉④及〈四海總圖〉、〈沿海全圖〉、〈臺灣圖〉、〈臺灣後山圖〉、〈澎湖圖〉、〈瓊州圖〉。）凡山川之扼塞，道里之遠近，風雲氣候之測驗，及至外人番民之

①原文作「同年」。
②伊能原書作「浙江寧波水師提督」。
③「海」字於伊能原書作「革」。
④「氣」字於伊能原書作「記」。

風俗、物產概記之。其自序中有一節云：「蓋所以志聖祖仁皇帝及先公之教於不忘，又使任海疆者知防禦搜捕之扼塞，經商者知備風潮、警寇掠，亦所以廣我皇上保民恤商之德意也。」可為陳倫烱真意之所在。《廈門志》〈列傳〉論曰：「陳氏父子世以韜鈐勳業顯。其大者，開洋一疏，非通達時勢、熟諳夷情者，不能言；觀其臨歿數語，亦見忠君愛國之誠矣。倫烱著為成書以公世人，宜其子孫世守之勿失也。」

（二十九）陳林每

臺灣府城（臺灣縣鎮北坊）人。少時貧窮，康熙末年間，為人駕牛以自給，見府城內曠地多，每過輒慷慨規度，計作大宅之處。一日遇悍卒以橫逆加之，怒而與鬥。已而感憤去，應募入福建興化府莆田縣之伍籍。朱一貴起事時，奉派撥臺灣，有功，授把總，屢經超擢。乾隆十七年，任臺灣鎮總兵。既蒞事，約束營伍，紀律甚嚴。凡知府、縣官入謁，必告之以此土之利弊，且曰：「吾子侄犯法痛懲，毋以我故，示寬假也。」素敬禮士大夫，福建①德化縣進士王必昌，來修《臺灣縣志》，不事干謁，陳林每輒以禮下之，致尊重焉。次年陞廣東惠州陸路提督，歿於官。

（三十）陳夢林

福建漳州府漳浦縣人。夙好學，學於福建巡撫張伯行之門，又從諸名士大夫遊，深沉

①「福建」二字於伊能原書作「江西」。

多智，通書史，嫻經濟，潤之以宋儒之書。而七應鄉試不遇，據傳至此絕其仕途之意。康熙五十五年，諸羅知縣周鍾瑄欲修縣志，乃具書幣迎陳夢林。陳夢林以書生應聘，自總其成，五十六年告竣。有「淹通質實，至今獨稱善本。」（《臺灣縣志》）之評。當時朱一貴案之兆頭未萌，陳夢林之纂志，凡所憂虞規度，先事而中，如豫見其未然者。既而朱案已發之際，陳夢林方遊南澳。時南澳鎮總兵藍廷珍，奉閩浙總督覺羅滿保之檄欲上征途，問策於陳夢林，乃為之條陳進兵事宜，首切言總督駐箚廈門，就近督師之利。藍廷珍納之，先函致指陳於總督。總督閱之大喜曰：「藍總兵所見與吾脗合，吾謂此君，平臺得其人矣。」尋閩浙總督進駐廈門，訪求熟悉臺灣事宜，嫻於猷略者，亦以厚幣聘陳夢林於廬。陳夢林慷慨赴幕曰：「賊草竊無遠略，相吞併，不難平也。」總督曰：「子能為我涉波濤、冒矢石，親從事於行間乎？」陳夢林遂行。當時總督居中調度，提督施世驃與總兵藍廷珍，分將大軍。陳夢林以總督之軍師周旋於施、藍二將之間。事平之後，尚留五個月，妥商善後之策，其所獻替者良多。（藍廷珍在《東征集》序中曰：「前此陳君修志諸羅，憂深慮遠，於臺事若豫見其未然者。厥後滿公羅之幕府，旋命參予戎務。陳君深沉多智略，為予計擒數巨魁，南、北路稍平，倦遊歸里。」）其將辭去，總督①官其一子為把總曰：「吾固知子淡於宦情也。」眾咸為陳夢林稱屈。陳夢林曰：「吾何功哉？控制調遣，滿公功也；遣將先入鹿耳門，施公績也；大戰七鯤身，遂定府治，藍公力也。且吾以一書生，提一筆管、掉三寸之舌，往來行間；親覩天子威靈、將士用命，七日而殲寇；上紓朝廷南顧之憂、下定鄉井揚波之警，吾榮多矣。吾有何功哉？」據稱絕口不言臺事。所著《臺灣遊草》及《遊臺詩》，為其在臺數年間之感懷文詩集，可補史實者不少。嗣於雍正二年，三遊臺灣，有《臺灣後遊草》之撰。

①即覺羅滿保。

翰林院編修蔡世遠〈陳少林遊臺詩序〉曰：「歲甲辰（雍正二年），少林重遊臺灣，感舊興懷，作〈憶昔〉長篇一首、七律八首，錄寄京師示余。余時與總憲錢塘沈公同讀而贊之曰：『〈憶昔〉，即杜子美之〈北征〉也；七律，即子美〈諸將〉之什也。雖所遇不同，然其忠愛愷惻之心，未雨綢繆；深情雅調，孰謂古今人不相及哉？』余是以序而傳之，並其前後遊臺諸作著於篇。」又藍鼎元所作跋有：「君學殖深沈，非世人所能窺測，後遊一草，不過偶爾緒餘，使讀者知當時情事，想見雄浩奇偉之氣，欲以一鸞蔽九鼎，君且笑為不然矣。」之語，由此可知非其尋常遊草之類也。

（三十一）藍鼎元

福建漳州府漳浦縣人。父稱文庵先生，以文學、行誼為一時之矜式也。母許氏亦有淑德之聞。藍鼎元其出生實在此嚴父慈母之膝下被哺育也。

鼎元五、六歲之時，月夜父攜之步中庭。父從容問曰：汝長大欲作何種事業？鼎元答曰：將讀書焉。父曰：汝讀書何為？欲作官？欲作聖賢？答曰：皆欲之。父曰：奢官不可必，得不得其權在人。聖賢可必，為不為其權在己。鼎元曰：吾將為之。父大喜。他日，鼎元問父曰：人為官不能成為聖賢乎？父曰：居官正好。為官致君澤民，皆聖賢之事，如伊尹、周公，俱是聖賢，孔子亦是為官者也。但官難期必得。顏子、閔子不必為官，皆聖賢也。鼎元大悟，自是日以聖賢自居，父亦隨事誘迪之。一日在松蔭納涼之時，見小彘負彪趨，鼎元尚為穉駭，打掌大笑。父曰：非禮勿視。汝為此打掌亦非聖賢。鼎元乍正容奉教。又一日誤跌地而啼。外祖母欲扶之起，不立。固勸則泣愈甚。父至佯不知，唯呼謂今日聖賢何在？鼎元急答曰：在此，父笑曰：聖賢無哭者。據稱鼎元直拭淚言，吾從無啼泣。可知「薰於千里之旃檀，馨由二葉時也」。

甫七歲就師受讀書。父指所讀《論語》中〈弟子入則孝，出則弟〉之章曰：「汝如欲為聖賢，當從此一章，能記熟擴充此章，馴致至極之處，不患不造聖賢之地位。」常使復誦其當日所讀之書，誦畢，大喜並執其手，曰：「汝如不忘為聖賢之志，吾死亦將含笑於九原。」

及十歲時，父罹病而歿，因生平以儒生自處，不敢治其他生業，歿之日，家無餘資，母去華飾，鬻粧奩力為女紅、市番薯，以孝養舅姑，鞠育幼孤。當時藍氏之家，雖隆冬盛暑、苦雨淒風，紡紗織布聲與書聲交互相答，據傳道路聞之無不傷心流涕者也。而此境遇，其母慮鼎元心切成名，或疏於修養，常戒之曰：「人生，科名不宜太早，再加數年之功，造物之厚意也。」（母許氏寡時，年僅二十九，清操苦節，二十餘年不渝，福建巡撫張伯行，後來以「節孝流芳」匾褒旌之。）稍長，從族伯①唐民先生讀書山中。鼎元每日通學受業，攜一罐白鹽，無其他蔬菜，同學或揶揄之，據說藍鼎元怡然不介意，反而作〈白鹽賦〉自勵。長而執贄於福建巡撫張伯行之門。由來藍氏之族多將帥之才，（如族兄藍廷珍代表之。）而藍鼎元特克以文治經濟自許，雖其天才實致之，但應歸功父母之適切誘導。

藍鼎元年十七，觀海廈門，泛海舟泝全閩之島嶼，經浙洋舟山，乘風而南，沿南澳之海門而歸。自謂此行所得者多，人莫能喻也。藍鼎元以聖賢之道欲施之於經世之上，其萌②

①當作族兄。

②「萌」字於伊能原書作「萠」。

芽於此際歟？張巡撫嘗延地方上有學行者，纂洛、閩諸儒之書。藍鼎元雖以諸生與其列，但張巡撫獨重藍鼎元，至謂：「藍生確然有守，毅然有為，經世之良材，吾道之羽翼也。」

康熙六十年，朱一貴起事之際，自參總兵藍廷珍之戎務，文移書檄皆出其手，被稱：「鼎元才尤伉爽，明斷敏捷，料時事洞如觀火。」（《臺灣縣志》〈軍志〉藍廷珍傳）又稱：「調遣指揮並中要害，決勝擒賊百無一失。當羽檄交馳，裁決如流，倚馬立辦，廷珍視若左右手。」（《臺灣府志》〈人物〉藍鼎元傳）其亂後謀善之事宜著著被採用，文治武備之改造概如議行之。乃有欲上其功之議，但藍鼎元固辭而不受。雍正元年，詔選文行兼優之士，使其貢於太[①]學。學臣以藍鼎元應之。授廣東潮州府普寧知縣，尋遷潮陽知縣，以忤監察御史之故，被誣告而革職。後至六年[②]，以大學士朱軾之薦得召見，條陳六事凡五千言，（〈鹿洲奏疏〉）皆被嘉納。

十年，臺灣北路有大甲社番之變。當時閩浙總督郝玉麟欲藍鼎元渡臺籌畫善後之事宜，因故辭之，草〈論臺灣番變書〉一篇致之於郝總督，所言適中時弊。病革時，召子等於牀邊告之曰：「我無以報皇上，汝等當勉勵為國家有用之人才，繼我未竟之志。」問以家事，不答。須臾而瞑目。可謂能持其自家之主張，始終一貫者也。（乾隆五十二年臺灣林爽文事件時，簡派為常青將軍之參贊，到臺灣三月病歿之江南提督藍元枚為其子。[③]或云港西上里阿里港街之名門，以累世富豪著名之藍家為其支流。）道光四年，北路理番同知鄧傳安倡建文開書院於彰化鹿港時，中位祀朱子，兩傍配享海外之寓賢八人，藍鼎元與焉。所著《平臺紀略》為關於朱案靖平之紀事本末史，有：「鼎元，在廷珍之軍中一一親見，故記載最悉，稱頗直筆。」（《四庫全書總目》）之定評。《東征集》係隨征朱案在幕中手稿之公檄書稟條陳雜著中，擇其精要可傳者而成，在條陳經世理亂之方策上，夙被推為治臺之軌儀。其他有《鹿洲初集》、《鹿洲公案》、《棉陽學準》、

①「太」字於伊能原書作「大」。
②當作五年。
③元枚為藍廷珍之孫，鼎元之姪孫。見《漳州府志》藍元枚傳。

《修史試筆》、《女學》等傳世。

《鹿洲初集》係其友曠敏本，將藍鼎元之文稿加以輯錄者，文辭之雄勁，敘次之簡淨，無非所謂：「見鹿洲（鼎元之號）之文，可知鹿洲之志矣。」（〈張伯行之序〉）又：「無非文筆修暢，多切於事理，在近人之文集中，猶可謂實際者。」（《欽定四庫全書總目》）《鹿洲公案》傳當其知事牧民之局時，擇公事案情特異之例加以輯錄者；《棉陽學準》，係藍鼎元知潮州①時創棉陽書院，為受業弟子規明講學本義之學準，門人鄭炳文序謂：「此實本躬行為著述，非徒虛談性命，無關道德者若也。」是也；《修史試筆》，係藍鼎元曾欲修宋史，先纂彙唐代之名臣，以試紀傳之筆，屬於史稿；《女學》係藍鼎元自序：「天下之治在風俗，風俗之正在齊家；齊家之道，當自婦人始。」基於此旨義之一篇大經也。

（三十二）黃叔璥

京師順天府大興縣人，康熙四十八年進士。其學純奉朱子以篤行稱。六十一年，臺灣始設巡視臺灣御史時，初膺其任。當時閩之碩學蔡世遠②（即梁山先生）〈送黃侍御巡按臺灣序〉中有言：「余與黃君，同門友也；夙知君家學素履。君兄弟五人，皆有聲績，……君年最少，由吏部陟臺中，能直己行道，不矯激沽名，為聖主所倚信。以夏四月至閩；余一見，即為臺灣慶得人。君自童子試至登進士第，未嘗出都門。茲將出波濤、航大海，奉天子命，以綏輯群黎。神志肅定，忠慎恢廓；古所謂大丈夫者，君其人矣。」可想見如何繫於重望

①上字原文誤作「洲」。
②「遠」字於伊能原書誤作「鎮」。

也。既至，果然安集哀鴻，措置時務多得當。留任一年①而去，陞常鎮揚通道，乾隆元年歿。

所著有《臺海使槎錄》，收〈赤嵌筆談〉、〈番俗六考〉、〈番俗雜記〉三篇。被推為採撫最富，後之修府、廳、縣志者，率取資焉。素有：「臺灣從康熙癸亥始入版圖，諸書之記載或疏略不備，或傳聞失真，叔璥哀集諸書，參之以目見，以成此書，於山川、風土、民俗、物產，言之頗詳，而攻守險隘，控制機宜，及於海道、風信，亦皆一一究悉，諸番情勢尤為核備，所記雖止於一隅，而亙古以來輿記所不詳者，加以蒐羅編綴，源委燦然，固非無資考證者。」（《四庫全書總目》）之評。另有《南征紀程》，為赴任臺灣之途次由京師到福建之日記。（康熙六十一年正月至六月分日記載。）其他著有《近思錄集註》、《慎終約編》等。

（三十三）陳大輦

湖北武昌府江夏縣人，康熙四十五年進士。初知廣西永定州，遷福建鹽運分司，釐剔鹺政，奉委清丈閩田，由於平允，大得民心。

康熙六十年，臺灣有朱一貴之役。陳大輦督造平底小艘，飛渡臺灣，多所裨益。先是，分巡臺廈兵備②道梁文煊以失職被議，裁兵備為分巡臺廈道。③事平之後，陳大輦被擢任之，至則安輯流亡，撫綏部落，生番之歸化者接踵。而因朱逆之餘黨跳梁未靖，陳大輦悉捕獲正法，臺民始得安於袵席。又兼提督學政，對於校士期公慎，立課士之規程，盡心於作養，越雍正二年，以疾卒於官。

①伊能原書作「二年」。
②「兵備」二字衍。
③似當作改分巡臺廈道為分巡臺灣道。

（三十四）楊毓健

湖北宜昌府長陽縣人，由貢生出身。康熙六十一年①，任臺灣海防同知，捕奸剔弊大有功。是年②秋，調鳳山知縣。時朱一貴甫平，民生凋敝甚。楊毓健下車，首③詢疾苦，貸倉穀，省徭役，且興修水利，躬親勸稼，持酒、餅相勞，對於力不足者，給種予之，由是田野大治。間復勤於聽斷，幾不留牘。此外，勵文教，撫番黎，孜孜以惜士愛民為念。雍正元年十二月離任。

鳳山之舉人謝希④元等九十八人相謀，立〈楊邑侯去思碑〉於鳳山舊城天后宮之右壁。中勒：「計公治鳳，將及一年，其所設施皆數百年大經大猷，足為保鳳良規。」之頌語。

（三十五）王作梅

河南衛輝府河內縣人，康熙四十八年進士。雍正二年，任臺灣海防同知。當時對於臺、廈之間，海口之稽查漸形頹廢，偷渡、走私之錮弊極甚。王作梅以厲行其禁革自期，百方苦瘁，遂得改之。後以告終養離任。《臺灣府志》〈職官志〉「列傳」頌其果斷云：「其勇於有為如此，至於律己愛民，臺之士民，至今猶傳頌不衰云。」

（三十六）吳廷華

①伊能原書作「康熙六十年」。

②伊能原書作「翌年」，依上文改康熙六十年為六十一年而逕改。

③「首」字於伊能原書誤作「直」。

④「希」字於伊能原書誤作「布」。

浙江杭州府仁和縣人，舉人出身。雍正三年①，由中書舍人，任福州海防同知。嗣以原銜為福建興化通判，所至以經學飭吏事，有政聲。嘗奉檄查臺灣倉庫，值諸羅民人揭竿之變，事起倉卒，文、武束手。吳廷華為之按形勢，糾兵民，分督防守，誅其巨魁，遂得以安緝。吳廷華有《社寮雜詩》之作，係在臺之日，采訪所在番俗取為詩材，亦可資補史實也。

（三十七）夏之芳

江蘇揚②州府高郵州人，雍正元年恩科進士。充內廷教習，以御試第一入翰林院，嗣轉都察院。雍正六年，任巡視臺灣御史，兼提督學政。至則以澄敘官方、振興文教為己任，主歲、科兩試，公慎明敏，培養士類基於至誠，又按巡南、北二路，綏撫民、番。生平廉介，苞苴永杜，而接物復樂易沖和，絕少崖岸，尤為僚屬所敬服。留任一年而去。其《理臺末議》一篇，以諫言關於治臺規圖，備受推崇。蓋為夏之芳在任中之遺著焉。

《理臺末議》無刊本，多在黃叔璥之《臺海使槎錄》引用，其他之臺灣府、廳、縣志等依之轉載。《臺海使槎錄》雖說主要係康熙末年間之摭採，但成書在乾隆元年，以雍正年間之此書作補記應為當然。

①「三年」二字於伊能原書作「初年」。

②「揚」字於伊能原書誤作「楊」。

其他所輯之《海天玉尺編》，係屬於臺灣試牘之嚆矢。又《臺陽雜詠百首》博得如下佳評：「傳播藝林，東瀛風土臚寫略備。」（楊希閔〈合刻臺灣雜詠詩序〉。）

（三十八）梁樟

陝西西安府咸寧縣人，康熙六十年進士。以知縣用，歷任福建之長泰（漳州府）、長汀（汀州府）二縣。雍正九年正月，陞臺灣澎湖通判。當時澎湖設廳未幾，一切章程多未就緒。梁樟抵任，謹遵職守，考定規條，大、小部署親自手裁，如有前官已行而未合功令者，悉為革除。又念澎湖全島多風少雨，對於農事尤為惓惓。不肯妄差一役、妄役一民。其治一以安靜為主。十一年正月，任滿仍留協辦，九月以丁憂去。《澎湖紀略》（《澎湖廳志》〈職官志〉「名宦傳」所引。）評之曰：「老成持重，不喜事，亦無廢事，論者以為頗得政體云。」

（三十九）林天木[①]

廣東潮州府潮[②]陽縣人。性沖和慎默，不苟言笑，動履一以宋儒為範。生平作字必楷正；雖屬稿，未嘗為行草之書。雍正元年登恩科進士，以候補知縣引見，累官[③]雍正十一年，遷巡視臺灣御史，兼理提督學政。歲、科兩試，取士以品行為先，閱卷以公平為旨。平素不輒為恚，即僮僕有過，亦不聞斥詈之聲。接僚屬，端嚴中有和氣，人多敬愛之。留任一年，丁祖母憂，哀毀逾禮，尋以疾歿於家。

①「木」字於伊能原書誤作「本」。
②「潮」字於伊能原書誤作「海」。
③至兵科掌印給事中。

（四十）周于仁

四川潼川府安岳縣人，為康熙四十七年舉人。初任福建永春州德化知縣，嗣移知延平府將樂縣。雍正十一年八月，擢臺灣澎湖通判。處事果斷，澎湖協標之戍兵素稱驕悍，欺凌澳社。周于仁一繩以法，不少假借，民賴以安。雍正十三年，奉檄清查地畝，勸民首墾，報陞墾地一百四十餘畝，資給牛種、耕具，吏無侵漁，民沾實惠。十三年八月，任滿，仍留協辦，乾隆元年六月，因病告假回籍。後澎民建祠祀之。

（四十一）陸鵬

浙江嘉興府海鹽縣人，康熙五十六年舉人。初授浙江寧波府奉化縣學教諭，訓士有方，陞連江知縣。雍正十一年，調任臺灣諸羅知縣。安集流寓，懷柔番社，治稱最。十三年以丁憂去，起復陞福建泉州府糧捕通判。乾隆八年六月，奉調為臺灣澎湖通判。下車之日，首重勸學，澎湖之文風丕振。九年十一月，以病卒於官。《澎湖紀略》（《澎湖廳志》〈職官志〉「名宦傳」所引。）載：「為人和平樂易，禮士愛民，其循良之選也歟？……澎人哀思，如失怙恃云。」（《臺灣府志》作陸鶴。今據《澎湖廳志》節引之《澎湖紀略》，改為陸鵬。）

（四十二）錢洙

浙江嘉興府嘉善縣人。雍正十一年，任鳳山知縣。賦性恬淡，苞苴悉絕。凡有聽斷，平心和氣，務得其情。治盜賊，始慰諭薄懲，冀其自新，怙惡則嚴治之。舊有積匪洪寶者，素為雄悍，里役畏之，不敢捕，錢洙設法緝獲，偵得淫兇之狀，立杖斃之。民服其斷，鐫碑以誌其功。在任三年，待士以禮，馭眾以寬，盜匪聞風屏息，夜不閉戶。乾隆五年，陞臺灣知府，亦有宦績。七年，以勤勞歿於官。

（四十三）黃光國

福建泉州府晉江縣人。少時孤貧，壯而喪母，傾資殯葬。雍正初年，渡來臺灣覓生計。適臺灣鎮募考書吏。黃光國應之，以條對精詳被拔，乃移籍臺灣，居於府治鎮北坊。雍正十年，北部有大甲社之番變，懸軍進討。黃光國請隨征，以功補中營外委，累遷福建延平左營守備，後告老乞休。

黃光國廉謹、喜文墨，而達時務。在延平時，嘗整理臺疆十二事陳閩浙總督而被嘉納。及獲准告休歸家，囊無一物，惟有知府、知縣及士紳之唱和詩數帙。性深慈愛，每途遇鬻鳥雀、龜鼈者，必盡購以放生，待部下未聞呵詈之聲。有隨丁攜其衣裝墮於泥中內外皆污者，亟以溫言慰之。棄官後經三、四十年，而舊屬之弁兵登堂拜遺像者數十輩，據稱各述前事為去後之思。

（四十四）嚴瑞龍

四川保寧府閬中縣人，康熙五十七年①進士。雍正十三年，由吏部掌印給事中任巡視臺灣御史。清公勤慎，整飭官方；洞察民隱，疏減番丁社餉。當北路加志閣社番變之際，親往勦撫，且酌定善後事宜。留任一年，擢湖南按察使。

（四十五）方邦基

浙江杭州府仁和縣人，雍正八年進士。由福建福州府閩清縣丞補延平府沙縣知縣。雍正十三年，調任臺灣鳳山知縣。為人溫厚祥和，謹身節己，恬淡無欲。請減重賦，免浮糧，民、番感之。凡聽斷，兩造理曲者，開誠諭之，薄示懲艾，民欣服愛之。秩滿，丁憂而去。乾隆七年，復任臺灣海防同知。革陋規，嚴禁查口吏兵需索，凡商船載貨，不論早晚，隨時驗放，使其得順風水之便。船戶行家以此肖像祀之。習水之積匪，常有入海竊斷商船之椗索者，乃訪緝而痛懲之，輒下獄而禁錮，民得安枕。十二年任滿，陞署臺灣知府。

翌年，福建漳、泉地方米價騰貴，閩浙總督諭令臺灣之商船，除照例帶米六十石外，使其倍帶六十石。而臺地亦荒旱，與內地同，米一石價至銀三兩，輿情洶洶。方邦基因而斟酌詳請，每船陰聽多帶數十石，使泉、漳得以接濟，而臺地不至騷動。總督以為是也。十四年八月，攝理②分巡臺灣道，軍工船料概照定價發賣，不假吏胥之手，扣剋積弊一清。

①伊能原書誤作「雍正八年」。
②當作「護理」。

十五年，方題請實授知府，有旨，送部引見。八月，渡海遭颶，船溺於閩海福清縣①界之南日島。事聞，予卹；贈朝議大②夫、布政使司參議，欽賜祭葬。

（四十六）張湄

浙江杭州府錢塘縣人，雍正十一年進士。乾隆六年，由翰林院遷巡視臺灣御史，兼提督學政，革除科場痼弊之力為多。

在任中所著有《珊枝集》及《瀛壖百詠》，行於時。其《瀛壖百詠》之自序中曰：「余奉使持節是邦，自廈抵臺，自郡治訖南、北二路，即志乘所載，合之巡歷所經，凡歲時、習俗、山川、草木、禽魚之類，苟有可紀，輒賦短句，投之奚囊。經歲累百篇，同人慫恿付梓，顧惟舷次、社寮率意漫興，既無故實可徵，亦不得以文言竄易；徒拾蠻語，曷足稱詩？迺復屑屑加之詁釋，豈好為無鹽增陋哉？誠欲使覽者一手卷而如身履其地，庶幾後之于役君子，或等余為識塗之馬，未可知也。」本書可為采風觀光之價值亦存於茲也。留任一年而去。

（四十七）張天駿

浙江杭州府仁和縣人，行伍出身。以千總留京營試用。簡發福建水師，出洋捕賊有功，累陞至廣東水師提督。條奏停止採礦，部議革職。旋奉特旨，補湖廣常德鎮總兵；尋於乾

①「縣」字於伊能原書誤作「懸」。
②「大」字於伊能原書誤作「太」。

隆八年，授臺灣鎮總兵。恩威並濟，兵輯民安，臺地以無事。十一年，陞任福建水師提督。為人質直，存心忠厚，識大體，勤其職。去之日，臺灣兵、民傾城趨送，至有泣下者。府治之風神廟內立有去思碑。

（四十八）六十七

出身於滿洲鑲紅旗人。乾隆九年，由戶部給事中任巡視臺灣滿御史，與漢御史范咸協力，注意吏治民生，致力振興文教，重修《臺灣府志》，被譽為：「視前志加詳，而體要典則尤為加核。」

尤其論治時必以觀風為先之主張，心志篤於采風問俗，著《臺海采風圖考》及《番社采風圖考》。前者范咸之序謂：「黃門六公天質敏絕，其自少時已好讀書，熟史傳，口誦古人之詩，如決江河，而於風雅偽體擇別更精，其奉天子命，復留為巡方時，閱宛平黃玉圃之使槎錄（黃叔璥之《臺海使槎錄》，玉圃為其字也）。就其所繪之臺海物產，重訂為采風圖考，而加以損益之。」六十七自序謂：「乾隆癸亥（八年）冬，余奉天子命，來巡斯土。煙波縹緲，蛟蜃滉瀁之區，有大都會焉。林林總總，莫不蒸然向化；仰見聖治昭宣，無遠不屆。小臣不才，惟有勤宣朝廷愛養德意，夙夜不敢自遑；間及採方問俗，物產之異，種種怪特，多中土所未見者。始信區宇之廣，其間何所不有。公餘之暇，即其見聞可據者，令繪諸冊若干幅。雖不能殫其十之二、三，而物土之宜、風俗之殊，亦足以表聲教之訖：獻雉貢獒，無煩重譯也。爰題曰《臺海采風圖》，弆[①]諸行篋；歸質於京華博雅君子，或亦有以迪寡

①「弆」，藏也，該字於伊能原書誤作「弃」。「弃」，「棄」之古文。

味而廣集益也夫。」徵此可察其概；後者亦由范咸作序謂：「我國家奄有萬方，臺灣入版圖者已六十餘年，蒸蒸然大化流洽矣。甲子（乾隆九年）冬，余奉命巡視茲土。郊坰之間，衣冠文物，比戶絃歌，知聲教之盛，固已無遠弗屆。及考郡志所載，番社之有名可紀者，計一百四十①有奇；其深山人跡所不至者，又莫知其紀極。同事黃門六公，博物洽聞，孳孳以采風問俗為務。爰就見聞所及，自黎人起居食息之微，以及耕鑿之殊、禮讓之興，俾工繪為圖若干冊；並各有題詞，以為之考，精核似諸子。……蓋宣上德而達下情，使臣之職也。今公為此圖，吾知歸而獻之黼座，既足以徵聖天子修教齊政之治，其亦有〈豳風〉〈七月〉之思乎？是誠可謂不愧其職者已。」見之，可知其要。其他有《海東選蒐圖》之作，係為當時臺灣軍紀之振肅繪示者。另《使署閒情》之撰，專係政閒之隨筆。②亦俱可取以資治之一端。留任二年而去矣。

（四十九）魯鼎梅

江西建昌府新城縣人，乾隆七年進士。十四年由九江府③德化知縣調任臺灣知縣。初，因縣之衙署為明鄭之舊宅，既極隘陋，復以其左右逼近營署，銃砲之聲，日受震撼。而歷任知縣多遽歿，相繼者七人，無一終任。魯鼎梅以政署不寧肅，其休咎且關係生民，甫蒞任，即稟知府，詢紳庶，謀易地改建，四閱月而成。先是，知德化之日，延當地之進士王必昌修縣志。十六年冬，復使人渡海，致幣聘之，屬為《臺灣縣志》之總輯。《續修臺灣縣志》記曰：「於是舊志以成，頗稱富贍。」是也。（王必昌素以博愛多聞自高，不事干謁，可知魯鼎梅

①伊能原書誤作「二百四十」。
②該書實係六十七與范咸修《重修臺灣府志》時，廣徵詩文，府志剛竣，未及纂入者，隨所入錄付梓人而成。
③當作福建永春州。

以禮下之。）乾隆十五年①至十七年間，護理海防同知。留任三年，頗有令聞。

（五十）陳志泰

江蘇揚②州府甘泉縣人，康熙五十六年舉人。乾隆十四年，由福建邵武府泰寧知縣調任臺灣鳳山知縣。為人廉靜耿介，不苟言笑。案牘隻字必出己手，繩家人以法，治奸吏蠹役，如鷹鸇之逐鳥雀，積弊悉除。訟獄兩造具即聽斷，民無積滯拘攣之苦。在任三年，民無一詞一事枉於情勢者。以積勞成疾而去。《臺灣府志》〈職官志〉「列傳」謂「士民思之」。

（五十一）陳玉友

京師順天府文安縣人，雍正八年③進士。乾隆十三年，任臺灣淡水同知。清操絕俗，不以絲毫累民。善決獄，剖斷如流；一時豪右屏跡，民戴之如父母。

乾隆十六年，陞臺灣知府，改建書院④，倡捐膏火，以作育生徒，一時人文蔚起。尋兼攝海防同知，廉明並至，於鹿耳門稽察商船，吏役不敢染指，積弊一新，商民感之，立祠以祀。

（五十二）吳士功

①伊能原書作「十六年」。
②「揚」字於伊能原書誤作「楊」。
③伊能原書誤作「十五年」。
④謂崇文書院。

河南光州固始縣人，雍正八年[①]進士。乾隆二十三年，任福建巡撫。初到緝巨盜南州之劉良福、馬蹟山之林成功蒙嘉賞。而原來閩、粵之民寄食於臺灣者，先准給照搬眷，但乾隆十二年一度禁止之，因此，冒險偷渡之弊百出。吳士功乃疏言，內外民人均屬赤子，向來在臺灣為匪者，皆隻身無賴者也，如安分之良民，報墾立業，固有父母、妻子之戀，有仰事俯蓄之勤，必顧惜身家，各思保聚。既在臺灣有業，其眷族在內地者，請給照許其渡航。下部議行。民大稱便。

（五十三）夏瑚

浙江杭州府仁和縣人，監生出身。乾隆二十三年，由福建福州府閩縣知縣調臺灣知縣。初臺地流寓之移民，多客死而不得歸葬。棺骸寄放於府治厲壇，其眷屬有音耗不聞者。夏瑚憫之，設法捐資，詳其姓名、籍貫者運送廈門，移知原籍認領下葬，無姓名、籍貫而不得眷族之開報者，認定確實無主，擇義塚而掩埋之。一時傳為善政。二十五年，署淡水同知，二十八年實任。廉能勤敏。善治獄，素無積案，亦無冤獄，《臺灣縣志》〈政志〉縣官記有「至今言獄訟者思夏侯焉」一語。

（五十四）朱山

①伊能原書作「十一年」。

浙江湖州府歸安縣人，乾隆十六年進士。二十年，任彰化知縣。潔己愛民，尤慎於獄。初到任，謁城隍廟，畢即訪獄，問吏曰：「彼纍囚者得無巨盜乎？」吏答曰：「竊賊也。」朱山曰：「小竊何繫？」悉弔集而縱之，且各與十金，使治生計，曰：「吾與汝約，再犯無赦。」未幾，獲一賊，即向所縱囚也。朱山語刑杖者曰：「初法必行。」當即杖斃。未幾，又斃再犯之一賊。縣民咸股栗，駭曰：「是真健吏。」相戒毋犯。未幾又獲一賊。臨刑見其面有淚痕，遽止問故。賊曰：「自分必死，適與母訣，故悲。」偵之，果有一嫗哭抱裹屍具來。朱山曰：「渠有孝心，尚可改悔。」再與十金，曰：「汝持販他方，毋再居此，為吏捕捉也。」仍縱之去。朱山在任二年，凡有鞫斷，但召兩造於庭而判決之，旁及者概置弗問。故案無積牘，獄無冤民。平居嚴毅，不事逢迎，不避權貴，嘗忤巡道某①，被劾幾殆，而民心益感。

先是，巡道某到彰化。故事：巡臺上官至，供具甚奢。朱山不可，因以常禮遇之，為其所銜恨，俄而檄命造冊清丈田畝。朱山力爭曰：「彰化之地半斥鹵，與他邑殊，自昔清丈，原留餘地，以濟貧民，今若再丈，將大病民。」抗冊不上。巡道督愈急，縣之諸紳士乃謀賂萬金以免。朱山不可，曰：「吾在此，斷不使諸君賄上游。」遽令奪歸賄賂之錙橐，已在半途矣。巡道某聞之大怒，竟誣朱山私收採買而劾之。方其被罷官，委員將逮捕朱山。當時彰化之民數萬，爭揭竿起而逐委員。朱山再三語且泣曰：「諸百姓苟以我故而抗王章生事，是殺我，非愛我也。」百姓皆曰：「若然，則我等護公往，鞫有不測，願同公死。」甫登舟，攜腶脯糗糧者，投艙幾滿。出海，一男子持餅金獻，問何人，曰：「公不認再縱養母賊乎？自受金改行販魚，已成家矣。聞公行，老母命來報恩。」朱山拒而不受曰：「我

①似係德文。

實未知汝改悛與否，手中金安知非又偷以遺我也？」曰：「公卻不受，是仍以賊待我也，歸何顏見母，不如死。」即一躍投海。將溺，舟人急救方蘇。朱山不得已受之。到福建省繫獄月餘，未決。會福建將軍入覲，密奏其事。天子特旨召見，復原官，再遷直隸永平府灤州知州，誣告之巡道被罷官。朱山將赴灤州之任，順途返浙江故里。至一大宅，輿夫將抬入。朱山曰：「此非吾家也。」已而夫人、子婦出迎，曰：「此前年君罷官時，彰化百姓送我家居此也。」一出券示之，購價萬金。《彰化縣志》〈官秩志〉「列傳」頌其遺德記：「彰化士民至今歌頌弗衰，蓋比之藍鹿洲云。」

（五十五）胡邦翰

浙江紹興府餘姚縣人，乾隆十七年進士。二十七年任彰化知縣。抵任之後，實心實政，軫念民艱，致力於興利除弊。先是縣下番界沙連之荒埔，被墾闢成田，已報陞科，忽連年水災，沖崩壓壞者不可勝數。又因年成不順，穀無半穫，民受課累，日追逋欠，胡邦翰察民之疾苦，為之請於上憲，備陳情狀，適閩浙總督巡臺抵彰化，胡邦翰躬導之實地詣勘，跋涉畎畝之間，不辭勞瘁，復為哀籲再三。總督憫其誠，乃奏請豁免水沖田、園數千甲舊欠供課數萬石，仍請減則，詔報可。民咸知為胡邦翰力，雖婦孺猶歌頌不忘也。此外，置義塚澤及枯骨，設留養局恩被窮民等善政尚多。《彰化縣志》〈官秩志〉「列傳」云：「今沙連天后聖母廟，其後有胡公祿位祠，凡遇胡公誕辰，家家慶祝，如奉生佛然。」

（五十六）譚垣

江西贛州府龍南縣人，乾隆十三年進士。二十九年五月，由福建建寧府政[1]和知縣，調臺灣鳳山知縣。《鳳山縣采訪冊》云：「縣境東倚傀儡山，故盜藪也，宵小出入，閭閻恆有戒心，垣甫下車，搜緝靡遺，悉置之法。……而垣之求治，猶日昃不遑食，或夜則達曙忘寢，必使案無停牘，刑恊於中而後止。……他若農田水利、險隘關塞之尤急於國計民生者，莫不釐然畢舉。」又自致力於育才興文。三十二年四月，任滿而去。士民愛戴之餘，相率赴府治，請其留任。後立邑侯譚公德碑於鳳山舊城天后宮之左壁，中頌其德有：「陰陽和、風雨節、年穀順成、俗敦禮讓。迄全郡迤南至瑯璚二百餘里之內，桑麻蔽野、絃歌相聞，熙熙然也。」之語也。

（五十七）奇寵格

滿洲舉人。乾隆三十年，以福建興化知府擢分巡臺灣道。次年，北路淡水生番越界殺人。竟不得主名，依例負責去職。三十五年，因為臺灣之道員乏人，閩浙總督特以奇寵格性行鎮靜廉幹，奏請復舊官，明年春再任。為人端凝恬淡，正己率屬，黜浮華，興學重士，遇事處以誠敬。生平少宴會，歲時絕餽送。巡行南、北路，供費皆己出，不索縣官一夫一役。稽查偷渡，禁革陋規，有犯必律以法。幕友、親丁或不謹關防，即斥逐以去。雖盛暑，一舊袍加身，非就寢不脫。任滿，調福州糧驛道。《臺灣縣志》〈政志〉「憲紀」評曰：「至

①「政」字於伊能原書誤作「清」。

今臺人論政績者，自陳清端（陳瑸）以外，首屈指焉。」

（五十八）張珽

陝西西安府涇陽縣人，乾隆三年舉人。經福建漳州知府，三十一年，擢為分巡臺灣道。居官潔清自矢，釐奸勤民。始至任，使街坊清衢道，掃除糞穢。須臾出見，居民門首有不蠲者，笞其人。由是道無留穢也。乃曰：「人言臺民難治，吾以決信否耳，天下豈有不化之民哉？」因而盡革舊弊，繩奸猾胥役以法，不少恕，政以清。乾隆三十三年①，黃教起事，會當時臺灣知府鄒應元出城勦捕，張珽日夜巡防，安撫市肆，民賴以不驚，亂克戡定。而以匪案之例被議奪官，去之日，民爭為歎惋焉。

（五十九）鄒應元

江蘇常州府金匱縣人，以進士於乾隆三十二年任臺灣知府，正己率屬，廉靜無為。三十三年②，奸民黃教偵營伍廢弛，誘群無賴起事，鄒應元急請於督、撫，會營勦捕，親率壯役，深入內山。搜索其黨羽，謀生番設伏殲其魁，事平。在官六年，任滿而去。《臺灣縣志》〈政志〉「憲紀」云：「及其去也，民愈有去後之思焉。」

① 伊能原書作「三十五年」。
② 伊能原書作「三十五年」。

（六十）胡建偉

廣東廣州府三水縣人，乾隆十年進士。學者稱勉亭先生。累官而經福建福鼎（福寧府）、永定（汀州府）、閩縣（福州府）知縣，及福州海防同知，三十一年二月，授臺灣澎湖通判。

惠政甚多，大要在勤民造士，不沾沾於末俗苟且之治。至興利除弊，則銳身自任，始終不倦。常謂：廳、縣者，親民之官，不宜養尊自逸。每值農時，輒親行郊野。獎勤戒惰，訪詢疾苦，用達下情。故其聽訟，案無留牘；徵賦不待督催而民自輸將。澎湖協標之戍兵，夙習驕悍，欺擾鄉愚。胡建偉每裁以法，不徇情，良民咸賴之，上下相親。夙銳意興隆教學，其誘掖獎勵，如父兄之於子弟。

乾隆三十八年[1]五月，陞臺灣北路理番[2]同知，三十九年，任滿而去。後澎湖士民，為之設位祀於文石書院。胡建偉在澎湖之日，以澎湖為海疆之重地，開闢已百餘年尚無文獻可徵，乃竭力蒐羅，輯為《澎湖紀略》。《澎湖廳志》〈職官志〉「名宦傳」頌之曰：「在任四年，士興於庠，農歌於野，商旅樂出於塗，政通民和，百廢俱舉。……迄今澎人稱善教者，必首推胡公云。」

（六十一）朱景英

湖南常德府武陵縣人，鄉舉第一出身。乾隆三十四年，任臺灣海防同知。天懷爽朗，氣度雍容，其敷政寧人，皆行所無事，無一毫矯強之態。夙雅愛文學之士，獎賞頗力。公

①伊能原書誤作「三十六年」。
②上字下原文衍「兼海防」三字。

餘之暇，圖籍紛披，以博雅自喜。所著有《海東札記》及《畬經堂詩集》。尤其《海東札記》一書，臺灣之逸史及時論等，所載頗有可觀。

（六十二）李思敏

山東武定府惠民縣人，以進士出身。乾隆三十七年，任臺灣知府。廉明方正，有冰心鐵面之風。所到之處，苞苴不通，奸豪斂跡。當時武弁強梁之餘，營卒不法者，文官多有束手寬假之狀，李思敏斷然按律處治不少假，大帥亦憚之。三十九年，以疾卒於官。

（六十三）解文燧

江西吉安府永豐縣人，以鄉舉第一成進士。經福建同安（泉州府）及海澄（漳州府）知縣，乾隆三十八年，調臺灣知縣。

夙有清直之名聲。先是，縣內山水暴湧，府城郊外之鯽魚潭漲，環潭田、園多為沙土所壓，長興、廣儲二里尤甚。解文燧下車即實地履勘，愀然曰：「賦從田出，田沒于沙，民堪命乎？」與父老談課累，相與泣下。乃捐廉俸給飯食，掀泥掘沙開潭溝，籌所以去其壅塞，其不可復者，為力申督、撫奏請蠲賦焉。四十年，凡陷沒田、園二百一十七甲（其租賦一千四百四十九石餘）得豁免，詔下，父老歡聲載道。《臺灣縣志》〈政志〉列傳頌之謂：「棠陰之愛，至今弗衰。」

（六十四）穆和藺

滿洲舉人。經福建分巡延建邵道，乾隆四十七年，遷分巡臺灣道。甫下車，首除衙蠹，胥役有不法者痛懲之，曰：「官失德，由此輩也。」當時之臺灣知府①素婪贓，穆和藺抵任，廉知其實，即具摺彈劾，竟阻於權勢不行，然其風亦稍戢云。凡臺灣道例司軍工廠及哨船戰艦，歲有風災，官舟碎，則臺灣道修賠之，素來為經費所苦，以故民船因風損壞時，撫拾其木材入官廠，為補軍工，以舊規慣行。穆和藺既蒞任，值大風擊破商船、戰艦各數十，吏將按舊規以行。穆和藺恚曰：「商船派運官穀，今遭風慘於賠累，吾無救災卹患計，又因以為利，尚復有人心哉？」悉召船戶，按其號給還之，胥役束手，不敢擾焉。而當時官舟壞者，工廠乏購修貲，滋益窘，商民相顧起曰：「是孰非吾輩事？」爭出貲為勷，穆和藺拒之，自以所蓄廉俸償，不足則破家產以繼。彰化縣有泉、漳民之分類械鬪。府治囂然，穆和藺寬猛互施，民以安堵。然卒憂勞成疾，屢乞假不獲。未幾以械鬪案失察，依吏部之議奪職。去之日，民遮道攀轅，有垂涕者。

（六十五）魁德

蒙古人，以福建平和（漳州府）遊擊調臺灣鎮標中營。乾隆四十七年，彰化縣有漳、泉分類械鬪。當時臺灣總兵率師北巡彈壓，魁德在府城與分巡臺灣道穆②和藺日夜巡緝，獲

①當指蘇泰。

②「穆」字於伊能原書誤作「德」。

其奸宄殲之，復分撥隊伍於中、北諸途，截其蔓延。於是，臺灣、鳳山二縣賴以免禍。後坐失察例，被議奪職。去之日，府城沿門供香案，送者塞途。《臺灣縣志》〈軍志〉軍官列傳評曰：「自有武員，未有得民若斯之甚者。」

（六十六）福康安

姓富察①氏，滿洲鑲黃旗人。幼而從戎，有異績。乾隆三十九年、四十年間，進勦西南諸番所屬金川（四川首府成都之西）土司叛亂之際，福康安以三等侍衛隷將軍阿桂之麾下，擔任正面攻擊其根據地勒烏圍及噶爾崖，平定有功。封嘉勇侯，遂以協辦大學士陞陝甘總督。乾隆五十一年，臺灣林爽文事件起，其勢日滋蔓，久而不戢。五十二年八月，有旨以福康安為大將軍，率諸將領大兵赴討。福康安到福建，禮賢下士，所至察民情、咨地理。抵泉州，徵進士鄭光策、舉人曾大源，見於公邸。二人往見，長揖不拜，侯益尊重之，詢以臺灣之亂故。鄭光策言，主要因上司好承奉，守土之官差事奢侈，民生日朘削。福康安壯其說，即日撤行臺供具，以示納人言。其時獻地圖言機事者甚夥，侯皆納之。乃定計集戰艦，十月，發崇武澳入彰化縣下之鹿港，直馳檄諭飭招徠，並戶給「盛世良民」之旗號，使脅從者先望風解體。乃於十一月四日，將其精銳進攻各路克之，先擒北路賊首林爽文，嗣殲南路賊魁莊大田，翌年二月五日，南、北悉奏蕩平之功，其間三閱月耳。「侯上秉廟謨，下稽眾論，出謀制敵，成算在胸。……蓋慮有必得，而兵無停機，有如此也。」（《彰化縣志》〈兵防志〉「列傳」）係的評也。先是，所在罹兵燹，難民多失所，又投順者日眾，以稂②莠未分，

①「察」字於伊能原書誤作「蔡」。

②「稂」字於伊能原書作「良」。

疏請派文員，到臺灣撫卹。重整水、陸營汛之布置，且修築諸城垣，及以番民為屯兵，詔皆報可。其他審定善後之事宜十六條畢備，上皆如所請。有旨晉封公爵，准立生祠於臺灣，以御製詩文紀其事。如乾隆五十三年八月，御製〈福康安奏報生擒莊大田紀事語〉中云：「自林爽文起事，至臺灣全郡平定，始末共閱一年三月。是較之藍廷珍等，成功更為迅速矣。夫逆賊入內山，生番非我臣僕，性情不同，語言不通。其遵我軍令與否，未可知也。福康安示之以兵威，使知畏；給之以賞項，使知懷。其籌畫周密，賢於施世驃、藍廷珍遠甚。」可以徵之也。嗣於乾隆五十四年，兩廣總督孫士毅，夷安南潛王阮光平不軌之際失事，奪其職，福康安代而補兩廣總督，能操縱阮光平歸順，使其入朝京師。乾隆五十七年，屬於西南諸番廓爾喀（西藏西南），入寇西藏邊疆，掠札什倫布（後藏之首府）時，福康安為將軍，分諸路進征，降之。以功晉封貝子銜。乾隆六十年，又奉命伐貴州邊疆紅苗之亂，越嘉慶元年五月，歿於軍中。乃晉封郡王銜，特允配享太廟，賜謚為「文襄」，再次留圖形於紫光閣。

（六十七）方維甸

安徽安慶府桐城縣人，乾隆四十五年進士。授吏部主事，陞員外郎。五十二年，從征臺灣林爽文之役，事平，遷監察御史。嘉慶五年，出任山東按察使。六年，轉河南布政使。八年，經陝西布政使，擢巡撫。十四年，陞閩浙總督。遵旨，抵廈門，按治臺灣械鬪之獄，嗣緝洋匪餘孽安插之。十五年，釐革臺灣屯務之廢弛，擬議體卹番丁，又疏陳約束臺灣械鬪之章程，請設約長、族長，責令管束本莊、本族等，獻替良多。又嚴禁隸役之黨護把持，有政聲。後以母老乞養，歿於籍。追贈太子少保銜，予諡「勤襄」，賜祭葬。

（六十八）楊廷理

廣西柳州府馬平縣人。負性剛斷，有練達老成之目。拔貢生出身。任福建福州府侯①官知縣，乾隆五十一年，遷臺灣南路海防兼理番同知。同年十一月林爽文之役，臺灣知府孫景燧遇害，攝理知府事，翌年十月實授知府。

時彰化及諸羅、鳳山三縣全陷，府城孤峙而當南北之衝，從中國大陸所發之援軍未至，楊廷理親手一旗大書募義勇，號於市三日，竟得萬人以資捍衛，有：「臺地諸義勇，惟……楊廷理所募，撫卹最為有方，戰守亦最用命。」之稱。（進士鄭光策之〈上福節相論臺事書〉）

乾隆五十六年，陞分巡臺灣兵備道。六十年，以其前在侯官任時，虧欠庫款奪職，謫戍伊犁。

越嘉慶八年，奉赦還南。十一年十二月，復任臺灣知府，彈壓海寇蔡牽有功。十五年四月，為委辦開蘭事宜，任噶瑪蘭開疆之處理，且署理通判之事。於此，提議開蘭事宜十八則，經閩浙總督方維甸傳奏。《噶瑪蘭廳志》記云：「廷理因地制宜，力裁業戶，不避勞怨，稟復語中所稱：『殫一己之心思，耐三月之勞勩，奉十八則之憲令，成億萬載之良規，使善良者知有官之可樂，奸猾者知有法之可畏。』洵實錄也。」（〈職官志〉「政績」）為紀功之概括。嗣於十二月卸委。廳民思其創建之功且有捍禦力，設神主在廳城內文昌壇

① 「侯」字於伊能原書誤作「候」。

之右，生而祀之。十七年，以知府卒於官。著有《議開噶瑪蘭即蛤仔難節略》、《東游詩草》。

（六十九）徐夢麟

浙江嘉興府桐鄉縣人，由監生出身。乾隆五十二年，任臺灣淡水同知。先是，臺灣有林爽文之役，淡水廳治已失而孤守淡北艋舺（臺北）①一處而已。徐夢麟初至，沿途招集義民，克復全境，鎮守廳南交界之大甲溪。時彰化縣僅存鹿港，因而與鹿港之官兵相為犄角。而淡北所在閩粵分類互殺，徐夢麟密遣邏卒前往傳諭開導而皆定。適副將徐鼎士、守備潘國材各以兵至，徐夢麟亦招募熟番數千人，並會於大甲，使其分守溪口等處，鑄大、小礮二百餘，屢出潰賊。淡水一帶恃以無虞。嗣奉大將軍福康安之命，為固北路邊防，由三貂至內山，齎花布、紅嗶吱、頭繩、燒酒、鹽、煙、銀牌賞生番，以綢緞、番銀給通事、社丁，宣皇上之德意，橫截蛤仔難番地。初，閩之流民吳沙由三貂入蛤仔難，與生番交易，知其地膏腴，遂有欲企越墾意。淡水同知或懼為奸宄之逋藪，戒飭吳沙而羈束之。及爽文滋擾，徐夢麟慮其餘類之北竄蛤仔難，乃約而責成防賊不使其遁入番境，並以他日容許入墾為條件。實為五十三年之事。其深謀可知也。嗣署臺灣知府，未幾離任。

（七十）王得祿

①今萬華。

臺灣府嘉義縣籍。七歲就學，長而好孫、吳兵法，嫺其韜略。乾隆五十一年，林爽文起事，諸羅（嘉義）陷。王得祿馳赴府治乞師，請以所募之義勇為前驅。是實為王得祿發身成名之始。自是提兵出戰，挫賊之銳大、小八十餘次，事平，授水師千總。六十年，陳周全之役，亦進勦有功。嘉慶初年以降，閩、粵海上多盜。王得祿隨時從軍鎮靖之。嘉慶七年，任福建金門鎮遊擊，捕獲洋匪蔡牽餘黨。九年十一月，授澎湖水師副將，自為捐貲在媽宮海岸之要隘修築石城，以資堵禦。十年，蔡牽匪船侵入而攻岸，眾心惶恐時，王得祿督率兵、民，晝夜防禦，擊走之。尋奉檄，隨同浙江水師提督李長庚，統帶澎湖舟師赴臺灣之鹿耳門，擊破蔡牽之竄入。十一年，使之走外洋，八月，以軍功加總兵銜。閩浙①總督阿林保，以王得祿果敢奮勇，可統兵獨當一面上聞。十二年四月，視南澳鎮總兵之事。十三年六月，由浙江水師提督調福建水師提督。十四年八月，會同浙江水師提督邱良功，將蔡牽勦滅於澎廈海中交界之黑水洋。乃受封世襲二等子爵。道光元年正月，復補浙江提督。二年六月，以病請解任回籍，獲准。於廈門寄寓，養志山林者數載。十二年，臺灣嘉義張丙起事，全臺震動。王得祿得警報，抉袂起而曰：「某雖老，尚欲為國家夷奸賊。」因而募義勇與水師官兵同渡臺，且督率在嘉義之弟姪，擒獲匪類，以功加太子少保銜。十六年，又鎮定嘉義奸民之滋擾，晉加太子太②保銜。二十年，中國大陸鴉片戰爭作，奉旨在臺灣會同鎮、道協辦海防之事。翌年，專駐澎湖膺防守，更在海岸修築石城，部署一切俱有條理。十月，緣積勞得疾，自覺不起，口授家人作遺摺。中有：「此身雖歿，此心不灰，生未能殲逆夷，死當為厲擊賊。」之語。次日，逝於媽宮之行營。追贈太子太師銜，晉封伯爵，予謚果毅，賜祭葬。

①「浙」字於伊能原書誤作「粵」。

②「太」字於伊能原書誤作「大」。

曾諭諸子曰：「文章雖係華國之資，唯古人言，士先德行，文藝為後，爾曹其勤之。」在軍軍令嚴明，營伍整肅，遇士卒恩威兼至，稱為「屢戰咸捷」也。

王得祿，其先江西建昌府南城縣人，渡臺居大槺榔西堡溝尾庄。及後王得祿榮達，晉加太子太保銜，改稱為太保庄，以標榜王得祿之出身而作。又，王得祿少孤，長嫂許氏育之。乃為之特請追封為一品夫人，長兄追封為振威將軍，蓋異數也。

（七十一）黃清泰

廣東嘉應州鎮平縣籍，住臺灣之鳳山。後居淡水。天性孝友而篤於內行，少習舉業，得文譽。乾隆五十一年，弱冠值林爽文之警，奉檄領鄉勇守臺灣府城，更從軍，平瑯璚，以軍功補福建福州城守營把總。嘉慶十一年，任臺灣竹塹守備，署彰化、嘉義及艋舺等都司。艋舺營改設遊擊時，署遊擊之事，嗣遷臺灣鎮標中營遊擊，更被改為艋舺營參將，署參將事，當時之臺灣總兵武隆阿尤雅重之。黃清泰亦感知遇，以肅清地方自任。道光二年三月，巡洋而追賊至臺灣山後之大海中，鏖戰七日，殲匪船十餘號，身受礮傷。事聞，有旨，擢為福建長福營參將，但未赴任而歿。

黃清泰原為書生，兼通占候，服官三十餘年，拊循士卒，順體民情，彬彬有儒將之風，所至得兵、民之心，尤能禮敬賢士大夫也。官任彰化時，大墩（藍興堡大墩街，即臺中）之民與汛弁紛爭。汛弁張大其詞，上下惶惶。黃清泰急慰止長官及同列曰：「此不過為汛弁之妄語，若一張皇，愚民畏罪走險，轉生他變。」請隻身往，果為排解，兵、民帖然也。任嘉義時，有狂人為妄詞，多牽淡水之良民。臺灣總兵羽書，夜半縋城入，檄其帶兵擒辦。黃清泰乃立即稟復謂：清泰久任淡水，深知民情，未必至是，如遽興兵恐將騷動。請派人偕察其虛實。總兵從之。及至，則呼檄內指名者，皆立即至。闔境為之安堵。黃清泰示偕往者曰：「此豈莠民乎？」遂同據實稟復，止於妄言者一人坐罪，餘不問。其鎮靜不煩擾大率類此。嘗曰：「戎政主簡要，武職毋太畏事，毋太多事。」當時以為名言。

（七十二）萬鍾傑

雲南雲南府昆明縣人。乾隆五十三年，由福建興泉永道調分巡臺灣兵備道。未抵任即被擢為福建按察使，但仍銜命任臺灣道之事。臺地素有奢侈之風。娼多，諸貴游幕客趨狹斜者，比比也。萬鍾傑至，嚴予禁革，乃偵其尤艷者數輩，悉拘致付有司，使械以示眾。眾娼皆逸去。兼理提督學政，主歲、科兩試，尤謹關防，致力於釐革試場之痼弊。性戇直，不事酬應，故修造戰艦，多為武弁所疵，力與較必不可，則拆而更造，寧為多費不肯以私干也。當時臺灣鎮總兵①奎林以砥廉剔弊，風裁甚峻，獨對萬鍾傑優禮有加。留任三年，以丁憂去。

（七十三）奎林

①伊能原書誤作「福建陸路提督」。

出身於滿洲鑲黃旗人。累官為烏里雅蘇臺、伊犁將軍。以事下吏議。乾隆五十三年，林爽文事件平，朝廷籌其善後之事宜，欲清積弊。以奎林剛方正直，能執法，有旨授臺灣鎮總兵。

奎林至，風厲卓發，不負任使。凡吏治、營規有不軌者，皆繩之以法，不少假。嘗有嘉義縣笨港之守備李文彩者，以得水口例錢，私釋放偷渡者。奎林聞而召喚文彩至，欲鞭之。文彩曰：「守備可殺，不可辱也。」奎林謂：「然哉。」即具奏斬之。時由嘉義知縣唐時動所裁決之命案，係成於幕僚潘某挾私意之專斷，民訴冤於鎮總兵。奎林訊得其實，立笞潘某而械唐知縣，咨於道、府，並置之於法。其他如斯之類不可殫述。於是，文、武官皆有忌憚，一時海上之吏不容奸，民無怨謗，積弊為之一清。

連雅堂撰《臺灣通史》列傳①中曰：「臺灣之兵皆調自福建，各分氣類、私立公廳，以為聚議之所。提標之兵據寧南坊，同安之兵據東安坊，而漳鎮、詔安、雲霄則據鎮北坊，本地募兵亦據西定坊，各擁一隅，包娼聚賭，眾莫敢犯。小則虜人越貨，大則挾械以爭，有司畏葸莫敢治，將弁亦隱忍聽之，懼其變也。林至，聞其事，嚴治之。諸兵挾眾，繳刀銃，林許之。示期，令五人為一牌，以次入繳。林乃張軍幄，置令箭，傳五人入。久之不出，又傳五人，亦不出，如是者三。諸兵在外待。頃之，擲五頭出。眾驚走。其已入者叩頭求免，乃杖而革之，一軍肅然。」

其自處清操②刻苦，有餽遺者，悉却不受。外出時使二卒執鞭前行而已，無其他輿從。曰：「朝廷養兵，豈為我作僕隸哉？」一日大雨，坐廳事案兵，屋破，漏滴當坐處，使人

①〈楊殷阮王列傳〉。
②「操」字於伊能原書誤作「撰」。

扶傘立於旁。吏請飭修。曰：「毋動，動則累於人，吾不為也。」在任三年，奉命為西藏大臣紅旗都統①，前往西藏之拉薩。

（七十四）楊紹裘

浙江紹興府餘姚縣人，從增②貢生出身。歷官至福建福州海防同知。乾隆五十一年，臺灣林爽文事件時，知府孫景燧遇害，南路海防同知楊廷理代理府事，募義勇，堅守府城。明年正月，楊紹裘奉檄來署府事，以楊廷理深得民心，熟悉賊情，一切事情悉商議之。三月，以原任臺灣道楊廷樺為臺灣知府，仍留楊紹裘協理軍需局。士民相語曰：「三陽開泰，賊不足畏也。」事平之後，奉旨率生番入覲而歸。嗣於五十六年，任臺灣知府，署南路海防同知。與僚屬和衷共濟，斷獄時先與兩造申明敦睦任卹之誼，然後判其曲直。或有笑為迂亦不顧。時匪案甫平，營鎮之威權甚張，有營兵肆毆舖民。臺灣知縣③林昌琰拘治之，營卒皆譁。某遊擊頗橫恣，於公所厲聲言林知縣藐視我。楊紹裘從容笑而謝曰：「某遊擊何弗少商量耶？亦知林知縣非遊擊可斥言乎？」四座皆驚。遊擊為之霽顏，事賴以釋也。其處置公事，多類此也。（嘗遊府城大北門外之海會寺，題半日閒亭曰：「坐看郭外千雨，細啜花前一盞茶。」其留心民瘼，隨處觸發，可概見也。）嗣以丁憂去，服闋，調貴州遵義知府。

（七十五）宋學灝

①伊能原書誤作「駐藏辦事大臣」。
②上字伊能原書無。
③「縣」字於伊能原書誤作「府」。

漢軍鑲紅旗人，貢生出身。乾隆五十三年，調任彰化知縣，時林爽文事件甫平，縣內文、武衙署及街巷民居焚燬殆盡。宋學灝抵任之後，即請發帑營建，備極勞瘁。值大兵之後，繼之以凶年，民之流離失所者，死亡相望，宋學灝多方撫卹，至今父老頌之。（《彰化縣志》〈官秩志〉「列傳」）

（七十六）胡應魁

江蘇鎮江府丹陽縣人，乾隆四十九年進士。初為安徽盧①州府學教授，卓異被薦，嘉慶元年十二月，由福建德化知縣調任為彰化知縣。

時彰化經陳周全之役後，首惡雖誅，餘兇未殄，胡應魁慨然以除賊為任，躬親由水沙連入生番界，不避艱險，窮搜山谷，使醜類不至漏網，全縣悉平，得無死灰復燃之患。時以育才為心，其校士矢公矢慎。初，彰化城中少甘泉，汲者必至東郊，距離遠，往返維艱。忽於東門外李氏園中得一泉，甚為清冽，眾爭汲，李氏禁之不聽，鬩爭而訴於官。胡應魁乃捐俸購之，號為「古月井」。蓋古月係將「胡」姓予以分者也。

胡應魁之〈古月井碑記〉曰：

神名城隍，何取乎？《易》曰：城復于隍。隍，池也，又壑也。神蓋司一邑之水土者也。彰化之水，因瀕海而味鹹。城以外有甘泉二：曰番仔，曰紅毛，近於李氏園中新得一泉，趨汲者紛若梟。李惡其擾也塞之，眾鬩爭而訟。予策馬詣勘，井之隸番社者，去城稍遠，往返約二里許，行汲者

①「盧」字於伊能原書作「廬」。

苦之；紅毛井在八卦山下，視番仔井較近，惜脈細而吝於出，承以瓢，逾刻纔滿，肩桶者每環而俟，循山麓而南馳，至李氏園眾手去其塞，汩汩清泉，隨指噴溢，距城僅百步。詢之故老，僉云舊有此泉，色濁而味劣，年來忽變甘洌。予聞之而有感矣。夫彰城中待水以生者萬室，涓涓二井，何以給之？斯蓋明神降鑒，慮斯民之乏飲，而憫其重勞，陰釀此泉，成萬斛之甘醴，滿注大罏尊中，藉以息百夫之疲骨；潤億人之渴吻耳。今或塞之，神乃恫矣。井渫不食，為我心惻。誰官此土，忍坐視而不為之所也？因捐廉置之，圓甃而甃以石，竹外一泓，清光朗映，名曰古月井。井養不窮，並受其福利，民用昭神貺也。爰詳述端末，勒石於城隍廟，而綴以詩曰：我馬經行處，披沙得石泉。清光誰與匹，萬古月輪圓。

八年，遷淡水同知，十一年再任①，適海寇蔡牽滋擾府城，餘勢延及嘉義、彰化時，胡應魁②率義民、番勇往援，得機宜。（未抵嘉義之塗庫街〔下茄苳南堡〕前，賊已埋伏。胡之軍將入，遇一老嫗潛首其情③，乃急將其兵勇屯於街外，得免受害云。）遂通府城之路，嘉、彰咸賴以安，胡應魁與有力焉。嗣攝嘉義知縣事，及蔡牽遁去，十二年，回任淡水廳，積勞成疾，遂歿於官。

（七十七）薛④志亮

江蘇常州府江陰縣人，乾隆五十八年進士。嘉慶八年⑤，任臺灣知縣，海寇蔡牽作亂之際，募義勇守城，殺賊有功。當時遊擊吉凌阿，亦被稱用兵得法。民間至為之謠曰：「武官有一吉、文官有一薛。」以頌薛文吉武也。因著有勞績加知州銜。

①再任該同知。
②時適卸事。
③伊能原書作遇一老嫗點首。
④「薛」字於伊能原書誤作「薜」。
⑤伊能原書作「十一年」。

又與臺灣縣學教諭鄭兼才、嘉義縣學教諭謝金鑾，續修《臺灣縣志》，有善本之目。十三年八月，被擢為北路理番兼鹿港海防同知，於所在地鹿港（彰化縣）議建各廟，使職員陳士陶、蘇雲從分董其役，踰年祠、廟告成，薛志亮已調任淡水同知。履任未幾，病歿於官。臨終猶囑家人，持白金五百，到鹿港再建廟旁之僧舍。《彰化縣志》〈官秩志〉「列傳」記：「數十年來任鹿港同知者，惟志亮為得民心云。」

（七十八）楊桂森

雲南臨安府石屏縣人，由翰林出身。嘉慶十五年，任臺灣彰化知縣。甫履任，先告城隍謂：「今有司奉天子命，出宰斯邑，凡所以為教養斯民計耳，……民之生死、安危、飢寒、飽煖，胥於有司係之。」純以吏治民生為心，率先分俸倡捐，築磚修城垣，以肇垂永久之基。嗣於十六年，重修縣儒學宮，塗以丹雘，護以石欄，造登瀛橋於泮池之上，其規模乃宏大也。始制禮樂器，招佾生，教之以歌舞之節，從此，春秋之釋奠禮樂蓋彬彬然也。又親自撰定〈白沙書院學規〉九條，使諸生知所趨向。原來縣下要口鹿港街尾有一溪，溪流常沖壞橋樑。十七年，楊桂森亦捐俸修造，在兩傍築堤，自是鹿港得永無水患。里民感其德，名之曰「楊公橋」。

尤善於詩，在臺諸作多載於《彰化縣志》（〈藝文志〉）。概以寫實為主，被評為一讀而能見其光景躍然於紙上。十七年，以終養而去。劉家謀之《海音詩》題[1]：「楊蓉初（桂森之字）大令宰彰化有惠政。其去也民為立祠。九月三日大令生辰，至今醵祝者不絕。」並詠：「依

[1] 當作註。

然朱邑祀①桐鄉，歲久方知惠澤長。八卦山前人似織，不關菊酒賽重陽。」

（七十九）盧植

山西太原府陽曲縣人，由武進士出身。嘉慶十年，以臺灣北路中營都司護理副將。性毅而和，善撫士卒，順體民情，故所至能得兵、民之心。素有膽略，膂力過人，尤精擊刺諸法。是年十月，海寇蔡牽率匪船數十隻入淡水廳之滬尾港，賊眾登岸，戕害兵、民，時水師守備陳廷梅負傷不治，馳文告急。盧植率兵往援，中礮而亡。千總陳必陞亦死之。有旨：盧植贈北路副將。

盧植陣亡之事，基於當時之奏卹定案，據鄭用錫之《淡水廳志稿》記之，在《淡水廳志》〈列傳〉採之。然《彰化縣志》〈兵防志〉「列傳」曰：「盧植……與戰不利，會賊大至，兵眾皆怯，植親放大礮擊賊，身被礮傷，猶以智計退軍，不至潰敗。其膽略有難及者。賊號植為『盧飛虎』云。後以疾卒于官。臨終沐浴衣冠，遺囑後事，安座而逝。」自屬異聞。附載以資他日之考定。

（八十）翟淦

山東濟南府淄川縣人，由監生出身。嘉慶十三年，任淡水同知，十五年，攝嘉義知縣。十七年八月，噶瑪蘭設廳時，繼臺灣知府楊廷理署理該廳，被借補為通判。翟淦即冒雨捉②

①「祀」字於伊能原書作「祝」。
②「捉」字疑當作「促」。

裝入境，但見荒埔一片。乃自城池、衙署至兵房、倉、獄，彙作十七案工程，以先行整頓，次第改觀。時周歷田舍，履勘漳、泉、粵三籍分定疆界，尤銳意開蘭善後之事宜，文移往復，商榷再三，務合於人情，期宜土俗，在任五年，積勞成疾，以嘉慶二十二年六月歿於官。（所信任之幕僚任元達之輔佐據稱亦多。）廳民惜之，設奠位於文昌壇楊廷理之右傍祀之。所至悃愊①無華，精誠奮勉，剔釐積弊，以廛牘為之一清受稱。

（八十一）黎溶

廣東廣州府番禺縣人，乾隆五十四年舉人。選授知縣。嘉慶十四年三月，調澎湖通判。夙英敏而有智略，被稱政治為之精肅。嘗遇歲歉，奸徒草竊漸至搶掠，黎溶不惜重貲募鄉勇，督役窮捕，獲巨惡數人，解縣正法，餘黨薄懲之。釋令自新，不株連一人，盜遂滅跡，閭閻安堵。接文士以禮，貧而不能赴試者常資給旅費。抵任將屆一年而新任通判行將代之，時閩浙總督巡察到澎湖，士民具狀乞留，因係以能擢陞臺灣知縣故不克留任。及調知臺灣，屢獲大盜，宵小屏跡，既而丁憂去。起復擢授山東同知。將入覲，舟過澎湖守風，百姓扶老挈幼，爭相餽問，進謁如晤家人。黎溶善言慰撫之，留連數日而去。士民為祀於臺灣府城之澎②瀛書院（試館）。

（八十二）姚瑩

①「愊」字於伊能原書誤作「幅」。

②「澎」字於伊能原書作「登」。

安徽安慶府桐城縣人，嘉慶十三年進士。歷任福建平和、龍溪兩知縣，翦除會匪，平靖閭閻。嗣調臺灣知縣。道光元年正月，署噶瑪蘭通判。時開蘭未久，創始有所未盡，姚瑩尤勞心於撫字。九月，陞分巡臺灣兵備道，未幾丁憂離任，寓臺灣府治。臺灣知府方傳燧乃延為幕僚。初以臺灣知府署理噶瑪蘭通判之楊廷理，擬議開蘭事宜十八則，經閩浙總督方維甸為之傳奏，但未獲施行。道光二年，噶瑪蘭有料匠之滋事，因而方講其善後之策時，方知府一面使噶瑪蘭通判呂志恆實地查核，同時因姚瑩曩在該地有政聲之故，特使其逐一覆詳之。姚瑩殫心力擬籌議噶瑪蘭定制。既而陞遷福建內地。道光十八年，授分巡臺灣兵備道，益以撫綏海宇為己任。嗣鴉片戰爭啟端，英艦屢次窺伺臺地時，與臺灣總兵達洪阿同心籌畫防堵，被稱極為嚴明。

道光二十三年，因吏議而去官。後，奉恩旨以同知用，調任四川，更遷於江蘇、安徽整飭鹽務。咸豐元年，擢湖北鹽法道，陞廣西按察使。姚瑩之父姚騤，在中國內地諸省作幕僚幾三十年，所歷之地，遇有冤獄者不避嫌怨，危言救之。人多推其伉直。晚年來臺灣，就姚瑩任所休養，據稱於其政教實多所督授。姚瑩所著有《石甫文集》、《東溟文集》、《東槎紀略》、《東溟奏稿》等。

（八十三）吳性誠

湖北黃州府黃安縣人，由貢生以捐輸為候補縣丞。嘉慶十七年，護理臺灣澎湖通判。二十年，任鳳山縣丞。翌年正月，署彰化知縣，下車適逢穀價騰貴，群盜四起搶奪，吳性誠日夜奔馳，到處安撫，諭各業戶出貲平糶，設廠煮粥，專為周恤。又課士有知人之目。捐建儒學、書院等者多。且設忠烈祠於縣城內，以祀林、陳、蔡三案殉難之文、武員弁及幕僚、兵役，殉難民婦祔於後堂，俾忠魂烈魄有所憑依。道光四年，敘捕盜之績陞淡水同知。六年，以病告歸，到家不及一月而歿。

（八十四）趙慎畛

湖南常德府武陵縣人，嘉慶元年進士。道光初年，累官至閩浙總督，後遷雲貴總督。在官，以清勤自矢，開水利，建書院，劾貪吏，捕海盜有功。凡事關民生疾苦、國家安危者，思之輒竟夕不寢，得當而後已。在臺灣文治武備之設施，歸其指畫者頗多。歿，予諡「文恪」。著有《從政錄》。

（八十五）方傳穟

安徽安慶府桐城縣人。由河南通判，道光元年陞任臺灣知府。延同籍進士姚瑩於幕，詢其指畫，尤其如開噶瑪蘭事宜之詳定，出於其逐一覆核者多。四年，鳳山有許、楊之役。方傳穟總司籌辦，悉協機宜，擒獲匪首，解散餘黨。尋擢浙江寧紹台道。

（八十六）蔣鏞

湖北黃州府黃梅縣人，嘉慶七年進士。分發福建，任連江知縣（福州府）。以獲盜功陞知州。道光元年十二月，借補澎湖通判。慈惠而愛民，與武弁和衷相濟，尤喜栽培士類，士民皆愛而親之。九年六月卸事，十一年二月回任。適澎湖有鹹雨之災。次年大饑。即馳稟請賑恤，先事籌捐義倉錢三千五百餘緡，貸給貧民，並借碾兵穀平糶，民賴以得活。十六年九月去任。

前後為澎湖通判十餘載，其間軫恤孤貧，修舉廢墜頗多，士民設莫位於文石書院，與前通判胡建偉、韓蜚聲共祀之。在任中，輯《澎湖紀略續編》刊行。據傳其去時，囊中無餘積，虧累尚以千計。《澎湖廳志》〈職官志〉「名宦傳」評曰：「故雖寬厚有餘，明察或有未足，而士民同聲稱頌。」

（八十七）孫爾①準

江蘇常州府金匱縣人，嘉慶十年進士。以翰林院編修出任福建汀州知府，累遷安徽巡撫。道光三年，調福建巡撫。福建延平、建寧二府上游之地，險阻而刦盜之案多。乃請撥鹽庫之帑息，懸賞拏獲之，因得肅清也。

四年，巡察臺灣，周歷形勢，奏疏請開嘉義縣之五條港及噶瑪蘭廳之烏石港，以便商船配運臺穀，又嚴禁漢佃侵占番田，以力安番黎。

① 「爾」字於伊能原書誤作「璽」。

五年，陞閩浙總督。值歲歉，豫募運浙米，以賑各屬，使囤積者無從居奇，價得全平也。六年，臺灣彰化有械鬪之謠。焚掠將蔓延，北路所在不靖。孫爾準聞警，馳抵廈門，使副將邵永福，率兵對渡淡水之八里坌，阻其北竄，使總兵陳化成斜渡彰化之鹿港，截其入海之道，更親自東渡直指彰化，獲著名匪首數人戮之，採嘉義知縣王衍慶之議，操縱綏撫得宜，旬日已廓清矣。嗣自定策、平淡水廳南庄番割之滋擾，以功加太子少保銜，未幾歿於官。追贈太子太[①]師銜，予謚「文靖」。

（八十八）林廷福

福建泉州府同安縣金門人。道光五年，調澎湖水師遊擊。臨事果決。御兵嚴整，而給餉無虧。每夜必巡行閭巷，警察嚴密，宵小絕跡。出洋捕盜，常偃旗息鼓，偽為商船，乘賊不覺；及兩船銜尾相接，突起奮擊，無不獲者，海賊尤畏避之也。六年，帶兵抵臺灣，勦辦械鬪，閩浙總督孫爾準薦陞福建烽火門參將。瀕行，士兵贈匾額以表頌揚。其子樹梅，夙富文才，林廷福攜之抵任，每巡洋時挈之以往，所到之處港汊夷險、風雲沙汕，隨事指示，使其親手記錄。其用心之深如是也。

（八十九）仝[②]卜年

山西解州平陸縣人，嘉慶十六年進士，分發廣東，移任福建之惠安知縣（泉州府）。道

① 「太」字於伊能原書誤作「大」。
② 「仝」字於伊能原書誤作「同」。

光十一年十二月，調臺灣噶瑪蘭通判。時值挑夫土匪猖獗之後，一、二不逞尚沿餘習。仝卜年甫下車，立即懲治十數人，根株盡絕。初，噶瑪蘭城中茅舍襍處，難免連年有失火之虞，於是出資募工築窯，平其直，使民易為瓦屋。火患漸得息。又，歲、科之應試開優獎之途，以使人文起色。十五年，遷南路海防兼理番同知，適洋禁甚嚴，公、私消乏，終不墮其所守。二十一年，陞臺灣知府。（二十二年曾短期間攝鳳山知縣。）以老病請辭不得。留任數年，歿於官。《噶瑪蘭廳志》頌之曰：「所在鋤奸剔弊，百廢俱舉……政簡刑清。蓋其為治若神明，內外不敢欺，凡所關於地方與利於民者，無不為……通臺惜之。」（〈職官志〉「政績」）

（九十）周凱

浙江杭州府富陽縣人，嘉慶十六年進士。授翰林院編修。道光二年，任湖北襄陽知府。六年，陞湖北漢黃德兵備道，七年丁父憂而去官。服闋補福建興泉永海防兵備道（駐廈門）。此間所至務為民興利革弊，頗有政聲。（其任襄陽時，見婦女不知蠶事，乃據〈禹貢〉載荊州一帶宜於種桑養蠶，故教民蠶桑。既皆信而從矣，又作種桑十二詠，篇皆有序。令士民習誦，使其廣為傳述。又有巨猾某，官莫能治之，周凱出其不意擒之，致之法，民大悅。）又夙以興養立教為己任，及為興泉永道，以漳、泉之民俗習械鬪，積弊數百年，殆有不可革除之情，周凱以為苟能清其源、正其本，以實心徐圖之，未有必不可除之弊也。乃著〈治漳泉械鬪議〉萬餘言。其大綱有三：一曰清丈量。二曰籌費用。三曰重教化。重教化之目有五，皆鑿鑿可見其施行，非徒剴切陳之而已也。道光十二年，臺灣澎湖廳大饑。周凱奉檄查賑，中途遭風幾殆。至大山嶼之嵵裡澳，亟乘小舟登岸，波浪拍天，從者危之。周凱令漁人以簑笠覆身，冒險逕上，從峕裡一路勘災，召父老周詢疾苦。（《澎湖廳志》〈職官志〉「名宦傳」曰：「一時嗷鴻景況，悉於詩發之。誦者以為〈秦中吟〉、〈春陵行〉之流也。」）抵媽宮澳，分別極貧、次貧，立時散賑，費帑九千餘兩，不假吏役，人人均沾實惠。當時吏役概有將公帑收為自有之通習。故不假其手，而隨從之資斧，絲毫皆自備。又命外委黃金帶小船，巡視外海各島。虎井、八罩，礁沙險絕，商船失事時，漁人輒乘危搶奪。乃設法嚴禁之。同年九月，臺灣嘉義縣有張丙之役，勢甚猖獗之極，十二月，調動福建陸路提督之兵，乃漸見靖定。十三年正月，閩浙總督程祖洛渡臺而定善後之計。七月，遂以周凱權任分巡臺灣兵備道。

周凱抵任，一面搜捕餘匪，被脅而應者宥之，一面盡力撫恤難民，事得全平。十二月，回本職，以〈臺地應行興革事宜〉十條[①]致閩浙總督。十四年五月，奉檄會同金門鎮總兵竇振彪，搜捕泉州府晉江縣之蓮埭、塔窟[②]、白崎諸賊巢。當時朴兜鄉之呂姓，恃其族大勢眾而為盜賊，時掠安海地方，安海之民尤苦之。周凱乃將水、陸之兵圍之，焚其巢，獲巨盜呂石等八十餘人，斬其七人。民人大悅，至請建生祠，周凱卻之。既又權任分巡臺灣兵備道。十六年九月上任，治嘉義縣之匪案。十二月，授臺灣道。明年三月，例出巡，歷各廳、縣。密事周防，不憚勞勩，如噶瑪蘭之地，因偏在最東北之山後，向為巡臺官員所不到，周凱深入其阻，竟罹瘴癘，不顧。閱月歸府，以治臺之所見數千言進閩浙總督，詳陳利弊，切中肯綮。前所上之〈臺地應行興革事宜〉，將次第請舉行之際，於七月以疾歿於官，特旨加授按察使。

周凱邃於程、朱之學，兼能屬詩、文，工書畫，學者稱芸皐先生。其在廈門時傳：「公

①伊能原書作「十二條」。
②「塔窟」於伊能原書誤作「窟塔」。

時至玉屏書院，講習諸生，諸生住院者數十人，絃歌不絕，公兼授古文義法，於是在廈門有古文學，廈門之士民，感公教養之成，足垂久遠，就於書院之崇德堂，為公之祠。」（高澍然之〈周公祠記〉）之績，此外著有《廈門志》、《金門志》、《內自訟齋文集》、《內自訟齋詩集》、《澎湖紀行詩》等行於世。

（九十一）曹謹

河南懷慶府河內縣人，嘉慶十二年舉人（解元）。歷直隸正定府平山縣及定州曲陽縣知縣，至福建福州府閩縣知縣兼福州府海防同知。道光十七年正月，任臺灣鳳山知縣。縣素多旱田。曹謹下車即巡田野，尋察水源，於九曲塘（小竹里）①，引下淡水溪，砌石為門，以時蓄洩。經二年竣工。民得水獲穀幾倍，溝洫既濬，盜亦絕其往來。時臺灣知府熊一本善之，取名「曹公圳」，撰〈曹公圳記〉記之。文曰：

朝廷建官千百，皆以為民也。而地與民近，情與民親，周知其利病，而權足以有為者，莫如縣令。縣令主持一邑，鰓鰓於期會簿書，而不知民之本計；知民之本計，而行以苟且，不能有彊毅之力，真實無妄之心者，皆不足以圖久遠。是故得俗吏百，不如得才吏一，得才吏百，又不如得賢吏一也。予於道光甲午（十四年）出守臺陽，莅官之始，問政於先事諸君而求其要，僉曰：治臺之法，惟在弭盜而已。詢以民生衣食之原，則曰：臺地沃饒千里，戶有蓋藏，民食不待籌也。予是時甫莅斯邦，見聞未悉，無以勝言者之口，而心竊不能無疑焉。丙申（十六年）秋，臺、鳳②、嘉接壤

① 伊能原書作「小竹小里」。
② 「鳳」字伊能原書脫。

之區、被旱百有餘里，閭閻待哺，宵小跳梁，覺向所謂弭盜者洵為急務，而所謂民食不待籌者，猶未得治臺之本計也。予於議食議兵之後，循行田野，察其被旱之由。竊謂：飢饉之患，獨在此百餘里內，實由民之取，而不得委為天災。蓋稻為水穀，自播種以至秋成，皆須深水浸之。《周禮》稻人之職，所謂以瀦蓄水，以防止水，以溝蕩水，以遂均水者，乃農家不易之徑也。臺地惟山澤之田，有泉引灌，可期一歲再收。其平原、高阜之田，往往行數十里而不見有溝渠之水耕者。當春、夏陰雨之時，倉皇布種，以希其穫，及至數日不雨而水涸矣，又數日不雨，而苗槁矣。前此被旱之百餘里皆此類也，又安可委為天災而不思其所以補救乎？予為勸興水利，教以鑿陂開塘之法，而愚民狃於積習；不能奮然行之。論治者又或目為迂遠，而不肯實為其事，則予第託諸空言而已，莫由收實效也。丁酉（十七年）春，鳳山大令曹君懷樸（謹之字）奉檄來臺，予於接見之初，首言及此，大令頷之而不輕諾。予疑其事或未諳，抑所聞治臺之法，猶夫向者之言歟？固不能強以必行也。數月後，人有言其度地鳩工，將為民開水利者，大令於繼見時，言不及之，亦不形諸簡牘，則又未見其必能行也。戊戌（十八年）冬，大令果以水利功成來告，且圖其地形以進，凡掘圳四萬三百六十丈有奇，計可灌田三萬一千五百畝有奇。於是廉訪姚公（瑩）亟獎其勞，將上其事於大府，而為之請於朝，檄予親往視之。予於己亥（十九年）仲春躬臨其地，士民迎馬首者千數百人，予令董役之若干人隨行隴畔，向其一一詢之，乃知圳之源出淡水溪，由溪外之九曲塘決堤，引水於塘之坳，壘石為門，以時蓄洩。當其啟放之時，水由小竹里而觀音里、鳳山里，又由鳳山里而旁溢於赤山里、大竹里，圳旁之田各以小溝承之，上流無侵，下流無靳，咸聽命於圳長，而恪守其官法。向之所謂旱田者，至此皆成上腴矣。豈非百世之利哉？吾觀從政之士，有以才能自詡者，當其述職長官，往往累數十紙不能盡，觀者咨嗟太①息，謂古循良無以過之，及覈其政之

①「太」字於伊能原書誤作「大」。

所就，則皆飾詞邀譽，自為功利之謀，而所謂澤被生民者，曾不可以終日；此其居心尚可問乎？若大令者，未為而不輕諾，未成而不輕言。可謂務為實事，先行後從者矣。自經始以迄蕆事，不辭勞瘁，不惜厚資，歷二載而如一日，庶幾知民之本計，而有彊毅之力，真實無妄之心者與？廉訪嘉其績而特彰之，豈非體國愛民、用賢若渴之大君子哉？鳳之士民，從大令之教而合力成之，所謂民情大可見者，今豈異於古耶？予進士民而獎之，皆曰：是惟吾邑侯之仁賢勞苦，始克臻於有成，眾何力之有焉？然則，大令之得於民者，不既深乎？予將歸報廉訪，眾復請予名其圳，以刊諸石。予曰：汝曹以是為邑侯功，即名之以「曹公圳」可乎？眾曰：諾。於是乎書。

咸豐十年，鳳山之民思舊德，建曹公祠於縣城內鳳儀書院之東偏祀之。（熊一本所撰〈曹公圳記〉勒石而立於祠東壁。）曹謹，道光二十一年七月陞淡水同知。去之日，為祖餞者至數千人。適廳下雞籠、大安各口傳夷匪犯境。曹謹即囊沙為備，並築竹塹之土城尤嚴捍衛，亦克為緝治械鬪。所至恪①勤聽斷，士之涉訟庭者面斥而不恕，以除健訟之弊。其在淡水之日，榜於廳署謂：「嚴拏胥差勒索，資費取廉自給。」悉裁蠹吏。且銳意獎文，朔、望躬詣明倫堂宣講〈聖諭〉。道光二十六年任滿卸事。祀德政祠。與後之淡水同知曹士桂並馳名，被稱為淡水之前曹、後曹。

（九十二）曹士桂

雲南開化府文山縣人，道光二年舉人。由江西廣信府興安縣、贛州府龍南縣知縣，陞

① 「恪」字於伊能原書作「格」。

為臺灣北路理番兼海防同知。道光二十七年，署理淡水同知。甫三日，廳下大甲地方有分類之謠。乃馳往諭告，聽者至泣下，遂釋。凡文告、案牘悉出己手，且判斷如流，積控一清，未嘗妄刑人。捕盜如神，豪右亦憚之。留心於士類之栽培。生平蔬糲自甘，嚴操守，謂陋規為非分之貲，悉卻之。在任纔九閱月，以勞歿於官。與前淡水同知曹謹並馳名，被稱淡水之前曹、後曹。

（九十三）徐宗幹

江蘇通州人，嘉慶二十五年進士。道光元年，任山東曲阜知縣（兗州府），攝理兗州知府。二十三年，遷四川保寧知府。二十八年，擢為分巡臺灣兵備道。當時有全閩吏治之壞至臺灣為極之稱，乃尤注意釐革之，且崇儒學、修書院、興義學、獎宣講等，努力教學之振興，兼致力於財政之整理。其在任中所成手柬之一中有云：

> 向來交冬風謠四起，總不免小動干戈。今人禍幸免，而天災疊至，淡廳水溢，彰①邑地震，傷人甚多，履薄臨深，皆成實境，雖籌議撫恤，而凋敝已深，豈臺民之必不能安生，抑居官者奉職無狀，上干天和耳？」（《斯未信齋存稿》之〈上蘇鰲石師書〉）

由之可察知其顧念臺民之休戚如何殷切之衷情。咸豐三年，任滿。後於同治元年四月，陞福建巡撫。五年，病歿，予謚「清惠」。

①「彰」字於伊能原書誤作「漳」。

彼治臺之圭臬被評為平臺方略之《治臺必告錄》，實成於徐宗幹任官臺灣中所撰輯，授予後任分巡臺灣兵備道丁曰健者，此外著有《斯未信齋文集》、《斯未信齋存稿》等。

徐宗幹晚年卸任，煙霞自樂。[1]其〈七十述懷〉詩之一曰：「一官四十有餘年，游宦萍蹤半海邊。從政驅車仕東魯，效忠叱馭入西川。榛蕪皖、豫空蒿目，風月湖山暫息肩；五度仙霞今老矣，承平可許賦歸田？」以之足想其為人。臺地有稱檳榔扇者，俗呼菁仔葉扇，展檳榔葉而晒乾者，屬極為粗製之扇。福建巡撫王凱泰之〈臺灣雜詠〉中謂：「海上猶存樸素風，檳榔不與綺羅同。無端香火因緣結，翻笑前人製未工。」註云：「檳榔扇頗為古樸，大都鄉邨中用之，傳聞用於士大夫，自徐清惠公始；亦崇儉之意。近者犀柄錦邊、爇香圖畫，聲價昂而本真失矣。」亦可屬徐宗幹之逸事。

（九十四）丁曰健

京師順天府宛平縣人，寄籍安徽。道光十五年舉人。道光二十七、八年間，任鳳山知縣，二十九、三十年間，任嘉義知縣。咸豐元年至三年間，任南路海防兼理番同知，四、五年間，任淡水同知。其時，在淡水廳下，咸豐三年八月釀漳泉四縣之分類械鬪，四年正月釀閩粵之分類械鬪，地方凋敝至極，丁曰健出而撫字，對其奸猾者繩之以法，又夷平小刀會匪黃位之滋擾，頗有政聲。後加知府銜，調陞為福州糧儲道，攝理福建布政使。同治元年，臺灣戴潮春起事，聲勢大振，滋擾全臺經年。二年九月，福建巡撫徐宗幹，鑒於丁

[1] 宗幹卒於福建巡撫任上，以上所云誤也。

曰健囊歷官臺灣諸地有治行之官績，特薦之為分巡臺灣兵備道，以膺任平定之籌謀。乃刻期進兵，直奏勦蕩之功，嗣銳意辦理善後之事宜，著〈平臺藥言〉六條，以開陳所見。縷縷一千餘言，皆切中時弊。但當時因文、武欠和衷，五年，因病卸任回籍。其在〈告病籲請開缺片〉中曰：「臣祖籍安徽，籍隸宛平，本生長北方；現已年逾六旬，血氣日衰，海外毒霧蠻煙，殊難服習，醫藥不便……，仍思赴闕補行引見。緣臣前署布政使任內，曾疊奉部催；祇以到臺軍情緊要，未敢呈請給咨；依戀之忱，無時或釋。儻醫治難效，則臣此生無由仰瞻天顏，惟有矢犬馬之報於生生世世矣。」亦以之可察其真摯之衷情，其大成則為《治臺必告錄》。

（九十五）洪毓琛

山東濟南府人，道光二十一年進士。咸豐末年，歷任臺灣知府，聲望夙洽，尤其廉潔愛民，民稱「洪菩薩」。同治元年三月任滿，陞為湖北漢黃德道。適臺灣彰化縣戴潮春起事，勢極猖獗，警報至府治，有人勸其速赴新任地，洪毓琛曰：「吾受朝廷厚恩與民情愛戴，一旦有變委之而去，於心何安哉？」乃調選兵勇備戰守，旋以紳民之懇留，署理分巡臺灣兵備道事，設籌防局於府城，百計維持，以顧大局，人心倚為重。時因在府治之全師概行北上，洪毓琛內顧城守，並籌備兵械、糧餉，完成水、陸之接濟任務，且就地勸捐軍資。而兵荒之際，富戶避匿不之應，乃檄勸官募，分上、中、下三等，籌捐十餘萬兩，不足需用，不得已，復權用票鈔（紙幣），通行於府治，以濟眉急，至自出其服用、玩器，易錢以贍軍糧。

積勞成疾，逆氛未平，以兵餉倍窮悲憤增劇，每與僚屬籌議時務，無不泣下，倚枕力疾作書，將勦賊之事宜開示諸僚屬數十紙。二年六月，歿於任。官民無不哀悼者。乃從優議恤，贈太常寺卿。後福建巡撫徐宗幹奏請以「洪毓琛毀家紓難，保障全臺」，奉准於府城建其專祠。

（九十六）吳大廷

湖南辰州府沅陵縣人。咸豐二年，朝考得官。被推稱：「吳大廷係湖南京官中第一人也。」（邢部尚書鄭小山之月旦。）累官而於同治五年九月，任分巡臺灣兵備道，奉命盡革陋規。六年，勦辦嘉義縣學甲庄（學甲堡）之土匪。適美船羅妹（Rover）號漂著瑯璠番地，其船員有罹害者。美國將舉兵報復，吳大廷持生番不可勦之主張而為折衝。七年二月，臨離任，臺民有惜別而淚下者，其出府城之日，據稱沿街香案排於店內，滿城之士紳送至安平。三月，赴福州馬尾，見總理船政大臣沈葆楨，用為船政調提。同治九年五月，有天津之民加害僑居之法國人事件。傳法人將要挾開兵端之警。吳大廷乃見直隸總督曾國藩，力請調兵防備，先發制人。後在上海從事於舟師操練，以時迴航杭州、蘇州及福州、江寧等地。光緒三年，病歿。著有《小酉腴山館集》。

（九十七）王凱泰

京師順天府寶坻[1]縣人，道光三十年進士。同治九年，由廣東布政使陞任福建巡撫。甫下車，作六言韻語，勸其士以立品、勵學，勸其民以息訟、止鬪，禁火葬，戒溺女。十三年。欲入覲京師而未至時，有日本發兵臺灣之事。當時奉命辦理臺灣海防事務之欽差總理船政大臣沈葆楨，奏請移福建巡撫駐其地，又疏謂：「撫臣王凱泰勵行清苦，用心縝密，開山撫番之諸大役宜以任之。」王凱泰亦奏謂：「事難遙斷，請先往履勘後奏牘。」光緒元年五月渡臺。臺民尤嗜賭博，少長吸食鴉片，又奢侈、錮婢等陋習極甚。王凱泰為之作五言百句歌勸化之。其述懷之詩謂：「五字編成百句歌，苦心甘作老婆婆。兒童幾隊同聲調，朔望門前索賞多。」（其細註云：「近將勸戒煙、賭並一切陋習，各編五言百句歌。十五歲以下兒童有能背誦者，賞青蚨十文；月之朔、望驗給。」是也。）其間力籌整頓，並兼顧省、臺之大局，次第以事宜入告，而積勞成疾，十月還省，未幾歿於官。追贈太子少保銜，準總督之例賜卹，予諡文勤。（《臺灣通志稿本》〈列傳〉中見有：命於臺灣建祠而祀之。似竟不及創建而止。）

王凱泰所著之《臺灣雜詠》，主要收在臺時之風物吟數十首。被評為：「雍正中巡臺御史夏公之芳有《臺陽雜詠》百首，傳播藝林，東瀛風土臚寫略備。顧今昔情形不同，百餘年來，內山日闢，風氣益開。同治末，日本借番社起釁，朝廷命重臣經理其事，於是開山撫番之議起，移福建巡撫駐臺主持大局。光緒元年，中丞王公蒞臺，海波不興，庶務畢舉。暇時作《臺灣雜詠》數十首，足與夏公先後輝映。」（楊希閔〈臺灣雜詠合刻序〉）

（九十八）沈葆楨

[1]「坻」字於伊能原書誤作「抵」。

福建福州府侯官縣人，道光二十七年進士。選庶吉士，授編修。咸豐四年，改監察御史。五年，出任江西九江知府。六年，署廣信知府。時長髮賊勢益張，大舉逼府城。沈葆楨堅守得全。

沈葆楨夫人為林則徐之女。剛正夙有乃父風。與夫俱守城舉烈名。後曾國藩上沈葆楨夫婦城守之狀，頌揚備至，謂：「軍興有年，郡、縣望風逃潰，惟沈某能伸大義於天下。」

七年，遷廣饒九南兵備道，加按察使銜。十年，補贛南兵備道。同治元年，陞江西巡撫。三年，捻匪竄入江西時，沈葆楨督所部擒獲有功，賞一等輕車都尉。四年，丁母憂離任。六年，在福州（馬尾）創設船政廠時，左宗棠議謂，非沈葆楨不能勝任。乃俟服闋補總理船政大臣。事係剏舉，百事繁興，造船之機器，從外國來，因殊形詭製之故，相顧瞠目，傍觀者皆懼不能終事。沈葆楨與所聘之外人等約束堅明，期於五年告成。閩浙總督亦數言船政未必成，雖成有何益乎。沈葆楨不為所動，曰：船政為自強之道，斷自宸衷，為臣子者均宜激發天良，以紓宵旰，船政係臣之專責，死生以之。朝議該總督移四川避之。時布政使之胥吏遇事玩抗，沈葆楨以軍法責而斬之。眾大驚，已而大服。至八年，所造輪船續成，親自出洋試演，是後船建成，使輪船統領訓練。九年，丁父憂而離任。十一年，服闋起復，至十二月，前後造成輪船二十艘，分布各海口。又開學堂，選幼年入之，使其分習造船及航海之技藝，所學亦就。乃議配改船式，挑匠徒使其自造，至大多不假外人之監督，被稱為非沈公之精心果力，船政必不能成也。

圖十　沈葆楨像（東洋文庫藏）

及十三年，日本興師臺灣番地。沈葆楨奉旨，帶辦理臺灣海防事務渡臺，駐臺灣府城視事，且到瑯璚番界與日軍之都督折衝。

據傳沈葆楨素不耐舟楫。而臺灣海峽內，風浪之險惡甲於近海。兩次之東渡雖甚為眩暈呻吟，而其志不少餒。其從瑯璚歸安平時，黑夜乘小舟登岸。舟幾覆，未嘗憚勞。

嗣通籌善後之事宜，先疏請將福建巡撫移駐臺灣，又議而決行開山撫番，遂分南、中、北三面開鑿連絡臺灣東、西之山路。既而中、日兩國之間訂妥協之約，及日軍撤還，沈葆楨親往察勘瑯璚一帶，建議新設一縣，又請弛民人私入番地之舊禁，並奉准行之。

於此臺事粗定，以船政之急務，十二月返福州，光緒元年二月復渡臺，奏請添設臺北一府，大為擴張分治，使南、北路理番同知移駐新開之番地，各加「撫民」之銜，且疏陳營伍之積弊而釐革之。尚採納士紳之稟請，以鄭國姓列於祀典，經奏准。臺南府城之明延平郡王祠即是也。七月，陞調兩江總督，兼充辦理通商事務大臣之命下。雖固辭，但不允。十月莅任。力為地方興利，並留意除弊，尤其對外之交涉秉持公平，使群情悏服。江蘇、安徽、江西之僻幽民素以獷悍知名。沈葆楨謂，去一豺狼時，脫鹿豕之牙者不知其幾也。凡遇案懲治一清，致伏莽者相戒不敢發。積勞成疾，因而切乞骸骨。優旨不許。五年十月，病勢加甚，更請開缺回籍，中至切言謂：「臣非不慕古人鞠躬盡瘁之義，時艱甚棘，稍一蹉跌，全局為之動搖，將可奈何。且遠人觀聽極真，彼知疆吏病而不能軍，如益生心巧為嘗試，無形之隱患，實諱疾者有以招之也，冒致其身之虛名，何如收避賢之實效，伏望聖慈鑒其衰朽，恩准開缺回籍，簡任賢能大吏，使兩江為磐石之固，臣雖死之日猶生之年。」（《沈文肅公政書》）十一月，歿於官。追贈太子太保銜，予諡「文肅」，賜祭葬，江西省城及立功各省分准建立專祠。當時依江蘇巡撫吳元炳之奏請，發賜卹之上諭。曰：

> 兩江總督沈葆楨，秉性沈毅，練達老成，歷受先朝之恩遇，洊擢封圻，前在江西巡撫任內籌辦軍務，悉協機宜。嗣因殲除粵匪之餘孽，賞給一等輕①車都尉世職。朕御極之後，擢任兩江總督，於地方之利病認真整頓，實心任事，不避勞怨。前因舊疾增劇，籲請開缺。經賞假兩月，方調理就痊，尚冀長資倚任，茲聞溘逝，悼惜殊深。著加恩追贈太子太保銜，入祀賢良祠。照總督之例賜卹，任內一切處分悉予開復。應得之卹典由該衙門察例具奏。

現在福州馬尾有沈葆楨與左宗棠合祀之祠，又專祠在福州烏石山下，據稱俱閎麗之極。著有《政書》及《指政文集》、《詩集》等。詩被稱為閩、粵間之巨擘。李元度所撰〈沈文肅公事略〉中，月旦其性行，有曰：「公生平學在於不欺，凡事必求心之所安，自言從少至老如一念。在廣信之時自分萬萬無生理，以故當存亡利害之交，有以卓然而自立者，有義之不可者，毅然見於詞色，朝廷數以時政下詢，公侃侃獨持正論，不事模稜，而虛懷善受，以處下人，推賢讓能，惟恐不及，自奉極為儉約。廉俸所入，隨手散給族戚輒盡，遇地方善舉，鄰省賑恤，必解橐為之倡，卒之日不遺一錢，僚屬相顧失聲，市井鄉曲之民所在巷哭。」

①「輕」字伊能原書脫。

（九十九）袁聞柝

江西饒州府樂平縣人。咸豐年間長髮起事之際，在鄉結團勇隨官軍，在閩、浙之間有功。由府經歷經布政司都事，同治八年捐陞同知，十年被簡派補南路海防兼理番同知。十三年，日本派兵至臺灣番地。清朝戒嚴，總理船政大臣沈葆楨帶辦理臺灣海防事務欽差，使袁聞柝先從安平港乘輪船到後山，登岸於卑南，招撫附近番社。嗣分南、中、北三路，進兵開鑿通後山之道路時，袁聞柝膺南路之統領，自八月至十二月竣工，駐紮於卑南。適染瘴病危殆，乃到臺灣府城就醫。光緒元年三月，復以臺灣南路撫民理番同知回駐卑南，逐漸招撫卑南以北沿山、沿海、平地、高山各番社，並招民開墾荒地，且廣設番學，以功晉知府銜。二年秋，因事罷。三年三月再署。五年五月，倡建卑南廳新署，七年在卑南捐建昭忠祠，祀後山死事之文、武員弁、軍士。五月遷臺灣知府。九年，調福建福寧知府。十年五月，歿於官。所著有《日本窺臺始末》、《開山日記》。《臺東州采訪冊》頌之曰：「聞柝有膽略，勇於任事，在後山最久，夏公（分巡臺灣兵備道夏獻綸）尤信任之。二年秋、冬，得謗，幾獲重咎，賴夏公力為辯白，其事乃解。而後山群番得沾王化，實自聞柝始也。」

（百）鮑復康

安徽徽州府歙縣人，咸豐四年舉人。初於長髮之役時，隨營勦賊，在浙江按察使劉瑺守台州府之時，尤器重之。嗣從左宗棠，平福建①有功。同治五年，授泉州②府馬巷通判。

①漳州。
②伊能原書誤作「漳州」

馬巷習俗獷悍，號難治，鮑復康為政尚猛，悍族多裁以法；而清操絕倫，愛民如子，尤雅重文士，創建書院①，設育嬰堂，因撫循有方，頓改舊觀。嗣由臺灣北路理番兼海防同知歷任福建將樂（延平府）、漳浦（漳州府）、莆田（興化府）等知縣，皆有惠政。

光緒七年八月，補臺灣澎湖通判。②澎湖之地素以瘠苦，任官者視為畏途，時方大饑，福建巡撫岑毓英巡臺議賑，乃謂鮑復康曰：「君為我一行，活此方赤子，事畢當召君還矣。」於是倍道赴任。至即立查戶口，刻期散賑。適值劉璈為分巡臺灣兵備道。復康以故吏言無不從，凡可以為民請命者，無微不周，民咸沾實惠。武弁欲撓之竟不得也。鮑復康有骨幹，素知兵。曾以〈籌澎芻言〉條陳於岑巡撫，岑擊節稱賞，屢以書獎勉之。嗣岑毓英轉陞，終為忌其能者中傷，卒罷官，鬱鬱以歿。《澎湖廳志》〈職官志〉「名宦傳」云：「聞者惜之。」復康尤精通清朝之錢制，撰有《大錢圖錄》。

（百一）蔡麟祥

廣東潮州府澄海縣人，才識明敏，尤以工於書畫著稱。光緒四年三月，任澎湖通判，與士紳之公正者交厚，不設門丁，惟一蒼頭傳命而已。嘗對人曰：「官能自做，不為利，猶可為名；彼丁幕不辭勞苦相從至此者，果何為哉？若既不許其取民，而令枵腹辦公，此不情之甚者也。」故對於隨從之家丁月皆給以酬勞，使其寄贍室家，若用度不足，於原籍撥家資數百金，充為署內之費。留心於文獻，初為《澎湖廳志》之編。履任未久，於十一月陞為恆春知縣。③臨行，父老送者渡頭幾滿，蔡麟祥亦握手淚下，謂此間風俗儉樸，吾

①舫山書院。

②光緒六年補澎湖通判，而於七年八月到任。

③蔡麟祥係以署澎湖通判調署恆春知縣。

與之處，情甚相安也。為恆春知縣多年，後調彰化知縣，歿於官。到處清勤自矢，詞訟隨問隨結，案無留獄，除暴安良，胥役不得弄弊。

（百二）林達泉

廣東潮州府大埔縣人，咸豐十一年舉人。捻亂時在籍辦團練，敘候補知縣。嗣從官軍出征①，擢直隸州知州。同治八年，委辦江蘇洋務局之事，兼督海運，敘功候補知府。九年，署崇明知縣（太倉州），遷江陰知縣（常州府），又明年補海州知州。（海州瀕海曠斥，土瘠民疲。每年五、六月，禾黍被野，群盜出沒於其中，俗稱「青紗障」，官吏無能蹤跡。林達泉廣設方略，會營捕治之，獲渠魁置於法，閭閻晏然也。）光緒元年，臺灣初設臺北府時，廷議命疆吏，將揀員授之。時總理船政大臣沈葆楨及閩浙總督何璟、福建巡撫王凱泰，咸以為非林達泉莫屬。因而會疏請陞補，三月抵任。時臺北百度草創，事繁任劇。乃為之著〈全臺形勢論〉一篇，先言分巡臺灣兵備道應移駐臺北。如斯冒暑瘴處事，晝夜兼行，嗣復上治臺三策。中有：為後山之策曰：以退為進，逐漸而前。為全臺之策曰：用海不用山。為理財之策曰：求己不求人。時方急於開山撫番。林達泉以之為國家耗糜徒費，著論辯之。當時臺北訟獄繁興，積案至百餘牘。林達泉立予剖清，人自以為無冤。七月父訃至，哀悼之餘得病。十月竟歿於官署，贈太僕寺銜。

後翰林院侍讀學士何如璋（時為駐日本全權公使也），作神道碑銘②頌其宦績曰：「君之為治，苟利於民則竝心孤往，皇皇然如恐弗及，雖艱危痡瘁，人所不堪，而君不以為難也，故所至之地，民皆感其誠。」

①捻匪。

②「神道碑銘」於伊能原書誤作「墓誌」。

侍郎彭玉麟曾巡閱水師，過江蘇之崇明，見老人餓踣於道，與之食而慰問之，老人泫然而曰：使林縣主久任此，吾邑豈有饑夫哉？後玉麟以語沈葆楨（時為兩江總督），據稱因而相與歎稱之。林達泉歿時，沈葆楨最痛惜之，采其官績，疏請將之編入國史之循吏傳。

（百三）徐廷灝

江蘇蘇州府吳縣人。光緒六年，任基隆通判。時廳初設，百事未備。徐廷灝深悉民艱，凡有不便於民者，亟為剔除，通溝渠以滌穢，設保甲局以訐奸，而基隆以通商口岸，駐派防軍，屢與小民爭利，徐廷灝皆護持之，軍民漸相安。官場素有陋規之弊。商民從官領給銀項者，割以餽遺門子。徐廷灝以廉率部下，門子至之却而不受。以病而去之日，父老攀轅送別。未幾訃至，有為之流涕者。《臺灣通志稿本》中記有：「有古遺愛之風。」（列傳）

（百四）劉銘傳

安徽廬州府合肥縣人。年少而有俠氣，嘗聚黨販鬻私鹽，及事露，拒捕而傷吏人，官署亦有束手不能制之狀。母氏憂其暴躁，積而成病，竟歿。劉銘傳悔恨深自責，於是欲投誠而自償。咸豐年間長髮賊之役作，曾國藩蒙特詔由丁憂中起，倣前明戚繼光之兵制設湘勇之營，從事於勦蕩時，劉銘傳為其所識拔，挺身而投軍，屢立奇功而有勇名。尋同治元年，李鴻章受曾國藩之命，募淮勇於上海而督江蘇之軍事時，聞劉銘傳之名，舉為管帶官，使其率初創之部隊，所謂「銘軍」是也。而紀律嚴肅，實被稱為淮軍之冠。四年，積功授直隸提督①。同年，隨同曾國藩及李鴻章討平山東之捻匪，以首功拔群，詔授三等輕車都尉，一日告病歸鄉。七年，復奉命勦捻之餘孽。（此時劉銘傳與李鴻章有違言，但曾國藩居中調停，至言李、劉兩君非人間罕逢之知己乎，乃意解，調到舊部。）晉封一等男爵。九年，再乞假，歸養於故山。十年，清法兩國啟釁時，五月，特擢任福建巡撫②，專膺督辦臺灣海防事宜，閏五月二十四日，到達臺灣，自督勇營，任北部要口基隆之防禦，有著功。皇太后下懿旨賜內帑銀三千兩嘉賞之。

相傳：劉銘傳曩攻長髮賊於江蘇之常州城外時，親用千里鏡觀測礮路，忽礮丸中額，暈絕，逾時乃蘇，裹創復戰而大克之。劉銘傳似終始以此敢死之氣慨作為臨戰之秘訣，後在基隆當法軍之正面防禦之際，挺身立在彈丸雨注之下，鼓舞兵勇謂：「人自尋礮丸，決非礮丸尋人，苟忠勇義烈之心固，礮丸反而避吾也。」於此，士氣為一振。（明永曆七年五月，鄭國姓防禦閩之海澄③之際，親登天妃宮之將臺督戰。清軍大礮擊之，將卒死傷，城壞數十丈，而國姓之指揮自若也，曰：「礮將避吾，吾豈避礮？」可見古今英雄所見略同。）基隆港面之防禦曾被法軍所敗，退守背後獅球嶺之一方時，劉銘傳亦駐此，事致於恢復之策。而前軍之敗報荐至之時，悠然在帷幕中賦詩示餘裕，兵勇見之咸安心。蓋擬橫槊賦詩之古英雄所為，可能取鼓勵士氣之術策。其被賞賜內帑，悉以分給所部之兵勇，為收攬士卒之心所為也。曾國藩嘗評劉銘傳曰：「定謀略以李鴻章為主，論戰功劉銘傳為先。」可謂宜也。

①伊能原書誤作「總督」。
②初僅給巡撫銜。
③「海澄」於伊能原書誤作「澄海」。

十一年春，清法和議成，罷兵。劉銘傳以五月十一日將諸軍調回，嗣凱旋於福建省城。而為籌畫其善後之事宜，分建臺灣一省時，十月十七日，劉銘傳調任為臺灣巡撫，加太子少保銜。

乃於十二年五月蒞任，徐定改設行省之事宜。當初劉銘傳舉辦防、練兵、清賦、撫番四項，為善後之要務，擔此責成之辦理而欲先之，據說向朝廷當路，要求凡於臺地之大小經營，一皆被委以專斷獨行之權限。其設施：新建一府位於全島適中便於南北之兼顧，藍興堡橋仔頭（即臺中）擬為省會之位置，更行分治，添改為三府三廳十一縣及一直隸州；又兵備主以勇營及練軍予以編制，以代古來之綠營；清丈土地而整理賦制；設撫墾局統制番地番人；其他如鐵道、築港等，有計畫新創之事業者不一而足。加以與之相伴之經費浩繁，與從前習於保守頹廢之朝野輿情牴觸，而曩為清朝重望之和碩恭親王深為信任劉銘傳，劉銘傳亦賴其信任決行而得無顧慮之後援。尚有閩浙總督楊昌濬，常相妥協和衷而內外策應，如凡百之奏議，出於督、撫之會同連銜。越十四年，湖南巡撫卞寶第代之出任閩浙總督時，事事欲加掣肘，繼而以恭親王薨，竟幾不得不面臨孤立之狀，不滿新政者且煽動民愚而爆發施九緞①起事之際，竟成為受都御史彈劾之誘因。更於十六年，以臺灣之煤礦將委由官商合辦時，以獨斷裁許之，事後具摺奏明，交部而議專擅之咎，受革職留任之處分。劉銘傳向清朝要求對於全臺經營之一切權限，請予被委任之條件，至此因之幾乎被完全忽視。越十七年四月，稱病卸任歸養。爾後其健康亦不如舊。悠遊煙霞之間，二十二年十一月二十七日②，病歿於合肥。

①「緞」字於伊能原書作「段」。
②當作二十一年十一月二十八日。

李鴻章與劉銘傳曾同受曾國藩評謂：「李、劉兩君，人間罕逢之知己。」李鴻章任中日講和之全權，定臺灣割讓之約時，劉銘傳正在病榻。李鴻章乃裁手書，自天津致合肥，問其近狀之後謂以：「割臺實有不得已者，但足下銳意經營之臺島，乃日人所最喜悅，必繼承之不廢，仁兄多年淬勵之治績，亦將永保不滅，幸安心之。」之語。劉銘傳被視為臺灣重要經營者可察其一斑。

追贈太子太保銜，予謚「壯肅」，准予建立專祠。當時依安徽巡撫福潤之奏請頒發賜卹之上諭。曰：

> 劉銘傳秉性忠勇，戰功卓著。咸豐年間，髮賊、捻匪竄踞安徽，倡辦團練兵，為曾國藩所識拔。同治初年，隨同李鴻章募兵東下，連克郡、縣，會合諸軍，苦戰而克復常州，積功授直隸提督①，勦匪於山東、河南諸省，與悍賊縱橫追逐，大小及數百戰，旋受三等輕車都尉之世爵，復與諸軍共同窮追首逆張總愚，斬馘無算，捻匪一律蕩平，晉封一等男爵。嗣特授巡撫，加太子少保、兵部尚書之銜。一切應辦之事宜克稱其職。嗣因病解職，准回本籍調理。方冀克承寵眷，長資倚畀②，茲聞溘逝，軫惜殊深，劉銘傳著晉贈太子太保銜，照巡撫之例賜卹，加恩予謚，於其立功諸處，准予建立專祠。生平之戰績事實宣付國史館立傳。任內一切處分，悉與開復。其他應得之卹典，該衙門查例具奏。

相傳劉銘傳少壯從戎，殆缺讀書之素養。同治九年，擔榮爵歸養故山時，卜宏大清爽

①伊能原書誤作「總督」。

②「畀」字於伊能原書誤作「界」。

之地築邸，取名為大潛山房，繞之以花苑，在此幽靜處延數十碩學名儒，日夜潛心於經史之研究。（或云：劉銘傳從軍獲取賊匪之餉銀多，乃以之充為其費。）時年齒已逾不惑之時也。（所著《大潛山房詩鈔》成於此際。）清朝屢次欲起用；但不願以武職立身固辭之，晚好學不渝，十餘年學力漸進，文才大暢，至博出藍之聲譽。其為福建及臺灣巡撫而握文政之軌軸，正是五十八、九歲之時。如斯夙長吟詠，工於揮毫，但一度承重任蒞臨臺灣之後，斷然拋捨文墨之嗜好，在臺北城內撫臺衙門設三層之高樓，公暇於樓上書齋翻閱古今之史書。且如其章奏，多自執筆起稿，據聞如命幕僚下稿時，必一一點驗，以朱筆加削為常。

劉銘傳尤好圍碁，每有暇引客試烏鷺之鬪。揚①州人名周小松者，為中國之名手，其名聞於遠近。劉銘傳屢次與之競技，初讓一子，但後得勝之，精妙殆入神。人評謂劉公之用兵亦如斯。又善馭馬，且愛之至深。基隆之役，常馳驅於彈丸雨注之間，在一髮之危機裡，馬能屈伏而免於難。據稱及凱旋，在上海誤傷一足，以五百金療之。

德國史家里斯博士（Dr.Ludwig Riess）於其《臺灣島史》，評任臺灣巡撫之劉銘傳謂：「彼熱中於開進主義之士，至一八九一年（光緒十七年）辭職歸故山六年之間，將近世工藝之恩惠努力佈於中國東方之一孤島，如此講到劉銘傳，在歐洲亦有其名。」

（百五）林維源

① 「揚」字於伊能原書誤作「楊」。

原籍屬福建漳州府龍溪縣（白石堡），嘉慶初年，其祖名林應寅者，隨子平侯渡臺，居淡水廳下之新庄（興直堡），開私學，授徒為生。林平侯年甫十六，目不識丁，但夙通商機，傭於米商鄭谷之家，受信任，借資自行經理，得贏利，嗣與竹塹（淡水廳治）之林紹賢包辦鹽務，因之漸致大富。時呂宋一商船積載燕窩自香港欲赴上海之途次，遇颶漂流至滬尾港口（淡水）。林平侯聞之，約以發鬻其貨物之依托，乃售之得利十萬元，買土付佃，遂得漸為一方業主之奠基。

林平侯既占素封之地位，但人呰其無學，異字為「贑①平侯」。林平侯夙恥之，乃自延師講書有年。漸能粗通大體，遂依捐輸得仕途，以同知分發廣西，署潯州府通判，攝來賓知縣（柳州府），補桂林府②同知，署南寧、柳州兩知府，與當時名官高廷瑤並稱為粵西之賢守，推重為二髯。嘉慶十九年，大學士蔣攸銛任兩廣總督時，或有短林平侯者，及謁之，指陳利弊悉中肯綮，蔣攸銛奇之。尋引病歸臺灣，置義田、設義學，以之教養族人，復割田充學租，且捐修之義舉頗多。（淡水廳學宮、福建省貢院、義倉、臺灣府月城、試院、書院等均曾參與捐修。）尤其捐修淡、蘭兩廳交界之三貂嶺要路，其出貲尤多，而功績亦甚大。事起於道光三年四月，凡兩閱月而告成。噶瑪蘭通判仝③卜年，乃撰〈修三貂嶺路記〉使之不朽也。此外於道光二年噶瑪蘭廳料匠林永春之役，十年同為挑夫之分類，十二年嘉義縣張丙之役時，當道用其言得削平之便。以功獎授道銜，及歿晉加三品銜。咸豐三年八月，淡北有漳泉四縣之分類械鬪。三角湧（海山堡）之匪徒乘機煽亂，亂渦波及新莊。林平侯之子林國華，舉家自新莊避亂於大嵙崁（海山堡），以其接番境之僻陬，民俗強橫，難於共處，翌年事平之後，更移枋橋（擺接堡），新築宅第，為久居之計，大力從事土地之開墾，自是以同籍之故漸成

①「贑」字似當作「戇」。
②伊能原書誤作「桂州府」。
③「仝」字於伊能原書誤作「同」。

漳人之聚落，枋橋之街肆，乃見著有廓增。《淡水廳志》稱：「林國華……篤內行，事親能得歡心。凡起居飲食，及窬圊瑣屑事，悉身任之，家鉅富而義舉有難枚數。其由淡至蘭修路，尤為不懈，繼志也。」（〈列傳〉）以此可察知其為人。嗣咸豐九年九月，淡北又有漳泉分類械鬪，將累及枋橋。先是，林國華之弟林國芳（咸豐九年舉人①，後為候選道）在廈門，歸來挺身招漳人，練鄉勇，自登堡樓努力指揮。而一面進攻附近之泉莊（枋藔瓦磘），一面扼守接壤之漳莊（海山堡竹篙厝）之咽喉，攻守尤得適宜。次年正月，農忙之期迫，暫為停戰。至九月晚稻收穫之後，因分類械鬪再發，林國芳乃破泉人於新莊、港仔嘴（興直堡）、西盛（大加蚋堡）等處，其勇名一時喧傳。時泉人而執械鬪牛耳者為艋舺（大加蚋堡）人黃阿蘭，自覺非林國芳之敵，乃賴泉籍之廩生李起疇、耆老林溪珍及漳籍廩生潘永清，使其居中提議調停。十一年冬，立解兵之約。國華及國芳皆於咸豐末年歿。國華有二子；長為林維讓（咸豐九年舉人，後為戶部湖廣司員外郎，候選知府）；次即林維源，為國芳之過房子，最深於學；富識略，以長於奇才稱。同治元年，彰化會黨戴潮春起事，淡南戒嚴，淡北亦動搖。適桃仔園（桃澗堡）總理楊德源苛虐，街庄民有怨聲。淡水廳因而革其職。楊德源心恨之，竟與新莊之土匪楊貢串謀，將欲通款戴潮春，勢甚猖獗也。林維源慮兵禍之及於淡北，問計於淡水同知之幕僚葉某（江西之生員），乃遣人說服楊德源以自重克謹，詐約以可斡旋復舊職，使其悅服誓無他心，街眾設酒演劇張賀筵，入夜伺其醉臥，使壯士數十人潛入襲殺之，懸首級於枋橋西門。餘黨聞之悉四散，未幾楊貢亦被艋舺縣丞郭志煒捕獲伏誅，竟得完全無事，以功獎加三品銜候選道。又受委與兄維讓共膺《淡水廳志》志料采訪。光緒元年，臺北府新設時奉命總董府城之建築，且捐貲，晉內閣侍讀學士。十一年清法之役，臺灣戒嚴時，被延任全

①係賞給舉人。

臺團練大臣，以總管全臺之團練事務，兼率先捐出二十萬兩資兵餉。既而於臺灣分省之際，與巡撫劉銘傳有相互輝映者。尤以擔任最初之全臺撫墾局總辦，撫番墾地之立策運籌，全出其手，如當時土地清丈附帶進行之北部地方茶園之處分，審密精查，親自依民情之利弊與適宜之解決；又如基隆之築港，為其總辦而始終當其衝，經費浩繁，既定經費之支出已盡而工程未進，事業曠滯至極之際，苦於善後之措置。勤勞至多，授侍郎銜。臺灣割讓之際，有企圖獨立為「臺灣民主國」者，被舉為所設議院議長。辭不就，未幾避居廈門，後將其子族歸為日本國籍，己留廈門，隱然退隱中仍繫其重望。光緒三十一年六月（明治三十八年七月）病逝。林家夙以臺灣朱頓被推重，所稱林本源為其業名。

（百六）林朝棟

原籍屬福建漳州府平和縣，乾隆初年，其遠祖名林舜[1]者，率同族渡臺，從當時北路初闢之地藍興堡之大里杙庄南進番境，墣得平埔番之土地，建一庄稱貓羅新莊（即貓羅堡阿罩霧庄之前身）。玄孫林文察，嘗報父讐而有驍名。

林文察父名定邦，夙負義俠，閭里倚為重。草湖庄（藍興堡）之林和尚者，為一方之元兇。不逞之徒常出入其門，屢次虜擒良民，索贖身之重銀，嘗有林氏族人亦被奇禍，定邦欲救回之而相互爭鬪，中彈而斃。文察時年十九，聞父之橫死憤慨，具狀訴於彰化知縣，知縣受賂不為公正審理。文察指天誓曰：父讐不共戴天。旦暮尾行和尚，窺隙猝擊殺之，剖其心祭父之墓，且言不可累吾

①「舜」字當作「石」。

家人，赴縣自首，繫於獄。未幾咸豐四年，小刀會匪黃位犯臺北之際被赦出獄，率鄉勇隨從勦蕩而立功。

後因屢次戡定土匪之勞，累陞補授福建陸路提督。咸豐年間對于長髮賊之勦討，在閩、浙各地立有著功，臺勇之名大振。卒在漳州城外之瑞香亭陣亡。追贈太子少保銜，予諡「剛愍」，世襲騎都尉。至此家門頓顯。林朝棟為其嫡子。光緒初年，上京師捐得兵部郎中，未幾告假歸養。十年，清法之役，臺灣亦戒嚴，被舉為福建巡撫劉銘傳之副帥，當基隆之防備，傳有：「夜不穩睡，甲不離身，屢著勞績，中外咸目為岳家軍。誠哉，將門有將。」（王友竹《臺陽詩話》）①之聲譽，以功授候選道。嗣依臺灣之分省，及見武備之擴張，蒙巡撫劉銘傳之薦，任中路軍統領，代理埔里社通判，兼辦一方之墾務。十四年，參與靖平施九緞②之役多所盡力。二十一年（明治二十八年）臺灣割讓之際，巡撫唐景崧等無視國約，對日本持反抗之態度時，林朝棟亦分擔扼守基隆，但與其他駐防將領意見扞格，竟受間言之讒誣，怏怏然告辭而去。尋日軍南進時，從彰化鹿港避難至廈門，後客死該地。林朝棟好學，被推為武弁善文藻中之錚錚者。

其題為〈送春〉之詩曰：「怡悵韶光去不歸，小園獨立思依依。流鶯有恨啼空樹，睍睆人前未忍飛。」被傳係其臺灣改隸之際感懷偶作。其子林季商，曩歸籍日本，因有意將事業在閩境經營，放棄日本籍回歸中華民國。

①王友竹名松，友竹其字。

②「緞」字於伊能原書作「段」。

第四章　城垣之沿革

第一節　城垣之起源

自古以來在中國即有為拱衛而設之城垣。清朝亦沿襲其制，自京師以至地方各省及各府、廳、州、縣，莫不設之，其規模概具備一定之形式。至在地方所設省城及府、廳、州、縣諸城，其外形或圓或方，常以砌石壘甎築成，有時亦造土堆，植木柵以代，依地勢而不一。城內包括文、武衙署及街市，設有城門以為出入，築有外郭（即月城）以為保護，尚有於周圍鑿濠塹者。惟在地方得設城垣，制度上限於省及府、廳、州、縣所在地；在其他要害市邑，為保衛之用如其外觀及目的與城垣相同者，則特稱為之土堡，以示區別。

在《淡水廳志》〈建置志〉中，此類土堡概以城堡稱之，俾與廳城有所區別。而在《淡水廳志訂謬》，尚認為不可，並辯難曰：「竹塹城係淡水廳治，文、武駐劄處所，故謂之城。其鄉民私造以資守望者，僅稱土堡。乃……悉改稱城堡，果何意耶？」

因此，凡設有城垣之處，即為大、小之政治中心點，且可謂居於地方文運淵源之地位，更從歷史上尋找建城地發達之經過時，得以探究政治及文運之發展趨勢。

在臺灣，從明末鄭氏以來，雖立府分縣或州，但均未構築城垣。嗣於清人有臺之年（康熙二十二年）①為屬於福建省之一府，雖選定鄭氏時之遺府（即臺南），議者認為因地瀕大海之故，淤沙而不宜築城，又以時有地震，雖築之亦將不堅固。（臺灣知府蔣元樞之〈重建郡城碑記〉、同楊廷理之〈改建臺灣府城碑記〉）因而未建城垣，約達數十年之久。（《臺海使槎錄》所收〈赤嵌筆談〉「城堡」中記有：「臺地初闢，原卜築城於永康里，後不行。」）似可由此窺其端倪。府治既如此，其他縣治亦原本即未興建，所謂：「臺灣府無城」（《居易錄》），實係康熙年間全臺之情形。

康熙六十年，朱一貴起事之際，見府、縣治動輒淪陷，次年事平之後，福建陸路提督姚堂，乃重新建議建城。在〈赤嵌筆談〉之「城堡」中，記此事經過情形謂：「壬寅（康熙六十一年）提督姚堂，奏請臺灣府、縣無城可守，請開捐建城；未得所請。余陛辭時，跪聆訓諭：臺灣斷不可建城。去年朱一貴無險可憑，故大兵入鹿耳門，登岸奮擊，彼即竄逃；設嬰城自固，豈能剋期奏捷？海外形勢瞭如指掌，廟算制勝，克奏膚功，有以也夫！」由此觀之，可知當時並未採納其議。按臺灣向係奸宄逋逃之藪，且到處無不有盜賊，因原未設城垣之故，遂致全臺淪沒，然尚能使賊人無憑險也。若已有城使其據守，大兵豈能輕易登陸而得克捷？此係否決其建城之第一理由。要之，一旦匪亂如由內發生，全臺將淪沒，認為是不可抗之趨勢，屬於消極之見解。其他第二理由，除了認為若寇盜由外入侵，府治附近有鹿耳門之天險，如備置砲臺，撥兵巡守，自足以資助捍禦（參考〈重建郡城碑記〉）之外，當時因受了亂後餘勢之影響，難免有物力困憊之狀，不建城似乎在於認為難以取得財源。（參考《東征集》）然在臺灣築城屬緊急之事，夙為識者所承認。康熙三十六年，郁永河之《裨海紀遊》謂：「郡治、各邑，悉無城郭，戰守無憑，當事者亦屢圖之，以去山遠，無水道，不可得石，往往中輟。近有建議植竹為城者，以竹種獨異內地，叢生合沓，間不容髮，而

①當作二十三年。

旁枝橫勁，篠節皆刺，若夾植二三重，雖狐鼠不敢穴，矢不能穿，其勢反堅於石，而又無舂築之勞，但令比戶各植數竿，不煩民力，而民易從，朞月之間，可使平地有金湯之壯。其說可採，所當亟為舉行，不待再計者矣。至若諸羅、鳳山二邑，各有疆域，舍己邑不居，而寄居郡治臺邑之地，若僑寓然，似宜各度地勢，植竹建城，不獨撫字為便，而犄角互援之勢亦成矣。」①加之，如此忽視非為積極之治臺百年方針所容。當時在臺灣鎮總兵藍廷珍帷幕，擔任亂後謀善經綸之藍鼎元，代總兵為論築城書進言於閩浙總督覺羅滿保，將「築城鑿濠，臺中第一急務，當星速舉行者也。……一時之勞，萬世之利也……此事關係臺疆安危，即係國家東南沿海治亂，似不可苟且塗飾……。」（《東征集》）之意旨，反覆敷陳。其建城主要建於府治，但同時，對於各縣城之築成，亦早被認為急務，且由經濟之見地，則價廉工省。籌劃所以因時制宜之方策。其意見大要謂：

臺地未有城池，緩急無以自固，磚石圍築，費重事繁，錢糧無從出辦，惟有種植莿竹為城，而竹城亦需工本，欲以白手空拳，為國家設險守禦，不勞民、不傷財，此大難事。然肯以實心行之，亦無難也，先定其規模，量明丈數，不動聲色，凡庭審輕罪應責者，每一板准種竹五株自贖，廿板則百株。應枷者，種二百株亦准免。但必於臨刑時，親詢其有力情願，然後罰之；不願，勿強也。無求速成，無立意要罰，只是常存此心，順其自然，守、令俱如此，不半年城可成也。城門各築敵樓，如力有未及，植木柵暫蔽內外，立可守禦。若有餘力，更於竹外留夾道三、五丈，另植莿桐一週。廣尺密布，又當一重木城。外挖一濠限之。濠外採山蘇木子撒種，當春發生，枝堅莿密，又當一層保障，再於莿桐城邊，量築窩鋪數十座，以當礮臺，為登陴守禦之所，礮臺相離，

①上述建議，亦不失為可行之法，且三百年前，武器遠不若現代之精良。

以左右礮力管到之處為準。接連建築，使敵不得近城，西面人家臨海，無地可容竹桐，築灰牆為雉堞，便施鎗礮，不啻金湯之固也。臺竹之性與內地不同；內地竹無根不活，臺竹一株，可截三段植之，雖罰多種，不以為病也。莿桐一樹，可砍作百十株，插地皆活，尤易易者，惟敵樓土牆，頗費人力，由此擴充，以漸致之可耳。天下事成於有心人，無難為也。（《鹿洲初集》〈與吳觀察論臺灣事宜書〉）

雍正元年，廷議再審議，暫時權設假①城，以待事後之擴充，此應歸藍鼎元立議之力甚明，亦可知其議之根據，係參酌《裨海紀遊》之前議。然而最初當路主持築城之方針，係採消極意見，認為於其初設之府治僅築一小城，止於建文、武衙署、倉庫於其中，不然兵民雜處，難於稽查，但藍鼎元認為此係畏難苟安之拙策，更於〈再論築城書〉，議其不可之理由謂：

夫設兵本以衛民，而兵在城內，民在城外，彼蚩蚩者不知居重馭輕之意，謂出力築城衛兵，而置室家婦子於外，以當蹂躪，夜半賊來，呼城門求救，無及矣。論理宜包羅民居為是。……不然，終是道旁築舍，未見巧婦能為無米之炊。權宜而用土木，偷安止在目前，勞民傷財，不能經久。若止防衛官兵，俾蚩蚩者心寒而齒冷，非經國安邊之道也。統計宇內全局，則臺灣為海外彈丸黑子，似在無足重輕之數；然沃野千里，糧糈足食，舟楫之利通天下。萬一為盜賊所有，或荷蘭、日本所據，則沿海六、七省皆不得安枕而臥，關係東南半壁治亂，非淺也。（《東征集》）

①「假」即臨時、暫時之意。

立論基礎在於為海外巖疆創立萬世基業起見。其後所有城垣之興築，均基於此議之力也。

（附記）歸清以前，在臺灣由荷蘭之手，在南部築有熱蘭遮（Zeelandia）及普羅民遮（Provintia）二城及其附砦[①]，又由西班牙之手在北部地方築有聖救主（San Salvador）及聖多明各（San Domingo）二城及其附砦，均屬於為拱衛而築之城壘。然中國所謂城垣，其規制不一，沿革上自異其系統。茲略述其概要，以資參考。

（一）熱蘭遮城

西元一六二二年（明天啟二年）、荷蘭人為找尋東洋貿易之根據地，欲求之於中國海上，從爪[②]哇之巴達維亞，進臺灣海峽，在澎湖媽宮澳上陸，築有堡砦。旋於一六二四年（明天啟四年）遭遇明軍強硬之抗拒而放棄之，決定轉而占領臺灣。於同年八月，入西岸之臺江（荷蘭人所謂：'t Walvis Been）先於橫在臺江口之外屏一島，一鯤身（荷蘭人所謂Vissers Eyl）之海岸，修築沙墩，作為暫時砲壘。（林謙光之《臺灣紀略》中，記安平鎮城所謂：「其西南畔一帶原係沙墩，紅毛載石堅築，水衝不崩。」可能即其址。）越六年，即一六三〇年（明崇禎三年）更在島內之丘上建築一城砦，以作為防備，名為熱蘭遮。所謂熱蘭遮，是以荷蘭北部之熱蘭魯州（出於荷蘭語海國之義）地名而命名。

①「砦」字於伊能原書誤作「呰」，下同。
②「爪」字於伊能原書誤作「瓜」。

小川文學士①謂「Zee (Sea) land (land) = Zee-land-ia」，「ia」之語尾，有多附於地名之例，可能為了與國內之地名有所區別而加者。

漢民古來稱之為紅毛城、臺灣城、赤嵌城、安平城。紅毛之名，因其由荷蘭人所築；臺灣之名稱，因為原來稱呼「臺窩灣」，係此一島嶼之特名；赤嵌之名稱，因為臺江一帶係固有土番赤嵌社之屬地；安平之名稱，因鄭氏時置安平鎮，歸清後也承襲而稱呼。在《裨海紀遊》稱：「前此紅毛與鄭氏皆身居之者，誠以海口為重，而緩急於舟為便耳。」可說大概能表其意。依據華連泰因（François Valentyn）所著《新舊東印度誌》第四卷〈福爾摩沙及荷蘭在此貿易〉記事見有：「熱蘭遮城之外，由本城可俯瞰之近距離（大體手槍子彈達到之程度）之小丘上，設有烏特勒支（Utrecht）之方形小石堡（取名於荷蘭獨立時主要紀念都市之烏特勒支）。且本城之北方約一百公尺，另一方離六十公尺之地方，沿海濱築堡壘，採其與本城之西角及北角連接，在該兩角置巨砲，以堅固本城。」

其他有關規模沿革，徵諸文獻，在《臺灣府志》〈雜記志〉「樓堞」記載：「紅毛城……荷蘭於一鯤身頂築小城，又遶其麓而周築之為外城。城垣用糖水調灰疊磚，堅埒於石；凡三層。下一層入地丈餘而空其中，凡食物及備用者悉貯之。雉堞俱釘以鐵。廣二百七十七丈六尺，高三丈有奇。女陴、更寮星聯內城。樓屋曲折高低，棟樑堅巨，灰飾精緻。瞭亭螺梯，風洞機井，鬼工奇絕。近海短牆年久傾圮，潮水輒至城下。」《臺灣縣志》〈外編〉「遺蹟」載：「赤嵌城……在安平鎮一鯤身。沙磧孤浮海上，

①小川尚義。

西南一道沙線，遙連二鯤身至七鯤身，以達府治。灣轉內抱，北與鹿耳門隔港犄角如龜蛇相會狀。明萬曆末，荷蘭設市於此，築磚城，制若崇臺。（萬曆年間建城為錯誤，前已述之。）……城基方廣二百七十六丈六尺，高凡三丈有奇，為兩層，各立雉堞，釘以鐵，瞭亭星布，凌空縹緲。上層縮入丈許，設門三。北門額鏤灰字莫能識，大約記創築歲月者。東畔嵌空數處，為曲洞、為幽宮。城上四隅箕張。現存千斤大礮十五位。複道重樓，傾圮已盡，基址可辨。下層四面加圓凸。南北規井，下入於海，上出於城，以防火攻。現存大礮四位。西城基內一井，半露半隱，水極清冽，可於城上引汲。西北隅繚築為外城，抵於海，屋址高低，佶曲迷離。其間政府第宅，舞榭歌亭，化為瓦礫。倚城舊樓一座，榱棟堅巨。機車一軸，可挽重物以登城。大礮凡數位。內城之北基下闢小門，傴僂而入，磴道曲窄，已崩壞，地下有磚洞，高、廣丈餘，長數丈，曲轉旁出。舊傳近海處曾露一洞，內得鉛子數百斛，今失其處；又舊志所載螺梯、風洞，俱不可復見。大抵此城磚砌，層疊悉以糖水、糯汁搗蜃灰傅之，堅不可劈。其中或實或虛，鬼工奇絕，難以跡求。國朝康熙元年，偽鄭就內城改建內府，塞北門，欲闢南門，斧鑿不能入，乃止。……門曰閶闔，以春秋時鄭國有閶闔之門也。（編者附註：本文有關門名之事，基於〈赤嵌筆談〉之〈偽鄭附略〉有「鄭國城門名，偽鄭據紅毛城，因取以名內城之門」而來。）入版圖後，為協鎮署，廢而不居，颱颶飄搖，連年地震，遂致傾圮。」而所謂北門額鏤灰字，依據荷蘭人之記錄，據稱真係「TE CASTEL ZEELANDIA GEBOWED ANNO 1630」之文字，即記明創築之年月也，依據林謙光《臺灣紀略》[1]載：「安平鎮城：在一崑身之上。東抵灣街渡頭，西畔沙坡抵大海；南至二崑身。北有海門，原紅毛夾板船出入

①〈城郭〉。

之處。按[1]一崑身週圍四、五里，紅毛築城，用大磚、桐[2]油灰共搗而成。城基入地丈餘，深廣亦一、二丈。城墻各垛，俱用鐵釘釘之。方圓一里，堅固不壞。東畔設屋宇市肆，聽民貿易。城內屈曲如樓臺上下。井泉鹹淡不一，另有一井僅小孔，桶不能入，水從壁上流下。」所謂其東畔設屋宇市肆，因在《臺灣府志》〈規制志〉載有：「市仔街即安平鎮街。」似係指其前身。〈赤嵌筆談〉「城堡」載有：「安平城，一名甎城。紅毛相其地脈為龜蛇相會穴，城基入地丈餘，……雉堞俱釘以鐵。今郡中居民牆垣每用鐵以束之，似仍祖其制也。城上置大礮十五位，年久難於演放。」在同書之「泉井園石」載有：「安平城上，紅毛井，水高於海而味亦甘。」

《小腆紀年》之鄭成功攻赤嵌城之條載：「其城亂石疊砌，火煆成灰，融為石城，堅不受礮。有土人獻計曰：『城內無井，塞城外水源，三日必亂。』從之。」當時似以此種斷水之計困之。

荷蘭人放棄之後，鄭氏之內府置於城內，比及入清，使安平協[3]水師副將駐之。《臺灣縣志》〈外編〉「遺蹟」謂：「入版圖後，為協鎮署，廢而不居，颱颶飄搖，連年地震，遂致傾圮。（康熙）五十七年鳳山縣知縣李丕煜奉文葺之，前為門，中為堂，後為署，旁列小屋數間，今貯火藥軍裝。乾隆十三年，協鎮沈廷耀建塘房二間於外城南門內，撥兵防守。先是北面臨海一帶，短墻坍塌，潮水齧城基。雍正十一年，協鎮陳倫烱砌之。乾隆

①「按」字於伊能原書作「接」。
②「桐」字於伊能原書誤作「調」。
③「協」字於伊能原書作「鎮」。

十四年，城西北暨教場南海岸沖崩，計一百八丈，邑監生方策捐銀三百兩築沙堤，協鎮沈廷耀成之。」爾後漸壞圮，幾失舊觀。

按，其築城所使用之磚瓦，據稱係由巴達維亞運來（普羅民遮城亦然），製造之堅固精緻，被形容為「堅埒石頭」（《臺灣府志》），幾無二致。又城上古榕一株，實屬當時之天然紀念物，據稱至後世，亦被採為航海之唯一目標。

（二）普羅民遮城

熱蘭遮城建成後整二十年，即西元一六五〇年（明永曆四年）荷蘭人在臺江內部沿岸赤嵌（荷蘭人所稱 Sacoam. Zacam. Scakam），增建一城砦，取名為普羅民遮（Provintia）。所謂普羅民遮隱含有攝理之義。

小川文學士謂 Provintia 由拉丁文 Foresisht 而來，非純粹之荷蘭語。有先見之義，宗教上譯為一般攝理。荷蘭語為 Vuoruit (Fore-out) Riendheid (Seeing-ness)。

如此隔臺江，兩城成東西犄角之勢，古來漢人稱為紅毛樓、赤嵌樓。紅毛之名，係因荷蘭人所築；赤嵌之名，係因固有土番赤嵌之所在地。依據華連泰因所著《新舊東印度誌》第四卷〈福爾摩沙及荷蘭在此貿易〉記事見之：「城在四方設五稜之磚廓，且繞以牆壁，眾多之建築物及邸宅，悉置於其廓內。城廓外設有區劃整齊之市街，荷蘭人及中國人所營商家櫛比於此，城樓高疊能俯瞰市街。街外面海之處，更築二所稜廓，作為防備之外砦。前方即為船舶之碇泊地，大小桅檣林立。」按城砦西方瀕海，南、北、東方面似以市街繞之，從後世存有城蹟之赤嵌樓街，至北鄰縣口尾街，南方大井頭街一帶，似為其中心。

縣口尾街：歸清之後，因建有臺灣（安平）縣署而取名。縣署內東北隅之一井，稱為「荷蘭井」。《臺灣縣志》〈外編〉「遺蹟」載有：「荷蘭井：在鎮北坊赤嵌樓東北隅，距樓可二十餘丈。紅毛所鑿，磚砌精緻。相傳每風雨時，常有龜、蛇浮游水面。」

大井頭街：往昔為舟人登岸之碼頭。其地有井曰「大井」。《臺灣縣志》〈外編〉「遺蹟」載：「大井：在西定坊。……舊志云：開鑿莫知年代，相傳明宣德間，太監王三保抵臺，曾於此井取水。又傳明季時，紅毛築赤嵌樓，慮有火患，故鑿此井以制之。」

其他有關規模沿革，可徵之於文獻者，《臺灣府志》〈雜記志〉「樓堞」記載：「赤嵌樓：在鎮北坊，荷蘭所築也。……雕欄凌空，鄭氏以貯火藥、軍器。今漸圮。」《臺灣縣志》〈外編〉「遺蹟」記：「赤嵌樓：在鎮北坊，明萬曆末，荷蘭所築；背山面海，與安平鎮赤嵌城對峙；以糖水、糯汁搗蜃灰，疊磚為垣，堅埒於石；週方四十五丈三尺；無雉堞，南、北兩隅瞭亭挺出，僅容一人站立，灰飾精緻。樓高凡三丈六尺有奇，雕欄凌空，軒豁四達。其下磚砌如巖洞，曲折宏邃。右後穴窖，左後浚井，前門外左復浚一井。門額有紅毛字四，精鐵鑄成，莫能辨識……。偽鄭貯火藥、軍器於此。」〈赤嵌筆談〉「城堡」記有：「赤嵌城一名紅毛樓，在臺灣海邊，方圓半里。」荷蘭人退去後，鄭氏以此作為儲藏火藥、軍器之處所，至清朝歸臺灣道管理。

《臺灣縣志》〈外編〉「遺蹟」曰：「入版圖後因之，道標撥兵看守，司啟閉。康熙六十年臺變，門遂不局，賊取門額鐵字以製器。頻年地震，屋宇傾盡，四壁陡立；惟周垣堅好如故。乾隆十五年，知縣魯鼎梅移建縣署於其右，因嚴局鐍，歲時則灑掃，俾邑人士覽勝焉。」降至光緒五年，臺灣知縣潘慶辰之時，就在舊址，建文昌閣及海神廟，又在文昌閣之右方，購民房，築蓬壺書院，其全體之舊觀概失矣。

（三）北線尾砦

荷蘭人在臺江之外口，設一小砦[1]，命名北線尾（Baxemboy），以為其外圍防護。關於此砦之位置雖不明，但不知可否將漢人所稱之青峰闕砲臺比定為此地？按《諸羅縣志》〈兵防志〉見有：「青峰闕砲臺：在青峰闕港口之南，港外有南、北二鯤身沙線；港水東入蚊港，為縣治以南第一扼要之地。荷蘭時築。制略如城，中有井；今圮，故址半淹於海。故所遺砲為鹹水沙壅，手按之皆如蠹粉，不堪用矣。」而另外《諸羅縣志》〈雜記志〉「古蹟」記：「青峰闕砲臺，在蚊港口。」（《臺灣府志》同文。）[2]在《臺灣府志》〈封域志〉記：「蚊港：在縣治（諸羅）西南六十里，西面臨海，從青鯤身歷南、北鯤身，

① 「砦」字於伊能原書誤作「岩」，下同。
② 該志〈雜記志〉「樓堞」。

東旋青峰闕為蚊港。」可知青峰闕港與蚊港係異名同地。蓋蚊港係明代之魍港，（魍港、蚊港，俱為南部福建語，發音均為 Bankan 係屬同音異字。）已記載於何喬遠之《閩書》中。《福建通志》即指：「萬曆元年，廣東海寇林鳳，犯福建，總兵胡守仁擊走之。……鳳遁錢①澳（南澳）求撫，廣督凌②雲翼不許，遂自澎湖奔東番魍港，為胡守仁所破，追至淡水。」又《臺灣縣志》之〈地志〉謂：「雞籠：中國之漁舟往魍港而至，遂以往來通販成為常。」換言之，先前在臺灣歸清前後之時，此港口為中國船舶往來臺灣之要路，所謂「縣治以南，被認為第一扼要之地」（《諸羅縣志》）不無理由也。康熙七年，施琅之〈盡陳所見疏〉中有：「北路蚊港」算為要害之語。

因此，以臺灣南部之臺江內作為根據地之荷蘭人，在蚊港築要砦，作為外圍防護，可謂必然之結果，早就被傳由荷蘭人之手築成之青峰闕砲臺則為北線尾砦同體異名，幾乎無置疑之餘地。青峰闕之南部福建音發為 Chinpankuatsu，從語言加以研究，莫非是將番語地名予以音譯而成？

如此，至入清之後，乾隆年間一度就在舊址設礮臺，旋於嘉慶年間，海賊蔡牽侵犯臺灣西部海岸時，福建水師提督王得祿，議卜舊址築礮臺。然此一要砦，在《諸羅縣志》成書之康熙末年，故址已成半被淹於海中之狀況，事後屢經滄桑之變，至完全不留殘蹟，從而諸說紛紜殆成為不知適從之勢。試就《臺灣府志》〈封域志〉所載，以求其他旁證考定青峰闕之位置時載有：「牛朝溪在縣治（諸羅）西五里，發源大武巒山，歷大福興山，為龜仔港。又西至猴樹港，南出青峰闕入海。」「猴樹港在縣治（諸羅）西南……。源從牛朝溪入，南出青峰闕入海。」及「八掌溪在縣治（諸羅）南二十里，源

①「錢」字於伊能原書誤作「餞」。

②上字伊能原書無。

發玉山，西入冬港，南由青峰闕入海。」但牛朝溪之流域成為龜仔港，又西至猴樹港，南出青峰闕，《臺灣府志》之此種記事，似乎有錯誤，必不得不改成猴樹港，又至龜仔港，南出青峰闕。不然地理不相符，因為猴樹港之所在，係指後來之樸仔腳街（大糠榔西堡），而龜仔港（大坵田西堡）在其更南方。《臺灣府志》〈封域志〉載有：「龜子港：縣治（諸羅）西南六十里。由猴樹港東入。」符合龜子港即龜仔港。

且《臺灣府志》所載里數，雖不精確，其〈封域志〉載，猴樹港在諸羅縣治西南三十里，龜子港在諸羅縣治西南六十里。至少可知龜子港是在猴樹港之西南三十里。

據此，牛朝溪發源於嘉義東方之內山，流下大目根山（即大福興山），經嘉義地方之西部，以猴樹港之名過樸仔港街之東，至龜仔港，南下從青峰闕所在之蚊港入海。八掌溪亦發源於嘉義東方山地，西流，從冬港即前後東港（大坵田西堡布袋嘴附近）入海甚明。牛朝、八掌兩溪，同一河口，而其河口不得不為青峰闕砲臺之所在蚊港。然爾後兩溪域有顯著之變遷。牛朝溪（即牛稠溪）將其流域轉於樸仔腳街之北，從東石港（大坵田西堡）入海，八掌溪（即八漿溪）更分為鹽水溪，從布袋嘴港入海，在其他南下幹流之河口，雖存有蚊港（大坵田堡新塭庄土名）之名，亦無法完全找出砲臺之遺址。而且，所謂臺江外口，七鯤身在北方並列，青鯤身係南、北鯤身等一帶的沙阜，往東旋轉之地方，察其符合青峰闕砲臺位置之記事，是可在後來之蚊港附近，尋找古之蚊港，同時以其作為臺江之外圍要害之關係地，自極為明顯也。而關於此地方，徵之故老之記憶，以近數十年之經過（光緒初年前後），海岸地形之變遷甚多，見過土地之一半，被海波決潰，另一半被堆沙埋沒而言，可斷定其古青峰闕砲臺，及北線尾砦之遺址，及附近新礮臺等，均沉沒海底而不知其位置。（可推定於道光年間繪製之〈臺灣武備布置圖〉內，將靠近曾文溪口一孤島記名為青峰闕砲臺，此可謂僅係桌上之想像而畫成，並不符事實。）

（四）聖救主城

西元一六二六年（明天啟六年），西班牙人受荷蘭人在二年前占領臺灣南路所刺激，為了與其相抗衡，企圖以臺灣北部作根據地，五月，自呂宋之亞巴黎（Apri）港進巴士海峽，航路取向臺灣東海岸，發現其東北角，命名為聖地牙哥（San Tiago）因取西班牙之一都府名也。

西班牙人將聖地牙哥名稱移至其殖民地，加以命名之例，在臺灣以外之地亦有之，呂宋之馬尼拉，設在 Pasig 河岸之城壘，係如此命名。

現在三貂角即是係因取名原來之 San Tiago 轉訛之音譯。開始在附近之港灣，（三貂灣又名澳底灣，古時漢民亦稱之為琉球澳。）欲奠基於此，但認為其位置、形勢不佳，更勘查北岸，達基隆港，登陸於橫在港口之一島（昔之雞籠嶼，而後之社寮嶼），命名為聖救主（San Salvador），稱聖救主係哥倫布發現新大陸時，最先登陸之巴哈馬群島中之一島，此命名具有神聖救護之意。因此處係東方占有地中，最先上陸之地之故，似係沿襲此種歷史之命名。

又將基隆港命名為聖三位一體（Santissima Trinidad），在海岸之漢民移住部落，命名為巴里安（Parian），如此聖救主海岸及港口後三百呎高之山頂及靠近巴里安之海岸，共築四砲壘，稱為聖救主城、聖三位一體暨巴里安之砦。

又在聖救主島上建天主教會命名為 Todos Los Santos。

嗣於西元一六四二年（明崇禎十五年），西班牙人無法抗拒荷蘭之壓迫，終於放棄臺灣，荷蘭人亦將其足跡及於基隆，乃在此地設商館。（《臺灣府志》〈封域志〉載有：「大雞籠嶼，……有福州街舊址，偽鄭與日本交易處。」應為該商館所在之後身。）如此，臺灣南部雖被鄭氏攻占，但此地尚有荷蘭駐留者。一六六五年（清康熙四年），荷蘭水師提督與清軍約攻守同盟之時，又重修聖救主城址而據之，但遭鄭軍之進擊，鑒於孤軍無援，最後決定放棄之，爾後為鄭軍所據。漢民稱之紅毛城、雞籠城或雞籠礮城。紅毛係因荷蘭人最後之根據，雞籠係因其所在地而命名。《諸羅縣志》〈雜記志〉「古蹟」載有：「雞籠礮城：在雞籠嶼。荷蘭時築。今遺址尚存。」《臺灣府志》之〈雜記志〉「樓堞」載有：「雞籠城：在大雞籠島上。西、南兩門。荷蘭時築。」《淡水廳志》〈武備志〉謂：「雞籠港……礮城在港北入口之地，荷蘭時築。」可察知規模之大要。鄭氏於永曆三十四年（康熙十九年）命毀之，但次年再重修，並另在港後之山上建老營，以形成犄角。

按該老營可能係在聖三位一體之砦址所建。《臺灣府志》之〈封域志〉謂：「大雞籠嶼……城與社皆在西面。……上建石城。」〈赤嵌筆談〉「形勢」謂：「雞籠港……港口有紅毛石城，非圓非方，圍五十餘丈、高二丈。」同書〈偽鄭附略〉謂：「雞籠城貯鐵礮，明崇禎三年鑄；兵部尚書何喬遠監造。鄭成功得之鎮江者。」及覺羅四明在〈雞籠積雪〉之詩註：「山上有石城。」此可謂均記述有關其重修砌築諸砦址矣。

聖救主城址，現在社寮嶼存有殘礎，聖三位一體及巴里安等砦，直至光緒十年清法戰爭之際，配有清方之防備設施，小基隆山上（港之南背）及二沙灣留有廢墟，但悉遭法軍所破壞。

《諸羅縣志》〈雜記志〉記載：「龍目井：在大雞籠山之麓。下臨大海，四周斥鹵，泉湧如珠，濆地而起，獨甘洌冠於全臺。不知開自何時，大約荷蘭所浚也。」《淡水廳志》之〈古蹟考〉記：「龍目井在大雞籠山麓社寮，下臨大海，四周斥鹵，泉湧如珠噴起，獨甘。相傳荷蘭所濬。」漢人所成文獻中，大體上如將城歸荷蘭所築，鑿井亦準之，但其實應屬經西班牙人之手所成，現存在於社寮嶼。

（五）聖多明各城

西元一六二九年（明崇禎二年）七月，西班牙人更航行臺灣之西北海岸，入淡水港，將此地命名為卡西多路（Casidor），在港口之北崗（古之所謂北山），似曾經由土番或漢人之手所築之遺址上，設城砦，命名為聖多明各（San Domingo），而稱橫流城下注入港口之一河（即淡水河）為Kimazon，相傳當時在此地已有少數漢民之部落。（在淡水河口之南岸可能即是，後來短時期為淡水港主要地段而發達之八里坌前身。又西班牙在同城附近建天主教會堂，命名為Nuestra Seniora del Rosario。）

西班牙人既被荷蘭壓迫而放棄臺灣，荷蘭即占有此地，而就其舊址，大肆利用磚石，修築堅固之城砦，稱為難攻不落之城，且設商館。（由此可能成為淡水河北岸滬尾街開創之起源。）但應該於放棄臺灣南部並退出之後，為鄭氏所據。漢民稱為紅毛樓或淡水城。紅毛係因其為荷蘭人最後之根據地，淡水係其所在地而命名。《諸羅縣志》〈雜記志〉「古蹟」載：「淡水礮城：在淡水港口。荷蘭時築。今遺址尚存。」《臺灣府志》稱為淡水砲臺，大略相同。《淡水廳志》〈建置志〉記載：「礮城：在滬尾街尾，荷蘭時建。山頂建樓，週以雉堞。偽鄭時重修，後圮。雍正二年，同知王汧重修，設東西大門二、南北小門二，今為英領事官廨。」為其大要。

《一肚皮集》載有〈滬尾紅毛樓記〉，雖鄭氏及清朝之時，曾加重修，後來歸屬為英國領事館建築物，惟此文係在二次改修之前之實見紀錄，略足察知舊規模之一斑。曰：

> 鄭延平之據臺灣也，一切用人行政概以峻法繩之，雖親舊無少貸，故事集。頗聞宮室、車旗，多參用夷人之法。臺地紅毛樓，今存三座，郡城及安平鎮，未嘗過而問津焉。淡水紅毛樓

則在滬尾山巔，面瞰大海，由巔腳盤登，拾級而上，計數百武，即至其處。樓正方，無門，中開一竇以出入。樓寬廣五丈有奇，高稱是，墻厚五尺許，悉砌磚石成之。其頂平鋪，有下宇而無上棟，闢一小洞，以漏天光，但懼雨耳。覆蓋處非瓦非石，頗似黑壤雜蜃灰所為，望視不甚了了。下有一窟，空洞約數尺，窺之色黝然，而徑路殊狹且濕，苔痕狼籍，似有水相激注者。方駐視間，忽有陰風出於穴，其臭腥以穢，人對之輒寒噤，膚隱隱欲起粟，皆大驚，亟走避乃已。土人曰：「此荷蘭地道，相傳中設機關路，直達安平鎮，當日荷蘭避鄭氏兵亂，恃此。」余曰：「此讕語也。荷蘭非鬼物，果能別為養空游，與九幽使者相寒暄於地下否？茲地又濱海，所謂徑路絕、風雲通，鯤鵬扶搖直上九萬里，海運徙於南溟，有此狡獪耳，若奇肱氏則無所施其巧矣，臺士何工傅會耶？」然洞天福地，古蹟流傳，本屬荒誕。今郡、邑志所輯名勝，非入《莊子》寓言，則出《齊諧》志怪，皆此地道類也。又奚足怪乎？樓額有怪榕一株，根倒生枝葉，一條條相糾結，覆樓前後幾，似為此樓作護符然。土人曰：「此樹二百餘年物也，古矣。」於時宿雨新霽，水天一色，遠望濤頭，一線而至，聲隆隆如雷，令人作吞雲夢八九之想。頃之，夕陽向西下，金光閃爍，氣象萬千，所有兩崖之煙雲、竹樹、風帆、沙鳥，一齊收入樓臺中，層見迭出，不使人一覽可盡，洋洋乎奇觀哉。然吾於此竊有感也，昔日本始居此地，荷蘭、鄭氏環視而起，皆德薄不能遠有，我朝得坐而致之，豈非天施地設，以俟大一統之君出，乃取五帝三王以來，禹跡所未經，豎亥所未步，萬古神聖所未開闢之疆域，授之不遺餘力。今海波如鏡，舉瀛壖一千八百里而遙，晏然如金甌之無缺，世界昇平，山水之福，而人民從可知也。此豈徒恃地險哉，語曰：「在德不在險」。觀乎此，而治亂興亡之機決矣。

此外，原被稱為紅毛小城者，在〈赤嵌筆談〉「形勢」謂：「圭柔山麓，為圭柔社。由山西下，數里有紅毛小城，高三丈，圍二十餘丈，今圮。」可知其早已廢圮。《臺灣府志》〈雜記志〉「樓堞」記有：「雞籠礮臺：在雞柔（同圭柔）山社南滬尾莊界，與淡水港口礮臺對峙。荷蘭時，築以防海口。」應指此處，所謂「雞籠」可能係雞柔之誤。

圭柔社之所在，因漢人稱為小雞籠，有小雞籠砲臺之名稱，此文可能誤將「小」字脫漏？

按荷蘭人重修西班牙之舊址時，可能新建此砲砦作成為犄角。華連泰因著《新舊東印度誌》之第四卷〈福爾摩沙及荷蘭在此貿易〉所附載地圖內，在淡水港（Baey van Casidor）之北方有記載為 Medoldarea 較接近此地，可能係指清朝所築淡水砲臺（光緒十三年改修之際，巡撫劉銘傳在門額題「北門鎖鑰」）。

第二節　臺南城

臺南城係以前之臺灣府城，後來之臺南府城，往昔荷蘭人置普羅民遮城之地，鄭氏之時為建承天府之地方。康熙二十三年，入清之初，雖已擬為府治之地，但原本即不建城垣。（據《裨海紀遊》，敘康熙三十六年之光景謂：「海外初闢，規模草創，城郭未築，官署悉無垣牆，惟編竹為籬，蔽內外而已。」而似認為地需固捍衛，亦不可或缺，在〈赤嵌筆談〉「城堡」記載：「鳳、諸二縣，各築土堡，郡治居民亦欲倣行。西南臨海，議於南、北、東三面圍築堡牆，約高一丈，共長一千七百八十丈，每丈約費銀六兩八錢零，計共需銀一萬二千一百四十六兩①有奇。」所記係屬康熙末年之情形。然此係作設計耳，並未實行。）康熙六十年，朱一貴事件後，乃有建城之議，當時參與臺灣鎮總兵藍廷珍之帷幕，代之申論築城意見之藍鼎元，鑑於時情，除了擬價廉工省之計畫外，另立設置府城之特別方策，尤得其宜也。謂：

環萬壽亭、春牛埔，將文武衙署、民兵房屋、沿海行舖，俱為包羅。種竹圍一周，護以荊棘，竹外留夾道寬三、四丈，削莿桐插地，編為藩籬。逢春發生，立見蒼茂。桐外開鑿濠塹，苦臺地粉沙無實土，淺則登時壅淤②，深則遇雨崩陷，多費無益，止可略存其意，開濠廣深六、七尺，種山蘇木濠內，枝堅莿密，又當一層障蔽。沿海竹桐不周之處，築灰牆，出地五尺，高可蔽肩，為雉堞，便施鎗砲。開東、西、南、北四門，建城樓四座，設橋以通來往。量築窩鋪十二座，以當砲臺。如物力不敷，城樓未建，植木柵為門兩重，亦可暫蔽內外。（《東征集》之〈覆制軍臺疆經理書〉）③

其議被納，雍正元年，臺灣知縣周鍾瑄承旨，設計建木柵為城。《臺灣縣志》〈政志〉「列傳」載：「先是臺地土鬆，築城慮弗牢，樹刺竹為藩蔽。鍾瑄以為即《漢書》虎落渠答之義，善用之，雖雲梯百丈無以加。」即指此也。（蔣元樞之〈重建郡城碑記〉載有：「《漢書》：晁錯言：高城深塹，具藺石，布渠荅，為中州虎④落。如淳曰：藺石，城上雷石也；蘇林曰：渠荅，鐵蒺藜也；師古曰：虎落者，以竹篾相連遮落之也；皆豫備之具，其制如此。」蓋不外乎將周鍾瑄之意見，加以敷衍。）其周圍二千六百六十二丈，設七門於四方。正東倚龍山寺，稱為大東門，從大東門而南，內抱山川壇，亙東南稱小南門，

①伊能原書作「一萬二千二百四十六兩」。

②「壅淤」二字於伊能原書誤作「壅游」。

③伊能原書誤作「〈覆制軍論築城書〉」。

④「虎」字於伊能原書作「處」。

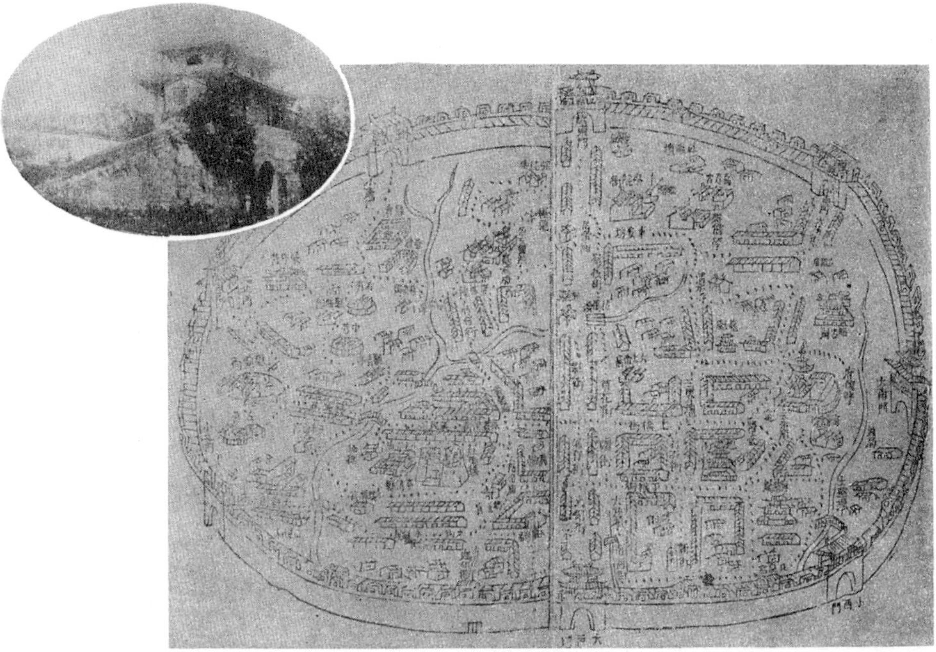

圖十一　臺灣城古圖（右下）、臺南城（上）

度正南拱府學、文廟前為大南門；從大東門以北，亙右營廳至東北，稱小東門，正北內近城守營，稱大北門，西北內逼烏鬼井稱小北門，初缺其正西，嗣在近海磚礟石補一門，稱之為大西門。（《臺灣府志》〈規制志〉、《臺灣縣志》〈地志〉）按藍鼎元在原議中謂，萬壽亭、春牛埔，其位置均屬大北門外之永康里。因此，在北方，似乎縮小少許起工。蓋徵之《臺灣縣志》記載：「吳朝陽者，永康里人也，年九十有六。時郡治設城柵，郡守孫魯使朝陽引路畫界，不害民居，邑人多德之。」（〈學志〉「耆耇」）①因當時對於受大亂後之民眾綏撫政策上，固為不侵害現定民居而為之用意，推測如斯以永康里之地域，避免納入城內。（臺灣知府孫魯於雍正四年就任。而如孫魯與建城有關，同元年至當年可視為工程之繼續，而且是年督工之臺灣知縣周鍾瑄因歸任，後任知縣徐琨，代其完成最後之督工。）雍正十一年，閩浙總督郝玉麟、福建巡撫趙國麟等，遵旨經題准自小北門起，旋回至大南門止，在城周種植莿竹一萬七千九百八十三株，其西面一帶迫臨海濱，潮汐往來，植竹困難而省之，改築大砲臺兩座以資捍衛。（《臺灣府志》〈規制志〉、《臺灣縣志》〈地志〉。）

先是，前福建巡撫鄂彌達條奏在臺灣興築城垣。因準據在臺灣建城非所宜之國策，雖不允許，但有特旨而添設此藩籬。當時之上諭，其要點之聲明中足以知之。謂：

> 從前，鄂彌達條奏：臺灣地方，僻處海中，向無城池，宜建築城垣、炮臺，以資保障。經大學士等議覆，令福建督、撫妥議具奏。今據郝玉麟等奏稱：臺灣建城，工費浩繁，臣等再四思維，或可因地制宜，先於見定城基之外，買備莿竹，栽植數層，根深蟠結，可資捍衛，再於莿竹圍內，建造城垣，工作亦易興舉等語。朕覽郝玉麟等所奏，不過慮其地濱大海，土疏沙淤，工費浩繁，

①伊能原書誤作「〈外編〉「方伎」」。

城工非易，故有茨竹藩籬之議；殊不知城垣之設，所以防外患，如必當建城，雖重費何惜？而臺灣變亂，率皆自內生，非禦外寇比。不但城可以不建，且建城實有所不可也。臺郡門戶曰鹿耳門，與府治近，號稱天險，港容三舟，旁皆巨石，峰稜如劍戟，舟行失尺寸，頃刻沉沒，內設砲臺，可恃以為固，其法最善。從前，平定鄭克塽、朱一貴，皆乘風潮，舟行入港，水高港平，眾艘奔赴，無所阻礙。大兵一入，即獲安平港之巨舟，賊無去路，撫其府市人民。南、北路商賈，一聞官軍至，即絡繹捆載而來，相依以自保。物力既充，軍氣自倍，賊進不能勝，退無可守，各鳥①獸散，終無所逃遁，故旬日可以坐定。向使賊眾有城可據，收府市人民、財物以自固，大兵雖入，攻之不拔，坐守安平，曠日相持，克敵不易。蓋重洋形勢與內地異，此即明效大驗，固未可更議建制也。若謂臺灣築城，即以禦臺灣外寇，是又不然。從前兩征臺灣，皆先整兵，泊舟於澎湖之南風澳，以候風潮之便，歲不過一時，時不過數日，若盜賊竊發，或外番窺伺，泊舟澎湖，則夕至而朝捕之。至南、北二路，可通之地雖多，然如南路之蟯港，北路之八掌溪、海豐港、鹿子港、大甲、二林、三林、中港、竹塹、蓬山，惟小舟可入，其巨港大舟可入者，不過南路之打鼓、東港，北路之上淡水。其次則北路之笨港、鹹水港、去府治較遠，縱有外寇，亦不取道於此，備設炮臺，派撥汛兵，朝夕巡視，自足以資控禦。今郝玉麟等請於見定城基之外，栽種莿竹，藉為藩籬，實因地制宜，甚有裨益。其淡水等處設炮臺，務須建造，各屬並應增修，不可惜費省工，或致潦草。應如何舉行之處，著郝玉麟、趙國麟，妥協定議具奏。欽此。

嗣於乾隆元年，始斲石築七門，建樓其上，護以雉堞（一名女牆）。每門周圍二十五丈，高二丈八尺，建窩鋪（守城之兵房）十五座。二十三年，因以木柵缺壞，海防同知攝臺灣縣事

①「鳥」字於伊能原書誤作「烏」。

宋清源，奉命修理。翌二十四年，臺灣知縣夏瑚，於莿竹以外，增植綠珊瑚，環護木柵。（《臺灣府志》〈規制志〉、《臺灣縣志》〈地志〉）四十年，臺灣知府蔣元樞，大事修葺，增植竹木，始密蔽藩，且於砲臺、窩舖多所修葺及增設。（《臺灣縣志》〈地志〉）

在此之前，雖有環植莿桐之議，但未嘗實行，至是有交種莿竹者。似因而增其壯觀，孫元衡之《赤嵌集》有：「信是春城火樹奇」之句，其註云：「刺桐花，色紅如火，環繞營署，春仲始花，一望無際，實為臺郡大觀，故稱刺桐城。」所謂：「方今聖化翔洽，海宇乂安，農嬉於野，賈游於市。守險之說，宜無所用。然於無警之時，亦有不弛之備，一侯尉於東西，復綢繆於風雨，所為鑒前毖後者，不從可識與？」（蔣元樞之〈重建郡城碑記〉）實係當時作為修城之目的，最先之臺灣建城非宜之方針，隨時勢之推移，至是一變。而致使以完全為拱衛改建城垣為國是之新動機，係起於五十一年之林爽文事件。所謂：「其始也，大吏以瀕海沙淤，不宜環築；又以時有地震，雖築之亦不固，因周植木柵為垣，而繞以刺竹；隨時修補，以為守禦之防，蓋百有餘年矣。丙午歲（乾隆五十一年），逆匪滋事，猝然而至，各屬無所備，城市為墟。惟郡城以居民稠密，而木柵完固，乃得統率兵民，力為保護，始獲安全，誠海外天險之區也。夫殊域形勝所關，區區竹木，誠不足以恃為屏翰；而況今昔異其宜，土地殊其利，一勞而永逸，不得不酌其精焉。」（臺灣知府楊廷理之〈改建臺灣府城碑記〉）應視為表示其理由也。乃於五十三年大將軍福康安、正白旗滿洲都統德成、福建巡撫徐嗣曾等，條奏善後事宜時，首以改築城垣入告，於是奉旨發帑藏，以期速成。蓋初籌築城之計，緣於相時度勢，雖擬於此以疊磚石成之，但據說因故易土堆。進士鄭光策立〈臺灣城工可緩議〉，謂：「城工一事，遍訪熟識臺地之人，據云臺地土脈鬆浮，每歲震動不常，有自數次至數十次者，溪澗道路，尚且崩坍遷徙，歲無定形。改建崇城，實為無益。且臺地多沙少土，基址難堅。內山雖有山石，而水門淺小，殊難運出，即陡遇溪漲，亦不過數日即消，不可恃以集工，查紅毛舊立赤嵌一城，係三合土所築，以制小而矮，所以僅存。若城工大段俱用三合土，制既袤長，一遇震動，必成斷缺。斷缺之後，興工修補，以新合舊，必不膠粘。此事費恐不貲，未可輕舉。且臺城所以不守者，非竹城之難守，以兵力單而人心散也。若經理得宜，自有眾志之城，亦不藉天設之險。鄙意宜且仍舊；或多栽刺竹，深掘濠溝，自足為守。若以奉有明旨，不可不遵，則當相其形勢所便，先築一城以為之式。試看朞年之後，如不坍塌，然後遍行興工，庶大工不至盡歸於烏有也。又聞明旨有以工代賑之說。現在官署、倉庫及民間村莊、屯田軍衛處所，一切建置，俱有大工，似不必專藉於築城。至於興建工程，俱宜不惜重工，期於宏敞完固。昔諸葛忠武之治蜀也，一切道路、橋梁……皆為經久之計，實為後世制作之楷模。晚代創造，多取辦目前；近來官工，惡薄尤甚。鄙意任事者欲其絕無染指，固有所難，惟有厚與價值，大其規模，凡事不尚華麗，以樸厚完固為期，庶幾有人心者，或尚不至苟且焉。」[①]係此時之事。據此，可知當時輿論之歸向，為期其堅固，欲疊磚石，變更最初設計之內情，似亦可由此察知。據說，其改築之規模，東、南、北三方，悉據舊基，因以西方近海，應畫地縮小一百五十餘丈，城周圍改為二千五百二十餘丈，則其東、南、北成為弧，西方為弦，當時擬半月沉江之狀。壁高一丈八尺，頂寬一丈五尺，底寬二丈，依舊制成七門，尚於西方缺一面，新在宮後街中建大西門臺，又小西門建在塗墼埕之側，至此始有八門，（《臺灣縣志》之〈地志〉有：「土墼埕保，初屬城外，建城後收入城內。」係因區域之擴展。）而其大東、小東、大南、小南、大北、小北六門，全

①此文收入《清經世文編選錄》。

建在舊基，八門皆設樓，其他雉堞、窩鋪、馬道、水洞之屬俱備。此役起於乾隆五十三年十月（二十七日），五十六年四月（十二日）竣工，所費達十二萬四千六十餘兩。（《臺灣縣志》〈地志〉）該城工程如鄭光策已在其立議中所言，係亂後謀善之事宜，非單為了加強捍衛所建，兼在施設興工代賑之政策極為明顯，楊知府之〈改建臺灣府城碑記〉中謂：「予忝守茲土，安敢不仰體聖上南顧之心，更化其獷悍之氣，有屏垣之衛，無不虞之來乎。」實屬其意向之告白。

道光初年，全臺之南北屢兆匪訌，府城亦有嚴綢繆之必要。官紳皆請增建外郭（即月城），以保護城門。於此，在大東門築一東郭門，周植多數之莿竹，又在大東門之左右設仁和、永康二小門，小西門城垣之南畔、及小北門城垣之西畔，各設一小門，俱以通往來、扼要隘。同治元年五月十一日，大地震。城樓、城壁及所屬之女牆、窩鋪等，遭破壞者過半，乃經議准，改用磚瓦修理，以期鞏固，九年竣工。十三年六月，因暴風雨，城垣倒墮一千餘丈。尋於八月，又因風雨，崩落達數十丈。當時，總理船政大臣沈葆楨前後奏請發國帑加以重修而奉准，自七月（二十五日）至十二月（十五日），修復完成傾圮之內外城垣，全部以三合土舂築而特別堅實，「雖舊存者難保不復傾圮，而新修者可期一律完固矣。」（光緒元年沈葆楨之〈報明臺郡城工完竣片〉）當時，分巡臺灣道夏獻綸、臺灣鎮總兵張其光及臺灣知府周懋琦、臺灣知縣白鸞卿，輪流擔任督飭。據沈葆楨之〈報明臺郡城工完竣片〉，臺郡城垣周圍二千七百餘丈。此與乾隆末年所築之城周二千五百二十餘丈（〈改建府城碑記〉）相比，延長一百八十餘丈。蓋雖缺文獻之考證，但可能在此之前，同治年間中，用磚瓦之改建時，即有加以擴張。

第三節　鳳山城

鳳山之地，原於鄭氏之時，先置萬年縣，後改縣為州。嗣於清康熙二十三年入清之初，設鳳山縣，然並未築城。而其置治之地，卜在興隆莊埤仔頭，（興隆外里埤仔頭庄即舊城）。康熙六十一年，朱一貴事件後，署理知縣劉光泗，始建土城。（依〈赤嵌筆談〉「城堡」記往時之情形謂：「鳳、諸二縣各築土堡。」是指當初之居民，私築土堡以資捍衛，建土城可能是在原建土堡基地之上。）此地有龜山及蛇山二丘阜，城之位置在此二丘阜之間，所謂「左倚龜山，右連蛇山，形勢天成」，為其形勝之概括，周圍八百一十丈，壁高一丈三尺，東西南北設四門，外環濠塹，濶一丈，深八尺。係出自當時南路參將陳倫烱[①]之設計。

雍正十二年，知縣錢洙在周圍環植三重之莿竹。乾隆二十五年，知縣王瑛曾就在四門之上，增建砲臺四座。（《臺灣府志》〈規制志〉、《鳳山縣志》〈規制志〉）五十一年，林爽文起事，南路之賊首莊大田，一再蹂躪縣城，乃於五十三年事平之後，以地不利，議新在竹橋莊下坡頭街（大竹里鳳山街）移建而奉准，在周圍植莿竹為藩籬，以蔽內外，以近城北之武洛塘山丘阜，作為其外圍防護。嘉慶九年，知縣吳兆麟倡建六門，大東稱朝陽，小東稱同儀或東便，西稱景華，南稱安化，北稱平朔，標其外門，稱「郡南第一關」。（《鳳山縣采訪冊》）於此，城垣之規模漸次齊整。

嘉慶十一年，海寇蔡牽侵擾臺灣時，土匪吳淮泗乘間陷縣城，知縣吳兆麟[②]遁入粵莊，城頗被殘毀。議者皆謂：「此地土薄水淺，且苦潮濕，不如舊城爽塏，而負山面海，形勢

①伊能原書誤作「陳烱倫」。
②「麟」字於伊能原書誤作「精」。

雄壯。」因此，福建將軍賽沖阿請再移回舊城。十五年，閩浙總督方維甸渡臺視察，基於其議，條奏以石改建，並擴大城基，將舊城外之龜山圍於城中，以防敵人俯瞰。然以需要鉅費，經部駁未行。爾後雖籌捐建，但民間未有應之者。道光三年，閩浙總督趙慎軫交臺灣知府方傳檖，相度地形，決定移城之可否。翌年，福建巡撫孫爾準巡視臺灣，遂採輿論具奏應回歸舊城。適楊良斌起事，從縣城竹圍之隙侵入，餘匪劫掠太甚，人心恟恟然。平定之後，增補竹圍，浚外濠，中插竹籬，作一時備急之計，但因愈認現城之利不如舊城，方傳檖議謂，將先由官捐以為民倡，眾從之。因之經奏准，發檄諭謂：

> 臺灣，富庶之國也，而困於兵燹亟矣。自康熙二十二年入版圖，三十五年則有吳球之亂，四十年有劉卻之亂，六十年有朱一貴之亂，雍正九年吳福生亂于岡山，乾隆三十五年黃教亂于大穆降，五十一年林爽文、莊大田相繼亂，北路先陷，南路應之；六十年陳光愛、陳周全相繼亂，南路甫平，北路旋失；汪降之亂也在嘉慶五年，許北之亂也在十五年，中更間以蔡牽之亂，則吳淮泗陷鳳山矣，胡杜侯之亂則陳錫宗據曾文矣。百三十年①，變亂十一見。近者，楊良斌之事又用兵，雖饒②富其何堪乎？且亂賊如吳球也、朱一貴也、莊大田也、陳光愛也、汪降與許北也、吳淮泗與楊良斌也，皆鳳山之事。前後十二亂，鳳山獨居其八，此一隅兵燹尤多者，何也？則近郡之故也。譬諸一身，郡城如心，鳳山則元首也，嘉則腹而彰則腰，淡水直脛股耳。嘉義以北，關鍵重重；鳳山逼近咽喉，朝發而夕至，中無屏障，元首病則心以之，豈腰腹脛股所能救哉？此賊之所以常在于南也。南路有事，郡城必先受兵；北路之賊乘間再發，則郡城恒有不及之勢，故鳳山尤重。南路安，則北路即有事，可無虞矣。古者，五十里之國，必有三里之城。今鳳山北自二③贊

① 伊能原書作「百二十年」。
② 「饒」字於伊能原書誤作「鐃」。
③ 「二」字於伊能原書誤脫。

行溪，南至琅嶠二百二十里，至沙馬磯頭四百里，西至海，東至傀儡山下，亦百餘里，而無城，欲醜徒無覬覦之心，不可得也。鳳山舊城之宜建，眾議僉同。今將易土而石，乃以費重久不舉行，豈臺人好義之風稍衰乎？惟無以倡之耳。（《東槎紀略》之〈復建鳳山縣城〉）

因此，估算修築經費，定為十二萬兩，由官、民分擔，遂得捐銀十四萬兩餘。（〈復建鳳山縣城〉中紀云：臺灣道捐三千，府捐一萬二千，鳳山縣捐六千，淡水、臺灣、嘉義、彰化四廳、縣捐一萬二千，臺防同知捐二千五百，鹿港、澎湖、噶瑪蘭三廳，捐四千五百。由官捐者共四萬。此外，不能不求於士民，於是鳳山士民，每於正供納穀一石時，捐番銀一圓，合計四萬餘，富民另外捐四萬四千，府治之紳商捐二萬五千餘。）士紳黃化①鯉、吳尚新、黃名標、劉伊仲等，被選為城工總理，方傳穟與知縣杜紹祁親自監督工事。基於前議，更使規模大於原城，蛇山於外，而包龜山，砌石為牆壁，壁高一丈二尺，城厚一丈五寸，上添女牆，周圍為一千二百二十四丈。設四門，各門置樓，其高各為四丈二尺，在東稱為鳳儀，在西稱為奠海，在南稱啟文，在北稱拱辰。又於四隅建砲臺，全高一丈三尺。自道光五年七月（十五日）興工，至六年八月（十五日）竣工。實費九萬二千一百兩，以其剩餘充歲修之費。（《鳳山縣采訪冊》）此役不經胥役之干與，完全由城工總理之手，分門鳩工之故，因此，似得免從前之通弊、經費之私銷，要之致預算能有剩餘，可能原因在此。城成時，福建巡撫韓克均奏聞，議敘諸紳商有差。既而當路惑於無理由之迷信蠱說，竟經奏准中止實行移回，仍然決定留在現城。（參閱第一章〈文治之規制〉第二款〈文治設施之變遷〉。）惟如當初稱為天成之形勢，自建城於興隆莊；乾隆末年，因地之不利，而受賊之蹂躪，一度移建於大竹橋莊；嘉慶、道光間，再聲言以新城薄淺，不如舊城之雄壯，因而復建之工乃成。即使如此，三

①「化」字於伊能原書誤作「花」。

度藉有不祥之兆而至於中止，其朝令暮改之措施，殆完全出乎意料之外，畢竟，論處城地形勢之利害不過為表面之虛詞。可謂徒受迷信之桎梏與左右，動鉅費、輕舉移動耳。降至咸豐三年，中國大陸之長髮賊影響及於臺灣。四月二十八日鳳山之匪徒林恭，偽稱義民，破縣城之竹圍侵入，殺害知縣王廷幹等。南路海防同知鄭元杰署理知縣，與中營遊擊夏汝賢，率兵分三路前進，遂克復縣城。翌年參將曾元福，建築土牆，高八尺，寬二尺，周圍如以前所濬塹濠之數（一千一百二十丈），牆外仍植莿竹。光緒十八年，因土牆圮壞，知縣李淦命眾業戶重修之。

第四節　嘉義城

嘉義之地，於鄭氏之時，先置天興縣，後改縣為州。入清，於康熙二十三年，設諸羅縣之地，然未築城。而其置治之地卜在佳里興（佳里興堡佳里興庄），因瀕海之故，固非適於城池之故。乃於康熙四十年，決定將縣治移駐諸羅山莊（嘉義西堡嘉義街），四十三年，署理知縣宋永清，始以木柵環之，周圍六百八十丈，設東、西、南、北四門。此為諸羅城即後來之嘉義城之起源。（《諸羅縣志》〈規制志〉「城池」載有：「諸羅自康熙二十三年，卜縣治於諸羅山，城未築。四十三年，奉文歸治。署縣宋永清、署參將徐進才、儒學丁必捷至山，定縣治廣狹周圍六百八十丈，環以木柵，設東、西、南、北四門，為草樓以司啟閉。」是指之。依〈赤嵌筆談〉之「城堡」，記往昔之情形謂：「鳳、諸二縣，各築土堡。」此係指當初土著之住民私築土堡，以資捍衛者，其設木柵可能在原建土堡之基址。又道光十六年作成，分巡臺灣道劉鴻翺①之〈嘉義縣城②工義倉碑記〉雖謂：「初入版圖之時，名為諸羅，植竹圍城。」此非事實也。清初，徵之在此地方闕縣治一事，可知建城之事失實。

①「翺」字於伊能原書誤作「翔」。
②「城」字於伊能原書脫。

至栽竹云云，蓋與後年之修理添植混同也。）所謂：「嘉義係全臺中權扼要之地，為郡城之輔，嘉義一有動搖，郡南之鳳山，信息雖猶可相通，郡北之彰化、淡水、噶瑪蘭道路將阻塞。」（〈嘉義縣城工義倉碑記〉）係其要害之大概。而當時之海防同知孫元衡，在《赤嵌集》〈諸羅縣即事〉之詩中見有：「龜佛山前八掌（溪名）舒，雕題絕國展皇輿。木城新建煩酋長，官廨粗營似客居。北向彝巢環瘴海，西偏估舶就牛車。嗟余慣覩①殊方俗，鉛槧隨身可自如。」可從而卜其規制尚褊小。後經年而傾壞。五十六年，知縣周鍾瑄重修之。（此重修之事雖載在《諸羅縣志》，但《臺灣府志》省略。蓋可能因其修理屬小規模之故。）如此，當時有必要建城之聲高，《諸羅縣志》〈規制志〉「城池」附論謂：

三代之英，城郭、溝池以為固，故曰：「王公設險以守其國。」漢鼂錯之言兵事曰：「高城深塹，具藺石，布渠荅。」（如淳曰：「藺石，城上擂石也。」蘇林曰：「渠荅，鐵蒺藜也。」）又曰：「調立城邑，為中周虎落。」（顏師古曰：「虎落，以竹篾相連遮落之也。」）言乎守之不可無具也。諸羅故無城郭，邨落如晨星，無關砦②堡塢，猝然有急，鳥獸駭散。劉卻③之亂，下加冬奔潰，亂民四出行刦，豈非營障不堅，邨落莫能自固，故至此與？嘗就此地土物所宜，為因利乘便之計，有不藉壁壘而堅者，莿竹是也。其附根節密，其枝橫生，其莿堅利，若環植而外布渠荅，堅築敵樓於東、南、西、北之衝，即矢石、礮火可左右下，敵不得近。雖雲梯百丈，無所用之，雉堞豈能相過哉？今縣治東北，比櫛可觀矣，西南牛羊踐履，故多闕焉，補而培護，加以樓櫓，萬世之功也。各莊民居稠密之處，皆當倣此。倉卒憑以相守，亦中周虎落④之固也。

①「覩」字於伊能原書作「卻」。
②「砦」字於伊能原書誤作「呰」。
③「却」字於伊能原書誤作「刦」。
④「虎落」二字於伊能原書誤作「處」。

此為能作代表者之一也。至雍正元年，知縣孫魯改建土城。周圍七百九十五丈二尺，壁厚二丈四尺，城上馬道濶一丈四尺，離城四丈鑿濠塹，周圍八百三十五丈五尺，深各一丈四尺，濶各二丈四尺，築水洞五。五年，知縣劉良璧重建門樓，砌石為水洞。東門稱襟山，西門稱帶海，南門稱崇陽，北門稱拱辰。各備砲二位。嗣於十二年，知縣陸鶴在土城之外環植莿竹。（《臺灣府志》〈規制志〉）乾隆五十一年，林爽文起事之際，南北之廳、縣相繼淪陷，諸羅縣城亦被重圍，幾乎逾年。城中士民，雖為之絕食，但與官軍協力固守，竟賴而得全。當時高宗皇帝嘉其效死不去之義，特詔改縣名諸羅為嘉義。從此稱嘉義城。五十三年，事平之後，知縣單[①]瑞龍，請國帑築磚砙之城。嘉慶年間，重修城垣，城基完全依舊。道光十二年十月，張丙起事，因首攻嘉義城，甚被兵衝。爾後經屢次地震，繼之以霪雨，全部圮壞。因此，福建將軍瑚松額、閩浙總督程祖洛辦理善後事宜，奏請修城，士紳王得祿（前任福建水師提督），另督勸士民捐修。當時王得祿另議謂：「城雖修，不建月城不能固。」乃於四門添建外郭，以作唇齒之勢，又議謂：「月城雖建，無砲臺不能轟擊。」乃將雉洞使其低窪，鋪石置砲，以為平峙之形。更為保障城，創造曠古之規制則在於新置倉加衛城設備之處。王得祿再議謂：「雖有月城、砲臺，無粟不能守。」在城之西北建義倉，貯藏穀一萬七千八百四十二石，平時為備荒之用，變時為禦亂之用。蓋鑑於昔年被林爽文所困時，糧餉不繼，兵、民盡飢餓，終以地瓜、野菜甚至以油滓充饑之窘狀也。工興於道光十三年九月（初二日），告成於十六年二月，經費達十一萬九千三百六十一兩。降至同治元年，重遇地震，城垣大半崩壞，乃修理之。光緒十五年，知縣包容及士紳林啟東等倡捐重修，於城外增植莿竹。

①「單」字於伊能原書誤作「軍」。

第五節　彰化城

彰化之地，原屬半線保之區域，《諸羅縣志》〈封域志〉「山川」中所謂：「寮望①山：其下有北路中軍之旗鼓焉，則半線之營壘也。」係指其遺址。雍正元年，分立一縣而命名為彰化，然未設有縣城。十二年，知縣秦士望始倣諸羅知縣周鍾瑄之法，在街巷外遍植莿竹為城，周圍七百七十八丈，設東、西、南、北四門，建窩鋪十三座，始有彰化縣城之名。（據《彰化縣志》〈規制志〉、《臺灣府志》〈規制志〉為周圍七百七十九丈三尺。）曩在半線保建街市，因之，稱為半線街；但成彰化城之後，隨而將彰化擬為街名。所稱彰化之縣名，係所謂：「實獲眾心，保城保民，彰聖天子丕昌海隅之化歟！」（福建巡撫王紹蘭之〈彰化縣城碑記〉）可為其命名之解，換言之，係寓於「顯彰皇化」之意，所與之名稱。如斯乾隆十三年，以知縣陸廣霖重修為始，爾後歲栽種莿竹，頗為茂密，但乾隆五十一年林爽文之役時，縣城陷，竹種被砍伐殆盡。（迄翌五十二年十一月，官軍進而收復縣城約一年之間，委於賊手。）在閩浙總督李侍堯幕中，參與戎務之趙翼，作〈彰化縣城宜移鹿港議〉，屬此時之事，係有鑑於前事也。然而未行而止。旋於六十年，陳周全之役時，縣城再度被蹂躪，損壞極甚。因此，嘉慶二年，知縣胡應魁仍在舊址栽植莿竹，又在四門增建城樓。（當時胡知縣，在縣署後設太極亭，因此，東門外之一丘峰定軍山（即古之望寮山）一名八卦山，蓋取《易》之太極生兩儀，四象生八卦之義，擬以滌蕩匪氛之吉兆也。）而土性甚為疏鬆，且時多地震，經十餘年，城樓半就傾廢。十四年，當閩浙總督方維甸巡視臺灣時，縣之士紳王松（漳籍之代表）、林文濬（泉籍之代表）、詹捷能（粵籍之代表）等三十六名連盟，請為捐輸建城。其規制之

① 「寮望」二字於伊能原書誤作「望」。

概要謂：「彰化縣圍插莿竹，向無城垣，逼近八卦山，難資捍禦，擬請自竹城舊基，連至八卦山，建築土城，統計一千零二十八丈，城高一丈四尺，連雉堞共高一丈八尺，基厚一丈五尺，頂高一丈，並於土城四面、八卦山頂，添設砲臺五座。……再彰化縣倉向在城外，今既築城，自應移入城內。」（閩浙總督方維甸之〈請捐築彰化縣城垣並建倉疏〉）比從前之城基擴大約二百餘丈，設計圍東門外之八卦山入城。（《一肚皮集》〈紀諸山形勝〉謂：「八卦山，此山乃彰邑枕山，踞山巔以望，則全城景物，一覽無餘，故前人築壘其上，以為城中犄角云。」係指此也。）八卦山實為縣城之要害，向時林爽文陷城，大將軍福康安進兵占領該山，以啟恢復之端。陳周全欲攻城，先占領此山，作為拔城之緒，有前蹤也。「蓋高處不圍，一旦有警，被奸徒佔踞，恐城中舉止皆為窺伺。」（臺灣知府汪楠〈請建彰化城垣批回札〉）係其主張之重點也。方總督以為縣之義首、士民一致呈稱，係屬於為保衛鄉里，尤屬急公。因而條奏以：「臺灣為海外巖疆，民情浮動，內守外禦，防備宜嚴。蔡牽滋擾時，府城、嘉義均無重兵，賴有土城，始能固守。其鳳山、彰化、淡水等處，因無城垣，屢次失事。是土城之足資捍禦，勝於莿竹已可概見。且如嘉慶十年，鳳山縣失守，火藥局即在城內，因有土圍數丈，經遊擊藍玉芳固守數旬，賊匪屢攻不入，土圍尚可得力，則築城之足資鞏固，益屬可信。」（〈請捐築彰化縣城垣並建倉疏〉）之意見。然如此為之，以經費浩繁，難免無法驟予完成建築之虞，乃仍舊基建土城，另在八卦山頂築磚寨之事已奉批准，但王松等再請將土城易之以磚，可資其鞏固，得垂永久；獲准。知縣楊桂森①率先分俸倡捐，州同銜賴應光等十六人，捐銀一萬五千兩②助之，遂得官紳、士民義捐銀十四萬兩，乃集材興工，經始於嘉慶十六年，至二十年告竣。周圍九百二十二丈二尺八寸，壁高一丈五尺，雉堞之垛高三尺（城外連垛計高一丈八尺）、馬道之濶一丈二尺，

①「森」字於伊能原書誤作「秦」。

②伊能原書作「二萬五千兩」。

基寬一丈五尺，頂厚一丈，基腳入地一丈。設門樓四座，各二層，高三丈九尺。東稱樂耕，西稱慶豐，南稱宣平，北稱共辰，置砲臺十二，窩鋪十六、水洞六。又嘉慶十八年起，在八卦山上築磚寨，周圍六十丈，內高一丈二尺，外高一丈五尺，雉堞之垛高三尺（合高一丈八尺）、基寬一丈五尺，上寬一丈。設樓門一，砲臺四、水洞二、以作犄角之勢。（《彰化縣志》〈規制志〉）如此，需要之經費，計銀十九萬兩餘，乃更募增捐。降至光緒六年，議捐籌經費，擴大城周，再將八卦山包容於圍中，以充實要害，但竟未行而止。

第六節　新竹城

新竹城係前之竹塹城（即淡水廳城），其後改為新竹城（即新竹縣城）。初創置淡水廳，時在雍正元年，但未設有城垣。十一年，同知徐治民卜地於竹塹之士林莊，（士林莊，蓋竹塹街之舊名。《淡水廳志》〈建置志〉，記有廳城在竹塹之三臺山下。三臺山係城西一帶相連山崗之雅名，乃以客雅山為中心之崗丘，當屬之。）環植莿竹為城。（道光九年所成之臺灣知府鄧傳安〈捐造淡水廳城碑記〉謂：「淡水廳治，距郡城三百里而遙。厥初環植刺竹為衛，故以竹塹名城。」蓋係失考也，原來稱竹塹係占居此地平埔番 Teksam 譯音，夙就見於明末寓賢沈光文之〈平臺灣序〉中，以及康熙三十六年郁永河之《裨海紀遊》。乃因為建在竹塹之地，將之取名於城，與環植莿竹，無任何關係甚明。）其周圍四百四十餘丈，設東、西、南、北四門，建門樓，但從前淡水廳公館，在彰化縣治內。（《臺灣府志》之〈規制志〉謂：「淡水廳……舊公館在彰化縣治。雍正二年，同知王汧建。乾隆七年，同知莊年重建；大門、儀門、大堂、二堂悉具。」在彰化南街。）城垣既建，但同知仍駐留該公館，乾隆二十一年，才將廳署移設城內。旋於二十四年，同知楊愚在四門之城上增置砲臺各一座，但舊址之莿竹盡朽，僅存四樓。嘉慶十一年，有海寇蔡牽之亂。北路沿海受侵掠。因此，城民私築土圍一千四百餘丈，以備防禦。所謂：「生聚日久，周遭皆居民，四門如故。」（〈捐造淡水廳城碑記〉）係此時之情形，乃自然之結果，而有如斯之擴大開展也。十八年，同知查廷華就土圍加高鑲寬，高一丈，濶一丈，城外濶一丈植竹，竹外濶一丈開濠，深亦為一丈，城民各自派工供食。且董事林超英、林光成、吳國步等，並議改造四城門樓，且添設窩鋪等。而需費係按照民有田甲之數按分勻捐。道光六年，閩浙總督孫爾準巡視臺灣時，適值閩粵分類之擾，同知李慎彝准紳士鄭用錫等所請，稟詳改建之事，經奏准，交分巡臺灣兵備道孔昭虔，履勘城基，以原建失之於窄狹，而土圍過廣，乃拆毀內外，更定周圍為八百六十丈，砌石築之，上間以甎，壁高一丈五尺，雉堞之垛高三尺（合高一丈八尺），馬道之寬一丈二尺，基寬一丈六尺，頂高一丈二尺，基腳入地一丈，建四門。東稱迎曦，西稱挹爽，南稱歌薰，北稱拱宸。門樓全為二層，高各一丈九尺，東、西、南三門砲臺、水洞各一，北門砲臺、水洞各二。在東、西之城外，吊橋各一，長各為二丈六尺，濶五尺。城外之濠塹，周圍亦八百六十丈，南濶一丈二尺，東、西、北濶均為八尺，深各七尺。（《淡水廳志》〈建置志〉）道光七年六月（十日）起工，九年八月（二十日）告竣。同知李慎彝、巡檢易金杓等監造，士紳鄭用錫、林國華、林祥麟等總理之，官民捐貲，共達十四萬七千四百九十八兩有奇，實剩番銀九百二十四圓①。因購地收稅，立充歲修費之法。蓋當時城外東南一帶之區域，仍屬荒榛，從其難免時有生番出擾之情形推察，改建廳城之必要，似乎在於兼禦匪及防番之目的。降至光緒元年，淡水廳改為新竹縣，從此有新竹城之稱。（竹塹之「竹」字、加添「新」之佳字擬為縣名。）十年修理馬道，十七年，城垣東、西、南三處損壞數丈。翌年，知縣沈茂蔭

①「圓」字於伊能原書作「兩」。

詳請捐修。十九年四月，知縣葉意深起工修築，至十一月成。據說需費三千八百二十四兩，參照十九、二十兩年，就錢糧正款，每兩徵五分充之。其他城外距一里處有土城。係道光十九年，分巡臺灣兵備道姚瑩諭同知龍大惇查勘應否添建者，蓋在於以之作為廳城之外蔽。二十二年，同知曹謹，為了防備中國大陸發生爭端之鴉片戰爭，與紳民籌議，在舊址加築土圍。高一丈，周圍一千四百九十五丈，建四門城樓，又建四小門，共八門，東稱賓暘，小東稱卯耕；西稱告成，小西稱觀海，南稱解阜，小南稱耀文；北稱承恩，小北稱天樞。其土城外，植竹開濠，一如舊制，惟濠擴大為濶二丈、深一丈五尺。（《淡水廳志》〈建置志〉）亦皆須要官民之捐建，士紳鄭用鍾、洪德梁等為董事也。二十三年，加以修築。同治九年，南門外溪邊添築砲臺，但爾後幾乎聽其自然荒廢。

第七節　宜蘭城

宜蘭城，係以前之噶瑪蘭城，後來改為宜蘭城。嘉慶十五年，始收此番疆入版圖。設噶瑪蘭廳後，擔任委辦開蘭事宜之臺灣知府楊廷理，卜地於五圍，擬為建城之地，因其位置當全疆之中部也。按謝金鑾《蛤仔難紀略》曰：「嘉慶三年間，有龍溪蕭竹者，頗……居喜吟，於堪輿之術，自謂得異人傳。從其友遊臺灣，窮涉至蛤仔難（噶瑪蘭之舊對音），……時且久，乃為標其勝處為八景，且益為十六景。……悉為賦詩，或論述其山水脈絡甚詳，未有五圍……，要其可以建圍之地，竹於圖中皆遞指之，後乃遵建焉。」五圍被堪輿家指為形勝之地之傳承，蓋似乎可知其為擬作建城位置之動機。乃植竹為城，環以九芎樹，當時規制較為微小，但楊廷理所作之詩云：「他日濃陰懷舊澤，聽人談說九芎城。」或可窺知欲卜他年興盛之意。十七年通判翟淦就任時，竹樹存活者不過十分之三，因之詢諸結首（墾團之頭人），藉其分段輸工，加以改修，（大體上分為五段，漳籍人得其三，泉、粵二籍之人各得其一，咸參照在籍之多寡也。）以築土城。（按該土城可能據往時所作土圍之基址，但似多少有改變。）更在城基之上，遍插莿竹，仍在各旁補栽九芎樹，高六尺餘，周圍六百四十丈，建東、西、南、北四門，門各依其方向取名，並各搭吊橋一座。（《噶瑪蘭廳志》〈規制志〉）工起於十七年十二月，翌年八月竣工。於此，有：「竹圍以先資其捍衛，將來芎樹成蔭，即有罅漏，可藉竹枝以彌縫，則內木外竹，使城垣益固於苞桑已。」（《噶瑪蘭廳志》）之規模，稍得全也。二十四年，通判高大鏞，建四門城樓。道光十年，署理通判薩廉加以重修。城中原有水圳兩道，自西而東，引灌田、園，但開作城濠，改由城外使其與濠合流，濠深七尺，濶一丈五尺。光緒元年，改廳為宜蘭縣，從此有宜蘭城之稱。（噶瑪蘭之「蘭」字，加以「宜」之佳字，擬為縣名。）

第八節　恒春城

恒春城之所在地，原來稱為瑯璚之番地，同治十三年（明治七年）日本之遠征軍，曾有攻擊此地番社之舉，因此認為有防備之急要，分巡臺灣兵備道夏獻綸、臺灣總兵①劉璈等，陳請先在其地築城設官，以鎮民、番，消除窺伺。同年十二月欽差辦理臺灣海防事務之總理船政大臣沈葆楨，偕臺灣知府周懋琦、前臺灣總兵曾元福，經實地履勘，條奏擬卜在中央之猴洞作為建城之位置，欲新建一縣。所議被納，光緒元年興工至翌年竣工，砌石為壁，

①上四字有誤，劉璈時為沈葆楨之營務處，其後曾任臺灣道。

設東、西、南、北四門。周圍九百七十二丈，壁高二丈，壁厚八尺。其經費約十餘萬兩，從海防費支出。在全臺灣之南端，縣名取氣候恒如春之義稱為恒春，以之稱為「恒春」城。所謂：「至猴洞，忽山勢迴環，其主山由左迤趨海岸；而右中廓平埔，……似為全臺收局。從海上望之，一山橫隔，雖有巨礮，力無所施，建城無踰於此。」（沈葆楨之〈請琅①璚築城設官摺〉）可謂明示其地要害之大概也。另推察有：「劉璈素習堪輿家言，經畫審詳，現令專辦築城、建邑諸事。」（同上）之語，可知當時亦遵舊例，將築城之吉地以堪輿之說卜之。

猴洞，係現尚被包在城中之一小丘之名。往昔土番シュリンダン(Shurindan)社以此處作根據地，馘取異族之頭顱時亦收藏此地，以番語稱為ポコール、コール、アン(pokouru.kouru.an)（藏頭顱處之義）。嗣於光緒二年，知縣周有基卜此丘下建澄心亭，可知亦有寓意也。

第九節　臺北城

光緒元年決定新添設臺北一府，統管臺灣北部之一半，乃卜地在大加蚋堡艋舺及大稻埕兩街之中間（分屬於三板橋、奎府聚二庄）擬設府城之位置。四年，知府陳星聚立築城計畫，向官民募義捐，因所在一帶係水田，除了有捐充之外，以每一方丈，上田一兩，中田八十錢，下田六十錢之定額徵用。五年正月興工，八年三月告竣。城在中堅築土砂為壘，外面砌之以石，壁高一丈五尺，雉堞之垛高三尺（合高一丈八尺）；壁高一丈五尺，馬道濶一丈二尺，周圍一千五百零六丈；設東、西、大南、小南、北五門樓，東及北二門添外廓，東稱

①「琅」字於伊能原書作「瑯」。

照正，西稱寶成，大南稱麗正，小南稱重熙，北稱承恩，置窩鋪四座，另添設砲臺，外圍鑿濠塹，規制之周備被推為全臺第一。需費實要二十萬餘兩，士紳林維源、潘成①清、王廷理、王玉華、葉逢春、李清琳、陳鴻儀、陳霞林、潘慶清、王天錫、廖春魁、白其祥、林夢岩、陳受益等總理工事。所謂：「非特淡、蘭扼要之區，實全臺北門之管。」（沈葆楨之〈臺北擬建一府三縣疏〉）之規制，乃得完備。至光緒十七年，改為省城。

（附記）竣工之初，其城基、街道雖業已定明，但對於城內街巷房屋之地基認為如無定章，民人將無所適從，乃依地方紳董之公議，經分巡臺灣兵備道之批准，房屋每座廣濶一丈八尺，縱深二十四丈，以支出現銷銀十五圓，且每年納地基租二圓為條件，普遍勸誘民人來住，左列臺北知府陳星聚之告示即是：

賞戴花翎、署理臺北府正堂、卓異候陞陳，為出示招建事。照得：臺北艋舺地方，奉旨設府治，現在城基、街道，均已分別勘定，街路既定，民房為先，所有起蓋民房地基。若不酌議定章，民無適從，轉恐懷疑觀望，因飭公正紳董，酌中公議：凡起蓋民房地基，每座廣濶壹丈八尺，進深貳十四丈，先給地基現銷銀壹拾五圓，仍每年議納地租銀貳圓。據各紳會議稟覆，經本府詳奉臬道憲批准，飭遵在案。除諭飭各紳董，廣為招建外，合行出示曉諭。為此，示仰紳董、郊鋪、農佃、軍民人等知悉：爾等須知，新設府城街道，現辦招建民房，務宜即日來城，遵照公議定章，就地起蓋，每座應深貳十四丈，寬壹丈八尺，先備現銷地基銀壹十五圓，每年仍交地租貳圓，各向田主交銀立字，赴局報明，勘給地基，

①「成」字於伊能原書作「盛」。

聽其立時起蓋。至於造屋多寡，或壹人而獨造數座，或數人而合造壹座，各隨力之所能，聽爾紳民之便，總期多多益善，最望速速前來。自示之後，無論近處遠來，既有定章可遵，給價交租，決無額外多索，務望踴躍爭先，切勿遲疑觀望，切切。特示！

光緒五年三月　日給

第十節　臺灣城

光緒十一年，臺灣分立為一省。十二年九月，巡撫劉銘傳親自加以察看，將其省城興建之地，卜定於藍興堡橋仔頭庄，（庄內本來從彰化縣貓霧捒汛分兵，設墩臺守之。因此存有大墩之土名，建城之地是也。）奏謂：「此地山環水複，中開平原，氣象宏敞，又當全臺適中之地。」（在此之前，福建巡撫岑毓英議言，在此地方設臺灣中路之府治，此奏乃係依此準照之。）因此，十五年八月，臺灣知縣黃承乙承命膺其設計董督，使士紳吳鸞旂等總理，先建八門四樓。大東門稱震威，樓稱朝陽①樓，小東門稱艮②安，大西門稱兌悅，樓稱聽濤，小西門稱坤③順，大南門稱離照④，樓稱鎮平，小南門稱巽⑤正，大北門稱坎孚，樓稱明遠，小北門稱乾健⑥。嗣於城內築成衙署、祠廟等。十六年，中路軍統領林朝棟專役兵勇從事城壁之工程，十七年十二月，壁基告成，周圍稱有六百五十丈，需費實為二十一萬五千兩。（或曰其實十九萬兩也。）總支出仰給國庫。

先是，隨劉巡撫之卸任，治臺之國是一變，採取緊縮政策之結果，後任巡撫邵友濂，擬將省城之位置改訂為既建之臺北，議自翌十八年起中止本城修工。其所提理由有二：（一）地雖當中區，但距臺南、臺北兩府遠，陸、海交通不便，南、北有事之日將難接濟；

①「陽」字於伊能原書作「樓」。
②「艮」字於伊能原書作「退」。
③「坤」字於伊能原書作「埔」。
④「照」字於伊能原書作「昭」。
⑤「巽」字於伊能原書作「選」。
⑥「健」字於伊能原書作「建」。

（二）今後如欲完備省城必需之建設，經費浩繁，無法籌辦之。因此，終於經部議決定之。自是雖以臺灣府城之地而存在，但當初半成之城垣概委其廢壞，竟不修築而止。（其位置當全臺之適中，因此，另有為臺中之稱。）

第十一節　雲林城

光緒十二年，新設雲林縣之議決，四月該縣知縣陳世烈渡臺，先駐紮於斗六堡斗六街，（往昔斗六門之地，直至光緒十三年，置彰化縣縣丞。）定度地築城之計。在此之前，臺灣巡撫劉銘傳親自履勘，卜其位置在斗六之北方四清里，沙連堡林圯埔街之外郊雲林坪，縣名因之，又取為城名。乃於十月，募地方士紳之義捐，以補國帑之不足，築土城，周圍一千三百丈，壁高六尺，設東、西、南、北四門，且環植莿竹三層，翌十三年二月竣工。因立石城外，題曰「前山第一城」，所謂：「居中路之心，扼後山之吭。」（陳世烈之〈雲林縣竹城旌義亭記〉）以標明建城之意旨也。當時士紳陳安邦等，董督里民事，至二月初三日，竣栽竹之工，初五日適沛然降雨，因之所種竹悉數發筍，官民齊歡呼。陳知縣乃因此認為感召天和之兆決非偶然，特在城外建一亭稱旌義，作記勒石謂：「昔賢有亭成，喜雨以誌名者，今雲林城成，喜雨以旌義，爰築亭誌名。」（〈雲林縣竹城旌義亭記〉）以示鼓勵。

然每年夏季，橫過縣城南北之濁水及清水二溪，氾濫無度，因而有交通斷絕之虞。十九年，知縣李烇所提移建斗六之議奉准，乃築土城，（主要據原建土堡之基址。）周圍一千一百六十丈，壁高五尺，壁厚八尺，設東、西、南、北四門，城外環植莿竹，竹外鑿濠，深七尺，濶八尺。就交通之便而言，新城雖勝舊城，如欲居中路之心，而扼後山之吭，以達本來之目的，則新城之地利不如舊城也。

第十二節　大埔城

光緒元年，新設埔裏社廳時，廳城之位置卜於埔裏社堡埔裏社街，築土城，周圍七百餘丈，設東、西、南、北四門，城外環植莿竹，取名稱為大埔城。埔裏社之「埔」字添「大」字也。蓋以此作為當時之中路撫民、理番之重鎮。因本即為山間小邑之城垣，其規制似乎不免太小。

第十三節　媽[1]宮城

清初，澎湖隸屬於臺灣縣，置巡檢，其設治之地為大山嶼東西澳之暗澳鄉。先是，明嘉靖年間，都督俞大猷逐海寇林道乾時，駐兵守澎湖，築城於此地，嗣於天啟四年，擊退短期占據澎湖之荷蘭人，又將城壘開築於此地。

《讀史方輿紀要》曰：「總[2]兵俞咨皐，議於穩澳山開築城基，疊砌大石，高丈有七，東、西、南留三門，北設銃臺一座，內蓋衙宇、營房，鑿井一口，戍守於此，以控制孃宮。」穩澳山即暗澳山，孃宮即媽宮也。

[1]「媽」字於伊能原書誤作「瑪」。
[2]「總」字於伊能原書誤作「給」。

爾後屬於此城破壞之事，無法詳細考證，且官方應根本未考慮城垣的修復。入清之後，在靠近媽宮港沿岸處，築一堡壘，取名稱為澎湖新城。

關於澎湖新城之建置，諸說不一。《澎湖廳志》〈規制考〉記載：「按《臺灣縣志》載：澎湖新城，康熙五十六年造，周約里許，門二，城南設礮臺。《臺灣府志》載：康熙五十六年，總督覺羅滿保、巡撫陳璸、布政使沙木哈①，建澎湖新城。胡氏《紀略》力辨其誤，以為當時建議，後不果行者。而蔣氏《續編》，則疑為臆說。考媽宮澳之西，逼近海岸，有所謂新城者，小而堅緻。今已改建。其為何時所築，不可考矣。」可說係其概括。要之，所謂澎湖新城，雖稱之為城，其實不過為資防備所設一堡壘。備有砲位以守海口而已。蓋在媽宮半島之岬角金龜頭之紅毛城，即為荷蘭人所築之砲臺遺址，即是新城。或許荷蘭人退後，修建之而冠新城之名者也。因為欲扼守媽宮港口，以金龜頭之位置，尤為重要之故也。《澎湖廳志》〈規制考〉，又記此遺址謂：「城垣用糖水調灰壘磚，與臺灣之安平舊城一樣堅緻。」所謂安平城，係指荷蘭人在安平所築熱蘭遮城，入清後修為安平鎮城，在澎湖或許倣此例。至同治三年②，副將吳奇勳改建為砲臺，後廢。

雍正五年，改巡檢設通判，置澎湖廳，修改文澳巡檢舊署建廳衙，且有略增規模之處，似立基明代故壘。成為所謂：「澎湖遂成海外樂郊，與臺灣並稱東南保障矣。」（《澎湖廳志》〈規制考〉）之情形，乃在此時也。然此並非謂廳城已告完備也。光緒十一年，清法之役時，法軍占領澎湖，欲以媽宮港作為根據。同年清法講和，及法軍撤退，始有在澎湖建城之議。

①「哈」字於伊能原書作「洽」。

②《澎湖廳志》〈規制考〉作「光緒元年」。

謂：「澎之腹地在大山嶼，大山之結聚在媽宮港。……洵要地也。」（《澎湖廳志》〈規制考〉）乃卜其位置為媽宮港，且擬為廳治之地。據說此基於臺灣巡撫劉銘傳之奏請。

於此，十三年十二月澎湖水師總兵吳宏洛親自督工經始建城，派兵勇助其築造，以補工資之短缺，十五年十月告成。周圍七百八十九丈二尺五寸，壁高一丈五尺，雉堞之垛高三尺（合高一丈八尺），壁厚二丈四尺，基腳入地三尺五寸，設東、西、南、北、小西、小南六門。東南臨海，西接金龜頭（即澎湖新城址）礮臺，北面護城河一道，更於島內中央之最高丘大城山南，築拱北砲臺為外圍防護。（《澎湖廳志》〈規制考〉）需費實為二萬三千五百三十七兩餘，係由臺灣善後局支出。以其為媽宮之鎮取名為媽宮城，又因為澎湖之廳城，另有澎湖之名。十五年，廳治由文澳移城內。

第十四節　城垣總論

要之，在臺灣城垣之形式，不外將在中國大陸所見城垣之特徵移來此地之上，但自非無因地制宜而不同者存乎其間。試就建築用工料之類別而言之：（一）植木柵、（二）築土堆、（三）堆自然石、（四）疊砌石、（五）疊磚石、（六）參雜疊石與磚等即是。

屬於（一）及（二）之建築時，在其圍外栽種某種植物以為藩屏，添四環防護，自古常有。舉其主要植物種類即莿竹、莿桐、綠珊瑚、九芎樹等是也。莿竹係臺灣特產竹之一種，幹枝密叢，多莿而堅利。故村莊民屋，多環植為藩籬，其由來已久矣。（《裨海紀遊》記謂：「郡治無樹，惟綠竹最多，一望猗猗，不減渭濱淇澳之盛。惜其僅止一種，輒數十竿為一叢，生筍不出叢外，每於叢中排比而出。

枝大於竿，又節節生刺，人入竹下，往往牽髮毀肌，莫不委頓；世有嵇、阮，難共入林。」其形容悉也。）而將此利用於城垣之四環防護，係基於雍正初年藍鼎元之立議。《臺海采風圖考》記有：「莿竹大者數圍，葉繁幹密、有刺，似鷹爪而殊堅利，唯臺灣有之，土人多環植於屋外以禦盜，今城之四周亦遍栽之。」係指之也。（但據此，雖然莿竹被視為絕對屬臺灣特產，從而莿竹之藩籬，似完全不存在於其他地方而屬殊風，但古來中國內地之某地方，不但有同一植物存在，且有發生同一土風之事例。《肇慶府志》記有：「笨係竹之名，俗稱刺竹，有刺而堅，得作為藩籬，肇興新州原無城，宋郡守黃濟，募民以竻竹環植之，雞、犬不能徑。」要之，此完全胚胎於：「《周禮》夏官掌固，掌修城郭溝池樹渠之固。」之鄭註有：「樹屬枳棘，謂有刺者。」也。）莿桐屬荳科之喬木，樹幹高大，樹葉鬱茂，且有密刺。現如臺南城，因為原來環植之故，加一城之大觀已在前節記之。（古來在中國大陸似有將刺桐環植於城圍。五代之時，治泉州之留從效，重修該城時，繞之以莿桐，見於明黃仲昭之《八閩通志》，該通志所引宋呂造之詩中句謂：「閩海雲霞繞刺桐」，仍可知其當時之大觀。當時泉州城被稱為「莿桐城」係由此。按後來在臺南府城與以莿桐城之稱，蓋踏襲此古實。）綠珊瑚係屬大戟科之大戟屬類①，在〈瀛壖百詠〉所謂：「椏枝多無花，葉有光潤，正稱名。」是也，藍鼎元之築城意見中謂：「濠外採山蘇木②子撒種，當春發生，枝堅莿密，又當一層障蔽。」③係指之也。九芎樹一名九荊，屬千屈菜科紫薇屬④，如其與刺竹雜植，樹之罅漏由竹彌縫，得以濃陰遮城，已見於《噶瑪蘭廳志》（〈規制志〉），亦皆所以因地制宜也。

至若夫以城垣之外觀，或擬圓形或擬方形，其屬圓或方之形式，雖未必代表時代之新、舊，但在臺灣而言，在雍正、乾隆、嘉慶年間築成之城，大概築成圓形，道光、咸豐、同治、光緒年間築成之城，大概築成方形，似不得不認為自寓有某種意義。此無他，表示戰術上知識之進步也。蓋屬於圓形城，因為完全缺隅角，似有銃火達不到之扇形地，即有減

①學名：*Euphorbia tirucalli*。

②「木」字於伊能原書脫。

③〈與吳觀察論治臺灣事宜書〉。

④學名：*Lagerstroemia subcostata*。

殺死角度之利，但此實非減殺死角而不過是散開而已，而使敵方之主力集中及分散我方主力，是無法避免之弱點也。反之，屬方形之城，可使扇形地點儘量減少，比之其他進步之築城法固不能無不利之點，但因之能使敵方主力分散而得我方主力集中之利，較為優越也。尤其如近年建成以規模完備被推為全臺第一之臺北城，凸出於城壁外添設砲臺，能使扇形地點之死角之不利減少，尤可視為接近有力之構造也。

（附記）凡建設於城垣或土堡內，街巷區域名稱之布置，古今亦經過二種之變遷。前者係街畫式，被街路與街路之間所圍繞而存在，以一區畫集團為中心，而將此作為同一區域，給與名稱，此早見於明末，如在臺南城內、外之街巷，為其代表。後者係路線式，以一線之街路定為中心，與併排於其兩側之集團，為同一區域，再給與名稱，屬於光緒近代之建置，如在臺北城內、外之街巷為其代表也。

第五章　地方自治行政

第一節　本島之地方自治

清制，凡縣及州、廳以下之地方行政，慣例皆委諸自治之設施。臺灣之下級地方行政，雖在一般之組織上依據此項慣例，但實際上與內地不同軌，於其間存有多少之變通，此是在海外島地統治上自然之趨勢也。而在臺灣之地方區劃，大別分為：（一）城市、（二）鄉村二種。城市主要係指舊臺灣府治即設新臺南府之一區，如準此慣例時，後來在臺北置一府，嗣又在臺灣（即臺中）添一府，亦必須將之列入於城市，不得不分立於鄉村之外。但在近代地方均等之發達，無須如斯區別。依舊例只承認府城之地位，僅將臺南府仍然保其為城市之地位。鄉村更分為：（一）里、堡、鄉、澳，（二）街、庄、鄉二種。均概略依自然之地勢、疆域所定，里、堡、鄉、澳係包括一個以上至數十街、庄或鄉之名稱。舊慣上，里在曾文溪流域以南至恆春地方一帶，堡在曾文溪流域以北至宜蘭一帶，又鄉限於臺東地方，澳限於澎湖各島，使用上雖有別，但其性質相通而同軌也。又街係指人家稠密之街市，至少是占地方主腦地位之地方；庄係指以街為中心而存在之村落，鄉在澎湖使用於街、庄之總稱。蓋原來鄭氏時代，其在臺灣南部之管轄區域內，承襲府治分坊，鄉立里之遺制，清初，將其實際統治所及之有限地域，設坊（府）與里（鄉）之區劃，此不外是為因應編審戶口。雍正以後，以戶口編審之廢弛至改施行保甲之稽查，當時新開之北部地方，因實際之必要採用保之區劃，然在南部，以既稱之里便宜存續，避免故予改正之煩累，而且自從府治至南部一帶之新開地域，亦均稱里後，里、堡併存之事實形成慣例也。又澎湖之稱澳，臺東之稱鄉，前者係對於海島之孤棲，後者係對於民、番之雜處，因此，畢竟不外乎因而表示區別，其各種各樣之區劃稱謂之存在，即可謂表示臺灣下級地方行政複雜之發展，自足以考察後敘拓殖之變遷，殆可認係舊態之遺存。

「保」及近代「堡」字，道光年間所成《彰化縣志》中雖尚使用「保」字，但咸豐年間之《噶瑪蘭廳志》、同治年間之《淡水廳志》等完全使用「堡」字。此外，「庄」古時使用「莊」字，一直至乾隆初年未盡遍立里、堡之前，殆有獨立存在之事實也。又在澎湖古時鄉稱為社，後世鄉與社併用。《澎湖廳志》〈規制考〉記有：「澎湖人民，依水為家，傍涯作室，非澳而何哉？若夫社，即內郡所謂坊、里是也。澳、社之與坊、里，名異而實同。自康熙二十二年平臺而後，招徠安集，以漁以佃，人始有樂土之安，而澳、社興焉。」澳、社之解乃明。

稱為城市之臺南，康熙二十三年沿襲鄭氏之制分為四坊，後增為六坊、二堡。咸豐初年，另分內、外七段，（更在其下包括街（即廛屋毗連之處）與境（即民家散在之處）。）在各坊、堡或各段置總簽首，其下之街、境便宜分合置簽首。總簽首，由城市內有力之士紳推舉，簽首由街、境內士紳各自推舉經所管之總簽首，皆稟請知縣，得認可而就任。（此時授與定式之諭飭及戳記。）其職掌，總簽首為：（一）受官命通知簽首，且立公約，獎厲行。（二）總辦公安之事業，尤其監督保甲之編成。（三）調處管內各簽首不能調停之紛爭事件等。簽首為：（一）由總簽首交下之官命下達於民眾，且努力於公約之厲行；（二）處辦公安之事業，尤其管理保甲之編成；（三）調處在管內發生之紛爭及一切之細故等。

此外，一大街或數街、庄之下置總理，更在各街、庄置街、庄正。總理係由該關係街、庄之耆老，即地方紳董推舉之，稟請知縣；街、庄正係由一街、庄內之紳董各自推舉，經所管之總理，稟請知縣，獲得認可後就任。（此時授與定式之諭飭及戳①記。）其職掌，總理略與總簽首相同，權限較小，街、庄正略與簽首同。

尚有參與下級行政之一種名譽職，地保（在城市稱為坊保，在鄉村稱鄉保。）經推舉得官署之認可後就任，與總簽首、總理相同，但不一定與其所管區域相同，如鄉村、便宜上一里、堡置一人而已。（此時亦授與諭飭及戳記。）其職掌主要為稟請證明關於鄉賢、名宦、節孝等入祠，或對於稟請旌表之證明，另呈報應試科舉者之身分證明（即身家清白），並應對於需要監禁之重犯以外之輕罪人犯未決中，受責付者之保護，及對於處枷號之罪人，做夜間之看守等；此外，在臺灣，常在廳、縣官吏執行政務之時，任其補助之例多，尤其在近代鄉村之地保已具有略與城市之總簽首相同之權限之例。要之，或許可認為隨鄉村之進展而帶來之自然反映。

（附記）總簽首、簽首、總理、街庄正，及地保就任之時，官府所發給之諭飭文例，對於總簽首為：「府正堂某為諭飭遵照事。照得：現據某段簽首某等暨街（境）內人民稟請：某段總簽首出缺，亟應選舉妥人以便充當公事，查有街（境）內某誠實可靠，以之為本段總簽首，公事必不貽悞②等情，具稟前來。除批准給發戳記外，合行諭飭，

①「戳」字於伊能原書誤作「戮」，下同。

②「悞」字於伊能原書誤作「怡」。

該總簽首即便遵照。此諭。」（其他簽首、總理、街庄正，及地保之例略同，予以省略。）而近代地保之所掌，有特別提高之例外，當其就任時，官府對之發有特殊之諭飭亦屬事實，如左一例可為明證：

基隆理番撫民分府、補用縣正堂林，為給發諭戳事。案據石碇堡水轉腳職員陳浩然、劉郁初，暨鋪戶等稟稱：「水轉腳地方，民居稠密，良莠不齊，疊生事端，以及鼠牙①雀角，時所難免，向由淡水縣主招充鄉保，以資排解鈐束。現分治已定，水轉腳在轄內，理宜僉舉妥人，充當鄉保，以專責成。查有本地民人鄭芳一名，為人誠實，有家有室，勤慎耐勞，堪以承當該處鄉保額缺，懇乞給發諭戳以便奉公。」等情，並粘認充保結前來。除批示外，合行諭飭。為此，諭仰該鄉保即便遵照，充當水轉腳地方鄉保，如遇鄉民鼠牙雀角細事，務即秉公排解息事，毋使滋鬧涉訟，倘有命盜等事，亦即隨事稟報，以憑核辦，慎勿始勤終怠，以及違法誤公，致干查究。發給戳記一顆，謹慎收藏，如非公事，不准濫行蓋用干咎。凜之，切切②！此諭。

光緒十四年五月十八日給

蓋隨臺灣之分省，省會之位置既已離開城市而被選定，從而城市與鄉村之間，其發展不致全然大相逕庭矣。在鄉村疊生事端，亦不能放任由街、庄總理處置之。乃如城市有總簽首之重責者一般，在鄉村之重要街、庄，於總理以外，更有必要特設其總管者，故姑予提高舊地保之格，似為使其能與總簽首匹儔而賦與某種權限也。

①「鼠牙」二字於伊能原書作「牙鼠」。

②伊能原書脫一「切」字。

如此，總簽首、總理、街、庄正及地保，表面上雖係由民眾推舉，官方認可之，且依諭飭明示其責成，為最公正之措施。而其實情弊甚為曲折，被推舉之候補者，非預先贈賄官司，有所請託，即難免遭否決，更進一步言，其推舉毋寧說是承官司之內示而行動。故被舉而就任者，謂其為清廉之士，不如謂多係富於貲財、慓於虛榮之勢家，而據說一面臨處事之時，往往貪圖陋規（非公款之私收），有以自利之狀為常。至如紛議事項，似常有顛倒理非曲直，而枉歸勢家勝利之傾向。如吳子光之《一肚皮集》論曰：「臺地五方錯處，事雜言龐，是以有頭人之設。向例：惟家道殷實、素行端謹者，方准舉充。官課以考成之法而賞罰之，故於地方有裨。今也不然；以官戳為護符，以文檄為奇貨，竭良善之脂膏，適以飽豪強之囊橐，即有賢明有司，亦多墜其術中而不悟。吁！其可歎也夫！」（〈臺地設頭人說〉）實可視指摘其弊，同書中又更有「三代下民之譎觚多矣，臺地尤甚。差役之貴過於縉紳，總董之權重如州、縣，流弊可勝言耶？」（〈與當事書〉）之痛語。

蓋簽首、總理及地保等，據古耆老之遺制。耆老之弊在明代已至極點，可參考：「老人即漢之三老，掌教化者也。洪武中，令天下州、縣，里設老人一名，以耆年有德者充之，置申明亭，頒教民榜，凡民間細事，俱聽值亭老人會眾剖斷，有不服者，乃經有司、其赴京奏事稱旨者即授以官，任亦重矣。後因所在非人，有司概輕遇之，於是耆老有德者多避不肯為，而其樂為而不辭舉者皆人役也，豈係設老人以助宣教化之初意哉？」（《天下郡國利病書》之浙江金華府永康縣之條）有德者避而不為之風，據說在臺灣亦甚嚴重。

按在臺灣，下級地方行政確實運作之初期不詳。而在入清之初，承勦蕩鄭氏之後，民心未全平靜，地方之開拓概未就緒，移民之流離殆無定著之所，連文治機關之建置，亦屬有名無實，原本無暇著手如斯之事也。康熙末年，藍鼎元代臺灣總兵藍廷珍請施行保甲致閩浙總督之書中，陳明為辦保甲之處務，在臺灣中路及南路鳳山、北路諸羅設大鄉總各一名，更在其統轄下各設鄉長若干，即建言設立略與後來之總簽首、簽首、總理相同職掌之責任者，可知當時在臺灣地方，無任何下級機關之存在。而從臺灣公布保甲之制，係在雍正十一年加以推行，保甲之設施，原來為地方自治啟動自衛警察之一組織，其機關體制仍未正式形成，此處所言並非發動保甲制，只是至此年代，在某一部分之地方，已可見保甲之實，極為明顯也。

如凡街市之建置經營，官方僅擔任其監督，專委民眾之自治，且如自治要務之公約，亦應時宜任其立定規定。透過多方面見到之常例，如嘉慶年間在彰化縣下武西堡關帝廳內，由粵人以六大股之出資新設永靖一街時，如其各自妥協之合約字，可作為其代表之一例，其要略如左：

竊思：貿易通商、王化之大典；化居無有，億兆之良圖。茲予等粵庄人稠①地密，趨赴各市維艱，眾議在關帝廳庄前，置田壹拾陸甲零，建為街市，共費去銀肆千陸百捌拾員，共勸此舉，蒙縣主楊氏桂森，錫予永靖嘉名，現規模已整，又不可無良規垂後，爰立合約捌紙，交各首事，分執照行，俾後人有所遵守，庶交易有資，共慶財源廣進，商民得所，咸賡利路亨通。

①「稠」字於伊能原書誤作「週」。

嘉慶十八年九月

關於其公約之履行，主動附帶公罰，對於違背者加以制裁，此尚與調處之科罰（參閱第一章〈文治之規制〉第三款〈司法機關〉。）同軌。在上記永靖街之公約條款中具載：

一、陸份鬮分餘地，無論濶狹，種作唯許五穀，不許插竹栽種菓木，以害街地。

一、圍內刺竹，不許砍伐，如有砍伐捉獲，罰銀貳圓存公、違者陸份合攻。

一、此橫街店後及大街店後，各留車路三丈，至週圍竹下，各留車路三丈，街人不得侵佔挖①壞，如違，重罰外，仍押填補。

一、街中遇有修柵橋、溝路，及緊要正項公銀，照陸份派出，不得違拗。

一、街內開有大、小圳卸水，一遇雍塞，查明某處某所轄，即要督理疏通，勿延諉害街，違者公罰。

一、陸份內店屋之人，若有恃強逞眾作慝犯規，不聽約束，該份內頭人，或要稟官，或要擒拏，力弱難當，即要自行為首投明伍份頭人，據理幫辦，不干他份。

一、陸份內有大、小店屋居住之人，係各份內頭人約束，如某份內店屋有人開場設賭、包娼容匪、打擾滋事，係某份內之人約束不嚴，即該份內抵當，不干別份。

等事項可徵之者也。而具有監督之責之官方，往往有時亦強制實行公約。此等公約中，示有禁止附有制裁亦不少，似略與官諭一般具有同一之效力係屬事實也。此類公約，得謂發布形式變更之一種官諭。在道光年間如分巡臺灣兵備道徐宗幹發布之〈諭各屬總理鄉

①「挖」字於伊能原書作「控」。

約〉、〈中元約〉、〈設義塾約〉、〈設義渡約〉、〈全臺紳民公約〉（《斯未信齋文集》），如淡水同知婁雲所發〈莊規禁約〉（《淡水廳志》〈文徵〉），係後來所傳，由官方之手所成公約之範例，尤其如徐臺灣道之〈諭各屬總理鄉約〉，因可知悉官方所期之地方自治機關方針之一斑。揭之於左：

> 查臺地向稱浮動，官民一氣，則日久相安。弭盜息爭、緝奸除暴，全在各鄉總理人等公正無私，實力任事，作官吏指臂之助，為朝廷忠義之民。去患於已然，尤當消患於未然。所管村莊內，向來為匪之人，非無畏法改悔者，特不敢遽行出頭。今許其將功折罪，如願作線緝捕，寬其已往之愆，留其自新之路。即赴附近分防衙門，代為稟請明示，或徑赴該管地方官，及本府衙門投首，或徑赴本司道衙前，候攔輿叩稟。願當差者，考其技藝，留充壯勇；願在鄉者，記其姓名，派守村莊，按名酌給口糧，俾資養贍。本司道以忠信治民，必不計誘治罪，無用疑畏。此時訪察已明，何難督兵圍捕？特先開一面之網，許以投生，毋得自誤！爾總理人等妥為勸導，務令痛改前非，及時自首。其有始終怙惡不悛者，即率眾綑拏解送，定將該總理等從優獎勵。往年械鬪糾搶案內，出力之舉人鍾桂霖、鍾洪誥①、武舉林得時，貢生謝晉初、附生吳夢回、監生李化龍、義首林萬能、林萬掌、鍾玉書②、李朝陽、蕭清華、陳登俊、王飛虎、許鳴盛、林相元、張聯陞、陳③廷祿、張必超、林煥明、李飛龍、顏清蛟等，經本司道會同鎮臺，連同文、武員弁，並官紳、士民出資捐助兵費者，概行奏獎；欽奉諭旨，分別授職、給銜有差。即在事出力傷斃之壯勇黃金順，亦同受傷身故之弁兵，奉旨勅部議卹。爾等僻居海外，苟能一心急公，便可上達天庭，光耀門第。如改過自新之徒，助官兵効力，即或偶被拒傷，並可仰沐皇恩，較之兇鬪喪身、犯罪正法而死者，

①伊能原書作「鐘洪誥」。
②伊能原書作「鐘玉書」。
③上字一作「葉」。

相去何如也！無分貴賤貧富，同是父生母育，何不生為良民、歿為義民，而甘心死於鬪殺、死於官刑乎？爾總理等遵照反覆告戒，化邪歸正，仍率同莊眾，守望盡力，既保身家，又邀爵賞，豈不甚善？果爾，連年安靜，不必定有軍功，本司道亦必奏加獎勵。伏讀康熙六十年上諭臺灣眾民有曰：「朕思爾等俱係內地之民，非賊寇可比，或為饑寒所逼，或因不肖官員刻剝，遂致一、二匪類倡誘，情知罪不能免，乃妄行強抗。改惡歸正，仍皆朕之赤子。朕知此事，非爾等本願，必有不得已苦情；意謂與其坐以待斃，不如苟且偷生，因而肆行擄掠。原其致此之罪，具在不肖官員。爾等俱係朕歷年贍養良民，毋得執迷不悟，妄自取死。欽此。」爾等至今沐浴朝廷德澤百數十年矣，何至再有甘居化外，不可感格之民。爾總理等敬謹莊誦，令大眾恭聽，實心實力，懇切勸導，同樂太平。本司道有厚望焉！

如同治初年之淡水同知陳棓桂[①]謂：「臺守有二，曰昔、曰今，昔之守在銷亂萌[②]，今之守在肅和約也。」（〈淡水廳志序〉）亦可察知治臺之要諦求於公約履行之意向。

向來番人之部落番社，尤其歸附熟番番社由理番機關之下掌管，光緒元年，以之改歸地方官之轄下時，依舊存有社之稱呼，但均參照街、庄之例加以約束，又依其舊慣之土目（後來之頭目）給與與街、庄之總理約略相同之權限。

第二節　澎湖之特別自治

澎湖屬介於臺灣本島與中國大陸之群島，其間啟漢民移殖之端，比臺灣本島較早。元

①係署分巡臺灣兵備道黎兆棠之誤。
②「萌」字於伊能原書誤作「萠」。

代時已聞有設統治機關之緒，已如前編所述。入清之後，初隸臺灣縣，置巡檢。嗣於雍正五年，特設澎湖一廳專管之。然該處巨細之各嶼星羅碁布，遠近錯列，其自然情形，固有不能以單一之規範統御之者也。《澎湖廳志》謂：「澎湖磽瘠無水，所種者不外地瓜、花生，中稔之年亦難免拮据，若鹹雨一下顆粒無存；至海濱之漁利，必於風平浪靜，始能下網，而澎湖狂風往往兼旬不息，所稱以海為田者，亦強為之詞耳，非真如耕者之按候可穫者也。」（〈風俗記〉）①又謂：「澎民赴臺謀生者，年以千百計，地狹人稠，田不足耕，穀不足養時，非尋親覓友，不得以圖餬口，其情固可憫也。」（〈風俗記〉）②如斯以跼蹐於貧苦境涯之民，因古來屢被置於政教治及範圍之外，幾乎被視為荒服之外，馴致各自組織特殊之民治自理之組織，此幾百年之因襲損益得宜，為不成文之統制而成為牢不可輙易者也。所謂漸漸使民得其自養之途，此早見於《元史》也。

在《元史》記述澎湖之民生息之情形謂：「煮海為鹽，釀秫為酒，採魚、蝦、螺、蛤以佐食，工商興販以廣利，土瘠不宜禾稼，產胡麻、綠豆。」《臺灣府志》引用之。而在《澎湖紀略》（《澎湖廳志》所引）辯之謂：「查澎湖並無煮鹽、曬鹽，其鹽政係臺灣府管理，販運至澎，散賣民食。至釀秫為酒，澎地並無秫酒，媽宮鋪以糖釀酒，名曰糖燒；以薯釀酒，名曰地瓜燒。人家有宴客，俱樂飲此③」《元史》之記事素不免有錯誤，但為了旁證定住之島民自理營生息之狀之一斑，應有參考之價值。又《澎湖紀略》（同上）記：「澎湖以海為田，男子乘潮掀網，夜往海釣④，女人亦終日隨潮長落，赴海拾取鰕、蟹、螺、蛤之屬，名曰討海。」此描寫明末至清初澎民之生息也。

①《澎湖廳志》〈風俗記〉似無此段文字。

②同前述，《澎湖廳志》〈風俗記〉似無此段文字。

③「人家有宴客，俱樂飲此」雖見於《紀略》，但經《廳志》略去。

④「夜往海釣」於《紀略》及《廳志》原文俱作「夜則駕舟往海捕釣」。

其特殊之民治自理之慣行中，尤應注意者，係澳、鄉之公約，比臺灣本島之公約，更有直截之處。而其淵源極古，《福建海防考》（〈赤嵌筆談〉之「形勢」所引）記述此種近於原始狀態之往昔措施謂：「居民以苫茅為廬舍，推年大者為長，以畋漁為業。地宜牧牛、羊，散食山谷間，各鼇耳為記。」爾後雖經幾多之變遷，但仍然不失其形式之根源。從康熙年間置巡檢時代，至雍正以後，設廳治時代，其地方下級之民治概舉而放任自理，官方取所謂不治而治之方針之態，直至光緒之近代。此民治自理措施之梗概，《澎湖廳志》〈風俗記〉之記載，有簡明而得其要者曰：

澎民聚居，推年大者為長，大、小俗事，悉聽鄉老處分，蓋舊俗相沿如是也。近或以澳甲主之……，偶有雀角，或先投紳衿之洽望者為評曲直，因而和解之；或怒目相仇，勢洶洶不可遏，及旁人開導，令理曲者奉檳榔賠禮，無難渙然冰釋。

街中商賈，整船販運者，謂之臺廈郊，設有公所，逐年爐主輪值，以支應公事。遇有帳條爭論，必齊赴公所，請值年爐主及郊中之老成曉事者，評斷曲直，亦省事之大端也。

更進一步對於近代之慣行細述，鄉內以能曉事之家長為鄉老，由此鄉老推舉出來以具有聲望老成者為長，稱為澳甲（又稱鄉甲），約以一年為期，咸為名譽之任務當之，鄉老妥議而定便宜公約，兼掌公課之徵收。《澎湖廳志》謂：「澳甲或一社一人，或一社有數人，如南寮（大山嶼），一社四姓則澳甲設四人以分理之，亦順其土俗，因地制宜而已，不嫌岐異也。」（〈風俗記〉）[1]是也。蓋公約係為一鄉保秩序、維安息，鄉民概有恪守之義務，其

[1] 《澎湖廳志》〈風俗記〉似無此段文字。

如推薦及約定或和解及制裁等處理，全部在歸依崇敬鄉內之神祠佛廟行之為例，似乎存有古代神權政治之遺意。如該公約之條章之首特書謂：「是體天理人情之至意，存化民善俗之深心，非好創為異說也，天地神人共鑒厥誠焉。」（八罩澳網垵鄉之公約）可知其意之所存也。此等公約有因地制宜或準用所謂法三章之簡約。或有立條分目具舉。而諭示厲行之聲明，亦有極其委婉，如八罩澳花宅鄉添於公約者，可作為代表，節略如左：

竊聞國以農為本，民以食為天，故及時耕耨，播種禾苗，上以養之，下以蓄之，終歲之勤勞惟命所關，此在古昔盛時，耕三餘備其一，耕九餘資其三，德不孤必有鄰，天涯相親里為仁，誠所以不背君子之道也。降至後世，人心不古，風俗頓殊，父兄不以教為先，子弟不謹於行，將見寡廉鮮恥之徒，或掉猿臂竊薯，肆阬鼠而盜瓜，放牛、羊於野而損鄰居，縱其雞、豚於園而肥私畜，彼行此放①，彼唱此和，思利己而不顧害他，難堪耕作之苦，難期成功之望，豐年之歲反成饑饉之秋，貧弱之人恆為強暴之態，貽害非輕。茲會於廟，公議立約嚴禁，為盈寧之計，欲為敦睦鄰之道，凡我立約之親朋，父以誥其子，兄以教其弟，協力同心，互為相勸②相勉，即民和年豐，俯仰有賴，風俗將漸臻淳良也。若故犯而不悛者，依規重罰，或恃強不從者，送官究治。親朋長幼等須當凜遵，以期不懷私怨而生構禍之端，犯公禁而招噬臍之悔。

公約中，目前尚有自雍正年間所定，承續至光緒年間之事實，而其實施雖多少有所損益，但覺得因襲上尊重之餘，不輕易改之。在此徵引全文以示其一例：

①「放」字疑當作「效」。

②「勸」字於伊能原書作「勤」。

一、禁犂堀社北界內園岸荒埔草根，犯者罰銀壹兩五錢，如別鄉之人犯者罰銀五錢。

二、禁界內割草，犯者罰銀貳錢。

三、禁界內拔草，犯者罰銀參錢。

四、禁窩賭，不論在本社及在山野處所，本社之人犯者罰銀壹兩伍錢，仍痛責參拾板，粉烏面，擡紙枷、草絭縛頸，鳴鑼牽遊遍社儆眾，如別有厝主者，一體同罰。

五、禁聚賭，不論在本社及在山山野處所，本社之人犯者，自幼穉至拾六歲止，每人痛責拾五板；自拾七歲起至參拾歲止，每人痛責貳拾板，仍粉烏面，擡紙枷、草絭縛頸，鳴鑼牽遊遍社儆眾，如各願罰出銀參兩姑宥；自參拾壹歲起至伍拾歲止，每人痛責參拾板，又跪在關帝廟前，粉花面，擡紙枷、草絭縛頸，執紙旂書姓名，鳴鑼牽遊遍社儆眾，如各願罰出銀五兩姑宥；自伍拾歲起以上之人，每人各罰戲壹檯，仍書姓名在面上，跪在戲檯前，俟頭出①戲下方准起罷，如各願出大銀拾圓姑宥。

六、禁盜取五穀，犯者罰銀壹兩五錢。

七、禁故縱牛、羊踐踏五穀，犯者罰銀貳錢，如失絭者罰銀五分。

八、禁蹈取瓜菜，十歲以上犯者罰銀壹錢，拾歲以下犯者罰銀五分。

九、禁竊取牛絭，犯者罰銀壹錢五分。

十、禁竊拾牛糞，犯者罰銀五分。

十一、禁盜取柴草，犯者罰銀壹錢。

十二、禁竊攘雞、鴨，犯者罰銀壹錢。

十三、禁牛、羊落園，向告三次，徑行不理者罰銀五分。

①即齣。

十四、禁開墾近社荒埔，犯者罰銀壹錢。

十五、凡知情不報，察出議照所犯條規例罰。

已上規條，如有干犯，所罰之銀，俱充入本社關聖帝君廟內，為香油之資。

雍正三年五月　日會禁

關於其禁賭之制裁，如強行笞鞭之體罰，可見公約之權威不苟，又如在犯者之顏面塗色，擡紙製之擬枷，用草綀縛頸，鳴鑼牽遊全鄉，或如罰課演劇，其被罰者並在其顏面特書其姓名，使其在戲臺下跪坐，以示儆戒，雖比較類似蚩戲，但亦可證往時民情之醇樸。

另外，特定禁止竊拾牛糞之一條，係出於澎湖島勢之必要。《澎湖紀略》（《澎湖廳志》所引）謂：「爨無薪木，以牛糞乾炊爨，名曰牛柴。」《澎湖廳志》〈風俗記〉謂：「薪炭亦來自臺屬，價頗昂，民以牛矢浸溝水中，俾穢氣略盡，取出成片，晒乾以炊，故名牛柴。」乾隆中葉之通判胡建偉，在〈牛柴〉之詩云：「漫云牛後遜雞聲，糞出呼柴亦令名，誇竈人驚煙縷縷，登山誰聽斧丁丁。輸他榾柮原無累，剩得㞕屖更有情，雖不用燔郊上帝，力能調鼎著和羹。」係指此也。

到近代，制裁之慣行漸被修改而擬為尋常之規條。今折衷其各鄉之規條，當作通則所行者加以抽示如左：

一、凡違反鄉內之公約，而犯禁制者課罰金。罰金依所犯之輕重及應否加以酌量情狀而分差等。

輕者由二錢，重者至十五、六圓。

二、所徵收之罰金，原則上充為神祠、佛廟之祭費，如有被損害者，二分之，一半充於祠廟之祭典，另一半交付與被害之賠償。

三、為私怨誣告他人者，依反坐之法罰其誣告者。而被誣告者要在神前盟誓，立證其無實。

四、依勢恃強，敢不遵守公約者，送官究辦。

五、有違反公約之行為，而敢以狡詐企圖脫其罰者，從重制裁。

六、未滿十六歲之幼者及六十歲以上之老者，酌量情狀，其罰從輕。而對於幼者之犯行，父兄自有加以儆戒之義務。

七、有隱匿、庇護他犯者之行為者，其罰準於本犯。

八、本鄉之民，犯他鄉之禁，他鄉之民，犯本鄉之禁時，悉依其犯禁地之公約受處罰。

九、對於犯姦等傷風害俗之行為，重者除送官究辦外，放逐於鄉外。

十、種栽穀物、蔬菜之類，在未屆收穫之期間，為了禁止放牧牛、羊之屬，使其踏踐嚼害，廟祝應鳴鑼巡行鄉內，作禁止及解禁之公告。違反此而有放畜之行為時，對於初犯捕獲後返還畜主，止於儆戒，再犯以上課其罪，累次者從重。又作物之被害者，依狀況不妨殺傷之。（但加殺傷限於嚼害穀菜，如已殺而無法判明有嚼害之實否時剖腹檢查之，如認為腹中無存留任何物時，作為誤殺而由其賠償代價。）

尤其關於地方之利害，對於要普遍使公眾知悉之事項，或以公約之旨趣，請官方使用告諭之形式示禁者，或將公約之禁條勒於石，建立於界外者。目前在吉貝嶼之一碑，以乾隆三十一年澎湖通判之名告諭：「澎湖四面環海，居民大半以捕魚為業，海屬公有，原無分界，但各澳有滬有垵，豈容侵佔？爾後捕魚人等，不許私自在吉貝地方搭建草寮、侵佔垵、滬，致滋擾居民，而海屬於公有之故，該處之居民等，亦不許藉稱示禁而阻止外海之捕魚，或發生事端。」如在白沙嶼一碑，屬嘉慶元年之公約，記有：「姑婆、屈爪二嶼（白沙嶼北方之二小島，為紫菜即海苔之特產地。）所出之紫菜，每年十月起，派人看守，不論本鄉、外鄉之人民，不准到嶼捕魚等事，如有偶到者，科罰金拾貳兩，違者鳴官究治。限至四月間，紫菜之期過，始許本鄉及外鄉人民到嶼捕魚採菜等，此係公禁。」作為布告，係其著例也。如斯，在臺灣本島屬於鄉村之總理、地保等，或保甲之牌頭、甲長、保正掌理之事，亦概全由鄉老或澳甲之手辦之，隨時臨事為之處理也。然近來此等澳甲似亦發生有弄弊之慮，在《澎湖廳志》記有：「澳甲即內地之保長，而兼收錢糧者，然殷實謹愿之人，每不肯為。為者多非善類，鄉人以其出入公門，與胥役相習，故未敢怠慢耳。」（〈風俗記〉）①

　　澎湖島民依公約示禁，不但保持一鄉之秩序安寧，鄰保共濟之風亦到處厲行，其中為達此目的，有組織一種慈善財團。如在八罩嶼之好善堂，即屬於可取為代表之一，澎湖通判特別為之出示厲行，徵之下列之例足以知之。

　　欽加知府銜、署臺灣澎湖海防糧捕分府唐，為出示嚴禁事。照得：本年十一月二十二日據八罩澳紳士許樹人、許清省、吳鼎盛、吳常魁、許樹林、許清音等僉稟詞稱：緣人等生長於海濱、民多愚蒙，不知珍重於女嬰，罔識矜憐山之耕牛、海之龜、鼈，亦往往殘害，人等目擊心傷，爰是出首倡捐，共得微資，每年生息以為補救之助，其拾字紙工資每年給錢六千，女嬰每口給錢一千，

① 「風尚」。

衰老耕牛每隻每年貼錢二千，龜、鼈大的定價每觔一十文，小的定價每觔十二文。第恐現時奸貪執拗不遵，而且歷時既久，恐致廢墜。因相率僉稟，懇乞出示嚴禁，責成該地文武汛口、鄉保、地甲，隨時察查，若有抗玩，許其稟究。恩准嚴禁立石，則公侯萬代矣。切叩等情。據此，閱見仁人惻隱之心，可嘉之至，所議各條亦俱妥洽，准予出示立石嚴禁，並移營飭行該處汛弁察查外，合行出示嚴禁。為此，示仰八罩澳各鄉人等知悉：其拾字紙工資每年給錢六千，女嬰每口給錢一千，衰老耕牛每隻每年貼錢二千，龜、鼈大的每觔一十文，小的每觔十二文。惻隱之心人皆有之，倘有不法之徒，乃蹈故轍，許該鄉甲隨時具稟，按律懲辦，決不姑寬！毋違！特示。

光緒六年元月　日給

加之一旦緩急之際，島民一致自衛克輸奉公之誠，亦屬上敘出於自治涵養之特風，《澎湖廳志》所載：「同治初，洋匪猖獗，在垵口截商船，甚至登山搶掠，鄰鄉蒔裡、井仔垵（大山嶼）等社，俱被焚刦。當時風櫃尾（大山嶼）人蔡耀坤，家小康而能識大義，乃出貲為倡，就本鄉要口，填築礮圍，率鄉眾日夜防守，籌給經費。嘗禦賊海岸，擊斬渠魁，餘黨遁入海。至今父老猶能言之。」（〈武備略〉）[①]之一事，係官府全未動兵之自警發動。於同治四年及十三年等在澎湖舉辦之民團，蓋官方加以利用者也。

要之，澎湖廳治所在之大山嶼及其附近諸島之住民，比之住於臺灣本島之漢民，如上述由於特殊之自理興養，人情似概近於敦厚。《澎湖紀略》（《澎湖廳志》所引）紀述乾隆時代之情形謂：「澎湖一區，孤懸海中，土瘠民勞，善心易生，人鮮作奸犯科，亦無僧尼、左道之惑，秀業詩書，愚安、漁、佃，夜戶不閉[②]，牛、羊散放於野，此風俗之有足多者。」

①當作《廳志》卷七〈人物傳〉上「鄉行」。

②「閉」字於伊能原書作「蔽」。

又《澎湖廳志》更舉其他之事例載云：「水仙宮口路頭（媽宮港）為上水之處，小船駁載，工人負載，腳資皆有常數，至於客人隨身物件，則照例給發，並無似他處之橫取強索者。」（〈風俗記〉）[1]又記：「市中現錢甚少，故亦行用錢票，其票與都門、省垣之式迥別，大抵隨時取給，或限期支取，輾轉流通，但視圖章為憑，認票而不認人，罕敢偽造者，亦可見其俗之近厚也。」（〈風俗記〉）[2]亦可徵之。另該志列示澎湖之五善謂：「臺灣有五美，曰：雨露多、水源多、樹木多、牲畜多、富戶多，此澎不敢所望者；在澎湖亦有五善，曰：刦盜無也，小夫無也，尼姑無也，歌妓無也，誤入邪教之人無也，此為臺之所不易及之者也。」（〈風俗記〉）[3]蓋雖不能盡中，但敘述以大山嶼為中心及附近諸島之民情，亦不遠也。由來澎湖之男子，過半渡海出外營生為常，俗稱之「奔波」。而概為素樸、勤勉，且勞銀廉也。故如臺灣本島所有傭役均需要澎人，閩人之俚諺有謂：「無澎人，不開簸。」（無澎湖人不能開雜貨鋪之意。）亦可以見此言反面之意義。

在澎湖，全島得有如此特別自治之機宜，結果如保甲之制不必嚴格施行。換言之，可謂不過依據保甲之方式即自動完成戶口之稽考。《澎湖紀略》（《澎湖廳志》所引）謂：「每年將一十三澳人戶，編列保甲，給予門牌，親行查點一次。……其民皆土著，並鮮移居別地及別地流寓來澎，與他郡遷徙靡常者，情形迥殊。且地皆平衍，無崇嶺密林可以藏奸聚匪。人亦安分，頗稱易治。官斯土者，隨其俗而勿擾焉，如荀子所云：覯軀雞而得御民之術也。則民安物馴，戶盛丁增，……久之不成富庶之域也哉？」[4]據此可察乾隆年間，已不重視保甲之運作。又《澎湖廳志》之〈經政書〉載「戶口」之處，僅見舉示其止於道光八年編查之保甲冊之數，可知隨通臺保甲制全鬆弛亦使其衰廢。而在附論於同廳志之〈規制考〉[5]

①「服習」。
②同上，「服習」。
③《澎湖廳志》〈風俗記〉似無此段文字。
④出自《廳志》〈經政書〉。
⑤「澳社」。

如左記一節，對於特別自治繼長增高之看法，可視為當道之方針也：

謹按澎湖各澳八十餘社，惟媽宮一社，分為東、南、北三甲，人煙稠密。他如西嶼之小池角，尚有千餘家，而吉貝（吉貝嶼）、後寮①（北山嶼）、赤嵌（北山嶼）、南寮②（大山嶼）、網垵（八罩嶼）等社，或五、六百家，或有三、四百家。餘多零星小社，又或隔海懸絕，脫令一旦有事，則欲其守望相助，勢既難於遙及，又不可行堅壁清野之法，此守澎之難，不難於以兵守之，而難於聯絡島民，使之人自為守也。且民之困苦自安者，特無事時耳。倘或誘之以利，孰不趨之如騖，況彼外嶼之人，不識詩書、不諳大義者哉！然則收其心而用其力，斯於事有濟；養其身以收其心，斯羣力可用；誠不易之論耳。

①「寮」字於伊能原書作「藔」。
②「寮」字於伊能原書作「藔」。

第六章　保甲及團練

第一節　保甲制

保甲之制，在清朝係屬掌理下級地方行政自治機關之原動力，為遂行自衛警察之目的而設之特別設施，原來以古代《周官》之所謂比閭族黨為淵源，而大體上承襲明代完成之團保之法，（《天下郡國利病書》於江南（十二）載，《無錫縣志》險要之條下有：「團保之法，每家有三丁出二丁，十家為甲，甲長統之，十甲為保，保長統之，而皆聽於團長，書於一牌，懸在團長之家，自備器械，注於名下，在鄉各村各鎮，在城一坊一街，擇有材勇眾所推者為團長，在寺觀、場圃之間，習得戰鬥擊刺之法，分番較核，無事農工商賈，有事鞭弭櫜鞬，臨事而畏縮者治之以法。大約一鄉為一團，或大市雄鎮居民稠密者，結為大團，偏坊僻聚村墟曠遠者，自成一保，倭夷往來要害之地，或十里、五里為一團，當關喉舌之路，跨河衿帶之區，為一團，星羅棋布，脈絡相聯，一團受敵時，隣保相率而合團，官兵出勤時，各鄉因之嚮導。」確得其簡要，而至少在中國南部、為控禦倭寇之必要，知其甚發達。）其設施之奠基早在順治元年。嗣於康熙九年所發布之〈上諭十六條〉中之第十五謂：「聯保甲以弭盜賊」，實在簡要約定保甲之意旨。雍正元年①，更將上諭之條目敷衍，欽頒《聖諭廣訓》十六章，關於本條謂：「從來安民在於弭盜，摘發守禦之法，必當先事而為之備，故緝捕有賞，疏縱有罰，諱盜有禁，違限有條，而最善者莫如保甲。十家為甲，十甲為保，甲有長，保有正，設立簿冊交察互警，此即井田守望之遺制，所以聖祖仁皇帝上諭曰：『聯保甲以弭盜賊』，誠欲使四海九州，閭閻安堵，澄②本清源，聖慮實為周切矣！（中略）嗣後城市、鄉

①當作二年。

②「澄」字於伊能原書作「正」。

村嚴行保甲，每處各自分保，每保各統一甲，城以坊分，鄉以圖別，排鄰比戶，互相防閑①，一甲之中，巨室大戶，僮佃多至數百，此內良否本戶自有責任，若一廛一舍之散布村落者，有業無業，或良或否，里正、保正得微窺於平素，一出一入得以隱察其行蹤，遇有不務恆業，群飲聚博，鬥雞走狗，夜集曉散，以及履歷不明，蹤跡可疑者，皆立為糾舉，不許暫容甲內，其荒原古廟、鬧肆叢祠，尤易藏奸，更宜加緊防察，至汛地兵丁務必晝夜巡邏，一體查詰，毋借端生事，毋挾仇陷害，毋受賄賂而徇縱，毋惜情面而姑容，協力同心，輪流分派，則盜賊無容身之地，軍民享安靜之樂矣！（下略）」以之可審窺保甲制之神髓。

乾隆頒行之《大清會典》曰：「凡保甲在直省府、縣，自城市達鄉村，民居十戶立牌頭，十牌立甲長，十甲立保正，戶給印紙，登姓名、習業，懸於門楔，以稽出入往來，詰奸宄，如有藏匿盜匪及干犯禁令者，甲內互相為覺舉，如官吏奉行不善及牌頭、甲長、保正，瞻徇容隱，或致需索擾累者皆論之。」嘉慶頒行之《大清會典》曰：「凡編保甲，戶給予門牌，書其家長之名與其丁男之數，而每歲更之。十家為牌，牌有頭，十牌為甲，甲有長，十甲為保，保有正，犯其令作惡者稽而報之。」乃於其體制並無變更，爾後繼續行之及至後代。

在臺灣，鄭氏之時，因主要依寓兵於農，施行營盤之制，似無保甲之設施，但寧靖王墾田之史蹟所傳，在南路之長治里（後來之鳳山縣轄），古時立有一圖、二圖之區劃，從土名所存加以推考，所謂每一百一十戶為一圖，圖分十甲，甲有長，以統十戶，似可認出明代里甲之遺制，是少見由移民實施自治之痕跡。而入清之初，百事草創，如其在地方之行政機

①「閑」字於伊能原書作「關」。

關，全無整備而未建立之結果，自無暇實施保甲之制，但康熙末年朱一貴事件後，殆亙年餘間，因民心恟恟不安，餘匪仍出沒未回復如平日狀，為盡善後籌謀之策，藍鼎元代當時之鎮總兵藍廷珍上書閩浙總督，以為在臺灣亦須設地方自治之機關，且應實行保甲，其要旨曰：

> 臺疆遼闊已極，臺民不馴特甚，皆內地作奸犯科，逋逃萃止，豺心鼠性，隨處欲張。邇者北路地方竊刦頻聞，涓涓之勢①，漸不可長。苦防汛照管不周，真有顧此遺彼之患。兼班兵自遠新來，良匪情形、路徑要害，皆生疏弗能熟悉，延、建、汀、邵、福、興、福寧兵丁，音語不同，不能細偵密訪，如枘鑿方員②之不相入。即有二千協防，尚不足供措置，況又有掣回之憂。茫茫千里，星星塘汛，勿論移鎮澎湖，必致覆餗，即駐臺亦難高枕而臥也。某夙夜兢兢，惟恐有辜朝廷付託之重，負知己培植之恩，實切悚惶！所望二、三賢能文職，振奮精神，以實心行保甲之實政。家家戶戶，自為清革，使盜賊無自而生，聯絡聲援，守望相助，如常山之蛇，擊首則尾應，擊尾則首應，使盜賊無托足之地，雖不設立官兵，亦何不可，但今保甲之法，久已視為具文，虛應故事，莫肯實心料理。而署事各官，又皆有五日京兆、推諉後人之意，真未如之何也！（《東征集》之〈請行③保甲責成鄉長書〉）

嗣於雍正二年，藍鼎元進言於巡視臺灣御史吳達禮④之〈論治臺灣事宜書〉中，論說將鄉壯為民兵之利，其末云：「恐或畏其煩難，則不如實心舉行保甲，聯守望相助之規，嚴窩隱匪類之禁，亦救時急務也。」（《鹿洲初集》）六年條奏六事經理臺灣，中謂：「臣思

①「勢」字於伊能原書誤作「聲」。
②「員」字於伊能原書作「圓」。
③「行」字於伊能原書脫。
④當作分巡臺灣道吳昌祚。

保甲良法，實可興善戢奸，而在臺灣，尤當以為先務，庶幾民間情事脈絡井然，平日知其所為，去來知其所自。」（〈鹿洲奏疏〉）蓋俱表明同轍之見地，而在於依保甲之設施，欲主補助下級行政也。雍正十一年，見曩欽頒之《聖諭廣訓》十六章，實行於臺灣，同時亦施設保甲之制，上述之論議，雖不足為決定直接方針之因由，但亦成為間接促成當局之動機則甚為明顯。而此種組織透過城市、街庄之組織，以十戶為牌而立牌頭，十牌為甲而立甲長，十甲為保而立保正，與既於中國內地所實施之制度，大體上無相異之處也。而保甲之編成，斟酌其地方之情形，應時宜有所損益之故，未必各地同軌，嗣後或於每年一次，或二年一次或三年一次等，都因該地方官之所命有差異。要之，保甲乃是地方自治機關之原動力，為遂行自衛警察之目的而發生之一種制度。如上所述，因自然伴隨地方之無事或滋生事端，而有興廢弛張之勢。

（附記）保甲之形式，給付門牌，書姓名、習業於牌上，至所謂出時注往所，入時稽來所之新方法，雖時有詳略疏密，試就先後之實例示如左：

第一例　嘉慶年間之門牌

第二例　光緒年間之門牌

戶口門牌

安平縣正堂某為

編查保甲事案奉

憲行戢暴安良亟應按戶編查保甲以清奸宄而靖地方除派委員按段檢戶任真查造外合

應給發戶口門牌填註男女丁口粘貼各戶門首以便查察須至

門牌者

計開　某坊某街

保正　氏名

甲長　氏名

牌頭　氏名

左鄰　氏名

右鄰　氏名

戶主　氏名　年齡

男　幾丁

女　幾口

傭工　男

女

年月日給

如此乾隆年間，以丁銀歸入地畝之結果，隨之戶口編審之事亦自然廢弛，乃更利用保甲制，成司掌戶冊之稽考。（《戶部則例》中謂：「凡州、縣人之每歲造報民數，使各將現行之保甲門牌，按底冊核計彙報。」即是也。）而擔任之當事者牌頭、甲長、保正，係例由其地之簽首、總理與地保協定，就該管內之才識堪勝任者，薦而舉之。由來保甲之制，在中國本土從康熙末年以降概歸於頹弛，所謂：「第恐遵行既久，遂至因循，吏徒稽戶籍，民則僅置門牌，而於聯比糾察之法，未見實心奉行，以致勾引窩藏之弊，種種而生，鄰舍失事竟如秦越之相視，富家被劫反指為悖出之當然，甚且假公濟私，藉盤詰之虛名，滋無饜之苛求，汛防因而騷擾，胥吏緣以生奸。有保甲之名，無保甲之實；有保甲之累，無保甲之益。此盜賊之所以難弭也！」（《聖諭廣訓》「聯保甲以弭盜賊」之條之一節。）之情弊，靡然而成風係屬事實，在臺灣似亦不例外。及入乾隆中葉，痛鑒前轍，為振興其既廢，刑部特發布條例，致力厲行保甲制度。

三十一年，被調為澎湖通判而以興利除弊銳意自任之胡建偉[①]公開之治臺意見中論謂：「清查戶口一節，所費不多，而潛消內匪。但任之書吏，最滋擾累。必慎選各鄉正人，專以責成，官又親自巡察，則一鄉一邑之賢否，悉注於冊，舉目可以周知，要在出以實心，乃有實政，否則幾何不視為空文也。」（《澎湖廳志》引《胡[②]文忠遺集》[③]），實可視為當代關於保甲改善，當道意見之要諦。尤其乾隆末年，在臺灣林爽文之役後，似曾大力振肅，其稽查之門牌，有強制左列之禁約：

一、違犯父母、尊長者，治罪。

一、酗酒、打降、訛詐、擾害者，治罪。

①伊能原書誤作「胡健偉」。

②「胡」字於伊能原書誤作「故」。

③引文在《廳志》卷三〈經政書〉「戶口」，胡文忠為胡林翼，非胡建偉也。

一、結會燒香，立有教會名目，妄言禍福，聚眾斂錢者，治罪。

一、把持鄉曲，唆訟滋事者，治罪。

一、結拜兄弟，歃血為盟者，治罪。

一、窩聚娼賭者，治罪。

一、窩留盜賊、逋逃及往來詭祕之人者，治罪。

一、本家容隱奸宄，甲鄰不首，一體治罪。

嘉慶以降至道光年間，保甲之制，亦有較被忽視之形跡。嘉慶十九年，閩浙總督汪志伊在關於保甲之奏疏中至言：「閩省之牌、甲、保長，人多畏避承充，皆由於易招怨，今擬將緝拏人犯及催徵錢糧二事不派牌、甲、保長，責成專人編查戶口，令其稽察匪類，凡有匪徒藏匿，使其密稟地方官，作為訪聞，使其免招怨。」此畢竟係福建地方之頑民，自將此種恬嬉之積習馴致成為惡弊，尤其此風最甚之臺灣，畏避之情之深，不容置疑，概或許亦使其傾向於頹弛之一因，而當時施於臺灣之保甲，未必準據其原規，似在特別之變制下組織，現有嘉慶十九年八月所發臺灣縣之門牌記有：「新化東里崗子林第一甲第三牌第二十六戶」之例存在，正以甲之上級保代之以便宜代地方行政區劃所屬里、堡、街、庄，及牌之戶數，亦示不拘泥於十家為一牌，十牌為一甲之一律。則可能參照《戶部則例》（乾隆二十二年所定）之有關保甲條規之註「畸零散處通融編列」之原則實施之。又道光十三年，任北路理番同知陳盛韶之《問俗錄》[1]記謂：「〈王制〉：遊民有禁。《周官》：閒民無常職有罰，誠謂勞則善心生，逸則淫心生也。臺灣一種無田宅，無妻子，不士不農，不工

[1] 〈羅漢腳〉。

不賈，不負戴道路，俗指為羅漢腳，嫖賭、摸竊、械鬬、樹旂，靡所不為。曷言乎羅漢腳也？謂其單身，游食四方，隨處結黨，且衫褲不全，赤腳終生也。大市村不下數百人，小市村不下數十人。臺灣之難治在此。是惟清莊時，另造閒民一冊，著總理、族長嚴謹約束，分授執事，俾勿閒游。其不率教者，稟官逐水內渡。然總理、族長難得其人，認真清莊者尤難得其人。不然，何以嘉義、彰化清莊甫退，眾匪釁亂，夢夢不覺？然則如之何而可？清莊之役，仍惟賢令尹素與民相親，善惡分明，情偽周知，而後隨時隨處留心清理，知明處當。非委員一時所能造冊、繪圖，紙上空譚；況委員到縣，直如入汪洋大海，不知其津涯。且清莊之法不如聯甲，清莊者實指其人之不善，使無所容；總理之邪者不肯為，總理之正而無勢者又不能為。惟選立聯首，奉行聯甲，以小村聯大村，以遠村附近村，同心緝捕，保固鄉鄰，則各莊之正氣盛、邪氣衰，羅漢腳勢難為匪，必改邪歸正，否則公同稟逐內渡。為政之道，以官治民難，以民治民易。聯甲法行，……不分漳、泉，不分閩、粵，可以息分類之禍。予於建陽縣①行之而效，今鹿港街②（彰化縣下）行之亦效，真孔荃谿觀察治閩之良劑歟！」蓋從前為保甲之稽查，鑒於尚有不能察覺眾匪擾亂之情弊，依保甲聯合之組織，在於期其勢力之強大，實屬保甲制度之更張，所謂清莊聯團之法，即是也。再言之，前者不過為戶口單位之編成，後者成於街、庄集團之聯合，在其形骸雖有異，但在性質上兩者完全同一，實在道光中葉，設施之端似啟於臺灣。如道光末年就任之分巡臺灣兵備道徐宗幹，作為審辦盜匪之一策條奏謂：「臺灣素多無籍遊民，每易糾集生事。其始不過數人，漸聚漸多，即至肆行無忌，惟在地方官隨時隨地，留心查訪，一有萌③櫱，立時撲捕，方免滋蔓為患。海外民情浮動，臣等疊經嚴密檄飭各屬先事預防，文、武各員弁自

① 「縣」字於伊能原書脫。
② 「街」字於伊能原書脫。
③ 「萌」字於伊能原書誤作「萠」。

不敢幸災樂禍，侍其釀事拏辦，以冀見功，而未必於無事之時存有事之慮，即令處處稽察，勢難遍及，必須聯絡鄉村，聲息相通，酌保甲之法而變通行之，官、民一氣，庶閭閻可漸臻安堵，藉兵力以治於已然之後，固不如結民心以弭於未然之先也。」（《斯未信齋存稿》（會奏審辦盜匪附摺））①亦出自相同之見解也。當時在城市為其街境全部，在鄉村以一里、堡或二里、堡為一管區，以公約條議，以區內之四、五街庄為一甲，各甲置約首總轄之。而清莊團練所著重者在於：「上則為官靖地方，下則為民除盜賊而設者」（臺南城市之聯境條約）之故，聯團內之各要地發給銅鑼安放，於有盜賊之際，被害者馳而喊救時，即連打銅鑼作為信號，鄰境順次以一次三聲應之，以便捕獲盜賊，且為防盜，便宜在高丘建屋置看守，有事時要作信號之布置，尚設賞鼓舞救應，嚴懲罰、戒弊端為第一義。至其經費，一般而言，須待義捐。道光二十八年六月，在斗六門（斗六堡）作為聯團維持之法，當時縣丞姚鴻擬實行浙江省所辦一文緣之法，一時稱為良法也。左列係基於同法所定有關獎賞之條議，勒石建於斗六街（後來之雲林城）者：

一、一文緣之題捐，原為本街盜警之用。如當場擒獲一盜，賞錢拾陸千文；格斃一名，賞錢貳拾千文；被拒致斃者，給賞埋葬錢壹百貳拾千文；受傷者隨時酌給醫藥資，由本街總董查實，向經理一文緣之司事支取，如有冒濫，分文著賠。

一、每日僅捐制錢一文，力非難辦，務宜永久奉行，以收成效，各捐戶不得以無事開銷，遽行停止，以致有事時，轉行支絀力窮。

一、每年自九月起，至次年四月止，斗六縣丞先期請由嘉義營參府，專派外委一員，帶斗六本汛

①此摺收入《治臺必告錄》卷四。

兵二十名，駐於大眾廟防守，每月應貼弁兵薪水錢貳拾陸千文，即於收存一文緣款支①。

一、每年防守期內，該弁兵果能實力巡邏地方，不致多事，即由斗六縣丞稟請，分別獎賞。如查有怠惰偷安，亦即隨時稟請差拘究辦，以示懲儆。

一、每年春、秋二仲月，本街總董聯庄需費，每次在於一文緣內支用，但不得過四十千文②之限，如有濫給，經理之人，按數賠還。

一、經理一文緣之董事，應令眾紳耆選舉公正誠實者四人，造具名冊，稟請斗六縣丞，查照立案，遞年交接輪值，免滋流弊。

一、此項題緣錢文，如每年開銷外，盈餘若干，存放殷實鋪戶生息，以期擴充，利息不得過二分，仍由斗六縣丞，將收支盈絀數目，開摺稟報，以備查考。

一、一文緣之設，除本街捕盜需用外，惟防守弁兵薪水，並春、秋聯會經費，以及本街隘門、溪底、陂岸四項，准予開銷，其餘概不得藉端支領，致干冒濫。

道光末年以後之保甲實施情形不詳。惟推想除應其必要之冬防一事外，其他似殆失於有名無實，且其間所生弊竇難免與其說使良民因此得益，毋寧是使其感覺虧累之狀態。至同治十三年，日本出師臺灣番地，此種刺激依據欽差辦理臺灣海防事務沈葆楨籌議，在臺灣府治決定再行保甲。其組織由原來自治警察之編制更加改善，採一種官、民混成警察之形態，在城內設保甲局，城外設保甲分局，局置官選之委員（以候補雜職充之）。任其作全般之掌理，另外備綠營兵勇二十名，以承委員之指揮，日夜巡邏城市。然當時僅限於一府城之內外實施而已，其他鄉村仍然傾向於廢頹。光緒十三年，臺灣巡撫劉銘傳著手臺政刷新，

①「支」字於伊能原書誤作「文」。

②「文」字於伊能原書脫。

施行清賦事業之際，定先編審保甲之方針，使各府廳、縣特舉委員，限於二個月內，稽查並呈報其管內之戶口，且除查戶口之外，兼問各戶之糧賦，欲以為清賦之基礎。同年三月，以劉巡撫之名所發諭示之要點如左：

保甲之法，即弭盜安民之要務，久經奉為定例，凡十戶立一牌頭，十牌立一甲長，十甲立一保正，每戶與印信紙牌一枚，記入姓名與丁男之口數，並明書其職業，若屬村落之離屋，未滿戶口之定數者，就牌中之小戶多之部分，適宜編入之。牌頭及甲長不時稽查，其中如有死亡者，隨時由牌扣除，續行補充，及遷去者刪之，移來者補之；對於出外詢其何處去，入內究其何處來，非親非友者不許寄住，如無產業，不許容留；遇夜守柵，勤務時間，應嚴密巡查，則盜賊何處潛蹤？宵小何方竊發？管內之良民自然安居，得樂其業焉。鄉保、地甲等，務各遵照此規制，白日每戶稽查，黑夜應輪流當差，如有大者盜賊、邪教、豪惡、匪類，小者酗①酒、賭博、打降、光棍，應舉實際事證稟報，依法重懲。凡有強壯乞丐、遊方僧人耍弄拳棍，言行詭異、衣服行跡可疑之人，一概驅逐，坊店、寺觀不得窩留，空窰古廟立即關閉。一家有事，各家群起救護，務必摘奸發伏，民居安帖，如有怠惰苟安、奉行不力，本撫察出必行處分，決不寬貸。

大體上雖擬實施舊有之保甲制度，但加些許變通，亦將之成為官、民混成警察之組織，似倣同治末年之規制。而其最早準備實施，進行調查者，為臺北府屬之淡水縣知縣汪興禕。首先對於保甲編制謂以：「臺、澎土地遼闊，漳、泉、粵三籍人民，及本島土著之民，分處雜居，戶口極為繁多，亟宜清查戶口，以杜匪類之潛伏，茲蒙巡撫示諭各縣轄內人丁戶

① 「酗」字於伊能原書誤作「酟」。

口應於二個月內編審呈報。查保甲係緝盜安民之良規，補官捕之不足者，法良意美，事簡功鉅，而與捕務相表裏，實屬目前第一要務，果實力行之既久，可杜外來匪徒之進入，又可絕本地土匪之跡也，況卑縣係海外之巖疆，民、番雜處，閩、粵分居其間，良莠不齊，時多蠢動，萬事之稽查尤屬緊要，今卑職捐出之，以各鄉之紳耆、總保，與委員隨行實查，繕製清冊送交保、甲長，而完成調查。各鄉之紳耆、總保推舉眾所悅服之人，期使鄉無漏戶，戶無匪人。」之意見具稟，同時定左列之施行章程請批示：

一、保甲組織之法，係以十戶為一牌，牌中選一人為牌頭，十牌為一甲，甲內選一人為甲長，十甲為一保，置保正一人，或以三、四十甲乃至五、六十甲為一保，置保正一人亦可，均舉年力精壯、明白於事務、端正謹直之人任之。

一、每牌十戶之組織，若生奇零時，其數三戶以內者，編入於末牌之內，三戶以上者合於末牌二分之，為兩牌；於甲亦同之。

一、一鄉僅有數戶不至十戶者，即其鄉為一牌，或數牌不至十牌者，即其鄉為一甲。

一、商鋪以一鋪為一戶，記入店主之姓名，管事辛勞之數，十鋪店為一牌，置一牌頭，十牌為一甲，置甲長，均選端正謹直之人任之。

一、在牌、甲內，對於平日為竊盜，信各種邪教，更犯罪科不守本分者，各牌均可不屑與此等為伍。要之，保甲之主義，以其在於督察此等而設，倘不將此編入保甲成為漏戶，彼等反而有脫離約束、肆虐作惡之虞，因此對於此等人，於其戶口冊上蓋以「自新」二字，三年能改過遷善，始刪去之。

一、牌、甲內各戶之生死及由他管轉出入者，由牌頭於五日內報告甲長、保正，應記入各牌內，為門牌之更改。

一、耕他人之田者，應將其自己之收穫及大、小租，並繳納地租若干稟申，耕自己之田者，應將其自己之收穫及大、小租並繳納地租若干，明白記載於門牌，若有隱匿者，照例沒官。

同時加以：「方立法之初，宜嚴定功過賞罰，委員之薪水夫價，紳耆、總保之飯食等，分別官給，從而該員紳等，在鄉中民間不許一草一木擾累，若一有舞弊徇私，絲毫染指者，科以嚴重之處罰，能實力奉行而不辭勞瘁者，隨時選擇行獎勵之法。」之戒飭，許民庶以舉發事實，如此，如在具稟所言，其諸費從汪知縣之養廉銀中捐出也，蓋因此可知為期刷新從前所見保甲制度之弊竇，即為巡撫所納，且其施行章程成為一般之模範，示牒各屬一律準據此例也。然嘉義知縣羅建祥提出，欲以保甲制而達清賦之目的，三代以前有井田制之時代或可行之，但在今行之寧有弊而無益之反對意見。大意謂：「古之所以編查保甲，雖出於緝匪清庄之意，但以後世不予力行，古法遂不過成為具文，若居今日而欲恢復前規，知其頗為難事，因為由於民俗日渝①，官弊日甚，牌甲中有生死就去，或藏匿匪類，不遵法令悉予舉報，若又民俗淳良，悉有明法加以舉報，官中之丁胥、差役、保正、甲長等，未必保其為賢者，故如此等之輩，萬一弄權射利，是使之反為擾民而已，故卑職囊稟申清庄緝盜案內議謂，代為保甲之編制，每庄舉一庄董，五庄設一總理使其經理之，隸屬於各堡之團練分局，分局亦擬隸於城內之總局，是亦在從來制度之上，不過加以少許之變通，但局紳互相有所鈐制，信其實效庶幾近焉，若夫拘執於往制，督令保甲，以期肅清盜賊，

① 「渝」字疑當作「偷」。

應消除從來致不清之事，何苦今又為保甲編制之愚？蓋在承平無事之際行保甲，不過聊示警戒之意。有事之秋，民亦重自家，因此保甲或得藉以杜外匪之進入，是故保甲僅能察盜，但未足以清賦者也。若在今日之編審，調查戶口，問糧賦，其事固非無關聯，但恐因之更滋生驚擾。夫各戶男女丁口，對於良民在鄉里一詢即得明知，然至田產之有無多寡，或一問難得其實；且因在業戶、佃戶，可知其收租之事，至田之所在位置等，恐不能摘出焉。又尚有甚者，即官之將到，假令對於十甲之田，豫製偽證，以他人之田業為自己之產，官到時以之報告，當求官之糧串（納租之收單）時，彼將藉其係昨今之收買，未割串（納租之履行）之辭，而委員在鄉閭之時間有限，對於此等實否無暇查詢，據其詞登之於簿，迄後對於一田數主之控訴紛起，將有以其嘗經委員點驗查詢，作為言證者，原來臺地刁風已甚，從一傳百以之紛爭，地方官將以何策禦之乎？問糧賦之不便，攙入於保甲如斯；唯卑職為一介之末僚，方此眾人諾諾之秋，敢為蒭蕘之獻言，係因蒙憲臺之優渥，負任於地方，見此不便不忍為緘默，請將就戶問糧改為就田問賦之議。」此意見固非絕對無視保甲之效力，只顧過去保甲制度之缺陷，由之觀破其資清賦準備之不可能，逐漸建立之見解，未必全無道理。然就戶問糧為劉巡撫已決定之既定方針，勢亦不可動之，為之完全不被採納而止。旋臺北知府雷其達，對於管下各屬發出特示：「現各縣受巡撫之命，委員赴鄉清查戶口，辦理保甲以清盜源，並逐戶查詢田賦，以為清賦之根據，夫靖盜所以衛閭閻，清賦所以裕國帑，為目前當務之急也，唯委員、士紳等賢愚不一，鄉民亦良莠不齊，為恐遺弊痕於將來，宜於始事之際，應為之豫防，因之嚴令各委員、士紳、書役，認真辦公，不使其滋擾，同時開列簡明之條款，為曉諭嚴禁，闔屬一體之人民等，應思靖盜清賦實為地方而作，務明曉大義，據實報告，勿敢欺隱觸重咎。」在其條款中嚴達：「各人就自己之丁口，不許以少報多，以多報少，以之希圖窩藏匪類，致混淆良莠，犯者應從重予以處分。各業戶對於自己田、園收穫之大小租穀數量不得以多報少，故意隱瞞；違者沒收其田、園。各佃戶對其耕作田、園之業主繳納之大、小租穀數量不得以多報少；違者從重處分。」於淡水縣之後著手保甲編制之新竹知縣方祖蔭，亦諭飭聲明：「從前之保甲制有名無實，殆難見其實效，此次期其十分之效果，紳董、總理、地保等應體此意，協同贊襄以致其成效。原來保甲不外為弭盜安民之旨趣而作，不許擾累一切人民，在使人民獲保甲之益前，勿為其感煩累等之事。」之旨意。以此足以推想當時地方當局者，如何為完成改善確實之保甲制度，所持認真之態度。如此，保甲編審及期告一段落，使各廳、縣一齊著手清丈田畝之外，他方面為使保甲之組織能於將來繼續，擬置同治末年之保甲局，先於省會之臺北城內，設保甲總局，局置官選之總辦（以候補知府充之）；並立計畫漸次將各分局普及於其他府、州、廳、縣。當初在臺北城外艋舺、大稻埕二街，各創設分局，分局置官選之委員（以候補雜職充之），使其在總辦指揮下承辦任務，另在總局置二十名，各分局置四名之巡丁，就各營之兵勇派充，日夜當市街之巡警。至其他地方當初無支出經費之來源，無由即行實施，但後任臺灣巡撫採緊縮政策之結果，終留在維持現狀，不及更張而止之。

臺灣巡撫劉銘傳一面決定保甲之改善，同時亦使清庄聯團之組織更加完備。亦即以此成為官、民混成警察機關，此事與保甲制度相同，設清庄聯團總局，置官選之正、副局董，其下設各清庄聯團分局，使其統率各約首，但亦不及普遍實施。

臺灣之地，尤其在冬、秋季節盜難、火災滋事多。因此，在此期間，地方之警防有加以嚴格實施之必要。從前在城市特求派撥兵員，在鄉村便宜派出壯丁，使其連夜從事巡警。其期間大體自九月一日至次年正月末日亙五個月間，稱之為冬防。至此，冬防被當為保甲或清庄聯團之特別活動，而屬於其任務內。其中從地方之狀況，如清庄聯團，在冬防期外自成為休止之狀亦屬事實。（咸豐初年間之臺灣府學訓導劉家謀之《海音詩》題序①：「歲暮有聯絡諸鄉，互為救援者。夜間聞警即鳴鑼，集眾禦之，得守望相助遺意。惜不能時時然、處處然也。」並載詩：「夜半鳴金起僻隅，弓刀環集滿②街衢；但教戶戶都聯絡，明月花邨犬吠無。」）據嘉慶頒行之《大清會典》有：「凡海船亦使其編甲」之明文。（《戶部則例》中海濱地方城鄉口岸漁船會聚之處，均見有倣照保甲，編列字號，船甲之組織略倣陸上之保甲制度甚明也。）而在臺灣，有特殊海防機關之設施，海船之保甲似幾乎未厲行。

第二節　團練制

團練係淵源於古寓兵於農之遺意，為清朝使其與保甲制度相表裏之設施，地方之壯丁團結，組織為一隊，屬於自治警察兼民兵特殊防備機關，除擔任土匪之警戒、冬防之出動等外，凡一旦有兵亂，執干戈從軍，以補兵勇之不周，無事即散而歸隴畝。

初於臺灣，因地方之下級行政機關未建立，且無保甲制之設施，原無團練。唯遇兵亂之際，有人挺身從軍出力者，稱之為義民。康熙末年於朱一貴案後，其正計畫善後策之藍鼎元，鑒於義民奉公之成績，認為團練之制可在臺灣實施，代當時之鎮總兵藍廷珍，覆浙閩總督有關臺疆經理事宜時，論添兵設防之必要，並應隨伴之策謂：「臺、鳳、諸各縣各練鄉壯五百名，在外縣丞、巡檢各練鄉壯三百名，無事則散之隴畝，有役則修我戈矛，鄉

①當作詩註。

②「滿」字於伊能原書誤作「已」。

自為守①，人自為兵，此萬全之道也。」（《東征集》）嗣以總兵之名上書總督，請實施保甲，同時一面論陳團練之必要之意見，其要旨謂：

團練鄉兵，亦是靖盜一法。憲臺以其亂後強悍成性，欲仁漸義摩，納之禮讓之中，誠為移風易俗要道。但今盜賊眾多，不可不先為剔刮。鄙人愚見，以為作賊可以欺官，不可欺民，能避巡兵，不能避鄉里。莫若因其勢而防範之。就各縣各鄉，簽舉一幹練勤謹、有身家、顧惜廉恥之人，使為鄉長，就其所轄數鄉，家喻戶曉，聯守望相助之心，給之遊兵，以供奔走使令之役，如有一家被盜，則前後左右各家齊出救援，堵截各處要口，務必協力擒獲。又設大鄉總一、二人，統轄各鄉長，督率稽查，專其責成。鄉長有生事擾民、縱容奸匪、緝捕不力、救護不齊等弊，大鄉總稽查報查，如有失察，一體同罪。是雖無鄉兵之名，而眾志成城，不啻有鄉兵之實。（《東征集》之〈請行保甲責成鄉長書〉）

如此，立可實行於全臺之具體擬案謂：「今擬臺灣中路設鄉長六名，南路鳳山設鄉長八名，每縣各立大鄉總一名統轄之，北路諸羅設鄉長十二名，立大鄉總二名分轄之。每鄉長一名准給養遊兵四名，大鄉總一名給外委、千、把總銜劄，以榮其身，准養遊兵十名。其遊兵名糧，每月銀一兩、米三斗，就官莊內支給，以為瞻②養之資，計三縣遊兵一百四十四名，每月支銀一百四十四兩，米四十三石二斗，三縣鄉長共二十六名，大鄉總四名，應給養廉多少，憲臺酌量定奪。伊等工食既皆仰給于官，則與官兵一例，文、武均行約束調遣，無敢不從。凡地方有竊刦盜賊，就各鄉長跟要，限期緝獲，解官究處。……

①「守」字於伊能原書作「首」。
②「瞻」字應當作「贍」。

逾限不獲，……拘鄉長正身重懲，大鄉總記大過一次。凡盜賊不能緝獲至三次者，鄉長責革，大鄉總追銷外委職牌，以示勸懲。雖月糧似覺傷重，但為地方之利，自不得顧惜小費。欲行節省，則每名每月銀七錢、五錢亦可，米三斗不易也。無月糧則彼將生事擾民以為食，非徒無益，為害更大。且天下亦無枵腹而為人辦事之理。必有資其養廉，方可責以清操。大鄉總能幹練辦公勤謹，三年無過犯，有綏靖地方實蹟，量行擢用，以示鼓勵。」（〈請行保甲責成鄉長書〉）而對此，其時當路之議，主要傾向於以懷柔政策處之，以：「團練鄉勇，在臺地萬不可行，宜興保甲之法，以鄉約、義學柔和其心性，此誠移風易俗之要道。」之趣有所檄示，但當時山窩之搜捕，逋藪之掃清，不能普遍及南北，餘匪之倡亂鼓煽有殆無平日之狀之故，藍鼎元代總兵，再次上陳臨機決行團練之必要。其略曰：「凡事有經有權，似當隨時變通，難膠一定。……臺民錮蔽已深，犯亂成習，一時未能悉化，每有亡命之徒，時作死灰復燃之想。……以為當今之時，宜急訓練鄉壯，聯絡村社，以補兵防之所不周，家家戶戶，無事皆農，有事皆兵，使盜賊無容身之地。……星星之火，或致燎原，勿謂無傷，其禍將長。此時添兵不可，增營不可，坐觀其蔽，後悔何及？鄙人不識時務，權為擅專，會商道、府，檄縣暫行聯絡鄉社之法，以固人心。早晚逸賊盡獲，地方大定，即為撤去，仍行鄉約化導，設義學以教誨之。不知憲臺以為何如？重洋遠隔，請示維艱，總為奠定疆圉起見，許我罪我，均罔敢辭。」（《東征集》之〈請①權行團練書〉）乃斷然果行團練。其得保持亂後之小康，似應歸功於此者亦不少。然此完全為一時之權宜設施而已。及雍正初年已歸撤廢，徵之藍鼎元致巡視臺灣觀察御史吳達禮②之〈論治臺灣事宜書〉中所陳述：將鄉壯組織民兵，或畏煩難③，則舉行保甲，聯守望相助之規，嚴禁窩隱匪類，亦可為救時

①「請」字於伊能原書脫。
②當作分巡臺灣道吳昌祚。
③「難」字於伊能原書作「雜」。

急務之意見，可知在於欲慫恿囊依一時之權行見得成效之團練復興。嗣於乾隆末年林爽文起事時，因所在義民致效殊多，據稱當時賊匪認出義民之旗幟時，悉即不戰而走。降至嘉慶、咸豐之際，幾多民變，藉義民從軍出力亦甚大，而此等義民之舉措，雖總屬於得團練之神髓，但在形式上尚有未備之處，同治元年戴潮春案萌①時，淡水廳城竹塹之士紳林占梅，傳集紳商，設保安總局於廳治辦理團練，為事先豫防之計，自出貲、備器械、積鉛藥、修城濠、募勇士，以生員鄭秉經、貢生陳緝熙、職員翁林萃董其事，聯絡鄉莊訓練鄉勇，遣勇首蔡宇總帶練勇防守城外之要害，以備非常。廳城賴之得寧也。（尚依之克大甲，復彰化。嗣分巡臺灣兵備道丁曰健與臺灣知府陳懋烈②熟商，擬制通飭各屬，以聯莊團練助搜捕兵力之未及。）此實為團練之組織，而形質雙方均已完整，鑑於此，認定有設定全臺規制之必要。事平之後，依福建巡撫徐宗幹之奏疏，特奉准置全臺團練大臣，舉林占梅任之，但當時僅局限於臺灣府城開籌餉之事務而已。又如其組織，仍然擬倣義民之舊例而已。將之大體約言，在於平時按各境街，依人口之多寡出若干（十名乃至三十名）之壯丁，使其當府城之警備，值有事之際，士紳自為義民首，將壯丁編義民，統率之而從軍。同治二年，有海賊登澎湖港岸肆行焚刦，當時蒔裡澳（大山嶼）之鄉民蔡耀坤，設法拒守。四年，分巡臺灣兵備道丁曰健，檄澎湖廳舉辦團練，設保定局，貢生郭朝熙、生員郭朝勳、郊戶黃學周，擔任為媽宮市團總，率練勇四百五十二名防守港口。是亦可視為團練之特殊組織，而其制係參酌臺灣之團練甚明。

既而同治十三年日本出師臺灣番地。當時欽差辦理臺灣海防事務之沈葆楨，大為更張舊制，新設團練總局於臺灣府，其下統轄地方之各局，就地以勸捐充經費，命所在之士紳為局首，訓練壯丁備不虞，而資防範。當時在澎湖亦奉檄舉辦之，偶有小民混造謠言，謂

①「萌」字於伊能原書誤作「荫」。

②「烈」字於伊能原書誤作「列」。

團勇將被調往臺灣打仗，民心誆惑，以立行懲治而止，此種造謠似亦在其他各地流行。而一時之聲勢雖有可觀之處，事止之後，僅不過存其名。光緒七年，分巡臺灣兵備道劉璈議改為培元總局，變其組織供為平時之用，主要使其辦理慈善公益等。十年，爆發清法戰爭，因臺灣警備上有不可忽視之處，劉璈議欲再復舊培元總局為團練總局，內閣侍讀學士林維源被舉擔任全臺團練大臣，膺其總管。如此，定〈全臺團練章程〉發布之，其示諭之要旨在於：「臺灣孤懸海東，地處繁要。現在海防吃緊，亟應舉辦團練，以資保衛。疊奉憲飭趕辦，業經會督文、武官紳，從長籌議。查團練不外富者出資，貧者出力。欲禦外侮，先清內奸，此大致也。臺屬紳民素稱仗義，值此時事孔棘，尤當踴躍急公。祇因前次辦團，苦無章法，未免有名無實，流弊滋多。茲議量資捐勇，費不虛糜；按練成團，局無虛設。勇分三等，練分短長，聯貧富為一心，並良莠為互用。緩急增減，可變可常，功罪分明，必賞必罰。平時各安恒業，有警互相救援，報二百年養士之恩，合千萬家枕戈以待。本道責在守土，安危與俱，所賴官、紳、商、民，敵愾同仇，匡我不逮，共收眾志成城實效，藉副列憲綏邊攘外深衷。」其章程之綱目係由左列十六條所成。

一、量地設局，期歸省便也。

二、編造丁冊，以備稽查也。

三、勇分等次，統歸操練也。

四、約資捐勇，期歸著實也。

五、由團選練，由練選義也。

六、應用軍裝，各自備製也。
七、駐局辦公，准抵捐數也。
八、各局費用，計練折收也。
九、操練日期，宜隨時加減也。
十、衣旗分色，俾易辨別也。
十一、准告奮勇，備選將材也。
十二、記功定賞，以昭鼓勵也。
十三、查拏內奸，以斷接濟也。
十四、罪准功贖，寬予自新也。
十五、設局練團，嚴禁爭訟也。
十六、計資請獎，以作士氣也。

就中約言其大體上之組織：（一）在各府、縣城內，均設一團練總局，或尚分作小區分（例如東、西、南、北、中分為五段之類）。在各段設分局，應受總局之管督，①城外部落之遠近、水陸交通繁簡不一，斟酌其地勢與人情，約以周圍三、四十里設一分局，應受總局之管督，惟在零星之小庄，應附屬於各鄉之團局不為分設。②而於其分局之區域內，官選有資產及名望者舉為團總，其才幹足能服眾者為團佐，均在局內辦事務。（二）從前團練，雖稱按戶取丁，其實混雇應點，團不成團，操練未免完全成為具文。今分其勇為義勇、練勇、團勇三種，義勇常駐於團局，日日操練，練勇每十日赴團局操練一次，團勇係凡在家之壯丁，

①劉璈《巡臺退思錄》原文云：「其向分東、西、南、北、中五團者，各舉團總一人，酌併總局經理。」
②「不為分設」四字於劉璈原文作「不得分歧」。

每月一次應點呼操練者。（三）以十六歲以上四十歲以下壯丁，皆編入團勇，然後由團勇中選出練勇，更由練勇中選出義勇。凡差操調遣等事，由局選明事理能幹義勇為百長，分率練勇，又就練勇中選出什長，兼帶團勇，如斯隨著人數增加其數亦加多，準之立規律，以無紛擾分擔責任。（四）不教而戰，是謂棄民也。已受訓練之團始能有勇也。義勇每日住局操練，練勇每十日逢五之日操練，團勇使其月之十五日操練，練其素習之銃砲、刀矛，且教之以不可不盡之忠、孝、節、義，於修戟同袍之會，仍應寓型方訓俗之規定，而如事平則撤練，但應酌留若干義勇，永為保護地方，供巡緝盜匪之用。（五）民團主要自衛身家原不命其出戰。在城守城，在鄉守鄉①，是為民團之本分是也。然若武藝出色、膽略過人，自願赴戰場者，准其自告奮勇，由團總另編一冊，呈縣請點驗轉報，聽候移文附近之各統領營官，經試驗其能否服規律，特列隊伍，得隨同官兵使其臨戰。如果隊伍整齊而其進退合於律者，為破格之褒獎，或提補勇營員弁，或有可保補兵營員缺等事。比從前之制度，可知組織、制度已建立。如斯，現總局設立於臺北、臺灣、臺南三府治下，據稱以其訓練極勤勉，雖未足以當外敵，尚能懾服土匪有餘。尤其於新制之團練組織，可認為一特色者，該章程中特別設規定：在粵籍聚居者，准另設粵團，仍自開辦團練之日起算，經過一年之時，可區別閩籍與粵籍，行一次之大演習之事。畢竟於臺灣，移居漢民之二大派，閩、粵兩屬籍，異其氣類及語言，遠於同化之風，在地方自治機關所發動，與保甲制度互為表裏之團練之設施上，認為強制使其混同率一不為得策，即因由於必要而作者。以上之團練制，隨著臺灣之分省，最初曾受重視而有所更張，既而巡撫劉銘傳卸任後臺政緊縮之結果，團練之制亦歸具文，致唯剩辦理冬防。光緒二十年②（明治二十七年），日清交戰之際，臺灣巡撫

①「鄉」字於劉璈原文作「卡」。

②伊能原書作「光緒二十一年」。

唐景崧作為嚴修臺灣防備設施之一，企畫再興團練，邱逢甲為團練使專掌統率之（兼督漁團之事務），更立條文，從事一旦有需要時之準備。

其他另有稱漁團者，專防備沿海，以張邊疆之武衛為目的，如與普通保甲及團練為表裏，與海船之保甲相關聯，屬團練之一變體。（故相對於漁團，上記設於陸地之團練特稱為陸團。）係光緒十年，清法兩國構難之際，依左宗棠之上奏，初創設於閩、粵之沿海，屬福建省一府之臺灣西部海岸一帶，亦已實行之。同年八月，據全臺團練大臣發布之〈全臺漁團章程〉之示諭要旨，在於：「查漁團辦法與陸團不同，沿海漁戶貧苦居多，既難如陸團捐勇出貲，又難如陸團派紳設局。情形既異，頭緒尤繁，茲議就漁團以選水勇，藉水勇以聯漁團，相輔而行，較為妥便。乃水勇……由各路挑選……精壯漁民，先後招募成軍，以固要防外，一面將漁團辦法釐定章程：團費無煩捐派，漁民悉歸率從。昭義憤以固人心，清內奸而禦外侮。處變，為邊疆張武衛，可收城成眾志之功。」約言其大體之組織：（一）由沿海漁民之壯丁選拔水勇，（不吸食鴉片之精壯漁民，能泅水行水者選拔之。）約五十人為一漁團，更聯各漁團加以布置者，或二百、三百、四百不等，各特派管帶一員、幫帶一員，並每哨①哨長一員，（此等由外省之諳練營規，在臺日久，能通官語與土語者選拔，以為表率。）又在本地簡派副哨長。（選強幹勤明、能服眾者充之。）另對於漁船或竹筏、各派什長、伍長各一名，以便聯絡漁團。（由水勇中挑選泅水最久，行水最遠，明白事理者。）（二）臺疆四面濱海，港汊分歧，商、漁人等良莠不齊。若不逐處勻紮，稽察難周，乃議正、副哨長，不必同紮一處，就百里或數十里，擇居中海口分駐，以便輪巡調操。其要口、大澳停泊漁船最多者，使其駐水勇兩船、四筏；海口小而危險少，有漁船停泊之處，使其駐水勇一船、二筏，船、筏兼派。（三）在臺疆沿海一帶，挑築長

①「每哨」二字於伊能原書脫。

堤，約寬十丈，高六丈，藉以於基堤內外開濠通船，造漁塭作水城，俟二、三年後，在其中栽培刺竹，旁種雜樹，以資屏障。至沿海沙地低平，而長堤一時難築。茲先擇其最當衝要之村庄、埠頭，令各居民外築短堤，約寬三丈，高六尺，其長適用為準。於堤基數丈外掘壕取土，成堤亦易。堤之兩旁面，另取鹹土草塊及癩頭樹（即屬於露兜樹科之林投），逐層鑲砌，中實沙土，頂面厚蓋草塊，使其免被風雨傾圮。若屬村莊護衛之事，其不便築堤者，即令於庄旁各掘便坑一道，深五、六尺，先在坑底疏通出水之溝口，加遮蓋於其上，俾人物家資皆有可儲藏，縱有砲彈炸裂亦不致被損壞。惟臺、澎地勢，高低不一。臺濱掘地二、三尺即見水浸，便於築堤而不便於掘坑也。澎地高燥而砂石多，但水土尠，則便於掘坑而不便於築堤也。是在各官紳、商民，應測量地質各自定住居，免至臨時受害。（四）臺、澎周圍之海濱皆可登岸。在岸上制敵，責成陸營、陸團，在海中制敵，責成輪船管駕。惟海濱水淺而潮水時有漲落，非陸路營、團及深水輪船所能為力，必須責成新練水勇。蓋敵船祇能寄泊於港外之深水，必改坐舢舨小划而往。故即將要登岸之時，既不及於勇船之大，又不及於勇筏之穩。除暗置水雷遏阻外，應由水勇乘其在淺處加以攔①擊，不容登岸。萬一敵人冒鋒登岸，應另由陸營、陸團以計略誘之使其深入，分路包抄，所遺敵人泊岸船划，督責水勇乘虛搶奪之，使岸上之敵絕無船划儻逃，可一鼓而盡殲之。（五）依據陸團之條示，禦外必先清內。外寇初來，若無內奸勾引，莫知水道沙線及我軍虛實。且水米食物無從取辦，日久自成坐困，勢可不攻自敗。今敵寇臨境，凡沿海各商、漁船筏，概令收泊海口之內，無論何事，均不准私出海口。倘有勾通外寇、洩露軍情、接濟食物，貪利引港、私駕船筏出海口者，無論有無漁網、貨物，一經團防軍民人等拏獲，立予訊明斬首。其他

①「攔」字於伊能原書作「擱」。

定平時拯救危亡之條示謂：「臺灣海面，當夏、秋之際，風濤洶湧，險惡異常。有中外商船，突遭颶風，打觸礁石，望救無船，登時沉沒；以致浮屍漂蕩，收瘞無人，情殊可憫。……凡風濤危險中，救活一命者，賞銀十元；撈起一屍者，賞銀四元……。各口水勇、漁民，遇有中外商船遭風失險，即穩駕船、筏，速往先救人口，後救貨物回岸。……如有搶奪偷瞞，照乘危搶奪例治罪。遇有溺斃浮屍，即便撈起，報由哨長、牌甲長，擇于曠地掩埋。凡救活一命者，撈瘞一屍者，均由管帶官移會該管文、武具報，按照定章給賞。」以拯救海面之危亡，作為平時漁團事務之一，蓋可謂得事宜，而在制度上可謂一種美事也。然當時上述之規定，究竟實行至何種程度，雖缺可徵之資料，但實際上能見漁團之布置，可謂不過以臺南府之安平港為中心，及於附近之數澳係屬事實，而由於清法講和之後，即行解散推之，可見實行一小區域而已。尤其如平時之拯救危亡之措辦，完全見其終為一具文也。嗣於光緒二十年[①]（明治二十七年）日清戰爭之際，做為嚴臺灣防備之一設備，一時再興其組織，但據稱殆未見其實效而止云。

① 伊能原書作「光緒二十一年」。

第七章　清朝之靖臺政略

第一節　遺才之收拾養贍及黎民之綏撫賑卹

清朝取代前明統一中國全境後，不能不以滿人（屬於通古斯〔Tungusic〕系統之滿洲〔Manchus〕族）統馭漢民（屬於中國系統〔Chinese〕之漢族）。如何收攬民心，從而緩和其民族反抗性，是最為苦思深慮之事情。

清世祖順治元年詔曰：「我國家受天眷佑，肇造東土，列祖刱興宏業，皇考式廓前猷，遂舉舊邦，誕膺新命。迨朕嗣服，越在沖齡，敬念紹庭，永綏厥位。頃緣賊氛洊熾，極禍明朝①，是用倚任親賢，救民塗炭，方馳金鼓，旋奏澄清，用解倒懸，非富天下。而王公列辟、文武群臣，暨軍民耆老，合詞勸進，懇請再三，乃以今年十月乙卯朔，祇告天地、宗廟、社稷，定鼎燕京，仍建有天下之號曰大清，紀元順治。緬維峻命不易，創業尤艱，況當改革之初，更屬變通之會，爰乃酌今準古，揆天時人事之宜，吏習民安，庶幾祖德宗功大彰。」②事實上即以清朝之興起，歸於所謂「承天之明命」，而後以之為臨御漢民之金科玉條。如《福建通志》及《臺灣府志》（舊志）皆載之於卷首。③

例如曩聖祖主崇尚儒教，盡力振興經學，及出自收攬民心之政策，企圖纂修以《字典》

①「明朝」二字於《清史稿》作「中原」。

②見《清史稿》本紀四，世祖本紀一。「更屬變通之會」句以下《清史稿》不載其文。

③各種《臺灣府志》似皆未載上述詔文。

為始之浩瀚書籍，畢竟皆為重用前朝之碩學耆儒，俾使各安其所，以期消弭尚未平復之情緒，此已為世論所歸著。康熙二十二年，占有臺灣之當時，亦推行此政策，使之再顯於新附之斯土。①

初，部議以慮及投誠官兵反側之理由，欲將之調往大陸，同時分發移駐於畿輔、山東、山西、河南諸省。時平臺之首功者——福建水師提督施琅，獨力保其必無後患，且主張安插於本省原籍，上《移動不如安靜疏》（康熙二十三年三月一日）云：「今臺灣各偽官，蒙我皇上赦其前愆，莫不仰戴浩蕩，鼓舞于光天化日之下，毫無懷貳。若一行移駐，其間有眷口者不少，無眷口亦多，遠涉長途，不堪艱瘁；逃匿生患，所不能無。況地方人民，久困荼毒，方謂海氛削平，凋殘少蘇。今欲將各偽官眷口移駐外省，沿途搬運，百姓有策應人夫之苦；經過郡、縣，官吏有備給口糧之費；所到地方，有動撥民房之擾；開墾耕作，有應給牛種、農具之資，又是一番苦累。……今天下大定，人心已安，海外沾化，革面傾誠，率土之濱，莫非王臣；不若廣開仁恩，此項偽官，俯就福建本省安插，尤見皇上推心置腹，使各遂其生，省人夫之搬運、口糧之應給、民房田舍之動擾、牛種農具之冒破，且無長途逃匿之患，所謂移動不如安靜之為得也。……今日鄭克塽等納土歸附，並其親族與劉國軒、馮錫範等，皆遵旨進京，明宗室朱桓等移就山東、河南安插。是臺灣之巢穴已破，根株已盡，可保其永無後患。其餘各偽官人員，皆無關係。又何須移駐以滋民擾，且費公帑乎？」反覆上列旨意，其議乃被採納。加之鄭氏之文、武官僚中素不乏倜儻不群之才，慷慨悲歌之士，故在靖臺之政略上，有羅致其遺棄之人物而懷柔之，以收攬其心之必要。於是施琅再上〈收用人才疏〉（康熙二十四年三月十三日）曰：

①是年，明鄭舉臺灣以降清，然延至明年清廷始定議並施行留臺。

至於臺灣新附人員，亦有勇敢歷練者。一旦棄置之，未免屈其已效之力，而辜其歸命之心。以臣愚見，不若洪開格外隆恩，勅下督、撫、提，將新、舊投誠各官，見在閩省者，親行考驗。其中果老弱病廢，無一技之長，原係有經任遊、守、千、把者，准其原品致仕；未經任事者，聽其原籍安插歸農；果係年力精壯、膽氣勇敢，歷練戰鬥者，酌定銜劄，量給俸餉，令隨督、撫、提標下效勞，許以遇缺保題一、二補用。此中名數……驗選不過數十員，計朝廷之動給無幾。蓋前海疆未靖，年年調發，飛輓費用不計；今四方式寧，各省溢額官兵，概經裁汰。俸餉從此減省。一年之中，何惜一、二萬金以養有用之人？使新、舊投誠，老弱者遂安處之榮，精銳者有功名之用。若以功名未至八等，循例而棄之，已至八等，循例而用之，是循資格以待人；臣伏見未至八等者，其才略未必皆遜於已至八等者之員，已至八等者，其才略未必能勝於未至八等者之員。惟擇其精練勇敢者而蓄，則凡巨擘者得遂其願效之懷，自壯而老，老而死，安心於覆幬。彼懦弱無長者亦恬然而自安。不寧惟是，見今裁兵之際，更多游手游食窮窘①無藉②之輩，負戴營生，非其素志，不能盡保其無異念。視此巨擘者皆為我羅而養之，則若輩之碌碌因人成事者，終無足有為，即亦無濟，此實籠絡人才。羅其尤而眾心自戢者也。且夫朝廷尚三年一試武場，不過欲廣搜天下人材。然所合中式，雖弓馬略諳，而未歷戎伍，未經戰攻，何若此等之赳赳武夫，慣精於疆場，用之較有實效也。昔漢祖當天下既定，猶思壯士以守四方，此深鑑用舍之得失。茲萬國獻琛，群黎遍德，各省亦有投誠不同，而臣在閩只惟言閩，特舉此投誠之用舍，蓋措置得宜，其於國家未必無少裨也。況鄭克塽見蒙優加公爵，馮錫範、劉國軒見授伯爵，國軒更叨天津總兵之任，皇上之推心垂仁，誠冠于萬古帝王。又誰不傾心仰答者乎？臣為封疆籌莫安至計，非敢為投誠人員市私

①「窘」字於伊能原書誤作「蒼」。
②「藉」字於伊能原書誤作「籍」。

恩。

在上文所謂以功加未至八等，循例棄之，已至八等，循例用之云云，乃指曩依部咨，自康熙十三年以後，凡投誠之功加未至八等者，准予追箚歸農之例，施琅以此是就功分別用舍，雖亦慎名器之要端，然亦不無抑制之歎；而用人之道，若欲用之則不可以拘例，棄之尤不可以驟促。特別在臺灣，對新附之人員尤應不拘定例，使其自由用舍，以啟優遇之途不可。如斯使鄭氏之文、武官僚投誠者，各準其原任之資歷，分別授官。然當時狡獪之徒，往往詐稱鄭氏之顯官，企圖取得高地位者，甚至有未嘗躬踏臺灣之員，謊報前時在臺灣被重用之經歷。

題為〈鄭成功歿後鄭錦現管偽文武官員冊底〉之文書載有：「偽參軍鄭築英，係偽隆武舉人，癸卯年（康熙二年）投誠，改名鄭士英，誑稱偽大理寺卿。偽參軍加一級黃開泰，係偽隆武舉人，癸卯年投誠，誑稱偽禮部尚書。……偽掌稿參軍蔡鳴雷，係故明生員，……癸卯年投誠，誑稱偽吏部尚書、文淵閣大學士。……金門偽地方官李贊元，係偽隆武舉人，癸卯年投誠，誑稱偽刑部尚書。」又夏琳之《閩海紀要》見有：「或目不識丁，謬膺監司；力無縛雞，濫受總兵。斯時，倖功名者多藉此為捷徑。」之記載。

一面對此上言，應清假賊，降真賊以尊重名器者。（參閱《史學雜誌》第十編第九及十號，市村文學博士[1]之〈有關清初臺灣之鄭氏文書〉。）孰真？孰偽？幾難免有雌雄難辨之慨，清人亦窮其措置，

①市村瓚次郎。

政略上似採功勞可疑者取從重之方便措施。

其他於攻克澎湖之初，即康熙二十二年閏六月初四日，施琅發布〈曉諭澎湖安民示〉。主旨在蠲免澎湖島民三年之傜稅、差役。文曰：「照得：澎湖各島，地屬荒區，民實窮苦，兼之逆賊蹂躪多年。今幸大師蕩平。此日王土、王民，悉隸版圖，宜加軫卹，以培生機。合就示諭。為此，示仰該地方居民人等知悉：爾等既脫邪氛，咸登樂土，各宜安意生業，耕、漁是事。本提督憫念疲瘵之餘，當為蠲三年傜稅、差役，遂其培養也。特示。」

當時，又專事獎賞投降之將弁，對士卒給與糧米，且救恤死傷者，以恩信結臺人，交相傳述，致心理嚮往清方者多。其時，戶部已有準鄭氏慣行租賦徵收錢糧之議，施琅以為如斯尤難免重科，部臣及督、撫未至其地，不知該地之情形，故雖留心籌畫，難以曲盡，今若不言，至後來或有禍患之虞，乃上〈壤地初闢疏〉（康熙二十三年九月二十九日）奏請蠲減租賦，其要曰：

臺灣沃野千里，則壤成賦，因地為糧，宜稱富足；但地僻汪洋之中，化阻聲教之外，瀰山遍谷，多屬土番，雖知懷服，習性未馴，射獵是事，徵供無幾。其安於耕桑可得按戶而問賦者，皆中國之人，于數十年前，生聚乎其間。及鄭逆擁眾盤踞，兵即為農，農即為兵。兼沿海數省之地方、人民，有為其所掠而去者，有趨而附者，非習于漁，則與為佃。自臣去歲奉旨蕩平，偽藩、偽文武官員、丁卒與各省難民相率還籍，近有其半，人去業荒，勢所必有。今部臣蘇拜等所議錢糧數目，較偽藩鄭克塽所報之額相去不遠。在鄭逆當日僭稱一國，自為一國之用度，因其人、地取其餉賦，未免重科。茲部臣等奉有再議之旨，不得不以此數目議覆。臣竊見此地自天地開闢以來，未入版圖；今其人民既歸天朝，均屬赤子。以我皇上視民如傷，率土咸被，伏乞沛以格外之澤，減以應需之賦，則恩出自皇上，不在臣下；使海外諸國，向聞天威而懾服。輕賦薄斂，益慕聖德而引領。如以會議既定，當按數而徵，在道、府、縣責成所係，必奉行催科。兼以鄭逆向時所徵者乃時銀，我之所定者乃紋銀，紋之與時，更有加等。茲劉國軒、馮錫範見在京師，乞敕部就近訊詢而知。彼夫遐陬初化之人，非孝子順孫，萬或以繁重為苦，輸將不前，保無釀成地方之禍階乎？至時動兵，為費更甚。何惜減此一、二萬之錢糧哉？且臣前之所以議守此土者，非以因其地而可以加賦也。蓋熟察該地屬在東南險遠海外之區，關係數省地方安危。既設官分治，撥兵汛防，則善後之計，宜加周詳，今所調守兵一萬，乃就閩省經制水陸兵丁六萬五千七百五十名數內抽調前去，兵無廣額，餉無加增。就此議定錢糧數目，蠲減于寇虐之後，使有司得以仰體皇上德意，留心安集撫綏，俾四民樂業，億兆歡戴。至數年後，人口盛繁，田疇悉易，賦稅自爾充溢，斯時有增無減，豈待按數而徵哉？

而主要據諸羅知縣季麒光之覆議，決定依舊賦加以酌減，按則勻徵之方針，蓋淵源於此條奏，足知有司有所留心之處。加之準當初鄭氏之遺制，如特實施鹽歸民辦，亦可謂為綏撫所行之方便。又如其翌年，即於臺灣、鳳山、諸羅三縣各置養濟院，設賑衈無告之窮民之法，亦可想其意並非偶然也。

此等民心收攬政策，倖見奏功一時，餘孽乃稍收其跡，得保小康；至夫流落之前朝耆老似亦共蒙優渥之養贍，咸各傾心，期望安堵為清之良民，寓賢沈光文晚年所撰之〈平臺灣序〉，以清朝之領臺頌揚為空前之盛事，謳歌：「於是立府、立縣，治茲黔首，設道、設鎮，鼇爾東方。唐韓愈之治潮陽，愚頑講學；漢文翁之守巴蜀，巷陌興歌。從此闡明文教，媲美名區。是一十四省之外，再加外海；於五十七縣之中，又增三邑。自古以來，山河之廣遠、疆域之遼濶，未有如今日者也；猗歟盛哉！猗歟盛哉！①聖天子在上，海不揚波，德其溥矣；大將軍柔遠，重譯來歸，功實懋焉！」然此之反作用難免有延為永久之滋擾之禍根，《裨海紀遊》論曰：「臺民居恒思亂，每聚不軌之徒，稱號鑄印、散劄設官者，歲不乏人；敗露死杖下，仍多繼起者。非有豪傑之士，欲踵武鄭氏也，緣臺民皆漳、泉寄籍人，五②十年來，習見兵戈不足畏；又目覩鄭氏將弁投誠，皆得官封公侯，以是為青雲捷徑，成則王，敗不失為進身階，故接踵走死地如騖。非性不善，習見誤之耳。往歲獲亂人，問：『何為叛？』對曰：『我非叛，諸公何過譸張？』復問：『印劄有據，非叛而何？』對曰：『冀投誠圖出身耳。』聞者絕倒。不知鄭氏方猖，有來歸者，廟謨不惜一官畀之；不若是，不足解其黨。御亂有術，因時制宜。今鄭氏反正，薄海乂安，盜弄潢池，有戮無宥，寧與前此同日語乎？亦愚甚矣！」可謂確道破其一面之真相也。而爾後有平亂之事，屢與「軍功」稱號獎用者，概以懷柔投誠出身之匪首也。

其他，官至明兵部尚書之進士盧③若騰，康熙三年，欲遯跡臺灣，到澎湖忽病而歿，後人以詩弔之曰：「世外孤崖托老身，從來自許漢朝臣。十年死後非無意，三代完名信有真。」又曰：「避地寧為浮海計，絕周不作採薇人。殘黎在在同聲哭，想像閒時舊角巾。」詩之作者不詳，蓋成於同其境遇之隱逸之士也。如斯追懷前朝，同情孤忠遺臣之悲歌之士，事實上韜晦於臺地，因此一時潛隱之短暫期間內雖得以休養生息，竟不能免去嗣後發生破綻，似可謂清人當初之民心收攬政策所與之影響居多。

①上四字伊能原書無。
②「五」字伊能原書脫。
③「盧」字於伊能原書誤作「廬」。

第二節　宣揚朝威之鼓勵

臺灣，實漢民對滿清保持敵愾心之最後金湯。所謂：「向滄溟獨闢田橫之別島，奉故主正朔，墾荒裔山川。」（沈葆楨〈請建明延平郡王祠摺〉之一節。）不僅為鄭氏一族而已。而為當時避故土之亂離，遷徙臺灣之漢民全體一致之心情至為明瞭，清朝領臺後，特施以懷柔之政略，且運用儘量銷熄追慕前朝情愫之方針，同時一面為宣揚本朝之恩威，用盡可能採取之手段外，更賴有形之觀感，期獎閭閻之瞻仰。致有特別之設施，其因亦為此也。《臺灣府志》之〈典禮志〉小序記有：「我皇上建中立極，震疊加以懷柔，島嶼亦河嶽之餘也。夫禮以定民志，合道德風俗之同，而敬寓焉，非徒肅觀瞻也。」蓋表此意也。

萬壽節及元旦、冬至，為清朝承襲古來之例，使文、武各官行慶賀之重要典禮，及臺灣隸清版圖，在府儒學內之明倫堂，隆重舉行。

按：該明倫堂初建於康熙三十九年，是年以前在何處舉行難考，諒係臨機卜定吉地，安置龍亭。

康熙五十年，分巡臺廈兵備①道陳璸為肅朝賀，擇新地於府廓外之永康里建萬壽亭，每有慶典在此處行賀禮，《臺灣府志》〈典禮志〉：「前立午門，旁列朝房，亭後為祝聖殿。」為其大概情況。五十六年，分巡臺灣兵備②道梁文科重修，「環以牆，東、西闢門，曰敷文、振武」（《臺灣府志》〈典禮志〉），使規模加大。六十年，因颶風傾圮。雍正元年重建。

①「兵備」二字衍。

②「灣」字宜作「廈」。「兵備」二字衍。

五年，分巡臺廈道①吳昌祚同臺灣鎮總兵林亮，移置僧舍，奉香燈。既而其址漸歸荒廢。乾隆十七年，分巡臺灣道金溶、臺灣知府陳玉友等議再移府儒學之明倫堂行禮。二十九年，分巡臺灣道余文儀倡議改建，臺灣知府蔣允焄更就府城內校士院之舊址改建。翌年竣工，稱為萬壽宮，其規模一倣前之萬壽亭，稍加式廓，似極一時之盛。爾後修繕無時，惟隨朝憲之頹弛而定。在臺灣，斯禮亦不過為告朔之餼羊。至其盛時，可自蔣知府〈新建萬壽宮碑記〉（建於同宮門）見之。如云：

今國家皇靈遐鬯，東、西、南、朔拓地各數萬里。敷天之下，日域月⿰山背，孕育涵濡，罔不率俾；誠所謂溥有形而歸景，罄無外以宅心者矣。臺雖荒服，《職方》所不紀；而束腸、剺耳、劗髮、文身猶是含生之類、髮齒之倫，凜天威於咫尺、攄帝祉於無疆，尊親之戴，無遠邇一也。郡治祝聖宮，康熙五十年前巡道臣陳璸建；在永康里，距城三里許。每大慶典出郭，門扉啟閉，甚不便之。今上御極十有七年，文、武僚宷議就郡庠明倫堂設龍亭行禮，蓋一時權宜之計；而永康舊址，亦廢為僧舍就荒。歲甲申，臣余文儀觀察茲土，議改建。會朝命陳臬全閩，臣允焄猥承其乏。伏念環海千數百里，戴天子聲靈，旁魄四塞，翹首跂足，拱於聖圖。而大、小臣工，奉巽命、行萬里，依附日月之光與優游輦轂之下，遐邇一體者，惟此對揚天庥；血氣尊親大義，祠官祝釐，是烏可已？詢茲僚庶，僉謀曰同。舊東安坊有公廨，乃部使者校士院也；自學政歸巡道，扃鑰久矣。前歲間，巡道臣四明因海東書院舊規隘陋，假為多士弦誦所。今書院已擇地剏建，臣等敬謹相度。衣冠肅穆之會無過於此。稽體制，崇規模，鳩工庀材，式廓增新，於以奉龍幄、崇禮事，斯依日月之光與輦轂等已。費雖甚鉅，而情出至順。經始於乙酉六月二十二日②，越丙戌年二月初三日

①伊能原書誤作巡視臺灣御史。
②上六字伊能原書依府志作「□月□日」。

①工竣，合用銀若干兩。告成之日，臣允君謹拜手稽首而言曰：《禮》：「大夫、士下公門，式路馬。」凡以有赫之聲靈，起無方之恭順。惟地有特崇，斯情有共致。今使尊親之戴，雖在絕域殊方，無不有聖天子。至其耳目，則斯藻殿之設、……豈非教民敬、教民順，一道德、同風俗之要術哉？臣允君謹百拜稽首而為之紀。（《臺灣府志》〈藝文志〉）

文中所謂：「惟地有特崇，斯情有共致。今使尊親之戴，雖在絕域殊方，無不有聖天子。至其耳目，則斯藻殿之設、……豈非教民敬、教民順，一道德、同風俗之要術哉？」一節，讀後覺有為清朝加九鼎大呂之重之感。

乾隆二十二年至二十五年間之臺灣知府覺羅四明，滿洲正藍旗人。初以內閣中書出入內廷，沐浴殊恩，故有意將景仰皇威之舉施及於臺灣荒島，建設一高閣於該府署內，名為「朝天臺」，其〈新建朝天臺暨文昌閣記〉②之中載有：「曩予備員西掖，晨夕內廷，咫尺天顏，頻沐殊恩。迨歷官外任，鞅掌風塵，君門漸遠。乙亥（乾隆二十年）秋，以薦舉獲覲楓宸，荷蒙簡命，司牧榕城。旋量移東寧。空濛山色，漭瀁波光，顧瞻九重，如在天上，夙夜惓惓。爰於署之乾位，構朝天臺。兩年來剔弊釐奸，兢兢業業，無非宣揚聖化，以殫微臣篤棐之志。（中略）彼崇榭峻亭，不過為登臨憑眺之勝。若此臺與閣之聳然而兀立者，糺縵卿雲，激昂士氣；蓋戀闕之誠、作人之意，咸於是乎在。」亦可察其意之所存也。

如接詔之典，當初在臺灣亦特以盛典舉行之，以《臺灣府志》〈典禮志〉所載左列儀注可徵之：

①上八字伊能原書作「□月□日」；而府志作「□月□日」。

②伊能原書作〈新建朝天臺記〉。

總督遣官賷送詔書，舟進鹿耳門，隨傳報各文、武官員具龍亭、綵輿、儀仗、鼓樂，出西關外接官亭迎接。捧詔書置龍亭中，南向，文、武官員具朝服，北向跪迎，鼓樂前導。至明倫堂（府儒學），文、武各官分東西序立。賷送官東立、西向。禮生唱「排班」；樂作，行三跪九叩禮。賷送官捧詔授展讀官跪受，詣開讀案前宣讀，眾官跪聽。讀畢，展讀官捧詔授賷送官捧置龍亭中。眾官行三跪九叩禮，畢，皆退。將詔交知府分送各縣衙門宣讀頒布。

受頒布之各地方官，亦遵例舉行宣讀儀式，然其盛大肅行，似在乾隆年間，經其末年林爽文之役，隨臺政漸弛，不過僅在形式上奉行接詔而已。要之，此主要雖係依《會典》之儀注奉行，但當初特別在臺灣，以格外盛大儀式行之者，乃欲使朝威覃敷於新附之土，應知其實非偶然，而承舊慣之慣性，至近代似仍見於張貼公布詔書時特別付予注意之形跡。

在中國古來有進獻方物之例，清朝亦夙承此例，似以此寓意標榜宣揚朝威。康熙末年此例及於臺灣，以臺地特產之西瓜於萬壽節進獻。臺地因其殊異之氣候關係，深秋種西瓜，故及隆冬漸熟，有取為元旦啖味之風。「西瓜盛於冬月，臺人元旦多啖之；皮薄瓤紅，可與常州並驅，但遜泉之傅①霖耳。」之事已為康熙三十六年之見聞，記於《裨海紀遊》，可知其由來已久。（福建泉州府傅霖所產之西瓜在中國尤有名，而於暑時成熟，與臺灣有異。）成於康熙末年之《諸羅縣志》記有：「西瓜熟於十二月，取充②貢，三月望萬壽前至京，俗名萬壽果。味薄，但取其早熟耳。」（〈雜記志〉「外紀」。）同時臺灣海防同知王禮③之〈臺灣吟〉詩中所云：「蔬園迫臘熟西瓜，剪蒂團團載滿車。恰好來春逢聖誕，急馳新果獻京華。」（《臺灣府志》之〈藝文志〉）足為其佐證。已於乾隆初年，重作為新年之進獻事可據《臺灣府志》之〈物產志〉

①「傅」字於伊能原書作「傳」，下同。

②「充」字於伊能原書作「克」。

③康熙五十八年任。

記有：「乾隆二年，定福建督、撫每年正月，各進瓜十圓。」徵之。

又見成於同年代之《臺灣志略》①云：「臺、鳳兩邑，每年分進上西瓜；八月下種，十一月成熟。氣候之異，直不可以常理測也。」可知該進獻之西瓜，特限定產地，主要採自南部之臺灣、鳳山二縣轄內，可視實作為臺灣之一貢例而遵行。然約自乾隆末年起，各省此項慣例漸弛。嘉慶四年，一度恢復此成案，但爾後亦不復厲行。至同治十三年發完全停止各省貢物之上諭，依當時內務府之具奏，為備祭祀供鮮之用，及頒賞外藩者，為免失體制，准予存續。（由該府傳達各省督、撫之咨文曰：「本府奏為同治十三年十二月初十日，奉上諭：停止各省貢物。查各省畢獻方物，原以備祭祀供鮮內用，及頒賞外藩各項，若概行停止，究與體制未協，請援照嘉慶四年成案，仍令各該將軍、督、撫、織造、鹽政、關差等，按照年節，呈進方物，其酌擬應行緩進者，按欵粘簽，繕寫清單具奏等因一摺，于同治十三年十二月十八日奉旨：依議。」）

同時添附於此對閩浙總督開列之准進方物品目包括「各色芳茶、燕窩、蜜浸荔枝、福圓膏、食物等項」，除去西瓜之名目。此次決定乃完全援照嘉慶四年之成案，依內務府之咨文自明，因進獻臺地西瓜之例，於嘉慶恢復之際已停止。按：進獻在海外臺灣之方物，雖或係標示宣揚朝威，尤關緊要，但試據嘉慶頒行之《大清會典》所定，自京師至福建省會之驛程，有四千八百四十八里，又加以與臺灣之間，有重洋阻隔，假如依該《會典》所定，以一日行程二百里乃至三百里馳驛，由臺灣遞達遙遠之京師，約需費二十日左右，固然此係於冬天寒冷季節行之，但以瓜屬生蔬，要貢上需如斯多日，究為不可能之事情，不得已停止之，寧謂當然矣。而當初排除障礙實行之當路其焦慮亦可由此想像也。②

①此指尹士俍所撰者。

②臺灣正月進瓜，督、撫各有定額，見前。

第三節　薙髮令之強制

剃頭結辮，由來係滿人（Manchus）誇負自己民族唯一之象徵，原語稱為「Son oho」（官話稱「辮子」，屬於閩語系之南部福建語稱「頭鬃尾」。）①爰以清人南下征服中原之際，為使漢人，誓證自新向化之政略上，使其遵守剃頭結辮之制。（當初明之遺民，凡有心者概對之有難色。順治元年五月，清攝政和碩睿親王一入燕京，傳諭民人聽其照舊束髮。曰：「歸順之民，因無所分別，故欲以剃頭示標異，今聞甚拂民願，反非予以文教定民之本心，自茲以後，天下之臣民，可照舊束髮。」蓋為收攬民心，一時之權宜也。）至順治二年（明弘光元年，隆武元年）六月，②世祖既定南京、擒明福王，下嚴令曰：「剃頭之令姑聽自便者，俟定天下，始欲此事，朕已熟籌之。君猶如父，民猶如子，父子一體，豈可違異哉？若不歸一，與異國之人無異，自今布告之後，京城限於旬日，直隸各省地方自咨文到日起，亦限旬日，使盡行剃髮，若惜髮爭辯，決不輕貸。」至此漢民之俗尚為之一變。

斯種矯激強制之剃頭令，亦與康熙二十二年勦蕩臺灣同時厲行。澎湖之決戰，鄭軍之將弁一百六十五員，兵卒四千八百五十三名一投降清軍，提督施琅即令剃頭結辮之事，見其〈飛報大捷疏〉中：「臣仰體皇上好生之德，宥其自新，俱已發令剃頭，偽鎮、營賞以袍、帽（滿制），賊眾給以銀、米，用彰我朝廷不嗜殺鴻恩，以策後效。」尋臺灣歸服，以施琅之名所發之〈安撫輸誠示〉中有「各官兵立即削髮」之語，同〈舟師抵臺灣疏〉中稱「各偽文、武官員到軍前迎接，悉于本月十八日削髮。」此固非僅文、武官僚，一般民眾亦均受強制。（鄭亦鄒《鄭成功傳》曰：「琅統舟軍至鹿耳門，國軒使人徐道以入。令鬀髮……。」又《諸羅縣志》曰：「康熙二十二年秋八月，大師入臺，北路皆剃髮歸順。」《鳳山縣志》曰：「大師入臺，鄭克塽降，闔郡皆薙髮歸順。」以此可知全

①清制謂薙髮，通稱剃髮。

②弘光元年七月初一日起始為隆武元年。

臺南、北路之情形。）而流寓於臺灣之明遺臣中，有對抗所謂「留頭不留髮、留髮不留頭」之壓迫，敢以「頭可斷，髮不可薙。」（弘光年間，江蘇常州府江陰諸生許用德所倡言。）或憧憬「誓與髮為存亡」（弘光年間，江蘇太倉州諸生王湛所倡言。）之類昔人所行之事蹟（此時，明遺民賤視辮髮者，目之稱為「禿頭鬼」，見永曆十三年，殉節戶部主事劉之謙言。）致照法伏誅，或深遁踪番界，自化於披髮左衽之俗，尚固守祖制者云。

據康熙二十三年議准：有：「福建臺灣僧、道舊牒，追繳送部，換給新度牒。」此無他，在臺灣特執行斯種強制，蓋非出於單純之教務。因當時明遺臣，特別是鄭氏之官、弁流寓臺地者，往往以簪剃之變裝，企圖逃避追捕，為避免托此激成民族反抗，迴避辮髮，均認有應嚴予稽查之必要。如明末流寓臺灣之沈光文，當初「仍著僧衣不結辮」①之事見《臺海使槎錄》〈赤嵌筆談〉「雜著」所引《蓉洲文稿》之〈文開傳〉。〈赤嵌筆談〉「賦餉」所引《東寧政事集》記有：「僧、道偽額四十五名，年徵度牒銀二百兩，僧每名牒銀二兩，道士每名牒銀五兩。今裁。」即與度牒之換給同時，施行惠政，髣髴意在恩威並施。

入清之初，似視不遵行剃髮為反抗者，稱為長髮賊，施琅之〈決計進勦疏〉中有：「澎湖長髮賊柳勝、林斗二人，赴臣軍前投誠。」之語。又據《臺灣外記》載康熙十八年，閩浙總督姚啟聖，以鄭氏固守臺灣，敢不就招撫，為益加杜絕臺島與內地之接濟，再將沿海遷界之令，嚴行於閩境時，有漳人黃性震（隨征參議道）者，上書啟聖言：以高位厚祿買散人心，不用干戈，立可收其績效。啟聖奇之，乃改漳州衛為修②徠館，使性震董理之，主招徠臺灣及金、廈等海上文、武兵民。明之文、武官投誠者，奏請照原職待遇任用。兵、民尚未辮髮而歸順者，每人賞給銀五十兩，已辮髮而歸順者，每人賞給銀二十兩，願入伍者

① 「不結辮」三字不見於《臺海使槎錄》。

② 「修」字於伊能原書作「招」。

立撥在營，給以戰餉，願歸農者即送回籍，飭府、縣安插，不許豪強欺凌，宿怨報仇。此時奸民以之為奇貨，先稱未辮髮者投誠，受賞給，一旦逃去，稱已辮髮者投誠，再受賞給，有已辮髮者，投誠受賞後屢屢詐冒騙取賞給者，雖斯種假偽投誠，絡繹於塗，其實毫不能收澄海之功。蓋當時已稍為厭兵乃係實際情形，似拘泥於此種辮髮之形式而有所姑息。

第四節　起初對前明之消極策略

清世宗嘗言：「胸懷叛逆者，動輒假稱朱姓，以為構逆之媒。」而如斯動機，在具有鄭氏父子三世相繼，固守其義，永持朱明之正朔，期明名分不可犯之臺灣，此種趨勢特別強烈，所謂：「鄭成功倡亂二十有年，恃海島為險，蔓延鴟張，荼毒生靈。」（康熙七年四月，施琅之〈盡陳所見疏〉。）可謂清人對之慊焉感情之流露。然聖祖詔曰：「朱成功係明室之遺臣，非朕之亂臣賊子。」乃遣官護送成功及子經兩柩，歸葬其故里（福建泉州府南安縣），一如齊田橫之故事，且置守冢，建專祠祀之。（專祠建於南安縣之石井鄉，冢墓置康店鄉之覆船山①。）蓋重在以忠其所事，明不貳其心之節操，復欲藉此示其寬宏。（先是，清人夙執斯種寬宏政策，定「我皇上擴天地為公之量，紀其各忠所事，蹈死如飴，當日六師所屆，逆命不得不行誅，而事後追思，究不愧疾風勁草，即其潛蹤草澤，從容引決者，亦為克盡綱常，特沛恩綸，曲加崇獎，一體易名，以勵臣節。」（《通鑑輯覽》〈順治帝紀〉註）之國策，闡錄明末殉節諸臣，且入祠祀之，鄭成功之建祠賜祀，亦其恩典均霑之表示。）

而准此遷葬之端緒，其動機實起於鄭克塽之陳情，徵之以鄭克塽等之名所撰〈鄭氏祔葬祖父墓誌銘〉（該墓誌銘之文久不傳，光緒初年改修覆船山冢墓之際，得之冢中之勒石，傳鄭成功遠裔之石井鄉人鄭

①伊能原書誤作「船覆山」。

維洲謄寫而再顯於世。）中謂：「歲癸亥（康熙二十二年），不孝克塽等舉國內附，挈眷入京，蒙恩封漢軍公；念臺灣遠隔溟①海，祭掃維艱，具疏陳請乞遷葬內地，奉特旨恩准。爰令弟克塈假回襄事，以康熙三十八年五月廿二日卯時，祔葬於南安縣康店鄉樂齋公（八世祖）塋內，並曾大父靈主、曾祖母翁、祖母董、母唐柩附焉。」②可知也。清朝對此陳請，似基於收攬策略而予允准。且在聖祖南巡之次，親奠明孝陵之同年。

泉州府南安縣石井鄉及覆船山③為鄭家歷世墳塋之所在。《聖武紀》〈康熙戡定臺灣記〉載：因採鄭氏降將黃梧之議，清人拆毀鄭氏祖墓之狀曰：「言鄭氏石井山祖墓形勢昌雄，宜剗之，泄其王氣。於是晉江縣之大覺山、南安縣之覆船、橄欖、金坑諸山五墓皆毀，惟某山祖墓號五馬奔江者不知所在。至是，克塽請以成功及經之喪歸葬南安。」可知乃就鄭氏之舊墓地遷葬。

（附記）關於以鄭氏父子兩柩歸葬福建泉州府南安縣故山以前存在於臺灣之墳墓，其位置有欠明瞭。《臺灣縣志》〈外編〉「遺蹟」曰：「鄭成功墓：在武定里洲仔尾；男經祔焉。後奉旨遷葬內地南安縣。」洲仔尾（屬鄭仔寮庄）為外武定里（臺南城小北門外）之一地名也。此地為鄭經置休閒遊觀別墅之處，（《臺灣紀略》）諮議參軍陳永華亦築陳氏別墅於武定里，（《臺灣縣志》）自可知當時已認為府外一勝區，乃在此佳境卜地為之安葬至明。而清朝於允准遷葬鄭氏墳墓同時，在臺灣似故意任其遺址湮滅，使臺民忘卻甘棠遺愛，作為權宜之計。但現在洲仔尾，有里俗稱為「鄭公墓」之廢墳，存有建於貴人墓前翁仲之屬的古舊半毀石馬，傳若人近之將被祟孽，蓋欲使人忘其墓地存在

①「溟」字於伊能原書作「深」。
②見《臺灣關係文獻集零》。
③伊能原書誤作「船覆山」。

之餘波，或對於不容易破壞之石馬，增益以迷信上之冤抑，而出於所謂敬而遠之的手段邪？傳鄭經之長子克𡒉及其夫人陳氏合葬之墓亦在同地，今已湮滅。

載於飯田忠彥之《野史》（外國傳第八）臺灣記事中，記有一則鄭克塽修造其考、妣墳墓之異聞曰：「翁草引〈長崎①街談〉云：鄭錦舍死，子秦②舍嗣。康熙二十二年就俘，幽北京。迄我寶永初年，清主赦秦舍，問其所欲，對曰：明室故舊皆無蹤，今亦何有欲矣，惟考、妣墳墓在臺地，願一省之足矣。乃赦遣回。秦舍大悅，至臺灣，觀舊地，總無址，且亡故家丁，偶有舊識者，畏憚時勢，待遇甚疎，往索考、妣墳墓蹤，變為田圃，僅搜得，欲改葬之，亦無蓄儲。慟哭歸北。涕泣請曰：臣既就囚，將喪軀於京師，願欲改瘞遺骨於近畿，而亡財，徙歸土，請得賜一小塋，雖死不憾。清主嘉其志曰：汝至孝，豈懷異志耶，宜往臺灣領得塋域。秦舍謝恩，復回臺灣，更築考、妣墳墓，奉祀致敬，故舊臣僚集賀。秦舍曰：我今為逋臣，豈服事讐乎，惟以慕祖先塋域之切也，故忍辱到于此。子輩去而不來，我莫憾，來而集賀，亦不悅，欲仕者仕，敢莫咎焉，處民謝罪稱臣云。」所記文字悲愴慷慨，雖有宛如箕子過殷墟而歌麥秀之歌之旨趣，然完全乖離史實，以鄭克塽為俘囚之身，既與正史所記有異，其於日本寶永初年歸還臺地，修築考、妣之墳墓，尤為可疑。寶永元年為清之康熙四十三年，先此於康熙三十八年既經聖祖③之允准，成功及經等之柩已遷葬泉州府南安縣如本文所載，足知至此年以後，於臺灣修築鄭氏之墳墓，事實上絕無其事，且閱臺灣府、縣志及其他文獻，鄭克塽投降入京後，未再歸還臺灣，亦不容有置疑之餘地。諒此為依鄭克塽之陳請，特旨允准將在臺灣之父、祖墳墓遷葬閩地之事實，輾轉遠傳至長崎，更加添

①伊能原書作「長碕」。

②「秦」字於伊能原書誤作「奏」，下同。

③「聖祖」於伊能原書誤作「太祖」。

稗史之潤色，以悲哀之筆調描寫鄭氏之末路也。

而在另一方面清朝也難以掩飾其不承認鄭成功由南明所受之優遇，盡量試圖消滅其舉兵名分之形跡。曩隆武元年，鄭成功謁明唐王[①]時，唐王與之語而大悅，撫其背曰：「惜無一女配卿，卿當盡忠吾家，無相忘也。」乃賜國姓朱，封為御營中軍都督，賜尚方劍，儀同駙馬都尉。自此人咸稱國姓爺。由來清人對之，欲否認其賜姓，成於清朝之文書，除聖祖遷葬鄭成功父子之詔稱「朱成功為明室之遺臣」為少有之例外（光緒元年，准予賜謚建祠之上諭），餘則悉以鄭姓呼之，甚至目之為「偽鄭」。此由公平之見地判之，雖近失於偏狹，但清之定制，以姓為明其世系之所出而設之稱號，認為係分別宗族異同之標準，任何狀況之下，均不容變改其姓。照此本義，而斥明黨巨擘鄭氏，欲除去賜姓之實，就手段來說，可以視為勢非得已乎？（然畢竟此賜姓之事，乃屬於明主賦予鄭成功之特殊優遇，清主聖祖亦已用其稱謂，對成功以朱姓稱之，亦非欠妥至明，惟不可認為此乃對鄭家世襲罔替之恩典，故不可使其子孫承襲而已。如以克塽之名對清人所上之降表，及〈鄭氏祔葬祖父墓誌銘〉等，均用鄭姓，此非僅為憚避清人，或因此稱謂之限制，有所準據之結果歟！）

又清人盡力湮滅鄭氏之史蹟，煞費苦心欲使明之遺民斷絕懷舊之念乃為事實。館森鴻嘗欲修鄭氏之歷史，足跡廣及福建，從事資料之采訪，其著《朱成功傳》之附錄一節曰：「予向記延平軼事，獨恨不得其詳。游赤嵌，謁其廟，又問故老。今歷訪廈島、泉州、石井諸地，而軼事茫不可知，蓋其遺跡甚多，清初嚴禁不得傳，故文物亦焚毀無遺。」（〈訪朱延平墓記〉）尤其在臺灣，島民尊崇鄭成功最篤厚，雖擬之為神作為開臺之始祖，但極少保存其史蹟，亦不外為清人嚴禁，強制不得傳承之影響所致也。如乾隆《重修臺灣府志》，

①即隆武帝。

據此見地，於記載時有故意加以抑損之痕跡，其〈凡例〉稱：「菑祥附考中，頗載偽鄭逸事。以其始則驅逐荷蘭，繼則納土歸降，蓋為我朝先驅①者，故附錄其興亡之跡，以為臺地之緣起，非敢倣《十國春秋》之例也。」又謂：「藝文內，舊志將鄭氏歸降表採入，尤為不倫；若前明寧靖王術桂係監國魯王所封，傳中屢以王稱之，亦非體矣。」等即可徵也。又以鄭克塽之名所作之〈鄭氏祔葬祖父墓誌銘〉中有：「王父（即成功）、父②生平事蹟，先卜葬臺灣，已悉前誌。」之語，諒係在臺灣初葬之墓誌，乃完全依據事實直書鄭成功一代之經歷，然遷葬南安之際，使此墓誌不明其所在，今無所傳，此若非敗軍投降之鄭氏出於畏憚清人，則係故意強制使之湮滅也。如成於康熙年間之鄭亦鄒著《鄭成功傳》，僅存在臺灣之抄本跋中見有：「亦鄒，康熙時人，目擊其事，故能詳言之，凡一萬三千餘字，乾隆丙申（四十一年）以後奉禁，書坊不敢藏板，無處可購。」蓋同書依據目擊之事實，直書鄭氏之孤忠之點，應推有上乘之價值，故乾隆三十九年以後，數次照清朝由一統之權略所發之逆書之禁（當時之上諭云：「不法之書籍，有關世道人心，固應禁燬。」）乃亦予禁絕。按：書中特別稱揚鄭成功存明室衣冠於海外，所稱：「自世祖章皇帝王天下，東南夏肆，所在除滅。成功將種，起自諸生。當日落虞泉，而猶屈彊海外，佚宕中國，欲遂魯陽之志，……數十年之間，竊號永曆，違命假義，旌旃所指，關河響動，……明室遺人，未或非之。夫河東賜姓，猶留虛號，天水高廟，亦擁空名，成功非踵事增華者耶？」之一節，似尤為觸其忌諱之標的，爰至無直寫明鄭心事事實之成書留存。浙江之黃宗羲③者，在史學上有無人能及之造詣，以述前明之遺事真摯著稱，如其所著《賜姓始末》不憚用「成功王其地」等之筆法，又在敘末路投誠，不無多少有迎合清人之意之痕跡。至被推為復興古學泰斗之江蘇王懷祖之《臺灣隨筆》④，

①「驅」字於伊能原書作「歐」。
②「父」字於伊能原書脫。
③「宗羲」二字於伊能原書誤作「宋義」。
④《臺灣隨筆》作者為徐懷祖。

記鄭氏之事蹟，概弄貶斥之筆，有「成功，始以夜郎自待矣」等語，其他以鄭氏之抗衡比賊子之構逆，指為「鄭逆」或「海逆」之流亞，不足言也。不但如此，臺南城內之關帝廟乃鄭氏時期所創建，閱《臺灣府志》記有廟內懸掛明寧靖王書匾額曰「古今一人」。然其實，於入清後重建（或於康熙五十六年改建）之際，聞有司命人撤去。畢竟不外鑒於該廟列重要祀典，故導致勝利一方之湮滅史蹟。又在同城之明延平郡王祠，稱為光緒年勅建，其實非起源於此時。鄭成功薨逝後，明之遺民移居臺灣之何姓族人私自捐貲建祠，崇祀其靈；《臺灣府志》及《臺灣縣志》記為開山王廟，乃其前身。入清後，里人憚祀鄭成功，特模糊其祠號，僅繼續維持其素意，而乾隆重修本①《臺灣縣志》載：「開山王廟：在東安坊。舊圮，乾隆年間邑人何燦鳩建。」（〈外編〉②）似當時已圮廢，亦未擬重建。不過僅存其遺址而已。光緒元年建祠一經奏准，就此廢址中興之。其奏摺中有：「民間之私祭，僅附叢祠。」乃指稱其狀。

如其對歸降之鄭克塽授以清朝最高榮爵，同時致之京師為實際之人質之處置，表面上乃清世宗所謂「我朝厚待明代典禮，史不勝書」，以示恩澤均霑，而內情實如德國史家里斯（Dr. Ludwig Riess）之評，不過立於「作為榮華之俘虜，度彼之殘年」（Als Gefangen des Ruhmes sein letzte Lebensjahr verbringen.）之境遇而已。畢竟為對鄭氏宗族一門，藉其父、祖之積威，糾合所在之餘黨欲謀復興再起之未雨綢繆耳。（以鄭克塽之名所作之〈鄭氏祔葬祖父墓誌銘〉中有：「不孝克塽居長，娶馮氏、史氏，……子三：長安世、次安邦、次安國，俱③未聘；女二，未配。」之文，而此等子孫長久羈留於北京，仍然作為事實上之人質度其餘生。）蓋鄭氏為賜姓之名族，其威望不但有舉全臺供其指呼之概，一門苗裔滋生甚夥，而鄭克塽嫡系以外之子孫宗族居住福建，有隱然自重於閩南之

①「乾隆重修本」五字衍，實為謝金鑾續修本。

②伊能原書作「〈地志〉」。

③「俱」字於伊能原書誤作「但」。

勢，試據〈鄭氏祔葬祖父墓誌銘〉記載，舉鄭成功之直系子孫之累譜如下圖，（中刪除經長子克壓之名，蓋當時鄭家蕭墻之內訌，誣克壓非可承其血統，遂予除籍。此乃襲其陰謀之結果，今以括弧①追補之。）若夫鄭成功有兄弟五人、合算傍系子孫，可推知更有一番之滋盛。（據稱現時在福建有鄭氏之宗族約二千人。）在清人而言，難免有養虎遺患之虞。所謂：「鄭成功其子有十，遲之數年，長成群強，假有一、二機覺才能，收拾黨類，結連外國，聯絡土番、耕民，羽翼復張，終為後患。」（康熙七年四月施琅之〈盡陳所見疏〉。）可以看成清人真情之自白。

如明室宗親流落臺灣，當鄭氏投降之際，為慨然不辱其義，竟自殺之寧靖王無嗣，以益王之裔宗位之子儼鈖承其後。（時年七歲）清人安置於河南開封府杞縣。（《臺灣府志》）亦均出於敬而遠之的意向？而清朝多年來憂慮鄭氏之餘類再萌②之案例，徵之臺灣歸為版圖後泉州府同安人陳昂（少孤貧，習賈，往來外洋，熟悉海上形勢。施琅征臺之際，聞其名，召俱計事指畫，南、北之風信，港澳之險夷，瞭如指掌，乃參帷幕定策，乘南風攻澎湖，得克捷。）奉施琅之密旨，搜查鄭族於海外四方之消息，其子倫烱所著《海國聞見錄》之序，記有：「先公……又奉施將軍令，出入東、西洋，招訪鄭氏有無遁匿遺人，凡五載。」據之可徵也。在此之前，入臺當年，特詔工部尚書杜臻，及內閣學士席柱③，巡察福建、廣東地方，依此述其經畫大略著為《閩越巡視紀略》。（首載沿海總圖、次載越略及閩略，最後附澎湖臺灣。）當時雖其足跡未親到臺灣，可察知亦與陳昂搜查鄭族消息於海外並行，對閩、粵沿海作廣泛同軌之探訪也。原鄭氏一面據臺灣以固其與清人抗衡之基礎，同時企圖經略遠近之外島，以求接濟之餘地，乃為事實。此等過去之經歷所以成為清人憂慮鄭氏餘黨或尋求最後根據地於臺灣以外之海島，作為嘯聚糾合之地之原因。如原在福建，准由廈門往南洋貿易，康熙五十六年因「臺灣愚民私聚呂宋、

①「弧」字於伊能原書誤作「孤」。
②「萌」字於伊能原書誤作「蓢」。
③「席柱」二字於伊能原書作「石柱」。

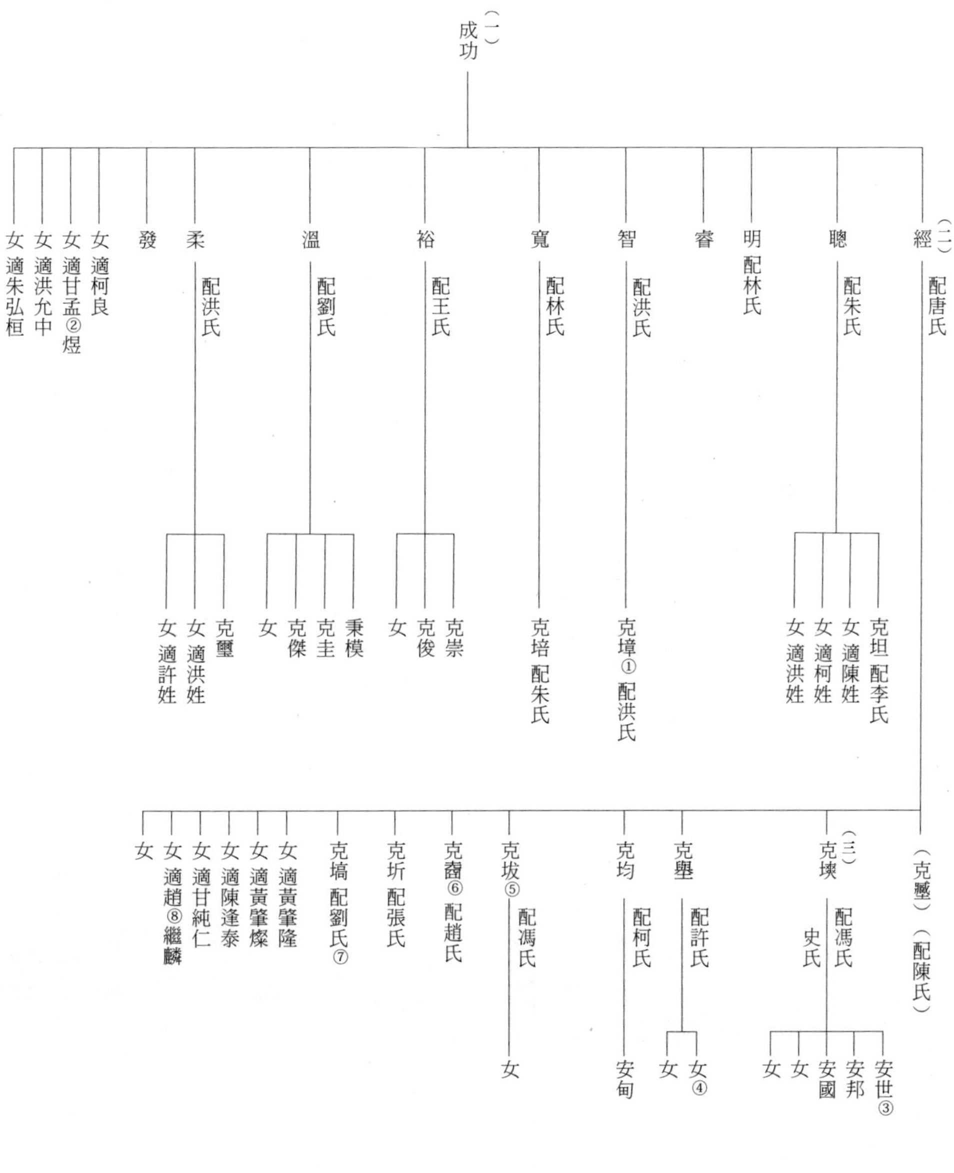

①上字原作「璋」。

②上字原作「孤」。

③據民國九年重修《鄭氏宗譜》，克塽子三，分別為安福、安祿、安康。

④據《鄭氏宗譜》，克舉子一，名安畿。

⑤上字原文誤作「拔」。

⑥上字原文誤作「商」。

⑦據《鄭氏宗譜》，克塙子一，名安德。

⑧上字原文誤作「張」。

噶喇吧地方，盜米出洋，透漏消息，偷賣船料諸弊」禁止南洋貿易，（《廈門志》〈船政略〉）亦為表示清人警戒一端之佐證也。如依陳昂經五年之海外探訪確認曩所慮者，屬於杞憂，乃基於閩浙總督高其倬①之奏議，再開南洋，廈門始有販洋之船，時為雍正五年之事也。（《廈門志》〈船政略〉）

第五節　尊重明代之最後史蹟

清朝當初靖臺之消極策，乃湮滅與前朝有直接關係之史蹟，期使明之遺民斷絕甘棠之憶念，既如前節所記。然破壞並非善後之要諦，雖依之或得致姑息之小康結果，究非永久寧息之良策。爰於一面努力收拾贍養前朝遺才，同時講究間接以尊重某種史蹟之手段，以資收攬民心。以其應列重要祀典之臺灣府治文廟（寧南坊）及武廟（鎮北坊）繼續鄭氏時之建置，加以重修為始。再諸如將寧靖王之故居（西定坊）改建為天后宮等。以前朝之史蹟，融會在信仰之目的物，使之保存之例非尠，特別是朱一貴大案善後之影響，對消弭漢、滿民族對抗頗有幫助，清人將國威霑洽於臺灣之端緒，為見於此時以後之現象，故完全撤去滿漢之畛域，施以一視同仁之治，在民族調和之政略上寧認為必要，乃更加一層之舖張。越雍正七年，有使之防護古祠墓之旨，并令各省地方官，一體冊報，對臺灣明代史蹟之尊重，似亦列在其施設範圍之內，特別予以厲行。

乾隆年間，整修明寧靖王之史蹟乃上敘著例之一。（康熙二十三年，施琅將臺灣府治寧靖王之故居改建為天后宮。而據《臺灣外記》，有旁祀寧靖王為護法之記載，固為一時之崇祀，似未繼續，足忖度當初之存意也。）寧靖

① 「倬」字於伊能原書誤作「卓」。

王之墓在鳳山縣長治里之竹滬（後之長治二圖里），據《臺灣府志》及《鳳山縣志》，王之元妃羅氏先歿葬在竹滬，乃與之合葬，云不封不樹，《鳳山縣采訪冊》記墓後之樣仔林，俗稱寧靖王宅，準雍正七年之古祠墓防護之旨，使保存其塋域，此時期臺灣縣學貢生郭必捷曾作〈過寧靖王墓〉詩以言其意。又寧靖王守義自殂時，殉死之五妃（袁氏、王氏、秀姑、梅姐、荷姐）之棺，瘞臺灣縣新昌里之魁斗山（後之仁和里桶盤淺庄）時人稱為五烈墓。乾隆十一年，巡視臺灣御史六十七及范咸命海防同知方邦基重修，立五妃墓道碑於臺灣府城大南門外，並附刻六十七及范咸兩御史弔五妃墓詩。

六十七詩云：「東風駘蕩天氣清①，載馳驄馬春巡行。刺桐花底林茶畔，森然古墓何崢嶸。路旁老人為余泣，當年一線存前明；天兵既克澎湖島，維時臺海五烈皆捐生。至今坯②土都③無恙，誰為守護勞山精？雲封馬鬣連衰草，四圍怪石爭縱橫。時聞鬼母悲啼苦，想見仙娥笑語聲！歲歲里民寒食節，椒漿頻奠陳香羹。滿目荒涼已感嘆，更聽此語尤傷情。有明歲晚多節義，樵夫漁父甘遭烹；島嶼最後昭英烈。頑廉懦立蠻婦貞。田橫從死五百皆壯士④，吁嗟乎！五妃巾幗真堪旌。」范咸之詩云：「天荒地老已無親，肯為容顏自愛身；遙望中原腸斷絕，傷心不獨是⑤亡人。」「纍纍荒墳在⑥海濱，魂銷骨冷為傷神；須知不是經溝瀆，絕勝要離塚畔人。」「又逢上巳北邙來，宿草新澆酒一杯；自古宮人斜畔土，清明可有紙錢灰。」「田妃金盌⑦留遺穴，何似貞魂聚更奇？三百年中數忠節，五人個個是男兒。」「可憐椎髻文身地，小字人傳紀載新；卻恨燕京⑧翻泯滅，英風獨顯費宮人。」）

①「清」字於伊能原書作「清」。
②「坯」字於伊能原書作「杯」。
③「都」字於伊能原書作「皆」。
④「壯士」二字於伊能原書作「戰亡」。
⑤「是」字於伊能原書作「未」。
⑥「在」字於伊能原書作「東」。
⑦「盌」字於伊能原書作「鴛」。
⑧「京」字於伊能原書作「宮」。

竹滬之地，創建寧靖王廟蓋在同時。《鳳山縣志》〈雜志〉「名蹟」曰：「王忠義炳蔚，竹滬其墾田地，鄉人立廟祀之。」而不記草創之年月。（《鳳山縣采訪冊》亦記「創建莫考」。）惟不但建置於該書①成書之乾隆二十九年以前無疑，由乾隆三年舉人陳輝有詩詠「明寧靖王宅」（《臺灣府志》〈藝文志〉）推之，與乾隆初年修彼五妃墓同時期自明。該祠雖原屬私營，但既如前節所記，連嘗由寧靖王揮毫之匾額亦斷然撤除之清朝，竟至認可是項建祠，亦得以見其對前朝態度之一變。其他散在臺灣各處之明末名族之塚墓亦記載於志書，寓意保存者不尠。畢竟此等依防護古昔祠墓之旨，雖或屬於：「塋墓不見記載、及雖記載，而見覓訪無蹤，防護不良者。」（《會典事例》）之例，但不能否定對臺灣有特別重視之痕跡。

企圖保存明末寓賢李茂春卜居之遺蹟乃上敘著例之二也。「夢蝶處」在永康里（後之仁和里桶盤淺庄）。曩康熙二十二年，僧人鳩資，改建為法華寺。四十七年，鳳山知縣宋永清，建前殿一座以祀火神，置鐘、鼓二樓，前後曠地徧蒔花、果，起茅亭於鼓樓之後，題字曰「息機」；退食之暇，時於此憩息。乾隆二十九年，臺灣知府蔣允焄重建。更在寺前濬半月池，以資旱潦蓄洩，且建半月樓於其上，五月初五在此觀競渡。劉家謀在《海音詩》之題序②記：「畫槳錦帆、金罇玉管，極一時之盛，可謂為政之風流者。」乃指此也。被目為所謂「殿宇巍峨、林木幽邃，備極勝概。」（《臺灣府志》〈雜記志〉「樓堞園亭」）非偶然矣。嗣後經累次興修，近代稍歸荒壤，同治十一年所懸掛之匾，題為「夢蝶遺蹤」，且記白鸞卿③之跋：「夢蝶園，載在郡志，年久失修，周子玉④觀察命茸而新之。落成日適屆重陽，因集同人，登高於此，遂書斯額，並坿楹聯以誌，余宦臺廿載，亦如蝶夢云爾。」從此常為文人雅會之處。足知憧憬其流風，夢蝶處有原鄭氏諮議參軍陳永華所撰之〈夢蝶處碑記〉。（文云：「昔莊周為漆園吏，

①指《鳳山縣志》。
②當作詩註。
③伊能原書誤作「白鷹卿」。
④「玉」字於伊能原書脫，子玉名懋琦。

夢而化為蝴蝶，栩栩然蝶也。人皆謂莊生善寐，余獨謂不然。夫心閒則意適，達生可以觀化，故處山林而不寂，入朝市而不棼；醒何必不夢，夢何必不蝶哉！吾友正青善寐，而喜莊氏書。晚年能自解脫，擇地於州治之東，伐茅闢圃，臨流而坐，日與二、三小童，植蔬種竹，滋藥弄卉，卜處其中，而求名於余。夫正青，曠者也，其胸懷瀟灑無物者也。無物則無不物，故雖郊邑煙火之所比鄰，遊客、樵夫之所闐咽，而翛然自遠；竹籬茅舍，若在世外，閒花野草，時供枕席，則君真栩栩然蝶矣。不夢，夢也；夢，尤夢也。余慕其景，而未能自脫，且羨君之先得，因名其室曰夢蝶處。而為文記之。」據此則知夢蝶處之稱，實為陳永華所名。正青為李茂春之字。）入清後，此碑經臺灣知府蔣毓英及鳳山知縣宋永清保存，尋湮滅而不知其所在。嘉慶五年，臺灣知府①吳逢聖特允准茂春之裔孫夢瓊、宗寅重勒於石，碑嵌於法華寺前殿之牆。

又如鄭經為其母董氏所建之北園別館為其著例之三。北園別館在永康里（原永康下里三份仔庄）。〈赤嵌筆談〉「泉井園石」曰：「從海視之則直北矣，故名。園在平壤。無邱壑、亭臺曲折淩②峻之致。」清初一度荒廢，分巡臺廈兵備③道周昌因其地仍有茂林深竹，乃結亭築室作記，并繪圖。時諸羅知縣季麒光題字曰：「致徹」，且著有〈秋夜遊北園記〉一文。康熙二十九年，分巡臺廈兵備④道王效宗、臺灣總兵王化行等，改建為寺，名為海會寺。後稱開元寺。《臺灣府志》〈雜記志〉「寺廟」曰：「佛像莊嚴，寺宇寬敞。」寺宇規模宏大，為全臺第一。自當時至乾隆初年，兼為士子會文之所。屢有分題拈韻之雅事散見於府、縣志。乾隆七年間之巡視臺灣御史書山觀農歸路經該寺，曾與諸同人分賦，有：「觀農親民事，歸途逸興同。地高濃翠合，林靜妙香通。喜得千村雨，閒來一畝宮。寸心持半偈，頓覺海天空。」五律一首云，其一例也。

約道光年間，在澎湖廳重築明末寓賢盧若騰墓，是為其著例之四。據《臺灣府志》〈雜

①伊能原書誤作「知縣」。
②「淩」字於伊能原書作「峻」。
③「兵備」二字衍。
④「兵備」二字衍。

記志〉「墳墓」所載，澎湖有盧若騰墓。成於光緒年間之《澎湖廳志》，其〈封域志〉云：「太武山：在大山嶼林投澳太武社後。……明鼎革後，同安盧尚書若騰，遯跡來澎，居此山下，卒葬山南，墓址尚存。」然據《金門志》載盧若騰之墳墓早已改葬於金門嶼。（《金門志》〈分域略〉「墳墓」曰：「尚書盧若騰墓：在賢聚鄉，碑鐫『有明自許先生牧洲盧公之墓』，係從澎湖太武山下遷葬於此。」并附錄《歔雲文抄》（林樹梅①撰）之考證，其文曰：「先生之孫勗吾自撰其父饒研墓誌曰：『通議公之殯於澎也，屬紅夷之警。忽夢公告以寒，覺而心動，復買舟至澎，啟攢歸葬於浯。』《福建續志》、《臺灣府志》俱載進士盧若騰墓在澎湖，不知為廢塚也。今依墓誌正之。」）主修《澎湖廳志》之林豪為金門舉人，後成之《金門志》亦依其志稿參訂而成，惟其如此，二者自無相互矛盾之理，所以《澎湖廳志》附考有：「按：林歔雲（樹梅之號）稱：公子饒研，負骨歸葬，今在金門之賢住鄉；而澎湖太武山遺墓完固，倚山面海，形勢頗佳，土人傳為軍門墓。意者公子於遷葬後，就原處築成墓形歟？後人有盜葬者，皆不利，旋自移去。」蓋欲使明代名族之墳塋，不失於臺地，後世再就原處加以修築者至明，但《澎湖紀略續編》（《澎湖廳志》所引）記「遺墓不知所在」，由此推考，乃於同書所成之道光九年以後所再建者。

光緒年間鄭成功之賜謚、建祠乃上敘著例之五也。初，鄭成功歿後，明之遺民何姓之同族移住於臺灣者，私捐貲在承天府（即臺南）建一叢祠，祀鄭成功之靈，入清後完全圮廢，僅作開山王廟址遺存而已。至同治十三年，經總理船政大臣沈葆楨特奏請賜予追謚鄭成功，建專祠，列為國家祀典之一。越光緒元年二月，賜謚忠節，准在臺灣建專祠，乃稱「明延平郡王祠」，就開山王廟之舊址擴大規模，又在後殿祀鄭成功生母翁氏（即日本田川氏）及寧靖王術桂、監國鄭克𡒉等。（參照第七篇〈特殊之祀典及信仰〉第四章〈鄭國姓之崇祀〉。）要之，皆不外同

①「樹梅」於伊能原書作「梅樹」。

治末年起於臺灣戒嚴之際，為籌其善後自強，而大力鼓勵島民敵愾同仇之志，欲藉鄭氏及前明遺老忠義節操，以復興明朝為己任之史蹟，而作為當時龜鑑之意。稽其往昔，千方百計，惟認臺民難於忘卻故國之思，至此則反而有使其加深印象之傾向，由此可見清朝靖臺政策轉移之過程。尤其是苦心將朝廷樹立威信，使與尊重勝國之史蹟相連結之作法實堪注意。故當此最後之消極政略一變之際，遂導致其文治武備機關更張之肇基時期，可作為在清朝治下臺灣政治史變遷之首尾對照也。

（附記）把握上敘清朝對鄭氏之觀感一變，表現在藝文上之代表作則為同治六、七年間分巡臺灣兵備道吳大廷所詠延平王朱成功七律詩，詩前有敘，文曰：

曩閱海防諸書、臺灣志每稱鄭成功為鄭逆，及閱《小腆紀年》、《南疆繹史》：成功受隆武知遇，賜國姓，其父芝龍降、泣諫、不聽，乃遁跡海濱、謀興復。其父迭次諭降，不從。永明王入緬，猶通表。厥後立國東瀛，仍明正朔。我仁皇帝稱成功為明室遺臣，大哉王言，可以為萬古人臣教忠之勸矣，而秉筆者猶以逆書，豈不悖哉。後有修史者，其亟刪正焉可也。

隆武已薨永明虜，樓船百戰幾曾閒。聲名嶺海漳潮外，氣慨孫郎伯仲間。身死猶存明正朔，節堅何異宋厓山。遺臣天語分明在，穢筆從今要盡刪。（《小酉腴山館集》）

第四篇　治匪政策

第一章　治匪梗概

臺灣古來被視為難治之域，亙清領二百餘年間歷史之過半，都在設法對付匪徒之起事。《臺灣府志》記載：「臺灣與內地有異，禨祥別有，地震最多，土匪亦數年、十數年動煩兵力。官斯土者，不得不懲前毖後預為之計。」（〈雜記志〉「富祥」）①蓋洩此般消息，乃表示比之中國本土，自然之地勢上地震頻繁，而災情又極為慘重，其滋事民變之甚者，更不乏傾動全臺之事實，若系統地探討其淵源，蓋似基於複雜環境所因襲之一種後天習性。今以之為其治匪梗概之前提，并有先溯論其淵源之必要。

（一）漢民之足跡印於臺灣之初期，實歷年已久。明洪武年間信國公湯和經略海上之際，因澎湖島民之叛服難信，故將該島民強制遷徙於福建漳、泉二府，以墟其地之事，足徵也。而在中國本土之不法之徒，反認此為良機，潛聚其中為巢穴，更進而作為進占臺島之根據地，特別結托當時企圖遠征於中國海上之日本人，即彼所謂倭寇之群，而且利用漢民甚畏怖倭寇之名，為示自己威勢之方便；甚至冒稱其意為日本頭目之「日本甲螺」之稱呼，乃為事實。如嘉靖年間海盜林道乾已由澎湖屢入臺灣剽掠，天啟年間海盜顏思齊藉不堪明朝②欺凌之名，率其夥黨亡命，亦以臺灣為根據地分保十寨；至鄭芝龍代之為首領，崇禎中應福建巡撫之招撫，授官職，始得賴之鎮壓閩海之巨盜。會全閩大旱，鄭芝龍議以船舶徙飢民數萬於臺灣，每人給金錢、牛隻使之開墾荒島。自是遊民來投者倍多，鄭芝龍之勢望日隆，以致殆有稱霸海上之勢，是漢民在臺灣形成定住聚落之初期。其移民多若非

①「祥」字於伊能原書作「詳」。

②上二字當作「勢宦」。

海盜之夥黨，則係蒙其蔭顧之遊手同黨，故臺民之出身，部分乃此等海盜或其同黨之裔孫，特別是鄭芝龍出身於福建泉州府，所屬之移民多為泉人乃係事實，「臺灣民，半泉州人也。……今夫逞強而健鬪、輕死而重財者，泉州之俗也。……臺灣人固兼有之。」（《東溟文集》之〈答李信齋論臺灣治事書〉）可知其真相，加之至入清之後，在閩、粵各地之無賴遊手，亦屢屢逐其先蹤，企圖潛聚者眾，而此等民眾，「漳、泉（閩）、惠、潮（粵）各郡人民聚族而居，強悍素著。藏匿兇慝，常臨以兵役數千，不能得一罪人。」（《東溟文集》之〈與倪兵備論捕盜書〉）之實狀。因此遷徙於臺灣之棍徒極為不法毋庸置疑，致成所謂「臺民之豺心鼠性隨處欲張」（《東征集》）[1]之第二天性，自勢所難免，蓋以臺灣比擬為奸宄逋逃之藪，即坐此之故也；而苟有機可乘，嘯聚滋事，肆刦掠，逞私慾乃常有之事。

（二）當明之末葉，滿清漸形南下之勢，鄭氏一黨完全占有臺灣，以已據之金、廈二島為犄角，立屯田養兵之法後，不但明之宗室、遺老競相來歸，多數閩、粵之良民亦群趨此海島避難，而鄭氏祖孫[2]三世二十餘年間，相繼奉明正朔，銳意期望恢復之流風遺績，永久浸漸於一部分之民心，入清之後，其仍然懷念前朝之治者不少。漢民對征服者滿人之民族反抗之慣性，難期銷息於一旦。且古來中國之歷史反覆所行之一種懷柔政略，頑民反抗政府，當其窮於鎮撫之際，授之以官爵、啗之以利祿，招降之俾予以操縱，亦清朝對前明遺臣作為滿漢調和之策而實行，此項懷柔政略對於臺灣鄭氏之文、武官弁亦再度施行。其餘弊所及，狡猾之徒往往詐稱鄭氏之顯官，企圖獲取高位，其影響延至後日，蟠屈成為永久之禍根，清世宗所謂之「胸懷叛逆者，動假稱朱姓，以為構逆之謀」，其流弊特別在臺灣有加深現象，更加之「目覩鄭氏將弁投誠，皆得官封公侯，以是為青雲捷徑」。（《裨

[1] 見該書之〈請行保甲責成鄉長書〉。
[2]「祖孫」二字於伊能原書作「父子」。

海紀遊》）至成為自利之好餌，滋擾之因。如：康熙三十五年吳球之役，朱祐龍者被舉為國師，稱為明之後裔。六十年朱一貴之役，自己標榜朱明之後裔作為匪首，皆為其適例。其他如康熙五十年間有自遼海竄逃臺灣淡水之洋匪鄭盡心。外有江、浙、閩、粵四省之舟師搜緝，同時內有分巡臺廈兵備①道陳璸命千總黃曾榮逮捕，鄭盡心之出身、經歷雖不得其詳，但由其稱姓鄭察之，亦以鄭族之連枝自居也。此時期上淡水之地概未經開闢，且文治武備並皆付諸等閑，一任流民割據，彼或因企圖求行陰謀之餘地於此未開之遠陬？

（三）臺灣之地，孤懸海外，素為番夷巃獱之區，實屬荒服之域，故其最初移民分子，雖亡命逋逃之奸宄以外者，亦概具有冒險性暴虎馮河之氣質，而斯種冒險者，動輒有浮動滋事之弊，加以乘山陬谷僻之處政化未洽及，可自逸逃於法度之外，及一旦啟嘯聚之端，餘憤所迸之處屢屢驅私情不止，竟刦掠貨財，尋仇報私怨等，致逞苟且之兇惡亦勢所難免，於光緒十二年臺灣巡撫劉銘傳上〈量田清賦申明賞罰摺〉條奏中言：「臺灣民風強悍，一言不合，拔刃相向，聚眾挾官，視為常事。」由此足知不特過去之歷史為然，及至近代仍然有此習性。

關於上敘臺民之習性，古來多種文獻中亦屢屢敘說，試舉其數例列記如左：

臺灣（中略）其民五方雜處，非浮掠之遺黎，即叛亡之奸宄，里無一姓，人不一心。溪深林茂，易於伏莽，山海氣濕，又多霧露水土之害。（見《臺海使槎錄》〈赤嵌筆談〉②所引之《蓉洲文稿》）

臺民居恒思亂，每聚不軌之徒，稱號鑄印，散劄設官者，歲不乏人，敗露死杖③下，仍多繼起者。

①「兵備」二字衍。
②「原始」。
③「杖」字於伊能原書作「條」。

非有豪傑之士，欲踵武鄭氏也，緣臺民皆漳、泉寄籍人，五十年①來習見兵戈不足畏，又目覩鄭氏將弁投誠，皆得官封公侯，以是為青雲捷徑，成則王，敗不失為進身階，故接踵走死地如鶩。非性不善，習見誤之耳。（《裨海紀遊》）

臺民以倡亂為嬉，豈真不知刑戮之可畏，由大山深險而逋逃之藪多也。成則出為民害，敗則去為山，人跡不至，莫窮其底，彼何憚而不為哉？（《東征集》之〈檄諸將弁大搜羅漢門諸山〉）

臺疆遼濶已極，臺民不馴特甚，皆內地作奸犯科，逋逃萃止，豺心鼠性，隨處欲張。（《東征集》之〈請行保甲責成鄉長書〉）

臺民喜亂，如撲燈之蛾，死者在前，投者不已，其亦可憐甚矣。（《東征集》之〈論擒獲奸匪便宜書〉）

臺中逆孽雖平，惡棍鼠竊不乏，寬之則行　，又寬之則嘯聚。（《鹿洲初集》之〈與吳觀察論治臺灣事宜書〉）

臺灣地方寥濶，兵防未增，民俗悍驁，好為傾側。雖太平無事，不可忘有事之備也。（《鹿洲初集》之〈與吳觀察論治臺灣事宜書〉）

臺灣開闢未久，地利有餘。今山前無隙土矣，舊族日滋，新來不已，無業可執，則有三種莠民：

①伊能原書作「十年」。

一、與夫，千百為群，動與兵鬪；二、赤棍，結黨立會，散處市廛；三、盜賊，竊刦頻聞，誅之不盡。此全臺之大患也。不為區處，臺灣未可言安。（《石甫文集》之〈論埔里社事〉①）

臺灣遊民日眾，平時剽悍，及小有蠢動，則不待賊招而自赴。否則，各成一隊，乘機焚掠。（《東溟文集》之〈上孔兵備論辦賊事宜書〉）

臺灣孤懸東洋，閩、粵、番民錯雜其間，（中略）山陬海澨，良莠不齊，且為內地逋逃藪，剽狠輕生，貪頑浮動，一切奸盜、邪淫之事悍然行之，無所顧忌，而不肖子弟效而尤焉，習俗日媮。（馬克惇之《東瀛載筆》序）②

閩之有臺，猶粵之有瓊也。瓊每苦黎患，臺之患則不在番而在民。……臺灣全閩之外障，南北延袤，土膏沃衍。內地閩、粵濱海各州、郡，其游手無藝、不事耕桑者，輒相率就食於臺。或人家不帥教子以及沿海醜徒，一經破案，胥以臺為逋逃藪。蓋此輩分而散之於各郡，不覺其多；合而聚之於一方，不見其少。呼群嘯黨，橫行鄉閭；加以本地莠民，陰為固結，而亂階伏於是矣。（湖南衡陽知縣曾維楨之《彰化縣志》書後）

臺灣素多無籍游民，每易糾集生事。其始不過數人，漸聚漸多，即至肆行無忌；惟在地方官隨時隨地留心查訪，一有萌蘗立時撲捕，方免滋蔓為患。（《斯未信齋文集》之〈會奏審辦盜匪附摺〉）

①《東槎紀略》。
②此序收入《淡水廳志》〈文徵〉。

臺灣為海外嚴疆，人心浮動；現當地方甫定，餘匪尚未盡除，兵燹之餘，民情尤形拮据。（《治臺必告錄》之〈稟督憲左宮保季高〉）

臺灣雄峙東海，橫亙千餘里，土田膏腴，家多殷實，顧民氣易動難靜。……土性鬆脆，民俗①浮囂，草間求生之徒②、無籍游民趨之如騖，無妻子之戀，無田宅之安，聚則成群，動輒滋事。（《東瀛紀事》）③

道光末年之分巡臺灣兵備道徐宗幹嘗曰：「臺地之難，難於孤懸海外，非內地輔車相依可比。諺云：三年一小反，五年一大反，豈真氣數使然耶？」（《斯未信齋文集》）然如斯顯著之土匪豎旗倡亂，其數達二十餘次，其餘之內訌及械鬪之類，殆更僕未終。

關於治匪之經略，前後有二樣之變遷經過，其前者，乃以臺民之屬明遺臣者多不悅新政，心竊懷舊治，凡欲舉事者，常有藉名恢復前朝之傾向，對此之控制，蓋如斯甚者危及清人永久之基礎，故夙為當路所憂慮，特別是起於康熙六十年之朱一貴事件，乃帶有斯種性質威脅之最大者，其亂後謀善後之措置，斷行自根底勦蕩餘黨之要策，因此耗費爾後長達年餘之時日，且為使臺民體認毫不許匪氛之存在為國是之本意，採取（一）應建築城池，以添兵設防經營之措施。（二）厲行保甲之制，完成團練之組織，以期自衛之整頓，講求安堵治生之方計。

團練可謂一種民兵組織，雖實為捍禦之補助機構，但有司專賴此爪牙以期苟安，對此節制不當之

① 「俗」字於伊能原書作「族」。
② 上句為《東瀛紀事》原書所無。
③ 〈戴逆倡亂〉。

結果，有反導致匪氛滋擾之事。同治初年戴潮春起事時，是先利用迷信之秘密結會，以收愚民之心，陽為官司奉公。咸豐十一年冬，彰化知縣高廷鏡下鄉辦事之際，戴潮春執莊棍以獻，得其信任，請知縣給戳記，假團練之名自備鄉勇三百，隨官捕盜，由於官司之倚重，爰益招聚不逞之徒黨，其數至稱十餘萬。同治元年春，及知縣高廷鏡去任，雷以鎮代之，亦依戴潮春辦事，其徒黨橫肆倍甚，形成不憚白晝殺人之勢，而此實為未幾又爆發大亂之伏線，蓋係其著例也。

又一面大開恩撫懷柔之門，出於安撫反側之計，以後隨政治之革新，倍加擴大施行，此方針使匪氛煽動之餘地狹窄，為此銷弭如前所見將主力注於民族反抗之氣勢。清朝國威之確實落實於臺灣，乃係此時代以後之事，爾後之匪亂即專藉辭為革弊濟民之義事。而以恢復明朝為口實者全絕其痕跡。在治匪政策上，利用優獎義民，似奏功甚大。蓋此乃隨時潮之傾向也。

但先入慣性之潛伏，無法絕對銷弭。乾隆六十年陳周全起事，詭言朱一貴之後裔樹旗，令旗之上書「大盟主朱」，以保前朝朱姓之聯想。道光初年，淡水奸民稱朱蔚者，自稱明之後，妄造妖言，企圖入噶瑪蘭煽惑眾愚起事，通判姚瑩訪獲於未然，得以無事。又咸豐三年李石起事時，傳藉興漢滅滿為辭等特例，不可等閑視之。

其後者是曩在明代，引進所謂倭寇之中國海盜，屢出沒臺灣近海，繼有企圖侵掠臺灣，以為根據地之勢。惟入清以後靖海之機略奏效，殆使海上之流賊潛伏。與此同時，山谷之土匪靡然代之而興。凡論臺灣之匪亂者，以為由內而生者多，由外而至者鮮，主要努力於內備，而有忽視外防之傾向，至嘉慶年間海盜蔡牽等乘防禦空虛而入侵，因受此刺激，乃有欲為臺灣立久遠之計，不可不一併作海面之防禦，以芟除禍根之議，自成為當時之急務。其時在臺灣所為緊急措施，則有（一）添設水師戰船。（二）擴張水路防備。蓋不外為充要之結果也。先此有乾隆六十年之上諭：「沿海一帶設立水師戰船，原乃作為海洋緝捕之用。」所稱之旨意，實際上臺防有被認為國是之勢。如同治四年三月①之上諭有：「漳州②賊氛……尚未就殲，深恐偷渡來臺勾結……，曾元福（臺灣鎮總兵）、丁曰健（分巡臺灣兵備道）懍遵前旨，實力巡查，妥籌防範，毋稍疏虞。」之語，要之亦出於同轍之見地，不外為未雨綢繆也。

惟匪亂對於臺灣治安之影響，似恰可比為流入塘坡之水流。方其設防堅牢無絲毫之缺隙時，汪洋之巨流隨一定之水路徐徐就低而下，但偶有一蟻穴之弱點生於其間，忽侵透之，難免不能抑止瀰漫而至潰決矣。乃蹇蹇匪躬之名宦當其局，為民人規久遠之至計，治績得宜，民心咸悅服之際，禍機漸收其跡，遂得寧息無事以見昌平之兆，但此不過為一時之潛勢。苟有司因曠職秕政而失民心，倏然謠言四起，臺民好亂之慣性，由此被煽動而萌③生禍端，中有豪猾之徒以為良機，故夜郎自大，趁機而起。此亦治臺之有識者所恒切言，為頻頻匪亂之事實所證明者，乃「幸當道仁人君子，安良鋤莠，弭亂未萌，而吾民庶稍以甦息也。」（曾維楨之《彰化縣志》書後）之一節，乃表明此種見地也。而竟不能期翦除根蒂以成其事，自既往以至近代，使臺灣成為難治之域，畢竟其因在此也。如〈赤嵌筆談〉之「賦餉」所引《東寧政事集》：「贌社者，招捕鹿之人；贌港者，招捕魚之人。俱沿山海蓋草為寮，

①據穆宗實錄，當作二月。
②「州」字於伊能原書誤作「洲」。
③「萌」字於伊能原書誤作「萠」，下同。

時去時來，時多時少。雖為賦稅所從出，實亦奸宄所由滋。」至少稍為流露其內情之一面。

連雅堂撰《臺灣通史》〈宗教志〉載，在乾隆中葉，臺灣府城大北門外黃蘗寺住僧之傳奇：「僧不知何許人，逸其名，居寺中，絕勇力，能蹴庭中巨石，躍去數丈。素與官紳往來，而知府蔣元樞（乾隆四十年至四十三年任）尤莫逆。一日，元樞奉總督八百里密札，命拿此僧，不得則罪。潛訪之，知為海盜魁。恐事變且得禍，乃邀僧至署，盤桓數日，欲言又止。僧知之曰：『窺公似大有心事者。大丈夫當磊磊落落，披肝見膽，何為效兒女子態哉？』曰：『不然。事若行，則上人不利。不行，吾又不能了。故踟躕爾。』出札示之。僧默然良久，曰：『不慧與公有前世因，故一見如舊。今願為公死，但勿求吾黨人。不然，竭臺灣之兵，恐不足與我抗。』曰：『省憲祇索上人爾，餘無問。』僧曰：『可。』命招其徒至，告曰：『而歸取籍來。』徒率眾肩入署。視之，則兵卒、糧餉、器械、船馬之數。一一付火。元樞大驚，僧曰：『我祖為鄭氏舊將，數十年來久謀光復。臺灣雖小，地肥饒可霸。然吾不猝發者，以閩、粵之黨未勁爾。今謀竟外洩，天也。雖然，公莫謂臺灣終無人者！』又曰：『公遇我厚，吾禪房穴金百餘萬，將為他日用，今舉以贈公。公亦好速歸。不然，荊軻、聶政之徒將甘心於公也。』元樞送至省。大吏訊之，不諱，問其黨，不答。刑之，亦不答。乃斬之。」所傳之逸事，示當道有人，得弭亂於未萌之良績，無疑為眼前顯著活生生之例；而苟且偷安之徒，以五日京兆相終始之有司，不能善於遏抑其禍機之發於未然之通弊，為常見之事，如作為彼朱一貴起事之一異事之左列奇聞逸話，足以證之：

粵民高永壽在笨港（大槺榔東頂堡）負販為生，有病者於破廟餓且死，永壽活之。一日至南路，遇前所活人，欷歔感泣，引之深山中、設酒殺相待，賊也。與見朱一貴，刀鎗森列，言倡亂謀甚悉，邀永壽入夥，佯許之，乘間逃回，赴南路營告變；弗信。至府，復告之鎮、道；鎮、道以為狂疾，會審嚴刑，坐妖言惑眾，將論殺，從寬責逐過海，遞回原籍。（賊平後，制府移檄粵東，喚高永壽至臺，尋向日所見賊營故處，不可得。令往羅漢門看之，亦不是。再至南路郎嬌①（恆春）、遍尋上、下山谷，月餘乃還。……亦異事也。）（《平臺紀略》）

而其乘隙滋事之動機亦為多端，不但由內，亦有由外所誘起者。如道光年間鴉片戰爭之餘波及於臺灣，中國大陸定海縣城（浙江寧波府）失守之際，早將夷匪犯境之警傳達於臺灣（道光二十年），如當時分巡臺灣兵備道姚瑩〈上督撫言防夷急務狀〉中所論：「獨臺灣一府，孤懸海外，民情本已浮動，自前年懲創後，去歲至今，甫得安謐，而元氣久虧，正在加意撫循，詎聞定海警報，未免人心疑懼。況年來查辦煙案甚嚴，沿海奸民不免嗟怨，一旦有警，恐其乘隙滋事，是臺灣所患，不惟外禦逆夷，尤須內防奸宄也。」（《東溟文集》）即可見其一端也。如道光末年之淡水廳艋舺縣丞有令名之馬克惇在《東瀛載筆》序云：「守土者，果能公正執法，民既敢於為匪，官即嚴以捕治，無枉無縱，未有不翕然從風者。蓋治臺以戢匪弭盜為要務，以執法用人為大經。法不嚴，則匪益肆而黨益多，遂因之謀為不軌，徒事勸誡無益也。至於用人，苟得把握，雖賊匪可供驅策。開其生路，示以公誠，往往感恩向化，得耳目指臂之效；但用經用權，不能盡述，又在勤求民隱，隨時隨地加之意焉，未可以無事忽之也。苟馭民不得其法，政治不足服人，偏執躁妄，疑惑因循，將反為賊匪所笑，刦掠縱橫，無所不至。」可謂卓見。如道光末年之分巡臺灣兵備道徐宗幹〈寄浙撫

①「嬌」字於伊能原書作「喬」。

梁楚香中丞書〉中記：「日前登岸之初，即聞郡城兵丁械鬪，因而乘機搶奪，罷市閉門，城廂之內，路徑不通。鎮、道皆告病退居，又無署事者；府則病臥已久，百姓幾有煽動之勢。蓋平日受其苦毒，積怨已深，將一發而不可遏。各路匪徒，再聞風而集，遂不可問。及聞某將到，漳人念舊而息，泉人亦因以罷兵。抵任後操縱兩難；如再事彌縫，履霜堅冰，隱患可慮。三、四月以後，情勢漸通；向所謂獲盜、引盜之人，今亦漸為巡盜、捕盜之人矣。」（《斯未信齋文集》）所云非僅此一時之現象而已，而可視為通古今實況之一例。試就臺政之弛廢常因由於匪亂之弊，舉示歷代識者論議主要意見之梗概約略如次：

藍鼎元在《平臺紀略》中記朱案之始末，最後所論述之一節，實揭發康熙年代之弊情也，曰：

> 臺灣治亂之局，迥出人情意計之外。其地方數千里，其民幾數百萬，其守土之官，則文有道、有府、有縣令、大小佐貳雜職若干員，武有總兵、副將、參將、遊擊、守備、大小弁目若干員，其額兵七千有奇，糧儲、器甲、舟車足備。又當國家全盛，金甌靡缺，而朱一貴以餵鴨小夫，欻焉倡亂，不旬日間，全郡陷沒，此豈智能所及料歟！太平日久，文恬武嬉，兵有名而無人，民逸居而無教，官吏孳孳以為利藪、沉湎樗蒲，連宵達曙。本實先撥，賊未至而眾心已離，雖欲無敗，弗可得已。

魏源在《聖武記》載林爽文之役，其膀頭所論評之一節，實不但當前一時，可視為揭發雍正、乾隆年代之弊情。曰：

> 臺灣不宜有亂也：土沃產阜，耕一餘三，海外科徭簡，夜戶不閉。然而，未嘗三十年不亂，其亂非外寇而皆內賊，朱一貴、林爽文其尤著者也。一貴既俘，以諸羅北境遼濶，增彰化縣及北淡水同知。地大物奫①，漳、泉、惠、潮之民日眾，寄籍分黨，蘖②芽其間；守土官又日朘削之。於是，民輕視吏。及其樹幟械鬪，動以萬計；將士不能彈治，惟以虛聲脅和。於是，民輕視兵。近山土沃，民墾日廣，巡撫楊景素③立界限之；將界外良田，盡畀生番。番不知耕，仍為內地游民偷墾。地既化外，易藪奸宄。又獄有不能結者，輒誘殺生番以歸獄。於是，既毆民歸番，又毆番以黨賊。
>
> （〈乾隆三定臺灣記〉）

及嘉慶以後，有司之苟且私曲益甚，於時官即為民之怨府，官民屢屢極盡睽離反目，揭發此種弊情乃楊廷理之〈東瀛紀績序〉（《噶瑪蘭廳志》所引）所述之一節也。曰：

> 鄭氏殄滅、朱一貴蕩平以來，海疆無事垂數十年，其始特以地沃民稠，志驕服侈，守土者忽不加意，以為風俗固然，漸且奸胥猾吏恣為民患而不之止，其民之黠者則又交結胥吏，舞文弄墨，枉法干紀，蔽上耳目，桀悍者至於持械鬪狠，千百為羣、白晝相殺於道，而官無以為禁，或因取賄而免之，此乃亂之所由生，非一朝一夕之故也。

謝金鑾所著《蛤仔難記略》，附載之〈泉漳治法論〉中有一節，雖就原在中國大陸之

①「奫」字於伊能原書作「奝」。
②「蘖」字於伊能原書作「孽」。
③景素乾隆二十三年至二十五年任分巡臺灣道，「巡撫」疑當作「巡道」。

閩情論述者，由著者欲逕移作為治臺之規箴之意向推度之，亦得視係透露嘉慶時之極弊者。曰：

今之為令者，其視民也，如魚肉；而民之視令也，如虎狼。凡有下鄉，皆為得錢而來；不得錢，不知有百姓也。人之親魚肉也，為欲食之也；而其畏虎狼也，畏其食之也。嗚呼！安有虎狼而可與人親，安有人而與虎狼親者哉？其避之惟恐不速也！固也，上下睽乖，縣如無官之縣，……自相爭、自相擄、自相刑、自相殺。一至其鄉，則壯役數十以臨之；一家犯罪，合鄉走匿。是尚可以為治乎？（〈親民〉）

收於徐宗幹之《斯未信齋文集》文牘中之一節，實可視為描寫道光年間之弊情者。曰：

各省吏治之壞，至閩而極；閩中吏治之壞，至臺灣而極。然猶是民也、猶是官也，豈其無可治之民、無可用之官，而卒至束手無策者？一言以蔽之曰：窮而已矣。搶擄之罪，生死未定，尚在後日；號寒啼饑，目前別無恆業，流至海外，更無家可戀，不能坐守餓斃，只可鋌而走險。是民以窮而不能治，聽之愈頑、殺之愈悍；此治民之難也。疎防之咎，參劾未定，尚在後日；工食賞耗，目前別無經費，宦於海外，已捨性命而來，無從虧挪告貸，只可苟且姑安。是官以窮而不能馭，劾之不能自新、舉之亦復如舊；此為官之難也。事莫重於人命；而不求償命，但求得錢。豈真重財不重命？窮到無可奈何，只好要錢不要命。且地方官不能振刷精神，為其伸冤理枉，只可以錢了之。官不知民之代為將就以保全考成，反謂輕命重財之民不可治；甚且有此成見，而亦置之不治。臺陽居海外，無所謂限期之說，為重洋阻滯也；故吏治之易，至閩中而極；閩中吏治之易，至臺灣而極。豈知今日之難，皆自數十年來以為易之所致耶。為今之計：但有動官之良心，以冀通民之良心，不至官民為仇而已。官窮死不要錢，則民屈死不怨官。其萬不能伸理者，民亦諒官之無可如何；苟有可以伸雪者，稍盡心力而為之，不視之如犬馬，民已戴之如父母矣。其萬不能依限完結，上司亦諒官之無可如何；苟有可以及時辦理者，稍盡心力而為之，不以海洋為退步，而上司已倚之為手足矣。（〈答王素園同年書〉）

丁曰健奉命到臺灣鎮壓戴潮春事件，奏疏前後之事宜，及開陳所見亦多，其記述可視為揭發咸豐、同治以至光緒年代之弊情者不少曰：

今……生齒日繁，生計日絀，吏治、營規廢弛更甚，士習壞而商民驕。此次軍興兩年，蔓延日久，誘惑更多。（〈會擒首逆沿途搜捕凱旋赴郡到任摺〉中之一節）

大中丞（福建巡撫、前臺灣道徐宗幹）於咸豐四年離臺灣，而營規、吏治風氣為之大變。前鎮邵①委缺，以得財為次第；文員亦相習成風，下屬相率效尤。甚至得匪百餘元、數百元不等，撫而為營書、為募兵；廳、縣亦撫匪為總董、頭人，竟給與頂戴，以示優異。毫無緝捕實事，大開賞盜之風，益縱害民之虐。（〈平臺藥言〉）

如斯臺灣之土匪，成為殆難根絕之政治上之痼癮，永久持續其慣性，為對此之鎮壓綏撫方策，當局之有司非不屢屢致蹇蹇之盡瘁，然而竟不能奏其效乃為事實，而其一旦乘釁

①此似指邵連科。

蜂起之際，為擁多眾，廣發號令，欲成其所謂夜郎自大之私者，必須僭號以張大其聲勢，匪首自行僭王或準此之稱號，或奉清以外之正朔，或建新朝。

（一）吳球之起事，稱朱祐龍為故明室之遺裔，舉為國師。

（二）朱一貴之起事，自稱故明室之遺裔，稱中興王（或曰稱義王），立年號稱永和。

（三）林爽文之起事，林被推稱為盟主，且置盟主府，改年號稱順天，南路之賊目莊大田自稱南路輔國大元帥，淡水之賊目王作、林小文①等別用天運之年號。

（四）洋匪蔡牽自稱鎮海威武王，改年號稱光明，同時之洋匪朱濆自稱海南王。

（五）張丙之起事，自稱開國大元師，年號稱天運，北路之賊目黃城自稱興漢大元帥，用明代之正朔。其他諸賊，各自立鎮南、鎮北、中路、南路元帥之名目。

（六）戴潮春之起事，自稱東王，至其文書僭稱為朕，其他賊目皆立大元帥、大將軍之名目。

而所有之匪首，雖多敢僭號，以期籠絡民眾，自行僭王或準此稱號，其品位概不具為君為師之威容，尤其是匹夫俄頃之顯達，而不通朝儀舊典，立其上稱制之際，失態百出，為此立招民心之睽離，比比皆然。今舉其一、二事例：如康熙六十年五月朔日，朱一貴進陷臺灣府治，竟入臺廈道署自立稱王。其通天冠、黃袍、玉帶，皆取之戲班伶人，群賊排坐於堂上呼萬歲，嗣復模仿伶人登高臺，鳴鐘打鼓呵唱拜跪，封群賊以文、武偽職，此時偽職滿街填巷，摩肩觸額，優伶之服飾搜括無遺，或戴幞頭，著小袖，紗帽、金冠，被甲

①「小文」二字於伊能原書脫。

騎牛；或以色綾裹其首，方巾朝服，炫黃於道。（據〈赤嵌筆談〉之「朱逆附略」云：「刼取戲場幞頭蟒服，出入八座，炫燿街市。戲衣不足，或將桌圍、椅背有綵色者披之；冠不敷，或以紅綠綢紵、色布裹頭；以書籍絮甲。」）民間為之謠曰：「頭戴明朝帽、身穿清朝衣；五月稱永和，六月還①康熙。」蓋童孺、婦女皆知其旦暮可擒滅也。（據《平臺紀略》）如斯遠近之幼童數百聚觀喧笑，忘其為賊云。乾隆五十一年林爽文之飜叛旗，置盟主府欲選盟主之際，在彰化縣北投莊（北投堡）東方之茭荖山聚眾，仿漢俗凡事卜吉凶有擲筶之風，以磁碗為筶，各唱名擲下，約舉筶之不破者充之。如斯林爽文倖而當選。十一月二十八日陷彰化縣城，十二月朔以該縣署為盟主府，任用偽官，是日大宴群賊。時林爽文以烏緞為冠，蟠金龍二，黃線結蕤，自頂②垂背。甚者掠取官幕之袍服衣之。其眾悉以烏布帕頭。（據《彰化縣志》〈雜識志〉「兵燹」）同治元年戴潮春起事，自稱東王，誇張威勢、且進如王之鹵簿。③《東瀛紀事》「叢談」載：「戴逆至水沙連（五城堡）派餉，以紅旗數對前導，使偽軍師繡衣朱履，佩劍執拂，騎馬先行。偉男子數十人，手執大刀，稱偽保駕大將軍，簇擁轎前。逆之衣服乘轎皆黃色，後有赤腳男婦數十隨行，偽稱宮娥、宮監。所往，門前懸木牌二，書『風雨免朝，鬼神免參』八字。先期出偽示，擇日到田間教民耕種。該地總理預修徑路，以黃色土鋪田中。至期，逆與偽軍師到地播穀種、犁田畢，鼓吹競作。偽軍師披髮仗劍，引戴逆雪帽雪衣登壇，祭告天地。遠近來觀者不下數萬人，遍野漫山，惟見萬頭蠢動。百姓爭送豬、羊、米、穀無算，有送美女者，戴逆自取一、二人，以其餘分賜軍師、偽將軍，皆淫污數夕，然後遣歸其家。」如斯故欲矯飾威儀，卻失之近於兒戲，甚至掠盜淫亂，實自行暴棄為君、師之權威，後不能得民心之葵向，可謂自然之勢耳。

①「還」字於伊能原書誤作「遷」。

②「頂」字於伊能原書誤作「項」。

③鹵簿亦作鹵部，乃古時官員出行之儀仗。——譯按

「賊勝則皆賊黨，官勝則皆好人。」（馬克惇之《東瀛載筆》序）蓋亦悉為在臺灣匪氛真相之明言也。劉家謀（咸豐初年間之臺灣府學訓導）在《海音詩》中題序①曰：「臺兵之横，殃及平民；然所懼有四焉：曰輿夫也、羅漢腳也、大西門外（府城）蔡、郭五大姓也、大南門邊（府城）擔糞人也。蓋四者半孤身無賴，好勇輕生；其黨多至千百人，愈集愈多，拚命死鬬，兵無如之何也。抑此四者，遇地方有事，收之則為用；散之則為非，當事者尤宜加意也。」（其細註云：「檨仔林在寧②南坊，地曠徑多。羅漢腳所聚也。」）夫府城既如斯，至其他僻遠之境，殆成為化外之地景象，使土匪肆行跳梁，官府鎮壓不及乃為事實，如雍正十一年至十三年間之鳳山知縣錢洙，以當地「積匪洪寶、素雄悍，里役畏之，莫敢捕；洙設法緝獲，偵得淫兇狀，立杖斃之。民服其斷，鐫碑以誌。」（《臺灣府志》之〈職官志〉「列傳」）所云察之，亦可知其過半之情也。徵諸成於道光初年之噶瑪蘭通判姚瑩《臺北道里記》中，就地當北路濁水溪域孔道之地方記：「大埔心（武西堡）民居小村舍多盜匪，其東北沿山即下林仔，東南沿海為二林（俱在二林下堡），皆匪巢也。」至斗六門及羅漢門之要區，其情形更甚。道光中葉③分巡臺灣兵備道仝④卜年之時事論策中（〈上劉玉坡制軍論臺灣時事書〉）就斗六門云：「斗六門東通內山，西抵他里霧，北臨北虎尾溪，與彰化縣之西螺等莊，緊相毘連。該處素多匪類，而虎尾溪北之西螺等莊尤多匪徒，溷跡其中。地方有事，則彼此勾結，謀為不軌；無事，則溪南、溪北偶因纖毫小忿，互相械鬬，連年不休。至其聚眾攔途刦搶，則尤視為故事。竟至道路不通，洵為一方大害。」就羅漢門言：「羅漢門……介居臺、鳳二邑之間，該處有內門、外門二處，歷來南、北匪徒勾結滋事，即由此門往來，實為居中扼要之區，而二邑交界處所，又復犬牙相錯，鳳山所轄之旗尾、月眉⑤、彌濃等莊，逼近內山，匪徒尤眾。」不只

①當作詩註。
②「寧」字於伊能原書作「凝」。
③當作「末葉」。
④「仝」字於伊能原書誤作「同」。
⑤「眉」字於伊能原書誤作「尾」。

是為當時，亦可為近代情形之描寫也。

而以此等山谷為根據地之土匪，平時潛勢之間，以政威之全然不及為良機，居然構寨聚黨，相互畫定各自之勢力圈，意在模仿夜郎自大而無所畏憚，甚至出沒於邊陬之要路，刦掠行旅，如道光二十五年十月嘉義縣斗六門縣丞姚鴻所發之示禁云：「本月初九日據生員總理張鐘、張肇基、張祖臺、王濟時，董事郭中流暨通保紳耆、舖民等呈稱：竊斗六街近有地棍，自稱縣差幫夥，在街中曲巷，伺刦行人……擄獲勒索，……似此地棍擄搶，無異[①]分肥，若不亟除，恐成巨害，僉乞示禁拘辦等情前來。據此，除申請道憲、府憲及移縣，並飭差嚴拘外，……為此，示仰所屬地方人等知悉：自示以後，無論何處正差幫夥並無牌票，及有牌票而非命盜重情，敢在於街市墟場混拏勒索者，許居民、總董、鄉保等鳴眾綑赴本分縣，以憑訊辦，俾除民害，而靖地方。」（節錄斗六街土地公廟之壁碑）可為其例。姚鴻為縣丞尤有循聲，士民篤愛之，由當時建立其長生祿位於該街[②]受天宮之政績見之，似由此漸啟鎮壓之緒端也。先是道光十六年淡水同知婁雲定〈禁約八條〉在廳內厲行，如其一云：「莊內不准容留外來遊手之人，不准私置鳥鎗、籐牌等項軍器，以及私買硝磺、火藥，違者照律嚴辦。」亦可視為出於將其約束責成地方自治同一目的之鎮壓方策。此外，據同治年間參與勦蕩戴潮春事件之分巡臺灣兵備道丁曰健之奏片中云：「淡水至彰化境內沿海一帶，惡溪重疊，其內山尤為險峻異常。各路賊莊，深林密箐，內溝外濠，銃樓環立；賊莊之大者，長廣約十餘里、小者亦俱周圍七八里、五六里不等；又有近海各莊，攻勦須乘潮未來之先，為時又暫。官軍兵勇攻莊之難，甚於攻城。」（〈出力員弁擬行奏獎恭候命下片〉）可以窺知最近匪巢之情形，而足可推度攻勦之至難。加之馬克惇嘗在《東瀛載筆》序論：「臺

① 「異」字於伊能原書作「冀」。
② 斗六街。

灣惡習，良民往往結賊以為保家護符，一朝起事，賊脅之以通賊，官懲之以通賊，卒至身家糜爛，其愚終不可解，是可嘅也。從來臺灣無數年無事，賊匪視豎旗謀逆為尋常，本無伎倆，不過沿莊派飯，擁眾詐財，不從則焚搶殺人，其蠢愚冥頑之徒群然附和，攜袋荷梃①，不招自至，意在掠物趁食，嗜利忘身，不知法紀為何物，其實蓄意作孽者亦祇數人，一遂兇謀，不數日即聚匪數千，狂不可遏。故曰：賊勝則皆賊黨、官勝則皆好人，易聚易散。」所云之情形，為通古今到處所表現之積弊，其在平時戢匪弭盜之難，實出於此也。淡水同知婁雲在禁約中厲行：「不許擄人勒贖，不許窩盜肆竊，不許私銷贓物，違者照例嚴辦。」之一條，乃欲根絕民匪通患弊竇所為之遮斷政策，要之此等刦掠行旅及擄獲勒贖，實可謂胚胎②民匪勾結之餘弊，如夙為臺、嘉交界處曾文溪之草地，迄近年仍存有此弊之事，可就劉家謀（咸豐初年間之臺灣府學訓導）在《海音詩》題③：「近溪多匪人，渡者苦之。」詠「曾門溪畔少行人，草地常愁刦奪頻。」徵之亦明也。可推知其蠹毒頗甚之事。何澂（福建巡撫王凱泰之幕僚）④在〈臺陽雜詠〉所載諷詠臺俗之陋弊之詩句之中註云：「擄人勒贖，最為惡習。」乃透露其消息也。因此如謝金鑾《蛤仔難紀略》附載之〈泉漳治法論〉下乙節，原就中國大陸之閩情敘述者，但亦得視之為閩民移住臺灣有關之匪情也。

> 有擄禁而行勒贖者，……勒贖者強盜所為，偵其人之子弟於塗，要而執之。其甚者深夜夥眾，明火持械，斬門入其家，擄其人以去，後一、二日有來者報其家曰：「擄汝子者，吾識其處矣：得金若干可贖。必某人者親齎以往，則可也；非某人，金雖具，不贖。」某人者，邑之忠厚長者，富其身家者也；素不與惡類交，怖不願往，其家不獲已，號呼哭泣頓首於其庭，邀以往，謹齎金

①「梃」字於伊能原書誤作「挺」。

②「胎」字於伊能原書誤作「貽」。

③當作詩註。

④據陳漢光編《臺灣詩錄》：何澂隨王凱泰來臺，掌記室。作〈臺灣雜詠〉二十四首。

如數，果贖以歸。倘遲一、二日，則報者復至，已截其子之一指，以示急矣；再遲一、二日，則又截其一指矣。金不具，必急變產。……而某人者烏能坐視其死而不救也；迨其既歸，豈不欲控之官哉？控之官，則必援某人，官不能捕盜，而究某人必亟也；盜未獲，而忠厚長者之家已破矣。如是者，漳州為多，贓皆千計；善良冤抑，盜賊横行。為真勒贖者，官皆不之知，則以民之不控也。（〈擄禁〉）

若夫對於洋匪横行之戢治，由來官司視為管束之外，如道光、咸豐年間，臺灣之洋商私自僱約外國船舶賴其庇護，亦為一時之權宜。劉家謀之《海音詩》註云：「洋商畏盜，嘗鳩貲僱夷船為護；近艇匪之暴，夷船亦無能及矣。」（劉家謀《海音詩》之一：「弋船如霧集滄湄，破浪乘風是幾時？無數估帆愁海暴，千金枉聘碧眸夷。」所云即是也。）如對其匪徒進行懸賞購拏，亦為古來作治匪之一策所行者，但一利之所在，一弊隨之，似時陷奸漢之讒誣因無辜而泣下之良民不少。左揭為近代賞格之一例，以資參考。

即補清軍特授嘉義縣正堂、加三級、紀錄十次鄧，為懸賞購拏事。照得：匪犯沈嘮靡惡不為，犯案重疊，經飭嚴拏猶未弋獲①，此等匪犯若不嚴拏懲辦，實屬貽②害地方，除飭差勇嚴密查拏外，合行懸賞購拏。為此，示仰閤邑人等一體知悉：爾等如能拏獲沈嘮送案者，賞給花紅銀一千圓，如有知情報官圍拏者，賞給花紅銀五百圓，此係本縣捐廉獎賞，決不食言，倘若隱匿不報，一經發覺，定即一體治罪，毋違凜遵。至賞格者。（光緒十九年三月二十九日）

①上句伊能原書作「嚴經拏未飭猶弋獲」。

②「貽」字於伊能原書誤作「胎」。

如上文屢屢所敘，凡在臺灣之土匪，乘當時之弊政失民心，在往時則標榜恢復前朝姑暫不提，總藉革弊濟民之義舉為口實而蜂起。於此一夫夜號，四方忽響應，事端發於一隅，輒有全臺悉靡之概。其時討匪有等於討民之狀態。為舉撥亂反正之實效甚難，乃清朝深憂慮之處也。如朱一貴之變（康熙六十年）倡始於羅漢門之僻隅，僅七日而全臺悉陷，可為其著例。如當初參與總兵戎務之藍鼎元，代總兵藍廷珍上水師提督施世驃之書中云：「賊眾至三十萬，此曹可勝誅哉！勿論挺而拒敵，即使安坐偃臥，引頸受戮，我軍萬六千人，以一人斬二十級，亦不勝其煩也。彼亦天地父母之所生，不幸與賊共處此土耳。畏死脅從，知非本願。或掛名賊黨，以保身家，其心豈不願見太平，重為朝廷之赤子？一旦大軍登岸，渙散歸農，簞壺迎師，皆所必至；惟慮崑岡①炎火，不容悔罪歸誠，此則出於萬不得已者矣。多殺生靈，其實無益，諒亦仁人君子之所不忍聞乎？以某愚見，止殲巨魁數人，餘反側皆令自新，勿有所問；則人人有生之樂，無死之心，可不血刃平也。」（《東征集》之〈與施提軍論止殺書〉）當時實不得已所採之善後策也。乃以總兵之名檄告露布②：「大兵登岸之日，家家戶外書『大清良民』者，即為良民，一概不許妄殺。有能糾集鄉壯，殺賊來歸，即為義民，將旌其功，以示鼓勵。」（《東征集》之〈檄臺灣民人〉）以示恩撫，自此以後相沿襲，採為杜絕臺民趨亂黨匪之習，及局限變亂只波及小範圍之方略。以道光年間，分巡臺灣兵備道徐宗幹所云：「刑期無刑，愈殺愈多，事不能止，如求無刑、不在多殺，僅殺其萬不可宥者。」（《斯未信齋文集》之〈致陳慈圃方伯書〉）之意見，為掃除當時會黨之方針等，亦即可視為前述者之顯著事例也。然如單以懷柔手段為戢匪之策，究竟不過為一時苟安之計，其更立論為百年長計者古今亦不少。此之前《理臺末議》（〈赤嵌筆談〉之「朱逆附略」所引。）論朱案善

①崑崙山之異名。——譯按

②「露布」乃軍中告捷之文書也。——譯按

後之策曰：「島嶼之在外海者，皆荒煙草樹、魚龍窟宅，盜安所憑？在內海者，則汛防星列碁布，稍有見聞便行擒捕，盜無由伏。惟臺灣一區，沃壤千里，人眾百萬，五穀狼藉，貨物畢充；近海諸郡皆資臺灣所產。且地盡東南之表，則生番隔絕；港有沙石之阻，則門戶據險。至於重洋遠隔，風信難定，所以前代狡賊踞此為雄，後奪之紅毛，又奪之鄭成功，閩、粵之害，惟此數為盜藪耳。康熙六十年間，朱一貴復倡為亂，是雖太平至治之時，而一、二奸民①虢夫猶不忘亂心如此也。然則治之當如何？無事之日，責在賢良之司、老成之帥，熟識風土，體察人情，愛民肅兵，培植元氣，安不忘危，弭亂未萌②。萬一有事，法宜急平，毋使滋蔓；蓋乘其羽翼未大張，根本未甚固，則易為力，此其機不可失者也。然要必其熟識於臺、彭之形勢，三十六島之灣澳，南、北、中路之港門，風雲妙合之天時，番、民莊社之情形，與夫用兵機宜，素講其理而親其事者，然後可任以大權，而功立成。至於輸餉饋糧以及舟艦甲仗，咄嗟立辦；選將行師，一呼立應；使內地不擾而軍務畢集，人事先定而天時可計，此其責惟在於大府之平時留心，斯臨事調遣裕如耳。」此後馬克惇之《東瀛載筆》序所論：「治臺以戢匪弭盜為要務，以執法用人為大經，法不嚴則匪益肆而黨益多，遂因之謀為不軌，徒事勸諴③無益也。至於用人，苟得把握，雖賊匪可供驅策。開其生路，示以公諴④，往往感恩向化，得耳目指臂之效。」一之意見，實亦可認為此之代表者，可惜不能實際運施。同治末年總理船政大臣沈葆楨之條奏，以土匪之橫恣列為臺灣當時之積弊之一，可謂宜也。（〈請移駐巡撫摺〉）

而另一面，重點置於對靖亂戢匪奏功有力之文武官將、弁兵之優獎，特別是如乾隆年間林爽文之役，其動亂之區域最為廣大，延而波及不就疆索之番界，由於為完成勦蕩，約

①「民」字於伊能原書誤作「氏」。
②「萌」字於伊能原書作「發」。
③「諴」字於伊能原書作「懷」。
④「諴」字於伊能原書作「正」。

費年餘之長時間，當道顧慮特別注重不可慫其善後之方針。既於高宗御製〈十全記〉以當時之靖亂列為其一，為紀功平臺勅撰《臺灣紀略》，且詔繪該役平臺功臣二十人之像於紫光閣。倣將功臣繪在凌煙閣之唐代故事也。先是，清朝立議，以凡建生祠，有欺世盜名之弊，嚴為禁止，但特准在臺灣建立之於府治，祀大將軍福康安、參贊海蘭察、成都將軍鄂輝、護軍統領舒亮、護軍統領普爾普、閩浙總督李侍堯、福建巡撫徐嗣曾，賜以御製之詩，咸屬破格之優獎也。

嘉慶七年有旨，各直省一體建昭忠祠，祀諸陣亡者。成於嘉慶末年彰化知縣吳性誠手之〈新建忠烈祠碑記〉中云：「非徒以慰忠魂，亦藉以興風教也。」乃存其本旨，官吏在正面，兵丁旁列，例以五十人為一牌，時在臺灣，翌年在府治建昭忠祠於功臣生祠之傍事，雖經閩浙總督玉德之覆奏，其實尚未行。十一年，分巡臺灣兵備道慶保，始將蔡牽案內陣亡官將弁兵入祀於功臣生祠之東廊而已。於是臺灣縣學教諭鄭兼才詳請，他案亦應均入祀昭忠祠。越道光元年，臺灣知縣①范邦幹議在功臣生祠正廳之兩旁置祠，左為昭忠東祠，右為昭忠西祠，正龕列以文、武員弁之牌，旁龕列以兵丁之牌，朱一貴、林爽文二案為始，爾後之匪訌各案殉難者合祀數千名，然未幾因臺政紊壞之故，隨功臣生祠失於修補，委之自然圮廢似為事實，自嘉慶末年至道光年間，廳、縣亦倣建之。

既而於光緒元年南路有勦番之事，亦准另勅建昭忠祠，其意在準此以示鼓勵也。而以當道有司之苟且，雖時已屢屢有匪亂之兆，尚圖粉飾太平於一時，企圖脫卸其責。乾隆

①「縣」字於伊能原書誤作「府」。

四十八年間，閩籍漳人稱嚴煙者渡海來臺灣傳天地會，所在之奸宄加盟之，隨處聚眾，設香案歃血瀝酒，誓為黨援。陰謀構逆之林爽文之黨眾，多入此會，以聯絡聲氣。五十年七月，分巡臺灣道永福、臺灣知府孫景燧，聞知民間結會集黨，密飭文、武員弁會同緝治。諸羅縣下石榴班汛把總陳和，獲黨人黃鍾送縣。時諸羅城內之富民楊文麟之養子楊光勳已入會，與弟媽世不睦，媽世亦結黨援，乃創雷公會與之相敵，七月攝諸羅縣事同知董啟埏逮捕楊文麟及其子楊狗。楊狗賄吏被釋，遂與黨眾謀，欲殺緝治之陳和，適陳和又獲黨人張烈，夜宿斗六門，楊狗與眾放火焚，陳和被殺，分巡臺灣道永福、臺灣鎮總兵柴大紀，率兵馳赴諸羅，捕獲數十人，惟曩為董啟埏所獲之楊光勳仍逸走。尋為同知攝彰化縣事劉亨基①所獲，而劉亨基避負責任，匿會匪事不辦。鎮、道亦欲小其事，取天地會之近音改為添弟會，謂楊光勳兄弟不睦，故創此會相抗爭而已，歸罪於楊文麟一家，餘置不措問，但擬處斬黨眾數十人，財產入官。會按察使李永祺來臺灣審勘，亦僅提發遣者覆訊，如擬入奏而已。官司之姑息既如斯，於是賊黨以為良機，嘯聚竄入林爽文之巢穴②，勢復張，不能制。越翌年，遂釀成大亂。（據《彰化縣志》〈雜識志〉「兵燹」）如道光初年，淡水之奸民朱蔚入噶瑪蘭，企圖煽惑愚民欲起事時，通判姚瑩制其機先訪獲之得無事，上司忌其事，對眾倡言曰：「小民之顛疾而已，時方太平，焉有此事？」姚瑩乃以黨證明確，妖書、木印、悖詩皆具，臺灣之浮動當以朱一貴、林爽文為戒相爭。姚瑩之父姚騤聞之，訓言：事勿爭，事關釀亂有司之責也。幸而未起，獲其首逆，誅否聽其長官，且吾不願汝以多殺為能。盡出所獲物獻之，使之焚。蔚被拘致於臺灣府，訊鞠皆實，卒詭以狂疾抵罪。（據《東溟文集》）乃所隱事例之一，亦是放縱匪徒得造潛勢之餘地，使其有再起之處也。

①伊能原書誤作「劉享基」，下同。
②即大里杙，今臺中大里。

第二章　匪亂各志

第一節　吳球及劉却事件

清朝已取得臺灣，然臺民之多數係前明之遺臣、特別是鄭氏為恢復前明，恪守為君國盡忠之大義，至實際上明室之正統絕後，仍然奉其正朔於此海島，流風遺績長久浸潤於人心，其尚懷念前朝之治者不少，但當時清人之收攬政策，稍奏其效，雖倖得小康局面，反抗之勢一時未表面化，竟不能把握永久之寧息。果然其入臺後之小康僅維繫十餘年，其間正求隙之洪流，欲透過蟻穴以導致大堤之潰決，如吳球、劉却所倡兩次事作，乃可立證此之最初之爆發也。

吳球事件發生於康熙三十五年。吳球為諸羅縣新港東田尾（屬於新化西里新市街）之民，素好拳勇。時有朱祐龍（一作朱友龍）者，以其朱姓為良機，詐稱前明後裔而可免於刑罰。吳球屢屢往來其家，陰聚夥黨。鳳山縣吏陳樞妻為吳球之妹，適陳樞侵占課粟，官督之急，往謀於球。球曰：「粟不必完矣。吾即日機事成，倉貯悉吾有也。」陳樞喜，因匿吳球之家，推朱祐龍為國師，招集漸成，其餘黨稱余金聲者，約保長林盛一同舉事。林盛佯諾之，乘夜密赴臺灣府城首告，此為同年之七月。北路參將陳貴即率兵至，圍其宅，捕縛吳球、陳樞及余金聲等首魁七人，拷問得其情實，皆杖斃。獨朱祐龍竟不知所之。（當時總兵特命某弁率百人分戍南路之下淡水地方，為瘴氣所侵，纔兩個月時間悉病故，無一人還者，此事見於《裨海紀遊》。）

雖吳球事件倖未發而得鎮壓，但當時有司之荒怠不知鑑此前車之覆轍，旋有康熙四十年劉却之起事。劉却為諸羅縣民也。（《諸羅縣志》〈雜記志〉「菑祥」記：「却，臭祐莊管事。」臭祐庄乃指後之下茄苳南堡頂秀祐及下秀祐二庄。）以拳棒自負，日與無賴惡少往來，歃血結盟。久之，黨中有欲謀不軌者，以為非推却為首領眾莫從。乃深夜燃樟腦，竊置於却之屋瓦、火上燭，召同盟者示之曰：「劉大哥舍中每夜紅光燭天，非常兆也。」會却家神爐無故發火，眾曰：「此不君，即帥[1]耳。」却心動，乃在舍內鑿穴，詐置田器，密穴內冶鐵造刀、鎗等兵械，約日舉事。十二月七日遂搴旗鼓譟而進，襲縣之下加冬營（下茄苳北堡下茄苳庄）而燬之，散其兵，乘夜進抵茅港尾莊（茅港尾東堡茅港尾庄），掠市中之貨。亂民及附近平埔諸番乘機四出刦掠，家破者甚眾。劉却退屯急水溪岸。北路參將白道隆整眾禦之，鎮、道兩標並發兵應援。越五日，官軍大集，戰於急水，劉却大潰，黨眾被殺甚眾。劉却走匿山藪，常晝伏夜出，掩其形跡。四十二年二月被擒獲於笨港之秀水莊（大糠榔東頂堡北港街附近），處斬之，並杖殺其長子，妻孥皆處流刑，事平。

按：吳球及劉却事件，不過為欲成所謂夜郎自大之私之一小匪訌。然一夫之夜號，欲得眾多之贊同聲援，非美其名，大其聲不可。於是以臺民之頑冥自尊，多尚不悅新政，心竊懷前朝之治，如吳球，特別將朱姓之一人舉為同夥而推為國師，藉辭為謀復前朝之矯偽名分，以力求得四方之響應；至劉却乘吳案之餘熱尚未冷卻之機會，竟敢虛構祥異之奇瑞，挑撥愚民非尊崇為承命之君則師事之[2]，亦期以恢復前朝之暗示，其事至明。顧當時此二案之發作地諸羅縣，表面上雖稱設一縣治，但完全未見其實。如知縣徒僑居於臺灣府治，不過單派駐一巡檢，從而有司之荒怠漸甚，乃勢所難免，當時之諸羅知縣除自康熙二十九

① 「帥」字於伊能原書誤作「師」。

② 此就上文錯誤之不君即「師」而為解說者。

年①至三十四年上半年在任之張玶②可見其宦績外，三十四年下半年就任之董之弼，三十九年就任之毛鳳綸③，均不過為凡庸之才。吳、劉之起事，似有乘此無能者在官之形跡，不可掩也。又吳球企圖起事之際，有鳳山縣吏侵蝕官課，為欲免罪責而投賊夥之事實。而當時鳳山縣亦表面上設有縣治之名，而無其實，尤其不過守尸位之知縣，自康熙三十四年朱繡卸任④以來任其闕官，至三十八年劉國輔為其後任。乃使彼一小縣吏肆行侵占官課之不正而不憚惹起此事，係知縣出缺未調補之處理期間⑤之偶發事件。足窺見其內治之曠滯情形之一面。如康熙五十七年間夙出沒於閩海之海盜鄭盡心企圖脫逃至臺灣北部淡水藏匿，亦將此地防守之空虛視為良機，同時似期待利用鄭姓得在臺糾合鄭氏之餘黨之機會。（收於《臺海使槎錄》〈赤嵌筆談〉之「武備」曰：「偽鄭在臺，民人往來至半線而止。自歸版圖後，澹水等處亦從無人蹤。故北路營汛止大肚安設百總一名，領兵防守；沙轆、牛罵二社，則為境外。自海盜鄭盡心脫逃，部文行知：夥盜供稱，鄭盡心約在江、浙交界之盡山、花鳥、台州之魚山、福建臺灣之澹水等處藏匿，維時總兵崔相國分撥千總一員，領兵分防澹水。自後遂以為常，而業戶開墾往來漸眾。」可以合考之。）彼入臺當初作為收攬民心之政策，專採併行恩威，致力於布德行惠，以期使前朝之遺臣，不知不覺淡薄其民族反抗之敵愾心之操縱秘訣，應知持續此秘訣如有間隙之際，立即出現導致民心之睽離，再現禍機，而現在察其靖亂之經過，不過僅緝捕首魁數人處分之而已，其餘黨多任其潛脫不敢追究，且自康熙末年內治極荒廢之結果，馴致有六十年朱一貴事件。

第二節　朱一貴事件

①伊能原書作「三十一年」。
②「玶」字於伊能原書誤作「珺」。
③「綸」字於伊能原書誤作「林」。
④朱繡至三十六年二月尚在任。
⑤參前一校按。

至康熙末年，時承平已久，守土官員漸趨恬嬉，而敢於不以吏治民生為意，防範完全疎濶。六十年春，鳳山知縣李丕煜陞任，遺缺未得後任，臺灣知府王珍攝理之，政務委於次子，性極偷閑。加之稅斂苛虐，且以風聞秘密結會者數十人，及違禁入山伐木者數百人，予以濫捕酷刑，諸謀變之徒，遂藉為口實，大為謠惑民心。（《鳳山縣志》〈雜志〉「災祥」記曰：「先是，五十九年……是冬天寒地震，民多失業，追呼逼迫，郡邑謠言亂兆。」斯種生活之不安，為導致民心之危險之遠因事，可置於考量之中。）時有朱一貴（原名祖，起事之後冒名一貴）者，福建漳州府長泰縣人，流浪於臺灣，嘗充臺廈道之轅役，尋被革，居鳳山縣之母頂草地（即港東中里之大武汀庄，在林仔邊溪之南岸），飼鴨為生，每有奸匪過者，咸予款待。（朱一貴飼鴨，旦暮使之編隊出入，操縱極巧，愚甿異之。而有奸匪過者，烹鴨具饌以款待，務盡歡，大攬其心。鴨乃指日本之家鶩，為南部福建語。水邊之飼鴨在臺灣實屬於特殊生業之一，《臺風雜記》（佐倉達山①撰）載有〈飼鴨〉一章云：「臺人不獨能畜豚，又能飼鴨、鵝類；多者五、六百，少者二、三十，其利甚鉅。（中略）余一日遊郊外，瞥見一河之中，降雁數百成群；就視之，有一童持一竿管鴨群，縱橫指揮，如名將動萬卒。聞往昔有朱一貴者，巧養鴨，土人以為神；朱乘之企動亂，陷都城者，不可勝數云。由是觀之，養鴨之術，自古以為難；而今如此，非漸磨之效，則其何以至此乎？」）會羅漢門之民黃殿者，與朱一貴為夙識，往來密切，乃合謀逞亂，其他奸民等附和之，以一貴姓朱為奇貨，故假託明室後裔舉事，（見收於《臺海使槎錄》〈赤嵌筆談〉之「形勢」，記羅漢門文中有「逆黨黃殿潛蹤內埔」。羅漢內門里中央之窪地內埔庄可能為其起事之處，《東征集》之〈覆制軍臺疆經理書〉云：「羅漢門、黃殿莊，朱一貴起事之所。」或以內埔為黃殿之出生地故稱俗說。）同年四月十九日糾合李勇、吳外等五十二人，奉朱一貴為首領，焚表結盟，各募得黨羽數百人，立旗幟書「大元帥朱」，乘夜先出府治南門外關襲刣岡②山塘汛。（岡山之塘汛在大岡山之西北麓，屬嘉祥外里岡山營庄，在此地東方，有屬嘉祥內里之豎旗埕之小庄，由地勢察之，為可對抗岡山之要害，或因是朱一貴當初之根據地，故以不佳地名命名之。）兩

①即佐倉孫三。
②「岡」字於伊能原書作「崗」，下同。

天後，警報至府治，上、下狼狽，時臺灣鎮總兵歐陽凱誤應急之機，（相傳：歐陽①總兵聞警，捨知兵之中營遊擊劉得紫而不用，遣有口無能之遊擊周應龍。應龍果然不採立即疾行趨敵掩襲撲滅之策，徒依違觀望，黨眾遂得制機先。且當時臺兵之抽撥者多係市井無賴所冒名頂替，皆股慄不前，以致全敗。初，二十一日之夜，風雨甚大，吹折軍旗，人以為惡兆。）民軍乃四出旁掠，各里紛紛響應。（〈赤嵌筆談〉「朱逆附略」見有：「朱一貴作亂時，令民割辮，以為記認，其中或被奸匪倡誘，或被抑勒脅從。」）南路下淡水之民杜君英又舉粵民蜂起。（《平臺紀略》見有：「君英在下淡水檳榔林，招集粵東種地、傭工客民。」即港西下里之檳榔林（內埔庄附近）是也。而擁護杜君英者，似亦有揚言前朝皇胤之痕，其事見於《臺灣軍談》。）二十七日，鳳山縣治（興隆內里埤仔頭庄之舊城）陷。五月朔，朱、杜兩軍聯合逼府治，文、武各官攜家眷驅臺江之商船、漁艇，絡繹發鹿耳門避難於澎湖。分巡臺廈兵備道梁文煊、臺灣知府王珍、海防同知王禮、臺灣知縣吳觀域、諸羅知縣朱夔等大、小②官咸在其中，僅臺灣總兵歐陽凱、安平水師副將許雲、北路營參將羅萬倉、安平水師遊擊游崇功等，留為死守之計而已。於是人無固志，府治遂陷，三日後③諸羅縣治（諸羅山莊，即嘉義西堡嘉義街）亦陷，凡七日而全臺淪沒。其免匪氛之蹂躪，僅北路之邊陲淡水地方而已。朱一貴乃自立稱王，（據《平臺紀略》稱「中興王」，據〈赤嵌筆談〉之「朱逆附略」稱「義王」，又在同書記「土人呼為鴨母帝」乃指斥以飼鴨為生也。）改元「永和」④，大封群黨，授以官，（平臺國公、開臺將軍、鎮國將軍、內閣科部、巡街御史等，傳以千計。）居道署以為王府。初逃難之官、民至澎湖，澎湖水師副將羅光乾倉皇失措，將渡廈門。百姓婦女爭舟雜沓，聲震海岸。

有左營守備林亮者，聞之，請水師副將掣回登舟官、民之家屬，以死守澎湖。諸將猶豫不決，林亮厲聲曰：「朝廷以海外封疆付我等，正為緩急倚賴，……今未見一賊，相率委去，國事將如何

①「陽」字於伊能原書脫。

②「小」字於伊能原書無。

③「三日後」於伊能原書作「同日」。

④「永和」於伊能原書誤作「永平」。

乎？與其死於國法，曷若死於賊。請整兵配船，守禦要害，俟賊至決一死戰。戰不捷而亮死，公等歸亦未遲。」馳赴海邊，拔刀驅官、民家屬登岸，眾心始定。

閩浙總督覺羅滿保聞變，急馳駐廈門，先檄福建水師提督施世驃、南澳鎮總兵藍廷珍，會廈門①，剋期進兵。乃曰：「廈門為控制臺灣咽喉，閩南沿海根本重地，不可不親行彈壓，以定人心，為進取恢復之計。」兵士一萬二千人，戰船六百餘艘，其他一切軍需調度悉予準備周詳，以期無缺。另會商福建巡撫呂猶龍綏輯省城，接濟糧餉、軍需諸務屬焉。又使布政使沙木哈督買福建延平、建寧上游之米，復移檄浙江、廣東兩省運米來廈，並使之赴廈門平糶。初廈門地方居民聞全臺俱陷，疑賊勢或將有由澎湖長驅廈門之事，加之各路之調兵皆集，慮米價必騰貴，市里驚惶失措。總督乃預徵丁壯，募游手，皆隸軍中，伏莽潛消淨盡。所徵調各鎮、協標營兵，多由海舟赴廈。陸行至者，亦處舟中，止許一人登岸，買辦所需，悉依民價。故雖大師雲集，而街巷寂然，不見兵革。未幾，諸路運載之米穀數萬石齊至；米價頓平；所用之商船俱從僱募，其向義不受值者，量給營弁之銜劄鼓勵之，民眾皆欣慶，而有忘亂之色。（閩浙總督之幕僚，有浙江之舉人潘兆吾者，沉靜富深謀，其調兵安民之部署，概出自潘兆吾之計畫。當時承恬嬉之餘弊，臺兵皆不諳熟操舵，潘兆吾乃請下令曰：賈舶有願載兵者與以五品官，遂至爭相應渡載，事平欲奏薦，辭不受。）先是，總督陽向眾誓，聲言方將兵分向臺灣之南、中、北三路進勦，密授施世驃②、藍廷③珍等諸將以錦囊，告以開洋之後啟視。閱之，乃令應專攻中路之鹿耳門，蓋在欲使賊黨散，以分其勢。六月十三日④全軍發澎湖，適乘海潮驟漲駢進鹿耳門。（鹿耳門口水道極為窄狹，古來進港號稱危險，深淺之探視尤難。時臺灣之人王作興及陳友等夙諳熟水務，王作興泅至鹿耳門插標

①「廈門」於伊能原書作「澎湖」。
②「驃」字於伊能原書誤作「標」。
③「廷」字於伊能原書誤作「鼎」。
④「十三日」於伊能原書作「十日」。

以便進港，陳友先駕小舟隨標嚮導，賴此全軍得不損一舟。）十六日遂克復安平鎮，下令戒各軍勿許妄殺，來降者悉放還，使各樹「大清良民」之幟於門，惟抗拒者乃誅之。遠近脅從者望風解散。十九日，乘勝進入府治，百姓歡呼復見天日，家家戶戶設香案拜迎官軍。至此亦凡七日。

（《鳳山縣志》〈雜志〉「災祥」記曰：「總督密募商船入臺偵探，多載魚鮝①；賊喜得鮝，酬以米、粟。又令漁船託言遭風漂泊，使壯士附船，用竹筒貯告示蠟封之，繫腰間，至港輒從海底潛行登岸，入府遍掛，諭村莊、市鎮，有建『大清』旗號者，即為順民；諸邑人等有寫『大清』二字貼縫衣帽者，即免誅戮。由是各里社轉相告語，以候王師。」可察其策略也。）其收復安平之日，以臺灣總兵之名，發布〈攻克鹿耳門收復安平露布〉云：「蓋聞金屋瑤臺，非穿窬②可負而走；重洋天險，豈醜類可奄為巢。惟海國之臺灣，乃王家之屏翰。地則龍蟠虎踞，屹立扶桑、暘谷之間；門開鹿耳，鯤身，遙扼呂宋、荷蘭之吭。我皇神武，遠邁軒、虞。日月照臨，遐荒曁訖。既已披荊斬棘，消魑魅而入版圖；亦且教稼明倫，化蒼黔而躋文物。四③十載噢咻生息，億萬人含哺鼓歌。朱一貴以飼鴨鄙夫，狡焉倡亂。杜君英以傭工客子，肆其狂謀。遂合兩地賊兵，膽造滔天罪孽！……豕突狼奔，蹂躪郊郭。於是鎮、協血戰，盡瘁以殉封疆；將弁捐軀，懷忠以報社稷；全郡陷沒，生靈遭④殃。爾乃沐猴而冠，欲倣人家⑤拜跪；登場作戲，妄擬海外王公。據我倉廒，開我府庫，居我官廨，朘我人民。草木為之怒號，山川於焉失色。本鎮奉檄討賊，總統水陸萬軍，遵制府之機籌，合提軍⑥之調度。六月癸卯，自澎進兵，丙午黎明，咸集鹿耳。先鋒林亮、董方，忠勇冠乎三軍，雄威溢於六艘⑦，直驅精銳，大戰洶濤。本鎮親率參將……遊擊……等八十餘員，統領官兵，指揮舸艦，並趨進港，賈勇爭先。巨砲雷轟震疊而山崩地坼；輕舟鶩擊奮揚而瓦解灰飛。白刃雜以火攻，烏合因而獸散。賴皇上威靈，波臣效順，潮水漲高八尺，好風利自西來。

①「鮝」係乾鹹魚也，通常稱「鮝魚」。——譯按

②謂穿壁踰牆以行竊也。——譯按

③「四」字於伊能原書作「數」。

④上三字伊能原書作「萬姓羅」。

⑤「家」字於伊能原書作「眾」。

⑥上二字伊能原書作「軍門」。

⑦上二字伊能原書作「千艇」。

連艅並進；礁石無犯。遂奪天險，攻克鹿耳門。林亮、董方首先登岸，奪取礮臺，焚賊營汛。伊時日方及午，乘勝進攻安平。……我軍鼙①鼓動地，旌旗蔽空。……本鎮親率……等各官兵，如熊如羆，如飛如翰；寶刀怒舞，賊血濺紅平沙，鎗礮連環，僵屍填滿水涘；飄乎狂風掃秋葉，快哉烈焰燔蜂窠，遂登安平鎮城，豎立大軍旗幟。安平百姓，簞壺迎師，載道歡呼，復見天日。本鎮詢問疾苦，嘉與維新；嚴飭弁兵，秋毫無犯。一日三捷，猛氣上騰層霄；二險連收，腳跟已踏實地。從茲城壘可據，進戰退守皆安；港道得通，兵糧來往均便。旦日圍勦，立見削平。……闔內不煩再舉之師，……軍中共慶膚功之奏。」（節略）真有秋霜烈日，虎氣吞賊魄，龍威震臺黎之概，於此露布公認為平臺最得意之作。

尋分遣兵廓清南、北二路。朱一貴走北路，窘竄灣裡溪，索食於溝尾莊（佳里興堡港仔尾庄急水溪之上游）之民家，莊民醉之以酒，詭稱集鄉壯為防護，中夜擒獲之（閏六月七日），交官軍。（朱一貴被縛送至施提督軍前，尚自尊大，欲抗禮提督，昂然而立，藍總兵乃叱之跪，一貴猶妄稱孤家，詞甚不遜。總兵怒，命捶其足。於是乃跪，伏罪請死。）杜君英等潛匿南路未獲，總兵藍廷珍用奇策，買收其一、二善待之，使轉招其黨；旬日前後出降（九月中旬），皆檻送京師處死。爾後逸黨紛囂，屢屢企圖滋事，特別是林亨等，以「合心王」三字為勘合，頒於其黨，表露欲舉事於南路之下淡水。（康熙六十一年三月）有鄭仕（綽號「急燒疎」）者訛言惑眾，招集亡命，謀豎旗於臺灣縣境，未果。（康熙六十一年六月）逸盜楊合復謀起事，散劄招邀匪類，欲犯府治被獲。（雍正元年正月）其餘王忠等遁逃於南路傀儡內山山後遁逃，韜晦蹤跡，乃分遣外委弁目，諸路訪緝，遍查番社，且諭番眾，懸賞加以搜捕，終於在南路鳳山林（鳳山上里）被擒。（雍正元年四月）前後送省正法，朱一貴之餘黨盡絕。

①「鼙」字於伊能原書作「鼓」。

此間總兵之幕僚藍鼎元，深搜遠查，策畫刈除餘黨根柢，乃曰：「逋藪不清，萌蘗①終發。……亂後餘孽自古蔓延，必有一番震盪，方能掃滌淨盡，可從此臥鼓戢戈，無死灰復燃之患也。」（《東征集》之〈檄諸將弁大搜羅漢門諸山〉）而其授予搜查諸將弁之方略曰：「逢人執訊，遇窠燒毀，焚山烈澤，窮極幽深。……凡有巖谷，無不遍尋。直使蠢爾奸頑，更無藏身之地；駢首就戮，絕無竄逸之區。倘有悔罪求生，束身歸命，仍貸其死，開乃更生之路。」（同上）命諸將弁分別部署挺進，夙預審全臺山川之形勢、阨塞險夷之狀，由此先定所向之處。藍鼎元在上敘之機略附帶又曰：「自開疆以來人跡不到之境，當今並無甲籍居民，所有逋逃，總非善類，殲之亦不妨耳。窮深極遠，兵不可入。番黎趫捷如飛，靡幽不到，使之甚便。擒縛以來，如市貨物；縱有一、二漏網，而山中既不可居；待其出而擒之，如籠中之鳥、釜中之魚，烏有不滅者哉？」（《東征集》之〈檄查大湖崇爻山後餘孽〉）其制機應變之自在，亦足以呼快。而一面對於不逞匪類之勦夷持如此不稍寬貸之強硬態度，另一面，深慮崑崗②炎火之累及良民，對於良匪之甄別不使發生過錯，給以特別之注意，如戒飭：「今日風傳欲拏某處，明日風傳欲勦某村，人心惶惑，厭畏官府，因有鋌而走險，墜其奸謀。此之不可不慮也。……無罪有功之民，流離失所于堯天舜日之下。作賊亦死，不作賊亦死。鳥窮則搏，獸窮則鬪。勢必臨以兵威，將此數百人盡行誅滅而後可已，竊恐誅滅此莊，他莊又懼誅滅，以訛傳訛，……」（《東征集》之〈請寬楊姓株連書〉）由來賊口雌黃，誣指良民，飛殃煽禍，混淆黑白，際安靖戰亂之後，多所難免，故以訛轉訛。致民心乖離，實應鑑戒，依此遠慮、斷絕近憂，得見最後之平定。

①上二字伊能原書誤作「孽」。
②崑崗乃崑崙山之別名。——譯按

先是，康熙六十年六月臺灣之警報達京師，有上諭曰：

上諭臺灣民眾：據督臣滿保等所奏，……臺灣百姓似有變動，滿保於五月初十日領兵起程。朕思爾等俱係內地之民；非同賊寇之比。或為飢寒所迫，或為不肖官員尅剝，遂致一、二匪類倡誘眾人殺害……，情知罪不能免，乃妄行強抗。其實與眾何涉？今若遽行征勦，朕心大有不忍，故諭總督滿保，令其暫停進兵。爾等若即就撫，自諒原爾罪；若執迷不悟，則遣大兵圍勦，俱成灰燼矣。臺灣只一海島，四面貨物俱不能到；本地所產不敷所用，祇賴閩省錢糧養生。前海賊占據六十餘年，猶且勦服，不遺餘孽；今匪類數人，又何能為！諭旨到時，即將困迫情由訴明；改惡歸正，仍皆朕之赤子。朕知此事非爾等本願，必有不得已苦情；與其坐以待斃，不如苟且偷生，因而肆行擄掠。原其致此之罪，俱在不肖官員；爾等俱係朕歷年豢養良民，朕不忍勦除，故暫停進兵。若總督、提督、總兵官統領大兵前往圍勦，爾等安能支持？此旨一到，諒必就撫，不得執迷不悟，妄自取死！特諭。（康熙六十年六月三日初發頒、同月二十五日到福建。）

總督乃由興泉永①道陶範親帶諭旨，往臺灣安撫百姓，併署理分巡臺廈兵備②道之事，調汀州知府高鐸知臺灣府，力為安輯流亡，綏撫各庄、社之民、番，親審失職之道、府、廳、縣諸官，使之伏法，命尅期班師，又檄藍廷珍，以南澳總兵暫留，使之在臺灣從事鎮壓。翌年，新調分巡臺廈道陳大韙到任，共同籌畫亂後謀善之策，悉捕餘孽正法，臺民始稱得衽席之安。先此亂平未幾，八月十三日夜，臺灣有颶風暴雨，（相傳風雨中流火條條，竟夜燭天。）海水驟漲，擊碎大小船隻，陸上之衙署、房屋概倒壞，壓溺死者數千人，百姓哀號，殆無

①「永」字衍。
②「兵備」二字衍。

容身之地。此風災奏聞，乃召入詹事府官員面諭：「臺灣颶風大作，官兵、商民傷損甚多，朕心深為不忍。前朱一貴等謀反，大兵進勦，殺戮已多，今又遭風災，書云地方大兵之後必有凶年，茲言信然。總因臺灣地方官平日但知肥己，尅剝小民，激變人心，聚眾叛逆。及大兵進勦，征戰殺戮，上干天和，颱颶陡發，倒塌房屋，淹沒船隻，傷損人民，此皆不肖有司貪殘所致。今宜速行賑恤，以慰臺民。」有司遵旨妥議，對所有屋倒、壓死等賑恤給銀有差。又於全臺蠲免當年之課租，可察皇帝如何軫念。

雍正元年上諭①：「臺灣地方，自古未屬中國，皇考聖略神威，取入版圖。逆賊朱一貴等倡亂，佔據臺地；皇考籌畫周詳，指授地方官員遣調官兵，七日之內勦除數萬賊眾，克復全臺。皇考當春秋高邁，威揚海外，功德峻偉；官兵感戴皇考教養之恩，奮勇攻取，甚屬可嘉，固不必援引前例，後亦不得為例；茲仰副皇考從優敘之曠典，官員現行議敘功加外，著概行各加一等。總督滿保雖有失陷地方之罪，但一聞事發，即親往廈門，撫慰眾心，遵依皇考指示，調遣官兵，七日之內克復臺灣。滿保著兼兵部尚書職銜。提督施世驃統領大兵，徑度海洋，鼓勵將士，屢經大戰，擊敗賊眾，七日之內克復臺灣，厥功甚大。施世驃著給與世襲一等②阿達哈哈番。總兵官藍廷珍曾協助施世驃，著給與世襲三等阿達哈哈番。水師營副將許雲失陷臺灣，非關伊罪；奮勇前進，多殺賊眾，身又陣亡。著給與世襲拜他喇布勒哈番。參將羅萬倉、遊擊游崇功俱係陣亡，著給與世襲拖沙喇哈番。總兵官歐陽凱，著追贈太子少保。參將林亮，著給拜他喇布勒哈番。遊擊董方、守備何勉，俱著給拖沙喇哈番。」（阿達哈哈番〔自頭等至三等〕、拜他喇布勒哈番、拖沙喇哈番等係清朝之開國初期除公、侯、伯之外，授與功臣之各種封爵。）

①此係是年八月十九日，兵部分別議敘福建官兵克服臺灣功後所得之旨。
②伊能原書作頭等。

成於嘉慶年間之謝金鑾著《蛤仔難紀略》之〈論證〉中見有：「自施靖海以後，善籌臺事者，莫如陳少林（名夢林、少林為其字）、藍鹿洲（名鼎元、鹿洲為其號）二公者，可謂籌臺之宗匠矣。」（在《臺灣縣志》〈軍志〉「戎略」藍廷珍傳更評藍鼎元與陳夢林云：「同出儀封張中丞（即福建巡撫張伯行）之門。儀封倡明五子之學，及門多賢士，然語其實學實用，殆無過二子者。」）而斯二人俱從征軍之帷幕，所至獻替多偉功，尤為不可沒。

（附記）〈赤嵌筆談〉之「朱逆附略」引《平臺異同》曰：「先，鄭逆流毒沿海州、郡，迨破金、廈兩島，賊退守臺、彭，越二年乃滅之。朱一貴為亂，未兩月便授首。二事遲速不同，何也？蓋鄭逆竊踞海上，歷有年所，黨與尚多，且踞彭湖，是臺灣多一門戶，故其道主緩圖而為萬全之計。朱一貴雖號稱十餘萬賊，率係烏合之眾，時水師副將許雲度勢已不支，揮民船使歸內地，廠內戰艘未成者悉焚之，賊故不得取彭湖，又與賊將杜君英相攻殺，故其道主急攻而得制勝之術，此其所以異也。然而有同焉者。臺灣南、北、中三路皆有港門可入，中路鹿耳門最稱險要，乃前者將軍施琅誓師，期諸將取鹿耳門，後者總督滿保詭稱三路並發，及期仍令齊攻鹿耳門，何也？蓋鹿耳門一入，便登安平鎮，港內戰艘均在，是已斷其出海之路矣。安平隔港即臺灣府，賊失鹿耳門，必退守七鯤身，我師由陸可以直攻其首，由水可以衝攻其腹，水陸合攻，賊必不支。府地又無城郭可守，便當引去南、北二路，黨與孤危，不過傳檄可以立定矣，此其所以同也。抑聞之，康熙癸亥年克鄭逆，舟進港時，海水乍漲；康熙辛丑年克朱一貴，舟進港時，海水亦乍漲，前後若合符節，蓋由聖人在上，海若效順，王師所指，神靈呵護，理固然耳。然在臣子效命，必求萬全，老將行師自有授受，所以閉門造車、出門合轍者，此中蓋有機焉。夫機有二義：一曰機謀之機，謀則至精至確，故其機不可失，而後一舉有必勝之方略；一曰機緘之機，緘則至慎至密，故其機不可露，而後百發有百效之韜鈐，況臺灣為海疆最要地，用兵乃國家之機事，持籌者使將士奉令以往，成功而退可矣，而不必使明其故者，蓋有深意在也。」亦自屬一面之觀察。

被推為有關朱一貴事件靖平始末唯一根本史料者有藍鼎元所著《平臺紀略》（一卷），成於雍正元年五月。蓋藍鼎元不惟在經世上有其一代之地位，作為史家亦具有一種之眼識。嘗有欲修《明史綱目》之意，自述其主張曰：「國有史官，助賞罰者也，前事不忘，後事之師，若勝國史尤為殷鑑。史所重在褒貶是非，非止記事、記言，作行狀、日錄已也。是以垂法戒、昭勸懲、誅亂賊於既死、表芳徽於千載，故曰：一字之褒榮於華袞，一字之貶嚴於鈇鉞。」（《鹿洲初集》之〈上陳大中丞請修明史綱目書〉）《平臺紀略》實亦通篇貫以此一主張，徵之同書自序曰：「據事直書，功無遺漏，罪無掩諱，自謂可見天日、質神鬼。」亦可明其意也。而藍鼎元夙抱今史須今人自修之之見地，聞初有成《明史綱目》之意，旁求徵信至京師，時明史館纂述未竣，見不無是非互異之嫌，慎重自持，不苟下筆之一斑。而藍鼎元後不得不排除困難，取得自撰今史之機會，《平臺紀略》自序之一節曰：「藍子自東寧歸，見有市《靖臺實錄》者，喜之甚，讀不終篇，又逢明人之子孫有向彼嘵嘵聚訟者，終翻然中止之。可窺以史實之選擇尤深加注意，而愀然起，喟然歎也。曰：嗟乎！此有志著述，惜未經身歷目覩，徒得之道路之傳聞者。其地、其人、其時、其事，多謬悞舛錯。將天下後世以為實然，而史氏據以徵信，為害可勝言哉！稗官野史雖小道，必有可觀，求其實焉耳。今以閩人言閩事，以今日之人言今日事，而舛錯謬悞且至於此；然則史氏之是非，其迷亂於稗官野史之紀載者不乏矣。臺灣雄踞海外，直關內地東南半壁，沿海六、七省，門戶相通。其亂其平，非於國家渺無輕重者。致亂之由，定亂之略，殉難喪節，運籌折衝，皆將權衡其衮鉞，以為千秋之龜鑑，言焉而不求其實，習焉而不知其訛，鄙人所為懼也。讓劣不才，學荒識陋，東征逾載，躬歷行間。風濤戎馬，磔鼠哀鴻，執馘獻俘，招降殄孽，至於罙①搜窮山，綏靖番黎，無不目擊手揮。又或中夜聞警，磨盾草檄，千里驅馳；睇瞻要害，廢寢食，冒風露，蓋亦幾經勞瘁矣。無一命之膺，當贊畫之寄。事定歸來，滿船明月，惟有全臺形勝、治亂事蹟，了了胸中，所見所聞，視他人較為切實。則《平臺紀略》之作，惡可已也？」此可作藍鼎元所以敢排難起稿《平臺紀略》之自白。其友王者輔②序云：「其書以垂戒為主，使守土之官，兢兢業業，顧畏民岩，奸頑之輩，革面革心，共興仁讓。是以起亂必書，長亂必書，棄民失地、狼狽遁逃必書，群賊得志猖獗、恣無忌憚必書；以明封疆任重，稍存玩忽之心，必至決裂潰敗，不可收拾。如此，豈不足為前車之鑒乎？」更於篇後題：「臺自奸民起釁，以及平定安集，中間事蹟繁多，千頭萬緒，欲以一篇文字，網羅而條貫之，非有浩然剛大之氣，排山倒海之力，劃犀斷蛟之筆，未有不如理亂絲，或附贅懸疣、顧此失彼者也。茲紀一氣呵成，絕大神力。敘亂之所由生，至纖至微。」均為其書之概評也。至藍鼎元又在總論之末節云：「殉難諸臣，雖功過不一，然大節炳然，足以增光宇宙，褒其後而略其先，崇獎義烈，用慰忠魂，亦因以為鑒可也。」自流露本書之特色。「鼎元在延珍軍中，一一親見，故

①「罙」字疑為「采」字之誤；伊能原書作「查」。
②上三字伊能原書作「輔近顏」。

記載最悉，其敘述功罪亦無所避忌，頗稱直筆。所論半線一路，地險兵寡，難於鎮壓，後分立彰化一縣，竟從其說，至今資控制之力，亦可謂有用之書，非紙上談兵者矣。」（《四庫全書總目》）誠非過評。

康熙六十一年初設巡視臺灣御史膺監察之任的黃叔璥博得「安集哀鴻，措置時務，多得當。」（《臺灣府志》〈職官①志〉黃叔璥傳）之聲名，收於所著《臺海使槎錄》之〈赤嵌筆談〉有「朱逆附略」之一項，雖係短篇，載有希覯之史實。其他如康熙六十年時任諸羅縣儒學教諭之蔡芳所著《平臺始末》，福建泉州府同安縣人黃耀炯所著之《靖臺實錄》，俱據當時實歷所為之記述。成於道光二十二年之魏源《聖武記》所載〈康熙重定臺灣記〉一篇，亦專記朱案平定之梗概，其始末貫通、有條不紊為該書之特色。

就中如《靖臺實錄》，似亦早傳至日本，《白石遺文》載〈題靖臺實錄〉一篇，其文曰：「辛丑之秋，亡友高子新過小齋，飲酒娛甚，語及臺灣亂，美②乃戲之曰：今年市頭，蔗糖增價乎？（臺灣多出蔗糖）子新曰：何也？曰：頃歲唐舶來，說海寇梗路，皆是奸商射利之術也。子新曰：朱一貴明帝遺胤，臺灣鎮鄭氏故國，豈是尋常海賊比邪？曰：昔項氏起，求得楚懷王孫心，立為楚懷王，以從民望也。近時明制。宗室命名，必以五行字，今聞朱名，非所以從民望也，果使其為明宗室，則是赤眉劉盆子耳。今者獲觀清人所錄《靖臺紀事》。吾愀然曰：恨不與子新共讀是書也，然嚮使臺地米價莫有官吏出入，貴賤異用，客子雖獰，曷能倡亂？於傳有之曰：小人之使為國家，菑害並至。嗟呼！小人務財。其慘毒至此。而記者以謂有此一蠢，亦唐、虞、三代所時有也。豈其然乎！甲辰初夏中旬，紫陽源君美跋。」

①「職官」二字於伊能原書誤作「人物」。
②著者源君美自稱。

（甲辰係享保九年，即雍正二年）又如前述藍鼎元《平臺紀略》自序中曰：其時在福建地方往往刊行極為謬誤舛錯之朱案關係雜著，聳動一時之耳目，清朝認之為造言亂民之階。似完全禁絕，爾後遂亡佚一無遺存，致連其書名亦不傳。然我①享保八年（雍正元年）有以「萍水散人」之名所著之《通俗臺灣軍談》（五卷）以日文寫就發行於江戶②。為敘述朱案始末之一篇稗史，其序曰：「語曰：善戰者，非能戰於天上，非能戰於地下，有成與敗皆由神勢，得之者昌，失之者亡。近有海客齎來一書，記臺地之變亂甚詳。熟讀之，則可知朱氏為人跌宕雄偉，決非凡才，惜乎其志不遂，豈不得神勢之然者乎哉。今俗解之，併以崎陽人之所傳，直曰《臺灣軍談》，好事之徒，或取談柄耶，或覆醬瓿耶，我所不知也！」乃其流行雜著之一部傳來日本，似專就此以日文譯刊者。書中頌揚朱一貴之為人，稱「及長，形容端正，能悟孫吳兵法，有張良、諸葛之智謀，其志常歎中華之沒於北狄，思報父祖之仇，密與英雄之士交結。」且繪其舉兵圖，其一題〈朱一貴崗山結義〉，由此推考，成於同情以興明滅清為義之朱一貴黨一派之手無疑。而斯種禁書原本已在本國佚去之間，雖為抄譯，能遺其片影於日本可為珍貴。要之由如斯之反清之紀事能占一時勢力一事觀之，足窺臺灣之秕政如何誘起民心之睽離，有寧同情逆黨者之內幕。朱明滅後將經六十年，尚有漢民之追思前朝者之餘響，成為朱案之導火線之內情，可作為參證也。

另有〈安海詩〉一篇，彙摭靖亂之頌詩。時之翰林院編修蔡世遠（福建之碩學，即梁山先生）主修之。其自序即云：「吾漳處最濱海，回思鄭氏之亂，海孽、山妖同時並作，酷餉焚巢，言有餘痛。今茲之喜，不啻口出；作為詩歌，用誌永久。名曰〈安海〉者，謂是役非徒平

①指日本。——譯按

②今日本東京。——譯按

臺，邊海郡、縣皆安之也，既安於臺警方熾之秋，必能安之於臺地克定之後。溯厥亂源，選用廉能，布昭德教，芟其莠民，漸次更始；我閩人實世世食德，孕育蕃息，歌詠於靡窮也。世遠忝在史氏，有採風之責；因與陳君元麟、張君福和、郭君元龍彙摭篇什，以付之梓焉。」可知其書之內容也。

《東征集》出於藍鼎元參與臺灣總兵藍廷珍之帷幕親手起稿之公檄、書稟、條陳、雜著之中。選其應傳下者擇精華百篇，後（雍正十年）更加以刪削為六十篇，存其精要以付諸剞劂者，（「進討時公牘書檄，雖廷珍署名，而其文則皆鼎元作。」（《欽定四庫全書總目》）乃謂此也。）於條陳其經世理亂之方策，夙被推為治臺之軌儀。藍廷珍序之：「皆予與玉霖（藍鼎元之字）兩載精神心血所在，……予胸中每有算畫，玉霖奮筆疾書，能達吾意。……讀《東征》一集，可以觀弟之苦心，亦見予之勞瘁。」所稱可謂披瀝無矯飾其肺腑乎？其友王者輔在書後①題云：「余獨喜是書成於戎馬倥傯、事機呼吸之餘，而整暇從容，有古人誓令遺意；且能使東寧山川、形勢瞭如指掌，不必身親其地而歷歷如在目前。」可視為適評。乾隆五十二年在臺灣林爽文事件謀善之策之際，有上諭曰：「朕披閱藍鼎元所著《東征集》，所言大有可采，著常青、李侍堯購取詳閱，於辦理善後時，將該處情形細加察覈，如其書內所論，有與現在事宜確中利弊者，不妨參酌采擇，俾經理海疆事事悉歸盡善。」《臺灣通志稿本》評藍鼎元「其立言有體，身後猶能上啟聖聰如此」，（〈隱逸②列傳〉）所云乃指此述作也。降至光緒初年刷新臺政之際，受重寄任臺北知府之林達泉傳亦為《東征集》之愛讀者，成於何如璋手之林達泉碑文中有：「丁丑（光緒三年）余奉使日本時，君方治裝欲赴治臺，相遇於滬上，余語之曰：君嚮喜讀藍鹿洲之《東征》諸集，今赴臺，將舉而措之乎？君謂今之臺灣莞鑰

①實係序文。
②「隱逸」二字於伊能原書誤作「寓賢文學」。

中外，又非昔比，出所為治臺五策，其規畫洵遠且大也。」（〈皇清故循吏贈太①僕寺卿銜臺北府知府林君之神道碑銘並序〉）之一節，可以確徵之。又傳，為臺灣新省之最初巡撫有令名之劉銘傳，亦夙取藍鼎元之遺策為殷鑑，尤其行餘常翻《東征集》。（劉銘傳之原幕僚李少丞所說之真事。）由此可謂積極之劉巡撫治臺政策，與藍鼎元前後有百年有餘之間隔，宛同歸嚮之多推之，蓋有事實之可能。至若夫《鹿洲奏疏》之中所收之〈經理臺灣疏〉及〈臺灣水陸兵防疏〉二章，實與《東征集》相表裏，以概括有關治臺經綸，茲錄其全文於左，以資參稽。

經理臺灣疏②

臣藍鼎元謹奏，為臺灣民庶日增，宜加善後籌畫事：竊惟臺灣一府，屹立海外。高山百重，平原千里；舟楫四通八達，外則東洋、南洋、西洋諸番，片航可渡，內則閩、廣、江、浙、山東、遼陽，不啻同室而居，無閫閾之隔；實為國家東南沿海封疆之要地，非尋常島嶼比也。我聖祖仁皇帝收入版圖，撫綏休養，今民人已數百萬，糖穀食貨出產亦蕃。邇年文、武協衷，防範安戢，可云盡善。但人心風俗，傾側無根，不思室家根本之圖，未知孝、弟、忠、信之道；宜煩有司整頓，使之樂業安生。臣不揣愚昧，敢為皇上陳之。臺民素無土著，皆內地作奸逋逃之輩，群聚閭處，半閩、半粵。粵民全無妻室，佃耕行傭，謂之客仔，每村落聚居千人、百人，謂之客莊。客莊居民，結黨尚爭，好訟樂鬪，或毆殺人，匿滅蹤跡，白晝掠人牛，莫敢過問，由來舊矣。統計臺灣一府，惟中路臺邑所屬，有夫妻、子母之人民。自北路諸羅、彰化以上，淡水、雞籠山後千有餘里，通共婦女不及數百人；南路鳳山、新園、瑯璚以下四、五百里，婦女亦不及數百人。合各府各縣之傾側無賴，群聚至數百萬人，無父母、妻子、宗族之繫累，似不可不為籌畫者也。今欲驅之使去，

①「太」字於伊能原書誤作「大」。
②「疏」字於伊能原書作「第二」。

則勢有不能；縱其所如，恐為地方之害。臣愚，謂當有潛移默化之術，漸解其靡室靡家之民，必先使遂其有室有家之願。蓋民生各遂家室，則無輕棄走險之思。設有不肖欲為盜賊，不能不念妻子、親屬之株連。而且一妻入門，則欲食欲衣，有子有女。則衣食日繁，不得不力農負販，計圖升斗，以免妻子一日之飢寒。雖有奸豪意氣，亦將銷磨淨盡，此不待禁令而自然馴服者也。惟是婦子渡臺之禁素嚴。官其地者尚不得攜眷屬，況民人挈家，出口入口，需費浩繁。必得諭旨飭著文、武地方官，凡民人欲赴臺耕種者，務必帶有眷口，方許給照載渡，編甲安插。其先在臺灣墾田編甲之民，有妻子在內地者，俱聽搬取渡臺完聚，地方汛口不得需索留難。其餘隻身游棍，一概不許偷渡。文、武差役、誠實良民，必將赴臺何事，歸期何月，敘明照身票內，汛口掛號，報明駐廈同知、參將存案。回時報銷。倘有過期不還，移行臺地文、武拘解回籍。再令有司著實舉行保甲，稽查防範。臣思保甲良法，實可興善戢奸。而在臺灣，尤當以為先務。庶幾民間情事，脈絡井然。平日知其所為，去來知其所自。嚴革逐過水之條，雖所犯輕罪，而情理可惡者，務必逐水解回原籍。查逐水之法，現在舉行，但逐回一月、兩月，無不潛蹤復至，仍舊為非。是以雖逐不畏，遂為藏垢納汙之場。似應飭部議定嚴例，凡臺灣革逐過水之犯，務令原籍地方官收管安插，左右鄰具結看守。如有仍舊潛蹤渡臺，將原籍地方官參處，本犯正法，左右鄰嚴行連坐。庶奸民有所畏懼，而臺地可以漸清。再令有司多設義學，振興教化。集諸生講明正學，使知讀書立品，共勉為忠孝禮讓之士。而平日好動公呈，交結胥役，出入衙門之習尚，可以漸消。各縣、各鄉、各社，多立講約，著實宣講《聖諭廣訓》書，諄切開導，無徒視為具文。使愚夫愚婦，皆知為善之樂，皆知綱常倫紀、尊卑長幼之義，奉公守法，則浮囂不靜之氣，可以自平。臺地不蠶桑，不種綿苧，故民多游惰。宜亟講桑麻之政，教婦女紡績勤儉之風。臺俗素尚豪奢，平民宴會酒席，動費中人之產。游手無賴，綾襖錦襪，搖曳街衢。負販菜傭，不能具體，亦必以綾羅為下衣，寬長曳地。家無斗米，服值千緡。似應飭諭地方有司，崇獎節儉，稍示等威，使知貴賤貧富之分者也。南、北二路，地多閒曠，應飭有司勸民，盡力開墾，勿聽荒蕪。可以贏餘米穀，資閩省內地之用。且可以恢廓疆境，使生番不敢恣意出沒，射殺行人。蓋生番所行之處，必林莽可以藏身。遇田園，則却走而不敢過。其射人割取首級，烹剝去皮肉，飾其骨以金，誇耀其眾，眾遂推為豪雄，出牛酒賀之，野性固然。但地一墾闢，則無此患。可以漸次招撫。收為熟番。凡從前效順之番，皆加恩與民一體。凡游手無藝之人，皆漸次逐回內地。則在臺民、番，皆安生樂業。數年間可得良田百十萬，益國賦，裕民食，沿海各省，皆受皇恩于無既矣。臣思保甲、逐水、義學、講約諸事，有司多視為具文，恐奉行不實，仍舊無益。應否交與巡臺御史，專責稽查，則出自皇上乾斷，非小臣所敢冒昧也。臣草茅下士，受恩感激，據臆直陳，罔知罪戾。不勝惶悚戰慄之至！謹奏。

臺灣水陸兵防疏①

臣藍鼎元謹奏，臺灣水、陸兵防宜加經畫事：竊惟全臺駐防官兵七千餘名，水、陸屯戈②可云周密。但幅員千五百里，塘汛寥遙，不能無兵力弗周之處。如北路雞籠地方，為全臺腹背旁門要害，距福建省城水程七更，順風一日可至；此不經廈門、澎湖、鹿耳門而可由福州直達臺北者。明末倭船由雞籠登岸，而臺地竟屬於倭，後為荷蘭所奪。荷蘭人於雞籠港口之雞籠嶼建築砲城，堅壁高壘，以遏北來艘舶之衝。臺人謂之紅毛城，中有大砲二十七位。前海寇鄭氏亦設偽鎮戍守之。雞籠去淡水營雖僅百餘③里，崎嶇跳石以行，須三、四日乃至。倘有賊船駕此停泊，或日本、荷蘭巨艦入港。淡水營官兵斷不能知。臣以為宜修補砲城，添設雞籠水師一營，以守備領官兵

①「疏」字於伊能原書作「第三」。
②「戈」字於蔣炳釗等點校本《鹿洲全集》作「戍」。
③「餘」字於伊能原書脫。

五百、戰船七隻，防守其地，與淡水營為犄角之勢。而淡水以南二百餘里有後壠港，港澳寬深，由海口直達後壠社，可容戰艦出入；此亦入臺僻路，為水、陸要區。宜增設墩臺，以千、把總輪防其地。此水師汛防之宜經畫者也。北路地方遼闊，半線上下六百餘里，自昔空虛。今幸蒙皇上睿照，設立彰化縣治，有守備一營防守。然此六、七百里，皆山海奧區，民番錯雜之地。內山一帶，又有生番出沒。後壠、中港、竹塹、南嵌，處處藏奸之所。而竹塹埔寬長百餘里，行竟日無人煙。是彰化守備兵力所弗及也。臣愚，謂竹塹埔廣饒沃衍，可闢良田數千①頃，宜特設屯田守備一營，駐兵屯墾，併募民共耕餘地，碁置村落，使生番不敢出截行人，而農民得安耕鑿。中路有羅漢門，雄踞萬山之中，土地寬沃，內控生番，外屏郡治，北通大武壠以出北路，南通阿猴林散出南路，為奸宄出沒、南北往來要害，即朱一貴起亂之所。一貴在羅漢門招匪豎旗，而後出掠崗山。今崗山添設守備，而羅漢門棄置空虛；所謂不遏其源而遏其流者也。崗山去府治三十里，上有總鎮標兵，下有南路參將，似無庸特設守備。臣以為宜將崗山營守備移駐羅漢門，則賊窠永絕，而番害亦可袪除。南路下淡水以下，大崑麓、瑯璚二、三百里，亦無兵防。向皆有番無民之地，今開墾流移，日趨日眾，山深海僻，遂為匪類逋逃之藪。臣以為瑯璚乃臺南要害，亦宜特設屯田守備一營，駐兵五百，屯墾防守。或慮官兵不習耕耘，增兵又須增餉，則此欲設竹塹、瑯璚兩營，可另募農民為兵，資以牛種、農具及一、二年之食，至成田登穀之後，停止給糧，即以所墾官田俾世其業。若犯法責革，將分田招民另補，其父母、妻子皆許攜至行間助耕饁餉。臣思全臺防兵，皆內地換班流寓，不妨增此二營土著，以為主客相維之勢。且兵丁有父母、妻子，必不肯受賊蹂躪，無有如前歲之臨陣不勇，以孑然一身逃歸內地者。況力農之兵，手足粗勁，血氣堅強，較官兵猛壯加倍。幸竹塹、瑯璚皆有可屯田之地。與其棄為盜窩，不如收為兵食。利國利民，

①「千」字於伊能原書誤作「十」。

一舉兩善。此陸地汛防之宜經畫者也。臺灣海外天險，日本、荷蘭素所朵頤之地。東南風順利，十餘日可至關東。此齒唇密邇之區，未可以遐荒海島目之，幸際盛平，不忘武備，臣所以敢竭臆衷，不自知其愚且陋。伏維皇上睿鑒垂察，臣不勝惶悚戰越之至！謹奏。

第三節　吳福生事件

雍正十年三月，鳳山縣之流民稱吳福生者，乘當時在北路有大甲社番之變尚未靖定，與夥黨商大概等謀搶掠埤頭（大竹里鳳山街）之地，事被發覺。原任臺灣總兵王郡（時已陞福建陸路提督，尚未赴任）先遣兵支援汛兵剿夷，但吳福生等於三月二十八日夜燒府治南門之外關崗山營（嘉祥外里），埤頭附近悉樹賊旗。四月二日夜竟聚攻埤頭，尋逼隔下淡水溪之萬丹（港西下里），其勢甚熾。會新任臺灣總兵呂瑞麟舉鎮標軍多撥北征大甲番變，府城之兵力較微弱。王郡乃決定親自率兵南下，分由三路夾擊，苦戰數合，漸使敗潰之，至六日回師，斬所獲之賊俘懸首諸營門示眾。越數日，吳、商等三十餘賊俱就擒，解送福建省伏誅。按當時賊之集中地點一在下淡水溪下游流域，期夾溪占領埤頭（西）、萬丹（東）為根據地，對此官軍採三路夾擊之方向，一由中央衝埤頭，一置右翼於鳳山縣（即舊城）由旗後（打狗港）東進，一分左翼於溪東進萬丹。以通連絡。

第四節　黃教事件

臺灣府城東邊有大穆降莊（大穆降里）。乾隆年間其地有名黃教者，素為跳梁巨魁，橫行閭里。莊之附近多為牛盜之巢窟，而牛盜皆服事黃教，且隱然以其為頭目。於是所在頻頻發生掠牛事件，幾乎每月有十數次之多，良民飼牛者必與黃教約，凡飼牛一頭，每年必向之交粟一石，以求免受侵害。嘗有稱許弼（一稱為黃弼）者，以事將黃教訴官，黃教恨之，使人要捉許弼，割其耳鼻，而有司竟置之不問。（連雅堂撰《臺灣通史》列傳曰：「族人黃弼與教枝梧，教客辱之。弼訴諸官。臺灣知縣飭差捕，差不敢往。詰之，曰：『教客多健者，偵及城市。今聞差往，則半途被殺矣。』知縣嗤其怯，別命兩差。行①五、六里，一壯者自林樾出，問：何之？囁嚅不敢告。曰：『余固知女行也，而為令所命，殺而無益，然女輩倚官勢，虐小民，罪當死。今先斷一指，歸報而令，頭顱須自重也。』知縣懼，不敢捕。」）許弼窮，乃控訴於閩浙總督，總督即檄臺灣知府嚴緝黃教。府之役卒四出搜索而不得，黃教察知臺灣營伍之廢弛，認為應乘虛起事，與其黨陳宗寶、鄭純、石桑、黃芳等結群共謀。（《臺灣通史》之列傳載有當時亡命之徒投歸：「見時以一牛為贄，必擇肥而獻。既居門下，則衣食、遊宴皆供之。不數年，客至愈多。」）乾隆三十三年②十月朔日，據府治之南門要害崗山叛。襲營汛，殺戮多數汛兵③，南、北為之動搖。臺灣知府鄒應元聞警，立會鎮兵，且領壯役、民、番勦捕之。時分巡臺灣道張珽日夜巡防安撫府城之市肆，良民得賴以安堵。既而擒獲鄭純、黃芳等一部分黨羽，黃教獨遁不知蹤跡。張珽終以失職被議奪職，繼任者余文儀④復令努力搜索，有報潛在番界者，求之不能獲。因傳黃教或拒敵，死於亂軍之中，乃具報結案。（傳初事聞，即有旨限於四閱月蕩平之。乃詐呈死亡之具報彌縫之。）

①「行」字於伊能原書作「往」。
②伊能原書作「三十五年」。
③「汛兵」二字於伊能原書作「弁兵」。
④伊能原書誤作「奇寵格」。

第五節　林爽文事件

乾隆五十一年十一月，會匪林爽文起事於北路，莊大田應於南路；竟滋擾全臺。林爽文原為福建漳州府平和縣人，渡臺居彰化縣幽僻之大里杙①（藍興堡），少充縣捕，尋去役，潛行刦掠，為民害。大里杙逼近內山，谿谷圍抱，藏奸其中，官吏不敢過問，林爽文據而嘯聚，有起事之意。時臺灣之移民漸多，偷墾逋租習以為常。先是乾隆四十九年，閩浙總督富綱為策其善後，立議清丈番境田、園，逃逋之奸宄以為此有害其利而致動搖，林爽文乃藉此糾合亡命而致成為亂階。（光緒十二年臺灣巡撫劉銘傳在〈量田清賦申明賞罰摺〉中所云：「惟臺灣民風強悍，一言不合，拔刃相仇，聚眾挾官，視為常事。或言林爽文之變，實因陞科逼迫，遂起戈矛。」一節可徵。）先是，中國大陸閩、粵間奸徒結黨之名目有所謂天地會（延續五祖教之流）者。乾隆四十八年，漳人嚴煙來臺灣宣傳該會。林爽文以此為良機，約群不法之徒均使入會，歃血瀝酒盟誓，以結為黨援。莊大田與林爽文為福建漳州府平和縣同鄉，乾隆初年隨父渡臺，初住諸羅。父死後徙居鳳山縣濱海之篤嘉港（鳳山里竹仔港），原無其他技能，但勤耕種以致家道小康，其附近之地為賊藪，匪徒有急時常加以賑卹，群匪皆賴之而以為德，亦加盟入會，於是「聲氣聯絡，直通四邑」（《彰化縣志》）。而文、武官司務為掩飾，不予糾舉，黨勢乃日熾。終至犯法抗官，不可復制，而其陰謀之根據地係在大里杙。

乾隆五十一年十一月初旬，臺灣鎮總兵柴大紀北巡到彰化。此時已見天地會眾有舉旗謀亂之兆。北路理番同知長庚察之，請於總兵曰：盜不可長，賊不可縱，今會匪張膽肆行無忌，將近作亂，

① 「杙」字於伊能原書誤作「栈」，下同。

宜乘其未發豫防之，尚易翦除，若勢成燎原，難撲滅也，願速鎮壓之。總兵不聽，竟失事。先是前年①七月，分巡臺灣道永福、臺灣知府孫景燧，聞民間結會之事，密飭緝治。時諸羅富民楊文麟之養子楊光勳亦入天地會，與弟媽世不睦。媽世亦創雷公會結黨相敵。事涉不穩，鎮、道乃馳兵捕獲，亦欲將其事變小，故將天地會改為添弟會。（「天地」與「添弟」在南部福建發音相近）意謂楊家兄弟不睦，故成此會相較量，僅將罪歸此一家，斬光勳等而流媽世，餘置不問。時按察使司李永祺來臺灣審勘，亦如擬覆奏。於是其他匪黨咸竄入大里杙，愈為嘯聚。翌年，新任彰化知縣俞峻初莅事，謂此輩非急治不可，乃急捕之。獲者即斃於杖下，然竟不能遏絕。勢益熾。

乾隆五十一年十一月初旬，林爽文遂樹旗舉事，臺灣知府孫景燧至彰化，促彰化知縣俞峻及北路副將赫生額、遊擊耿世文率兵役往捕，不敢入其巢穴，駐營於二十五里外之大墩（後之臺中街）。抑勒莊民擒獲，先焚無辜之數小村落以恍之。林爽文遂乘民之怨忿鼓吹煽動，即夜攻營覆之，進陷彰化城。時為十一月二十七日。②尋十二月六日諸羅城亦陷，時莊大田起應於南路，十三日陷鳳山縣城。惟臺灣府城由分巡臺灣道永福、南路海防兼理番同知楊廷理等指揮兵民善禦，賊雖屢攻不能破。（時臺灣鎮總兵調軍，與諸將分攻南、北要路，安平水師遊擊鄭嵩留守府城，兵勇不過數百人。鄭嵩分守各門，軍法甚肅，親自巡邏無間。日夜禦敵，發奸多中機要。有把總高大捷者，守大北門，謀通賊，乃訛言總鎮之軍覆敗，夜作疾馳奔逸之狀，遂棄北門而去。鄭嵩發令捕之，獲於鹿耳門，斬其首示眾，眾心漸定。後事聞，部議以為遊擊例不得專殺，但軍前之事機不測也，嵩能用權，堪勝提、鎮之任，遂從優議敘。）彰化之鹿港義民亦固守不降。如斯，府、鹿兩口未失而已。在北路林爽文被推為盟主，建年號稱「順天」，以彰化縣署為盟主府；（置「彰化知縣」、「北路海防同知」、「征北大元帥」、「平海大將軍」等官，淡

①當作「上年」。
②一云此日大墩營被攻陷，二十九日，賊乃陷彰化。

水之頭目王作①，別稱「天運」年號。）在南路莊大田自稱「南路輔國大元帥」。（置「南路輔國副元帥」、「定南將軍」、「開南先鋒」、「輔國將軍」等官，其頭目總名為「旂頭」。眾賊皆稱「旂腳」。）南、北之賊將合謀，欲使全臺淪沒。警報至福建。越五十二年正月，閩浙總督常青馳駐泉州，派福建水師提督黃仕簡統兵由廈門到臺灣府城，福建陸路提督任承恩統兵由蚶江入鹿港，另派閩安副將徐鼎士，領兵由五虎門達北淡水港，駐艋舺（即臺北）。時兩提督彼此觀望，調度失宜者多。（《鳳山縣采訪冊》曰：「初，黃仕簡、任承恩領兵萬人渡海，勢甚盛，既而遷延兩月無成功，民大失望。於時，民間謠曰：『黃公大臣，提督軍門，一策莫展，寸步不行。』好事者書而揭之通衢。仕簡知而不問。由是，上知二人不足恃，屢詔詢狀。二人皆飾辭奏，上切責之。」可以推其實情也。）二月有旨，命閩浙總督常青為將軍節制臺灣。調任李侍堯為閩浙總督，使之駐廈門，尋以福州將軍恒瑞及江南提督藍元枚為參贊，增兵赴援，而賊匪知官軍只在自守，乃更跋扈無所忌憚。彰化與淡水交界處有大甲溪，兩山對峙，離大里杙不遠，時溪南皆歸賊，淡水同知徐夢麟率義民及熟番數千人結營於溪口協力固守，淡北得恃以無恐。初，臺灣總兵柴大紀，光復諸羅縣城，林爽文以諸羅扼南北之中，屏蔽府城，必欲陷之，自六月中連日圍攻不止。柴大紀與兵民合力悉心死守，其赴援之兵前後被賊所截止，糧食既竭，飢疲不能支，孤城將陷。（諸羅之攻圍益密，入者不能再出。總兵告急之文，用小字書於寸紙，募人夜行間道，幸得達府城矣。而賊圍城亦急，且不使有粒米入城，以至民咸以地瓜、野菜，甚至以草根、豆糟、油滓充飢，此間之消息《臺灣輿圖》〈說略〉之嘉義縣條下記：「諸羅被困逾年，民間絕食，賊濟以米，不受，卒賴以全。」《彰化縣志》〈雜志〉「兵燹」記：「是時城中久困，民食草根、豆麧，知縣陳禱於神，以油籸充饑，全活甚眾。而賊營米粟堆積，民出偷米者獲見，爽文必殺；又賞賊之能獲偷米者，於是民甘死守，城終不破。」暫併存兩說。）乃有旨，命柴大紀捍衛民兵出城再圖進取。柴大紀奏言：「諸羅為府城北障，諸羅失，則賊尾而至府城，府城亦危。且半載以來，深

①伊能原書此處衍一「林」字。

濠增壘，守禦甚固，一朝棄去，克復甚難。而城廂內外義民不下四萬，實不忍委之於賊，惟有竭力固守待援。」及奏入，高宗詔曰：「大紀當糧盡勢急之時，惟以國事、民生為重，雖古名將何以加茲！其改諸羅縣為嘉義縣。」故有嘉義縣之稱。（另御製之紀事詩序稱：「福康安奏：大勦諸賊，開通諸羅，並進攻斗六門，賊勢潰散。信至，詩以誌慰。昨改賜諸羅縣名為嘉義。合縣士民守城之忠，實堪彰善也。丁未嘉平月之中澣御筆。」詩中有「彰善樹風聲，嘉義名新晉。」之句，亦與此照應也。）

先是，在臺灣進戰概仍有失事機者，上諭責之云：「林爽文牽綴北路，莊大田牽綴南路，使我兵……奔走不暇，……賊勢轉得聯絡，……乃常青等為其所愚，……擊東應東，擊西應西，譬之奕棋，使賊人著著占先，……官兵止辦接應，……何時方可竣事？」（七月十五日）因而八月改派協辦大學士陝甘總督嘉勇侯福康安為大將軍，超勇侯海蘭察為參贊，領隊大臣普爾普①、舒亮、四川將軍鄂輝同統大兵，（領巴圖魯侍衛一百二十餘員，調湖南兵二千人、貴州兵二千人、廣西兵三千人、四川屯練兵二千人（合計九千人））到臺灣，使之一擊電勦，速奏靖定之功，帝面授機宜，聲言調兵十萬，十月二十八日利用順風發自福建之崇武澳（屬泉州府惠安縣），一晝夜戰船數百艘悉達鹿港。「鹿港海口檣竿如櫛，列數里，賊聞之不測多寡，謂真有十萬之兵至，始懼。」（《皇朝武功紀盛》之〈平定臺灣述略〉）所載蓋寫其實際也。乃使幕中隨行之福州舉人曾大源②、廈門監生陳文會③、職員楊振文④等登岸招撫難民，露布告條數百紙，脅從不究，歸庄不助賊者給與「盛世良民」之旗號，凡有此旗者不加兵。於是良民聞風爭欲領旗者不絕，脅從多解散。如斯以十一月四日為期起行，先克彰化城外之八卦山，未幾解諸羅重圍。「城中之官民出迎，飢羸無人色，見將軍至無不欷歔吸泣，喜其來，而悲其晚。」（同上）乃為當時之光景。尋拔斗六門之賊巢，（斗六門之一翼地稱菴古坑。官軍先攻擣之，乘勝星夜疾驅逼

① 「普」字於伊能原書脫。
② 大源為彰化縣鹿港人，原籍晉江。
③ 陳為林之誤，文會為林振嵩子，彰化人。
④ 楊振文，彰化人。

斗六門。賊踞隘口，密布坑阱，甚至埋竹筒，欲陷馬足。官軍乃行畝圳之間，忽四面急攻，破之。可見賊之窮態。）竟進大里杙搗其根據地。林爽文退守此一角也。福將軍乘黑夜分軍兩路夾擊，進破巢窟，殺賊目以下二百餘人。林爽文攜家眷越東南之山徑，逃竄水沙連北港之番境埔裏社。（二十四日）南投、北投兩堡交界之山中存有爽文路之土名，或即其遺址，乃使淡水同知徐夢麟截守此要隘嚴防。

《彰化縣志》〈雜識志〉「兵燹」云：「大里杙高壘土城，列巨砲，內設木柵兩層，外溪砌重疊。」又記：「剷平大里杙城塹，毀其巢，獲大、小砲一百六十餘位，鳥鎗二百三十餘桿，稻穀數千石，牛八百餘頭，其餘器械不可勝計。」可以察知其意欲固守此最後一隅之地。

如斯林爽文經水沙連南港之番界入集集埔（集集堡）欲以保餘喘。（《彰化縣志》〈雜識志〉「兵燹」之記載見有：「於溪磡壁砌石牆，橫塞道路，山上皆賊營。」）福將軍大營直進濁水溪南岸之社寮（沙連堡），部署二隊，一繞後面之草嶺（集集大山之西方）進勦，一涉前面之濁水溪夾攻，力戰敗之。（十二月四日）時有水沙連之化番通事稱黃漢者，督化番搜捕有力。（此時社丁杜敷縛林爽文之父林勸、母曾氏、弟林壘、妻黃氏致大營。）林爽文更遁東南走入內山，據小半天山固守。（小半天山乃阿里山之支脈，為鳳凰山之分支西走者，山勢幽深奇險也。《彰化縣志》〈雜識志〉「兵燹」見有：「賊踞小半天山頂，內作石牆，外列木柵，斷樹塞路，為死守計。」之記載。）官軍由其西方大坪頂進，苦戰尤力，（《皇朝武功紀盛》形容「百道仰攻」（〈平定臺灣述略〉），《彰化縣志》記：「我兵猿攀蟻附而上，賊投石放鎗，抵死相拒。」（〈雜識志〉「兵燹」）可以推知苦戰之狀。）一面使阿里山番通事黃彥，率歸附生番防守阿里山，以杜絕逸黨之潛入番地，賊群潰散被誅擒者多。（十八日）林爽文窮蹙脫身，再逃匿水沙連，福將軍指畫內山之歧途仄徑，皆使大將嚴兵守之。淡水同知徐夢麟為固北路之邊防，由三貂至內山，率歸附生番橫截蛤仔難番地。翌五十三年正月，林爽文自知不免，僅以身脫，出淡水之中港老衢崎（竹南一堡），乃投於所善高振家覓食。且曰：『他日吾使若富貴。』高振縛之以獻。（其弟林躍及其他賊目盡被獲。）是為同月四日。福將軍馳驛將狀摺奏。以御製詩誌其事由曰：「大里灰摧破巢穴，頻繁馳諭戒逍遙。撫降輯眾日無暇，執訊招番井有條。究得生擒盡美善，不教餘孽伏根苗。移師南指如破竹，待捷音惟①暮與朝。」乃檻致京師伏誅。於是北路告平定。十四日福將軍統兵進勦南路，累戰皆捷，賊多投順，恢復鳳山。（二十四日）莊大田不支，終走入極南之瑯璚番地，潛伏尖山（興文里車城之北部）。其地勢負山臨海，亦遼遠也。福將軍水、陸並進，大營置於車城，一面密布水師於沿海，一面分陸兵為六隊，四面合圍，遂於尖山之石洞擒獲之，（《彰化縣志》曰：「殺賊二千餘人，投海死者無算。遂於山溝獲莊大田及弟大韭、許尚等四十餘人。又獲大田之母黃氏及賊匪八百餘人，殺之。」（〈雜識志〉「兵燹」）又恆春人汪金明手記之〈匪首林爽文等事蹟說略〉記：「潛伏於尖山下海邊之石洞中（石洞中可容數百人，今土人呼為大哥洞）。福公康安使軍兵於石洞外架柴用火燒炙之，火煙薰蒸入洞，諸匪盡死。」固係采訪傳承於里俗間之逸事。其他逸匪有企圖竄入瑯璚之番社內者，聞生番等立即擒獻伏誅。）此為二月五日也。蓋南路之匪情異於北路之賊勢，北路之根據地在沿山，故慮其入山，反之，南路之根據地在近海，故慮其入海，凡港口可入海之處，悉移舟設哨，全力防備。此等制敵機先之籌策實基於皇帝之親授云。蓋高宗夙以不世出之資稟，長於文、武之才，傳萬機之決多出自宸衷，由洞察足跡未曾及之海外臺灣之形勢，審定此勝算出於親授見之，尤足證有餘也。晚年作御製〈十全記〉，（為紀念帝在位中所完成之十次顯著武功之意。）寫為滿、漢、蒙、回四體文

①「惟」字於伊能原書作「帷」。

字而勒石，以此次平臺偉績列為其一，可謂有其原因也。十七日福將軍班師入府城，莊大田被囚致府城，會病篤，即磔之。尋，初宣傳天地會之嚴煙亦被緝獲，（其他莊大田之養子天儀、天養、孫阿若、妻盧氏、媳陳氏，林爽文之弟林勇及賊目等盡被獲。）檻致京師，咸正法。於是南路告平定。《彰化縣志》〈兵防志〉「列傳」稱：「是役也，臺南北亙千餘里，巨兇糾惡與脅從者，眾且百萬，巢穴壘結。多在深林峻壑間，有人迹所未易到者。侯（福將軍）上秉廟謨、下稽眾論，出謀制敵，成算在胸。自丁未（五十二年）冬十一月四日始用兵，至戊申（五十三年）二月五日，凡三閱月，而南、北路蕩平。窮山絕險無留奸，群兇無漏網。水火倒懸，畢登衽席，時雨之恩溢於海表。蓋慮有必得，而兵無停機，有如此也。」（福康安傳）以此語即可代作平定林案之戰評。其時進士鄭光策，以論臺事之六策進福康安之幕中。曰：宜出奇兵以覆賊巢也。曰：宜招義勇以厚兵威也。曰：宜通廣莊以分敵勢也。曰：宜專逆魁以速蕆事也。曰：宜多間諜以制勝機也。曰宜明約束以收人心也。聞其作戰之機略根據此策者居多。據《簷曝雜記》（趙翼著）就當時之軍需記曰：「乾隆五十二年臺灣之用兵，本省先用九十三萬，鄰省撥五百四十萬，又續撥二百萬，又撥各省之米一百十萬石，本省之米三十萬石，加以運腳，約共銀、米一千萬。」（〈軍需各數〉）亦足推其概數。

曩福將軍勦蕩北路，慮以多燒燬賊莊，難民失所者不少。又賊匪力竭投順者日眾，良莠難分。乃奏請簡派文員十餘人，到臺灣辦理招撫及撫卹事宜，詔允行。乾隆五十三年正月十日，福建巡撫徐嗣曾奉旨來臺灣治一切事宜。（此役良莠難分，罹玉石均焚之厄者尤多，如臺灣府城之普濟堂內收養之窮民，事變之際四散不知所之。時堂之附近住有耆老十三名，被誤認為逆黨，為吏抉眼球且被拘禁，後審知其冤，乃收容於堂內。終身加以卹養，稱之為十三孤老。淡水廳擺接堡之民仗義武裝而起，被誤認為賊，其家屋被燒夷，且被虐殺者多，及後知實情，依吳鐘俊之上奏，將被害者準義民合葬於大安藔莊，允名為義塚行祀，乃其事例之一、二也。）尋二月福州將軍魁倫渡臺，與福將軍協理善後之處置，條奏加強臺灣水、陸營汛之布置，且諸城垣修築及以所在熟番為屯兵事。允之。其審定之善後事宜十六條，祛除積弊，奠定海疆之策畫，可稱完備。特詔立生祠於臺灣府城（柱仔行街），祭祀文、武首功人員福康安、海蘭察、鄂輝、舒亮、普爾普、李侍堯、徐嗣曾等人，並以從征二十功臣像，繪於紫光閣，且以御製之文、詩詳紀其事。（御製之文、詩勒碑，在功臣生祠內建御碑亭安護之，後亭圮未修補。同時亦在廈門之南普陀寺前置御碑亭。）

御製勦滅臺灣逆賊生擒林爽文紀事語

平伊犁、定回部、收金川，是三事皆關大政，各有專文勒太①學。誅王倫、翦蘇四十三、洗田五，是三事雖屬武功，然以內地，懷慙弗藉其說。至於今之勦滅臺灣逆賊，生擒林爽文，則有不得不詳紀巔末，以示後人者。向之三，予惟深感天恩，蒙厚貺。次之三，予實資眾臣之力，得有所成。若茲臺灣逆賊之煽亂，乃卒然而起，兵出於不得已，而又不料其成功若是之易也。蓋自康熙二十二年平定臺灣之後，歷雍正逮今乾隆戊申，百餘年之間，卒②鮮卅③歲寧靜無事。而其甚者，惟朱一貴及茲林爽文。朱一貴已據府城，僭年號；林爽文雖未據府城，然亦僭年號矣。朱一貴雖據府城，藍廷珍率兵七日復之。不一年，遂平定全郡。林爽文雖未據府城，亦將一年始獲首渠，平定全郡；則以領兵之人有賢否之殊，故曰事在人為，不可不慎也。林爽文始事之際，一總兵率千餘兵滅之而有餘。及其蔓延猖獗，全郡④騷動，不得不發勁兵、命重臣，則予〈遲速論〉所云，未能速而失於遲，予之過也。然而果遲乎，則何以成功？蓋遲在任事之外臣。而速在籌策之予心。

①「太」字於伊能原書作「大」。
②「卒」字於伊能原書作「率」。
③「卅」字於《欽定平定臺灣紀略》卷首所錄作「世」，《彰化縣志》首卷所錄作「周」。
④「郡」字於伊能原書作「部」。

故始雖遲，而終能成以速，非誇言也；蓋紀其實而已。若黃仕簡、任承恩初遲矣，而予於去年正月，即命李侍堯速往代常青為總督，辦軍儲；常青往代黃仕簡，藍元枚往代任承恩，司勦賊之事。而郡城與仕簡弗致失於賊手，是幸也，是未遲也。（黃仕簡、任承恩既至臺灣，南、北互相觀望兩月餘。遂至與賊以暇，日以滋蔓。幸予於正月初旬，值李侍堯入覲，即命往代常青為總督，而命常青代黃仕簡，又隨命藍元枚代任承恩。是以郝壯猷於三月初八日自鳳山棄城敗歸，立即置之於法。常青適於初九日到郡，整頓兵威，屢挫賊鋒，郡城得以無失。使常青不即到。則郡城必失守，仕簡或被賊獲，皆未可知，是始雖遲而實未為遲也。）既而常青祇能守郡城，藍元枚忽以病亡，是又遲矣。而天啟予衷，於六月即自甘省召福康安來熱河，授之方略。八月初，即命福康安、海蘭察率百巴圖魯及各省精兵近萬，往救諸羅，是又未遲也。（常青雖固守郡城，未能親統大兵往救諸羅，藍元枚正籌會勦，旋以病亡。又幸予於六月丙子①，令福康安來覲熱河，即命於八月初二日，同海蘭察率百巴圖魯、侍衛、章京百餘人，馳赴閩省，並預調川、湖、黔、粵精兵近萬人，分路赴閩，維時諸羅被圍日久，糧餉、火藥，道梗不能運送，若非天啟予衷，及早命重臣統勁旅前往，幾至緩不濟事。是常青等救諸羅雖遲，而予②所料亦未為遲也。）福康安等至大擔門，開舟阻風，風略定而啟行，又以風遮至崇武澳不能進，是又遲矣。然而候風之際，後調之兵畢至，風平浪靜，一日千里，齊至鹿仔港，是仍未遲也。（福康安到廈門。於十月十一日，自大擔門開舟，被風打回。十四日得風駛行半日，又以風遮至崇武澳停泊，似覺遲滯。然當此候風之際，四川屯練二千、廣西兵三千俱至，而風亦適利，遂於二十八日申時放洋，至二十九日申時，兵船齊抵鹿仔港。千里洋面，一帆直達。其餘之兵，亦陸續配渡。福康安率此生力之兵，旬日內頓解諸羅之圍，繼克賊巢，生擒逆首。是未渡以前若遲，而計其成功，又未為遲也。）夫遲之在人，而天地、神明護佑，每以遲而成速，視若危而獲安，有如昔年〈開惑論〉所云者。予何脩而得此於天地、神明之錫祉哉？如是而不益深敬畏，勤政愛民，明慎用兵，則予為無良心者矣。予何敢，

①「丙子」二字於伊能原書作「內早」。

②「予」字於伊能原書誤作「於」。

抑又何忍乎？夫用兵豈易言哉？必也凜天命，屏己私，見先幾，懷永圖。方寸之間，日日如在三軍前，而又戒掣肘，念眾勞。且予老矣，老而精神尚健。不肯圖逸以遺難於子孫。臣庶藉以屢成大勳。此非天地、神明之佑乎？亦豈非弗失良心得蒙天鑒乎？福康安等解圍殲賊以及生擒賊渠諸功績，已見聯句之詩序，茲不贅言。獨申予之不得不用武，又深懼用武之意如是，以戒後世。占驗家以正月朔旦值剝蝕，為兵戈之象。遠者莫考；自漢至明，屢逢其事。然亦有驗有弗驗，（元旦日食，自漢迄明有四十七，其本係政治廢弛及僭竊偽朝無論已，如唐之太宗、宣宗，元旦日食，其年俱寧靜無事。至宋仁宗四十餘年之中元旦日食者四，最後嘉祐①四年亦無事；此其弗驗者也；惟寶元元年元昊及康定元年元昊寇延州，皇祐②元年廣源州蠻儂智高寇邕州。又元代世祖至元二十九年，元旦日食，是年廣西上思州土官黃聖許結交阯③為援，寇陷忠州、江州及華陽諸縣，此其有驗者也。）若昨丙午，可謂有驗矣。以予論之，千歲日至，可坐而致；剝蝕亦可坐而定也。既定矣，其適逢與不逢。原在依稀惝怳之間；且亦乏計預使之必無也。若使之無，是為詐也。不惟不能避災，或且召災。故史載宋仁宗朝第二次康定元年春正月朔當日食，司天楊惟德請移閏於庚辰歲，則日食在正月之晦。帝曰：「閏所以正天時而授民事，其可曲避乎？」不許。夫日食必當在朔，可知古稱月晦日食者，見移閏曲避之術耳。至於不得已而用兵，惟在見幾而作，先事以圖。遲不失於應機，速不失於不達。惟敬與明，秉公無私，信賞必罰。用兵之道，其庶幾乎。夫行此數端，甚不易矣；知不易而慎用兵，其本乎！凡軍旅事必當有方略之書。書成即以此語冠首篇，亦不更為之序矣。

乾隆五十三年歲次戊申春三月吉日立

御製平定臺灣二十功臣像贊序

①「祐」字於伊能原書作「佑」。
②「祐」字於伊能原書作「佑」。
③「阯」字於伊能原書作「趾」。

近著〈勦滅臺灣逆賊生擒林爽文紀事語〉，以為伊犁、回部、金川三大事。各有耑文；王倫、蘇四十三、田五次三事，不足藉其功。若茲林爽文之勦滅，介於六者間，雖弗稱大事，而亦不為小矣。故其次三，訖未紀勳圖像；而茲福康安、海蘭察等，渡海搜山，竟成偉勳、靖海疆。吁！亦勞矣，不可湮其功而弗識，故於紫光閣紀勳圖像，一如向三大事之為。然究以一區海濱，數月底績，故減其百者為五十。而朕親製贊，五十者為二十。餘命文臣擬撰，一如上次之式。夫用兵豈易事哉？昔漢光武有云：每一發兵，頭鬚為白。況予古稀望八之年。鬚髩①早半白；而拓土開疆過光武遠甚，更有何冀而為佳兵之舉？誠以海疆民命，不得不發師安靖，所為乃應兵、非佳兵也。然亦因應兵非佳兵，幸邀天助順而成功速。此予所以感謝鴻貺，不可以言語形容，而又不能已於言者也。昔人有言：滿洲兵至萬，橫行天下無敵。今朕所發巴圖魯、侍衛、章京等纔百人，已足以當數千人之勇。綠營兵雖多，怯而無用。茲精選屯練及貴州、廣東、湖廣兵，得近萬人，統而用之，遂以掃巢穴、縛逆首。是綠營果無用哉？亦在率而行之者，為之埋根倡首，有以鼓勵之耳。若福康安未渡海以前，臺灣綠營已共有四萬餘兵，何以不能成功？則以無率而行之者，豈不然哉？且臺灣一歲三收，蔗、薯更富，朕若微有量田加賦之意，以致民變，天必罪之，不能如是成功之速也。後世子孫，當知此意，毋信浮論富國之言，愛民薄斂，明慎用兵，庶其恆承天眷耳。近日以宮商三百，逐章饜飫其義，竟如幼年書室學詩之時。然彼時但知讀②其章句，而今則究其義味。因思〈采薇〉、〈出車〉諸章，乃上之勞下，其義正，斯為正雅；〈祈父〉、〈北山〉諸什，乃下之怨上，其義變，斯為變雅。夫上勞下可也，下怨上不可也。何則？下之怨上，固在下者不知忠義；然亦必在上者有以致之，斯則大不可也。我滿洲舊風，以不得捐軀國事、死於牖下為恥。其抱忠知義，較〈祈父〉、〈北山〉之怨上為何如？是則綠營之多恇怯思家，伊古有之，

①「髩」字於伊能原書作「鬢」。

②「讀」字於伊能原書作「學」。

無足多怪矣。然為上者，不可不存〈采薇〉、〈出車〉之意；更不可不知〈祈父〉、〈北山〉之苦。如其一概不知，而但欲開疆擴土，是誠佳兵黷武之為，望其有成，豈非北轅而適越乎？故因為功臣圖贊，而申其說如此，以戒奕葉子孫，並戒萬世之用兵者。

乾隆五十三年歲在戊申春三月上澣立

御製福康安奏報生擒莊大田紀事語

昨生擒林爽文，則勦滅逆賊事，可稱蕆大端。茲生擒莊大田，則肅清臺灣事，方稱臻盡善。二逆狼狽為奸，得一而不得二，餘孽尚存，慮其萌芽，且彼既聞首禍被獲，則所以謀自全而倖逃生，入山固易追，赴海則難捕矣。是以先事周防，屢申飭諭。（莊大田在南路，距海甚近，不慮其入山，而慮其入海，則追捕甚難。因屢次降旨，令福康安等慎防其入海之路，思慮所及，隨時預飭。）茲福康安盡心畫策，凡港口可以入海者，無不移舟設卡。因聞莊大田帶同匪眾俱在柴城，初二日欲往蚊率社，經番眾極力抵禦，復行退回。初五日黎明，官軍由風港發兵，越箐穿林，遂有賊匪突出拒敵。我兵迎擊，海蘭察率領巴圖魯、侍衛奮勇齊攻，殺賊三百餘，生擒一百餘，追至柴城，賊愈眾多，然恐攻撲過急，莊大田或臨陣被殺，或乘間竄逸，轉不能悉數成擒。福康安分兵數隊，以徐合攻，自山梁佈陣抵海岸。適烏什哈達所率水師，得順風連檣齊至，沿海進圍，水陸合勦，自辰直至午刻，殺賊二千餘。群賊奔潰投水，屍浮海如鳧鷖，而獨莊大田伏匿山溝，以致生擒。是豈人力哉？天也！二逆以么麿小民，敢興大亂，殺害生靈，無慮數萬。使獲一而逃一，未為全美。斯皆生致闕下，正國法而快人心。反側潛消，循良樂業。福康安、海蘭察等，畫謀奮勇，不負任使，固不待言。然非天佑我師，俾獲萬全，豈易致此耶？更查康熙六十年四月，朱一貴於臺灣起事，提督施世驃、總兵藍廷珍，於五月由澎湖進兵，至六月收復臺灣府城，計閱七日；於閏六月始擒獲朱一貴，計閱一月餘；至雍正元年四月，而餘黨悉勦盡。自朱一貴起事，至臺灣全郡平定，始末閱兩年。茲林爽文於五十一年十一月起事，其黃仕簡等前後誤事經一年，福康安等於上年十一月，由鹿仔港始進兵，其間解諸羅縣之圍，克斗六門，攻破大里杙賊巢。至本年正月獲林爽文，計閱四十二日。繼獲莊大田，計閱三十二日。自林爽文起事，至臺灣全郡平定，始末共閱一年三月。是較之藍廷珍等，成功更為迅速矣。夫逆賊入內山，生番非我臣僕，性情不同，語言不通。其遵我軍令與否，未可知也。福康安示之以兵威，使知畏；給之以賞項，使知懷。其經畫周密，賢於施世驃、藍廷珍遠甚。又得海蘭察率百巴圖魯，攻堅陷銳，遂得前後生獲二囚。且李侍堯悉心董理軍儲，毋誤行陣。使不以李侍堯易常青之總督，則軍儲必誤；不以福康安易常青之將軍。則成功必遲。茲盡美盡善，以成功於三月之間，則上天之所以啟佑藐躬，俾以望八之年，而獲三捷之速，則予之所以深感昊慈，豈言語之所能形容也哉！自斯以後，所願洗兵韜甲，與民休息，保泰持盈，日慎一日，以待歸政之年，庶不遠矣。雖然，仔肩未卸，必不敢以娛老自怠所為；猶日孜孜，仍初志耳。

乾隆五十三年歲在戊申春三月上澣立

命於臺灣建福康安等功臣生祠詩以誌事

三月成功速且奇，紀勳合與建生祠。垂斯[①]琬琰忠明著，消彼萑苻志默移。臺地恒期樂民業，海灣不復動王師。曰為曰毀似殊致，（近年以各省建立生祠，最為欺世盜名惡習。因命嚴行飭禁，並將現有者概令毀去。若今特命臺灣建立福康安等生祠，實因臺灣當逆匪肆逆以來，荼毒生靈，無慮數萬，福康安等於三月之內，掃蕩無遺，全郡之民，咸登衽席，此其勳績，實有可紀。）且令奸頑之徒，觸目警心，亦可以潛消狠戾。是此舉

①「垂斯」二字於伊能原書作「乘思」，《彰化縣志》首卷所錄仝。

雖與前此之禁毀跡雖相殊，而崇實斥虛之意，則原相同。孰能橫議？且勵大、小諸臣，果能實心為國愛民，而確有美政者，原不禁其立生祠也。）崇實斥虛政在茲。

乾隆五十三年仲秋月

（附記）關於林案平定之史料，除上敘之外有〈御製平定臺灣告成熱河文廟碑文〉。當時高宗行幸熱河（直隸省），曾有向該地之文廟祈求克捷之舉。文曰：

昨記平定臺灣生擒二兇之事，亦既舉平伊犁、定回部、收金川為三大事，岦文勒太學；其次三為誅王倫、翦蘇四十三、洗田五，以在內地，懷慙弗薌其事。而平定臺灣介其間，固弗稱勒太學；然較之內地之次三，則以孤懸海外，事經一年，命重臣、發勁兵，三月之間擒二兇、定全郡，斯事體大，訖不可以不紀。因思熱河文廟，雖承德府學耳，而予每至山莊，必先展拜廟貌。秋仲丁祭，常遣大學士行禮，則亦天子之庠序矣。且予去歲籌臺灣之事，日於斯；天佑予衷，命福康安、海蘭察率百巴圖魯以行，及簡精兵近萬，亦發於斯。而諸臣涉重洋，冒艱險，屢戰屢勝，不數月而生擒二兇，且無一人受傷者。是非上蒼默佑、海神助順，曷克臻斯？則予感謝之誠，競業之凜，亦實有不能已於言者。籌於斯、發於斯、臻於斯，文廟咫尺。我先師所以鑒而呵護者，亦必在於斯。記所謂受成、告成，正合於是地也。則平定臺灣，告成熱河文廟。所以禮以義起，非創實因。且予更有深幸於衷而滋懼於懷者，予以古稀望八之歲，五十三年之間舉武功者凡八，七胥善成。其一，惟征緬之事，以其地卑濕瘴癘①，我軍染病者多，因其謝罪求罷兵，遂以振旅；是此事究未成也。近據雲

①「瘴癘」二字於伊能原書作「癘瘴」。

南總督富綱奏報：緬甸謝罪稱臣奉貢之事，命送其使至熱河，將以賜宴施惠；是則此事又以善成於斯矣。夫奉天治民。百王誰不為天子？而予以涼薄，仰賴祖宗德施，受天地恩眷獨厚，近八旬之天子，蕆八事之武功，於古誠希，示後有述。使一事尚留闕欠，予之懷慙，終不釋也。自今以後，益維虔鞏持盈，與民休息；敢更懷佳兵之念哉？夫天地，天子之父母也。子於父母之恩，不可言報，中心感激，弗知所云而已。繫之辭曰：瀛壖外郡，閩嶠南區；厥名臺灣，古不入圖。神禹所略，章亥所無。本非扼要，棄之海隅。朱明之世，始聞中國；紅毛初據，鄭氏旋得。恃其險遠，難窮兵力；每為閩患，訖無寧息。皇祖一怒，遂荒南東；郡之縣之，闢我提封。一年三熟，蔗、薯收豐。漸興學校，額①習生童。始之畏途，今之樂土。大吏忽之，恣其貪取。（臺灣遠隔重洋，風濤冒涉。其始陞調之員，原以為畏途；既以該郡物產豐饒；頗獲厚利，調任之員，不以涉險為慮，轉且視為樂土。如近日福康安等參奏：文職自道員以至廳、縣，武職自總兵以至守備、千總，巡查口岸出入船隻，於定例收取辦公②、飯食之外，婪索陋規，每年竟至盈千累萬。而督、撫大吏；輒委之耳目難周，不能詳查，於是益無忌憚。茲據參奏，不可不分別嚴加懲治，以儆官邪，而申國憲。）既嬉其文，復恬其武。匪今伊昔，叛亂屢覯。向辛丑年，昨丙午歲，一貴，爽文，其亂為最。（地方文、武，既皆習於恬嬉，則文員知飽其慾壑，豈復以撫字為心？武員甚至縱兵離營牟利，並自總兵以下，各衙門設立四項聽差名目，多者三百人，少者③亦三十餘人。存營之兵無幾，又豈復以操練為事。以致奸民既得藉口，更無畏心，煽誘愚民，屢形叛亂。其甚者，如康熙辛丑年之朱一貴及昨丙午歲之林爽文，糾眾戕官，據城、僭號，更為罪大惡極。）水、陸提督。發兵於外；奈相觀望，賊益張大。（林爽文滋事之始，水師提督黃仕簡、陸路提督任承恩，一同帶兵渡海，謂可即時撲滅，不意南北互相觀望，遂致賊勢日益披猖。）天啟予衷，更遣重臣，百巴圖魯，勇皆絕倫。川、

①「額」字於伊能原書作「頗」。

②「公」字於《欽定平定臺灣紀略》卷首所錄作「工」。

③「者」字於伊能原書無。

湖、黔、粵，精兵萬人，水、陸並進，至海之濱。（上年正月，雖燭於幾先，命李侍堯代常青為總督，而以常青為將軍，專司征勦，常青究未經行陣，祇能保守府城，不能奮加勦殺。幸天牖予衷，六月內即諭令福康安入覲熱河，繼而常青亦請旨，另簡重臣來閩。隨於八月初，命福康安為將軍、海蘭察為參贊，帶巴圖魯、侍衛、章京等百人，並預調四川屯練二千、廣西兵三千、湖南兵二千、貴州兵二千，水、陸並進，以待福康安至彼領勦。）至海之濱，崇武略駐；後兵到齊，恬波徑渡。一日千里，以遲為速（叶）；百舟齊至，神佑之故。（福康安等至廈門，於十月十一日自大擔門開舟，連次遇風阻回，復在崇武澳守候逾旬。適四川屯練與廣西之兵踵至，而風亦轉利，遂於二十八日申刻放洋，至二十九日申刻，兵船共百餘隻，齊抵鹿仔港。千里洋面，一日而達，其始似覺遲滯，而既渡之後，所向無前，轉得迅蕆大功，信非神靈佑助，何以致斯。）馳救諸羅，群賊蜂擁；列陣以待，不值賈勇。如虎搏免，案角隴種；頃刻解圍，義民歡動。（維時賊匪久圍諸羅，聞大兵既至，亦蜂擁迎拒。福康安、海蘭察及巴圖魯等，即日統兵前進，勦殺無算，立即解圍。義民等無不歡忻踴躍，出城迎師。）斗六之門，為賊鎖鑰；大里之杙，更其巢落。長驅掃蕩，如風捲籜；夜攜眷屬，內山逃託。（斗六門為賊門戶，最為險要，官兵乘銳立拔，隨即搗其大里杙巢穴。林爽文膽落，連夜攜其家屬逃至埔裏社、埔尾一帶，遂成釜底遊魂矣。）生番化外，然亦人類；怵之以威。賚之以惠。彼知畏懷，賊竄無地；遂以成擒，爽文首縶。（先聞林爽文計窮，即欲逃入內山，而生番狙獷，未必能喻利害，或將逆首藏匿，則難速蕆。預命福康安既怵以威，復賚以惠，生番等果即傾心效命，協同官兵、社丁人等，竟於正月初四日，在老衢崎地方，將林爽文生擒解京，俾元惡不致漏網。可知凡有血氣，無不各知自為，顧所以經理者得當否耳。）狼狽為奸，留一弗可。自北而南，居①上臨下（叶）。海口遮羅，山塗關鎖。遂縛大田，略無遺者。（叶。林爽文逃入內山，勢已成擒；莊大田在鳳山一路窺伺府城，慮其事急遁海而逸，乃福康安悉心籌畫，預令烏什哈達帶水師

①「居」字於伊能原書作「如」。

兵丁，絕其去路。而分巴圖魯等為六隊，各自山梁挨次排下。四面合圍。適值順風，烏什哈達帶水師之兵，連檣而至，沿海密佈，莊大田逃竄無路，立即就擒，並其頭目四十餘人，無一脫逃①。又殺賊眾二千餘名，又有逃入柴城、瑯嶠②各番社者三百餘人，被生番等立即擒獻伏誅。於是賊匪一時殲戮殆盡，合郡頓稱平定。）

二人同心，其利斷金。曰福康安，智超謀深；曰海蘭察，勇敢獨任。三月成功，勳揚古今。既靖妖孽，當安民庶。善後事宜，康安並付。定十六條，諸弊袪故。永奠海疆，光我王度。

（此次臺灣用兵，其始不能滅賊，非盡由士卒怯懦之故，亦由領兵者不得其人，遂致稽延時日。若福康安之智謀，算無遺策；海蘭察之勇敢，所向披靡，可謂一時無兩。而又同心共濟，以此士卒用命，勢如破竹。未及三月，而大功告成，洵能不負任使。至於平定之後，不可不亟籌善後之方，以為永靖之計。茲③據福康安奏，定袪除積弊十六條，俱能悉心算酌，切中肯綮。已令大學士、九卿議行。以後地方文、武，實力遵守，海疆庶可永慶安恬矣。）凡八武成，蒙佑自天。雖今耄耋，敢弛惕乾？如曰七德，實無一焉。惟是敬謹④，勵以永年。

乾隆五十三年歲次戊甲秋八月吉日立

其他克捷之奏報至，每多賜御製之紀事詩。《彰化縣志》載之詳也。又有旨撰《臺灣紀略》（七十卷）使之永紀其功。《四庫全書總目》之所記解題，援引於左，以資參稽。

乾隆五十三年奉勅撰。臺灣孤懸海外，自古不入版圖，然實閩、粵兩省之屏障。明代為紅毛所據，故外無防禦、倭患蔓延，後鄭芝龍據之，亦負嵎猖獗，誠重地也。聖祖仁皇帝七德昭宣，削平鯨窟，命靖海侯施琅等，俘鄭克塽，而郡、縣其地，設官置戍，屹為海上金

①「逃」字於伊能原書作「者」。
②「嶠」字於伊能原書作「璚」。
③「茲」字於伊能原書作「嗣」。
④「謹」字於伊能原書作「勤」。

城，徒以山箐叢深，百產豐溢，廣東及漳州、泉州之民，爭趨其地，雖繁富日增，而姦宄亦因以竄跡，故自朱一貴①以後，針蜎斧螳，偶或竊發，然旋亦撲滅，惟林爽文、莊大田等，逆惡鴟張，凶徒蟻附，致稽槀街之誅。仰賴神謨指揮駕馭，乃渠首就檻，炎海永清。蓋始由官吏之貪黷，司封疆者未察巢穴，而其所以蕩平者，則仰藉皇上坐照幾先，於鮫室鯨波，視如指掌，事事皆預為策及，早設周防，又睿鑒精詳，物無匿狀，申明賞罰，百度肅清，弛者改而奮，怯者改而勇，並凜凜天威，近猶咫尺，而重臣宿將乃得以致力其閒，生縛猰貐，以申國憲，威棱所慴，併內臺生番亙古未通中國者，亦先驅效命，助翦元凶，稽首闕廷，虔修職貢。中外臣民，跽讀御製紀事詩二篇，以手加額，謂軒轅之戮蚩尤，猶親在行閒，武丁之克鬼方，非路經海外，今皇上運籌九天之上，而坐照萬里之外，亙古聖帝明王更無倫比，至〈江漢〉、〈常武〉諸什僅在近地者，更無足道矣。奏凱之後，廷臣敬輯諭旨批答奏章，分析月日，編排始末，勒成是編，以垂示萬古。臣等回環跽讀，仰見聖神文武經緯萬端，雖地止偏隅，而險阻重深，委曲籌畫，實與伊部、回部、金川三大事，功烈相等，載筆之下，彌覺歌頌之難罄也。（史部五、紀事本末類）

南路平定後，同時在車城之福德祠內（左壁）立碑頌其功，文曰：

欽命大學士公中堂將軍嘉勇公福、參贊大臣一等超勇公海、參贊大臣四川成都將軍鄂，勦捕林爽文、莊大田，追兵到此。勒石碑曰：

天以大清，克肖其德：

①「貴」字於伊能原書作「桂」。

聖聖承承，四方為式；罔有海隅，咸歸
皇極！蠢爾爽文，倡首違則；幺麼大田，嗣殘致力。
帝念臣民，中心怛惻，
簡命　將軍，掃除宜亟。群匪膽寒，瑯嶠①閃匿。匠請大兵，剛臨
滅熄。瞻仰　神威，石碑銘刻。旌獎鴻恩，沾優外域，長樂
昇平，於千萬億！
乾隆伍拾參年二月穀旦，沐恩軍前給賞職銜義民匠首陳元品……獎賞職銜生員林元輝……
童生陳蒼……。

其後同治六年臺灣總兵劉明燈在同祠外將下列題贊勒石立之：

奉君命，討強梁；統貔貅，駐繡房，道塗闢，弓矢發：小醜服，威武揚。增弁②兵，設汛塘；
嚴斥堠，衛民商，柔遠國，便梯航。功③何有？頌維皇！
同治丁卯秋，提督軍門、臺澎水陸掛印總鎮、斐淩④阿巴圖魯劉明燈統師過此題。

按：依「駐繡房」之一句，雖可能被推測成古之大繡房之地即指車城，（車城原書柴城。閩人移殖當初，四周環植木柵作為番害之防禦，地名由此出。後因近音之轉訛致稱車城。而上記成於乾隆五十三年御製碑文中明記柴城，此轉訛可能在乾隆末年已形成一街肆之後。）但大繡房當為後之德和里大樹房庄（南灣之西濱），車城所在之瑯璠灣（車城灣）當為古之魚房港。可能由於魚房與繡房發音相近，

①「嶠」字於伊能原書作「璠」。
②「弁」字於伊能原書作「辨」。
③「功」字於伊能原書脫。
④伊能原書於此處衍一「陵」字。

而地理相接致混錯也。

又乾隆五十七年趙翼（乾隆二十六年進士，有機略。林案之時，閩浙總督李侍堯延參帷幕，居廈門之涵園，再徙玉屏書院。本工詩，暇則躡屐山巖之間，流連觴咏賦詩而歸為常。）所著《皇朝武功紀盛》載有〈平定臺灣述略〉一篇，依據實際經歷記平定林案之梗概。同書序中稱：「臺灣之役，臣又為督臣李侍堯延入幕府，首尾一年餘始終其事，故於此用兵之見聞較切也。」可知其真正價值。成於道光二十二年之魏源《聖武記》所載〈乾隆三定臺灣記〉一篇，亦能貫通其始末而有條不紊，已存有定評。

林案之時，在各地土番從軍出力之事如本文所記。而占據北路大甲溪南平埔族岸裡社之一群，歸附既久，族多勢大。時之土目潘明慈深明大義，親自率眾而出，扼守該溪北岸，極力禦賊有功。淡北因此得恃以無虞，實賴其力為多云云。揀東上堡大社庄（岸裡社所改）潘明慈之後裔，其家尚珍藏岸番把守之圖一幅，即係根據當時實況描繪而成。觀其內容，對北路攻防布置情形，無不眉目清晰，歷歷可徵。且此圖存世，不啻為平定林案，阻其北進之根本史料之一。

第六節　陳周全事件

乾隆六十年三月，閩之逸匪陳周全（一名陳閩廣）①起事。周全為福建泉州府同安縣人，成長於臺灣。先於乾隆五十七年間回籍，與天地會匪蘇葉謀叛，未幾事敗逃來臺灣，潛居鳳山縣境賣糖為生，是歲二月與鳳山會黨陳光愛相結，謀攻觀音里之石井汛（援巢中庄）不克。

①周全一名周，閩廣天地會黨。

官兵捕之甚急，（陳光愛被獲處斬。）周全則潛逃至彰化縣，尋匿居西螺堡湳仔庄（即湖仔）之泉人馬江家。時米價高騰，商船來販麕集於此，而人心動搖，蠢蠢欲動。（臺米且漲至每石五千文。）周全見有機可乘，乃嘯聚黨類，搶奪米穀，而官方竟置之不問，（《東槎紀略》所載陳周全案雖記：「知府遇昌、……遊擊陳大恩馳往，擒治十數人①，曉諭彰、鹿有穀之家出糶②，市價平。三月……遇昌回郡，大恩留彰化鎮壓。」其實似無如此嚴厲作為。今據《彰化縣志》〈雜識志〉「兵燹」）於是橫行無忌，率眾結隊，刦掠庄民，又據荷包崙庄歃血為盟，以周全為長。並置「軍師」及「將軍」之號，約期舉事。此三月十日之事也。（聞時之黨眾不滿四百。周全乃張其聲勢曰：「今夜艇船數十號，兵馬數萬人。約於四更齊攻鹿港，爾等但隨我往，定破鹿港。」眾信以為真。周全復使所屬頭目楊成家③先赴鹿港，於海漧預設火浪三枝為號，及見火起，乃告眾曰：「海船到。」未幾北④橋頭及彰化路各處相繼起火，遂對眾偽稱曰：「人馬齊集矣。」黨眾繼周全踴躍前進。殊不知皆楊成家一人馳至各處所為也！）《東槎紀略》載云：「詭言：內地朱一貴之後朱九桃有海船數千，將以三月十五入鹿港，令旗書『大盟主朱』，又刻木印，四角刻『豎仰攻濟』四字，中為桃形，桃中刻小『朱』字，其黨皆以朱為號。」（〈陳周全之亂〉）云云。既而進陷鹿港，十四日欲攻彰化縣城，官軍慮有內變，乃屯兵於城東要衝之八卦山，黨眾則冒雨兩路夾攻迫山下，官軍火砲被雨不得發，未幾黨眾直衝山上，遂入城，文、武官憲⑤多死難。（原任鳳山知縣張植發⑥由彰化奔府城，言內地紅頭賊船約數十號，俱穿白衣領褂，本地附和匪徒以白粉塗抹衣衫為號，勢甚熾。當初不知賊首為周全也。）時彰化附近各庄之匪類持械執旗雲集城中，知周全之眾少無備必敗，乃各懷離心，故受札劄者多暗約為義民。越十七日陳周全見勢不可恃，乘夜走海口，翌日義民數百陸續到城，餘賊四散，城中杳⑦無一賊。適周全隻身竄西螺堡之埔心庄，有識之者，曰：「此陳大哥也。」庄民擒獲交庄耆陳祈解獻。捷奏達京師，有上諭曰：「如陳周全尚在臺灣即淩

①伊能原書作「數十人」。

②「糶」字於伊能原書誤作「糴」。

③「家」字於《東槎紀略》作「佳」。

④「北」字據《彰化縣志》補。

⑤時文官僅一署縣朱瀾，依例不當稱「憲」，蓋清制非四品以上不為大員，非大員不得稱憲。

⑥「發」字於伊能原書誤脫。

⑦「杳」字於伊能原書誤作「查」。

遲處死，使亂民怵目警心，不涉海洋以免致疎虞。」時臺灣鎮總兵哈當阿、守備①吳大瑞、臺灣知府遇昌領兵分捕餘類，搜各匪巢燬之，尋將周全正法。（初，陳周全被擒獲，有莊南光者，先走赴斗六門吳守備報功，自稱陳周全係伊拏交陳祈，時鎖、府之大兵，為灣裏溪水漲所阻尚未到彰化，莊南光迎之於途呈稟，鎮、府接報大悅，遂會同分巡臺灣兵備道楊廷理，據稟飛奏。嗣陳祈查出先已混報，乃控訴莊南光之冒功。礙於奏摺報聞，不能改易。迨閩浙總督覺羅伍拉納至彰化，陳祈與莊南光爭持不下，總督欲親自訊鞫，兩造於是議和，遂以一識一拏定案。復以擒獲逆首之首功歸莊南光，陳祈次之。而莊南光則以功授嘉應州知州，似當時恃才學近官長，致敢為如斯之混冒。其間情實之糾纏非無疑問。）先是，鳳山縣之黨人鄭賀（綽號紅面猴）與陳光愛之餘黨許強相結，將起而頓挫，尋臺灣府城有訛傳，海賊將至。安平水師遊擊陳光昭，望見鹿耳門外有十餘艘船，乃疑為賊而放礮擊散之。可知風聲鶴唳之驚慌，其漏網之頭目或奔入生番界，或逃投海賊船。四月，福建陸路提督烏蘭保率水師大兵，由泉州之蚶江至鹿港，搜勦殆盡，事全平。《彰化縣志》稱：「是役也，陳周全以小醜跳梁，眾不滿千，未五日，連陷鹿港、縣治，文、武官遇害十餘人，兵役殉難數百，何變之暴也？未五日而潰散，隻身就擒，又何敗之速耶？」（〈雜識志〉「兵燹」）可察當時文恬武嬉，黨眾乘隙輕易滋事之弊情。曩汀州府同知沈颺，以督、撫之差委在彰化遇變，乃署北路理番兼海防同知，使之議行善後事宜。

越嘉慶二年在淡水廳境有楊兆起事，臺灣知府遇昌、淡水同知李明心捕而誅之。此事在《淡水廳志》〈祥異考〉「兵燹」據鄭用錫之淡水初志稿舉其梗概而已，未及詳其始末。按：自陳周全之餘孽多歸潰散之史事推之，或其竄逸之餘流邪？

①「守備」二字於伊能原書誤作「北路副將」。

第七節　蔡牽及朱濆之入寇

嘉慶五年閩之洋匪蔡牽入侵臺灣之鹿耳門。於是臺灣始有海上亂事。蔡牽為福建泉州府同安縣人，原以彈棉花為業，自嘉慶初年出沒海上遂為巨盜，其他大、小洋匪概與之勾連。呼為「大出海」。閩、粵、浙各省受其害，沿海之漁、商皆納以賄賂，領其護旗以自保，對海外之臺灣垂涎已久，致一度覬覦，入鹿耳門。（《澎湖廳志》〈舊事錄〉「紀兵」，引《澎湖紀略續編》載：「嘉慶五年十月，……勦賊於虎井洋面。」一事，所謂賊或即是蔡牽之餘類乎。）越九年四月二度至，乘雨登岸鹿耳門，奪商船之所有物而去。《淡水廳志》〈祥異考〉「兵燹」引阮元《瀛舟筆談》，記當時蔡牽所率之船凡六十餘艘。（爰至府城戒嚴，臺灣縣學教諭鄭兼才亦奉檄守大南門，詰出入，察奸細，寢食於肩輿中達十四晝夜不怠，傳其勞績殊大。）此際澎湖水師副將王得祿在媽宮築礮圍防守，當其來犯，擊却之。（《澎湖廳志》〈舊事錄〉「紀兵」記有：「蔡牽屢擾臺南、北，而僅一犯澎，以守禦嚴且非所貪也。」而其戒嚴之情形見有：「因營案無存，其詳不可考。」（該廳志〈舊事錄〉「軼事」）之記載。）十一月三度至鹿耳門，十二月浙江水師提督李長庚總統閩、浙舟師前來，追勦而赴淡水港，圍攻落海淹斃者多，十年二月遂南竄。同年四月蔡牽四度停泊淡水港，與彰化內山之賊洪四老等取得聯絡，輾轉招致之。另外利用被擄在船，稍知書之徒等以天時、人事散布謠言，於是蔡牽自稱「鎮海威武王」，年號稱為「光明」。《淡水廳志》〈祥異考〉「兵燹」引《瀛舟筆談》，記其所擁之船舶百餘艘。已於五、六月間游奕於竹塹、鹿耳門、淡水等處。十一月五度竄至淡水港，分舟馳入東港、轉踞鹿耳門。時鳳山之匪首吳淮泗等應之，十二月鳳山縣城陷，府城戒嚴，蔡牽乃出而攻安平逼府城。（《廈門志》〈舊事志〉「紀兵」引《檳榔閒話》及案牘曰：「十一月轉入鹿耳門，據洲仔尾，攻臺灣府城；沈大船塞鹿耳門，以絕外援。」乃係此際之事。又廈門人陳啟良建議分巡臺灣兵備道慶保，建木城於海底亦屬同時之事。當時陳啟良及府城西定坊人陳鳳等，率領義勇力任拒守，致蔡牽乃募殺此輩者予以萬金。謝金鑾之詠事詩云：「木城百雉海東隅，危難方知偉丈夫。惡耗翻成名節在，萬金為汝市頭顱。」乃頌陳啟良之偉績也。此外，總兵愛新泰、遊擊吉凌阿督防之功尤居多。）而府城之布置漸周，連攻不敗。蔡牽知其計誤，乘夜潛起揚帆順風逸去。十一年二月六度入泊鹿耳門，為水師提督李長庚所擊走，鳳山之匪類亦敗於官軍，吳淮泗遁入賊船，北路內山之賊已不攻而自行潰散。三月，福州將軍賽沖阿領兵到臺灣府城，南、北路既通，蔡牽轉欲取山後之蛤仔難（即噶瑪蘭）番地，七度至北部之烏石港（頭圍）。漢墾頭人陳奠邦、吳化等率眾禦卻之。（《東槎紀略》所載〈噶瑪蘭入籍〉曰：「（嘉慶）十一年，海寇蔡牽至烏石港，欲取其地，使人通謀共墾，眾患之。賊舟有幼童被擄者，乘間登岸，遇其父，匿之，賊索不得，揚言且滅頭圍，眾益懼。頭人陳奠邦、吳化輩相與謀，今通賊，官兵必討，不如拒之，且以為功。乃夜定計集鄉勇並各社番（平埔熟番），伏岸上為備，賊猶未覺，晨入市貨物，眾乃縛之，得十三人，並賊目。賊聞之怒，連帆進攻，眾斷大樹塞港，賊不得進，拒敵久之，賊敗去。化等乃以所擒賊獻，將軍賽沖阿聞，乃有該處膏腴，為蔡牽所窺伺之奏。」可以察其敗後企圖在此山後境作苟延殘喘。）五月蔡牽八度入鹿耳門，刦掠商船。澎湖水師副將王得祿率軍直迫，蔡牽急揮旗招眾船衝浪而出，溺死無數也，此為六月朔日，從此蔡牽不復犯臺灣。（後至十四年八月，福建水師提督王得祿與浙江水師提督邱良功會同，追薄蔡牽於澎、廈海中交界之黑水洋，沉其船，蔡牽在海溺死。《廈門志》作沉於浙江定海之漁山外洋，蓋可能與《平海臚歡》所載吳賢湘所撰〈平海碑銘並序〉：「合蹴蔡逆於魚山外洋，大敗逆眾，蓋為八月十六日甲辰也。乙巳追逆於黑水洋擊沉逆舟。」所記之經過相混錯認所致。）十四年九月論功之上諭中有云：「洋盜蔡牽一犯原係閩省平民，在洋面肆逆十有餘年，往來閩、浙、粵三省，擾害商旅，抗拒官兵，甚至謀占臺灣，率眾攻城，偽稱王號。不特商民受其荼毒，官兵多被傷亡，並戕及提、鎮大員，實屬罪大惡極。該逆一日不除，海洋一日不靖。」之語，可窺知如何致其軫念。與蔡牽同時有稱朱濆者，為福建漳州府人，雖其家富饒，但常與匪盜往來，鄉里欲出面告官，故攜妻子浮海而去。後亦為洋匪。勾連蔡牽，聲援相幫，自稱「海南王」，後又各自分開。嘉慶十二年，朱濆在廣東之大萊蕪外洋，為澄海水師副將孫全謀所追，一度竄入臺灣之鹿港、淡水一帶伺機刦掠。七月，南澳鎮總兵王得祿自福建之銅山發舟渡臺，夜至雞籠港見朱濆之匪船潛匿港內，乃進攻之。朱濆逃，二度入蛤仔難，泊蘇澳，企圖攻奪濁水溪南（即東勢一帶）之地以為巢穴。九月，王得祿會臺灣知府楊廷理率兵大破之，朱濆東遁。（《東槎紀略》所載〈噶瑪蘭入籍〉曰：「（嘉慶）十二年七月，海賊朱濆大載農具泊蘇澳，謀奪溪南地為賊巢，五圍頭人陳奠邦等遣人告急，（知府楊）廷理乃與南澳鎮王得祿水、陸赴援。先是漳人盡得有西勢地（濁水溪北一帶），柯有成、何繪、陳奠邦、賴岳、吳化、吳光裔六人為之董事，而東勢（濁水溪南一帶）之強者獨潘賢文處羅東社。自羅東以南至蘇澳數十里，朱濆謀奪之。以嗶嘰、紅布散給東、西勢各社番，有漳人李祐陰結黨與通。廷理乃以札諭柯有成、潘賢文七人，曉以大義，以嗶嘰十板、紅布五百疋、番銀千餅賚眾番。賢文大悅，民咸踴躍，乃設木柵于海口，各出器械巡邏，捕通賊者。祐黨懼，挈妻子入于賊舟。賢文復獲海寇黃善等七人以獻。有黃竈者，大股賊目也，遁于蛤仔難，為黃姓所匿。廷理索之，黃姓縛竈出獻。于是蛤仔難民競出治道，以迎廷理。時鎮、道以地叵測，檄勿往，廷理勿從。九月九日，自艋舺入山，四日而至五圍。蛤仔難嚮多雨，秋以後山海氣蒸，瘴雲暝合，及楊至而群峰開霽，民以為祥。集耆老撫慰之，眾皆鼓舞聽命。義首林永福、翁清和等願率精壯效用。朱濆踞蘇澳港內之南澳，王得祿以舟師追至港口，港內寬外狹，賊以巨纜纏鐵鍬，橫沉港口。林永福等番勇千二百人，穿山開路，以達蘇澳合舟師，潘賢文以眾斷賊樵汲。……得祿以舟師進攻賊于蘇澳，廷理率林永福等，自澳後夾攻之。賊大敗突出，官軍截擊，焚賊舟三，沉其大舟一，獲二舟，賊以十六艘順流東遁。」既而朱濆敗餘入粵海。嘉慶十三年冬為金門鎮總兵許松年礮斃於長汕尾洋。）則在臺灣，蔡牽、朱濆之侵寇，其大者前後合計有十次。

初，洋匪漸猖獗，嘉慶十一年，閩浙總督玉德駐廈門，督勦擒。十四年，福建巡撫張師誠代署總督事，訂大計，檄舟師殄滅蔡牽。先是朱濆既斃，弟朱渥領其眾，勢日蹙，乃向分巡臺灣兵備道乞降。張師誠准之，使盡輸其人船、器械，賊眾三千三百餘人歸命。尋方維甸新調閩浙總督，咸請分別遣散，以安插之，因而閩、浙之海患全平。八月上諭：「臺灣所屬各地方，茲因蔡牽肆逆，間被滋擾，現在官兵雲集，即日殲除，惟念賊氛所至，小民之耕種難免失時，深為廑念，該督、撫著查明被賊蹂躪地方，將本年應徵之地、丁錢糧概行蠲免，以示朕軫念海隅黎庶之至意。」於是民心漸安。

朱渥投誠，閩中紳士大悅，相議在福州府城內之于山勒石，以感隆恩於不朽，于山磨崖〈平海紀略〉百字碑即是也。其文曰：「嘉慶十四年己巳秋七月，張中丞公權總督，八月殲蔡牽於黑水洋，九月朱渥率其眾三千餘人乞降，公受以聞，計公權印再踰月，威震氛消，邦人不忘，遂敬書奏功年月於于山平遠臺側，事始末別具記銘。公系張、名師誠，浙江歸安人。是年季冬，閩中紳耆恭記。」其所謂事之始末別具記銘者，乃指刑部左侍郎祖之望撰〈張大中丞平海碑銘並序〉。又各為詩歌其事，以為播皇威，表偉績。《平海臚歡》（九卷）即是，併載前記之〈平海碑銘〉，俱可補當年洋面匪類勦蕩之史料。

（附記）當時為臺灣縣學教諭膺《臺灣縣志》續修之鄭兼才，夙稱講求吏治、民生有一日之長，其所撰左列〈山海賊總論〉，實乃對上述海洋匪類窺伺所擬之善後政策，一面主張掃清洋面之必要。此外福州將軍賽沖阿奏「因該地膏腴，為蔡逆所窺伺」之事，切言所以不可忽略蛤仔難（即噶瑪蘭）之辦理，見其相呼應，遂成為促進開蘭動機之原因。

臺灣本海寇屯踞之地，其後荷蘭奪之倭人，鄭氏又得自荷蘭。自入版圖後，乘間竊發，山賊常有、海賊不常有。山賊猝起，黨與烏合，非佔據郡、縣城不能集事，若前之朱一貴、黃教、林爽文皆是也。海賊以商船為性命，或草竊登岸，隨風去往，無所藉郡、縣城；雖罪惡貫盈之蔡牽，其初時所為，不過如是。蔡牽率眾入鹿耳門，始嘉慶五年，兵將退守安平，商船悉為賊有。自是，蔡牽始垂涎臺灣矣。蔡牽既去，揚言越五年當再至；至期，果以賊眾至，為嘉慶九年四月二十有八日。值雨甚，北汕（鹿耳門）砲不得發，兵潰將亡，郡城民情洶洶，賊去始定。自是，蔡牽敢窺伺臺灣矣。是年十一月，蔡牽繼至；十年四月又至；皆停泊累月。其聲勢聯絡，不熾於前，而胡杜侯餘黨洪四老等得以民無鬭志，蠱惑蔡牽。蔡牽歲資利於商船，不惜重貲厚結山賊，山賊不知自速其死，廣為招致；而向來被擄稍知書之徒，又以天時、人事散布謠言。蔡牽自是妄稱王號，逆造正朔，於十月一日起釁滬尾，竄連東港，厚集郡城；皆山賊為之揚其一波，一若至微極賤之蔡牽，一日可以鞭箠番民、控制閩粵也。豈不悖且惑哉！蔡牽雖垂涎臺灣，然日久計熟，所欲得志者噶瑪蘭耳。其地膏腴，未入版圖；田畝初闢，米粟足供。居郡城上流，險固可守；漳、泉人雜處，其釁易乘。而同時巨盜朱濆力足控蔡牽，又慮為其所奪，是以揮金布賂，密謀先發；令其黨赴東港，而自留滬尾督率。意以滬尾既得，即可上迫噶瑪蘭而下制郡城，不圖羽翼未成，陸賊元凶就戮，不得已始率黨南下。既入鹿耳門，又遷延踰旬；若其初意在郡城，必乘無備併力急圖。蓋蔡牽雖愚，生長海涯，習聞往事，縱使僥倖得有郡城，未有不懼為朱一貴之續。以此度群賊所為，決非噶瑪蘭不可也。蔡牽烏合鴟張，多以林爽文比，而大勢實相反。林爽文之變，實激之使起；故釁生一時；蔓延數載，而其敗也，至於窮蹙自投。蔡牽之變，若招之使來；故勾通數載，流毒一時，而其敗也，止於詭秘自逸。以勢論之，山賊被誘迫脅身，雖從賊心懷兩端，群呼跳躍，如同兒戲；有節制之師，不足平也。海賊雖拼命敢殺，然其入港，必借勢風潮，即使登岸，必無傾船盡出之理；有勇力之師固守海口，以逸待勞，亦足恃險無虞。惟上流噶瑪蘭，官所不轄，賊所必爭；萬一民、番失守。棄以與賊，臺灣之患，由是方滋。故為臺灣久遠計，非掃清洋面以拔其根，即當致力上流以絕其望。然以化外地，通道築城、設官置卒，既格於非入告不可；而水師頻年勦滅，又苦於風濤出沒，蹤跡無常。無已，則請踵藍鼎元《鹿洲集》中故智，而以假扮商船之說進。（《六亭文集》）

第八節　高夔之陰謀

嘉慶十六年六月，在淡水廳北之淡水內港（即臺北）有稱高夔者，嘗為賣卜者以先知之術煽惑，遂與所知高姣等謀在柑園（屬海山堡溪墘厝庄）起事，事被發覺。同月十六日艋舺縣丞弓清瀚、艋舺都司莊秉元率兵捕之，高夔渡淡水走東北（蓋似由芝蘭堡沿雞籠溪左岸而溯行），潛匿屬於八連港（石碇堡）之大屯山支脈五子山中。臺灣知府汪楠①、淡水同知查廷華搜捕夔、姣等磔之。由來臺北之僻幽地方，以術士之流弊至甚著聞，稱「信之者牢不可破；最盛者莫如石碇堡，……其傳授漸廣。」（《淡水廳志》〈風俗考〉）所謂高夔以先知之術煽惑，亦應為此等術士之屬，有利用迷信之構逆，同時有被迷信所左右之謀亂亦不可否定也。

①「楠」字於伊能原書誤作「湳」。

第九節　噶瑪蘭料匠挑夫、土匪之滋擾

噶瑪蘭之地，本林密箐①深，多出巨材，嘉慶年間收入版圖以後，聽任四方之游手入山砍伐為匠，官方並未敢禁止，惟中有樟樹，為修造戰艦所需（即軍工料），例由官給資採辦，經分巡臺灣兵備道之檄，廳通判掌此之諭令領僱。嘉慶二十四年來擔任承辦之淡水匠首林永春（一作「泳春」）縱而私煎樟腦，以獲利較大，不肯採伐樟料，夥黨嘯聚，以在四圍之大坡（虎頭山麓）箚寨為根據地，而山後有二條小路，通淡水之艋舺。（據《噶瑪蘭廳志》所記，一由北方萬順寮拳頭母山（深坑方面）出口，一由南方青潭、大坪林（新店方面）出口。（〈武備〉之「武功」）按：先是嘉慶十二年洋匪朱濆入寇之際，臺灣知府楊廷理由艋舺入山，四日至五圍（宜蘭）諒為其中之一。）故該匪藉以出沒負嵎頑抗，且其夥黨素無家室，圍捕則潛蹤遠遁；寬恩則妄肆兇橫。道光二年秋，竟抗官、奪犯，勢漸鴟張，以至擄人勒贖。

《東槎紀略》所載〈與鹿春如論料匠事〉曰：「嗣因附近蘭民往往入山，煎煮樟腦，售賣漸多，而杜長春之樟腦滯銷不行，乃請入蘭設立料館，以採軍工為名，而實在欲收樟腦之利，蘭地各山小料匠以為歷辦軍工無悞，一經設館，不無多所派累，頗有怨言。而私煮樟腦者亦不肯遵禁，遂勾結眾料匠拒杜長春，不任立館。杜長春大受肆辱而逃。匿其情，以抗不辦軍工具控。」誘變之原委，實出於匠首欲除私腦、私料之爭利，遂求口實以至煽亂，軍工之敝政實使然也。（杜長春乃林永春之別字也。）

① 「箐」字於伊能原書作「菁」。

於是翌三年三月間，林永春率其夥黨擄捉廳差入山加以凌虐，時護理通判羅道恐激成事端，但請先為清莊，以觀聲息而已，而小匠張欽者，又在頭圍擁搶軍工料館。頭圍縣丞朱懋①於四月招其黨夥林萬等九十八人，具領官方許可證，更假之倉居，以分其勢力，林永春心懷忿恨，即欲擄林萬等，五月初旬潛出頭圍，羅道覺勢不能遏，會營計議勦蕩，六月朔林永春約匪眾八、九十人，持藤牌、執鎗刀，與林萬格鬪。（《噶瑪蘭廳志》〈雜識志〉「紀事」曰：「山匠林泳春滋擾時，營弁兵有暗與之言和者，故文②之勢益孤，而縣丞一署又處在頭圍，……竟至蜂擁排闥，勢甚猖獗。（縣丞）朱懋手攜二子、責以大義，眾始散去。時以懋為鎮靜示威云。」）另阻絕樵採，各於沿山暗伏地弓，以防偵探，徧吹竹筒呼應；近莊之民受蠱惑被指使者不少。福建水師提督許松年適以巡臺閱兵將到噶瑪蘭，廳城之街正陳奠邦等中途迎之乞援。許松年先發招諭期能止事，且許為其申理。林永春要以得官方發下准行樟料之伐採之告示，方肯投歸。許松年佛然決意進勦，自淡屬之雞籠徵發兵二百名，益以蘭屬兵役、義勇，新任通判呂志恆協力，一面堵截匪夥逃散內山，一面懸重賞鼓勵軍民，終於十月十七日在礁溪之窮谷擒獲林永春。即處以凌遲之斬刑，尋臺灣總兵觀③亦由彰化策應，餘孽靖定。

（附記） 昔為噶瑪蘭通判之姚瑩，（時因丁憂卸分巡臺灣兵備道，充為臺灣知府之幕僚。）關於料匠構變之善後建策曰：「然則審思而善處之，惟有增設料館，而寬其抗拒之罪，使眾料匠與匠首，一體辦公，稍為津貼匠首，以示有所統轄。料匠既歸料館；匠首亦藉得所利，不致獨肩軍工之累，然後獨聲私煎樟腦之罪而捕之，採料者必不復

①朱懋係署任。
②「文」字指文官。——譯按
③即觀喜。

> 與合，然後煎腦之勢孤，一幹役可繫治之矣。去其煎腦之病，則匠首之利必專，於以裕匠濟工，豈不善哉？（《東槎紀略》之〈與鹿春如論料匠事〉）然不果實行而止也。

而斯種之匪訌，必不獨不法之山匠為然，如挑夫之夥黨（挑夫之一團——南部福建語，呼為苦力——攜帶竹製之擔棒與麻製之繩索，以綑縛貨物，肩頭秤擔，或稱箍絡，為下級勞動者之代表，各立黨分號；首領統之，其橫肆之弊，從前之噶瑪蘭為甚，號和興，號福興，最嚴重。）亦有屢成為滋擾之本源之狀。《噶瑪蘭廳志》〈武備志〉「武功」之條下曰：「蘭陽一蝸角耳，兩①夫者，蘭陽之蠻觸也。兩夫自嘉慶年初，望風招墾，入蘭為役，本皆赤手無賴之徒。迨設官後，良則散為農甿，而莠則流為工腳，填街塞市，爭運貨物，動以血氣相逞，於是挑夫之中又各自分氣類，……分定地段，包攬客商者。大抵一舖開張，不先講定挑僱，則兩號小夫登時爭鬪，兇威甚於虎狼，……中路一呼，須臾而千百響集；雖衣食粗足之家，不能別有倚恃。故農商工賈而外，胥差亦援其聲勢，……蔓延日久，一旦不可以驟鋤。」即是也。如道光②十年八月噶瑪蘭城之挑夫林瓶者，以事糾夥逞鬪殺為起端，亂渦波及全廳，乃其勃發之尤甚者。通判薩廉③以為廳營之兵力單薄不克鎮壓之，飛請臺灣鎮、府應援。九月，總兵劉廷斌領帶水、陸之兵合力搜捕，尋臺灣知府王衍慶④亦到督拏獲，擒解已竄入叭哩沙喃之番界正作死守計之林瓶等，事乃平。（《噶瑪蘭廳志》曰：「是役也，梟示者十四，軍極邊者四十六，問徒者四十二，充附近邊者二，其餘各以罪差，儆頑兇而示震慴，傳觀者不啻千萬，無不齊聲稱快。」（〈武備志〉「武功」）可以察其非細案。）關於此滋擾之削平，聞依嘗以粵西賢守馳令名之淡水廳興直堡新庄紳士林平侯之獻替者亦多。

如咸豐三年八月所起之土匪吳瑳及林汶英之起事，亦均糾合此等無賴之游手所起也。

①「兩」字於伊能原書作「挑」，下同。
②「道光」二字於伊能原書誤作「嘉慶」。
③薩廉係署任。
④王衍慶係署任。

吳、林兩人以四圍之大坡為巢穴，刦掠附近各庄，尤極猖獗。噶瑪蘭通判乃募義勇二千人、合營兵三百名，分路進勦，惟遇賊伏，死之；義勇潰散。於是賊勢益甚，終陷廳城，頭圍縣丞王衢設計誘殺林汶英，尋北路副將曾①玉明率兵五千到。義勇亦再起應，乃大敗之。賊竄入淡水廳之三貂堡，屯集僻幽之柑腳城。堡民附和者多，堅壘②固守。（地勢一面據山，極險惡，三面環溪，懸崖不可攀；形成自然之城寨，故有柑腳城之名。）曾玉明追擊列陣頂雙溪，更進兵於內平林庄逼之。吳蹉再走噶瑪蘭，遂被擒伏誅。

（附記）《噶瑪蘭廳志》〈雜識志〉「紀事」曰：「〈海隅里謠序〉一篇，為前署通判烏竹芳託其門生李彥昭、謝大經等之筆也。烏廳任內，遇閩、粵分類，自嘉、彰蔓延入境；一時設法捕撫，自不免移挪受虧；惟中如會捕山匠；約束和、福夫匪，經有前後任詳辦專案；載入『武功』矣，此處未便紛繁，故摘敘其近實者，一以揚前徽；一以徵後信云。」烏竹芳為道光五、六年間之噶瑪蘭通判。而〈海隅里謠序〉今逸而不傳。

第十節　許尚及楊良斌事件

道光四年七月間，南路海防兼理番同知出缺，鳳山知縣杜紹祁代之，劉功傑署理鳳山知縣事。功傑頗銳意捕盜。時縣屬廣安庄（港西中里）民許尚，以賣檳榔為業，素結無賴；為群盜所悅，至是被鄉保告發。懼為官所逮捕，遂通其所親善之匪夥謀叛，黨與甚多。十月十一日集眾議起事於下淡水，尋攻鳳山縣治（埤頭），擬漸及臺灣府城，唯苦無貲，乃先出

①「曾」字於伊能原書誤作「會」，下同。

②「壘」字於伊能原書誤作「疊」。

而肆行刦掠。臺灣知府方傳穟得風聞，檄縣急緝捕之。適許尚留在庄人劉黃中之家，劉黃中因而擒獻許尚，械繫馳送府城，方知府訊究得叛狀，向鎮、道上言：「臺地之匪民，所在嘯聚甚易，曩南路有事則北路起應，北路有事則南路騷動，郡兵常苦為所制，今宜在未起速為備也。」鎮、道然之，密飭北路之嘉義、彰化、淡水協守。使南路海防兼理番同知杜紹祁（後復任鳳山知縣）以府兵二百戒嚴鳳山。（方知府之上言中，更切陳當時埤頭僅樹竹圍而已，被洋匪蔡牽所燬，勢難守，而知縣劉功傑係初任，南路參將又懦，宜增兵防守，可知地方之紊壞。）鳳山民間紛言賊已起，爭避難於府城。

時許尚之部目楊良斌被推為首，屯聚於黃梨山（為小竹、鳳山兩里交界之海邊鳳鼻山之一名），舉林溪為軍師，以十月二十四日夜為期攻鳳山縣治，更約臺灣、嘉義之黨夥，使之同時起應，謀陷府城。俄林溪被獲，賊計頓挫。（聞賊之軍師林溪原為縣中之皂役偵賊者，故有官之所往、賊先知之便；其謀甚密。林溪嘗到埤頭；買五色之綢製旗，乃使人持往，己將飯後去。其母詰知首告因而被獲云。）於是楊良斌不待其眾集，直搗鳳山縣治；警報傳府治，訛言四起，人心震駭；乃議斬在府監之許尚。尋方知府與臺灣總兵趙裕福（後蔡萬齡①代之）督軍赴援鳳山，且駐兵於臺、鳳間南北適中之地阿公店（仁壽里），扼要衝道，賊退據黃梨山為巢窟，豎②旗招眾，各路之屯兵阻守甚密。匪民之觀望待起者不下數千；不能通聲息於賊，嘉義之賊將由內山潛至者亦被阻而散走。楊良斌見眾不集而消沉，黨夥漸離。方知府與新任鳳山知縣杜紹祁懸重賞捕賊，楊良斌駕小舟入海逃到彰化；為彰化知縣李振青所獲，解送府城；事全平。《東槎紀略》之〈平定許楊二逆〉曰：「是役也，自許尚起及竣事，僅一月，不煩內兵、不使賊蹂躪閭閻。南路辦賊，北路晏如。凡用餉銀數萬，皆籌款補給，不費帑金者，郡、縣得人之效也。」此評實屬中肯。

①「齡」字於伊能原書誤作「禮」。
②「豎」字於伊能原書誤作「堅」。

第十一節　黃斗奶之滋擾

道光六年四、五月間，彰化縣之閩人與粵人分類械鬪。特別是其內山番界等處，相互焚殺不能制，延及大甲溪以北之淡水廳。先是；嘉慶初年，粵民稱黃祈英者，入淡屬南庄之番界，（係中港溪支流大東河流域之丘地——竹南一堡，鄭氏以來，早傳民、番交涉之史蹟。）為取信於番人投化之，自倣番俗，名呼斗奶，漸次招徠同族，著手開墾，實為化外之勢力。爰至有粵民逃入南庄者，黃斗奶及其部下黃武二等乃乘機率領土番之一群，沿中港溪出溪口之中港（竹南一堡）肆行滋擾。時閩浙總督孫爾準統兵駐淡水廳城（竹塹）搜捕械鬪之餘孽，乃曰：「不翦番割，亂未已。」使所率之金門鎮總兵陳化成兵分三路（斗換坪、鹽水坑、南港（竹南一堡））入山勦之。匪類黃斗奶、黃武二等悉伏誅。於是定策，為防遏漢奸偷越內山結托番民滋事之弊根，在三灣（竹南一堡）之要口設隘，派撥熟番屯丁，竟成為屯弁認墾獎勵開疆之開端。（所謂金廣福大隘之前身屬之）同年十一月之上諭中見有：「此次臺灣民人械鬪，粵人即有勾串番割，率令生番出山助鬪，經孫爾準派委將領，入山搜捕，該匪等竄至後山，參將黃其漢等率領兵勇，攀籐附葛而上，該匪等帶同生番拒捕，官兵開鎗格殺兇番七名，拏獲黃斗奶等多名，奪獲番刀、鏢鎗等件，竝將內山番割寮舍拆毀。（中略）該督將黃斗奶等二十一名分別凌遲、斬梟，實足彰國憲而快人心。此時三灣一帶內山已無番割，所辦甚屬可嘉。」可以察其滋事被視為重大事件。

第十二節　張丙事件

道光十二年張丙起事於嘉義。張丙其先乃福建漳州府南靖縣人，移籍嘉義三世，為店仔口（下茄苳南堡）之魚賈也。為人無賴，招納亡命，與群盜往來而著名。是歲夏旱，各庄皆禁米移出。有稱陳壬癸者，在店仔口購米數百石，但為此禁不能搬運，求生員吳贊之庇護，欲出境外。逸盜吳房偵知之，與其夥詹通謀在途中搶奪。原來店仔口之禁米，張丙實為首謀，故吳贊置疑於張丙，牒縣謂張丙通盜。知縣邵用之乃獲吳房解送府治誅之，並欲捕張丙。張丙忿慨知縣不敢治米之出境，專治搶奪，擬擄吳贊。吳贊攜家眷避於縣城。張丙追之，惟在半途遇知縣遣役護去，張丙聞邵用之收賄，益怒。張丙起事之近因實源於此。會巨盜陳辦（閩民乎？）亦因搶芋、搶牛之事與粵民私鬪，引起閩粵械鬪。張丙亦助陳辦。惟時臺灣鎮總兵劉廷斌在北巡之途聞之，嚴行懲治陳辦之黨。張丙觸前忿，謂官府偏袒而專殺閩民，遂與詹通等決俱豎旗起事。乃於十月朔進襲鹽水港（鹽水港堡），刦掠附近諸庄。（知縣邵用之出而欲勸之，為賊所執，加以撻辱，割其屍，可知其遭遇之慘也。）臺灣知府呂志恒率營兵及鄉勇往援，亦敗，被戕。

張丙乃自稱「開國大元帥」；年號稱「天運」，以「殺戮穢官」為名；嘯聚黨類，（稱大、小分四十二股，每股或百餘人，或數百人。）各庄之良民皆出銀領其旗自保，賊用以充軍餉，進圍嘉義縣城。總兵劉廷斌以所領兵力單薄，續調不到大感困窘。適遇前福建、浙江水師提督王得祿（當時因病解任，寄居廈門。）①得警報，募義勇渡臺來援，城內得為固守之計。時府城北方屏障之鹽水港為嘉義之咽喉，已為賊所破。十月十日南路鳳山縣賊許成（閩民乎？）豎叛旗於觀

①實係得祿從弟武生王得蟠。

音里之角宿庄，亦用「天運」之年號，（許成病蠱，綽號大肚，至此眾推稱為大哥。）以滅粵民為詞，停遏運往府治之米，逼鳳山縣城（埤頭），尋奪羅漢門。時臺灣知府王衍慶循故事札諭鳳山粵莊義民舉兵，勸赴府城聽調。粵莊以監生李受之為首，約各頭人，斂銀、穀，集義勇，製臺灣府之義民旗六旒，藉許成有「滅粵」之聲言，以自保為辭，並不敢赴府，乘機刦掠附近閩莊；勦賊之義勇變為殘害良民之粵匪，竟至使閩粵之分類械鬥成為燎原之勢。（如後道光十三年正月，閩浙總督到臺灣時，鳳山閩莊之遇難無歸者男婦老少尚有一千八百餘人，在府城撫卹，乃捐銀，使紳士在阿里港各莊結草寮俾棲之；此為對難民之善後措施。）十二日北路彰化縣之賊目黃城受張丙之約，舉事於嘉、彰交界之林圮埔（沙連堡），自稱「興漢大元帥」，用明代最後之正朔永曆，陷斗六門。彰化知縣李廷璧立解散招徠計，許以免死。此時諸賊互相為雄長，分踞各地，立鎮南、鎮北、中路、南路元帥之名目，至各掠民庄為食。初，張丙告示不侵鄉里，使其領旗自保，至此責索無厭，稍不應則縱賊大掠，民人苦之，覺為賊所紿，相率豎義旗協力抗拒，惟游民之無從得食者仍附和而已。越十一月一日，福建陸路提督馬濟勝將兵二千抵鹿耳門入府城。難民跪道呼冤者萬餘，馬提督以善言慰遣之，尋北進搗賊巢，大張曉示使解散其黨。嚮之領旗自保者，由來懷二心，賊至豎賊旗，賊退自稱義民，間有從事搶掠者；至是悉豎義民之旗，縛賊獻之。賊益窘窮，概竄伏近山，馬提督乘勢進入嘉義縣城，四出搜捕。十二月，張丙及黃城等賊目悉就縛。（張丙解送府城磔之；又剖黃城諸賊心，以祭殉難者。）平定北路。七日，馬提督赴鳳山，勦南路餘賊，擒賊目許成，南路亦平。

先是，閩浙總督孫爾準已卸任；後任程祖洛親自駐廈門督軍務，經奏准福州將軍瑚松額領大兵赴臺灣勦辦，接馬提督捷報，將其兵撤回。十三年正月，程祖洛先渡臺灣，二月瑚松額尋到，當審按治；乃知悉當時地方官之貪黷偏執，竟不恤民患，致使匪賊得藉除穢官之口實。七月，使興泉永道周凱權任分巡臺灣兵備道，以辦理善後事宜。時總督、將軍已凱旋，周凱專事搜捕餘孽，親鞫犯人口供。至十月初，錢價一日頓長三倍，遠鄉之居民紛紛搬移入府城，訛言四起。十九日，周凱偵得賊諜林振，訊悉城中已潛伏匪夥數百人，約於二十二日舉事，且衣領袖口辮線各分五色，各以其色為緣飾。是夜急出大加搜索，捕獲五十餘人，使之無所逃匿。翌晨，臺灣總兵張琴率兵搗其巢，獲首謀許戇成，得息於未然。十二月，周凱復本職，以〈臺地應行興革事宜十二條〉上閩浙總督。關於此事件之削平，聞依前以粵西賢守馳令名之淡水廳興直堡新庄紳士林平侯之獻替者亦多。翌十三年七月所發下列懲議之上諭亦可資觀察其內幕。

朕勤恤民隱，思①日孜孜，總其成於上，而分其任於督、撫；為大吏者果能體朕之心為心，以民之事為事，正己率屬，賢者知所勸，不肖者知所懲，吏治自日臻上理。上年臺灣逆匪張丙等滋事，其始因搶米起釁。經吳贊牽控張丙，該縣不辦包米，轉出賞格查拏張丙。其陳辦因搶芋、搶牛起釁；攻打粵莊，事本細微，若得一良有司秉公辦理，自可息爭弭釁。乃邵用之不協輿情，呂志恒果於自用，遂致戕官攻城，竟同負嵎之勢。及訊問該逆因何造反；尚稱地方官辦事不公，雖係該逆一面之辭，如果循聲卓著，該逆等何能藉口？總兵劉廷斌訓練不勤，營伍廢弛；該道平慶雖操守尚好，而不能防患未然，咎無可逭。是以將劉廷斌、平慶俱交部嚴加議處。總督係特簡大員，文、武俱伊統轄，若使孫爾準其身尚在，朕必加以懲處，不少寬貸。姑念該逆等尚未潛據他邑、滋蔓難圖，一經馬濟勝帶兵渡臺，旋就撲滅，邵用之等亦無貪婪劣蹟，總督程祖洛未經到任，巡

①「思」字於伊能原書作「惟」。

撫兼署總督魏元烺為時未久，姑從寬概免置議。此係朕格外施恩，倘邵用之有貪黷實據，或張丙等燎原難撲，亦斷不能曲加寬貰。嗣後督、撫大吏，總須以察吏安民為當務之急，遇有不肖官吏，破除情面。立即參劾，勿稍瞻徇。若再因循疲玩，因細故而釀成大患，勞師動眾，誤國殃民，朕必將該督、撫拏問，從重治罪，決不寬貰。毋謂訓誡之不早也。將此通諭知之。欽此。

（附記） 周凱之《內自訟齋文集》收〈記臺灣張丙之亂〉一篇。該篇中記：「道光十二年冬，張丙倡亂嘉義。……明年，……事既大定，署臺灣道平慶被議。七月，檄調凱權臺灣道事。任百有九日，搜捕餘孽，親鞫犯供，與前後傳聞異詞。因訪求顛末，稽之章奏、案牘，而次其事。」可以徵其記事之確實。而以周凱之記事為首，有關此之文獻，以張丙之事件為主起筆，故概詳悉北匪之勦蕩。至削平南路許成始末稍省略為常。道光十七年之鳳山縣歲貢生鄭蘭，乃為其補遺，就見聞之所及綴成題為〈勦平許逆紀事〉古體詩一篇，且加註腳細說無遺，亦幾近為史詩之上乘，《鳳山縣采訪冊》之「兵事」收其全文，如敘其遇難之良民流離困頓之實況云：「半綻尚含，蜂遭亂采；（難女有被賊強污者）一枝聊借，雉自為媒。（投宿家有男，即以女妻之，不索聘，不用媒。）保抱攜持，珠①忍擲於掌上。（日食難度，愛女隨便賣人。）」可為其一例。

道光十六年，嘉義縣土匪沈知等，焚下茄苳庄（下茄苳北堡）。命權任分巡臺灣兵備道周凱、臺灣鎮總兵達洪阿勦平。黨夥之謀響應者尋歸撲滅。亦張丙之餘類乎？

①「珠」字於伊能原書誤作「殊」。

第十三節　郭光侯之糾眾抗官

道光二十三年，分巡臺灣兵備道熊一本，臺灣知府仝①卜年等，經議准將從前錢糧之穀納改為銀納，乃以粟一石換算為徵收六八銀二元五角乃至三元。以當時粟價漸次低落甚巨，比從前之賦率、實等於增課幾倍之重斂。因此立即惹起輿情之反抗，臺灣縣下十九里（永康、長興、新豐、保大、羅漢門、歸仁、崇德、新昌、永寧、依仁、永豐、仁和、仁德、文賢、効忠、廣儲、大目降、武定、新化）之民眾團結，決斷然納穀，不納銀，推保大里②人葉周、劉取、余潮等為首領，二十四年三月悉運粟赴縣倉（小東門內右營埔），載穀之車絡繹於途。時臺灣知縣閻炘，命胥吏拒絕之，積穀竟被委棄於路傍，且命逮捕違抗者。皆曰：「官暴至此，民不堪命矣。」乃哀訴同里之望族郭光侯（名嵩高，而普通以其字呼之。）郭光侯出身武生，以俠義聞於閭里。至此集耆老擬議，欲赴縣陳情。四月朔，民眾會合東門外者數百，將近城門，守兵疑為民變，猝閉門報急於守備。有司欲諭使其解散，亦不肯，皆徒束手，無可如何。知府、知縣察民心動搖甚，慮將激變生事，使府之委員紳士親會郭光侯俾有所妥議。會郭光侯之弟稱肥戶者在坐，因無意之謾罵，引起其怒，事遂不諧。時羅漢門木柵庄之士棍黃號糾合匪夥豎旗，旗面大書「官迫民變匪首郭光侯」之文字，殺汛兵，企乘機刦掠。有司藉為口實，擬以倡亂治罪。而此為郭光侯所完全不知者，其實乃有司嗾使匪徒所為，出於誣陷之策云。郭光侯大驚，八月欲內渡叩閽（上訴於宮闕）申冤。而安平一帶之海口稽查最密，糖郊李姓之人深諒其情，使郭光侯潛伏於大糖簍之內，雜之於各簍之間載船，歷艱辛航至天津，密行到京師，與都察院御史陳慶鏞（福建泉州府晉江縣人，直聲聞於天下）面晤於晉江會館具訴其始末、交刑

①「仝」字於伊能原書誤作「同」。

②《臺灣通史》〈郭光侯施九緞列傳〉作「保西里」，即保大西里。

部審訊，得釋其枉，於是臺灣知縣閻炘被革職，其他與事之吏胥治罪有差，但郭光侯糾眾抗官之罪亦不可免，發近邊充軍，而依部議減其換算銀額，以六八銀二元為定制。

先是，地方官時有便宜將納穀全數換銀徵收，或准實行一半納銀，一半納穀，其間以粟價十石對六八銀六、七元乃至十元、十二元，民間未必甚感困難。此次之強制納銀，實以銀買穀運送本省之司庫，不外圖其剩餘以肥官吏之私橐。

第十四節　李石事件

咸豐三年在中國大陸有長髮之役①，閩疆亦受其影響所及，小刀會匪林俊，滋擾泉、漳地方。臺灣之無賴游民傳聞此情，謂本省自防已急，未遑他顧，且兵乏餉空，宜乘機起事。是歲四月，臺灣縣之土匪李石先嘯聚樹旗於縣北曾文溪流域。（連雅堂撰《臺灣通史》之列傳見有「以興漢滅滿為言」之記載，蓋辭句之潤色而已。）知縣高鴻飛聞之，親赴灣裡地方（善化里西堡）會營汛欲一掃此匪黨，反被所殺，府城乃戒嚴。五月，土匪進攻府城，其勢甚盛。分巡臺灣兵備道徐宗幹、臺灣鎮總兵恒裕及臺灣知府裕鐸將兵弁及義勇，運鎮撫之策潰散之。（當時徐宗幹擬募人赴澎湖告急。會風潮不順，舟不敢發，有稱張顯貴者，由南澳之戎伍換班膺澎湖之戍，奉差在臺灣，慨然請行，奉檄駕竹筏渡海峽之險，竟達澎湖，使澎湖水師副將得文立②，遊擊王國忠帶兵赴援，府城得無恙。後張顯貴以軍功累官陞澎湖水師副將。）同時在鳳山縣土匪林恭（一作林供）、嘉義縣土匪張古、羅阿沙、賴棕③等南北相應而起，林恭陷鳳山縣城（埤頭），張、羅、賴各賊目逼嘉義。於是南路海防兼理番同知（署鳳山知

①即太平天國之起事。
②澎協副將無此人，疑此處脫「派」或「遣」。
③「棕」字於伊能原書作「粽」。

縣）鄭元杰領兵赴援鳳山，與臺協中營①遊擊夏汝賢俱攻之，林恭一敗，將走踞瑯璚番地以負嵎，由東港掠船到水底寮（港東下里），為當地之義民所擒。臺灣鎮總兵恒裕統軍北行，立解嘉義之圍，與該地義民協力獲賊類，尋匪首李石亦就縛，咸伏誅，遂完全肅清。

〈鄭邑侯克復鳳山縣碑記〉（臺灣道幕僚唐壎撰文）曰：「賊魁林恭，初充鳳山縣壯勇，王邑侯廷幹汰之，遂懷憤。至是，與北路賊張古、羅阿沙、賴棕等密謀起事。顧縣城防守嚴，林恭乃偽為義民，出不意破竹圍入，戕王邑侯全家，少尉②張樹春死之，……林恭於是自為縣令，擁所得輿馬、儀仗，稱尊南面。設軍械房，圖大舉。……而邑之中，無良莠悉不敢與之抗。蓋縣既無官，人思自保，幾不知屏山一寸土，實我日月之所照臨而天地之所幬載矣。」可以察其極猖獗於一時，又唐壎所撰之〈鄭元杰、夏汝賢克復鳳山論〉中有：「林恭者，先曾服役於鄭，聞大兵至，初未知為元杰也。及對陣，驚曰：『我舊主人也。』踉蹌遁東港。其黨悉潰，遂復鳳山縣。」之一節，自屬逸事。

越四年，其餘黨賴脣糾合逸匪，據嘉義縣之布袋嘴（大坵田西堡）欲起事，分巡臺灣兵備道裕鐸遣兵擒獲平之。翌五年秋、冬間，嘉義縣土匪林房襲斗六門，鳳山縣土匪王辨逼二贊行溪③，未及引發大事被勦蕩，蓋亦是其殘孽也。

第十五節　黃位之侵擾

①「臺協中營」於伊能原書作「南路營」。

②即典史。

③即二層行溪。

咸豐四年，天地會黨黃得美更結隻[1]刀會，率其黨黃位，陷泉州府屬同安、海澄[2]及廈門，尋伏誅。同年四月黃位浮海，侵擾淡水廳之雞籠口。分巡臺灣兵備道丁曰健，乃親自指揮勦蕩。時彰化縣阿罩霧庄（貓羅堡）之巨族林文察，前為報父之讎殺人事而在縲絏之中，北路協副將曾玉明以為勇士，出之於獄，命募鄉勇隨征。黃位為之勢窮，逃至竹塹港，為竹塹之巨族林占梅所討平。

第十六節　戴潮春事件

同治元年戴潮春（字萬生）起事於彰化縣。戴潮春原籍福建漳州府龍溪縣，其祖移住臺灣。住彰化縣四張犁（揀東下堡）。戴潮春夙以家富讀書，咸豐末年被推為天地會之首。（天地會曩在乾隆末年由閩境傳入臺灣，為林爽文事件禍機之媒介。雖稱與靖亂同時根絕結社，其實餘孽仍潛存，似至此再發。）假團練之名備鄉勇三百，時隨官捕盜，為官方所倚重，豪右斂手，行旅便之，致愚民無不樂從，遂與其黨夥謀舉事，南、北兩路不法之徒多內應之，白晝肆行搶殺，不但官方無如之何，戴潮春亦有漸不能制之情況。（先是，戴潮春為北路協營之稿識。咸豐十一年，彰化知縣高廷鏡下鄉辦事時，戴潮春執莊棍以獻。時北路協副將夏汝賢疑其貳於己而索賄，戴潮春不從，為此被革退。其糾眾起事之近因，以此為動機。）分巡臺灣兵備道孔昭慈，得結會滋蔓之情報，同治元年三月九日親至彰化欲鎮壓之，乃檄淡水同知秋曰覲；令帶義勇紮東境之要害——大墩（藍興堡，即臺中），以為南、北進勦之計。戴潮春聞之，立決行逆謀，進圍彰化縣城。時城內有通之者，二十日開門誘之，在城文、武官概死之（孔道亦仰藥死），戴潮春自稱「大元帥」，後稱「東王」。其黨羽多行蓄髮。蓋

[1]「隻」字當作「雙」。
[2]海澄縣屬漳州府。

或在憧憬曩在中國大陸風靡之長髮。

據《東瀛紀事》載：「戴逆稱偽東王，事實有之。……蓋諸賊中，惟戴逆粗諳文理，故有此偽稱；其他非不欲自崇其號，使之至大無兩也，然皆目不識丁，但概云大元帥、大將軍而已。乃閱文報，以逆晟（林日成）為燕王，逆弄（陳弄）為西王，洪逆（洪欉）為北王，則皆由他人所贈，而非其實矣。予悉心採訪，遲之五、六年，經三、四易稿者，亦欲實事求是耳，何敢略哉？」應從其言。又記：「時彰化一邑，股首有名號者三百六十餘人，其領簿為小頭目者無算。」又敘城民引導入城之狀曰：「開門引賊入，呼於眾曰：『如約內之人，各人蓄頭髮及門首爇香為號者不殺。』百姓皆具香案迎賊。賊黨乃備鼓吹，迎戴逆入城。……時滿城香煙紛繞，如履雲霧。」此外，同書記：「戴逆用四六文移檄遠近，語多鄙俚。凡入會者，謂之約內，以不預會者為約外，猶粵逆洪秀全之以百姓為外小也。又嘗為短札寄其黨云：『聞卿有採薪之憂，朕心甚為紀念。茲送去小種茶葉四兩，到可查收。不腆微物，聊申朕意。愚弟戴潮春頓首拜。』云云。」又曰：「戴逆自鑄銅章獅紐……妄篆為『受命於天，既受永昌』八字，而下句譌作『受』字，尤可笑也。」（壽與受近音，故誤也）可見其弄小慧欲力攬愚民之心。然分巡臺灣兵備道丁曰健之〈勦逆奏摺〉中見有：「將陳啞狗弄擒獲，即經提訊，供認與戴萬生、林戇晟（日成）結會謀逆，自稱偽西王。」（《治臺必告錄》所載之〈會攻小埔心生擒偽西王陳啞狗弄、張三顯等懲辦摺〉）蓋似屬於不實之報。

其股肱林日成（諢號戇虎晟）為四塊厝（揀東下堡）人，性粗暴，嘗與族人相仇殺，在監視中者，自稱「大元帥」，與戴潮春俱呼為「千歲」。於是在城內之白沙書院設應天局，私擬文、武諸官，而黨羽四出勒派，或薄有田產而無現錢可捐者，強立書契，要有錢者出貲承買，以飽其慾，不從立殺戮之，為此良民傾家蕩產，全家被屠盡者無算。親入水沙連幽僻之處派餉，一路具威儀，排儀仗，妄行耕耤田，祭天地之禮，且頗有淫佚之事云。警報至臺灣府城，羽書旁午，兵餉皆無暇給之，人心洶洶，奸民動輒欲乘此而起。原任知府洪毓琛署理分巡臺灣兵備道事，設籌防局於府城。①先募外債於英商德記洋行（Tekkileh Co.），（籌借款十五萬兩，約以關稅抵還。）更發行鈔票即紙幣以補不足，百計維持以顧大局，民眾倚以為重。（當時設腰站探報軍情。北路地方皆賊，截搶文報，派往胥役間被殺害，僅得據細字之印函潛通消息而已。至彰化城外一帶道中之要害，賊皆堅築銃櫃扼守，由銃櫃之中牽線至路，繫響鈴，若有誤踐其線者，鈴搖而響忽發，立銃擊之。故過此地之兵民皆屏息匍匐，否則難免云。）四月賊已蔓延至嘉義縣，六月鳳山縣之奸民亦動，勢威日熾。初，五月臺灣總兵曾玉明領兵登陸鹿港，屢屢與彰化之賊拒戰。十二月，福建水師提督吳鴻源統軍由安平登陸北進，漸次攻克嘉義、斗六門及彰化。（當時嘉義城受賊圍約達半載，（自九月起至翌年二月）守城之湯得陞②堅與士民死守。已告糧餉缺乏，城中至改以龍眼核為粉和米、麵諸粉而食之。紳士出貲給兵民。賊又築土堡於城外里許，高齊城，日夜迫城。乃由城上投石，並以溶化之油糖，由上注之，賊焦頭爛額者難以數計。（《戴案紀略》））尋翌二年九月，分巡臺灣兵備道丁曰健由淡水之雞籠港進入，經淡水廳城（竹塹）南下，進而破彰化之咽喉為鎖鑰之茄投及水裡港等（大肚下堡）之從逆各庄，終入彰化。（《東瀛紀事》曰：「幟上書保順安良四字，謂歸順者保全之，良善者安撫之，一路號令嚴肅，道傍耕夫荷鋤而觀，皆謂此行必能辦賊也。」）又以次收復失守之各地，更厚集兵勢，賊頻敗，多納降。戴潮春窮蹙，將欲竄入內山番界，丁道懸重賞募獲賊，十二月在武西堡之芋仔寮（寶斗附近）巢穴擒之，即處斬梟於市。

①洪毓琛時已陞漢黃德道，或勸之速行，不聽。遂攝道篆，修城垣、備器械、通驛站，旋以紳民懇留，奉調臺灣道。

②斗六門都司。

關於戴潮春就捕之情形，有相異之二說。丁曰健之〈會奏生擒偽東王戴萬生等滅巨股會匪彰屬西南大路肅清摺〉中見有記載：「戴逆率死黨數百名，冒煙突火，狂竄芋仔寮莊，該莊壘固濠深，抵死困守。……（十二月）十八日，……時方巳正，臣丁曰健亦統所部自彰化拔隊到地，合力圍攻。各路兵勇，一齊躍濠突圍而入，見戴逆身穿黃衣，繞遁於竹林之內，經……等將戴萬生擒獲。……臣等會同親提鞫訊，該逆首戴萬生自供……結會謀叛，……凶悍之氣，見於眉宇。」（《治臺必告錄》）《東瀛紀事》謂：「丁道懸賞令，得戴逆者官五品翎頂。於是（張）三顯慫恿戴逆自首，……逆信之，謂可緩死。癸亥十二月二十一日，逆首戴潮春由張三顯執送官軍。……既見丁道，猶立而不跪，且云：『起事者惟本藩一人，為官所迫，與百姓無與。』丁道大怒，立命正法。」按其後三年三月間，張三顯以執送戴潮春之功大，但賞薄頗懷怨望，致利用其身分為寶斗等七十五庄之大姓，謀叛於彰化城外。以此推之，寧謂《東瀛紀事》之說似寫其實，姑俟他日再考。

先是十月，福建陸路提督林文察奉總辦臺灣軍務之命渡臺，與丁道協力膺平定餘孽之任。時林日成前被傷敗，竄匿在四塊厝之老巢。三年正月覺其終難免，在室內裝火藥親自點火，欲與妻、妾同時絕命。（林日成為火氣颺出戶外，未絕息，官軍乃執而誅之。）同年冬，賊目洪欉溯濁水溪據集集山西之北勢湳（集集堡）負嵎。（分巡臺灣兵備道丁曰健之〈勦逆奏摺〉中曰：「惟洪欉一犯，生性狡悍，族類尤多，……且所居之地北勢湳莊接壤番界，既為各逆逋逃淵藪，又可作竄匿入番之路，聚黨甚眾，壘抗官軍。」（《治臺必告錄》所載之〈親赴彰化內山督軍勦滅全股踞逆摺〉））乃進軍勦夷，全臺終歸肅清。

初，同治元年二月竹塹（淡水廳城）紳士林占梅，偵知戴潮春結會，事必發，傳集紳商在廳治設保安總局辦理團練事宜，事先為豫防之計。同知秋曰覲不視為善舉，及曰覲奉檄南下，占梅遂出私貲，備器械，積鉛藥，修城濠，募勇士，且聯絡鄉莊訓練鄉勇，兼防守城外之要害，以備非常。部署既定，警報甫至，而廳城眾心賴之為重。廳南大甲城歸賊手，林占梅派勇攻克之。彰化城陷，林占梅亦越境助勦得復之。

《淡水廳志》之〈志餘〉「紀人」曰：「當戴逆之變，臺北危如累卵，淡水同知秋曰覲在彰遇害，塹垣無主，各小夫欲為亂，民心惶惶。占梅……挺身以為己任，出貲召募，用計遣散，民賴以安，頗有一髮千鈞之力。迨臺灣道丁曰健由臺北登岸，暫住塹城，餉需無幾，占梅多方湊集，藉以保守大甲，克復彰城，功加布政使銜。卒以集資故被控，且叩閽。同治七年身死，家稍中落，士論惜之。」可見其為人。《戴案紀略》傳有東勢角（拺東上堡）人羅冠英，戴作逆，招所在之勇，謀拒賊，其勇原善打鹿，與生番鏖戰百戰不撓之士多，會候補通判張世英進軍此地為竹塹、大甲之聲援，竝為恢復已陷之彰化，時林占梅以金帛結羅冠英，使之助張世英勦賊，羅冠英與諸豪傑共誓與賊不兩立，傳所向有功之逸事。林占梅巧於收攬人心如斯也。又《一肚皮集》之〈羅校尉傳〉記羅冠英之偉勳記載：「當南北道梗時，有茂才梁星漢者，以蠟丸齎羽檄，促公起義。公密與諸紳士謀，眾始有難色，公反覆曉以利害，謂：『賊兵雖眾，皆烏合，奚能為？諸君籌餉無使缺，則征戰事某當力任之，雖殺身不悔。』眾曰：『諾。』公遂結總理劉衍梯、邑紳呂炳南等募壯士數百人，駐大營翁仔社（拺東上堡），復列營數十於外，以為犄角。部署定，由是人心思奮，始稍知順逆之勢。淡疆存亡干係，在此一舉爾。戴逆聞義旗起，怒且恨，親督賊兵數萬人迭攻之。公明目張膽，大、小數十戰皆未嘗挫衂，守益固。由是賊計窮，遂不復有東顧意。」於是評之曰：

「賊望見羅家軍旗幟，則人人無鬪志，爭走數舍外避之，由是威名日著，司兵者至比之楊大眼、王鐵槍云。」又謂：「公之卒距今十餘年，臺人士猶頌公之忠義於勿衰。」

尋分巡臺灣兵備道丁曰健擬創全臺團練，其善後之奏摺見有：「臣到任後，即與臺灣府知府陳懋烈熟商，統飭各屬聯莊團練以助搜捕兵力之未逮，當經委令前署臺灣府知府臺防同知葉宗元等分馳南北各廳、縣督同辦理。迄今三月以來，各路稟報聯莊拿獲要犯甚多。」（《治臺必告錄》所載〈彰屬餘匪復行勾結思逞摺〉）一節。戴逆之餘孽在同治三年間雖概歸肅清，但所在非無漏網之逸匪。四年四月，有接濟嘉義縣布袋嘴（大坵田西堡）之海賊蔡沙者。五年秋，彰化縣奸民林貓首先以重金購獲而受戮，六年繼任分巡臺灣兵備道吳大廷更檄委員查拿南、北之逸匪，先後誅夷之。

曩竹塹之紳士林占梅奉檄辦團練起兵拒賊，彰化城久被賊據，不能立即克復。於是福建巡撫徐宗幹檄催林占梅進兵。林占梅乃覆陳：「賊本烏合之眾，死據孤城，其勢難久。我軍前後進勦，非不能戰；乃至今未克，誠以諸軍皆由鹿港而進，賊已備識虛實故也。若得省垣遣一大員，由淡水登岸，沿途招選兵勇，以壯聲勢；占梅當統練勇數千，同時南下，勦撫並行。彼將聞風膽落，不戰而平。兵有先聲而後實者此也。」徐巡撫韙之。會分巡臺灣道洪毓琛在軍罹病，臨終遺摺請另派大員到臺灣辦勦賊之事。徐巡撫乃會同閩浙總督左宗棠，新授原任福州糧儲道丁曰健為分巡臺灣兵備道，奏准委辦全臺之軍務，丁曰健曩任鳳山、嘉義等知縣，尋歷淡水同知，在地方有威望，因其故吏門生及舊時之部曲，選到兵勇三千餘名，刻期進兵，立奏勦蕩之功，尤銳意辦理其善後事宜，乃謂：「惟查臺灣孤懸海外，人情素稱浮動。臣昔任縣、廳十有餘年，深悉逆案頻仍；前次漏網之餘生，即為後次豎旂之股首。臣內渡以後，距今又逾五載，生齒日繁，生計日絀，吏治、營規廢弛更甚，士習壞而商民驕。此次軍興兩年，蔓延日久，誘惑更多。賊燄方張，固不能不先行解散，以孤其勢；軍威既振，又不可不嚴加搜剿，以懲其餘。既不可稍涉株連，亦不得致留餘孽。」（《治臺必告錄》所載〈會擒首逆沿途搜捕凱旋赴郡到任摺〉）其所著之〈平臺藥言〉六條款，實基此見地所成者：一曰：「籌餉宜寬備也」，二曰：「生力軍宜速調也」，三曰：「賞罰宜嚴申也」，四曰：「行師宜間道出奇也」，五曰：「文、武員弁宜慎選也」，六曰：「彰、斗克復後餘黨當嚴搜也」。皆為當時之切要，而以切中時弊稱。又初蒞任所頒布之〈諭同誅首惡解散脅從札示〉，與之照應，足以知悉其經略所在。曰：

為曉諭同誅首惡解散脅從事。照得：本司道恭膺簡命，特授臺灣道；並奉奏委督辦全臺軍務，節制南、北各軍。先派總帶官田參將帶領省標精兵，作為頭隊渡淡，本司道配駕火輪船，督帶二隊名勇①，由五虎口開行，已於九月初九日到滬尾登岸。調集舊部閩、粵精勇，並調各莊練丁，連省中續到者，雄師逾萬，大兵雲集，即由大甲各路進兵，直搗彰境賊巢，克復彰城，廓清嘉義中路，滅此朝食。查臺灣之地，自古棄置，至我朝始入版圖，開闢田疇，生齒日眾；列聖厚澤深仁，豢養已二百年，凡有知識，共戴尊親，突有逆賊戴萬生、林戇晟等，竟敢戕官陷城，任意鴟張，荼毒我生靈，佔踞我城邑；實為天地所不容，王法所難有。又有在官人役及從征沐惠弁勇，亦竟甘心從逆，盤踞各大莊，隨同各股首，竄擾各處，拒敵官兵；均屬罪大惡極，罪在不赦。在該逆等夜郎自大，妄冀逞志於一時，然試以從前臺匪而論，如朱一貴、林爽文、張丙、陳辦等，聚眾

①《臺銀文叢》本作「名勇」，伊能原書作「兵勇」。

至數十萬，大兵一到，無不立就誅戮。即以近年粵西髮逆而論，如悍賊洪秀全、四眼狗等早已就誅；即長髮大逆石達開，率眾十餘萬，竄擾浙、閩、廣東、黔、川等省邊境，志在必逞，亦經四川總督駱於本年夏初，生擒該逆到案，明正典刑，傳首十省。海外游魂，不知內地軍威大振，髮逆已殲除殆盡，尚敢鼓惑鄉愚，蓄留長髮，尤為可恨可笑！藐茲跳梁小醜，不難聚而殲旃；但不教而誅，於心有所不忍。用特分別等差，於刑威撻伐之中，仍寓憐恤生成之意。合先剴切（合亟札飭）為此示（札）仰各屬鄉莊紳耆、總董暨居民、屯番人等知悉（各莊紳耆總董、頭人即便遵照）：爾等須知綱常大義，萬古為昭；不臣當誅，千秋常典。該紳耆、總董、義首、屯弁，諒皆志切同仇，心存報國。一俟大兵到地，能獻城邑、擒首逆者受上賞；毀賊莊、擒股首者，次之；能勸令各股匪首自行投誠者，又次之。至於被脅各莊內皆良民，因懼賊蹂躪，官又未到，無可如何，暫行附賊，以保身家者，情殊可原，皆不究問，即有從逆日久之犯，但能解散歸莊，或自行受撫，姑免深究；能於擒獲黨類，或斬正賊首級來獻，亦准以功抵罪，若果能擒誅逆首重犯，仍當破格優獎，以示鼓勵。本司道在臺灣歷任廳、縣十有餘年，刻刻以除暴安良為念，眾所共知。茲來救民水火，共登衽席；故不憚懇切告誡，各宜猛醒，免致噬臍。毋違，特示。（該總董、義首、屯弁等，務須實力遵辦，切勿陽奉陰違，自干重咎。凜之！慎之！）同治二年九月　日。

加之當時臺灣之疲弊尤甚，給饋餉辦糧道之喫緊實急也，此乃丁曰健所夙見者，如其奉調渡臺之初，稟閩浙總督左宗棠：「現又被擾年餘，民間生計愈難，即紳商急公好義者捐輸助餉，為時已久。力有難支，實已水盡山窮，無可羅掘。詢之由臺回省各員，皆云餉需匱乏。日甚一日，以現在情形而論，以多籌餉項，接濟軍糧為急。」（《治臺必告錄》所載〈稟制軍左宮保季高〉）足察其帷幕之中運籌相機進勦外，如何為講求吏治致力，如淡水士紳內閣中書陳維英上丁道之書，不第其一人之靖亂善後之頌德詞，且得以戴案平定之紀功志視之。

述翁大公祖老年伯大人閣下：敬啟者，昨喜讀露布，彰南果平矣。延久彰南不平，伊誰之咎？到今彰南始平，伊誰之力？當彰南滋事之初。侄即告人曰：平彰非閣下不可。早有望平之念矣。比聞有備兵臺郡之信，侄復告人曰：閣下將來，平彰可待，漸有蕩平之機矣。及統軍蒞淡，侄齋心趨謁，觀其精神益壯、籌畫有方、德威並用，寢食俱忘，視前雞籠之役。倍加謹嚴戒慎。正所謂薑桂之性，愈老愈辣也。出又告人曰：閣下到彰，如仍不平者挖吾目，已定必平之計矣。此非素蒙玉成之年家子阿其所好也；即凡所告之人，亦無不以平雞籠者信之矣。自恭送棨戟登程後，侄刻刻關心、時時洗耳；只匝月間，俄而破水裏港矣，俄而入斗六擒戴逆矣，俄而克加投、復彰城矣；胸有成竹，自能勢如破竹。豈侄多智哉！亦由閣下之神智過人，有以成侄之智耳。夫齊勝燕猶必五旬，舜格苗猶必七旬，而茲之平彰僅三旬而已；非〈采薇〉篇所謂一月三捷乎？從古興師奏捷，固常有之，然未有若是之捷也。不然，自彰南滋事，距今二十箇月之久，文、武官紳以百計，閩、粵兵勇以萬計，攻之者幾多次？敗之者幾多回？死之者幾多命？何皆不能奏厥膚功，而必俟閣下之三箭定之耶？誠如宋劉錡曰：「朝廷養兵三十年，今日大功乃出於儒者，我輩愧死矣！」要之，非大憲有推轂之力、皇上有知人之明，安能得此春腳重來、秋毫無犯，聲迎竹馬、氣奮藻梟，而使臺郡無數生靈，咸出水火之中而登袵席之上也耶！侄以謬主學海講席，月三課士。始也，既不能執馬鞭而殫鬣力，匏繫①自嘆；今也，又不得趨虎帳而賀駿功，葵私甚歉！惟有望風下拜之餘，手之舞之、足之蹈之，大聲疾呼曰：彰南果平矣！芻言果驗矣！輒取韓昌黎〈平淮

①「繫」字於伊能原書誤作「擊」。

西碑文〉，琅琅然歌誦不置已耳。（《治臺必告錄》所載〈臺紳陳內翰廷谷來書〉）

然後以文、武不能和衷共濟，且相互排擠尤甚，致善後之謀功虧一簣，乃為事實。有：「職道意重攻勦，不留後患；各營各護私人，養癰貽害，因此參差不合。」（《治臺必告錄》所載丁曰健〈稟撫軍徐中丞樹人〉）之情。越五年首功者之分巡臺灣兵備道丁曰健因疾卸任。當時稟陳福建巡撫徐宗幹書中云：「嗣後吏治、軍務，唯有確遵憲諭，和衷商辦；即有非禮之加，隱忍包含，總期與公事有益，此外亦不計利鈍耳。」（《治臺必告錄》所載〈稟撫軍徐中丞樹人〉）足察知其心事。

（附記）關於戴潮春事件之靖平記事，以福建金門舉人林豪所撰之《東瀛紀事》（二卷）為上乘。當時林豪客遊竹塹之紳士林占梅家，林占梅奉檄辦團練時，為之典筆札，尤以得實歷親查之便，專倣趙翼之《武功紀盛》、楊陸榮《三藩紀事》、魏源之《聖武記》等而編此書，越同治九年成。其自序曰：「余自壬戌（同治元年）七月應淡水族人之招，買舟東渡，擬便道南下訪友；時彰化賊氛正熾，路梗不通，適家雪村方伯（雪村為占梅之字）奉檄辦團，相晤於艋津旅次，一見如故，遂邀余寓其竹塹里第之潛園別業。未幾，平賊凱旋，囑余為典筆札；暇輒相從論詩，荏苒者四載於茲矣。中間薄遊郡垣，往復者再，所過之城郭、川原昔日被兵之處，舊壘遺墟，蕭條在目，慨然者久之。輒與其賢士大夫、田間野老縱談當日兵燹流離之故，因即見聞所可及者隨筆劄記。近又博採旁搜，實事求是，得戴逆所以倡亂者，原委犂然矣。於是仿趙雲松先生《武功紀盛》及楊氏

《三藩紀事》，魏氏《聖武記》之例，分類編次，附以論斷，成上、下二卷，題曰《東瀛紀事》，亦欲誅亂賊於既死，存義烈於不刊，俾他日徵文考獻者有所參考也。余不敏，竊附草創討論之義，海內博雅君子，幸惠教之，則不啻百朋之錫矣。」可知其書之特色。另有臺灣彰化人吳德功嘗撰《戴案紀略》（稿本）。所記雖簡略，以彰化之人目睹耳聞以彰化為中心之事變，不但可補《東瀛紀事》之不足與遺漏而多所發明，且對《東瀛紀事》因傳聞失實而一一加以訂正者尤多。其自序云：「戴萬生作亂三年，臺灣道、鎮皆殉難。知府洪毓琛亦積勞病故。爾時，北至大甲，南至嘉義，地方盜賊蜂起，官軍南、北、中三路進勦，始克蕩平。其害較烈於林爽文。德功弱冠時，親見其事；每筆之於書。至光緒甲午（二十年），全臺纂修通誌；功忝與其役。爰取林卓人《東瀛紀事》閱之；所載北路攻勦之事甚詳，篇中略采之。但其書各處爭戰，自為紀略，未合於誌書之體，故仿綱目之例，自作亂以至平定，因年係月、因月係日，庶牟尼①一串，瞭如指掌。」亦足以卜其書之價值耶。（書中訂正《東瀛紀事》之謬誤條中殊堪注意，否定斗六有城乃其一也。斗六未立縣，無城也；否定先入彰化克復者歸於北軍其二也。此乃親歷之信史無容疑之餘地。此兩項專據《戴案紀略》記於本文。）

由來道、咸年間乃臺政之頹弛達於極點之時也。道光二十八年新任分巡臺灣兵備道徐宗幹專銳意此之振肅，採輯清朝以來凡文、武之官司治臺成效及論臺事名言碩畫，增以自作官書，薈萃為一書，題為《治臺必告錄》，②以資左右之裨補。徐宗幹在任六年，以咸豐三年卸任，已於同治元年調福建巡撫。會在臺灣戴案事起，聲勢甚盛，全臺滋擾經年。於是二年九月鑑於原任福州糧儲道丁曰健曩歷官臺地著有治行之宦績，徐宗

①「牟尼」二字於伊能原書作「首尾」。

②伊能據《治臺必告錄》丁曰健自序，謂是書成於徐氏宗幹而授予曰健者，而《臺銀文叢》本則題為曰健所作。周憲文先生嘗撰〈弁言〉以冠其首，惟未說明改題之理由。周先生之見解確實高人一等，因為曰健此書旨在假託徐氏而傳，固不待言而後知也。

幹特別薦之為分巡臺灣兵備道。乃於臨發授以所輯之《治臺必告錄》，以便作為勦辦及善後之師法。丁曰健抵任不數月而擒獲匪首，尋掃蕩餘孽，在臺灣四年即同治五年因病辭任內渡，徐宗幹已病歿不得復相見。丁曰健乃感於徐宗幹生前知遇之厚，思終其未竟之緒，取《治臺必告錄》之稿本釐訂之，附以丁曰健本人蒞臺之際所草之〈平臺藥言〉，及在臺期間軍情摺報等（合為八卷），六年五月告成。其〈自序〉之文乃可悉為本書之所由來。曰：「臺灣一郡，自國朝康熙年間始入版圖。地廣民稠，人心浮動。習其民漳、泉、潮、粵與屯番各籍雜處，素不相合，每多分類械鬪、刦奪樹旗之案。習俗頑梗，相沿已久；而最後同治元年春戴萬生之結會，戕害文、武員弁，全臺震動，為禍尤烈，實從前逆案之罕見者。官斯土者，為治愈難。然人情勇直，俗可轉移；為上者果能布之以誠、行之以敏、馭之以簡，潔清自矢，先事慎防，臨事鎮定；未始不可化其頑梗、靜其浮動之心也。道光二十七、八年間曰健任臺灣廳、縣時，中丞徐樹人大人觀察臺、澎六年之久，常得謁見。於平定分類及樹旗各逆案，疊次保奬，以得民心為可恃；凡所以治臺者無不指授多方，俾得庶事就理。迨後健回福省權糧儲道時，而中丞於同治元年又來撫閩，薦攝藩篆。正值多事之秋，安內攘外，幸無隕越，秉中丞之教良多。嗣因二年春，籌餉心勞，引疾告退。斯時臺匪戴萬生滋事已經年矣！勢極猖獗，攻陷彰、斗城堡，官軍屢挫；中丞復保奏平臺，奉旨補授臺澎兵備道，加按察使司銜，提督學政，並統辦軍務，懼弗克勝。瀕行辭公，公以《治臺必告錄》一書見授，謂治臺方略，全在因地制宜，名賢往事可師。旋由五虎口對渡雞籠，招集舊部、督率紳團；進勦彰境。先破水裏港、葭投從逆各莊，直抵彰城；民心嚮應，連宵克復；

斗六各處，亦皆次第勦平，首逆就擒，由員弁紳民之出力也。沿途搜捕、安撫，到郡蒞任；兩院憲保奏，蒙賞加二品頂戴。越年，復奉命往勦彰屬內山逆首洪欉，事竣返郡，恩命頻加，益深感奮；三次舉行歲、科試事。數年來戎馬倥傯，加以試士校閱、重農開圳、清理積案，不獲稍暇，此書不遑校刊。同治五年春，舊病復發，專摺奏請開缺，奉旨允准。原擬到省後再承規誨，中丞竟先一月仙逝。悲痛之極！健回憶知己之感，圖報無由。此書乃公在臺數年參酌搜討，薈萃諸名臣之精華而加以偉論；大意重在知人安民，匪特健之奉以周旋，凡有治臺之責者無不當引為矩矱也。爰即校正付梓，以傳公諄諄求治之法。又以健之在臺所上摺奏，天語提撕，洞達下情，理宜恭錄，及自著〈平臺蘗言〉附焉！亦見平日所奉誨於中丞者，身體力行，以仰副皇上綏靖海疆之至意云爾。」本書之精髓自橫溢於此數言之中。「是書為治臺之圭臬也可。為平臺之方略也可。」云（黃紹芳跋），蓋非過評也。

第十七節　陳心婦仔並蔡顯老案

同治十三年因日本出師臺灣番地，全臺戒嚴，為此內地之警備漸趨紛錯，潛伏於所在幽僻之匪黨，乘機張勢，極形猖獗。就中尤著者前後有二案。一為陳心婦仔案，一為蔡顯老案。

陳心婦仔案，乃自同治六年前後以來，竊踞於逼近內山之彰化縣集集街（集集堡）之匪首陳心婦仔，嘯聚死黨，肆行殺掠，（《沈文肅公政書》所載〈匪犯陳心婦就地正法片〉見有：「有著匪陳心婦仔者，借報讎為名。」之記載。）屢赴勦緝，惟負嵎抗捕，不能敉平，爰至再起滋擾，荼毒良民。同治十三年九月，彰化知縣朱幹隆督勇攻破其巢穴，遂率黨與逃入內山。乃懸賞搜索，但仍未弋獲。十一月，聞潛匿於葫蘆墩之南坑地方（揀東上堡），朱知縣乃會同北路副將唐守贊，乘暗夜襲之，遂生擒之，就地正法。

蔡顯老案，光緒元年四月間匪徒嘯聚在嘉義縣布袋嘴之新厝庄（大坵田西堡），蔡顯老為其首魁，蔡波、蔡歹等附和之，所在出沒，（《沈文肅公政書》所載〈搜獲布袋嘴土匪正法片〉，見有：「嘉義縣屬之三條崙、布袋嘴一帶濱海地方，私梟充斥，時有搶刦情事。」之記載。）北路都司沈國先帶兵往捕，竟敢抗拒，分巡臺灣兵備道夏獻綸命率部負責北路開山在宜蘭之淮軍提督高登玉，會同嘉義知縣陳祚協助進勦，時匪徒先期逃匿北港地方（大槺榔東頂堡），官軍分路進擊，終斃匪首蔡顯老等，搜獲餘黨，悉予正法。

第十八節　施九緞[1]事件

施九緞（一作施猴斷）原籍福建泉州府晉江縣，少渡海來臺，居彰化縣秀水莊（燕霧上堡）[2]，出鹿港以搬運為業。家大富，常以豪俠自任，好干鄰里不平之事。光緒十二年臺灣巡撫劉銘傳開始其清賦事業，承古來多墾少報之弊習浸染百餘年之後，隱匿之田、園悉予丈量賦課，故物情頗為洶洶。加之其清丈方法欠完備，民眾之怨懟益甚，就中彰化縣溢額之田、園較多，動搖之狀最甚。施九緞以為此便於在臺有司飽其私橐而已，決非朝廷體仁之真意，與其所知王榮謀中止之策。民眾聞之嘯聚附和日多。十四年八月終推施九緞為盟主，先搶

① 「緞」字於伊能原書作「段」，下同。
② 《臺灣通史》本傳作「二林堡浸水莊」。

刲鹿港鹽館，（時官方捕獲十餘人，擬依法處理，經民眾奪回致未果。）尋要脅鹿港之八郊，勒借洋銀一千圓（據云：鹿港因此免受爾後之滋擾），以充軍糧之資，進逼彰化城包圍之，強請知縣燒棄魚鱗冊（土地臺帳），此是月之二十九日也。（連雅堂撰《臺灣通史》列傳云：「九月朔，環請九緞為首，至者數百人，裂布為旗，大書官激民變。九緞立神輿後，如報賽①狀。」又云：「（八卦山）在（彰化）城東隅，高數十丈，上有礮壘②。眾請開礮擊縣署，不可，曰：『……若礮擊之，則玉石俱焚，是以暴易暴矣。夫我輩之來，為民請命。若得縣令一諾，收燬丈單，則相率歸鄉，可告罪於父兄也。』眾聞之，皆以九緞為仁，稱之曰公道大王。」）尋嘉義城傳匪警，防禦之營軍亦有沮色。南北阻塞，謠言四起，彰化漸危，乃急報臺灣巡撫。中路軍統領林朝棟巡視撫墾事務而在淡水縣之大嵙崁（海山堡），因而立命林朝棟赴彰化援勦。林朝棟與施九緞素有舊識，故與其幕僚謝某議寄書與施九緞，諭之以叛亂應非其本意，促與之相見俾疏通意見，以緩其兵。（相傳：林朝棟之夫人楊水萍③，夙以仁慈好生為人所稱。當林朝棟奉命出車時，夫人徐勸之曰：今日軍到，其醜類必多被殺傷，然彼等概屬無智，徒為罪魁所煽動附和而已，願以少殺為是。林朝棟乃首肯。其最後勦蕩之際，餘匪之逃走者達數萬，不悉予追擊，似亦有顧及夫人之建言。）時臺灣鎮總兵萬國本、澎湖水師總兵吳宏洛等奉檄督所部勦臺東之平埔番變，乃被急調赴之，各率精銳由後合擊，接戰兩晝夜，賊眾大潰，嘉義亦隨平，施九緞潛逃至浸水庄（二林堡），罹病死。（時年六十餘，或云逃至泉州。）餘匪悉就擒，罰其首領，餘皆不問，事件完全靖定。十一月，劉巡撫乃使布政使沈應奎、分巡臺灣兵備道唐景崧、臺南知府羅大佑在彰化會辦，且臨時設保安局，舉地方紳士蔡德芳、吳景韓、吳鴻賓、劉鳳翔、吳德功等商理善後事宜，審查魚鱗冊，聽人民申訴，若原冊所訂有失公平，命委員諭告應再丈。如斯失察之官僚各治罪有差，民心漸安。

①報賽乃舉祭以答謝神庥之意。——譯按

②「壘」字於伊能原書作「臺」。

③伊能原書作「楊氏萍」。

附錄　澎湖島民之習慣性搶奪

在澎湖廳下彼此遠隔之眾多大、小島嶼住民，不但有古來屢被海賊侵掠之歷史，中有可能係其遺裔定住者，加之被險惡之臺灣海峽地勢所影響，不知不覺將島民心性引導至起殺伐念頭，特別是因近代之前，施政不積極，在此等遠隔之諸島，防汛之稽查有所不及。（乾隆年間之澎湖通判胡建偉在〈八罩澳〉一詩註云：「此地泊舟最險」、「遠駐口岸，稽查頗難」。）為失於放任之自治之流弊也，如北端之吉貝嶼與南端之八罩嶼，凡失事船舶漂著之際，島民乘機肆搶貨物，甚至有人忍心加害遭難者，又遇颶風暴雨大作時，預想有失事之船舶，故意在海洋舉火為號誘引，佯裝救護之狀，實為欲肆搶奪也。（橘南谿之《東遊記》見有：「在伊豆之下田附近，遠州灘沿岸地方，原有甚惡之風俗，人心可懼。聞昔之故事云：元旦拜年者之賀言先唱：イナサ〔Inasa〕來云。主人答曰：請來，用古釘來祝賀云。問此為何意？答曰：イナサ〔Inasa〕乃此地海上之惡風也。此風吹時此附近居民人人手持火把，或背負門板燃火往來於海濱，在海上來往之船，苦於惡風，正苦尋有無港可入之時，見有此火，以為有人家，或有船，一駛來則觸海底之岩而船破，翌日由各海灣出船，掠取彼破船之貨物用具。」環境相同之海島民殺伐之發生情形亦相似。）恬然認為如尋常獲利之生活習慣，殆已習以為常。往時荷蘭人將八罩嶼命名海賊島（'t Rovers Eyl）來稱呼之，似有因也。

嘉慶八、九年之澎湖通判陳廷憲在題〈澎湖雜詠〉一詩中註：「濱海居民遇海船失事，爭拾板片，撈漂泊貨物，常獲厚利。」示有所諷諭。尋於道光十三年澎湖大饑，興泉永道周凱奉檄勘賑之次，又命外委黃金帶小舟巡視各屬島，檢舉遠如八罩嶼、近在虎井嶼，因礁沙絕險失事之商船輒遇搶奪事件，越同四年調任分巡臺灣兵備道，①亟設法嚴革之。周

①據周凱自纂年譜於道光十六年八月：「調署臺灣道……二十日卸興泉永道事，二十六日東渡。」

凱之〈澎湖雜詠二十首和陳別駕（廷憲）〉之詩有：「虎井遙連大小貓，將軍澳口僅容船；官差那敢來相問，打破商船物慣撩。」之句。註云：「虎井嶼、大貓嶼、小貓嶼最險處，將軍澳南風泊船處，港口僅容一舟，下多犖角石，即俗呼老古石，往往破船。漁人乘危搶奪，官差拘人；給以風大，自覆其舟而後救之，罪人皆逃；差懼至焉。」於是光緒二年七月，澎湖通判唐世永為厲行福建巡撫所發之〈救護遭風船隻條規〉，在各鄉另設地甲（自屬於澳甲之外）使之專掌此等救護，而竟不能革除陋俗。光緒六年，在八罩嶼為撫卹該島居民之貧弱者，有好善堂之組織，努力以敦風俗，同時特於公約中定有：「失事船隻漂到海岸時，行刦掠者準盜罪。」之一條，但似未被厲行，此亦應併置臺灣之匪訌考察中之現象也。

第三章　義民之鼓勵

古來在臺灣有招募稱為義民之特殊鄉勇之慣例，一旦有事變時，挺身從軍致力疆場，當地靖難之效賴此者實多，較團練之制為先，而且在團練之外見其獲得相同之效果，乃成治匪政策上必備之一機關，夙示鼓勵，良有以也。雍正年間閩浙總督德沛之〈題議敘義民疏〉有：「念各義民乃耕作之小民，自食其力，原與給餉之官兵有間，伊等能明大義，糾眾隨師，情實可嘉。」可為對此理想之代表也。乾隆末年林爽文起事之際，進士鄭光策關於作戰之機略，進策於大將軍福康安之幕中，內有「宜招義勇以厚兵威」之一條，可謂切實道破義民之重要而無再多言必要。曰：

官兵與義勇互相為用。無官兵則義勇之勢不壯，無義勇則官兵之用不靈，二者不可偏廢。然究其得力，義勇實便於官軍。蓋官軍地勢不明，音語不通，登涉險阻，未必皆屬歷練，不便一也。官軍來自長途，力已困敝，又兼以渡海風濤，水土不服，易生疾病，且人非土著，無所繫累，未必皆具敢鬪必死之心，其不便二也。官軍遠方赴召，又隔以海潮風汛，緩急不能應時。前之所召者，或疲病死亡；後之所赴者，又祇足補缺。所召雖多，不能一時並集，且沿途勞費，不如義勇易於購募團結，其不便三也。臺地山林叢雜，谿谷險隘，將來賊首勢敗，其黨夥必逃竄深山，搜捕殊為費力。惟用土人以招土人，彼有恃則易降，用土人以購土人，其蹤跡亦易得，此官軍不如義勇之便四也。且賊所殘破之地愈多，則流離愈眾，我此時不招為義勇，其桀驁不馴者必歸於賊，是愈長賊鋒。即負騎牆之見者,不見從我之為利,亦難以歆動餘眾,其當用義勇五也。又按全臺攻守大勢，南擊鳳山，中固府城，北攻爽賊，兼用間道以援諸羅，又進而助鹿港、助淡水，地將千里，分戰守而計，非每處用兵萬人不可。且自府城至諸羅，諸羅至彰化，遙遙百數十里之地，中無數枝重兵屯駐策應，使步步為營，隨進隨守，隨用以招撫，以自固其後，則其勢必不免為賊所兜圍。否則，既進之後，亦必為賊所邀截。諸羅援兵所以屢通而屢梗者，坐此病也。現在臺地兵額，除死傷病廢，其尚存而可用者，度不能過三萬。義民之額又隨口糧之有無以為聚散，時絀時贏，然合兵而計，其數亦不過五萬，以之為守，或僅足以支；以之為戰，必不敷於用。所召各省之兵，聞又不及萬人，聚之則勢孤，散之則力薄。此其情勢，更不可不亟增義民，厚其糧餉，命各處再募數萬人，或即團為土兵，以益聲勢，庶敷調遣。若謂義勇多係流亡苟且糧食之人，無濟於用，竊又以為不然。凡兵之勇怯，在乎將之能撫恤訓練，得其歡心與否。果得其心，雖驅市人以戰可也。且賊之始事，其陰謀團結者亦不過數百人，其餘皆烏合之眾。然何以喧囂一呼，力拒官兵者，每處動以萬計，蓋以賊每得勝歸，必立犒牛酒，死亡者屍必搶歸。而我軍每事限於〈軍需則例〉，於義勇所給發口糧及一切卹死賞功之令，反未能盡行。又風聞遇爭戰，官軍多驅義勇為前行，及歸論功，義勇又常居後。既不足以得其歡心，又何以致其死力？聞臺地諸義勇，惟臺防同知楊廷理所募，撫卹最為有方，戰守亦最用命。此番再募，務須慎擇將領以撫馭之，而中堂亦時於賞罰之中示以至公至仁，以振作其氣。蓋人無畛域，視之為義勇，則彼亦以義勇報矣；視之為官兵，則彼亦以官兵報矣。且賊之所用為賊者，祇此土著之人，我之所用為兵者，亦此土著之人。以土著破土著，尚有不足用乎？（《西霞文鈔》）

如《彰化縣志》〈人物志〉①云：「臺地五方雜處，游手之徒，本非良善。負販食力之輩，一旦地方有變，無他營生，其相率而為賊者此民，其向義而從軍者亦此民。故欲散賊黨以殺其勢者，惟招募義民，最為上策。我軍多一義民，即賊人少一夥黨，其互為消長者，必然之勢也。」亦可以察在臺灣如何期待義民。換言之，實為治匪政策上利用其作為急公好義之鼓勵，主要不外出於對民眾激勵以善稱、感動以優獎，致力為國盡忠之因勢利導，乃一準文、武官將員弁之例，生者授予位階職銜；死者列入旌義之祀典，且立屢屢表揚佳名於其閭里之恩例。（此等義民之濫觴，起於康熙末年朱一貴之役時，南路之粵民倡義從官，效力於疆場。爾後作為操縱粵屬之方略，准予組織六堆之特殊鄉兵，授以武職之格式如前所記。（參閱第三篇〈文治武備沿革〉第二章〈武備之規制〉第四節〈鄉兵之特制〉。））臺灣現存地名見有紀念上述史績者頗多，其原因即在此也。試舉示此等優獎尤著之朱、林兩役事例中特別突出之數例：（一）朱一貴之役，南路粵屬（即六堆之民）誓倡義大力討賊，事平之後有旨，旌其里以御筆所書「懷忠」，閩浙總督覺羅滿保為此在里內西勢莊（港西下里）建忠義亭。（二）入清之初，為臺灣府治之要港，以安平為主要之一區稱安平鎮，朱案一作，府治先陷，全臺次之。於是南澳總兵藍廷珍統大軍入鹿耳門口，直攻得拔安平鎮，時安平之百姓，喜官軍至，老幼爭供軍食，少壯者自充鄉兵，願導官軍殺賊，事平之翌年為表彰其好義改稱為效忠里。（三）林爽文之役，南北廳、縣相繼淪陷，諸羅縣城亦困於合圍之中，糧餉不繼，兵民迫於飢餓，而固守亙十月，賴以得全，清帝得報嘉許縣民效死無去之義，特詔將諸羅易名嘉義。（四）同上之役賊擾及於北港街（大槺榔東頂堡），時紳民結壘固守，屢挫其鋒，至賊設伏陷壘，遇害者達一百零八人。事聞乃賜御書「旌義」二字，鉤摹刻石，建於街內，設亭名為旌義亭。（五）在同上之役屬於布嶼堡

①伊能原書誤作「兵防志」。

各莊悉被賊擾，獨南部之埔姜崙一莊之民，糾集鄉勇，自為固守數月，屢挫賊鋒，尋從官軍致力勦蕩，事平有旨，賜「褒忠」二字改莊名。（六）同上之役南路匪首莊大田一敗勢蹙，率餘黨竄入瑯璚番界之尖山（興文里）。大將軍福康安水、陸並進，攻克之，當時水師上陸之地為車城（興文里），後為紀念捷軍乃將該地稱為福安莊。蓋取福康安之名也。（七）同上之役粵民陳資雲者，住淡水廳五指山之石壁潭莊（竹北二堡），夙以精通星數稱，有慨然平賊之志，而家貧素乏資，與同莊之富人劉①朝珍及六張犁莊（竹北二堡）之富人林先坤同謀舉義，團練鄉民（粵屬），組織義勇一隊，率帶出與北路之賊作戰數次，尋退守五指山地方之各處要害，乃得保其內山一帶之安固。時義民前後陣亡者數百人以上，陳資雲深哀恤之，尤以我生眾死為憾，與劉朝珍、林先坤議遍尋遺骸，撿拾堆積，載於牛車而回，為覓佳域安葬之。會枋藔莊（竹北二堡）之粵民戴元久捐出吉地一處，就此地收埋廟祀，名為義民亭，有旨賜「褒忠」二字，用冠廟名。其他類似之大、小事例不勝枚舉。加之由來淡水義民之名深膾炙人口，吳子光之《一肚皮集》所稱：「淡屬民氣醇靜，內寇不作，雖偶苦兵，亦由邊境賊鋒闌入，方始戒嚴以備之，若蔡牽之出沒上淡水，戴、林二逆之蹂躪大甲是也，卒之卻強梁、固疆圉，皆收功於義民。於是淡水義民之名為最著。夫義民，即古所稱募兵也。其人尚氣慨，先勇力，遇險輒操纛旗為士卒倡，先登陷陣，故所向皆有功，又深明大義，官朝檄夕至，不啻得劉公一紙書，賢於十部從事者然，官兵千百瞠乎後矣。」（〈義民〉）乃指此也。

以義民之陣亡者列為祀典，明旨優恤，在林爽文案時至於最盛，即事平之翌年，臺灣知府楊廷理

①「劉」字於伊能原書誤作「釗」，下同。

奏請，凡為義民之古來殉難者，建旌義祠於府治祀之，對昭忠祠稱為旌義。爾後廳、縣亦倣建，入祀其他義死者，就中見有規模者，於嘉慶末年彰化知縣吳性誠捐建而成之該縣城內之忠烈祠，乃合昭忠祠與旌義祠為一祠者，合祀殉難之文、武員弁及幕賓、兵役與民婦，明俎豆同榮之意。對此等當地之旌義祠，同治元年間福建巡撫徐宗幹懸「同心報國」之匾，光緒年間臺灣巡撫劉銘傳懸「赴義捐軀」之匾，特加禮敬。加之此等義民祠夙傳神威顯赫，《一肚皮集》之〈義民〉附載：「義民宮亦曰褒忠祠，所有死王事輩皆設主焉。複廟重檐，香火甚盛。每遇地方有警，則神燈四出，如螢火、如燭籠，青蒼紺碧不一狀，人皆見之。凡問吉凶，則以杯筊示兆。」之事。

如林朝英，彼係對嘉慶年間在中國大陸有所企圖之天理教匪，說以名分順逆，切欲阻止其陰謀於未發而未果，反坐累自裁，以表示其忠誠無二之臺灣府紳士[1]對其行為，後來予以嘉勉，下旨准建石坊旌表，[2]雖直接與臺灣之匪亂無涉，認為為鼓勵所謂激善稱感優卹，政策上有加以勸奬之必要。林朝英為人謹嚴梗直，夙以有君子之風著稱。乾隆五十四年（己酉）自臺灣府學歲貢生，捐得中書科中書，尋欽加光祿寺署正職銜。四方之名士聞其名訂交者多，咸所推重。乾隆末年在中國大陸有白蓮教匪亂，雖暫時加以平定，自嘉慶初年以後，餘匪乘機所至蜂起，尤以屬於其分派之天理教匪如李文成及林清等，各被推為一方之巨魁，蔓延之區域廣而肆其猖獗。嘉慶十八年九月，林清與當時宮廷之太監通謀，使化裝之匪徒潛入皇城，圖行不軌。偶因潛匪迷失方向為侍衛所覺，諸王大臣聞警立即馳到，督禁兵嚴攻守，通謀之太監及潛入之徒多被緝拏，未幾林清亦就擒，一時內外極為騷擾。因李文成敗死，亂事漸趨平息。先是，林清糾合遠近黨羽，以嘗與林朝英相知，陰飛檄臺

①所述林朝英事失實。

②朝英建坊事失實。

灣，勸林朝英加盟。林朝英覆以名分順逆不可以苟犯，懇切苦諫其不義，言言出自肺腑。其間密書往復數次，林朝英堅以為不可。而林清亦不聽其諫，因此爆發本案。林清既被擒，林朝英嘗寄之部分手書亦被官府所查扣，有司為此找上林朝英。林朝英乃以為：吾不德以致蒙此疑察。苟連累己身雖冤，亦屬有背臣誼之大罪，仰藥自盡。①後林朝英忠誠無二之心事終於大白。嘉慶十八年元月，依督、撫題請，特追嘉其行誼，越二十年三月有旨，准建石坊於府城（臺南）旌表，標為「重道崇文」。（前臺灣縣學教諭鄭兼才在其坊柱勒對聯曰：「功在聖門雅望長存奕世，名旌天府高風永著千秋。」蓋非過評。）②

然所謂義民，亦臧否不一，強豪之徒多恃此取得戰功，而有此為擴張勢力之媒介者。「其名為義民，實較賊甚。」（《鳳山縣采訪冊》）之弊根甚牢。特別是因授彼以武職，致不能抑制其武斷鄉曲之勢，不但南路之六堆，如府城之五大姓實亦為其一例。劉家謀（咸豐初年間之臺灣府學訓導）在《海音詩》題序③見有：「大西門外五大姓，蔡姓最多，郭姓次之，黃、許、盧④三姓又次之，並強悍不馴，各據一街，自為雄長。然乾隆五十一年林爽文之亂，五大姓皆充義民，爾後郡城守禦，亦屢資其力。」之記載可徵也。

（附記）與殉難之將卒、義民列祀典，以明優卹之旨有關者，致有傳承寓其忠烈之感應及物之教訓之傳說。朱一貴之役北路參將羅萬倉堅守諸羅拒戰，兵孤無援死之。後於諸羅城內建忠烈祠祀之，陳百川（臺灣臺中人）所撰之《臺灣古跡記》載：「忠烈祠即祀羅將軍萬倉及戰死將士之處也。先是朱一貴倡亂，賊眾圍攻嘉義縣城，將軍引兵禦之，戰敗身受重傷而死，流血淋漓濺其所騎之馬，馬歸，夫人蔣氏見之，知其夫已死，

①所記失實。

②林朝英之奉准建坊旌表，乃因倡修縣學文廟，並董工役，自費萬金；與林清之變無關。

③當作詩註。

④「盧」字於伊能原書誤作「廬」。

遂將子託其僕，自刎馬前，（按在《臺灣府志》記妾蔣氏聞兵敗亦自縊，事實稍異。）馬亦不食數日而死。嗚呼！將軍死國，夫人死夫，而馬為一畜類亦知殉主之大義，非其貞忠之誠及物，何得如此？在此立祠祀之，宜哉。」又有祀林爽文之役守禦諸羅縣城陣亡兵士稱二十三將軍廟，之私祠。同在《臺灣古跡記》載：「二十三將軍廟，蓋合祀林爽文之亂殉死者之廟也。先是在嘉義營中之兵養一犬甚馴，凡主人有所指使，犬均能會其意以從之，因林爽文之亂作，主人與營中之將士俱出破敵，犬亦隨之，未幾主人被敵所敗，營中之將士連死者二十有二人，犬怒號跳躍，如不勝悲憤，遂走入敵之陣中，咬殺一人，傷數人，後歸而守在主人等之屍側，晝夜防守甚嚴，及主人等之屍既收，即不知其所往，忽一日來主人之墓側，以爪穴地，穴成觸石死，嗚呼！彼犬為一披毛之物也，能知主人飼養之恩，先是會主之意為其任使，繼入敵中為主報讎，終至以一死明其志節，以視夫世之悖主負恩者流，幾人之不如犬也。後之人嘉其義，遂併二十二人立廟祀之，因題其額為二十三將軍廟云。」（明治三十九年（光緒三十二年）因震災廟壞，其神位移至嘉義城外山仔頂之林姓家中。神位題皇清勅賜二十三將軍。古來傳於中國之義犬譚不一，本文所錄義犬事蹟，非無或擬倣古傳潤色之痕跡，但由廟祀見之，可知未必完全無根據也。）今嘉義民間尚存「一狗一馬」之偶諺，可能係受上敘二傳說之影響。

第四章　匪亂之間接動機

第一節　匪亂與結拜訂盟

於臺灣促致引發匪亂之間接要因，乃古來在漢民之間結拜訂盟之風特盛。（所謂結拜訂盟之風，乃指糾集多人納銀結會，拜異姓盟兄弟之風，臺俗尤盛。主要乃在倣傚彼三國時代桃園結義之流風，其誓詞記有：「誼契金蘭，自古有之，所以桃園一契，成千古之美談，極死生之投契。」等語。可知由來已久。於其成立固非咸含有危險之性質，惟凡陰謀之結會，概藉之為名以期訂盟不渝，故《清律》〈刑律〉謀叛例明定歃血焚表結拜兄弟為罪，以嚴禁之。）蓋臺灣原為亡命逋逃之奸宄或浮動好事之徒總滙之處，《清律》〈刑律〉謀叛之例有閩、粵等省之匪徒潛謀結會搶劫拒捕者，從重治罪之明文。臺灣之奸民皆係此屬之亞流，《諸羅縣志》〈風俗志〉記：「尚結盟，不拘年齒，推有能力者為大哥；一年少者殿後，曰尾弟。歃（原文作插，蓋為歃之誤邪？）①血為盟，相稱以行次。」乃康熙年間之情形。《諸羅雜識》（《臺海使槎錄》〈赤嵌筆談〉「習俗」所引。）云：「又莫甚於要盟，豪健家兒聚少年無賴之徒，指皎日以盟心，撫白水而矢誓，稱兄呼弟，出妻拜母，自謂古道相期。不知往來既頻，則淫、酗之累作；聲援既廣，則囂競之患生。」康熙四十年所起劉却之事件，實發端於結拜訂盟所釀成者，似已觀破其風潮之流毒有不可忽視者。然爾後百餘年之久，雖知結會之害，而不能防其害。加之清朝以為此等結拜盟會多因小說稗史之誘惑激發其強化，夙於乾隆五十三年之上諭併淫書予以禁止，同治七年更特在《福建省例》厲行其禁諭示：「至應禁小說，如《水滸傳》

①「歃」與「插」通。

等部，聚眾歃盟，各有綽號，尤為誨盜之書。寇亂之初，結會拜盟，類多效此，流毒已非淺鮮，應即與《金瓶梅》各類淫書一併查禁焚燬，毋得視為具文，致干重咎。」之旨。此諭示乃以當時之福建巡撫丁曰健①之名所發，丁曰健有以分巡臺灣兵備道擔任同治初年戴潮春事件後籌謀之經歷。曩述治匪之經綸公之於世之〈平臺藥言〉所敘與該諭示所言，宛若有為表裏之處察之，蓋鑑於該變亂動因之秘密結會即天地會之流毒尤甚，致竟厲行此禁，因此可推知主要係在臺灣地方嚴格厲行。光緒以後，在臺灣結拜訂盟之風有轉弱之傾向，或係受此之影響也。

第二節　迷信之影響

臺灣之漢民，向來有語怪力亂神之迷信，如另記。（參照第七篇〈特殊之祀典及信仰〉第八章〈道教之影響〉。）而不法匪徒，苟欲滋事作亂者，亦屢結托法師、巫覡之輩，先放妖言，企圖蠱惑民心，彼等乩示、讖文等之捏造頒布，無不假借其手，試就文獻所載舉其顯著之事例如左：

朱一貴將作亂時，賊夥詭稱海中浮玉帶，作為其造逆之符。（據〈赤嵌筆談〉之「朱逆附略」。）

朱一貴謀起事未發時，有一異僧、異服怪飾，周遊街巷，詭稱天帝使告臺民曰：四月杪有大難，難至，惟門設香案，以黃紙為小旗書「帝令」二字，插於案中，可免。及賊至，家家如僧言，故官兵見者以為百姓悉從賊，多慌亂，以及於敗。（據《平臺紀略》）陳夢林題〈鹿耳門即事〉之詩註有：「僧乃賊黨也，賊平，僧伏誅。」之記載。

①同治七年之福建巡撫為卞寶第，而丁曰健為臺灣巡道。

先於林爽文起事，乾隆四十八年間，福建漳州府之奸民稱嚴煙者，在臺灣宣傳起於閩、粵間之天地會。天地會為沿襲五祖教之流，其實乃奸徒結黨之名目而已。當時一群不法之徒咸均入會，到處聚眾，設香案歃血瀝酒，誓為黨援。（據《彰化縣志》〈雜識志〉「兵燹」。）

林爽文之役，莊大田應於南路，勢甚猖獗。莊大田部有莊錫舍者，將欲攻占鳳山城，舉下淡水社平埔番婦名金娘者為軍師，金娘夙習符咒，為人治病。乃使之臨陣誦咒，祈神，軍中皆敬呼為仙姑。其得以攻陷鳳山為仙姑假天祐之功，林爽文乃封之為一品柱國夫人。（據《鳳山縣采訪冊》。）

戴潮春起事，以彰化城之東門八卦樓乃前知縣楊桂森所建，古來傳謂「八卦樓開，必有兵災」，楊知縣之後經十餘年，知縣某強啟之，不匝月有漳泉之分類械鬥，該知縣仰藥死。由是民人愈信楊知縣之說，傳門常閉。（按此後段之傳說所謂某知縣，似指楊知縣就任之後十三年即道光二年署理之龐周。龐周在任不滿一年而由前任知縣杜觀瀾一時再署後任等事情察之，非尋常之出缺至明。然據《彰化縣志》，未載此時在同縣下有分類之變事，如此或係奸民之訛者，致該知縣引責自決邪？）[1]戴潮春乃以為良機，親自偽作讖文、密置樓下，使人挖掘稱楊知縣之遺讖。其文曰：「雷從天地起，掃除乙氏子，夏、秋多湮沒，萬民[2]靡所止。」後有解之者曰：「雷謂縣令雷以鎮，言天地會從雷令而起也，乙氏子謂孔觀察（昭慈）也。夏、秋謂副將夏汝賢與秋司馬（曰覲），皆死於賊。萬生即潮春小名也。以一愚民而敢於造逆，厥後該逆雖欲為民而不可得，言靡所棲止也。」（據《東瀛紀事》〈災祥〉。）

戴潮春既起事後，與股肱林日成以事相失，且其黨四出勒派，良民有難色，會粵人劉阿屘[3]者，死六日而復蘇，所言皆悖亂之事。戴潮春乃以為奇貨可居，招致之，稱之為軍師，

①傳說中之某知縣，亦有可能係周璽。璽於道光六年三月來署彰化知縣，四月即以閩粵分類械鬥被議去職，確與械鬥有關，但璽未仰藥。而係閩粵械鬥非漳泉械鬥，則亦與傳說不符耳。當俟再考。

②「民」字於伊能原書作「生」。

③《東瀛紀事》作劉仔屘，並云一作阿妹。

贈以繡衣朱履，築壇於彰化縣之葫蘆墩（揀東上堡）。祭告天地，劉阿扈乃贊其事，大呼：「天父有旨，命潮春為千歲，日成為大元帥。」嘗屢屢託神預言休咎，又書符，分給賊黨，使之貼於軍械曰：以免敗傷，然實無所驗。（據《東瀛紀事》〈賊黨陷彰化縣〉。）

更甚者有假裝類似幻技之奇蹟，用以蠱惑愚民之權謀事。如劉却起事之先，結盟之眾以為非推戴却為首領事難成，乃深夜燃樟腦，竊置於彼之屋瓦上火燭，示同盟者曰：「劉大哥舍中每夜紅光燭天，為非常兆也。」會却家神爐無故發火，眾曰：「此不君，即帥耳。」竟約日舉事。（據《諸羅縣志》〈雜記志〉「菑祥」。）①張丙起事嘉義時，許成響應於鳳山。許成之部下方旺②者於豎旗之際，戮仇人為人犧而祭纛。有張光明者，挾方術遊走，託鬼示幻惑人，又在縣下嘉祥里大崗山超峰寺之住僧，著法衣（時俗因而呼為袈裟賊）攜帶所祀之觀音菩薩像，造謠曰：「天變地變，觀音媽來助戰。」（黃文儀之〈紀許逆滋事〉五古詩之一〈袈裟賊〉所云：「禿奴敢作賊，樹幟岡山殿。一陣袈裟兵，箇箇羅漢面。背負金觀音，漫云佛助戰。菩薩如有知，汝曹豈得免？」乃指此也。）一時得愚氓之附合。（據《鳳山縣采訪冊》所載鄭蘭之〈勦平許逆紀事〉。）戴潮春起事後，有彰化縣揀東堡民稱莊天賜者，目眇口斜，手、足俱偏廢，嘗殺人亡命，及戴潮春招之，初拒命，尋其家之香爐無火而燒，卜之，為吉，遂決意來投，舉為左相，戴逆乃振威。（據《東瀛紀事》〈賊黨陷彰化縣〉。）即是，可知均出於相同之權謀。

不僅黨眾，官軍亦屢屢利用之，以資鼓舞民心乃為事實。

朱一貴之役，官軍先與黨眾戰於鯤身（即安平），時正值炎熱，隨地掘尺餘，皆甘泉也。（據〈赤嵌筆談〉之「朱逆附略」。）南澳總兵藍廷珍克復府治駐萬壽宮後（小東門外），泉大為湧出，軍無渴患，作歌勒石以記之，因名為靈濟井。（據《臺灣縣志》〈地志〉。）林爽文之役，黨眾勢張，

①當作「萑苻附」。

②「旺」字於伊能原書作「肛」。

久未戢，乃有旨以嘉勇侯福康安為大將軍，專司討伐，時清帝命頒內庫所藏之大吉祥利益右旋白螺，以利渡海之風帆，於是乾隆五十二年十月候風放洋，忽一晝夜順風數百艘得抵鹿港口，事平之後，其右旋白螺即保管在福建布政司庫，凡將軍、總督、提督之渡臺及冊使封琉球之際，例佩之以行。（據《聖武記》之〈乾隆三定臺灣記〉。）

林爽文之役，「每賊眾犯臺灣府城時，輒聞武廟中金鼓聲隱隱，似有數萬甲兵出而撼賊，為我民呵護者，而城獲全」。（據〈重修郡西關帝廟碑記〉。）

林爽文之役，莊大田應之，勢極猖獗。其年初冬，有一道士，寬衣博帶，直登臺灣府堂，題讖文於壁上，拂袖立去，追之無蹤。文曰：「甲乙見丙丁，葤菲結成林，待得猴上土，草木盡凋零。」眾不解其意，疑為不祥。時臺灣知縣王露釋之曰：「甲乙皆有木性，兩重木為林字也；丙丁為滋擾於丙午、丁未之歲（即乾隆五十一、二年）。葤菲成林謂群賊附從也。猴即申，為土即戊，（戊申為乾隆五十三年。）草指莊（莊大田），木指林（林爽文）；乃以戊申之年，林、莊二犯必皆就擒之讖也。」後果如其言。（據《鳳山縣采訪冊》。）[1]

張丙之役，敘述討南路賊目許成事之史詩，鄭蘭之〈勦平許逆紀事〉「楠梓阬有神示」之註云：「守備陳雲蛟帶兵南下，次楠梓阬（觀音中里），紮營元帥廟。夜半，一卒在夢中呼曰：賊來謀營。眾皆抖擻以待賊，果千餘人至，發礮擊之，始驚潰。」（據《鳳山縣采訪冊》。）

傳李石起事，附和之鳳山土匪林恭之殘孽，試搶奪縣署時，因榕將軍示神異壓死之。臺灣道幕僚唐壎所撰〈鳳山縣榕將軍記〉（《鳳山縣采訪冊》所載。）一文可徵。曰：

樹之有神，見於史乘者，不可枚舉。廣西、福建二省多榕。此物之因地而生者也。福建之榕，尤

[1] 〈兵事〉「勦平莊逆紀略」。

多盛於祠廟、衙署。其為產也，枝榦著土即成根，而又易於滋長，不畏刀鋸戕伐，故黛色參天，輪輪囷囷，至有蔭數畝者。有榕必有神，神必稱將軍，築小廟祀之；不知何自昉。以余所知，鳳山縣榕樹神，實有無愧將軍之稱者。巨逆林恭起，揭竿陷陂城，邑侯王廷幹殉以全家。當是時，廨宇毀殘，倉庫、監獄悉非國家所有。林恭以所得儀仗，自為縣令，凶燄張甚，闔境側目，而莫敢攖其鋒。逾月，署邑侯鄭元杰率兵入，擒林恭磔於市。其黨羽之未散者，思奔署攫所有以遁。攘擠間，樹忽折一枝，壓賊數人死，餘眾為兵勇擒斬。非神為之，而誰為耶？夫賊之死於法與死於神，等死也。向非折枝故，將遁者竟遁，縱惡貫盈，卒不免顯戮，而已少緩須臾矣。歲乙卯（咸豐五年），余假館其下，終日摩挲蚪榦，得神之蔭，思神之烈，因憶朱石君相國視學廣西，題榕樹一聯云：參天黛色常如此，點首朱衣或是公。余亦題一聯云：讓功宜入馮侯傳，得蔭同賡召伯詩。俱有所指也。鳳山之榕，大不及數圍，而神之伸威效順，獨能佐兵刃之不及；豈以王邑侯之死，出不意，欲藉以一雪其憤耶？惜無有上其事於奏牘者。義士山陰徐本義為余述所見，書此記之，以待後之人采入志乘焉。

戴潮春之役，同治元年九月間，撲嘉義城，眾心驚慌，敬告城隍廟占休咎，蒙神默示平安，人心遂定，兵民竭力誓守，復保危城。（據沈葆楨之〈請加封嘉義城隍廟神摺〉。）

戴潮春起事前三月，嘉義縣北港街（大槺榔東頂堡）居民，為迎同街天后宮之神輿詣神廟，篙擔忽飛起卓立，於神桌上大書：今夜子時速以黑布製旂二旒各長七尺二寸，闊三尺六寸，上書「金精、水精大將軍」字樣，立在吾廟庭之左右。居民見神之示異，敬製備之，惟不知作何用。至戴潮春叛，圍嘉義，居民惶惶聚議不決，乃相率禱神，卜避不吉，卜戰吉。

於是增壘浚濠，聚民習戰事，方聚集賊至，不得旂，遂迎依神命所立之旂為前隊，出而禦之，賊不戰而退，我民恐有詐，不敢逼，後賊焚新街，民激於義爭赴援，救出被難之男婦，並擒二賊。詢之以當日不戰之故，賊云：是日黑旂之下人馬甚眾，見其長大異常，疑是神兵，故不敢戰。居民知為神祐，相率詣廟叩謝，勇氣百倍，由是每戰以黑旂為先，屢屢破賊，擒殺數百人。相持二、三月，港民傷斃不及二十；黑旂所至之處，賊盡披靡，蓋神祐也。（據《雲林縣采訪冊》。）

戴潮春之役，所部賊眾於同治元年五月犯斗六門（斗六堡）時，副將王國忠選健卒翁洗等十八人為親軍，從國忠潰圍被執，皆被殺於寶斗仔①溪邊。後賊攻溪岸之寶斗街（東螺西堡），常見十八人騎馬往來於陣前，賊驚愕，屢戰皆敗，寶斗街竟得保全。後土人予以合埋稱為十八將軍墓，傳禱者皆靈應。（據《東瀛紀事》〈斗六門之陷〉。）

戴潮春事起，有人詣淡水城隍廟問神：「彰化何時可復？」得一籤曰：「若遇清江貴公子。」後果由竹塹（竹北一堡）紳士林占梅募勇越境助剿始克。蓋以林占梅之小名為清江，傳為奇驗。（據《東瀛紀事》〈災祥〉。）

戴潮春之役，同治元年八月十六日，賊目林日成率眾萬餘人將猛攻彰化之白沙坑口庄（燕霧上堡）。先是白沙坑之福德神甚為靈應，凡賊之來攻，輒先降乩示莊民。是日早晨，忽有白髮老人手執銅鑼，到三家春、茄荖腳等（同堡），鳴鑼求救，義民陳捷魁、李華文、陳宗文等乃率莊丁到白沙坑。寂無影響，至午時，萬餘之賊分三路來攻。陳捷魁指揮義民、莊丁分禦之，銃子如雨下，手中之令旗幾被打碎，惟遍身未受一傷。時寄居此地避亂之民不下萬餘，亦持械助戰，堅如鐵桶，無縫可入，人稱為神祐。（據《戴案紀略》。）

①「仔」字於伊能原書脫。

（附記）某他關於匪亂與迷信之依從，舊志①中云：「戴潮春之亂，賊黨林日成敗於淡水廳大甲（苗栗三堡）（同治二年正月），②登鐵砧山，山上固有國姓井，相傳明末鄭成功嘗拔劍斫地，井泉湧出，劍尚埋井中。……乃祭而祝曰：『日成③若得成大事，劍當浮出，若無成，即以一砲相加可也。』祭畢，進犯社尾莊，兵勇力拒之，日成中礮折兩齒，乃遁。」（據《東瀛紀事》〈大甲城守〉）又云：「逆黨於坑溝中掘得青石如劍者五，……戴逆以為神，每出則命人捧以隨之。後折其一，而逆巢適為官軍所破。」（據《東瀛紀事》〈災祥〉）又云：壬戌（同治元年）元旦，秋雁臣司馬④在淡水廳署將出拜客，忽失其帽，遍尋不得，後秋於三月奉檄討戴逆，不幸為其下所殺，人乃以先此之失帽為先兆。（據《東瀛紀事》〈災祥〉）又云：「辛酉年（咸豐十一年）秋，彰化明倫堂鬼哭數日，聞者驚悚。越明年春，雷起彰邑孔廟，人以為孔道（臺灣道孔昭慈）僨事（窮蹙仰藥而死）之徵云。」（據《東瀛紀事》〈災祥〉）上記之類，不勝枚舉，可知畢竟以人事之興亡成敗，認為有禎祥妖孽之因果觀念之多端錯綜之發揮而已。

又為陰謀之秘密結會，概結合宗教上之迷信，以便煽惑愚民，且得藉以加強民心歸向之方便。乾隆十八年，上諭：「聚眾為匪之案，多由於姦邪僧、道之主謀，平時煽惑愚民，日漸釀成大案。」儆之。同三十四年之《福建省例》〈飭首邪教〉中亦規定：「查地方設立邪教，其始也以吃齋念佛、因果輪迴之說誘惑愚夫愚婦，及至聽從者眾，黨夥漸多，不法奸民即藉此為匪生釁。」乃指此而言。但在迷信習性特深之臺民，自古以來屢屢反覆此

①此「舊志」實指林豪《東瀛紀事》。

②以上非《東瀛紀事》原文，該書稱林日成曰「戇虎晟」。

③《東瀛紀事》作「晟」，下同。

④「秋雁臣司馬」於伊能原書作「淡水同知秋曰覲」。

弊。即上文所記劉却之起事乃以歃血結盟同時藉神火之異兆以固其糾約為始，如林爽文及戴潮春之役，均承襲五祖教之流，胚胎於天地會，為此之著例也。而《東瀛紀事》〈戴逆倡亂〉所載之關於戴潮春結會之記述，尤有代表其真相者，節略援用於左：

> 戴逆潮春（之）……兄萬桂，……招集殷戶為八卦會，立約有事相援。潮春……乃招集舊黨為天地會，……愚民……無不樂從，有佑賂巨金始得竄名會中者。其渠稱「香主」，入會者謂之「過香」，每名納銀半元。過香之法，環竹為城，城分四門，穿門神將稱韓平、韓福、鄭田、李國昌。城中設香案三層，謂之花亭，上奉五祖，亦曰洪英，北門外立一香案，書戴潮春長生祿位，冠以「奉天承運天命大元帥」等偽號。旁別設一几，所奉從前逆首朱一貴、林爽文輩，皆妄稱先賢。過香之時，擇其已入會者十餘人，皆披髮、跣足，首裹紅巾，謂之「舊香」，在場執事。其將入者，謂之「新香」，十數人為一行，叩門而入，問：「何來？」曰：「從東方來。」問：「何為？」又曰：「將尋兄弟。」紅巾者導跪案前，教以冊內禁約，斬雞為盟，執香默禱，有天地香、父母香、兄弟香名目，復宣示十戒。既畢，然後出城，牽白巾①為長橋，由橋下穿出。紅巾者問：「何不過橋？」則應曰：「橋頭橋尾俱有大兵把守，不得出。」問：「今何能出？」又應曰：「五祖化小路一條，導我逃生。」云云。復禮跪城外香案，於是授以八卦及隱語甚多，（每條有七絕一章，語甚鄙俚。）皆悖逆之言。……凡香主、領簿、繳簿，皆納銀四元。其黨之上簿者，已多至十餘萬。
>
> （〈戴逆倡亂〉）

就匪亂與迷信之關係觀察，尚不可遺漏者，有良民作為免除黨眾加害之厭勝②而伴生

① 「巾」字於伊能原書作「布」。

② 以呪詛厭伏其人也。——譯按

啖匪魁肉之風俗。《東瀛紀事》〈逆首戴潮春伏誅〉一節，載有戴潮春伏誅，遊擊「陳捷元令人剜其肉啖之。（肉一兩償錢一貫）蓋捷元家為賊所破，故深恨之也。」（同書〈戇虎晟伏誅〉又記賊目林日成最後自裝火藥於室內，企圖與妻、妾一同爆死，為火氣被颺出戶外，氣未絕，為官軍所執伏誅，乃將其屍分為六，以首級送彰化縣城，其兩手兩足分置於被擾各處。似有厭勝之寓意。）①按：似最初起因於為一家之復讐伸冤，感情上啖其肉，以此為動機於是產生啖人肉之迷信。因不過單基於個人含恨之感情，致定價格普徧鬻賣，甚欠妥當也。而由來在臺灣番界地方，存有凡啖生番之肉者即能免番害之迷信，致有若殺害生番即為此厭勝而競啖其一臠之風，受斯種先入之習染，乃誘致啖匪魁之肉者，亦能免罹匪害之迷信。若夫張丙事件之際，「剖黃城諸賊心，祭死事者」。（據周凱之〈記臺灣張丙之亂〉）如此視為尋常人身犧牲之遺風，尤不如認為出於寓有調伏匪害之意伴生之迷信。加之由畏怖匪賊之怨靈而來之心理影響，現在屬於戴案封抄（坐戴案叛亂罪，其同黨之田、園產業被官所沒收者。）之彰化縣馬芝堡溝墘庄（土名葦蔴厝）有原屬同堡三塊厝庄之殷戶施琳所有之業地，然關於此田業傳有一妖言：凡耕作該官租地者，三年之間必不免罹疾病或其他災殃之厄，因此無人永久繼續承佃，終於一望五甲之良田，空被放棄，歸為荒蕪之草叢，至光緒十四年清丈之時仍如此。

其他匪亂與迷信之依從，不僅作為匪亂之前兆，亦認定人為之神異表示，並附會自然偶爾之變象，於是乎，土匪之徒苟欲滋生事端，屢屢乘天變地異現象，利用民心之動搖，散布謠言，以達煽惑人心之目的。（斯種迷信之牽合係古來漢民經常所行者，早在清人之滅明策亦被利用，明崇禎十七年正月癸丑星入月中，時占者曰：「星入月中，國破君亡。」果然民心惶惑，啟離心明朝之端。）今據文據之記載摭拾其著例於左：

①歷代皇帝，為保其家天下，以圖萬世不改，於謀反者例必處以極刑而凌遲處死，俗謂之「千刀萬剮」。猶嫌不足，乃為收恐嚇鎮壓之效，又有梟首示眾，傳首示眾，肢解示眾之舉。核其意義在以國法為重，顯與「厭勝」大不相同。按「厭勝」一事見於《後漢書》清河孝王慶傳，稽其文義，頗類巫術，而李孝美所謂之「厭勝錢」則指偽借他物以厭之。故「厭勝」為風俗迷信，未可與國家功令等同觀之。

「大岡山（一作大崗山，聳立於嘉祥內、外兩里之界，古來傳奇蹟）……狀如覆舟，天陰埋影，晴霽則見。上有仙人跡，鐵貓兒椗、龍耳甕在焉。相傳國有大事，此山必先鳴。」（林謙光《臺灣紀略》）「維新里大岡山（原屬同里），形家謂其形肖犬。故凡有異謀者，輒被緝獲，以犬善警故也。山之靈其信然耶？山能鳴，鳴非吉兆。」（《鳳山縣志》〈雜志〉「叢談」）因云，《鳳山縣志》〈雜志〉「災祥」載：「康熙二十一年……八月，岡山鳴。」暗示翌年八月鄭克塽降。「康熙辛丑（六十年）五月二十八日，大雨如注，六月六日始晴，山摧川溢，溪澗閼塞，田園沙壓。瀨口（新昌里鹽埕庄）有大牛，冒雨犇騰，下岸入水，過三鯤身登陸，由鎮城從柴橋頭（臺南大橋頭）入海，向大港而出，小艇追之，不及而還。此不知為鱷、為鯨、為水牛，或兆鴨母（朱一貴）之亂旋即殲滅乎？」（〈赤嵌筆談〉之「紀異」）因云：〈海上事略〉載有：康熙二十二年傳清軍將欲討鄭氏臺灣之前，澎湖港有長丈許之鱷魚，鱗甲有火餤，由海登陸，百姓見而異之，以冥鈔金鼓送之，越三日仍乘夜登山而死之異聞。〈赤嵌筆談〉①另記：「康熙壬辰（五十一年）七月，安平有物，大如牛，高可五、六尺，面如豕，長鬚，雙耳竹②批，牙齒堅利，皮似水牛，毛細如獺，四足如龜，有尾，飛行水上。土人爭致之，繩木立碎，後逐至海岸，竦身直立，聲三呼號，聞者莫不驚悸。既死，郡人有圖形相告者，究不知為何物？或名為海馬，亦非也。」斯種之怪聞，亦屬於同一類型也。

康熙五十九年冬十月朔，地大震。十二月八日，又震；房屋傾倒，壓死居民（凡震十餘日）。民間訛傳為亂兆。（《臺灣府志》〈畜祥〉）③

①「紀異」。
②「竹」字於伊能原書作「行」。
③引文末句為府志原文所無。

朱一貴於辛丑（康熙六十年）作亂。……維時南路傀儡山裂，其石截然如刀劃狀。諸羅山頹，其巔①噴沙如血，土人謂兩山相戰。（〈赤嵌筆談〉「紀異」）

土人相傳，辛丑之變，刺桐無一開花。（《臺海采風圖考》）

出水莊泉：在大武郡保出水莊後坑內流出。……每泉大湧，則時事有變。泉若驟枯，則穀價高昂，歷驗不爽。（《彰化縣志》〈封域志〉）

占驗家以正月朔旦值剝蝕，為兵戈之象。……若昨丙午（乾隆五十一年），可謂有驗矣。（高宗之〈勦滅臺灣逆賊生擒林爽文紀事語〉）

道光四年五月，鳳山縣打鼓②山鳴，園竹生花，七月逢閏，民間以為昔林爽文反，有此兆，訛言間起。（《東槎紀略》之〈平定許楊二逆〉）

咸豐十一年，大尖山（斗六堡東方之主山）崩，後戴萬生反。（《雲林縣采訪冊》）

光緒十四年，大尖山崩，施九緞③是年煽亂。（《雲林縣采訪冊》）

火山在嘉義，（哆囉嘓東下堡之東北，枕頭山之西南麓。）謂之水火同源。相傳地方有事，則火息。戴

①「巔」字於伊能原書作「顛」。
②「鼓」字於伊能原書作「狗」。
③「緞」字於伊能原書作「段」，下同。

逆未變之前，火息三日云。（《東瀛紀事》之〈災祥〉）

東螺溪（濁水溪之本支流）分自虎尾溪之牛相觸，水色皆黑。土人云：「虎尾、東螺水清，則時事有變。」（《諸羅縣志》〈封域志〉）「澇①水溪……流急而濁。若濁者忽清，則地方有變。壬戌（同治元年）春，水清三日，未幾，變作。」（《東瀛紀事》之〈災祥〉）「濁水溪之渾濁一清，臺地必生反側。如同治元年水清三日，戴萬生亂，幾及三年。光緒十三年水清半刻，施九緞激民為變，共攻彰化。故老謂溪清之時日多寡，實與寇盜起滅久速相應，屢試不爽云。」（《雲林縣采訪冊》）因云，關於宜蘭之濁水溪似亦承襲類似之迷信，「嘉慶十四年己巳六月颶後濁水溪正溜北徙，與清水溪合流，居民以清濁不分苦之。今②風雨後，仍循故道。清濁分流之處，居人以為瑞。」嘉慶十五年臺灣知府楊廷理之〈出山漫興〉詩③之註亦就此事象謂：「居民以清濁不分苦之。」

相傳壬戌年春，四張犁（彰化縣）有耕牛作人言云：「免啉，有田播，無稻收。」按是事不知真偽。殆即《漢書》〈五行志〉所謂牛禍，亦咎徵也。又大甲有雄雞生卵之異。（《東瀛紀事》之〈災祥〉）

相傳斗六門地理甚佳，其來龍處土名茄冬④王⑤，有茄冬三株，百餘年物也。堪輿家謂為虎形。敵樓上夜點兩燈，以象虎目，賊（戴潮春之亂）之善鳥槍者，不能中。賊黨許豐年掘斷龍脈，以狗血厭之，是夜敵樓之燈無故自墜。翌日守將蔡朝陽中砲死，而林鎮全軍俱潰矣。後賊黨之踞此者，如戴逆及廖厲、張窮喙相繼死，而茄冬亦枯。（《東瀛紀事》之〈叢談〉）

①「澇」字於伊能原書作「濁」。

②伊能作「十五年庚午夏六月」。

③係〈前詩有三月綢繆占既濟今十八則事宜甫脫稿即遇大火大暴之災竟成詩讖興言及此爰賦一律用志敬畏〉之誤：大火大暴之「暴」即風暴。

④「冬」字於伊能原書作「苳」，下同。

⑤「王」字於伊能原書無。

咸豐壬戌（改元同治元年）春，彰邑奸胥戴萬生作亂。將亂前數月，彗星屢見，見輒旬餘，未幾賊起。
（《一肚皮集》之〈紀臺地怪異〉）

（附記）臺灣之漢民間，往往傳火災之迷信。就聳立於鳳山舊城郊外之半屏山有云：「昔嘗有鼉在山巔鳴，則近地有火災，甚驗。採捕者見之，捕不可得。聞其鳴，則人知戒火。後莫知所終，今已絕跡矣。」（《鳳山縣志》〈雜志〉「叢談」）橫在鳳山上里及小竹下里交界處之丘崗，即鳳山之一部，土名「獅子喉，山上闢一竅，……作獅子張口勢。土人云：『其喉吐煙，則東港必遭回祿。』此理殊不可解。」（《鳳山縣采訪冊》）就集集堡集集街之鎮護天上宮後之一池——制火潭謂：「昔年集集堡之人民，有斷此潭水而捕魚者，街上忽然失火者數處。自此以後街眾出示永禁，至今數十餘年，無敢再斷水取魚，依此水以制火，亦為集集之大奇事。」（里民手記《集集紀要》之〈集集街後大潭記略〉）就基隆港後之獅球嶺火鵝泬有傳說：「基隆街市無火災，乃其山左右有二川之流，若其二川埋沒將立起火災。」（基隆人蔡慶濤手記〈基隆地方研究資料〉）之類乃屬其事例。由來以神火示異兆之手段等，資為煽亂動機之往跡，或即利用斯種迷信也。

第五章　軍器等之禁制

《清律》之〈兵律〉私藏應禁軍器之例，定私鑄礮位、抬鎗及鳥鎗者有罪。而在臺灣於平時之治匪政策上，絕對禁止其製造，另在同例規定：「臺灣民人，停止製造鳥鎗，違者照例治罪。」硝磺亦以由來為軍火之料，有禁例。（如雍正九年上諭：「從來硫磺一項之禁例甚嚴，不容私開私販。」是也。）臺灣因上述政策特示嚴禁，在乾隆末年〈兵律〉私出外境及違禁下海之例定：「臺灣奸民私煎硝、磺，無論已未興販，如數在十斤以下者杖一百；十斤以上，徒一年，每十斤加一等，多至百斤以上及合成火藥至十斤以上者，照私鑄礮位之例處斬。」考後同治九年追加之同條之例：「內地之奸民在產硝、磺地方，私行煎空，無論已未興販，照臺灣之例。」從前在臺灣所行之禁例，似被採為全中國之母法。而依此，可察知不但當時在臺灣之奸民，中國內地之奸民亦屢到臺灣來私煎。然實際上前述之禁令殆成為具文。夫奸民之偷渡且終竟不能遏抑，同時似常由此等奸民之手肆行違禁。彼康熙末年朱一貴起事之際，發覺「安平兵竊賣火藥，載往接濟，事發，亦置弗問。」（《平臺紀略》）等官紀極為弛廢之時，無法管束其違禁固明，據《平臺紀略》記述，當時賊早陷府治入之，府治有紅毛樓，傳鄭氏以此貯火藥軍器，但四十年來無人啟開。賊疑為金銀窖，開之，得大、小礮位、刀鎗、硝磺、銼鐵、鉛彈如山。斯種傳說，乃由來欲以戰勝歸於天祐之故事誇張，不可盡信係事實，但賊類所有之軍械尤為豐富乃係事實，無疑似殆有裝備如山之概。而此除由中國本土走私進口外別無他途。恆春縣乃光緒初年新設於番界之一縣，尤有易成藏奸之叢之患。由該縣知縣周有基所發左列作為鎮壓手段之一之禁飭來看，亦可徵迄近代未得管束軍器違禁實效之情況也。

署恆春縣正堂兼管招撫事務周，為出示嚴禁打造、販賣刀銃事。照得：私造刀銃販賣，大干例究，現在地方新闢，尤應嚴行禁止，以杜爭端。合行出示嚴禁。為此，示仰闔邑軍民人等知悉：自示之後，務宜各安農、商，守分營生，不得妄違禁令，希圖取利，致罹法網。倘有奸徒，不遵示諭，仍敢打造刀銃販賣，一經訪聞拏獲，定即嚴究懲辦，其各凜遵毋違。特示！（光緒元年十一月初四日）

又為防遏私鑄違禁之軍器，禁止由中國大陸前來臺灣之船舶私自輸入、興販鐵貨。蓋《清律》之〈兵律〉私賣軍器之註有：「鐵是軍需之物，貨是未成之軍器也。」作為軍器材料之鐵貨亦比照軍器而限制私賣。又與此關聯，對鑄戶亦加以嚴格之管束。原本「閩省各屬，多係產鐵之區。……凡設爐者均應請帖，販鐵者皆令請照，以杜私煽、偷漏等弊。」夙為《福建省例》所定，在臺灣特定例云：「舊例：臺灣鼓鑄鍋皿、農具之人，向須地方官舉充，由藩司（布政使）給照，通臺祇二十七家，名曰鑄戶，其鐵由內地漳州采買，私開、私販者治罪。」（同治十三年沈葆楨之〈臺地後山請開舊禁疏〉中所引臺灣道夏獻綸之詳稱。）給付之以爐戳（官定之公印），以明責成。既經允准總理船政大臣沈葆楨之奏疏（〈臺地後山請開舊禁疏〉），於是光緒元年裁撤販鐵之禁例，惟鑄戶之管束依舊，光緒十八年安平知縣對鑄戶所發之諭示有：「臺地之運鐵，雖前經奏明奉弛禁，但設爐改鑄亦未便漫無稽察，（中略）專收舊鍋、廢鉎改鑄新鍋、犁鋤、農具，帖載以外無論大、小爐座，均不准冒混影射多開，又不准私鑄違反例禁之物，及以私煽鋼鐵偷漏濟匪滋弊。」一項足證之。

舊禁鑄戶，通臺限二十七家，爾後隨拓殖之擴進，實際上已屬具文，但法制上仍存是項明文，現本文安平知縣諭示中所云帖載以外無論大、小爐座，均不准冒混影射多開，可見其未雨綢繆，以防不測。又依〈臺地後山請開舊禁疏〉中所言：「不肖兵役人等，往往向民間藉端訛索，該鑄戶亦恃官舉，任意把持，民甚苦之。」自其所謂兵役人等藉端訛索動因，可推知該鑄戶有行違禁私鑄者，因此古來在臺灣阻止鑄冶工業之發展乃自然之結果，作為斯種之巧人傳名者僅有彰化之呂①亞錦而已。《一肚皮集》之〈公冶子小傳〉云：「臺彰有呂亞錦者，……貌古而口訥，……性無他嗜，惟善鍛。其日需冶爐橐籥與錘鑿銼削大小錯刀之類手製，皆工雅絕倫，無一物之材借材他族者，遂以良冶一家鳴。同學頗妒其能，陰思毀抑之，迨觀所造亦噤吩②不能聲云。錦之製器，兀兀踞爐坐，形如木雕泥塑，耳無他聞，目無他瞬，自出手眼與器物爭利鈍，肫然如衣服、飲食之須臾不可離者，始知其術精而心苦也，平日于器不苟作，作必竭才而後止。」此係咸豐、同治年間之事也。

（附記）鳳山縣粵莊（即六堆）儲存大礮之事，起源於康熙末年朱一貴案，莊民倡義從軍時，乃成立六堆之組織，同時准予存置以資捍禦，爾後粵人於與閩民有嫌隙時濫加使用，一旦起械鬪，即亦予使用，閩民難免有受損害甚多之虞。如道光年間，鳳山縣歲貢生鄭蘭，擬〈請追粵礮議〉，論須照私藏軍器之憲典截止，云：「及一旦有變，罄所儲而盡排列於營頭，朝開暮放，閩人一聽，勢不能不早自為計，搬離數里，以避其鋒。」乃認為不過為亂階，而官司似依然置之罔聞，無所追究。

①「呂」字於伊能原書誤作「吳」。

②上字據《一肚皮集》稿本，伊能原書作「吟」。

第六章　分類械鬥

古來臺灣有稱為分類械鬥之一種私鬥，自成為匪訌之一變態。而欲敘述分類械鬥，其前提不可忽視移殖臺灣漢民之二大勢力——閩、粵兩屬之拮抗，乃此兩屬似因在中國大陸之地域不同；方言不一，隨而氣類亦異，及覓移殖之區於此一海島後，不但仍然未見兩者間之融會，彼此為求生活餘裕所發生土地之競爭之衝突，成為積忿之根苗，實乃漢民企圖移殖臺灣之同時特為發顯之現象。按：在中國漢民（尤其是閩人）易為私鬥之弊習，由來甚久，然在內地所行之私鬥，僅以姓爭，以鄉爭而已，（《簷曝雜記》記閩俗好勇項下曰：「閩中漳、泉，民多聚族居，兩姓或以事相爭，往往糾眾械鬥，必斃數命，當其鬥時，雖翁壻、甥舅不相顧，事畢親串仍往來如故，鬥為公事，往來為私情，謂兩不相悖云。」）所謂：「以鄉鬥者，如兩鄉相鬥，地畫東西；近於東者助東，近於西者助西，其牽引嘗至數十鄉。以姓鬥者，如兩姓相鬥，遠鄉之同姓者必受累；受累則亦各自為鬥，其牽引亦能至數十鄉。」（《蛤仔難紀略》附載〈泉漳治法論〉「械鬥」之一節。）之係累，雖其禍未必小，惟未至民族之爭，範圍極廣、瀰蔓漸大之局面。而臺灣分類械鬥畢竟不外種因於姓爭或鄉爭私鬥之演變也。

關於閩屬與粵屬氣類之差異，道光年間分巡臺灣兵備道周凱所撰〈記臺灣張丙之亂〉中記曰：「臺灣一郡，……其民閩之泉、漳二郡，粵之近海者往焉，閩人佔居瀕海平廣地，粵居近山，誘得番人地闢之。故粵富而狡、閩強而悍。其村落閩曰閩莊，粵曰粵莊。閩呼粵人為客。分氣類，積不相能。動輒聚眾持械鬥。平居亦有閩、粵錯處者。鬥則各依其類。

閩、粵鬪則泉、漳合。泉、漳鬪則粵伺勝敗，以乘其後。民情浮而易動。」（《內自訟齋文集》）可謂能寫其實狀也。但情浮易動乃漢民之先天性性格，而歷史之慣性與性格相結，形成特殊之習慣，初發端於土田水穀細利之爭，終至激成羞忿怨怒之私情，因睚眦之微嫌，立樹黨釀鉅釁，餘弊不但閩、粵二屬之爭，延至閩屬中之泉、漳二籍，亦相互爭鬩，又釀成漳、粵聯合以對泉人，泉、粵聯合以對漳人之變形。此弊習之起端早發於康熙中葉臺灣渡航之限制漸弛，致漢民企圖移住者隨之頻繁，閩、粵兩屬接觸開始土地競爭之時，於是似於康熙末年前後在其拓殖區域已擴充之南北地方邊隅，漸趨於激烈。《諸羅縣志》〈風俗志〉記：「凡流寓，客莊最多，漳、泉次之，興化、福州又次之。初闢時，風最近古；先至者為主，其本郡後至之人不必齎糧也。厥後乃有緣事波累，或久而反噬，以德為怨；於是有閉門相拒者，然推解之誼，至今尚存里閈[1]也。」而《鳳山縣志》亦引同文附註曰：「惟市肆之間，漳、泉二郡常犄角不相下；官司化導之，不能止也。」[2]勢如斯，私鬪之發端固自此不已也。夫入清之初，作為治臺之消極政策，絕對禁制粵人渡航之原因，主要一面之理由，雖標榜彼等不能盡脫海盜之積習，另有副貳之理由，或因預察閩、粵共存之結果，必伴生勢力競爭之餘弊。試徵左列文獻之記載，舉示閩、粵兩屬，或泉、漳二籍之民，由其勢力之對抗，以睚眦[3]小故，惹起分類械鬪慘劇之主要事例。

乾隆四十七年，地當彰化縣城外大路之衝之莿桐腳莊（線東堡），有設賭場者，適泉人與漳人同賭，因換呆錢起衅，始僅口角，繼即鬪毆，終釀械鬪禍端。（彰化縣下之分類由此始。）凡泉人與漳人交界之處，互相焚殺，官為勸解不息，彈壓不止。當擾攘之際，雖素無睚眦[4]之怨者，泉、漳人互不相下，亦如不共戴天之仇。及殺機已息，不解自休。巨魁漳人武

①閈為里門之意。——譯按

②〈風土志〉「風俗」。

③伊能原書作「眦睚」。

④伊能原書作「眦睚」。

舉許國樑、泉人謝湊等，均正嚴法。（據《彰化縣志》〈雜識志〉「兵燹」）

道光六年四月，因彰化縣東螺堡睦宜莊賊匪粵屬李通等，竊閩屬黃文潤家豬隻起衅。閩、粵兩屬互相鬪狠，自是各處匪徒乘機散布謠言，謂是閩、粵分類。莊民聞風蠢動，各處搬徙，匪徒乘勢，糾黨刦掠，集眾焚殺，員林（東螺堡之中心市場）一帶粵人紛紛搬入附近大埔心莊及關帝廳等處，堅守防禦。而小莊居屋，被焚過半。（惟燕霧上堡白沙坑等莊粵之潮州府人與泉人比屋雜處，賴恩①貢生曾拔萃同各莊紳耆、總董，善為保護，得安堵如故，秋毫無損。）如其內山②葫蘆墩（揀東上堡）等處，則互相焚殺，不可復制，沿至大甲溪以北之淡水廳，閩、粵分類紛爭亦烈。至虎尾溪以南嘉義縣界，人心亦搖動。（據《彰化縣志》之〈雜識志〉「兵燹」）

陳盛韶（道光十三年之北路理番同知）之《問俗錄》記曰：「閩、粵分類之禍皆起於匪人，其始小有不平，一閩人出，眾閩人從之；一粵人出，眾粵人和之。……臺南械鬧傳聞淡北，遂有一日千里之勢。匪人乘此撥為風謠，鼓動全臺。閩人曰：『粵人至矣。』粵人曰：『閩人至矣。』結黨成群，塞隘門、嚴竹圍，道路不通，紛紛搬徙。匪人即乘此焚其廬舍，搶其家資；哭聲遍野，火光燭天，互相鬪殺；肝腦塗地。文武會營，調停兩面，猖獗③愈滋。」蓋為一般之情形也。

若夫起於嘉慶元年之噶瑪蘭番界拓殖所伴隨之分類械鬪，因其原開地乃發端於閩屬漳人吳沙著手，故有：「沙所召多漳籍，約千餘，泉人漸乃稍入，粵人則不過數十為鄉勇而已。」（《東槎紀略》所載〈噶瑪蘭原始〉）之情形。因此在先入之影響，自然在土地之占有呈顯承認漳人優先權之情形，至嘉慶四年仍持續：「是時漳人益眾，分地得頭圍至四圍、辛仔羅罕溪（頭圍堡、四圍堡）。泉籍初不及二百人，僅分以二圍（頭圍堡）菜園地，人一丈二尺。粵人

①「恩」字於伊能原書誤作「思」。
②「內山」二字於伊能原書作「邊地」。
③「獗」字於伊能原書作「狂」。

未有分地，民壯工食仰給於漳。」（〈噶瑪蘭原始〉）之狀態。於是泉、粵兩屬因分地不平均對漳人之反感，終至釀成彼此之衝突乃為必然之勢，後任委辦噶瑪蘭開疆事宜之臺灣知府楊廷理在〈議開臺灣後山噶瑪蘭即蛤仔蘭節略〉①中云：「吳沙係漳人，名為三籍合墾，其實漳人十居其九，泉、粵不過合居其一。所開溪北（即西勢）地畝，領單時，漳已得十分之九，泉、粵合得亦不過一分。所領之單，雖有編號，並未註出地名四至。惟時三籍和睦，並無嫌隙。嘉慶四年，遂揑蘇長發名字，赴藩憲衙門呈請給墾。」即揭發漳人弄蒙混揑造之弊也。又加之：「（嘉慶）四、五年間，粵與泉人鬪，泉人殺傷重，將棄地走，漳人留之，更分以柴圍之三十九結、奇立丹二處（四圍堡），人四分三釐。」（〈噶瑪蘭原始〉）之滋擾，七年以降，隨三籍民之蠶聚倍多，彼此糾紛漸甚，至爆發：「十一年，山前漳、泉械鬪，有泉人走入蛤仔難者，泉人納之，亦與漳人鬪，阿里史諸番（漳屬之流入平埔番）及粵人、本地土番（蛤仔難平埔番）皆附之，合攻漳人，不勝，泉所分地盡為漳有，僅存溪洲（溪洲堡叭哩沙溪流域），鬪幾一年始息。」（〈噶瑪蘭原始〉）之類慘劇。此雖名為漳、泉之分類，實已成加入土番之複雜械鬪之形態。於是其翌年臺灣知府楊廷理入蘭，詩題〈出山漫興〉雜詩②之詩細載有註：「丁卯（嘉慶十二年）秋……予乘番艋舺至溪洲招募民番，漳人立送溪北岸，泉人立迎溪南岸，均不敢過溪。」（《噶瑪蘭廳志》〈雜識志〉）該溪之南、北岸為兩籍所居之分界故也。更甚者，尋惹起：「十四年，漳、泉又鬪，漳人林標、黃添、李觀興各領壯丁百人，吳全、李佑前導之，夜由叭哩沙喃潛出羅東後逕攻之，阿里史眾驚潰，走入土番社內，漳人遂有羅東；已復和。泉人……」（〈噶瑪蘭原始〉）之波瀾。如斯實發端於漳、泉之分類，結局於民、番之紛爭；始於漢民之械鬪，終於番地之侵占。而由犯番社前導之一李佑（一本作李祐）乃往年海

①收入《噶瑪蘭廳志》〈雜識志〉。

②為〈相度築城建署地基有作〉之誤。

寇朱濆竊伺蘇澳之際，陰為結黨內通，為阿里史番義憤所阻止而失敗之流民奸棍察之，髣髴非無為報復其私怨，而心伏反感。閩浙總督方維甸所上〈奏請噶瑪蘭收入版圖狀〉云：「上年漳人亦曾與泉人械鬥，熟番互相黨護。泉人為漳人所困，大半避出。以強凌弱，相習成風。……若竟置之化外，恐臺灣日後或添肘腋之患。」一致認為設官經理乃為鎮壓此地之理由之一。

加之在平素無事之日，亦閩、粵兩屬反目睽離頗甚之餘，在其接壤交界地方，非無迴避互相涉足於對方境域之極端之例。（粵俗概斥娼婦呼為福老婆，意謂閩人之女。以此足視為平素欠缺親善情緒之象徵。）更甚者，其睽離之情感逐漸加深，終成為積怨徹骨之蟠根，致將復讎施之於死屍。徵之謝金鑾之《蛤仔難紀略》附載之〈泉漳治法論〉（「械鬥」）中所記：「若泉之同安、漳之漳浦，冤家固結，多歷年所。殺父、殺兄之讎，所在多有。甚或刳及數代之祖墳，出其骸甕諸市，題曰某人之幾世祖骨出賣，列諸墟，眾徧觀之。」一節可知也，其弊至此可謂至極。據《簷曝雜記》，記閩人兩姓械鬥項下載：「未鬥之前，各族先議定，以數人抵命，抵者之妻子給公產贍之，故往往非凶手甘為自認，雖刑訊亦無異詞，凡械鬥案之頂凶率十居八、九。」以此情形可見臺灣分類械鬥必須改革之陋習如何牢固。

分類械鬥之餘弊不止關係上述之私鬥，甚而影響於叛亂至大且鉅。於康熙末年參與朱案善後籌謀之藍鼎元，嘗論分類械鬥之餘弊云：「不思熒熒之火，或致炎崑；涓涓細流，將成巨浸。……既可聚黨數十人，操械行刦，晏然莫敢過問，則由此擴而充之，夫亦何事不可為？」（《東征集》〈與朱參戎札〉）可謂得中肯綮。馬克惇在《東瀛載筆》對分類械鬥之餘弊及影響如何論曰：「臺灣之滋事，有起於分類而成為叛亂者，有始於叛亂而變為分類者，百餘年來官民之不安以此也。」實可謂得其概括也。何謂起於分類而成為叛亂？如嘉慶十一年二月，洋匪蔡牽逼鹿耳門，被福建水師提督之兵所困，乘夜以計逸去之際，會彰化縣南一帶受匪氛之滋擾，北路理番兼海防同知黃嘉訓慮匪船入寇鹿港，檄義民首王松等，率領鄉勇數百，與水師官兵協守口岸。時鄉勇皆出於漳籍，而鹿港多泉人，鄉勇甫入鹿港，與轎店小夫惡語相詆，即放鳥槍傷斃數人，一時騷動不可復遏。義民首王松等，聞變匿不敢出，各義民亦皆竄入土城，閉門堅拒。而城外之小夫等，益加喧囂，遂至四處合圍；鄉勇結隊衝出，途遇泉人輒殺之；又義民首及鄉勇之無歸者，傳皆被泉人所殺，由是各處奸徒並起，交相焚殺，亙數月不息，其尤慘酷者乃沙轆一帶（大肚中堡）之泉人望風而遁，渡海溺死及沿途被截殺者，不可勝計。避難男婦，填滿鹿港，雖給粥賑其饑亦漸為不繼，泉、漳各紳士屢為調處和解，亦難制其勢。至六、七月各莊歸於平定。嗣後辦理善後，始知應歸責於餘匪之煽惑。（據《彰化縣志》〈雜識志〉「兵燹」）何謂有始於叛亂而變為分類？如康熙六十年漳人朱一貴起事，全臺之民應之，惟其一方會黨之首杜君英為粵籍，因此兩者之間生猜疑，（杜君英之部下有翁飛虎者，先虞朱一貴或有異謀，致虐殺臺灣府治之良民。）爾後閩、粵屢屢鬩牆，成為水火不止，而閩恒散處，而粵悉集居，勢不相敵，閩人概被其肆毒，如嘗糾合漳、泉之黨者，渡南路之下淡水企圖壓迫粵莊時，遇其大反擊，奔至溪溺死於水者無數，（被誇張為積屍填港，後至者踐屍而渡。）於是未與官軍戰而自潰。（據《臺灣縣志》〈外編〉「兵燹」）乾隆五十一年林爽文起事之際，亦以爽文原為漳籍，故嘯聚於其旗下之部屬，多為漳人，當時應官軍招募之鄉勇，則非泉人即粵人也。於是自成泉人與漳人，或與粵人之敵視，林爽文之焚刦，延及泉、粵之村莊者甚，泉、粵之民亦有因惡漳人，故起而倡義歸應官軍者。尤其是如淡水廳之白石湖山下一帶（竹北一堡）雖林爽文事件未波及，因為漳、泉、粵人分莊互肆殘殺（據《彰化縣志》〈雜識志〉「兵燹」）即是也。（《彰化縣志》另以林爽文事件關係於先此乾隆四十七年發生之泉、漳之分類械鬪，云：「林爽文煽亂，其謀逆之由，起於會匪；而其後亦變為分類。乃昔日祇分泉、漳，邇來又分閩、粵。人心之變遷莫測，亦若滄桑之變幻難知也。」（《雜識志》「兵燹」））

另一方面，非無以分類械鬪為良機，乃敢乘此企圖起事者。如嘉慶十四年四月彰化縣所發生之泉、漳之分類械鬪。先是在淡水廳有人起衅械鬪，彰化奸徒乘機煽惑，莊民聞風疑慮。凡兩籍交界之處，紛紛搬徙。匪徒乘勢劫掠，遂起而滋事，焚殺不止。迨早稻登場，莊民擬各回莊收穫，始復平定。（據《彰化縣志》〈雜識志〉「兵燹」）又如道光六年五月，淡水廳內山賊匪黃斗奶、黃武二等，率生番亂中港（竹南一堡），原乃窺該地方有閩、粵爭鬪之機會所起者。（據《淡水廳志》〈祥異考〉「兵燹」）（又據《淡水廳志》：道光六年閩、粵分類，中港莊被燬，蔡開基之妻黃氏，棄其子與所積金獨負衰翁，馳至中港溪。雖水深多溺死，惟竟無恙渡抵竹塹，兒已先至，似有人攜之者。其夫旋亦持金來，僉以孝感稱。（〈列傳〉））又咸豐四年淡屬分類時，竹塹之鄉賢鄭崇和之妻、鄭用錫之母陳氏，勤儉謙沖，喜周恤，為三黨所稱，陳氏歿已七年，有盜發其塋，眉髮皮膚堅完如生，冠披仍復鮮明也。經五閱月亂平，子孫馳視之，柩中絕纖塵，蠅蚋不敢近，一時聞者咸異之，多咏載其事云。（〈列傳〉））除為異聞外，亦足知分類械鬪餘殃所及者。）

不但有起於分類成而為叛亂，及始於叛亂而變為分類者，其自始即藉義勇之公名，以有助於分類私鬪之方便者亦不少。如朱一貴之起事，因係出於漳籍，故所應者概為閩屬如上所記。而當時正在鳳山縣之下淡水溪流域縱谷平原形成廣大村莊之粵屬，翻然稱義民，同盟舉兵，糾合十三大莊六十四小莊合一萬三千餘人之眾於萬丹（港西下里）、樹服從官方之旗幟，奉清帝之牌位，部署軍務，效命於疆場，即屬其事例之一也。《東槎紀略》所載之

〈陳周全之亂〉記云：「漳、泉民人素分氣類，林爽文之亂，泉人為義民擊賊，陳周全以泉人謀逆，漳人亦為義民敗之。民間頗以為口實，將謀械鬥，及烏蘭保（福建陸路提督）兵至臺，傳聞內地大兵且至，乃止。」亦與此有關。又道光十二年張丙起事之際，南路鳳山之賊許成豎旗以滅粵為辭，時臺灣知府王衍慶，循粵屬義民之故事，札諭調兵，以監生李受之為首，聚眾舉事，乘機刦掠閩莊，難民之流離極其淒慘，義民變為粵匪，至累官軍搜捕。（據《內自訟齋文集》之〈記臺灣張丙之亂〉）乃弊之大者。陳盛韶之《問俗錄》中論：「閩人習於蠻橫，動釀亂階；粵人明於利害，不拒捕，不戕官。閩人為叛民，粵人即出為義民，保護官長，衛守城池，匪人又乘此假公濟私，肆橫①報復。遇閩人，不問其從賊與否，殺其人，焚某室，刦其財，曰：予殺反賊。」之一節，可謂揭發其內幕也。

然則古來官方對此如何究辦？難免橫有所謂：「治之之術，亟之無益，置諸法難以稱情，得一、二人而誅，往往不當其罪，而其禍不息。嗚呼！是必積誠相感，涕泣以道，使之瞿然驚、翻然悔，愀然不知涕之何從，而後以善術處之，庶乎可幾也。嗚呼！是非寡德者之所能為也。」（《蛤仔難紀略》之附載②「械鬥」之一節）之至難，至屑屑尋常之吏僚，概不能出以變通機宜之處置。如趙翼在《武功紀盛》中謂有：「雍正元年，以諸羅北境遼濶，增設彰化縣及北淡水同知，六十餘年以來，地大物奫③，俗日益淫侈，奸宄因而芽孽，其間官斯土者，又日以朘削為事，會漳、泉二府人僑居者各分氣類械鬥，至數萬人，官吏不能彈治，水師提督海澄公黃仕簡率兵至，以虛聲脅和。始解散，由是民狃為亂，豎旗結盟，公行無忌。」之因襲，甚之者，有司往往被私情所驅，閩、粵各黨其所偏袒者，尤其有如派撥之兵勇，恃勢威聲援其同籍民之情形，（如前敘嘉慶十年在彰化縣之泉、漳分類械鬥乃屬其適例。）以致

①「肆橫」二字伊能原書作「橫肆」。
②〈泉漳治法論〉。
③「奫」字於伊能原書誤作「齋」。

增加一方之激昂，至招惹全屬之反抗，其例不少。嘉慶末年之臺灣知府方傳檖在〈請蘭營改制文〉中云：「蘭地民人，三籍漳最多，泉、粵人少，漳、泉兵不可用也，請悉用上府兵，以免分類械鬪之隙。」（據《噶瑪蘭廳志》〈雜識志〉）①乃為防分類之餘弊以致惹起兵民衝突之虞起見也。先是，閩浙總督方維甸擬議在臺灣約束械鬪章程，疏請設約長、族長責令管束本莊、本族。越道光六年，以彰化為中心北路地方之閩、粵分類勢焰漸大之際，嘉義知縣王衍慶先察民心動搖之機微，乃以閩屬之主謀係閩人之義勇，粵屬之巨魁係粵人之義勇按治之，且特別認為械鬪為搶掠科之，械鬪又別為首、從及初犯、積犯定擬，脅從之解散者省釋之，專酌情理、照國法，期立保寧息之方針。為閩浙總督孫爾準所允，辦理得宜，旬日見廓清，似求其淵源於方總督之籌策。《彰化縣志》云：「王衍慶辦理得宜，乃獲安靜。制憲孫爾準來臺緝辦時，所特表其功而首擢之，後之賢有司，凡遇奸民乘機煽惑，分類械鬪者，可知其所從事也。」（〈雜識志〉「兵燹」）嘉義縣他里霧堡石龜溪附近之地有石碑，刻「此處閩、粵無分」之六字，蓋亦可視為慫恿兩屬自行交融之王知縣遺規。又於乾隆四十七年在彰化縣泉、漳之分類械鬪之際，臺灣鎮總兵乃率師北巡，隨此彈壓，殺機漸為銷息，嗣後辦理極嚴，漳人首魁武舉人許國樑被控正法；以身棄市；泉人首魁謝湊等並立決以示眾。（據《彰化縣志》〈雜識志〉「兵燹」）先是，南路亦有囂然風傳蔓延之虞，時中路遊擊魁德留守府城，與分巡臺灣道穆和藺日夜巡緝，獲其奸宄殲之，或分撥隊伍於中、北諸途力為截堵，寬猛互施，以得民之寧息。於是臺灣、鳳山二縣完全免禍。（據《臺灣縣志》〈外編〉「兵燹」）嘉慶十一年於彰化縣泉、漳分類械鬪之際，官司辦理善後，歸之為餘匪煽惑，命泉、漳兩屬之紳士，各將平時著名賊匪挐出究辦，分別斬決、發遣結案（據《彰化縣志》〈雜識〉「兵燹」）

①當作〈武備志〉「兵制」。

等，可稱較得其機宜者。

要之，王衍慶之治理雖可法可則，但僅足姑息保小康於一時而已，本非根治之斷案；而其克明察禍源，立善後之治理者，係道光十六年淡水同知婁雲在淡水廳下所實施之〈莊規禁約〉，試舉該規約諭示，示其立策之要旨如左：

淡水地方，閩、粵聯莊，民、番雜處，物產富饒，人稱樂土。無如鄉民失教，遊手好閒①，每遇鄰邑匪徒造謠滋事，輒即聞風而動。糾約多人，各分氣類，憑淩弱小，仇殺相尋。或焚毀廬舍，或佔奪田園，或抗租而不完，或擄人而勒贖，甚至勾番肆出滋擾，焚殺不休，行同化外。……無如之何，本分府……茲來守此土，業經出示嚴禁。爾等尚知悔禍，勿聽謠言，勿被煽惑，彼此無攻奪之防，老弱無逃亡之苦，莊眾無斂錢之費，兵役無騷擾之虞，以視前此之顛沛流離，苦樂利害，孰得孰失？惟是鬪毆搶竊、佔地毀焚等案，尚屬層見疊出。本分府不厭告誡之煩，示以久安之道，頒給莊規、禁約，永照法守。爾等聽之。②

乃約之以自理自治，並以聯莊帶責之要，且其所設之禁條亦規定：「禁：閩、粵大小各莊，永歸和好，不得以鄰邑匪徒滋事，輒即聞風而動，擅分氣類，糾眾焚搶。亦不得勾通無業遊民，造謠煽惑，肆行搶刦。如有違者，兵役圍拏，照例嚴辦。」之制裁。

又能自為預先居中調和之勞，得以未雨綢繆免於互鬪之波及，乃道光末年之淡水同知曹謹及曹士桂。道光二十四年，彰化縣下之鄰莊有泉、漳之分類械鬪，其餘燹將及大甲溪北，曹謹乃調集義勇赴大甲，為民捍衛，特重中港（竹南一堡）、後壠（苗栗一堡）地方之泉、

①「閒」字於伊能原書作「鬪」。
②收入《淡水廳志》〈文徵〉。

漳兩屬和睦，勒石為碑記①，固其聯盟，地方因而得安。碑記之文曰：

天地之性，人為貴。而人與人，尤為同類而相親，故同在一國則親於一國，同在一鄉則親於一鄉，無分親疏，無分疆界，子夏四海兄弟之言原不誣也。臺灣生齒日繁，民風不古，而其勢最兇、其害最烈者，莫如分氣類而動干戈。有時變而閩、粵，有時變而泉、漳。粵人與吾異省者也，至同住在臺，亦臺人而已矣，何分於閩、粵？若泉、漳則同省者也，以全省而論，則府屬相毗連，而言語相通、往來相近者，莫如泉、漳。故無論絲蘿締好有如兄弟，即分域而居，而其間有泉人而派分自漳者，有漳人而派分自泉者，彼此均同一氣，況遷籍來臺，是又以兩府而聯為一府，且又以一府而同居一縣，當不知如何親愛、如何和睦？乃以變起一時，遂至秦、趙異視，竟如仇，此尤令人不可解者也。孟子曰：今有同室之人鬭者，雖被髮纓冠而往救之可也。往救云者，非助同室以為鬭，乃勸而止之之意也。又曰：鄉鄰有鬭者，雖閉戶可也。閉戶云者，謂夫鄉鄰有鬭固與吾不相干屬也。今以我泉、漳之人，而同居淡水之地，其視嘉、彰②諸屬即鄉鄰也。使其同室操戈，尚當及時救止，乃往往以鄉鄰之起釁，因而聞風震動，同室異觀。其始也，彼此互相搬移；其繼也，中於奸徒之煽惑，變生倉猝，禍起無端，迨③大憲按臨拏辦，而村墟已成焦土，死傷橫積如山，至是而始悔。當時苟其閉戶靜觀，同心約束，萬不致此，亦已晚矣。我中、壠墓爾微區，泉、漳雜處，前經歷遭變亂，元氣於今尚未盡復，近因彰屬分類，街、庄同人恐蹈前轍，互相保結，安堵如常，惟聯盟結好已成於一日，而康樂和親須期諸百年，爰勒貞珉，以垂永久。所願自今以後，爾無我詐，我無爾虞，不惟出入相友，守望相助，共敦古處之風，行將睦姻任卹、耦俱④無猜，同享⑤昇平之樂，豈不休哉！是為記。

①碑今存苗栗竹南中港慈裕宮。

②「彰」字於伊能原書誤作「漳」。

③「迨」字於伊能原書誤作「迄」。

④「任卹、耦俱」於伊能原書誤作「任邱耦但」。

⑤「享」字於伊能原書誤作「孚」。

道光二十七年曹士桂既任淡水同知，抵任甫三日，忽聞大甲有分類之鬪，曹士桂立馳赴之，亦依曹謹之先例諭其和睦，致聽者下淚，事遂得釋。先是，興泉永道周凱感慨於漳、泉民俗習械鬪，積弊數百年，以為：「苟能清其原、正其本，以實心徐圖之，未有必不可除之弊也。著〈治漳泉械鬪議〉萬餘言，其大綱三，曰清丈量，曰籌費用，曰重教化。……皆鑿鑿可見之施行，非徒剴切陳之而已。」（據《廈門志》所載〈周公墓誌銘〉）①周凱後於道光十三年至十七年間為分巡臺灣兵備道，所以見有治理之原因，乃不外斯種先見之流露。光緒十年法軍之役，福建巡撫劉銘傳作為臺灣防衛周備之一法，於更張團練組織之際制定之〈全臺團練章程〉中，設粵族部落得另設粵團，又自開辦團練之日起算，滿一年時區別閩籍與粵籍實行一回大演習之特別規定。此乃起因於承認素作為地方自治一發動自動警備之團練制在性質上，不可能混同率一氣類及言語不相同之閩、粵兩屬之見地，而實行此特別分團之處置結果，使閩、粵分類之睽離銷息，並對根治械鬪之弊多少有所著力乃無可置疑也。但聞實際上章程止於具文，完全無運作實施之機會云。

在另一方面，除專由官方究辦外，賴德望顯達之鄉老、耆紳慰解調停，獲得顯著實際成績者亦不少，就中雍正中臺灣總兵之幕僚藍鼎元，代總兵起草之〈諭閩粵民人〉露布，於當時南路閩、粵人之分類械鬪（雍正元年，起端於閩人鄭章兄弟眷屬被粵人賴君奏、賴以槐所殺辱，閩人相謀企圖復仇，二賴為此遭兇害，而粵人亦同盟，企圖報復閩人。）之際，有司不能善為鎮壓治理，將釀鉅釁於一旦之難局時，得無事終結之端緒。（就《東征集》所載之該諭文，王者輔②之評云：「先以情理、國法開示，使之曉然明白。中間純是言情，以動其固有之良心。末後威之以法，以繩其蟠結之妄念。開誠布公，焉得不令人心服？」）又

①《內自訟齋文集》亦有之。

②伊能原書誤作「輔近顏」。

如彰化歲貢生，博孝德聲譽之曾玉音，在該縣自乾隆四十七年①，及嘉慶十一、十四兩年，漳、泉分類械鬬三次，難民逃避紛集之，男女以千計，悉納之不拒，乏食者給米濟之，全活甚多，次於道光六年之閩、粵分類，亦散千金，以救難民（據《彰化縣志》〈人物志〉），俱於械鬬之後安定民心有功，間接對於餘弊之銷息，有所貢獻乃為事實。道光六年同縣閩、粵方械鬬，所到各莊，互相焚殺，不可復制。惟白沙坑等庄（燕霧上堡）雖粵籍潮州府人與閩籍泉州府人比屋雜處，賴恩貢生曾拔萃同各庄之紳耆、總董，善為保護，致安堵如故，秋毫無損。（據《彰化縣志》〈雜識志〉「兵燹」）②先是有處士曾日襄者，生平重然諾，以與人言無二諾著稱。嘗館彰化縣二林之鹿寮（二林下堡），時閩、粵人糾眾將互鬬，荷戈從者且千人。日襄聞而亟馳往，卒散其眾，弭其隙，使民獲安堵。（據《彰化縣志》〈人物志〉）道光十年四月，在彰化縣之東勢角地方（捒東上堡）奸民造謠分類，騷擾地方。時當地人劉章仁，豪俠好義，為鄉閭所推重。乃極力安頓，請官諭止，釁賴以銷止。當道聞之，頒贈「偉望清漂」等匾額優獎之。（據《彰化縣志》〈人物志〉）十二年，臺灣有張丙之役，時多年任臺灣之武職著有聲名之黃清泰之子驤雲，以進士官工部，適省親於臺灣，在淡水廳籍地（中港之頭份庄），分巡臺灣兵備道平慶爰使驤雲作書諭莊民勿生事。而當地閩、粵兩莊已有構釁者。驤雲原籍係粵，故閩人疑其有私，詣省門誣以主謀控之，將遭不測奇禍。驤雲乃挈妻子，質於官、親赴各庄，周旋撫緝，又捐買穀石散致貧民，正兇悉獲，因奏得優獎。（據《淡水廳志》〈列傳〉）咸豐年間，淡水竹塹之進士鄭用錫，於廳治之南北起分類械鬬之際，躬親前往慰解，並手著〈勸和論〉，致力勸告，滋擾輒止。（咸豐三年，泉州府晉江、南安、惠安三縣之民，與同府同安縣人約期互鬬，鄭用錫原籍同安，乃移駐晉、南、惠三縣人李某之家，以示無他意，變遂止，全活者多云。（據《淡水廳志》〈列傳〉））又咸

①此年代於伊能原書漏。
②上五字於伊能原書作「人物志」。

豐四年淡水廳治附近閩、粵分類械鬪之際，艋舺人翁裕佳，承當道力圖撫輯①之意，赴竹塹，單騎入粵莊勸告，環聽者千人，悅服立解。（當時有艋舺人王宗河，與翁裕佳齊名，凡分類之變，以身先之，致力銷息，官亦任之如指臂云。〔《淡水廳志》〈列傳〉〕）所傳乃其功著稱者，爰揭載藍鼎元之〈諭閩粵民人〉及鄭用錫之〈勸和論〉，以資考其訓飭之內容：

諭閩粵民人（藍鼎元）

鄭章毆死賴君奏、賴以槐，按問抵償。聞汝等漳、泉百姓，以鄭章兄弟眷屬，被殺被辱，復仇為義，鄉情繾綣，共憐其死。本鎮豈非漳人？豈無桑梓之念？道、府為民父母，豈忍鄭章無辜受屈？但賴君奏、賴以槐果有殺害鄭章兄弟家屬，應告官究償，無擅自撲滅之理。乃文、武衙門未見鄭章片紙告愬，而賴家兩命忽遭兇手，雖欲以復仇之義相寬，不可得已。況賴君奏等建立大清旗號，以拒朱一貴諸賊，乃朝廷義民，非聚眾為盜者比。鄭章擅殺義民，律以國法，罪在不赦。汝等漳、泉百姓，但知漳、泉是親，客莊居民又但知客民是親，自本鎮、道、府視之，則均是臺灣百姓。均是治下子民，有善必賞，有惡必誅，未嘗有輕重厚薄之異。即在汝等客民，與漳、泉各處之人，同自內地出來，同屬天涯海外、離鄉背井之客，為貧所驅，彼此同痛。幸得同居一郡，正宜相愛相親，何苦無故妄生嫌隙，以致相仇相怨，互相戕賊？本鎮每念及此，輒為汝等寒心。今與汝民約，從前之事，盡付逝流，一概勿論。以後不許再分黨羽，再尋仇釁，各釋前怨，共敦新好，為盛世之良民。或有言語爭競，則投明鄉保耆老，據理勸息，庶幾興仁興讓之風。敢有攘奪鬪毆，負嵎肆橫，本鎮執法創懲，決不一毫假借。其或操戈動眾相攻殺者，以謀逆論罪，鄉保、耆老、管事人等一併從重究處。汝等縱無良心，寧獨不畏刑戮？本鎮以殺止殺，無非為汝等綏靖地方，

①「輯」字於伊能原書作「緝」。

使各安生樂業。速宜凜遵，無貽後悔！（《東征集》）

勸和論（鄭用錫）

甚矣人心之變也！自分類始，其禍倡於匪徒，後遂燎原莫遏，玉石俱焚。雖正人君子，亦受其牽制，而朋從之也。夫人與禽各為一類，邪與正各為一類，此不可不分。乃同此血氣，同此官骸，同為國家之良民，同為鄉閭之善人；無分士，無分民，即子夏所言四海皆兄弟是已，況當共處一隅乎？揆諸出入相友之義，古聖賢所望於同鄉共井者，各盡友道，勿相殘害。在字義：友字從兩手，朋字從兩肉，是朋友如一身之左右手，即吾身之肉也。今試執塗人而語之曰：爾其自戕爾手，爾其自噬爾肉。鮮不拂然而怒。何今分類至於此極耶？顧分類之害，莫①甚於臺灣，最不可解者②莫③甚於淡之新、艋。臺為五方雜處。自林逆倡亂以來，有分為閩、粵焉，有分為漳、泉焉。閩、粵以其異省也，漳、泉以其異府也。然同自內地播遷而來，則同為臺人而已。今以異省、異府苦④分畛域，王法在所必誅。矧同為一府，而亦有秦、越之異。是變本加厲，非奇而又奇者哉？夫人未有不親其所親，而能親其所疏。同居一府，猶同室之兄弟至親也，乃以同室而操戈，更安能由親及疏，而親隔府之漳人，親隔省之粵人乎？淡屬素敦古處，新、艋尤為菁華所聚之區，遊斯土者嘖嘖羨之。自分類興而元氣剝削殆盡，未有如去年之甚也。干戈之禍愈烈，村市多成邱墟。問為漳、泉而至此乎？無有也。問為閩、粵而至此乎？無有也。蓋孽由自作，釁起鬩牆，大抵在非漳、泉、非閩、粵間爾。自來物窮必變，慘極知悔。天地有好生之德，人心無不轉之時。予生長是邦，自念士為四民之首，不能與當軸及⑤在事諸公竭誠化導、力挽而更張之，滋愧實甚。願今以後，父誡其子，兄告其弟。各革面，各洗心，勿懷夙忿，勿蹈前愆，既親其所親，亦親其所

①「莫」字於伊能原書脫。
②「最不可解者」於伊能原書作「意屬尤」。
③「莫」字於伊能原書脫。
④「苦」字於伊能原書作「若」。
⑤「當軸及」三字伊能原書無。

疏，一體同仁，斯內患不生、外禍不至。漳、泉、閩、粵之氣習，默消於無形。譬如人身血脈，節節相通，自無他病。數年以後，仍成樂土，豈不休哉？（《北郭園文集》）

至於道光、光緒年間成於臺灣寓賢吳子光手之〈分類擬序〉，固不過為一家之言，由其後附論：「因其勢利導之，非賢司牧之責，誰之責乎？」察之，可知亦為救時所立言也。曰：

四海皆同類，紀分類者何，懲黨禍也。曷言乎黨禍？唐之牛、李，宋之洛、蜀，明之崑、宣，皆黨也，禍亦烈矣。不謂編戶齊民，亦有覆蹈此轍者。蕞爾臺灣，閩、粵、漳、泉相錯居，始焉閩與粵爭，漳與泉爭。甚至泉與泉爭。一遇有警，界劃鴻溝，誓死鏖戰，焚盪數十里無孑遺。惡習莫踰於此。夫有事會即有爭端，有爭端即有曲直。李延壽作《南、北史》，編摩簡勁，司馬溫公以佳史目之，惟於兩國交兵處，不欲詳載，蓋直書其事而義自見，無事深文曲筆為也，此史家體例也。噫！習俗之於人甚矣哉！宋人詩曰：蟭螟殺敵蚊眉上，蠻①觸交爭蝸角中。何異諸天觀下界，一微塵裏鬪英雄，而何類之分為？所賴長民者型仁講讓，默化其此疆彼界之私心，而歸之畫一，庶有豸乎！（《一肚皮集》）

然既有之慣性持續不已，故雖有因一時之境遇存潛勢之情況，惟此未必為勢力之銷息也。因此政策上之操縱似得收禁制之效，唯不過為一時或一地之情形而已。如《臺灣輿圖》〈說略〉敘光緒初年鳳山縣之情形云：「大抵鳳山之地，深山大海，形勢雄壯，安內

①「蠻」字於伊能原書誤作「變」。

攘外，實為臺南屏衛。前此閩、粵分居，睚眦細故動成械鬪，今則涵濡教化已歷年所，群聚州處，不復互分氣類矣。」或可視為當時倖而順導閩、粵兩屬共存融會之好結果。（此等分類之銷息，其實並非在根底之融會。纏結兩者之間於感情上之扞格屢屢觸及此事暴露之。《鳳山縣采訪冊》所載稟生盧德嘉之〈義渡論〉中云：「鳳山下淡水各溪，發源於傀儡山瀑，萬頃汪洋，傾瀉而下，分為數十重，雖地勢使然，亦粵民築壩截圍所致也。聞前輩不許截圍，欲使山泉順流而放於諸海，不為害於閩莊，惜粵民不肯，幾成械鬪，因弗果行。遂致溪流浩大，氾濫無常。」[1]又同治、光緒年間有關鳳山縣賓興經費之撥充，曾記其財源籌措分配經過。先是鳳山知縣李瑛詳請三年內籌撥新圳水租盈餘一千一百元以充賓興經費，並勒碑定案，且命分期繳清後，轉存郊行生息，惟是圳之築及水租繳納悉由閩人承擔其義務，以故粵籍生員應鄉試者，皆不得動支是項基金，嗣因鳳山縣學訓導葉東滋重建聖廟時，曾同時議建兩座考棚，至其建築經費，議定粵籍合捐二千兩，而粵籍則可於賓興之基金動支十分之一，惟自光緒起，下迄光緒十七年為止，粵籍認捐猶未繳清，因此引起閩人不平，以故十九、二十年恩、正科時閩人乃向董事建議，在粵捐未繳清前，暫不補助粵籍人士應鄉、會試之旅費云云。）至若夫其他各地方尤其是閩、粵錯居之區，仍然禍端延至於近代之事，由《一肚皮集》記有：「揀東（彰化縣）為閩、越[2]錯處之區，功利夸詐，爭以勢力相雄長，雖睚眦小故，亦必尋仇報復，不稍留餘地讓人。又甚則分類械鬪，焚蕩十數里[3]，且有全家被殺無孑遺者，官不得過而問焉。此種惡習，歷百餘年，至今牢不可破。」（〈國子生運湖謝君家傳〉）可知之。

要之，分類之滋事亦有特色。咸豐初年臺灣府學訓導劉家謀嘗曰：「臺郡械鬪，……七、八年一小鬪，十餘年一大鬪。北路則先分漳、泉，繼分閩、粵；彰、淡又分閩、番，且分晉、南、惠、安、同。南路則惟分閩、粵，不分漳、泉。然俱積年一鬪，懲創即平；今乃無年不鬪，無月不鬪矣。」（《海音詩》之題序）[4]同在咸豐之十一年間，以淡水一廳有三年、四年、九年、十年四次大鬪，見於《淡水廳志》〈祥異考〉（「兵燹」）足徵。而更通察其結

①〈地輿〉「官渡」。
②「越」字於伊能原書作「粵」。
③「十數里」於伊能原書作「數十里」。
④「題序」當作「詩註」。

果，上述種種成為現在全臺之閩、粵兩屬，仍然存有特殊之狀態，其主要原因出於分類械鬪乃為事實也。

附錄　西皮福祿之爭

分類械鬪之一異例，有所謂西皮、福祿之紛爭，在臺灣亦曾屢屢發生。西皮、福祿乃古來在中國福建地方分派之二樂曲名稱，要之，起因於其所崇信之神明與奏唱鼓樂之不同。（按：西皮派主要使用之樂器稱為吊奎絃，乃竹筒張絃者，傳承以唐代之田都元帥為始祖，將之視為神格而崇信之。福祿派主要使用之樂器稱提絃，乃椰殼張絃者，傳承以唐代之西秦王爺為始祖，將之視為神格而崇信之。）而兩派各自以其所信仰者為正，同時排斥他方為邪，樹黨分類相抗衡，於樂曲並無趣味之一般民眾亦附和雷同，變為互相競爭勢力之具，終至執械私鬪，加之無賴遊手好滋擾之徒，乘機藉端肆為煽亂，甚有骨肉相鬩，同胞相殘亦不顧者，或兩派之間一旦小故齟齬，西皮之一人先唱，舉全派與之，福祿之一人嚮導，舉全派同之，由數人、十人及於一村一聚落，殆以一日千里之勢動搖全部地方，於是兩兩之紛爭漸行累積，其積怨宿忿倍為蟠結，不易解釋之。同為閩屬，泉、漳之域，甲派占優勢之一村，乙派所屬絕其跡，或乙派占多數之一聚落，甲派之徒黨亦即退去，因而二者之間所蟠結之禍厄有愈擴大其波圈之傾向。同治四年，在噶瑪蘭廳羅東地方林、李兩姓偶因賭釀成紛爭，雖有陳姓居中調停，林姓不肯，李、陳竟同盟糾合其各同族，林姓亦糾合其同族相抗，李姓李縫時，陳姓陳章，又林姓林王堂，被推執牛耳，結果被西皮、福祿爭渦所牽引，無賴遊民投之，不但羅東一區域，禍端瀰蔓於全蘭，無所停止，經派兵勇鎮壓，擒捕首魁處斬，乃得漸息。嗣同治末年在該地西皮、福祿再啟事端，翕然雲集二千人之多，竟至勒索殷戶，刦殺無辜，控案累積，官方束手，殆有不能彈壓之狀。雖會有番界北路開通之事，統領羅大春舉西皮之盟主陳輝煌①，充用為其一方之先鋒，其部屬與黨眾悉從之，為此得銷息紛爭。惟至光緒年間，西皮之盟主吳粗皮與福祿之盟主江發等因其與黨交互嘲罵樂曲之小故爭鬪，一時潛勢乘機勃發，甚至波及於鄰接之基隆廳，如光緒十九年正月基隆同知所發關於金沙淘洗之管束諭示中所云：「基隆逼近海口，且因為淡、蘭往來之大路，誠恐遊勇強徒、西皮福祿之黨羽溷跡，藉端滋擾。」似指此也。

按：起因於此樂派紛爭之一種械鬪，似非如基於屬籍之分類械鬪在臺灣特發者，乃閩屬之本土漳、泉部分地方之弊習，與其移民同時轉入於北部之宜蘭地方，而浸染其他分類之風氣，且因信仰上之固執，致械鬪形成日固，由實際情形推敲之，其初萌②之時期約在同治年間以後，且弊習所波及之區域狹小；不過以宜蘭為中心延及基隆而已。

日本統治臺灣後，整飭政令之結果，如分類械鬪全銷其禍機，西皮、福祿之紛爭亦漸歸無聞，基隆人蔡慶濤之手錄見有：「基隆西、福子弟，自來不相和睦，彼此設譬譏諷，互相瑕疵，每屆賽會之期，增華鬪勝，一唱百和，小則爭風構怨，大則拳棒交攻，人命殺傷，時有所聞。蓋地方風氣之不同，故習慣因之趨異，此為基津百年來特有之澆風陋習，為我島人所盡知③，不可掩之事實也。現屆賽會之期，兩派子弟，竟互通聲氣，彼此親睦，聞有一、二不良子弟，見兩派親善，遂亦銷聲匿跡，束狂就範，不復如曩日尋仇結怨。」然非無復有再發舊態之動機。如聞明治三十五年基隆地方附近到處開釁隙則其一例也。由當時該地方長官（基隆廳長）特發諭告云：「近

① 伊能似有誤，陳輝煌為福祿派盟主。
② 「萌」字於伊能原書誤作「萠」。
③ 「知」字於伊能原書作「和」。

來西皮、福祿兩派瀰漫基隆，樹黨分類，睚眦反目，動輒兄弟相鬩，骨肉相殘，而市井之無賴藉端乘機，滋滋騷擾，幾踏分類械鬪之軌轍，繹其所由來，唯是崇信之神明與奏唱之鼓樂不同而已，此之影響，商估之市為之萎靡，舟車之途為之梗塞，旋將釀成鄉黨之禍厄，如斯敢為有害而無一利之狂態，恬然無所恥，抑亦何心邪？假令頑冥曚昧所致，至其破國憲，傷民安，斷非為官所容也。是以當局數次懇諭，屢為嚴飭，以解紛紜，欲截轢轆；奈何，因不怖後難，不悛前非，在縲絏之中者，現已有十數名。爾等若今不覺然警醒戒慎，不問其首唱或附和，不論其縉紳與市俗，追究嚴辦，毫不假借，爾等其勿貽悔於後日。」察之，或足知其禍厄之影響非鮮少也。

臺灣文化志 上卷 全新審訂版

作　者　伊能嘉矩
編　譯　國史館臺灣文獻館
審　訂　陳偉智
策 劃 者　張鴻銘
行政編輯　劉仁翔
書籍設計　黃子欽
內頁編排　吳郁嫻
執行編輯　官子程
編輯協力　郭純靜、李宓、林慧雯
行銷企畫　陳詩韻
總 編 輯　賴淑玲
社　長　郭重興
發行人兼出版總監　曾大福
出 版 者　大家出版
發　行　遠足文化事業股份有限公司
231 新北市新店區民權路 108-2 號 9 樓
電話 (02)2218-1417　傳真 (02)8667-1851
劃撥帳號—19504465　戶名—遠足文化事業有限公司
印　製　中原造像股份有限公司
法律顧問　華洋法律事務所　蘇文生律師
ISBN　978-986-95342-5-3
GPN　1010602055
定　價　新臺幣五〇〇元
出版日期　二〇一七年十二月

初版
翻譯人　江慶林　劉寧顏　程大學
　　　　陳壬癸　黃有興　王世慶
　　　　黃耀東　黃連財　吳家憲
協助人　郭嘉雄　莫光華　吳政恒
　　　　陳文達　簡俊耀　呂武烈
　　　　吳俊雄　林永根　何綉英
校按人　謝　浩　鄭喜夫

修訂版
校訂人　鄭喜夫　陳文添　徐國章
　　　　許錫慶　黃得峰

國家圖書館出版品預行編目 (CIP) 資料

臺灣文化志 . 上卷 / 伊能嘉矩著 ; 國史館臺灣文獻館編譯 . -- 初版 . -- 新北市 : 大家出版 : 遠足文化發行 , 2017.12
面；　公分
ISBN 978-986-95342-5-3(平裝)
1. 臺灣文化 2. 臺灣史
733.409　　106021101